Schriften zur rechtswissenschaftlichen Innovationsforschung

Herausgeber:
Professor Dr. Wolfgang Hoffmann-Riem
Professor Dr. Karl-Heinz Ladeur
Professor Dr. Hans-Heinrich Trute

Band 11

Prof. Dr. Wolfgang Hoffmann-Riem (Hrsg.)

Innovationen im Recht

Nomos

Gedruckt mit freundlicher Unterstützung durch die Fritz Thyssen Stiftung für Wissenschaftsförderung.

Die Deutsche Nationalbibliothek verzeichnet diese Publikation in der Deutschen Nationalbibliografie; detaillierte bibliografische Daten sind im Internet über http://dnb.d-nb.de abrufbar.

ISBN 978-3-8487-2976-0 (Print)

ISBN 978-3-8452-7359-4 (ePDF)

1. Auflage 2016

Vorwort

Wandel ist seit jeher ein Thema der Rechtsordnung und damit auch der Rechtswissenschaft. Allerdings hat die Rechtswissenschaft den Umgang mit Neuerungen nur selten mit dem Begriff der Innovation verknüpft. Auch ließ sie sich nur sehr begrenzt auf den Dialog mit anderen Disziplinen ein, in denen die Innovationsforschung seit längerem zu einem eigenständigen Forschungsfeld ausgebaut worden ist.

Die Zurückhaltung der Rechtswissenschaft aber ändert sich gegenwärtig. Die in der Entwicklung begriffene rechtswissenschaftliche Innovationsforschung befasst sich einerseits mit rechtsexternen Innovationen, also technologischen, gesellschaftlichen, ökonomischen, ökologischen und anderen Innovationen, deren Entwicklung und Diffusion durch Recht begleitet, gefördert, gebremst oder (auch nur) toleriert wird. Gegenstand der rechtswissenschaftlichen Innovationsforschung sind aber auch rechtsinterne Innovationen, die "Innovationen im Recht". Diesem Gegenstand gelten die Beiträge dieses Bandes.

Der Band enthält die überarbeiteten Texte der Vorträge, die auf der am 7. und 8. März 2015 in der Bucerius Law School, Hamburg, veranstalteten und freundlicherweise von der Thyssen-Stiftung geförderten Tagung zu "Innovationen im Recht" gehalten worden sind. Knappe Hinweise auf die Gegenstände der Beiträge und Einschätzungen über deren Einordnung in das Feld der Innovationsforschung enthalten meine Einführung und die abschließende Auswertung von Jens-Peter Schneider. Der Reichtum der Beiträge aber erschließt sich erst bei ihrer Lektüre.

Hamburg, im April 2016 Wolfgang Hoffmann-Riem

Inhalt

Innovationen im Recht: Zur Einführung

Wolfgang Hoffmann-Riem

Inhalt

A. Zur Aktualität des Themas

Das Thema "Innovationen im Recht" gehört zu den Gegenstandsbereichen einer sich allmählich entwickelnden rechtswissenschaftlichen Innovationsforschung. Im Zentrum von rechtswissenschaftlichen Analysen mit Innovationsbezug steht allerdings bisher die Einwirkung von Recht auf nichtrechtliche (vor allem technologische) Innovationen.[1] Wichtig ist aber auch

1 Aus der innovationswissenschaftlich ausgerichteten rechtswissenschaftlichen Literatur siehe (als Auszug): W. Hoffmann-Riem/E. Schmidt-Aßmann, Innovation und Flexibilität des Verwaltungshandelns, 1994; Hoffmann-Riem, Möglichkeiten des Rechts bei der Bewirkung von Innovationen, in: VDI Technologiezentrum. Rechtli-

die Frage, wieweit Innovationen "im Recht" selbst zu beobachten sind, ergänzt um die Fragen nach der Möglichkeit sowie den Grenzen solcher Innovationen.[2]

Das verstärkte Aufgreifen des Innovationsthemas durch die Rechtswissenschaft liegt nahe, da Innovationen angesichts des schnellen gesellschaftlichen Wandels für die Zukunftsfähigkeit moderner Gesellschaften immer mehr als unverzichtbar angesehen werden und Recht den Möglichkeitsraum für Innovationen mitprägt. Deutlich wird die Relevanz des Innovationsthemas etwa in politischen Programmen, auch solchen der deutschen Bundesregierung.[3] Die EU-Kommission betont ebenfalls – vor allem seit der sogenannten Lissabon-Strategie – mit besonderem Nachdruck die Bedeutung des Innovationsthemas und propagiert als Leitinitiative für

---

che Rahmenbedingungen für Forschung und Innovation, 1996, S. 10 ff.; M. Schulte (Hrsg.), Technische Innovation und Recht. Antrieb oder Hemmnis? Heidelberg 1997; Hoffmann-Riem/A. Schneider (Hrsg.), Rechtswissenschaftliche Innovationsforschung, 1998; A. Roßnagel, Das Neue regeln bevor es Wirklichkeit geworden ist – rechtliche Regelungen als Voraussetzung technischer Innovation, in: D. Sauer/ C. Lang (Hrsg.), Paradoxien der Innovation, 1999, S. 193 ff.; C. Franzius, Technikermöglichungsrecht. Wechselbeziehungen zwischen Technik und Recht am Beispiel der Kommunikationstechnik, in: Die Verwaltung 2001, S. 487 ff.; J. Scheuer, Technologietransfer im Kartellrecht. Eine rechtsökonomische und rechtsvergleichende Perspektive, 2008; P. Schumacher, Innovationsregulierung im Recht der netzgebundenen Elektrizitätswirtschaft, 2009; M. Eifert/Hoffmann-Riem (Hrsg.), Geistiges Eigentum und Innovation, 2008; Dies., Innovationsfördernde Regulierung (2009); Dies., Innovation, Recht und öffentliche Kommunikation, 2011; A. Scherzberg, Innovationen und Recht. Zum Stand der rechtswissenschaftlichen Innovationsforschung, in: Hoffmann-Riem, Offene Rechtswissenschaft, 2010, S. 273 ff.; S. Müller, Innovationsrecht – Konturen einer Rechtsmaterie, in: Zeitschrift zum Innovations- und Technikrecht 2013, S. 58 ff.; Hoffmann-Riem, Innovation und Recht – Recht und Innovation (2016, i. E.)

2 Speziell im Hinblick auf Innovationen im Recht siehe einige der Beiträge in H. Hill/U. Schliesky (Hrsg.), Innovationen im und durch Recht – E-Volution des Rechts- und Verwaltungssystems Bd. II, 2010; N. Wiesinger, Innovationen im Verwaltungsrecht durch Internationalisierung, 2013; G. Hornung, Grundrechtsinnovationen, 2015. Hoffmann-Riem (Fn. 2), Innovationen & Recht, 7. Teil. Aus der Reihe vielfältiger Untersuchungen zu besonderen Gegenstandsbereichen, in denen rechtliche Innovationen bedeutsam oder gefordert sind, sei als Beispiel nur benannt: S. Augsberg, Innovative Versorgungsstrukturen im Gesundheitswesen, JöR 2013, S. 579 ff.

3 Ein Beispiel unter vielen: Bundesregierung, Digitale Agenda 2014 – 2017, 2014.

Europa die "Innovationsunion"[4]. Das TRIPS-Abkommen der WTO nennt als Regulierungsziel die "Förderung technischer Innovation" (Art. 7). Auch die OECD betont immer wieder das Innovationsziel,[5] ebenso die Weltbank, die zwar in erster Linie mit der Vergabe von Krediten für Entwicklungsprojekte befasst ist, aber am Umbau nationaler Rechtsordnungen insbesondere mit dem Ziel mitwirkt, sie in die Weltwirtschaft zu integrieren und für Good-Governance-Programme zu gewinnen.[6] Betroffen von solchen programmatischen Aussagen sind zwar in erster Linie nichtrechtliche Innovationen (rechtsexterne Innovationen).[7] Die Umsetzung des übergreifenden Innovationsziels aber fordert vielfach auch Innovationen in den Rechtsordnungen oder stimuliert sie jedenfalls (rechtsinterne Innovationen). Dass das Innovationsziel in politischen Äußerungen meist als solches positiv bewertet wird, sei hier ergänzt um die Feststellung, dass es selbstverständlich auch unerwünschte Innovationen gibt.

Innovationen sind seit langem Gegenstände verschiedener Wissenschaftsbereiche. Dabei haben sich eigenständige Disziplinen der Innovationsforschung entwickelt, etwa die wirtschaftswissenschaftlichen, soziologischen, politikwissenschaftlichen, psychologischen oder naturwissenschaftlichen Zweige der Innovationsforschung;[8] einschlägig sind aber auch Disziplinen wie die Neurowissenschaft oder die Kreativitätsforschung. Die Frage nach "Innovationen im Recht" ist allerdings – soweit ersichtlich – kein eigenständiger oder gar vertieft behandelter Gegenstand der nicht-rechtswissenschaftlichen Innovationsforschung.

---

4 Europäische Kommission, Mitteilung der Kommission Europa 2020. Eine Strategie für intelligentes, nachhaltiges und integratives Wachstum, KOM (2010), etwa S. 6, 15 endg.; Dies., Innovation Union. A Pocket Guide on a Europe 2020 Initiative, Luxembourg 2013.

5 OECD, Managing National Systems of Innovation (1999); OECD, Oslo Manual: Guidelines for Collecting and Interpreting Innovation Data (3rd ed.), Paris 2005.

6 Näher P. Dann, i.d.B., S. 147, 151 ff.

7 Die Bezeichnung als rechtsexterne und rechtsinterne Innovation findet sich in dem Beitrag von Jens-Peter Schneider i. d. B., S. 441 ff.

8 Zu den unterschiedlichen Disziplinen s. B. Blättel-Mink/Menez, Kompendium der Innovationsforschung, 2. Aufl. 2015. Zum Bezug solcher Disziplinen zur rechtwissenschaftlichen Innovationsforschung s. Hoffmann-Riem, (Fn. 1), Innovation und Recht, §§ 15, 16.

B. Innovationsbegriff

I. Technische und soziale Innovationen

Als Innovationen gelten gegenwärtig in der Wissenschaft meist – auf ihren Kern reduziert – signifikante, praktisch folgenreiche Neuerungen, die zur Lösung eines als lösungsbedürftig angesehenen Problems beitragen (sollen).[9] Die unterschiedlichen Disziplinen der Innovationsforschung[10] haben je unterschiedliche Gegenstandsbereiche oder Verwendungsweisen von Innovationen im Blick. So konzentriert sich die – lange Zeit dominante, immer noch besonders wichtige – wirtschaftswissenschaftliche Innovationsforschung auf signifikante Neuerungen vor allem technologischer Art, die insbesondere von dem Ziel wirtschaftlicher Verwertung am Markt getragen sind. Aber auch andere Innovationen, etwa Managementinnovationen, fallen in ihr Aufmerksamkeitsfeld. Aus soziologischer Sicht geht es insbesondere um die Analyse von sozialem Wandel und dabei um neue gesellschaftliche Wege, Ziele zu erreichen, oder um neue Verfahren, mit deren Hilfe sich Probleme lösen lassen, und zwar möglichst besser als früher. Zum Thema werden neue Organisationsformen, aber auch neue Lebensstile oder Werthaltungen.

Zur Kennzeichnung solcher Innovationen hat sich der Begriff der "sozialen Innovationen" eingebürgert,[11] der insbesondere als Gegenbegriff zu technologischen Innovationen verstanden wird. Auch wird gesehen, dass technologische und soziale Innovationen miteinander verknüpft sein können, dass insbesondere technologische Innovationen ohne begleitende so-

---

9 Der Begriff der Innovation wird in den unterschiedlichen Disziplinen – unter Einbezug der im Text angegebenen Kriterien – zum Teil spezifischer definiert. Siehe etwa J. Hauschildt, Facetten des Innovationsbegriffs, in: W. Hoffmann-Riem/Schneider (Hrsg.), Rechtswissenschaftliche Innovationsforschung, 1998, S. 29 ff.; Hauschildt/Salomo, Innovationsmanagement, 5. Aufl. 2011, S. 3 ff; Welsch, Innovationspolitik (2005), S. 31 ff.; Blättel-Mink/Menez, (Fn. 8), S 33 ff. Siehe ferner Hornung (Fn. 2), S. 142 ff. m. w. Hinw.

10 Ein Überblick dazu mit Beschreibungen des Inhalts wichtiger Publikationen findet sich bei B. Blättel-Mink/Menez (Fn. 8). Ferner ist auf Handbücher zur Innovationsforschung zu verweisen, etwa M. Mai (Hrsg.), Handbuch Innovationen. Interdisziplinäre Grundlagen und Anwendungsfelder, 2014.

11 Dazu siehe W. Zapf, Modernisierung, Wohlfahrtsentwicklung und Transformation – soziologische Aufsätze 1987 – 1994, Berlin 1994, S. 23 ff.; J. Howaldt/H. Jacobsen (Hrsg.), Soziale Innovationen. Auf dem Weg zu einem postindustriellen Innovationsparadigma. 2010.

ziale vielfach nicht erfolgreich sein werden. Mit solchen Befunden beschäftigt sich namentlich die Techniksoziologie, wenn sie Veränderungen sozio-technischer Systeme analysiert und dabei zum Beispiel die gesellschaftlichen Dynamiken und Transformationen behandelt, die sich aus dem Einsatz und der Nutzung innovativer Technik ergeben.[12]

II. Zum Innovationsbegriff in der rechtswissenschaftlichen Innovationsforschung

Allgemeiner Ausgangspunkt rechtswissenschaftlicher Innovationsforschung kann die Feststellung sein, dass es in der Rechtsordnung – bei der Setzung, Auslegung und Anwendung von Recht – , aber auch in der Rechtswissenschaft immer wieder Neuerungen gibt, auch solche mit erheblichen Auswirkungen. Die Entscheidung, ob die Rechtswissenschaft den Innovationsbegriff für solche Erscheinungen nutzen will, ist ähnlich wie in anderen wissenschaftlichen Disziplinen nach Maßgabe der Zweckmäßigkeit zu treffen.[13] Die Antwort hängt von dem Verständnis derjenigen ab, die sich mit Neuerungen befassen. Wieweit ist es angesichts des jeweils verfolgten rechtswissenschaftlichen Erkenntnis- und Verwendungsinteresses sinnvoll, auch terminologisch einen Bezug zu den sonstigen Diskussionen um Innovationen und insbesondere zur außerjuridischen Innovationsforschung herzustellen?

Dabei dürfte es auch wegen des Ziels der Sicherung der Dialogfähigkeit im multidisziplinären Diskurs hilfreich sein, wenn die Rechtswissenschaft sich an den in etablierten innovationswissenschaftlichen Disziplinen genutzten Innovationsbegriff anlehnt. Aus der Fülle laufend beobachtbarer Änderungen in der Rechtsordnung wären dann solche als Innovationen zu bezeichnen und näher zu betrachten, die "neuartig" und zugleich „signifikant“ sind. Dabei können die Indikatoren für Signifikanz in unterschiedlichen Gegenstandsbereichen unterschiedlich bestimmt werden. Für die

12 Siehe etwa die Beiträge in J. Weyer (Hrsg.), Techniksoziologie. Genese, Gestaltung und Steuerung soziotechnischer Systeme, 2008, S. 37 ff.

13 So etwa B. Schlink, Probleme und Ansätze einer Entscheidungstheorie der richterlichen Innovation, in: J. Harenberg/H. Podlech/B. Schlink (Hrsg.), Rechtlicher Wandel durch richterliche Entscheidung, 1980, S. 1, 25.

Rechtswissenschaft kann sich die Signifikanz[14] etwa an der Bedeutsamkeit der Neuerung für die Entwicklung der Rechtsordnung und die rechtliche Lösung von Problemen ausrichten. Indikatoren für eine solche Signifikanz sind etwa die Allgemeinheit des Geltungsanspruchs einer neuen rechtlichen Konstruktion, ihre inhaltliche und zeitliche Reichweite, aber auch die Anerkennung durch andere rechtsanwendende Instanzen oder die Behandlung im Fachdiskurs als folgenreicher Beitrag zur Lösung von Problemen im Rahmen des Rechts.

Durch Neuerungen solchen Typs können bisher nicht verfolgte rechtliche Perspektiven eröffnet oder lösungsbedürftige Probleme neu bewertet werden. Auf besonderes politisches und wissenschaftliches Interesse dürften Neuerungen im Recht stoßen, wenn sie als ein Reflex gesellschaftlicher, kultureller, technologischer, politischer und anderer Entwicklungen anzusehen sind oder wenn Recht auf solche Entwicklungen auch als Impulsgeber für diese wirkt. Eine besonders hohe Signifikanz ist gegeben, wenn grundsätzlich neue Pfade der Problembewältigung erschlossen werden oder sich gar neue Paradigmen oder Denkstile im Umgang mit Recht durchsetzen.

M. E. lohnt es sich nicht, jede Änderung in der Rechtsordnung als Innovation einzuordnen. So sollte die zu den Routinen der Rechtsarbeit gehörende Auslegung von Normen oder deren Weiterentwicklung, etwa durch Analogie, nur bei einer über die Anwendung im Einzelfall hinausgehenden Bedeutung in die Kategorie der Innovation geordnet werden. Die im konkreten Anwendungsfall erfolgende und darauf begrenzte veränderte Ausfüllung von Spielräumen in Normen – etwa bei der Anwendung offener Rechtsbegriffe oder bei der Nutzung von Gestaltungsermächtigungen – sollte solange nicht als Innovation verbucht werden, als die Neuerung auf den konkreten Anlass begrenzt bleibt. Sonst würde der Begriff uferlos.

Ergänzend sei angemerkt: Ob etwas als Neuerung gedeutet und als signifikant bewertet wird, ist kein objektiviertes oder objektivierbares Phänomen. Vielmehr ist es ein Produkt kommunikativer/interaktiver Zuschreibung, ein soziales Konstrukt. Insofern ist auch mitentscheidend, aus welchem Blickwinkel eine „Neuerung" betrachtet wird, etwa aus dem der Wissenschaft – dort möglicherweise der Grundlagenforschung – oder dem der Rechtspraxis.

---

14 Zur Diskussion über rechtliche Signifikanz siehe etwa G. Hornung (Fn. 2), S. 143 f., 185 ff. m. w. Hinw.

Schließlich sei betont, dass die Nutzung des Innovationsbegriffs für Neuerungen im Recht in erster Linie analytischen Zwecken dient oder – m. E. – jedenfalls dienen sollte. Rechtsnormative Folgen sind damit nicht verbunden. Denn das Neue als solches hat für die Rechtsordnung keine besondere Bedeutung. Der Regelungsauftrag, insbesondere der Gewährleistungsauftrag des Staates und allgemein der Gesetzgebungs- und der Rechtsanwendungsauftrag, betreffen alte wie neu auftauchende Probleme, aber auch bewährte und neue Problemlösungsansätze. Die Neuheit kann aber besondere Aufmerksamkeiten und Rücksichtnahmen bewirken, etwa bei der Klärung, ob eine Kompetenz zur Innovation/Rechtsfortbildung besteht, ob es normativ legitimierte Gründe für die Abweichung vom Überkommenen gibt, ob Neues wegen der Ungewissheit der zukünftigen Entwicklung unter einen Evaluations- und Revisionsvorbehalt gestellt werden sollte usw.

Bei Überlegungen und Entscheidungen dazu können auch die in der Innovationswissenschaft erarbeiteten Beobachtungen über das Besondere von Neuerungen vergleichend heran gezogen werden. Dort ist z. B. beobachtet worden, dass Innovationen häufig durch Ambivalenzen und Dilemmata gekennzeichnet sind.[15] Sie erweitern und verschließen Handlungsmöglichkeiten, sie reduzieren und erzeugen Unsicherheiten und können Auslöser für Stabilisierungen oder Destabilisierungen werden. Zu den Schwierigkeiten rechtlicher Innovationen gehört, dass über das Neue entschieden werden muss, bevor es Wirklichkeit geworden ist oder nachdem es unvorhergesehene Folgen ausgelöst hat, deren Bearbeitung häufig wieder einen Schritt in Neuland fordert. Es gibt keinen Grund für die Annahme, der Umgang mit Innovationen im Recht sei von solchen Ambivalenzen oder Unsicherheiten grundsätzlich ausgespart.

C. *Vernachlässigung des Rechts in weiten Teilen der Innovationsforschung*

Beobachtbar ist in praktisch allen Untersuchungen der Vertreter der nichtrechtlichen innovationswissenschaftlichen Disziplinen, dass das Recht selbst dann nicht Gegenstand näherer Analysen oder gar Theoriebildungen wird, wenn Bereiche behandelt werden, die intensiv durch Recht beein-

15 Dazu siehe die Beiträge in Sauer/Lang (Fn. 1).

flusst werden oder ihrerseits die Entwicklung von Recht mitprägen. In innovationspolitischen Diskussionen wird das Recht häufig sehr pauschal als Hemmnis für Innovationen bezeichnet.[16] In der Innovationswissenschaft fehlt es bisher an differenzierenden und vertiefenden Analysen über den Einsatz und die Möglichkeit von Recht. Das Recht wird in der außerjuridischen Innovationsliteratur meist als eine Art Black Box behandelt.[17] Selbst in politikwissenschaftlichen Arbeiten zur Innovationspolitik pflegt das Recht nur marginal wahrgenommen zu werden.[18]

Diesem Defizit kann die rechtswissenschaftliche Innovationsforschung abhelfen. Dabei können die Vertreter der Rechtswissenschaft bei der Behandlung des Gegenstandes "Innovation" zwar von anderen Disziplinen beispielsweise etwas darüber lernen, welche Vielfalt an Innovationen es gibt, welche Bestimmungsgründe für die Durchsetzung maßgebend werden, wie ein auf Innovationen ausgerichtetes Management konzipiert sein kann oder auch, wieweit Governancemodi, insbesondere die Governancemodi Markt oder Netzwerk, Innovationsprozesse prägen.[19] Um sich mit der spezifischen Funktion von Recht in oder als Gegenstand von Innovationsprozessen zu befassen, ist die rechtswissenschaftliche Innovationsforschung aber weitgehend auf sich selbst angewiesen. Dies gilt im besonderen Maße für das Teilthema der "Innovationen im Recht", dessen Bearbeitung Einblicke in die Funktionsweise von Recht in unterschiedlichen Zusammenhängen und in die Methodik der Rechtsetzung und -anwendung

---

16 Siehe dazu etwa Niedersächsisches Institut für Wirtschaftsforschung u. a. (Hrsg.), Zur technologischen Leistungsfähigkeit Deutschlands, 1997, S. 41 ff., 57.; H. Wagner, Effizienz des Ordnungsrechts für den Umweltschutz?, NVwZ 1995, S. 1046, 1048.; U. Mutschler, Rechtsstaatsdefizite im Bereich der Aufsicht über technische Großvorhaben, in: Jahrbuch des Umwelt- und Technikrechts, 15 (1991), S. 73, 76; D. Heckmann, Cloud Computing im Zeitgeist, in: Festschrift für T. Würtenberger zum 70. Geburtstag, 2013, S. 17, 18 f., 25.

17 Typisch dafür sind die von der OECD geförderten Vergleiche von National Systems of Innovation (NIS). Zu NIS siehe statt vieler J. Niosi et al., National Systems of Innovations are "x-efficient" (and x-effective): Why some are slow learners, in: Research Policy 31 (2002), pp. 291 et seq.; T. Dunkel, Der Einfluss institutioneller Rahmenbedingungen auf die nationalen Innovationssysteme in Frankreich und Deutschland, 2004.

18 Ein Beispiel ist die Habilitationsschrift von R. Kaiser, Innovationspolitik. Staatliche Steuerungskapazitäten beim Aufbau wissensbasierter Industrien im internationalen Vergleich (2008).

19 Zu letzteren s. etwa W. Hoffmann-Riem, Die Governance-Perspektive in der rechtswissenschaftlichen Innovationsforschung, 2011.

sowie der Rechtswissenschaft erfordert. Dass die Entstehung innovativen Rechts nicht nach den Bedingungen der Herstellung und Diffusion marktfähiger Produkte erfolgt, sondern eigenen, insbesondere rechtsimmanenten Mechanismen folgt, zeigt Martin Eifert mit seinem Beitrag in diesem Band.

D. Bisherige Zugriffe auf das Thema der Innovationen im Recht

In der Rechtswissenschaft sind Neuerungen im Recht seit längerem Thema, wenn auch eher selten unter dem Label „Innovation". So sind Untersuchungen über das Verhältnis von Rechtsentwicklung und sozialem Wandel[20] thematisch einschlägig.

Das Thema von Neuerungen beeinflusst die Rechtswissenschaft, auch soweit sie sich vorrangig mit Rechtsetzung und Rechtsanwendung befasst. Verwiesen sei hier auf einzelne Veröffentlichungen der Zeit nach Gründung der Bundesrepublik Deutschland. So hat der Zivilrechtler Hans Dölle in den 1950-er Jahren unter dem Titel "Juristische Entdeckungen"[21] das Phänomen von Neuerungen im Recht beschrieben und dabei klassische juristische "Entdeckungen" behandelt, so insbesondere neue zivilrechtliche Institute, die zunächst in der Praxis entwickelt und später weitgehend kodifiziert worden sind (wie etwa die culpa in contrahendo oder die positive Vertragsverletzung). In einem Band hat Thomas Hoeren studentische Beiträge versammelt, die sich mit zivilrechtlichen "Entdeckern" befassen.[22] Diethard Zielinksi hat unter Nutzung des Begriffs der Rechtsinnovation im Jahre 1973 Neuerungen im Recht insbesondere im Zusammenhang mit der Diskussion um die Verknüpfung von Rechts- und Sozialwissenschaften aufgegriffen.[23] Thematisch einschlägig sind auch die unzähligen Arbeiten zur Rechtsfortbildung.[24]

Im Jahre 1980 hat eine Wissenschaftlergruppe eine Reihe von Beiträgen über "rechtlichen Wandel durch richterliche Entscheidung" veröffent-

---

20 Hierfür gilt als "Klassiker" L. Friedman, Recht und sozialer Wandel, 1969.

21 H. Dölle, Juristische Entdeckungen, Verhandlungen des 42. Deutschen Juristentages (1958), Bd. 2 (Sitzungsberichte), S. 1 ff.

22 T. Hoeren, Zivilrechtliche Entdecker, 2001.

23 D. Zielinski, Das juristische Informationssystem, in: Datenverarbeitung im Recht, 1973, S. 36 ff.

24 Zur Rechtsfortbildung s. Belege unten Fn 36.

licht,[25] die ausdrücklich als „Beiträge zu einer Entscheidungstheorie der richterlichen Innovation" bezeichnet werden.[26] Themen waren u.a. der laufende Wandel der Judikatur (Josef Esser), das richterliche Selbstverständnis (Dieter Suhr; Richard A. Daynard), Methoden im Umgang mit Veränderungen der normativen und der empirischen Prämissen (Hans-Joachim Koch und Reiner Trapp) oder Überlegungen zur „Rechtsschöpfungsfunktion der Gerichte" (Torsten Eckhoff). In die Untersuchungen wurde auch die Wirksamkeit außerrechtlicher Entscheidungsfaktoren, darunter auch politischer (Johann J. Hagen), einbezogen. Thematisiert wurde ebenso der Unterschied zwischen der Darstellung und der Herstellung innovativer richterlicher Entscheidungen (Bernhard Schlink). Im Jahre 2015 ist erstmalig eine Habilitationsschrift ausdrücklich zu dem Thema der Innovationen im Recht erschienen, nämlich die Arbeit von Gerrit Hornung : „Grundrechtsinnovationen".[27]

E. Anlässe und Gegenstandsbereiche

Änderungen des Rechts können durch verschiedene Faktoren ausgelöst werden. Ein Beispiel sind Reaktionen auf die Wahrnehmung von rechtsstaatlichen Defiziten der bisherigen Rechtspraxis, auf veränderte soziokulturelle Rahmenbedingungen oder auf neue oder neu bewertete soziale Probleme (wie aktuell etwa Digitalisierung, Migration, demographischer Wandel).

Neuerungen im Recht können unterschiedliche Gestalt annehmen. Dabei kann es sich um Änderungen der Texte oder Neuschaffungen von Normen handeln (Textänderungen), aber auch nur um die veränderte Auslegung und Anwendung vorhandenen Rechts (Bedeutungsänderungen). Die Neuerungen können die Methoden der Rechtsauslegung und -anwendung betreffen (Methodenänderungen). Folgenreich für den Inhalt des Rechts können aber auch Veränderungen in den Kontexten sein, in denen Recht angewandt wird (Kontextänderungen). Änderungen können sich auch auf die Systematisierungsleistungen und darauf aufbauende Argumentationsfi-

25 Harenberg/ Podlech/B. Schlink (Fn. 13).

26 So der Untertitel des in der vorigen Fn. erwähnten Buches.

27 Hornung (Fn. 2). Eine weitere einschlägige Arbeit zum Verwaltungsrecht, speziell auf die Umsetzung der Aarhus-Konvention im unionalen und im nationalen Recht gerichtete Dissertation, veröffentlichte N. Wiesinger (Fn 2).

guren der Rechtsdogmatik beziehen (Dogmatikänderungen). Eine weitere Kategorie benennt Susanne Baer in ihrem Beitrag i. d. B. zur Diskriminierung: Das Recht kann ein vorher Normal-Selbstverständliches zum regelungsbedürftigen Problem machen: die Entnormalisierung der Normalität durch Recht.

Neuerungen im Recht können auch durch die Verlagerung von Entscheidungskompetenzen auf andere/neue Akteure stimuliert werden, etwa durch den Einsatz neuer Entscheidungsträger mit neuen normativen Orientierungen (Institutionenänderungen). Die Einbindung von Rechtsnormen in weitere Normensysteme – etwa in den Mehrebenenverbund der Europäischen Union – und die damit gegebenenfalls verbundenen Änderungen von Entscheidungsträgern oder institutionellen Rahmenbedingungen der Entscheidung können ebenso Anstöße für Neuerungen geben. Es gibt auch Innovationen in der Rechtspraxis unter Anwendung des geltenden Rechts (Praxisänderungen). Im Bereich des Zivilrechts können sie zum Beispiel die Gestalt neuer Vertrags- und Gesellschaftstypen oder neuer Klauseln in Allgemeinen Geschäftsbedingungen annehmen. Jens-Peter Schneider ordnet sie in seinem Beitrag in die Rubrik privat-selbstregulativer Rechtsinnovationen ein. Im Verwaltungsrecht können sie etwa als Verwaltungsübung oder in Gestalt von Verwaltungsvorschriften bedeutsam werden.

Auch rechtlicher Wandel erfolgt – wie es generell für Innovationen immer wieder betont wird[28] – vielfach pfadabhängig. Relative Pfadtreue prägt die Entwicklung der Rechtsordnung – verbunden auch mit Risiken des Lock-In. Innovationen sind demgegenüber häufig mit Pfadabweichungen und gegebenenfalls neuen Pfadkreationen verbunden. Rechtliche Änderungen müssen allerdings mit der übrigen Rechtsordnung und ihrer Systematik verknüpft werden und sind daher voraussetzungsvoll. Der Möglichkeitsraum für sie wird nicht zuletzt durch anerkannte empirische und präskriptive Prämissen sowie lang geübte Denkweisen und Praxen geprägt.

Allgemein ist aber darauf hinzuweisen, dass das für einen Rechtsstaat wichtige Prinzip der Rechtssicherheit und Vorhersehbarkeit Vorsicht bei Neuerungen gebietet, insbesondere bei abrupten Änderungen. Stets ist zu berücksichtigen, dass Recht eine Vorgeschichte hat und auf früherem Recht und auf Erfahrungen mit früherem Recht aufbaut. Die Bedeutung geschichtlicher Entwicklung für die Herausbildung aktuell besonders

---

28 Dazu siehe allgemein Welsch (Fn. 9), S. 280; Hornung (Fn. 2), S. 158 f.

wichtiger Institute zeigt Pascale Cancik in ihrem Beitrag zur „Erfindung" der Beteiligung im Verwaltungsverfahren.

Neuerungen können die verschiedenen Regelungsebenen und -techniken des Rechts betreffen, etwa die Rechts-, Handlungs- und Bewirkungsformen[29], auch die Regelungskonzepte und Strategien rechtlicher Problembewältigung, ebenso die Methodik der Erfassung von Sachverhalten und Realbereichen sowie der Auslegung und Konkretisierung des Normgehalts, aber auch Modifikationen in den maßgebenden normativen Prämissen. Die Rechtsordnung kann auch offen für die Adaption von Änderungen außerrechtlicher Art sein. Beispiele sind Änderungen im Stand von Wissenschaft und Technik, die durch dynamische Verweisungen in Normen rechtlich folgenreich werden, aber auch Änderungen im gesellschaftlichen Wertehaushalt, die etwa über Begriffe wie die der öffentlichen Ordnung oder der guten Sitten in das Recht transferiert werden. Änderungen im gesellschaftlichen Umfeld können sich auch in Gestalt des Verfassungswandels durch Rechtsprechung auswirken.[30]

F. Innovationsermöglichung durch Optionenräume im Recht

Dass Rechtsinnovationen auch ohne Änderung des Wortlauts der Normen auf rechtsfehlerfreie Weise möglich sind, beruht auf der relativen Offenheit vieler Normprogramme.[31] Für den Normgeber ist es angesichts der Komplexität gesellschaftlicher Verhältnisse, der Vielfältigkeit möglicher Problemlagen und des steten Wandels ausgeschlossen, alle Problemsituationen vorherzusehen und für sie maßgeschneiderte Lösungen zu entwickeln und als Normprogramm anzubieten. Auch stößt es auf Grenzen praktischer Machbarkeit, alles normativ Lösungsbedürftige in eindeutiger Weise sprachlich zu regeln. Im Übrigen ist auf die in der Linguistik beton-

---

29 Einem besonders „milden" Typ staatlicher Anreizsteuerung (den „Nudges") gilt der Beitrag von Smeddinck, i. d. B., S. 417 ff.

30 Zu ihm s. – m.w. Hinw. zu der – durchaus kontroversen – Literatur s. L. Michael, Die verfassungswandelnde Gewalt, Rechtswissenschaft 2014, S. 426 ff.

31 Die Literatur zur Offenheit von Normen ist zahlreich. Siehe statt vieler F. Müller/R. Christensen, Juristische Methodik, Bd. I, Grundlegung für die Arbeitsmethoden der Rechtspraxis, 11. Aufl. 2013, S. 541 ff. und passim.; M. Jestaedt, Maßstäbe des Verwaltungshandelns, in: D. Ehlers/H. Pünder (Hrsg.), Allgemeines Verwaltungsrecht, 17. Aufl. 2016, § 11; J. Pfefferl, Die Dichotomie konditionaler und finaler Normen, 2014, S. 30 ff. m. w. Nachw. in Fn. 55.

te und in weiten Teilen der Rechtswissenschaft rezipierte These zu verweisen, dass die Annahme mehr oder weniger fester, dem Interpretationssubjekt vorgegebener Textbedeutungen schon aus sprechtheoretischen Gründen grundsätzlich nicht haltbar sei.[32]

Sind Normen unter Nutzung auslegungsbedürftiger Begriffe formuliert, sind bei der Normanwendung unterschiedliche Begriffe einander zuzuordnen oder sind Normen in ein Gefüge anderer Normen eingebaut – etwa in das Mehrebenensystem der EU –, dann ergeben sich bei der Normkonkretisierung häufig zusätzliche Spielräume.

Im Ausmaß ihrer Offenheit ermöglichen Normen die Wahl zwischen unterschiedlichen, je für sich vertretbaren Optionen der Normkonkretisierung und -anwendung. Solche Optionenräume können das "Einfallstor" auch für signifikante Neuerungen im Recht und damit sowohl für die Verwirklichung des Ziels der Innovationsoffenheit als auch für Wege zur Sicherung von Innovationsverantwortung sein.[33]

G. Akteure

Aus dem Kreis der für die Entstehung von Neuerungen maßgebenden Akteure seien wichtige Gruppen besonders hervorgehoben.

I. Normgeber

Bei der Schaffung oder Änderung von Normen kann der Gesetzgeber innovative Ansätze verfolgen. Dies gilt auch – in den Grenzen des Art. 79 Abs. 3 GG – für Verfassungsänderungen. Betont sei allerdings erneut, dass nicht jede Normänderung die Anforderungen des Innovationsbegriffs im hier zugrunde gelegten Sinn erfüllen muss. Ungeachtet des grundsätzlich weiten Gestaltungsauftrags des Verfassungs-/Gesetzgebers gibt es auch praktische, rechtlich fundierte Grenzen. Ein Beispiel dafür zeigt sich im Europarecht, das zwar in hohem Maße Innovationsmotor für die nationale

---

32 Siehe statt vieler D. Busse, Juristische Semantik, 2. Aufl. 2010, S. 241 ff.

33 Zu diesen beiden Begriffen siehe W. Hoffmann-Riem, Innovationsoffenheit und Innovationsverantwortung durch Recht, in: AöR 131 (2006), S. 255 ff.

Gesetzgebung geworden ist,[34] aber – wie Jens-Peter Schneider in seinem Beitrag betont – angesichts der Schwierigkeiten des Verfahrens der Rechtsänderung in Verbindung mit der Detailliertheit der EU-Verträge Situationen des Lock-In produzieren kann.

Soweit Normen aber neue Wege einschlagen, um Probleme anders als bisher zu lösen, ist jedenfalls das Kriterium der Neuheit gegeben. Bei Verfassungsänderungen dürfte sich die ergänzend wichtige Signifikanz meist schon aus dem Rang als Verfassungsrecht ergeben. Aber auch bei anderen Normen ist die Signifikanz einer Neuerung angesichts der Bindung aller Adressaten an die (generell abstrakten) Normen grundsätzlich gegeben – es sei denn, es handele sich um praktisch folgenlose (etwa rein symbolische) Normierungen. Neuartigkeit und Signifikanz können auch zu bejahen sein, wenn eine Regelung aus einer anderen Rechtsordnung übernommen wird[35] – also dort nicht neu ist, wohl aber in der aufnehmenden Rechtsordnung –, etwa bei der Anpassung deutschen Rechts an solche supranationalen EU-Vorgaben, die ihrerseits Vorbildern aus anderen Rechtsordnungen folgen.

II. Gerichte

Als wichtiger Akteur für Innovationen im Recht sind die Gerichte zu nennen. Mittel von Innovationen ist die richterliche Rechtsfortbildung.[36]

---

34 Dazu siehe E. J. Lohse, Rechtsangleichungsprozesse in der Europäischen Union, Habilitationsschrift Universität Freiburg, Manuskript 2015.

35 Zu Rechtsadaption, Rechtsmigration, legal transplants oder traveling concepts siehe beispielsweise C. Schönberger, Verwaltungsrechtsvergleichung: Eigenheiten, Methode und Geschichte, in: H. von Bogdandy/S. Cassese/P. M. Huber (Hrsg.), Handbuch Ius Publicum Europaeum, Bd. IV, § 71, Rn. 25 ff., 2011 sowie S. Baer, i. d. B., S. 269, 271 f.

36 Zur Möglichkeit und den Grenzen insbesondere von richterlicher Rechtsfortbildung siehe statt vieler BVerfGE 49, 304, 318 ff.; 69, 375, 394 f.; 111, 54, 81 f.; 118, 122, 243; 122, 248, 257 ff. (mit dem Sondervotum S. 282 ff.); 138, 377, Rn. 39 ff. Aus der Literatur siehe statt vieler die Beiträge in Juristische Fakultät der Universität Heidelberg, Richterliche Rechtsfortbildung (1986) sowie in C. Bumke, Richterrecht zwischen Gesetzesrecht und Rechtsgestaltung (2012). Siehe ferner R. Wank, Rechtsfortbildung (1978); K. Larenz/C.-W. Canaris, Methodenlehre der Rechtswissenschaft, 1995, S. 232 ff; P. O. Mülbert, Einheit der Methodenlehre? in: AcP 2014, S. 188, S. 196; Michael (Fn. 30); Siehe ferner die Hinweise in dem Beitrag von Volkmann i. d. B.

Rechtsfortbildung kann und soll insbesondere darauf zielen, den präskriptiven Prämissen einer Norm auch angesichts veränderter Rahmenbedingungen zu Orientierungspunkten für neue Problemlösungen zu verhelfen. Dabei muss der das Recht fortbildende Rechtsanwender selbstverständlich die Rechtsmacht des Gesetzgebers und damit den Grundsatz der Gewaltengliederung respektieren. Er muss den vom Gesetzgeber umschriebenen – allerdings je aktuell zu konkretisierenden – Sinn und Zweck der Norm auch und gerade unter gewandelten Bedingungen zur Geltung bringen.[37] Das setzt einen Akt sozialer Konstruktion des aktuell geltenden Rechts voraus.

Rechtsfortbildung können auch die europäischen Gerichte betreiben. Ein besonders wichtiger Akteur ist – wie Jörg Terhechte in seinem Beitrag schildert – der Europäische Gerichtshof[38], der innovative Ansätze insbesondere als Mittel zur Forcierung der europäischen Integration eingesetzt hat. Genannt seien nur die "Erfindungen" der Kategorie supranationalen Rechts oder unionaler Grundrechte und weitere Ansätze zur Konstitutionalisierung.[39] Während Jörg Terhechte die Aktivitäten des EuGH als Integrationsmotor durchgängig positiv bewertet und weitere Integrationsschritte fordert, fragt Dieter Grimm in seinem Kommentar nach den demokratischen und rechtsstaatlichen Kosten dieser Strategie und fordert dazu auf, die europäische Integration auch vor einigen ihrer Innovationen zu retten. An diesem Disput wird beispielhaft deutlich, dass Wertungsdissense selbstverständlich auch in der Innovationsforschung bedeutsam sind.

Ein besonders wichtiger Innovationsakteur ist in Deutschland das Bundesverfassungsgericht. Es hat eine Vielzahl von Innovationen "hervorgebracht", insbesondere im Bereich der Grundrechte. Aber auch die Fachgerichte, insbesondere die höchstinstanzlichen, sind als Innovatoren hervorgetreten. Beispielhaft sei die vom Bundesgerichtshof vorgenommene Entwicklung des Allgemeinen Persönlichkeitsrechts genannt.[40]

---

37 Dazu etwa BVerfGE 96, 375, 395 f. Ich habe verschiedentlich vorgeschlagen, dabei in einem "Dreischritt" vorzugehen, siehe etwa W. Hoffmann-Riem, Methoden einer anwendungsorientierten Verwaltungsrechtswissenschaft, in: Schmidt-Aßmann/W. Hoffmann-Riem (Hrsg.), Methoden der Verwaltungsrechtswissenschaft, 2004, S. 9, 51 ff.

38 Zur Rechtsfortbildung durch den EuGH siehe statt vieler N. Grosche, Rechtsfortbildung im Unionsrecht, 2011, insbes. S. 275 ff.

39 Dazu Terhechte, i. d. B., S. 164 ff.

40 Siehe BGHZ 13, 334, 338 f.

Beispiele für Rechtsinnovationen durch das Bundesverfassungsgericht gibt es in großer Zahl.[41] Allem Anschein nach waren diese innovativen Aktionen des BVerfG auch eine Reaktion auf das Scheitern der Weimarer Republik und die Erfahrungen mit dem Nationalsozialismus. Es ging auch um den Versuch, obrigkeitsstaatliche Rudimente zu überwinden und die Fähigkeit zu einem autonomen individuellen und kollektiven Handeln rechtlich abzusichern. Auch reagierte das Gericht auf aktuelle Änderungen in den gesellschaftlichen, kulturellen, technologischen, wirtschaftlichen, sozialen u. a. Rahmenbedingungen.

Erwähnt seien aus der Rechtsprechung des BVerfG nur einzelne grundrechtliche Innovationen. Eine besonders weitreichende – vom Bundesverfassungsgericht immer weiter ausgebaute – Innovation sind die Rechtsfigur objektiv-rechtlicher Grundrechtsgehalte[42] und die mit ihr verbundene Entwicklung von staatlichen Schutzpflichten und Gewährleistungsaufträgen. Hier reagierte das Gericht nicht zuletzt auf die Abhängigkeit der Freiheitsentfaltung der Bürgerinnen und Bürger von Bedingungen, die diese Freiheitsausübung auch real ermöglichen und die gegebenenfalls staatlich geschaffen oder gefördert werden müssen. Die Reichweite der gewählten Konstruktion für die grundrechtliche Durchdringung aller Lebensbereiche war offensichtlich nicht von vornherein erkannt worden, wurde aber zwischenzeitlich durch viele weitere Entscheidungen abgeklärt. Die Konstruktion objektiv-rechtlicher Normgehalte hat – wenn auch nicht in vollem Umfang – ebenfalls im Wege des Transfers Anerkennung im Bereich der EU- und EMRK-Freiheitsrechte gewonnen, auch im Völkerrecht.[43]

Innovativ war die Fortentwicklung einzelner Grundrechtsnormen durch Aufnahme neuer Konkretisierungen, etwa die Entwicklung der allgemeinen Handlungsfreiheit zu einem Hauptfreiheitsrecht (wenn auch subsidiär gegenüber anderen Grundrechtsnormen).[44] Wegweisend war ferner die Adaption der vom Bundesgerichtshof entwickelten Rechtsfigur des Allgemeinen Persönlichkeitsrechts als eine eigenständige verfassungsrechtliche

---

41 Hornung hat den wichtigen Ausschnitt der Grundrechtsinnovationen eingehend in seiner Habilitationsschrift (Fn. 2) beschrieben. S. auch Hoffmann-Riem, Innovation und Recht (Fn. 1), §§ 34, 35.

42 Grundlegend: BVerfGE 7, 398, 203 ff.

43 Dazu siehe T. Marauhn, Sicherung grund- und menschenrechtlicher Standards gegenüber neuen Gefährdungen durch private und ausländische Akteure, in: VVdStRL 74 (2015), S. 373, insbes. S. 384 ff.

44 BVerfGE 6, 32, 36 ff.

Kategorie.[45] Als Grundlage dafür kombinierte das Gericht Art. 2 Abs. 1 mit Art. 1 Abs. 1 GG. Auf dieser Basis und in Reaktion insbesondere auf neue Gefährdungspotentiale im Zusammenhang technologischer Entwicklungen im IT-Bereich folgte dessen Fortentwicklung zum Grundrecht auf informationelle Selbstbestimmung[46] und weiter zu einem Grundrecht auf Gewährleistung der Vertraulichkeit und Integrität informationstechnischer Systeme.[47]

Hervorzuheben sind auch innovative Fortentwicklungen in Reaktion auf gesellschaftliche Veränderungen im Bereich gesellschaftlicher Wertvorstellungen und Lebensformen,[48] so – wie Gabriele Britz in ihrem Beitrag näher erläutert – im Bereich von Familie und Lebenspartnerschaft. Dabei entfaltet der Gleichheitssatz des Art. 3 GG eine besonders nachhaltige Innovationskraft, wie auch Martin Eifert beschreibt. Dies betrifft nicht nur den Bereich der Familie, sondern auch Fragen der Gleichstellung in anderen Feldern, so im unternehmerischen Bereich. Hier sei auf die Ausführungen von Susanne Baer in diesem Bande verwiesen.

Auch im Felde der Schrankensetzung ist das Bundesverfassungsgericht innovativ vorgegangen. Martin Eifert verdeutlicht dies am Beispiel des präventiven Richtervorbehalts. Christian Bumke behandelt als eine besonders wichtige Neuerung die Herausbildung des Verhältnismäßigkeitsgrundsatzes. Dieser ist eine gemeinschaftliche Innovation im Zusammenwirken von Rechtswissenschaft, gerichtlicher, insbesondere verwaltungsgerichtlicher, Praxis und Verfassungsgerichtsbarkeit. Zwischenzeitlich ist dieser Grundsatz auch in anderen Rechtsordnungen, so im Recht der Europäischen Union[49] und in der EMRK[50], anerkannt.

---

45 BVerfGE 34, 238, 245 f.

46 BVerfGE 65, 1, 41 ff.

47 BVerfGE 120, 274, 313 ff.

48 Dazu vgl. statt vieler Peuckert, Familienform und sozialer Wandel, 2008; F. Brosius-Gersdorf, Soziale Elternschaft, in: JöR 2014, S. 179 ff.; M. Böhm, Dynamische Grundrechtsdogmatik von Ehe und Familie? In: VVDStRL 73 (2014), S. 222 ff.

49 Siehe etwa Art. 5 EUV, in: C. Calliess/M. Ruffert (Hrsg.), EUV. AEUV. Kommentar, 4. Aufl. 2011, Rn. 44 ff. zu Art. 5 EUV; J. Saurer, Der kompetenzrechtliche Verhältnismäßigkeitsgrundsatz im Recht der Europäischen Union, JZ 2014, S. 281 ff.

50 S. statt vieler C. Grabenwarter/K. Pabel, Europäische Menschenrechtskonvention, 6. Aufl. 2015, § 18, Rn 14 ff.

III. Rechtswissenschaft

Judikative Rechtsänderungen werden üblicherweise unter dem Stichwort der Rechtsfortbildung thematisiert. Auch insofern gilt, dass die Durchsetzung von Konzepten, Ideen oder rechtlichen Konstruktionen im Feld praktischer Wirksamkeit sich nicht von selbst herstellt. Uwe Volkmann hat in diesem Band eine Vielzahl von Gelingensvoraussetzungen von Rechtsfortbildung aufgelistet und damit verdeutlicht, wie voraussetzungsvoll es ist, dass Ideen auch rechtlich folgenreich werden. Schon vor längerer Zeit hat Jan Harenberg versucht, richterliche Innovationsstrategien zu identifizieren.[51] Dabei unterscheidet er institutionell orientierte Strategien, etwa dadurch, dass der innovative Charakter von Rechtsprechung möglichst hinter der Darstellung von Kontinuität verborgen wird, oder durch die Darstellung als geringfügige, nur ergänzende Differenzierung. Das Herunterspielen des innovativen Charakters von Neuerungen beschreibt auch Uwe Volkmann. Denkbar und beobachtbar sind aber auch offene Innovationen unter Betonung der abweichenden Punkte.

Ein weiterer Innovationsakteur – häufig aber auch Kritiker von Neuansätzen – ist die Rechtswissenschaft selbst. Rechtswissenschaftler wirken vielfach als Ratgeber, als Mitglieder in Kommissionen oder als Sachverständige in Gesetzgebungsvorhaben sowie in Gerichtsverfahren (insbesondere beim BVerfG) mit oder versuchen, durch ihre wissenschaftlichen Analysen oder durch Vorschläge für Neukodifikationen auf die Innovationsaktivitäten der Innovationsakteure, insbesondere der Gesetzgebung, einzuwirken. Beispiele benennt Jens-Peter Schneider in seinem Beitrag.

Ideen und Konzeptualisierungen oder auch Anregungen für neue rechtliche Institute fallen noch in das Stadium der Invention,[52] solange sie nicht durch Diffusion folgenreich in die Praxisbereiche der Gesetzgebung oder Rechtsanwendung gelangt und dadurch signifikant geworden sind. Für die

---

51 J. Harenberg, Vorverständnis und Innovation. Ein Rahmenkonzept empirischer Innovationsanalyse, in: Harenberg/Podlech/Schlink (Fn. 13), S. 265, 285 ff.

52 Die allgemeine Innovationswissenschaft unterscheidet unterschiedliche Stadien von Neuerungen, insbesondere: die Idee, die Entdeckung/Kognition, die Erfindung/Invention, die Innovation (als Umsetzung im Bereich praktischer Anwendung), die Diffusion, die Weiterentwicklung, die Variation, die Kombination mit anderen innovativen Produkten/Verfahren oder Institutionen.

Beeinflussung der Gerichtspraxis durch die Rechtswissenschaft gibt es viele Beispiele.[53]

Der Implementation einer Invention als Innovation kann es dienen, wenn die in der Praxis und in der Wissenschaft erfolgte Fortentwicklung des Rechts im Kontext der Rechtsdogmatik systematisiert und dadurch zu dekontextualisierten Argumentationsfiguren bei der Anwendung von Recht verstetigt wird.

IV. Sonstige Entscheidungsträger

Selbstverständlich gibt es noch weitere Akteure der Ermöglichung und Durchsetzung von Innovationen im Recht. Auf Möglichkeiten innovativer Konstruktionen in Allgemeinen Geschäftsbedingungen durch Vertragsgestaltungen oder durch Verwaltungspraxis wurde schon verwiesen. „Treiber“ solcher Praxisinnovationen können u. a. Unternehmen, Verbände, Anwaltskanzleien oder Verwaltungsbehörden sein. Zu nennen sind ferner private Schiedsinstanzen.[54] Bei der sogenannten Konstitutionalisierung im Bereich trans- bzw. internationalen Rechts[55] lassen sich ebenfalls vielfältige Rechtsinnovationen beobachten, und zwar sowohl im hard law als auch im soft law.

H. Erscheinungsformen von Neuerungen

Die Erscheinungsformen von Neuerungen müssen auf die jeweiligen Anstöße sowie auf die Verwirklichungsbedingungen abgestimmt sein. Dies setzt ein Eingehen auf die Besonderheiten der jeweils betroffenen Bereiche voraus. Ein wichtiges Feld rechtlicher Innovationen ist der Umgang mit emergenten Technologien. Dazu gehört die von Arno Scherzberg in seinem Beitrag behandelte Nanotechnologie. Für den Umgang mit deren Risikopotentialen gibt es allerdings noch keine angemessenen Vorkehrun-

---

53 S. statt vieler etwa die Beobachtungen von H. Schulze-Fielitz, Notizen zur Rolle der Verwaltungsrechtswissenschaft für das Bundesverwaltungsgericht, in: Staatsrechtslehre als Mikrokosmos, 2013, S. 403, 411 ff..

54 Zu einem Beispiel unter vielen s. S. Huster, i. d. B., S. 263

55 Dazu siehe statt vieler T. Viellechner, Transnationalisierung des Rechts, 2013, S. 78 ff. m. w. Hinw.

gen in der Rechtsordnung, so dass Innovationen im Recht noch ausstehen. Einen anderen Anstoß schaffen im Bereich des Gesundheitswesens die mit dem medizinisch-technischen Fortschritt verbundenen Herausforderungen, die Stefan Huster zum Ausgangspunkt seines Beitrags nimmt. Das von ihm behandelte Beispiel der genetischen Diagnostik muss auch durch das Recht begleitet und vom Recht verarbeitet werden, etwa durch Neu-Konkretisierung des Krankheitsbegriffs. Andere Beiträge in diesem Band reagieren auf die Digitalisierung (insbesondere die Beiträge von Dan Wielsch und Michael Fehling). Änderungen in den soziokulturellen Rahmenbedingungen werden insbesondere in den Beiträgen von Gabriele Britz und Susanne Baer behandelt. In der bisherigen rechtswissenschaftlichen Diskussion werden Prozesse der Neuerung im Recht meist mit dem Blick auf Vorgänge der Rechtsfortbildung, insbesondere auf die Frage ihrer Rechtmäßigkeit,[56] erarbeitet. Rechtsfortbildung ermöglicht insbesondere normative Reaktionen auf Veränderungen im Realbereich, also in dem Ausschnitt der technologischen, ökonomischen, politischen, kulturellen, ökologischen u. a. Realität, in dem typischerweise Probleme entstehen, die mithilfe der jeweiligen Norm gelöst werden sollen.

Aus innovationswissenschaftlicher Sicht können etwa Fragen nach rechtlichen oder nichtrechtlichen Anstößen für Rechtsfortbildung gestellt werden; bedeutsam ist aber auch die Art ihrer Diffusion oder die Klärung, wie voraussetzungsvoll es ist, dass Ideen auch rechtlich folgenreich werden.[57]

Für Rechtsinnovationen in Reaktion auf die Veränderung gesellschaftlicher, technologischer, kultureller u. ä. Rahmenbedingungen finden sich in diesem Bande weitere Beispiele. Ulrich Smeddinck verweist auf Folgeprobleme der Nutzung atomarer Energie, die aktuell u. a. zu Problemen bei der Suche eines Standorts für atomare Endlager führen. Deren Bewältigung führt gegenwärtig zum Umbau des Regelungsdesigns mit dem Versuch auch der Veränderung der „Kultur des Umgangs“ miteinander in einem gesellschaftlich hoch kontroversen Feld. Jens Kersten zeigt in seinem Beitrag, dass und wie das Demokratieprinzip und demokratische Prozesse sich durch die digitalen Informationstechnologien in Kombination mit deren Nutzung im Rahmen sozialer Dienste verändern. Er plädiert dafür, nicht kulturpessimistische Verlustrechnungen aufzustellen, wohl aber

56 S. die Hinweise in Fn. 36.

57 Diesem Thema gilt der Beitrag von Volkmann zu den Gelingensvoraussetzungen i. d. B.

nach neuen demokratischen Legitimationspotentialen zu suchen. Die "emergente Kollektivität" der vielen und unterschiedlichen Akteure im Netz enthält aus seiner Sicht erhebliche Potentiale für gemeinsames Handeln und dabei auch Potentiale zur Neukomposition demokratischer Öffentlichkeit. Dies thematisiert er im Hinblick auf die Möglichkeit (auch Schwierigkeit) der Entstehung einer "Online-Partizipationskultur", auf Chancen für einen plebiszitären Institutionenwandel, aber auch auf neue Möglichkeiten der Ausgestaltung einer partizipativen und assoziativen Demokratie. Solche Entwicklungen haben bisher nur begrenzt zu Innovationen im geschriebenen Recht oder auch nur in der Rechtsanwendung geführt, sind aber aus Sicht von Jens Kersten Anzeichen für eine mittelbare Rechtsfortbildung durch ein Neuverständnis des Demokratieprinzips mit Ausstrahlungswirkungen in verschiedene Rechtsbereiche. Die Folgerungen in der Rechtsordnung mögen zunächst kleinteilig sein, wie etwa die im Jahre 2005 eingeführte öffentliche Petition,[58] können aber zu grundsätzlichen Veränderungen der Entscheidungsprozesse in Demokratien werden.

Erscheinungen neuer Kollektivität zeigen sich auch in den Bereichen von Open Software, Open Access und Open Innovation. Dan Wielsch ordnet solche Entwicklungen in das Konzept von Gemeinschaftsgütern, das er als ein alternatives juristisches Denkmodell versteht. Er zeigt die Notwendigkeit und Möglichkeit von Neukonzeptionen in der Rechtsordnung, insbesondere im Immaterialgüterrecht. Zum Thema gehört ebenfalls die Problematik von Open-Access-Publikationen, die auch Michael Fehling – dieser verstärkt unter Behandlung rechtsdogmatischer Folgeprobleme – aufgreift.

I. Auf der Suche nach einer Theorie von Rechtsinnovationen

An diesen Beispielen wird deutlich, dass es eine weite Palette von Rechtsinnovationen und der für sie verantwortlichen Akteure gibt. Jens-Peter Schneider unterscheidet – nach dem Muster der Gewaltengliederung – legislative, judikative (dazu zählen auch Rechtsinnovationen auf verfas-

58 Dazu siehe A. Guckelberger, Neue Erscheinungen des Petitionsrechts: E-Petition und öffentliche Petition, DÖV 2008, S. 85 ff.; H. Bauer, Partizipation durch Petition – zu Renaissance und Aufstieg des Petitionsrechts in Deutschland und Europa, DÖV 2014, S. 453 ff.

sungsgerichtlicher Ebene), administrative sowie als weitere Rubrik selbstregulativ-private Rechtsinnovationen. Eine weitere Aufgabe ist die der Suche nach einer Antwort auf die Frage, ob und wieweit sich die Anlässe und Erscheinungsformen in diesen Rubriken unterscheiden und wieweit sich strukturelle Gleichzeitigkeiten zeigen.

Für den besonders wichtigen Bereich der (insbesondere gerichtlichen) Rechtsfortbildung benennt Uwe Volkmann intrinsische und extrinsische Gelingensvoraussetzungen. Ferner benennt er eine Reihe von Elementen, die für einen innovationswissenschaftlichen Blickwinkel wichtig sind: Methodik, Strategie, Autorität, Kohärenz, Adäquanz und Akzeptabilität. Eine spezifische innovationsrechtliche Betrachtung wählt Jens-Peter Schneider, wenn er die Bedeutung der Leitfragen der Innovationsoffenheit und Innovationsverantwortung betont, aber auch auf die Maßgeblichkeit von Instrumenten und Strategien zur Durchsetzung und Stabilisierung von Rechtsinnovationen sowie auf die Erheblichkeit unterschiedlicher Diskursarenen und damit auch der jeweiligen institutionellen Rahmenbedingungen verweist.

Solche Überlegungen bedürfen weiterer Vertiefung. Für die Formulierung einer Theorie von Rechtsinnovationen ist es noch zu früh. Das Thema beginnt ja erst – und das auch relativ zaghaft –, in der Rechtswissenschaft Fuß zu fassen. In den sonstigen innovationswissenschaftlichen Disziplinen ist es noch gar nicht angekommen. Insofern versteht sich dieser Band als Aufforderung zur Fortsetzung und Vertiefung des wissenschaftlichen Diskurses über die Bedingungen und Möglichkeiten von Neuerungen im Recht, die dazu beitragen, soziale Probleme unter den je aktuellen Ausgangsbedingungen normativ verantwortungsvoll zu bewältigen.

I. Teil: Methodenfragen

Innovationen im Recht – Methodische Zugriffe*

Martin Eifert

Inhalt

---

* Für wertvolle Unterstützung danke ich meinen Mitarbeitern Herrn Johannes Gerberding und Herrn Philipp Bauer.

A. Innovation und Recht – Methodische Zugriffe

Innovation und Recht haben in der wissenschaftlichen Bearbeitung eine vergleichsweise junge Beziehungsgeschichte. Innovation wurde als umfassenderer Gegenstand rechtswissenschaftlicher Forschung von Wolfgang Hoffmann-Riem Ende des letzten Jahrtausends auf die Agenda der Rechtswissenschaft gesetzt. Der 1998 von ihm gemeinsam mit Jens-Peter Schneider herausgegebene Band 1 der „Schriften zur rechtswissenschaftlichen Innovationsforschung" mit dem gleichnamigen Titel[1] bildete hierbei einen institutionalisierten Startschuss, mit dem die Rechtswissenschaft den Anschluss an die in anderen Disziplinen bereits etablierte Innovationsforschung gewinnen sollte. In den Blick genommen wurden „Innovationen durch Recht" und „Innovationen im Recht".[2]

Weil schnell deutlich wurde, dass beide Teile unterschiedliche Forschungsagenden verlangen, wurde zunächst nur auf den ersten Teil fokussiert.[3] Dieser wurde über die früh geprägte Formel des „innovationserheblichen Rechts"[4] umfassend auf die Wechselbeziehung von Innovationen als Forschungsgegenstand und dem Recht als Medium gesellschaftlicher Problemlösung eingestellt.

I. (Technische) Innovationen als Gegenstand des Rechts

Sowohl das Ziel, Anschluss an die Innovationsforschung insgesamt zu finden, als auch die interdisziplinäre Anlage des Unterfangens legten es nahe,

---

1 W. Hoffmann-Riem/J.-P. Schneider, Rechtswissenschaftliche Innovationsforschung, 1998.

2 Vgl. W. Hoffmann-Riem, Innovationen durch Recht und im Recht, in: Schulte (Hrsg.), Technische Innovation und Recht – Antrieb oder Hemmnis, 1997, S. 3, 5 ff., 29 ff.; ders., Vorüberlegungen zur rechtswissenschaftlichen Innovationsforschung, in: ders./J.-P. Schneider, Rechtswissenschaftliche Innovationsforschung, S. 14, ders., Zur Eigenständigkeit rechtlicher Innovationsforschung, ebenda, S. 389.

3 Vgl. W. Hoffmann-Riem, Rechtswissenschaftliche Innovationsforschung als Reaktion auf gesellschaftlichen Innovationsbedarf, in: M. Eifert/ders. (Hrsg.), Innovation und rechtliche Regulierung, 2002, S. 26, 31 f.

4 W. Hoffmann-Riem, Zur Notwendigkeit rechtswissenschaftlicher Innovationsforschung, in: D. Sauer/C. Lang (Hrsg.), Paradoxien der Innovation, 1999, S. 229, 234.; ders., Recht als Instrument der Innovationsoffenheit und der Innovationsverantwortung, in: H. Hof/U. Wengenroth (Hrsg.), Innovationsforschung, 2007, S. 387, 387 ff.

zunächst technische Innovationen in den Vordergrund zu rücken. Diese standen im Zentrum der Zugriffe anderer Disziplinen[5] und bildeten als „technischer Fortschritt" einen grundsätzlich auch rechtswissenschaftlich bekannten, wenngleich bis dato nur einseitig als Bewältigungsproblem bearbeiteten Gegenstand.[6] In einer vereinfacht dargestellten Form[7] stellt sich das Forschungsprogramm hier so dar, dass der Innovationsprozess unter Rückgriff auf die Erkenntnisse der anderen Disziplinen und in seinen Wechselwirkungen verstanden werden musste. Auf dieser Grundlage konnte dann verständig über gezielte Einwirkungen des Rechts im Sinn einer Förderung[8] oder gemeinwohlverträglichen Umhegung von Innovationen (Innovationsverantwortung)[9] nachgedacht werden.[10] Insgesamt 10 Bände „Schriften zur rechtswissenschaftlichen Innovationsforschung"[11]

---

5 Siehe nur die Überblicke aus rechtswissenschaftlicher Perspektive von S. Neveling/S. Bumke/J.-H. Dietrich, Ansätze wirtschaftswissenschaftlicher und soziologischer Innovationsforschung, in: W. Hoffmann-Riem/J.-P. Schneider, Rechtswissenschaftliche Innovationsforschung, S. 1 ff. und bei G. Hornung, Grundrechtsinnovationen, 2015, S. 135 ff.; knapper Überblick aus betriebswirtschaftlicher Perspektive etwa L. Hermann, Innovationsmanagement in Business-to-Business Geschäftsbeziehungen, 2009, S. 11 ff.

6 Exemplarisch D. Murswiek, Die Bewältigung der wissenschaftlichen und technischen Entwicklungen durch das Verwaltungsrecht, VVDStRL 48 (1989), S. 206 ff.; ausdifferenzierte Vorschläge zur Beeinflussung der technischen Entwicklung durch Recht entwickelte insbesondere A. Roßnagel, vgl. nur Ansätze zu einer rechtlichen Steuerung des technischen Wandels, in: P. Marburger (Hrsg.), Jahrbuch des Umwelt- und Technikrechts 1994, 1994, S. 425, 447 ff.; ders., Rechtswissenschaftliche Technikfolgenabschätzung, 1993; zur Verknüpfung der fortgeschrittenen rechtswissenschaftlichen Bearbeitung der technischen Entwicklung mit dem Innovationsrecht W. Hoffmann-Riem, Risiko- und Innovationsrecht im Verbund, Die Verwaltung 38 (2005), S. 145 ff.

7 Eine ausführliche Darlegung der theoretisch-methodischen Grundlagen findet sich bei A. Scherzberg, Innovation und Recht – Zum Stand der rechtswissenschaftlichen Innovationsforschung, in: W. Hoffmann-Riem, Offene Rechtswissenschaft, 2010, S. 273, 281 ff.

8 Vgl. nur die Beiträge in M. Eifert/W. Hoffmann-Riem (Hrsg.), Innovationsfördernde Regulierung, 2009.

9 Vgl. W. Hoffmann-Riem, Innovationsoffenheit und Innovationsverantwortung durch Recht, AöR 131 (2006), S. 255, 261 ff.

10 Vgl. neben den Untersuchungen in den vorgenannten Bänden etwa S. Augsberg, Innovative Versorgungsstrukturen im Gesundheitswesen, JÖR 61 (2013), S. 579, 587 ff.

11 S. Rutkowski, Innovationsförderung im Telekommunikationsrecht zwischen Netzzugang und Regulierungsfreistellung, 2009; E. Khorrami, Bundestagswahlen per

und 4 Bände „Innovation und Recht"[12] weisen aus, wie anspruchsvoll und wie ertragreich der Ansatz war.[13]

II. Innovationen im Recht

Die Frage nach Innovationen im Recht greift den zweiten, in den 1990er Jahren bereits angelegten und zunächst in den Hintergrund gerückten Strang einer rechtswissenschaftlichen Innovationsforschung auf. Dabei geht es nicht, oder zumindest nicht vorrangig, um Rückwirkungen, die aus der Aufgabe einer Innovationsbegleitung auf das Recht selbst erfolgen und damit Reflexe des zuvor beschriebenen Ansatzes sind.[14] Es geht um Innovationen im Recht als ein eigenständiges Phänomen. Der Beitrag möchte der gerade zu Beginn dieses Unterfangens nahe liegenden Frage nachgehen, welche Zugriffe auf diesen Gegenstand und welche Methoden für seine Bearbeitung möglich und produktiv sind. Denn schon beim ersten Blick wird deutlich, dass sich das Programm methodisch weniger von selbst entfaltet als die Untersuchung des innovationserheblichen Rechts. Es geht nicht um eine äußere Relation, bei der Innovation und Recht unterschiedliche Bereiche sind, die sich verstehen und ins Verhältnis setzen lassen. Auch ist das Recht nicht Gegenstand der Innovationsforschung anderer Disziplinen, so dass sich weder der Anschlusspunkt noch die Inspiration dort von selbst erklärt. Nachfolgend soll deshalb zunächst der Frage

---

Internet, 2006; H.-H. Trute/W. Denkhaus/D. Kühler, Regelungsstrukturen der Kreislaufwirtschaft zwischen kooperativem Umweltrecht und Wettbewerbsrecht, 2004; L. Schreiber, Elektronisches Verwalten, 2003; K.-H. Ladeur, Innovationsoffene Regulierung des Internet, 2003; M. Eifert/W. Hoffmann-Riem (Hrsg.), Innovation und rechtliche Regulierung, 2002; W. Hoffmann-Riem (Hrsg.), Innovation und Telekommunikation, 2000; ders./J.-P. Schneider (Hrsg.), Rechtswissenschaftliche Innovationsforschung, 1998; ders., Reform der Justizverwaltung, 1998; A. Finckh, Regulierte Selbstregulierung im Dualen System, 1998.

12 Siehe die jeweils von W. Hoffmann-Riem und M. Eifert herausgegebenen Bände: Geistiges Eigentum und Innovation, 2008; Innovationsfördernde Regulierung, 2009; Innovationsverantwortung, 2009 sowie Innovation, Recht und Öffentliche Kommunikation, 2011.

13 Ein weiterführendes Zwischenresümee der rechtswissenschaftlichen Innovationsforschung findet sich bei A. Scherzberg, Innovation und Recht – Zum Stand der rechtswissenschaftlichen Innovationsforschung, in: W. Hoffmann-Riem, Offene Rechtswissenschaft, 2010, S. 273 ff.

14 Dazu A. Scherzberg (Fn. 13), S. 293 ff.

nachgegangen werden, welche methodischen Zugriffe auf „Innovationen im Recht" möglich sind. Diese Zugänge prägen zugleich die Rolle und das Verhältnis der Disziplinen bei der Bearbeitung. Anschließend soll einer dieser Zugänge skizzenhaft veranschaulicht werden.

Übernommen werden kann und soll dabei aus der bisherigen Diskussion die allgemeine Charakterisierung von Innovation. Innovationen sind gekennzeichnet durch das signifikant Neue. Dieses ist vorher noch nicht bekannt und zumindest für Dritte entsprechend nicht vorhersehbar. Innovationen im Recht können von der gewöhnlichen Fortentwicklung also durch den größeren und oft in gewisser Weise überraschenden qualitativen Sprung abgegrenzt werden.[15]

1. Innovatives Recht als Produkt oder als Element des Rechtssystems

a) Recht als innovatives, marktfähiges Produkt

Den ersten möglichen Zugang bildet die Analogisierung des Rechts mit den technischen Innovationen. Innovation im Recht ist dann zu verstehen als Herstellung eines innovativen Produkts, das sich am Markt durchsetzt. Methodisch ginge es vor allem um die Anwendung der Erkenntnisse der Innovationsforschung auf Recht.

aa) Ökonomischer Markt für Rechtsprodukte

Der Ansatz ist unmittelbar einsichtig so weit es um einen Markt für Rechtsprodukte geht. Das ist vor allem beim privatautonom gesetzten Recht der Fall. Hier ist davon auszugehen, dass die Rechtsgestaltung in weiten Bereichen durch die Anwaltskanzleien standardisiert ist und Verträge und Vertragsklauseln als Produkte von solchen juristischen Anbietern verstanden werden können. Die Beispiele reichen von familienrechtlichen Verträgen bis zu steueroptimierenden Gesellschaftskonstruktionen. In den USA gibt es Ansätze, über ein solches Verständnis von Verträgen als Rechtsprodukten entsprechende Rechtsentwicklungen in Anlehnung an

15 Vgl. für Grundrechtsinnovationen ähnlich G. Hornung (Fn. 5), S. 137 ff.

die technologiegetriebene Innovationsforschung zu untersuchen.[16] Erfindung und Durchsetzung am Markt folgen hier durchaus Mustern der Technikgenese und Marktdurchdringung.

Ein Problem der Herangehensweise ist, dass dieser Markt mangels eines wirksamen Eigentumsschutzes dieser Produkte durch Patente o.ä. in weiten Teilen ein bewusst intransparent gehaltener Markt ist, den allenfalls erfahrene Praktiker einschätzen können. Es ist ferner ein oft hochspezialisierter Markt mit enger Nachfrage - und damit eine Konstellation, die die allgemeine Innovationsforschung gerade nicht im Fokus hat. Am vielversprechendsten wäre dieser Ansatz wahrscheinlich hinsichtlich Allgemeiner Geschäftsbedingungen,[17] weil diese notwendig relativ öffentlich sind und u.a. von Verbraucherschutzverbänden beobachtet werden. Jenseits der Verwendung bei Endverbrauchern ist hier aber die realisierte Rechtsqualität wegen der sich häufig kreuzenden AGB der Vertragsparteien unklar.

bb) Politischer Markt für Rechtsprodukte

Ein Verständnis von Rechtsinnovationen als Produkten kann auch andere Formen der Verbreitung in den Blick nehmen und dann Erkenntnisse aus der fremddisziplinären Innovationsforschung übertragen. Einschlägig ist vor allem der politische Wettbewerb von Regierungen und Verwaltungen um Wählerstimmen und öffentliche Anerkennung.

Organisationsweisen des Staates und insbesondere staatliche Leistungserbringung (Daseinsvorsorge inkl. Schulen), regulatorische Ansätze und in geringerem Maße vielleicht sogar rechtliche Produkte staatlicher Rechtsanwender (wie etwa Konzessionen oder Nebenbestimmungen für Genehmigungen) sind denkbare Felder. Hier besteht hinsichtlich der „Produkte“ meist notwendig eine hohe Transparenz und Zugänglichkeit.

---

16 Vgl. nur K. E. Davis, Contracts as Technology, 88 NYU Law Review (2013), S. 88 ff.; R. J. Gilson/C. F. Sabel/R. E. Scott, Contract and Innovation: The Limited Role of Generalist Courts in the Evolution of Novel Contractual Forms, 88 NYU Law Review (2013), S. 170 ff.

17 Siehe auch hier die ersten, allerdings noch stark äußerlich zugreifenden Ansätze bei F. Marotta-Wurgler/R. Taylor, Set in Stone? Change and Innovation in Consumer Standard-Form Contracts, 88 NYU Law Review (2013), S. 240 ff.

Diese politischen „Märkte" unterscheiden sich von den ökonomischen Märkten in einer zentralen Hinsicht: Die Innovationen müssen sich für ihre Diffusion nicht auf einer Marktgegenseite bewähren und durchsetzen, sondern diffundieren auf einer Marktseite, nämlich auf der Seite der staatlichen Anwender. Deshalb kann hier zwar nach Inventionen und guten Bedingungen für solche gefragt werden, die Diffusion dieser Erfindungen ist aber eher als Lernen zu verstehen, weil es um Imitation in strukturell gleichartigen Situationen geht. Im Zentrum dieses Lernens steht hier die wechselseitige Beobachtungen der Staaten und Verwaltungen, die begleitet und befördert wird von entsprechenden Ansätzen in Politikberatung und Wissenschaft und oft schon institutionalisiert ist durch entsprechend ausgerichtete Organisationen oder Benchmarking-Ansätze.

In Folge dieser Marktstruktur bildet hier nicht mehr die ökonomische Innovationsforschung, sondern jene der Politikwissenschaft den Anschlusspunkt. Dort sind insbesondere Anfang der 2000er Jahre viele Arbeiten zur Diffusion von Politikinnovationen entstanden.[18] Rechtswissenschaftlich angeschlossen werden kann hier zunächst, soweit die Mechanismen rechtlich gefasst und institutionalisiert sind, bei der OECD als einer internationalen Organisation mit dem zentralen Ziel der vergleichenden Analyse und best-practice-Verbreitung[19] oder bei Art. 91 d GG mit den Leistungsvergleichen.[20] Auch die im EU-Recht ausgebildeten, teilweise

18 Vgl. nur K. Kern, Die Diffusion von Politikinnovationen: Umweltpolitische Innovationen im Mehrebenensystem; P.-O. Busch/H. Jörges/K. Tews, The Global Diffusion of Regulatory Instruments: The Making of a New International Environmental Regime, EioP 8 (2004); K. Holzinger/C. Knill, Causes and conditions of cross-national policy convergence, Journal of European Public Policy 12:5 (2005), S. 775 ff.; T. Löffelsend u.a., Policy convergence ans policy diffusion by governmental and non-governmental institutions: An international comparison of eco-labeling systems, 2001.

19 Vgl. nur G. Schuler, „National Policy Assessment" as a Standard Form of International Organisation. The Example of the OECD Anti-Bribery Policy, ZaöRV 72 (2012), S. 395; N. S. Groenendijk, EU and OECD Benchmarking and Peer Review Compared, in: F. Laursen (Ed.), The EU and Federalism. Politics and Policies Compared, 2011, S. 181.

20 T. Hammer, Leistungsvergleiche im Bundesstaat und föderale Kompetenzverteilung – Zugleich eine Bestimmung vom Anwendungsbereich und Regelungsgehalt des Art. 91 d GG, DVBl. 2012, S. 525; M. Seckelmann, Wettbewerb per Grundgesetz? Die Leistungsvergleiche nach Art. 91 d GG, DVBl. 2010, S. 1284; I. Kemmler, Schuldenbremse und Benchmarking im Bundesstaat, DÖV 2009, S. 549; A. Thau, Benchmarking in öffentlichen Verwaltungen. Theoretische Fundierung und mögliche Weiterentwicklung eines Modernisierungsinstruments, 2009; mit in-

elaborierten Mechanismen des Peer-Review mit ihrer wechselseitigen Beobachtung und teilweise zentralen Koordination sind rechtswissenschaftlich lohnenswert. Beispiele sind hier das Peer-Review zur Bewertung des nationalen Rahmens und der zuständigen Regulierungsbehörden hinsichtlich der nuklearen Sicherheit kerntechnischer Anlagen[21], die durch das Forum zuständiger Stellen organisierte Bewertung der zuständigen Stellen für die EMAS-Registrierung durch andere zuständige Stellen[22] oder die Beurteilung unter Gleichrangigen zwischen den europäischen CE-Akkreditierungsstellen.[23] Angeschlossen werden kann umgekehrt auch hinsichtlich der Mechanismen, die gerade nicht rechtlich gefasst sind und deshalb in Spannung zur rechtlichen Kompetenzordnung treten - wie bei der Methode der offenen Koordinierung in der Europäischen Union.[24]

Eine besondere Variante der Diffusion rechtlicher Produkte bilden schließlich die sogenannten Legal Transplants.[25] Dies sind Elemente einer Rechtsordnung, die in eine andere Rechtsordnung implantiert werden. Sie sind etablierter Teil der politischen Transferbeziehungen und werden mittlerweile fast standardmäßig als Optionen im Rahmen der Politikberatung oder Politikentwicklung berücksichtigt. Hier besitzt die Rechtswissenschaft eine besondere Deutungshoheit über das Produkt, weil es regelmäßig stärker als nur rechtlich formalisierte Politikansätze im Rechtssystem verankert ist. In Folge dieser Deutungshoheit kommt der Rechtswissenschaft hier auch eine erhöhte Kompetenz zur Beobachtung und Bewertung der Innovationsvorgänge zu.

---

ternationaler Perspektive weiterführend S. Kuhlmann, Messung und Vergleich von Verwaltungsleistungen: Benchmarking-Regime in Westeuropa, Die Verwaltung 44 (2011), S. 155.

21 Art. 8 c RL 2014/87/EURATOM.

22 Art. 16, 17 VO (EG) Nr. 1221/2009 (EMAS III).

23 Art. 10, 11, 14 VO (EG) Nr. 765/2008 (CE-Kennzeichnung); vgl. näher A. Kapoor/T. Klindt, Die Reform des Akkreditierungswesens im Europäischen Produktsicherheitsrecht, EuZW 2009, S. 134, 137.

24 Vgl. nur J. Lang/K. Bergfeld, Zur „offenen Methode der Koordinierung" als Mittel der Politikgestaltung in der Europäischen Union, EuR 2005, S. 381; N. S. Groenendijk (Fn. 19), S. 181; M. Eifert, Europäischer Verwaltungsverbund als Lernverbund, in: I. Spiecker gen. Döhmann/P. Collin (Hrsg.), Generierung und Transfer staatlichen Wissens im System des Verwaltungsrechts, 2008, S. 159, 165 f.

25 Vgl. grundlegend dazu A. Watson, Legal Transplants: An Approach to Comparative Law, 2. ed. 1993; sehr instruktiv zu Rechtsvergleichung und Legal Transplants im Verwaltungsrecht: C. Schönberger, Verwaltungsrechtsvergleichung, Ius Publicum Europaeum, Bd. IV, § 71 Rn. 25 ff.

In jedem Fall fokussieren alle Varianten dieser Perspektive aber auf das relativ abgeschlossene Rechtsprodukt und seine Verbreitung. Die Diffusion liegt in der Übernahme von politischen Gestaltungsoptionen, so dass es letztlich stärker um politische Innovationsprozesse mit rechtlichen Produkten als um Innovationen im Recht als eigenem Bereich geht.

b) Innovationen im staatlichen Rechtssystem

In einem anderen Zugriff kann man auf Innovationen im staatlichen Rechtssystem fokussieren. Es geht dann weder um privatautonom gesetztes Recht noch um die Übernahme eines rechtlich geformten Produkts. Im Zentrum stehen vielmehr Innovationen im zwingenden staatlichen Recht, die in ihren spezifischen rechtlichen Rahmenbedingungen hinsichtlich Entstehung und Verbreitung untersucht werden. Damit verbunden sind zunächst zentrale Unterschiede zur Perspektive auf die Produktmärkte.

aa) Zentrale Unterschiede zur Perspektive auf Produktmärkte

Im Gegensatz zu Produktmärkten ist im staatlichen Rechtssystem eine hohe Zahl an Innovationen kein Vorteil für sich. Die Rechtssicherheit bildet einen konkurrierenden normativen Bezugspunkt, der dem Streben nach einer maximalen Inventionszahl mit nachfolgender Selektion zu immer noch möglichst vielen Innovationen entgegenläuft.

Ferner sind die Rahmenbedingungen für die Organisation der Erfinder und der Diffusionsprozess vielfältig rechtlich determiniert und damit weniger kontingent als in Unternehmen und auf ökonomischen Märkten. Gesetzgeber, Verwaltung und Gerichte unterliegen zahlreichen Anforderungen einer Demokratie- und Rechtsstaatlichkeit, die auch einen Erklärungsansatz dafür bieten, dass die innovationsorientierten Reformbestrebungen dieser Institutionen in organisatorischer Hinsicht bislang „nur" aus Spielarten der Dezentralisierung bestanden.

Auch erfolgt die Diffusion von Inventionen nicht über Märkte, auf denen grundsätzlich freiwillig gehandelt wird, sondern regelmäßig über starke rechtliche Befolgungsanreize bzw. verbreitet sogar Befolgungspflichten. Damit verlieren Invention und Diffusion als zentrale Phasen der Innovation erheblich von der ihnen in Markt, Technik und Politik eigentümlichen Variabilität und Kontingenz.

Schließlich ist auch der Ausgleich der verschiedenen gesellschaftlichen Belange über die Einpassung der Innovationen in das Rechtssystem regelmäßig bereits inkorporiert oder jedenfalls angelegt. Denn die verschiedenen Belange sind regelmäßig rechtlich abgebildet und werden deshalb systematisch von Beginn an eingefordert.

bb) Begrenzte Anbindung an die sonstige Innovationsforschung

Diese markanten Unterschiede zu den Produktmärkten führen notwendig dazu, dass ein auf das Rechtssystem fokussierter Forschungsansatz nur begrenzte Anknüpfungen an die Innovationsforschung anderer Disziplinen hat.

Der immanente Zweck der Innovationsforschung, eine Erhöhung der Innovationsrate, ist hier kein selbstverständlicher Zweck und die Perspektive der rechtswissenschaftlichen Innovationsforschung auf eine Innovationsverantwortung keine eigene Frage mehr.

Der weite Bereich innovationsfördernder Strukturen von der Einzelorganisation über Cluster und Netzwerke bis zu ganzen Innovationssystemen kann auf einer Makroebene noch als erklärende Kontrastfolie zu rechtlich determinierten Strukturen herangezogen werden. Er kann auch auf einer Mikroebene als Hilfe bei Ausgestaltungsspielräumen dienen. Der ganz große Reiz dieser Forschungsfelder, nämlich grundsätzlich variable und kontingente Strukturen innovationsgeeignet zu formen, verliert sich aber deutlich. Der bei den Forschungen zum innovationserheblichen Recht mit den anderen Innovationsforschungen geteilte, zumindest latent instrumentelle Umgang verwirklicht sich allenfalls im kleinen Format.

Es bleiben aber auch Fragen aus der fremddisziplinären Innovationsforschung, die sich in paralleler Anwendung mit Blick auf das Recht stellen lassen. So ließe sich nach spezifischen Faktoren innovativer Rechtserzeugung fragen.

Für die Rechtsetzung lässt sich untersuchen, welche Politikfelder, politischen Konstellationen, Interessen- und Beteiligungsstrukturen u. ä. besonders innovationsgeneigt sind; es lässt sich untersuchen, welche Rückwirkungen etwa ein Wettbewerb optionaler Rechtsformen - wie er im Gesellschaftsrecht oder hinsichtlich der Standorte gerichtlicher Rechtsdurchsetzung besteht - auf die Innovationsbereitschaft der Rechtsetzer hat.

Für die Gerichte lässt sich untersuchen, welche Zusammensetzungen der Spruchkörper, Ausgestaltungen von Rechtswegen, Konstellationen von Fällen usw. mit Innovationen korrelieren. Für Rechtsetzer wie Gerichte wäre zu fragen, wie sie sich zu externen gesellschaftlichen Entwicklungen und Erwartungen verhalten oder in historischer Perspektive verhalten haben. Schließlich kann nach dem Verhältnis der rechtsanwendenden Institutionen zur Rechtswissenschaft gefragt werden, die jedenfalls Anbieter von Innovationen ist und es kann untersucht werden, wann und unter welchen Voraussetzungen diese Angebote aufgegriffen wurden oder Anreize zu ihrer Übernahme bestehen.[26]

Methodisch kann eine solche Parallelbetrachtung bei der fremddisziplinären Innovationsforschung allerdings kaum mehr als Anregungen enthalten. Es ginge um eine Ausrichtung der Rechtssoziologie auf den Forschungsgegenstand der Innovation oder Spielarten einer gesellschaftswissenschaftlich informierten Rechtswissenschaft. Inhaltlich steht bei einem solchen Forschungsprogramm eine Selbstaufklärung über externe Faktoren interner Veränderungsprozesse im Vordergrund.

cc) Rechtliche Innovationen als Ausschnitt sozialer Innovationen

Eine fortbestehende Anbindung an die fremddisziplinäre Innovationsforschung erlaubt allerdings ein Zugriff, der die rechtlichen Innovationen als Ausschnitt sozialer Innovationen versteht.[27] Er wird namentlich von Wolfgang Hoffmann-Riem prominent betont.[28]

Es geht hierbei nicht um Produktinnovationen, sondern um soziale Innovationen. Diese sind problem- oder sachbereichsbezogen gefasst und haben im modernen Staat notwendig nicht nur Bezüge zum Recht, sondern

---

26 Vgl. hier bereits hinsichtlich des Verhältnisses von Bundesverwaltungsgericht zu Rechtswissenschaft: H. Schulze-Fielitz, Notizen zur Rolle der Verwaltungsrechtswissenschaft für das Bundesverwaltungsgericht, Die Verwaltung 36 (2003), S. 421.

27 Siehe aus der gesellschaftswissenschaftlichen Forschung zu sozialen Innovationen die Überblicke bei J. Howaldt/M. Schwarz, „Soziale Innovationen" im Fokus, 2010; J. Howaldt/H. Jacobsen, Soziale Innovation, 2010 und jüngst H. Kopf/S. Müller/D. Rüede/K. Lurtz/P. Russo (Hrsg.), Soziale Innovationen in Deutschland, 2015.

28 Vgl. W. Hoffmann-Riem, Soziale Innovationen. Eine Herausforderung auch für die Rechtswissenschaft, Der Staat 47 (2008), S. 588 ff.

sind vielfältig mit rechtlichen Regelungen verflochten.[29] Rechtliche Innovationsforschung wird in dieser Perspektive integraler Bestandteil einer breiten gesellschaftswissenschaftlichen Innovationsforschung.

Ihr Eigenanteil besteht dann in einer Doppelrolle: Sie stellt nach außen vor allem Formen bereit, in denen oder mit denen gesellschaftliche Innovationen ermöglicht werden.[30] Die Klassiker der Experimentierklauseln sind in unserer Gesellschaft beständiger Selbstexperimentation längst durch komplexere, in die jeweiligen Regelungsmaterien integrierte Mechanismen kontrollierter Entwicklungsräume und beständiger Selbstevaluation ergänzt oder ersetzt worden. Die Ubiquität des Monitoring im modernen Verwaltungsrecht[31], aber auch inhärent auf Innovationsoffenheit angelegte Strukturen im Schulrecht oder Gesundheitsrecht (z.B. integrierte Versorgung mit ihrer gestuften flexiblen Kooperations- und Koordinationsstruktur) belegen dies deutlich. Die Überlegungen über Experimentalist Governance verweisen in jüngerer Zeit nochmals eindringlich auf die Bedeutung solcher Mechanismen. Sie stellen heraus, wie sehr in solchen Bereichen, in denen sich rechtliche Maßstäbe kaum ex-ante festlegen lassen (Bsp. wie Schule oder soziale Integration), ein innovationsoffener Lernzyklus aus experimentellen, offenen Maßstäben, Berichtswesen, Beteiligung, Evaluation und periodischer Anpassung der Maßstäbe, angezeigt ist.[32] Die Bereitstellung rechtlicher Formen kann hier sowohl im Transfer bestehender Regelungen in neue Bereiche als auch in der Neukonzeption von Regelungsregimen bestehen. Sie befördert, soweit angemessen, Innovationen im Recht.

Nach innen geht es bei dieser Perspektive vor allem um die Sicherung einer Konsistenz der Entwicklungen und der mit ihnen verflochtenen rechtlichen Regelungen hinsichtlich der normativen Werte wie der rechtli-

---

29 Siehe nur als Beispiel die nach sachlichen Herausforderungen erfolgte Gliederung in H. Kopf/S. Müller/D. Rüede/K. Lurtz/P. Russo (Hrsg.) (Fn. 27).

30 Dies entspricht der „Bereitstellungsfunktion" des Rechts, die Schuppert bereits im ersten Band der Schriften zur Reform des Verwaltungsrechts herausstellte: G. F. Schuppert, Verwaltungsrechtswissenschaft als Steuerungswissenschaft. Zur Steuerung des Verwaltungshandelns durch Verwaltungsrecht, in: W. Hoffmann-Riem/E. Schmidt-Aßmann/G. F. Schuppert (Hrsg.), Reform des Allgemeinen Verwaltungsrechts, Grundfragen, 1993, S. 65, 96 ff.

31 Vgl. nur K. Herzmann, Monitoring als Verwaltungsaufgabe, DVBl. 2007, S. 670.

32 Vgl. nur C. F. Sabel/J. Zetlin, Experimentalist Governance, in: D. Levi-Faur (Ed.), The Oxford Handbook of Governance, 2012.

chen Formen.[33] Die hierzu aufgerufene Rechtsdogmatik wird oft mit einer Ausdifferenzierung bestehender Figuren, seltener mit ausgewiesenen Innovationen reagieren. In der verfassungsstaatlich positivierten Rechtsordnung liegt ihr Augenmerk grundsätzlich stärker auf der Systematisierung als auf der Rechtserfindung.[34] Auch dort, wo Innovationen erfolgen, dürfte deren Neuerungswert vor allem in der zutreffenden Erfassung und Bündelung bereits bestehender Regelungen liegen. Mögliche Institute wie „Der Beauftragte"[35] oder Kategorien wie „Das Regulierungsermessen"[36] wären Beispiele hierfür.

Der beschriebene Zugriff auf soziale Innovationen schließt zunächst an den fortlaufenden Abgleich des Rechtsystems mit der sozialen Wirklichkeit und ihren Bedarfen an, der einem instrumentellen Verständnis des Rechts grundsätzlich eingeschrieben ist. Er positioniert sich genau an der Schnittstelle des Rechts zu den anderen Bereichen, oszilliert dabei zwischen Rechtspolitik und Rechtsdogmatik und stellt den Fokus auf die großen Sprünge ein, eben die Innovationen.

2. Rechtsimmanenter Umgang mit rechtlichen Innovationen

Eine weitgehende Entkopplung von den anderen disziplinären Innovationsforschungen, die aber zugleich immer auch die Freiheit zu autonomem Agenda-Setting mit sich bringt, vollzieht ein Zugriff, der von einem rechtsimmanenten Ausgangspunkt Innovationen im Recht untersucht. Dies kann wiederum in sehr unterschiedlicher Weise geschehen.

---

33 Vgl. auch S. Augsberg, (Fn. 10), S. 579.

34 Näher zu den rechtswissenschaftlichen Aufgaben in diesem Kontext M. Eifert, Zum Verhältnis von Dogmatik und pluralisierter Rechtswissenschaft, in: G. Kirchhof/A. Magen/K. Schneider (Hrsg.), Was weiß Dogmatik?, 2012, S. 79, 87 ff.

35 Beispielsweise M. Fuchs, „Beauftragte" in der öffentlichen Verwaltung, 1985; P. Scholl, Der private Sachverständige im Verwaltungsrecht, 2005, S. 156 ff.

36 Beispielsweise A. Proelss, Das Regulierungsermessen - eine Ausprägung des behördlichen Letztentscheidungsrechts?, AöR 136 (2011), S. 402; J. Wieland, Regulierungsermessen im Spannungsverhältnis zwischen deutschem und Unionsrecht, DÖV 2011, S. 705; K. F. Gärditz, „Regulierungsermessen" und verwaltungsgerichtliche Kontrolle, NVwZ 2009, S. 1005; M. Eifert, Die gerichtliche Kontrolle der Entscheidungen der Bundesnetzagentur, ZHR 174 (2010), S. 449 ff.

a) Innovationen als möglicher Indikator sich überlagernder Erzählstrukturen

Die bloße Beobachtung von Innovationen kann als Indikator für sich überlagernde Erzählstrukturen der Rechtswissenschaft selbst genutzt werden.

Ob sich eine Änderung im Recht als signifikant neu oder als planvolle, graduelle Fortentwicklung darstellt, kann davon abhängen, welchen Beobachterstandpunkt man einnimmt und welches Bezugssystem man wählt. Ein Beispiel dafür ist die Entwicklung des Verwaltungsrecht und vor allem des Umweltrechts in den 1990er Jahren.

Es wurde in der deutschen Rechtswissenschaft vorrangig wahrgenommen als eine Phase der Innovationen in Folge einer Europäisierung.[37] Vor allem Spielarten der Verfahrens- und Kontrollprivatisierung - von der Umweltverträglichkeitsprüfung über die Produktzertifizierung und die umfassende Ausweitung von produktrechtlichen Nachmarktkontrollen durch Private bis zum unternehmensbezogenen Öko-Audit - wurden als jeweils innovative Elemente verstanden.[38] „Europäisierung“ war eine Erzählung europäisch induzierter Innovationen aus der Perspektive des nationalen Verwaltungsrechts.

Die gleichen Rechtsentwicklungen lassen sich auch als eine organische Entwicklung europäischen Verwaltungsrechts erzählen.[39] Aus der europäischen Sicht sind nationale Verwaltungen nicht nur Hüter des Gemeinwohls, sondern auch leicht zur nationalen Bevorzugung verführbare Orga-

---

37 Vgl. nur T. von Danwitz, Europarechtliche Determination der umweltrechtlichen Instrumente im nationalen Recht, in: R. Hendler u.a. (Hrsg.), Rückzug des Ordnungsrechtes im Umweltschutz, S. 53; ders., Verwaltungsrechtliches System und Europäische Integration, 1996, S. 194 ff., 466 ff.; M. Kloepfer, Die europäische Herausforderung - Spannungslagen zwischen deutschem und europäischem Umweltrecht, NVwZ 2002, S. 645, 648.

38 Vgl. nur W. Erbguth, Entwicklungslinien im Recht der Umweltverträglichkeitsprüfung, in: ders. (Hrsg.), Die Umweltverträglichkeitsprüfung: Neuanfang, Entwicklungstendenzen, 2004, S. 19, 19ff.; H. Pünder, Zertifizierung und Akkreditierung – private Qualitätskontrolle unter staatlicher Gewährleistungsverantwortung, ZHR 170 (2006), S. 567, 569; U. di Fabio, Produktharmonisierung durch Normung und Selbstüberwachung, 1996, S. 45 ff.; aus jüngerer Zeit J. Martin, Das Steuerungskonzept der informierten Öffentlichkeit, 2012, S. 107 ff.

39 Vgl. für eine solche Perspektive H. C. Röhl, Akkreditierung und Zertifizierung im Produktsicherheitsrecht, 2000, S. 1, 23 ff., 38 ff.; M. Eifert, Produktbeobachtung durch Private, in: ders. (Hrsg.), Private Produktbeobachtung durch Private, 2015, im Erscheinen.

ne der Mitgliedstaaten.[40] Verschiebungen von Verwaltungsaufgaben auf private Kontrolleure sind deshalb auch Neutralisierungen potentieller Wettbewerbsverzerrungen.[41] Sie schaffen überdies neue Binnenmärkte privater Kontrolleure oder ermöglichen eine Vereinheitlichung privater Compliance-Systeme in europaweit tätigen Unternehmen. Aus dieser Sicht ist allenfalls der Einstieg in diese Privatisierungen eine Innovation gewesen und mindestens die Verbreiterung nur eine normale Fortentwicklung.

Entscheidend ist hier, dass das Recht regelmäßig systematisch gedacht und verstanden wird und deshalb in besonderer Weise zu Erzählungen seiner Entwicklung anregt.[42] Treten Innovationen in dieser Erzählung auf, kann es sich um sprunghafte Veränderungen handeln. Es kann aber auch schlicht die Folge davon sein, dass neue, andere Erzählungen sich mit ihr schneiden oder sie überlagern. Innovationen markieren dann solche Schnittpunkte oder Überlagerungen und sie regen an, die Erzählung zu erweitern oder umzuschreiben.[43]

b) Rechtsimmanente Mechanismen des Umgangs mit Innovation

Unterhalb der Ebene der rechtswissenschaftlichen Erzählstruktur lassen sich auch die rechtsimmanenten Umgangsformen mit Innovationen näher untersuchen. Dabei erscheinen zwei Mechanismen besonders interessant: gestufte Ordnungen als Verbreitungs- und Verfestigungsmechanismus sowie der Gleichheitssatz als eigengesetzlicher Mechanismus der Verbreiterung innovativer Ansätze (oder auch: Vertiefung der Innovation).

---

40 Vgl. G. Majone, Mutual Trust, Credible Commitments and the Evolution of Rules for a Single European Market, 1995, S. 19.

41 Vgl. nur D. H. Scheuing, Europarechtliche Impulse für innovative Ansätze im deutschen Verwaltungsrecht, in: W. Hoffmann-Riem/E. Schmidt-Aßmann (Hrsg.), Innovation und Flexibilität des Verwaltungshandelns, 1994, S. 289, 321.

42 Vgl. zur Funktion der großen Erzählung im rechtswissenschaftlichen Diskurs C. Bumke, Die Entwicklung der verwaltungsrechtswissenschaftlichen Methodik in der Bundesrepublik Deutschland, in: E. Schmidt-Aßmann/W. Hoffmann-Riem, Methoden der Verwaltungsrechtswissenschaft, 2004, S. 73, 95 f.

43 Vgl. etwa E. Schmidt-Aßmann, Strukturen des Europäischen Verwaltungsrechts, in: ders./W. Hoffmann-Riem (Hrsg.), Strukturen des Europäischen Verwaltungsrechts, S. 9, 34 f. (mindestens teilintegrierte Darstellung); C. Schönberger (Fn. 25), § 71 Rn. 51: „Die Verwaltungsrechte der Mitgliedstaaten sind heute nur noch als hybride Mischgebilde zu begreifen“.

aa) Gestufte Ordnungen als komplexe Verbreitungsmechanismen

Gestufte Ordnungen bilden mit ihren Vorgängen der wechselseitigen Rechtsanpassungen einen Rahmen für vielfältige Verbreitungsvorgänge. Sie befördern schon aus sich heraus Lernvorgänge in den Teilrechtsordnungen als Folge der vielfältigen Begegnungen der verschiedenen Rechtsordnungen und der kommunikativen Verdichtung in Rechtsetzung, -anwendung und Rechtswissenschaft.[44] Dies gilt bereits für jede normhierarchische Stufung[45], verstärkt sich aber nochmals im politischen Mehrebenen-System. Die vertikale Stufung ist meist mit dem Vorrang der höherrangigen Rechtsnormen verbunden, aus dem der Anpassungszwang des niedrigeren Rechts an Innovationen der höheren Ebene folgt (z.B. Vorrang des EU-Rechts vor dem Recht der Mitgliedstaaten[46]; homogenisierende Wirkung der Grundrechte des GG auf das Landesrecht[47]). Vor allem der politische und rechtssystematische Zusammenhang innerhalb der gestuften Ordnungen sorgt aber umgekehrt dafür, dass diese Innovationen häufig aus Regelungen oder Ansätzen der niedrigeren Ebenen entstehen. Dieses Wechselspiel befördert wohl über den kontinuierlichen systematischen Abgleich Innovationen, bildet vor allem aber einen wirkmächtigen Mechanismus ihrer Verbreitung.

Zugleich liegt auf der Kehrseite des Verbreitungsmechanismus die Gefahr eines lock-in durch das Einrasten der Entwicklung auf einem hochstu-

44 Vgl. R. Wahl, Herausforderungen und Antworten: Das Öffentliche Recht der letzten fünf Jahrzehnte, 2006, S. 95 ff.

45 Vgl. nur für das Lernen des Verfassungsrechts vom Verwaltungsrecht J. Kersten, Was kann das Verfassungsrecht vom Verwaltungsrecht lernen?, DVBl. 2011, S. 585 ff.; M. Eifert, Lernende Beobachtung des Verwaltungsrechts durch das Verfassungsrecht, in: Festschrift für Brun-Otto Bryde zum 70. Geburtstag, 2013, S. 355 ff., C. Waldhoff, Kann das Verfassungsrecht vom Verwaltungsrecht lernen?, in: Festschrift für Michael Kloepfer zum 70. Geburtstag, 2013, S. 261 ff.

46 Vgl. nur A. K. Mangold, Gemeinschaftsrecht und deutsches Recht. Die Europäisierung der deutschen Rechtsordnung in historisch-empirischer Sicht, 2011; speziell zum subjektiv-öffentlichen Recht unter europäischem Einfluss vgl. nur: J. Masing, Die Mobilisierung des Bürgers für die Durchsetzung des Rechts. Europäische Impulse für eine Revision der Lehre vom subjektiv-öffentlichen Recht, 1997, und M. Ruffert, Subjektive Rechte im Umweltrecht der Europäischen Gemeinschaft, 1996.

47 Vgl. nur C. Starck, Unitarisierung des Rechts im Bundesstaat, in: BayVGH (Hrsg.), Verfassung als Verantwortung und Verpflichtung, Festschrift zum 50-jährigen Bestehen des Bayerischen Verfassungsgerichtshofs, 1997, S. 229, 235 ff.

fig verankerten Zustand. Das Wandern der Regelungen durch die Stufen und Ebenen ist ein zeitlich gestreckter Vorgang, mit dem zugleich die Zeitfenster politischer Verfügungsmöglichkeiten durch die Ebenen wandern. Der Rhythmus des politischen Gestaltungswillens und jener der rechtlichen Verfügungsmöglichkeit kann sich hier verfehlen.

Diese Mechanismen gelten sowohl für die Ebene der politischen Rechtsetzung als auch für die noch tiefer ins Rechtssystem eingelassene Ebene der Rechtsprechung.[48] Bei der Rechtsprechung verkompliziert sich die Lage im Übrigen nochmals, weil hier noch das Verhältnis zur Rechtsetzung hinzutritt.

Breites Anschauungsmaterial für das nicht-triviale Verbreitungsgeflecht bietet das Unionsrecht mit dem Aufgreifen mitgliedstaatlicher Regelungsansätze bei der Entwicklung des Sekundärrechts und der anschließenden flächendeckenden Durchsetzung des dann unionalen Rechts. Dieses Phänomen wird politisch oft als Wettbewerb der mitgliedstaatlichen Rechtskulturen um die Strukturen der unionalen Rechtsetzung und die Figuren der Europäischen Rechtsprechung wahrgenommen.[49] Es weist der Rechtsvergleichung eine Mischfunktion aus politischer Instrumentalisierung und rechtssystematischer Rationalisierung zu. Neben dem Unionsrecht bieten föderale Ordnungen hier selbstverständlich einen weiteren breiten Fundus. Und die bereits reife Entwicklung der Konstitutionalisierung[50] mit ihrer immer lauter gewordenen Begleitklage der Verengung politischer Spielräume ist die wohl präsenteste Warnung vor dem lock-in-Effekt.

---

48 Beispiel der Wanderung des Vertrauensschutzes aus dem deutschen Recht zum EuGH und von dort ins französische Recht bei C. Schönberger (Fn. 25), § 71 Rn. 27. Unterschiedliche Einschätzung der Bedeutung der Rechtsvergleichung für die Auslegung des Europarechts für den Bereich des Zivilrechts durch S. A. Martens, Rechtsvergleichung und grenzüberwindende Jurisprudenz im Gemeinschaftsrecht, in: Jahrbuch junger Zivilrechtswissenschaftler 2009, 2010, S. 27, 34 ff.

49 Vgl. nur S. Neidhardt, Nationale Rechtsinstitute als Bausteine europäischen Verwaltungsrechts, 2008, S. 224 ff.; E. Schmidt-Aßmann, Das allgemeine Verwaltungsrecht als Ordnungsidee, S. 39 ff.

50 Siehe dazu nur G. F. Schuppert/C. Bumke, Die Konstitutionalisierung der Rechtsordnung, 2000.

bb) Gleichheitssatz als eigengesetzlicher Mechanismus der Verbreiterung innovativer Ansätze

Keine Verbreitung, aber eine Verbreiterung von Innovationen durch rechtliche Mechanismen bewirkt der Gleichheitssatz. Seine Rationalitätskontrolle der Reichweite getroffener Regelungen fragt notwendig danach, ob die Anwendungsgrenzen von Innovationen im Recht hinreichend sachlich begründet sind. Politische Innovationen werden hier einer rechtlichen Rationalitätsformung unterzogen und die Verbreitung einer Innovation in der Folge umso mehr rechtlich bestimmt, umso stärker die ursprüngliche Innovation (politisch) unumkehrbar ist.

B. Skizzierte Fallbeispiele rechtsimmanenten Umgangs

Die beiden Mechanismen des rechtsimmanenten Umgangs mit Innovationen sollen nachfolgend über Skizzen plausibilisiert und veranschaulicht werden.

I. Gestufte Ordnungen zwischen Verbreitung und lock-in

1. Transmission im nationalen und föderalen System: der Richtervorbehalt

Der Richtervorbehalt ist ein sehr altes Instrument des vorverlagerten Rechtsschutzes. Als eigenes Instrument wurde er in der Paulskirchenverfassung für Verhaftungen, Hausdurchsuchungen und Beschlagnahmen ausformuliert, entwickelte sich als Rechtspraxis dann vor allem im Strafprozessrecht und teilweise im Polizeirecht und wurde vom Grundgesetz in Art. 13 und 104 GG vor dem Hintergrund exekutiver Willkür im Dritten Reich zum geltenden Verfassungsrecht geadelt.[51] In der vielfältig territorial gebrochenen Entwicklung bildeten die Paulskirchenverfassung und später die Reichstrafprozessordnung zentrale Referenzpunkte für die Verbreitung des Richtervorbehalts.

---

51 Vgl. nur M. Rabe von Kühlewein, Der Richtervorbehalt im Polizei-und Strafprozessrecht, 2001.

Hier soll es um die jüngere Vergangenheit und die Rolle des Bundesverfassungsgerichts bei der weiteren Verbreitung gehen, in der die Stufungen von Verfassungs- und Verwaltungsrecht sowie Bundes(verfassungs)recht und Landes(verwaltungs)recht in verschiedenen Konstellationen wirken und um Wirkmechanismen im Verhältnis von Verfassungsgericht und Gesetzgeber ergänzt werden.

In der Rechtsprechung des BVerfG wurde und wird die Bedeutung des Richtervorbehalts als vorbeugende Kontrolle erheblicher Grundrechtseingriffe durch eine neutrale und unabhängige Instanz von Beginn an ausführlich und deutlich betont. Auch wenn rhetorisch jenseits der ausdrücklich geforderten Richtervorbehalte - also insbesondere in den Schutzbereichen von Art. 10 GG und dem allgemeinen Persönlichkeitsrecht hinsichtlich einer Kommunikationsüberwachung sowie bei Art. 2 II GG hinsichtlich einer medizinischen Zwangsbehandlung - funktionale Äquivalente gleichermaßen akzeptiert werden, erhält der präventive Richtervorbehalt über seine wiederkehrende Betonung mit richterlicher Autorität ein besonderes Gewicht.[52] Dies spiegelt sich schon in der besonderen Rolle, die die Rechtswissenschaft ihm daran anschließend zuweist.[53] Hier interessanter ist jedoch die Verbreitung im geltenden Recht.[54]

Dabei scheint schon die nachhaltige und wiederkehrende Betonung des Richtervorbehalts und seiner Funktionen Effekte gehabt zu haben. Es ist jedenfalls plausibel, dass die gesetzliche Entwicklung der GPS-Observation von der ungeregelten technischen Ermittlungsmaßnahme zum präventiven Richtervorbehalt auch aus der rechtsprechungsvermittelten Präsenz und Anerkennung des Instituts entsprang.

---

52 Dies wird bereits dadurch plausibel, dass in der Literatur herausgearbeitete alternative Schutzmechanismen zu Richtervorbehalten, die nicht ausdrücklich im GG vorgesehen sind, keine vergleichbare praktische Bedeutung erlangt haben, vgl. nur T. E. Aschmann, Richtervorbehalt im deutschen Polizeirecht, 1998, S. 165 ff.

53 Vgl. exemplarisch A. Voßkuhle, Handbuch der Grundrechte, Bd. V, § 131 Rn. 33 ff., ders., Der präventive Richtervorbehalt – „Königsweg" für den präventiven Grundrechtsschutz oder „rechtsstaatliches Trostpflaster"?, in: I. Appel/ G. Hermes/C. Schönberger, Öffentliches Recht im offenen Staat, in: Festschrift für Rainer Wahl zum 70. Geburtstag, 2011, S. 443, 444 ff., L. Wildhagen, Persönlichkeitsschutz durch präventive Kontrolle, 2011, S. 71 ff.

54 Eine umfassende Systematisierung gesetzlicher präventiver Richtervorbehalte nach Normstruktur, betroffenen grundrechtlichen Schutzbereichen und Arten von Grundrechtseingriffen nimmt vor: L. Wildhagen (Fn. 53), S. 27 ff.

Schon ein erster, nicht ganz echter Richtervorbehalt für diese Maßnahme wurde auch in Absicherung gegenüber dem BVerfG eingeführt.[55] Nach der Begründung des Gesetzes zur Neuregelung der Telekommunikationsüberwachung geht der darin eingeführte umfassende Richtervorbehalt auf rechtstatsächliche Untersuchungen zurück, die eine Reihe von Maßnahmen vorschlugen. Die Begründungsstruktur der Umsetzung gerade und nur des Richtervorbehalts legt es nahe, von einem großen Eindruck dieser Rechtsprechung auf den Gesetzgeber auszugehen.[56]

Eindeutig wird die Verbreitungswirkung dort, wo das Bundesverfassungsgericht den Richtervorbehalt ausdrücklich und selbst jenseits der im GG vorgesehenen Fälle[57] anordnet. Dies führt zur Entscheidung über die Online-Durchsuchungen, deren Berichterstatter Wolfgang Hoffman-Riem war. Die Entscheidung konturiert einen neuen Schutzbereich jenseits der überkommenen Grundrechtsgewährleistungen und fordert als Schranken-Schranke den präventiven Richtervorbehalt angesichts der heimlichen Grundrechtseingriffe von besonders hohem Gewicht.[58] Noch im selben Jahr wurde die Anordnung des Richtervorbehalts dann auch in einer einstweiligen Anordnung zur Vorratsdatenspeicherung[59] genutzt und in der Hauptsacheentscheidung[60] gehalten.

Diese Skizze firmierte hier unter der Überschrift der gestuften Ordnung als Verbreitungsmechanismus. Sie ließe sich auch als Legal Transplant innerhalb eines Sachbereichs im Wege der Rechtsprechung erzählen. In beiden Fällen, und das unterscheidet sie von den oben genannten politisch transplantierten Rechtsprodukten, ist der Vorgang aber vor allem als rechtsimmanenter Vorgang zu erfassen.

---

55 Vgl. dazu die Ausführungen in BVerfGE 112, 304 (317 ff.).

56 Vgl. zu Hintergrund und Begründung BT-Drs. 16/5846 v. 27.6.2007, S. 23 f.

57 Eine Auflistung der gesetzlichen präventiven Richtervorbehalte jenseits der ausdrücklich im GG vorgesehenen Fälle und eine Begründung ihrer verfassungsrechtlichen Gebotenheit findet sich bei L. Wildhagen (Fn. 53), S. 44 ff., 71 ff. Für nicht verfassungsrechtlich geboten hält die Richtervorbehalte jenseits ausdrücklicher grundgesetzlicher Regelung T. E. Aschmann (Fn. 52), S. 93 ff.

58 BVerfGE 120, 274 (332), funktionale Äquivalente bilden hier selbst eher argumentative Rückstände.

59 BVerfGE 122, 120 (143 f.).

60 BVerfGE 125, 260 (337 ff.).

2. Lock-in bei hochstufigen Innovationen: Aarhus-Konvention

Die Ambivalenz von Innovationen auf hohen Stufen verdeutlicht in besonderer Weise die Verbandsklage im Umweltrecht, die als Dritte Säule der völkerrechtlichen Aarhus-Konvention (neben dem Zugang zu Umweltinformationen und der Öffentlichkeitsbeteiligung) zunächst völkerrechtlich vereinbart wurde.[61] Die Einführung erweiterter Klagemöglichkeiten, insbesondere der Verbandsklage, war in der hier entscheidenden zweiten Hälfte der 1990er Jahre internationaler und europäischer Diskussionsgegenstand und innenpolitisch in der Bundesrepublik Deutschland hochumstritten. Während SPD und Grüne sie als Beitrag zum Umweltschutz forderten[62], lehnten CDU und FDP sie ab, weil dadurch das seinerzeitige Deregulierungsprogramm konterkariert worden wäre.[63]

Entsprechend der politischen Haltung blockierte die Regierung Kohl zunächst in den Aarhus-Verhandlungen und entschied sich am Ende sogar gegen deren Zeichnung.[64] Nach der Bundestagswahl im September 1998 nutzte die neue rot-grüne Mehrheit schnell das noch wenige Wochen lange Zeitfenster der Zeichnungsfrist und schloss sich der Aarhus-Konvention an, um anschließend auch auf eine europäische Umsetzung zu drängen.[65]

Es folgte die gemeinschaftsrechtliche Umsetzung durch die Öffentlichkeitsbeteiligungs-Richtlinie 2003, deren Umsetzung in das deutsche Recht in zwei verbleibenden rot-grünen Regierungsjahren aber nicht erfolgte, dann mit dem Umweltrechtsbehelfsgesetz der ersten großen Koalition zunächst klar defizitär blieb[66] und vom EuGH massiv zurechtgerückt werden musste.[67] Der Prozess dokumentiert eindrücklich, wie in politisch kon-

---

61 Detaillierte Nachzeichnung des Aarhus-Prozesses bei A. Schwerdtfeger, Der deutsche Verwaltungsrechtsschutz unter dem Einfluss der Aarhus-Konvention, 2010, S. 5 ff.; S. Schlacke, Überindividueller Rechtsschutz, 2008, S. 232 ff.

62 BT-Drs. 13/10580, S. 3, 5.

63 BT-Drs. 13/11120, S. 1 und BT-Drs. 13/11287, S. 26.

64 BT-Drs. 13/11120, S. 1 und BT-Drs. 13/11287, S. 26; vgl. zur Rolle der deutschen Delegation bei den Verhandlungen nur A. Schmidt/M. Zschiesche/M. Rosenbaum, 2013, S. 107 f.

65 Vgl. BT-Drs. 14/3285, S. 7; BT-Drs. 14/3568, S. 2 f.

66 Detaillierte Nachzeichnung der Entwicklung bei A. Schwerdtfeger (Fn. 61), S. 35 ff.; S. Schlacke (Fn. 61), S. 232 ff.

67 Vgl. EuGH C-115/09 v. 12.5.2011 und dann der Gesetzentwurf der Bundesregierung zur europarechtskonformen Änderung des UmwRBehG v. 10.10.2012 (BT-Drs. 17/10957); vgl. hierzu nur: S. Schlacke, Stärkung überindividuellen Rechtsschutzes zur Durchsetzung des Umweltrechts, ZUR 2011, S. 312 und

fliktreichen Fragen einerseits ein Zeitfenster für hochstufige Verankerung eine Innovation nachhaltig rechtlich absichern kann, andererseits diese dann aber politisch unverfügbar wird und zu einem lock-in führt.

Deutschland hat sich offenbar schon frühzeitig darauf festgelegt, dass das Völkerrecht europäische Entwicklungen nicht mehr vorwegnehmen soll.[68] Ungeachtet der Bedeutung dieser konkreten Regelungen für den Umweltschutz lässt sich aus dem Verlauf folgern, dass vor allem für Fragen einer sich immer wieder verschiebenden Interessenbalancierung Subsidiaritätsregeln und die klassische Rolle eines eher nachfolgenden Umweltvölkerrechts vielleicht ein nachhaltigeres Innovationssystem bilden als die Nutzung eines Zeitfensters für die hochstufige Verankerung einer konkreten Position.[69]

II. Gleichbehandlung als Motor: Das LPartG und Art. 3 I GG

Während die Stufungen vor allem eine rechtlich angelegte Verbreitung von Innovationen fördern, führt der Gleichheitssatz zu einer rechtlich angelegten Form der Verbreiterung von Innovationen. Dies lässt sich an der Geschichte des Lebenspartnerschaftsgesetzes illustrieren.[70]

A. Schwerdtfeger, Erweiterte Klagerechte für Umweltverbände – Anmerkung zum Urteil des EuGH v. 12.5.2011 in der Rechtssache Trianel, EuR 2012, S. 80; zur dogmatischen Verarbeitung der Verbandsklage im deutschen Recht und zu den Folgen s. nur: K. F. Gärditz, Verwaltungsgerichtlicher Rechtsschutz im Umweltrecht, NVwZ 2014, S. 1 und L. Radespiel, Die naturschutzrechtliche Verbandsklage, 2007, S. 33 ff., 377 ff.

68 N. Wiesinger, Innovationen im Verwaltungsrecht durch Internationalisierung, 2013, S. 350 unter Verweis auf einen Sprechzettel zum Umweltministerrat der EG am 16./17. Juni 1998.

69 Hinzuweisen ist darauf, dass der Umsetzungsprozess der Aarhus-Konvention auch auf europäischer Ebene stillsteht: Noch im Jahr 2003 vertrat die Europäische Kommission die Ansicht, dass die Umsetzung der dritten Säule der Aarhus-Konvention mit der Öffentlichkeitsbeteiligungsrichtlinie (RL 2003/35/EG) nicht abgeschlossen sei und legte den Entwurf einer Richtlinie über den Zugang zu Gerichten in Umweltangelegenheiten (KOM (2003) 624 endg.) vor. Nachdem das Rechtsetzungsverfahren jahrelang ruhte, wurde der Entwurf im Jahr 2014 stillschweigend als überholt zurückgenommen (JO C/2014/153/3 vom 21. Mai 2014).

70 Vgl. umfassend zur Entwicklungsoffenheit von Art. 6 GG und zum diesbezüglich dynamisierenden Einfluss von Art. 3 GG die Referate von M. Böhm und M. German zum Dritten Beratungsgegenstand der Staatsrechtslehrertagung 2013: Dyna-

1. Das Lebenspartnerschaftsgesetz als politisch begrenzte Innovation

Der standardmäßig im demokratischen Verfassungsstaat angelegte Ausgangspunkt für Innovationen im Recht ist der Gesetzgeber, der die politische Antwort auf gesellschaftliche Fragen im Medium des Rechts gibt. Hier war es das Lebenspartnerschaftsgesetz, mit dem gleichgeschlechtlichen Paaren ein rechtlicher Rahmen für eine umfassende Lebensgemeinschaft durch ein neues familienrechtliches Institut zur Verfügung gestellt wurde. In einer Mischung aus politischer Akzeptanzsicherung und Angst vor dem Bundesrat sowie solchen verfassungsdogmatischen Lesarten des Art. 6 I GG, die einen Schutz der Ehe auch als Abwehr einer Gleichstellung mit anderen Lebensformen ansahen, wurde das neue Institut zwar möglichst strukturanalog zur Ehe entwickelt, aber mit einem kalkulierten Abstand zu ihr versehen.[71] Nicht nur in symbolischen Fragen wie der Begründungsform und dem Namen, sondern auch in Fragen des Güterrechts oder den Adoptionsmöglichkeiten wurden Unterschiede zur Ehe aufrecht erhalten - und vor allem unterblieb eine systematische Anpassung der übrigen Rechtsordnung im Sinne einer Einbeziehung der Lebenspartnerschaft in Privilegierungen der Ehe.[72]

2. Die entgrenzende Wirkung des Gleichheitssatzes

Diese politisch gewollte Begrenzung der Lebenspartnerschaft wurde, einmal in die Rechtsordnung entlassen, durch den verfassungsrechtlichen Gleichheitssatz in der Anwendung des BVerfG entgrenzt. Mangels sachlicher Rechtfertigung wurden die Unterschiede zunehmend eingeebnet und so erhielt die gesetzgeberische Innovation eine Breite, die sie wohl nie erreicht hätte, wären dem Gesetzgeber die Folgen in vollem Umfang bereits

---

mische Grundrechtsdogmatik von Ehe und Familie?, VVdStRL 73 (2013), S. 211, 229 ff. und S. 257, 280 ff.

71 Vgl. die Begründung zum LPartG, BT-Drs. 14/3751, S. 33.

72 Zu den Unterschieden der gesetzlichen Regelungen von Ehe und Lebenspartnerschaft siehe beispielsweise R. Kemper, Ehe und Eingetragene Lebenspartnerschaft – Übereinstimmungen, Ähnlichkeiten und Abweichungen in den Regelungen der beiden für dauerhafte Lebensbeziehungen gedachten Rechtsinstitute, FPR 2001, S. 449.

am Anfang bewusst gewesen. Auch hier mag eine kurze Skizze genügen.[73]

Vor ihrer Entgrenzung mussten die Regelungen des Lebenspartnerschaftsgesetzes überhaupt verfassungsrechtlich sanktioniert werden. Ungeachtet aller politischen und verfassungsrechtlichen Rücksichten war es umgehend im Wege des Normenkontrollantrags angegriffen worden. Der Vorwurf lautete insbesondere, dass es gegen Art. 6 I GG verstieße, weil es mit dem Schutz der Ehe nicht vereinbar sei. Pate stand die in der Literatur entwickelte Vorstellung, dieser Schutz richte sich auch gegen jede Gleichstellung anderer Lebensformen und enthalte damit ein Abstands- oder Differenzierungsgebot bzw. das Gebot der Abbildung des bestehenden Unterschiedes zur Ehe o. ä.[74]

Der erste Senat des BVerfG beschränkte sich in dieser Konstellation darauf, die Vereinbarkeit des Lebenspartnerschaftsgesetzes mit Art. 6 I GG festzustellen. Er verdeutlichte, dass Ehe und Lebenspartnerschaft im Verhältnis des aliud zueinander stünden, so dass die Ehe gar nicht tangiert und ihr Schutz deshalb auch gar nicht aktualisiert werde. Vor allem folge aus Art. 6 I GG kein Gebot, andere Lebensformen gegenüber der Ehe zu benachteiligen, so dass es auch keine Reservierung von Strukturelementen der Ehe für diese selbst gebe.[75] Über diese verfassungsrechtliche Sanktionierung hinaus blieb die Entscheidung eher im Dunkeln. Das Gericht formuliert, „Der Gesetzgeber trägt damit (gemeint ist das LPartG, M.E.) den Art. 2 I und 3 I GG Rechnung, indem er diesen Personen (den gleichgeschlechtlichen Paaren, M.E.) zu einer besseren Entfaltung ihrer Persönlichkeit verhilft und Diskriminierungen abbaut“[76] ohne dies mit einer dogmatischen Folge zu verknüpfen, also insbesondere einer Aussage dazu, ob die Gleichstellung verfassungsrechtlich geboten ist. Das Gericht war sich hier wohl selbst noch nicht ganz sicher, wie sich dem späteren, für die Gründe nicht tragenden Satz entnehmen lässt, nach dem es dem Gesetzge-

73 Vgl. auch aus der Perspektive des Verfassungswandels L. Michael, Die verfassungswandelnde Gewalt, RW 2014, S. 426, 467 ff.

74 Vgl. statt vieler M. Burgi, Schützt das Grundgesetz die Ehe vor der Konkurrenz anderer Lebensgemeinschaften?, Der Staat 39 (2000), S. 487 ff. mit Nachweisen über entsprechende Positionen insbesondere in Fn. 63.

75 So auch statt vieler: J. Pieroth/T. Kingreen, Funktionen des Ehegrundrechts am Beispiel des Lebenspartnerschaftsgesetzes, KritV 85 (2002), S. 219, 233 ff; R. Gröschner, in: Dreier (Hrsg.), Grundgesetz Kommentar, Band I, 2. Aufl. 2004 (Vorauflage), Art. 6, Rn. 49 m.w.N. in Fn. 160 a.E.

76 BVerfGE 105, 313 (346).

ber nicht verwehrt sein solle, die Ehe gegenüber anderen Lebensformen zu begünstigen.[77]

Die entgrenzende Wirkung des Gleichheitssatzes entfaltete sich dann im Urteil zur Hinterbliebenenversorgung.[78] Hier wird einerseits die gleichheitsrechtliche Prüfung wegen der Anknüpfung an die sexuelle Orientierung und deren Vergleichbarkeit mit den Persönlichkeitsmerkmalen des Art. 3 II GG einer strengen Verhältnismäßigkeitsprüfung unterzogen[79] und andererseits die verfassungsrechtliche Legitimation von Privilegierungen der Ehe aus Art. 6 I GG dem Gleichheitsgebot des Art. 3 I GG untergeordnet.[80] Jede Privilegierung der Ehe bedarf danach eines hinreichend gewichtigen Sachgrundes jenseits der bloßen Berufung auf Art. 6 I GG.[81]

Konstruktiv wird man aus dieser Argumentation ableiten können, dass das Lebenspartnerschaftsgesetz nicht nur zulässig, sondern aus Gründen der Gleichbehandlung gleichgeschlechtlicher, auf Dauer angelegter wechselseitiger Einstandsgemeinschaften auch verfassungsrechtlich geboten ist.[82] Das ist beachtlich, denn ohne die Verabschiedung des Gesetzes im ersten Schritt wäre es dazu wohl nicht gekommen. Hier steht aber die verbreiternde Wirkung im Vordergrund, die aus der scharfen Gleichheitsprüfung folgt. Die Folgeentscheidungen zum Familienzuschlag[83] und zum Grunderwerbssteuergesetz[84] dokumentieren gerade in ihrer Selbstverständlichkeit, wie nüchtern das verfassungsrechtliche Rationalitätspostulat die politische Innovation zurecht schneidet. Bekanntlich endet diese Serie

---

77 BVerfGE 105, 313 (348).

78 BVerfGE 124, 199 ff.

79 BVerfGE 124, 199 (220 ff.).

80 BVerfGE 124, 199 (225 ff.).

81 BVerfGE 124, 199 (226); stellvertretend für die Kontroverse in der Literatur zu dieser Entscheidung seien hier nur genannt C. Hillgruber, Anmerkung zum Hinterbliebenenurteil des BVerfG, JZ 2010, S. 41 und die Erwiderung C. D. Classens hierauf: Der besondere Schutz der Ehe – aufgehoben durch das BVerfG?, JZ 2010, S. 411.

82 Vgl. nur D. Coester-Waltjen, in: I. von Münch (Bgr.)/P. Kunig (Hrsg.), Grundgesetz Kommentar, 6. Aufl. 2012, Art. 6, Rn. 9 und – mit der weitergehenden Schlussfolgerung, dass gleichgeschlechtliche Lebenspartnerschaften dem Eheschutz des Art. 6 I GG unterfielen – F. Brosius-Gersdorf, in: Dreier (Hrsg.), Grundgesetz Kommentar, 3. Aufl. 2013, Art. 6, Rn. 82 ff.; zur Kritik am „Abstandsverbot" bzw. „Differenzierungsverbot" s. die Nachweise bei M. German (Fn. 70), S. 257 in Fn. 96.

83 BVerfGE 131, 239 ff.

84 BVerfGE 132, 179 ff.

vorerst mit der Entscheidung zur Sukzessivadoption. An diesem politisch besonders heiklen Punkt wird die nüchterne Fortschreibung der Linie aber geschickt nach hinten gestellt[85] und die ebenfalls betroffene Gleichbehandlung der Kinder ins Zentrum gerückt. Die innovationsverbreiternde Kraft des Gleichheitssatzes wird dadurch aber eher noch deutlicher.

C. Fazit: Rechtliche Innovationen als Beobachtungsperspektive verschleifter Prozesse

Welches Fazit lässt sich ziehen? Welche Zugriffe sind auf Innovationen im Recht möglich und was bringen sie?

Rechtliche Innovationen können teilweise als Produkt verstanden werden, deren Entstehung und Verbreitung unter Nutzung der Erkenntnisse fremddisziplinärer Innovationsforschung untersucht werden können. Die Innovationen im staatlichen Rechtssystem sind allerdings meist so stark in das Recht eingebettet, dass sie eine primär rechtswissenschaftliche Bearbeitung verlangen. So weit es um problem- oder sachbereichsbezogene soziale Innovationen geht, kann die Rechtswissenschaft dabei Bestandteil einer breiten gesellschaftswissenschaftlichen Innovationsforschung sein und sich um die Bereitstellung bedarfsgerechter und zugleich rechtssystematisch konsistenter Formen bemühen. Eine eher rechtsimmanente Betrachtung wirft keine fundamental neuen Fragen für die Rechtswissenschaft auf, lässt aber die Dynamiken in den Vordergrund treten. Dabei ist weniger der rechtliche Blick auf den Innovator interessant - denn bei dieser Frage geht es um die Kompetenz zur Schaffung neuen Rechts, die wiederum eine Kernfrage der Kompetenzordnung überhaupt ist, die wiederum zum zentralen Bereich der klassischen rechtswissenschaftlichen Materien gehört. Richterliche Rechtsfortbildung, das BVerfG zwischen Verfassungsauslegung und Rechtsetzung und der Verfassungswandel sind entsprechend etablierte Topoi. Interessant scheinen aber die Diffusionsprozesse. Die Frage nach Innovationen im Recht führt zu einer systematischen Fokussierung auf die internen Bewegungen und Bewegungsgesetze rechtlicher Veränderungen und ihr Verhältnis zur politischen Gestaltung. Da Innovationen zeitlich gestreckte Prozesse sind, betont die Perspektive notwendig Einflussfaktoren, Verläufe und Entwicklungslinien, also die

85 BVerfGE 133, 59 (98) Rn. 104.

Dynamik des Rechtssystems, weniger die sonst oft vorgenommene Überprüfung ihrer Statik. Hier zeichnet sich ein breiter Strang zukünftiger rechtswissenschaftlicher Innovationsforschung ab.

Gelingensvoraussetzungen von Rechtsfortbildung

Uwe Volkmann

Inhalt

A. Problemfälle und Unklarheiten

So wie das Recht technische oder auch gesellschaftliche Innovation anstoßen kann, ist es auch selber Gegenstand von Innovation[1]. Als Innovator tritt dabei einerseits der Gesetzgeber auf, der das Recht fortwährend ändert, ergänzt, fortbildet oder eben auch erneuert. Andererseits sind es die Gerichte, deren Beiträge in diese Richtung dann meist als Rechtsfortbildung bezeichnet werden, ohne dass immer schon klar wäre, was damit konkret gemeint ist. Ebenso unklar ist, wie das Phänomen einzuschätzen und was davon zu halten ist: Während einerseits seit vielen Jahren über die nachlassende Steuerungskraft des Gesetzes geklagt wird, der Gesetzgeber mit der ständigen Anpassung des Rechts an wechselnde Lagen in vielen Fällen überfordert ist und die Gerichte oft näher an den sachlichen Problemen sowie an den Bedürfnissen und Interessen der Beteiligten sind als dieser, schlägt der richterlichen Rechtsfortbildung traditionell ein star-

1 S. dazu den Beitrag von Martin Eifert in diesem Band.

kes Misstrauen entgegen, und dies, obwohl ihre grundsätzliche Zulässigkeit heute kaum mehr bestritten und mindestens einfachgesetzlich auch anerkannt ist[2]. Keine Übereinstimmung hat sich jenseits einiger sehr allgemeiner Orientierungspunkte zudem über ihre methodischen Grundlagen oder ihre rechtlichen Grenzen erzielen lassen, und dies, obwohl sich die Methodenlehre daran seit Jahrzehnten abarbeitet[3]. Ungeachtet dessen gibt es immer wieder Rechtsfortbildungen, die sich durchsetzen und das Rechtsleben langfristig prägen können. Ein markantes Beispiel ist etwa die von den Zivilgerichten vor mehr als fünf Jahrzehnten vorgenommene Ausdehnung des Schmerzensgeldanspruchs auf Persönlichkeitsrechtsverletzungen, die mittlerweile so fest in unserer Rechtskultur verankert ist, dass sie dem Gesetzgeber bei der großen Schuldrechtsreform gar nicht mehr aufgefallen ist und er offenbar davon ausgegangen ist, sie stünde längst im Gesetz, obwohl sie dessen Anlage und Systematik nach wie vor klar widerspricht[4]. Andere Rechtsfortbildungen haben sich demgegenüber als außerordentlich kurzlebig erwiesen oder sind sogar spektakulär gescheitert. Ein Beispiel dafür ist die maßgeblich von einem früheren Richter des Bundesverfassungsgerichts betriebene Ableitung eines steuerrechtlichen „Halbteilungsgrundsatzes" aus Art. 14 Abs. 1 S. 2 GG, die schon kurz nach dessen Ausscheiden aus dem Gericht von demselben Senat wieder revidiert wurde[5]. Interessanter als die juristische dürfte deshalb die rechtstatsächliche Frage sein, was für den Erfolg oder Misserfolg im einen wie im anderen Falle jeweils verantwortlich ist; ihre Beantwortung gibt zugleich Aufschluss über die Praktikabilität wie die Zukunftsfähigkeit dieser Variante von Rechtsinnovation.

2 Vgl. etwa § 132 Abs. 4 GVG, §§ 511 Abs. 4 Nr. 1, 543 Abs. 2 Nr. 2 ZPO.

3 R. Wank, Richterliche Rechtsfortbildung und Verfassungsrecht, ZGR 3 (1988), S. 314 (315 f.); P. O. Mülbert, Einheit der Methodenlehre?, AcP 214 (2014), S. 188 (196), der aber immerhin einen „verfassungsrechtlichen Mindeststandard" sieht; dazu noch unten im Text.

4 Die Grundlagen in BGHZ 26, 349 – Herrenreiter. Bei der Neufassung durch das Gesetz zur Modernisierung des Schuldrechts vom 26. November 2001 (BGBl. I 2001, S. 3138ff.) dehnte der Gesetzgeber den Ersatzanspruch für immaterielle Schäden dann zwar auf die Verletzung der sexuellen Selbstbestimmung aus, vergaß aber die sonstigen Verletzungen des Persönlichkeitsrechts.

5 BVerfGE 93, 121 einerseits und BVerfGE 115, 97 andererseits.

B. Rechtsfortbildung als Sonderfall der Rechtsinnovation

In methodischer Hinsicht ist dafür allerdings zunächst zu klären, wo jener Bereich der Rechtsarbeit beginnt, der als Rechtfortbildung bezeichnet wird, und was ihn von anderen Formen der Rechtsarbeit unterscheidet. Darauf sind je vom gedanklichen Ausgangspunkt aus zwei unterschiedliche Antworten möglich, die sich aber eher wechselseitig ergänzen als ausschließen. Nach einer formalen und eher auf den technischen Vorgang selbst bezogenen Abgrenzung beginnt die Rechtfortbildung dort, wo die Auslegung endet[6]. Das wirft allerdings die Folgefrage auf, wann dies angenommen und wie der Punkt bestimmt werden kann, an dem sich der Umschlag vollzieht. Auf sie hat sich bislang eine überzeugende oder auch nur breit konsentierte Antwort nicht finden lassen: Der insgesamt wohl immer noch vorherrschenden Auffassung, die Grenze der Auslegung werde durch den Wortlaut oder jedenfalls den möglichen Wortsinn bestimmt, ist von einer sprachphilosophisch informierten Betrachtung aus zutreffend entgegengehalten worden, sie unterstelle regelmäßig eine durch den Normtext objektiv vorgegebene sprachliche Bedeutung, die es so gar nicht geben könne[7]; wer stattdessen auf die Gesamtheit der Auslegungsregeln, praktisch also auf den gängigen Viererkanon aus grammatikalischer, historischer, systematischer und teleologischer Auslegung verweist, landet unweigerlich bei der Tautologie, dass die Grenze der Auslegung letztlich die Auslegung ist, was so nicht wirklich weiterhilft[8]. Und ebenfalls nur verschoben, nämlich in den unklaren und schillernden Lückenbegriff hinein, wird das Problem, wenn das Überschreiten der Grenze zur Rechtsfortbildung vom Vorliegen einer „Lücke“ abhängig gemacht wird: Solche Lü-

6 Vgl. nur K. F. Röhl/H. C. Röhl, Allgemeine Rechtslehre, 3. Aufl. 2008, S. 636 f.

7 Vgl. etwa D. Busse, Juristische Semantik, 2. Aufl. 2010, S. 239 ff.: „Jede auslegungstheoretische Konzeption, die von mehr oder weniger festen und vorgegebenen (d.h. dem Interpretationssubjekt externen) Bedeutungen ausgeht, leistet sich sprachtheoretische Vereinfachungen, die auf heutigem Wissensstand nicht mehr hinnehmbar sind.“ Aus juristischer Sicht zur Wortlautgrenze s. einerseits O. Depenheuer, Der Wortlaut als Grenze, 1999, S. 9ff. und M. Klatt, Theorie der Wortlautgrenze, 2004, dort insbes. S. 235ff.; N. Grosche, Rechtsfortbildung im Unionsrecht, 2011, S. 113ff.

8 So liegt es aber eben, wenn die Bedeutung eines Normtextes oder einzelner sprachlicher Zeichen in ihm zusätzlich unter Heranziehung systematischer, historischer, teleologischer Erwägungen etc. bestimmt wird, vgl. etwa die Darstellung der heute vorherrschenden objektiven Auslegungstheorie in Abgrenzung zur Rechtsfortbildung bei B. Rüthers/V. Fischer/A. Birk, Rechtstheorie, 8. Aufl. 2015, Rn. 796ff.

cken sind, wie schon Hans Kelsen wusste, weniger real vorgefunden als vielmehr vom Rechtsanwender konstruiert oder angenommen[9]. Eine materiale und eher auf die Rolle des Rechtsanwenders bezogene Abgrenzung sieht den maßgeblichen Unterschied zwischen Auslegung und Rechtsfortbildung demgegenüber in der Willensrichtung oder Haltung des Interpreten: Vollzieht dieser lediglich die im Gesetz selbst beschlossene oder angelegte Wertung nach, handelt es sich um Auslegung; nimmt er diese Wertung selbst vor, ist von Rechtsfortbildung auszugehen[10]. Diese Abgrenzung scheitert allerdings schon daran, dass einerseits auch die Auslegung anerkanntermaßen immer auch willenhafte und wertende Elemente enthält, andererseits auch die Rechtsfortbildung sich an bestimmten vorgegebenen Wertungen – typischerweise solchen der Rechts- oder Verfassungsgemeinschaft – orientieren soll. Von daher wird man im Ergebnis nur sagen können, dass eine klare Grenze zwischen Auslegung und Rechtsfortbildung nicht existiert oder es jedenfalls bis heute nicht gelungen ist, eine solche zu begründen[11].

Wieviel Unsicherheit hier besteht und welche komplexen Zuordnungsprobleme daraus resultieren können, ist zuletzt durch eine Entscheidung des Bundesverfassungsgerichts deutlich geworden, die vordergründig die Begründung und Reichweite des Rückwirkungsverbots betraf[12]. Sie wird deshalb länger im Gedächtnis bleiben, weil es ein ganz grundsätzlich argumentierendes Minderheitsvotum eines Senatsmitglieds und kurz darauf in einer Fachzeitschrift einen ebenso ausführlichen wie fulminanten Verriss der Mehrheitsauffassung gab, der von dieser selbst wenig übrig ließ[13]. Der Sachverhalt, der zugrunde lag, war kompliziert; führt man ihn auf seine

9 H. Kelsen, Reine Rechtslehre, 2. Aufl. 1960, S. 251ff.; s. ferner H. Kudlich/R. Christensen, Die Lücken-Lüge, JZ 2009, S. 943ff., deren eigene Versuche zur Konturierung der „Lücke“ durchaus von der von ihnen selbst betriebenen Lücken-Kritik konterkariert werden.

10 So etwa K. Larenz, Methodenlehre der Rechtswissenschaft, 6. Aufl. 1991, S. 367.; s. dazu J. Eisfeld, Rechtsfortbildung als Rechtserkenntnis, in: C. Deckenbrock/D. Effer-Uhe/C. Höpfner u.a. (Hrsg.), Richterliche Rechtsfortbildung und kodifiziertes Richterrecht, Jahrbuch Junger Zivilrechtswissenschaftler 2015, S. 97ff.

11 So auch die zusammenfassende Feststellung von C. Fischer, Topoi verdeckter Rechtsfortbildungen im Zivilrecht, 2007, S. 34ff., unter Zusammenstellung sämtlicher Abgrenzungsversuche.

12 BVerfGE 135, 1.

13 Minderheitsvotum J. Masing, BVerfGE 135, 1 (29ff.); der Verriss bei O. Lepsius, Rückwirkende Klarstellung und rückwirkende Nichtanwendungsgesetzgebung, JZ 2014, S. 488ff.

Grundstrukturen zurück, lässt er sich wie folgt vereinfachen: In einer gesetzlichen Vorschrift, die die Besteuerung von Kapitalanlagegesellschaften – also, was den Fall zusätzlich politisch heikel machte, der berüchtigten Heuschrecken – betraf, hatte der Gesetzgeber eine ausdrückliche Verweisung auf eine Norm A eingefügt, die sich für diese Gesellschaften steuerlich vorteilhaft auswirkte. Unklar war, ob damit weiterhin auch auf eine Norm B verwiesen war, die sich für diese steuerlich nachteilig ausgewirkt hätte. Einige Finanzgerichte hatten dies angenommen, andere dagegen nicht. Der Gesetzgeber hatte daraufhin in das Gesetz eine von ihm in der Begründung selbst als „Klarstellung" bezeichnete Regelung eingefügt, die feststellte, dass auch die Norm B zur Anwendung kommen sollte, und zwar auch für bereits zurückliegende Veranlagungszeiträume. Noch einmal vereinfacht und allein von den Auswirkungen her – steuerliche Vergünstigung oder steuerlicher Nachteil – könnte man auch sagen, es war unklar, ob die Norm nur die Rechtsfolge A oder dazu auch die Rechtsfolge B gehabt hatte; gerade dies hatte der Gesetzgeber „klarstellen" wollen. Das Bundesverfassungsgericht musste nun entscheiden, ob es sich hier um einen Fall von Rückwirkung handelte und eine solche nach den dafür aufgestellten Anforderungen zulässig war. Dahinter steht aber eine andere und grundsätzlichere Frage, die in dieser technischen Einkleidung nur verdeckt ist, nämlich die Frage, wer überhaupt über den Inhalt des Rechts entscheidet, wer also das Recht „macht" und wer dafür zuständig ist[14]. Für die Senatsmehrheit, die dafür den Grundsatz der Gewaltenteilung heranzieht, sind dies wesentlich auch die Gerichte: Der Gesetzgeber erlässt das Gesetz, dann ist es in der Welt, und wie es zu verstehen ist, müssen die Gerichte klären; der Gesetzgeber kann den Inhalt des Rechts nur für die Zukunft neu bestimmen[15]. Das Minderheitsvotum und die literarische Kritik sagen demgegenüber: Über den Inhalt seiner Gesetze entscheidet auch und möglicherweise sogar in erster Linie der Gesetzgeber, und zwar prinzipiell auch für Altfälle oder eben für die Vergangenheit[16]. Liest man sich die jeweiligen Begründungen durch, kann man sich indessen des Eindrucks nicht erwehren, dass beide Seiten für ihre Auffassungen plausible Argumente anführen können, beide deshalb auf eine unbestimmte Weise recht haben und sich die eigentliche Frage – nämlich wer das Recht

---

14 Vgl. Minderheitsvotum Masing, BVerfGE 135, 1 (29), Rz. 1.

15 BVerfGE 135, 1 (17 f.), Rz. 51.

16 S. Minderheitsvotum von Masing, BVerfGE 135, 1 (29), Rz. 7ff.; Lepsius (Fn. 13), S. 490ff., 494 f.

„macht" – zumindest methodisch gar nicht entscheiden lässt. Jedenfalls ist selten so deutlich geworden wie in diesem Fall, dass auch die Gerichte, wenn sie einer Norm einen Sachverhalt A subsumieren oder eine Rechtsfolge B zuordnen, möglicherweise etwas ganz Ähnliches tun wie der Gesetzgeber selbst und ihre Tätigkeiten in einem bestimmten Überschneidungsbereich völlig austauschbar sind; in dem hier zu entscheidenden Sachverhalt sind sie einander dann einfach ins Gehege geraten.

So lassen sich die Entscheidung und die Kontroverse darüber als Bestätigung einer alten, von einem naiven Verständnis von Rechtsanwendung freilich bis heute bestrittenen Erkenntnis der Rechtstheorie lesen, die von vielen Juristen bei ihrer täglichen Arbeit mit dem Recht eher verdrängt als reflektiert wird: Auch die Gerichte erzeugen und bilden – und im Grunde bereits mit der ersten Auslegung – das Recht, und ob man das einfach nur „Bildung" oder „Fortbildung" dieses Rechts nennt, ist von zweitrangiger Bedeutung[17]. Möglicherweise ist damit bereits eine geheime Gelingensvoraussetzung angesprochen, insofern es Gründe für die Annahme gibt, dass sich Rechtsfortbildungen umso eher im Rechtsleben behaupten, je weniger sie nach außen als solche zu erkennen sind; darauf wird zurückzukommen sein. Vor allem aber könnte die Schwierigkeit der Abgrenzung dazu veranlassen, den Begriff der Rechtsfortbildung künftig weniger in einem formellen, auf die Abgrenzung zur Auslegung bezogenen als vielmehr in einem materiellen Sinne zu verwenden, der sie stärker als Innovationen innerhalb des Rechts begreift. Rechtsfortbildungen wären dann in erster Linie das „signifikant Neue" im Recht und durch das Entwerfen neuer, eigenständiger Problemlösungen gekennzeichnet, wie es die Innovationsforschung als wesentlichen Grundzug von Innovationen herausgearbeitet hat[18]. Von anderen Formen von Rechtsinnovationen hebt sich diese dann nur dadurch ab, dass sie maßgeblich von Richtern betrieben wird. Auch das ergibt naturgemäß zur Auslegung keine trennscharfe Grenze,

---

17 S. zu dieser Erkenntnis von ganz unterschiedlichen theoretischen Standpunkten aus schon Kelsen (Fn. 9), S. 242ff., einerseits und Larenz (Fn. 10), S. 366 f., andererseits. Tendenziell anders, nämlich von einem Verständnis von Rechtsanwendung als bloßer Nachvollzug eines inhaltlich Vorgegebenen festhaltend demgegenüber etwa D. Looschelders/W. Roth, Juristische Methodik im Prozess der Rechtsanwendung, 1996, S. 9 f., S. 21ff., 32ff.

18 S. zur begrifflichen Bestimmung von Innovation die Beiträge von W. Hoffmann-Riem und M. Eifert in diesem Band.

aber es bezeichnet immerhin einen Gesichtspunkt, der das eigentliche Wesen der richterlichen Rechtsfortbildung noch am besten treffen könnte.

C. Zur Relativität des „Gelingens"

Nicht weniger schwierig zu beantworten als die Frage, was Rechtsfortbildungen eigentlich ausmacht, ist die weitere Frage, wann man davon sprechen kann, dass sie gelingen. Im umgekehrten Fall des Misslingens ist die Lage oft eindeutig: Ein Amtsrichter hat sich eine kühne Konstruktion einfallen lassen, zu der das Landgericht dann deutlich macht, dass es so nicht geht; eine Rechtsfortbildung durch die Revisionsgerichte wird vom Bundesverfassungsgericht überprüft und aufgehoben; der Gesetzgeber korrigiert eine gerichtliche Entscheidung, mit der er nicht einverstanden ist. All dies kommt im Alltag einer Rechtsordnung immer wieder vor und könnte künftig noch häufiger vorkommen[19]. Über den Fall des Gelingens hingegen lässt sich in vielen Fällen durchaus streiten. So könnte man etwa sagen, dass eine Rechtsfortbildung gelungen ist, wenn sie vom Gesetz- oder Verfassungsgeber so übernommen, also in eine formelle Rechtsnorm gegossen wird, obwohl sie dann ihrer ursprünglichen Natur nach, nämlich als *gerichtliche* Rechtsfortbildung erledigt ist. Auf der anderen Seite steht es einer Bescheinigung des Erfolgs nicht schon automatisch entgegen, wenn die betreffende Rechtsfortbildung einige Zeit später – sei es von einer kontrollierenden Instanz oder dem Gesetzgeber, sei es von dem betreffenden Gericht selbst – wieder korrigiert oder zurückgenommen wird. So hat etwa der Große Senat des Bundesgerichtshofs in Strafsachen kürzlich das richterrechtlich entwickelte Verbot der Rügeverkümmerung für den Fall einer Berichtigung des Hauptverhandlungsprotokolls wieder aufgehoben[20], der für das Tarifrecht zuständige Senat des Bundesarbeitsgerichts den von ihm selbst formulierten Grundsatz der Tarifeinheit in Fällen der Tarifpluralität[21]. Aber beides hat eine Zeitlang – im Fall des Verbots

---

19 Im Gesellschaftsrecht hat sich insoweit bereits eine eigene Kategorie der „Nichtanwendungsgesetze" etabliert, vgl. K. Schmidt, Gesetzgebung und Rechtsfortbildung im Recht der GmbH und der Personengesellschaften, JZ 2009, S. 10 (17ff.); zur insoweit auch zunehmend intensivierten Kontrolle durch das BVerfG vorerst nur B. Rüthers, Klartext zu den Grenzen des Richterrechts, NJW 2011, S. 1856ff.

20 BGHSt 51, 298 ff.; gebilligt durch BVerfGE 122, 248ff.

21 BAGE 135, 80 f.

der Rügeverkümmerung sogar eine sehr lange Zeit – funktioniert, ist angewandt worden und war im Rechtsleben wirksam, und am Beispiel des Grundsatzes der Tarifeinheit lässt sich umgekehrt studieren, wie gerade seine Rücknahme Turbulenzen ausgelöst hat, die der Gesetzgeber nun durch ein von vielen Seiten als verfassungsrechtlich problematisch empfundenes Gesetz notdürftig wieder einzufangen versucht[22]. Umgekehrt wiederum gibt es auch Fälle, in denen die Ergebnisse einer Rechtsfortbildung weiterhin als maßgeblich gelten oder sogar buchstabengetreu umgesetzt worden sind, diese ihren erhofften Effekt aber verfehlt haben, materiell gesehen also ins Leere gingen. So hat etwa das Bundesverfassungsgericht in seiner Rechtsprechung zum Finanzausgleich die von ihm neu formulierte Forderung nach einem „Maßstäbegesetz" ausdrücklich damit begründet, der Gesetzgeber für den Finanzausgleich müsse vorab abstrakt und gleichsam hinter einem „Schleier des Nichtwissens" die Maßstäbe formulieren, nach denen dann auf einer zweiten Stufe die Verteilung der Mittel vorgenommen werden soll[23]. Dies hat allerdings bekanntlich die Finanzminister von Bund und Ländern nicht daran gehindert, sich zunächst über die konkrete Verteilung der Gelder zu einigen und sich die Maßstäbe anschließend entsprechend zurechtzuformulieren. Mit „Gelingen" kann also allenfalls eine Art von ungefährer Wirksamkeit im Rechtsleben für einen längeren Zeitraum gemeint sein, ohne dass sich allerdings über die Art und Weise dieser Wirksamkeit oder die konkrete Länge dieses Zeitraums eine allgemeingültige Aussage treffen lässt.

D. Sichtung der verschiedenen Faktoren

Versucht man unter diesen Einschränkungen die Bedingungen zusammenzustellen, die dazu beitragen, dass sich eine Rechtsfortbildung im Rechtsleben behauptet, mag man zunächst zwischen intrinsischen und externen Bedingungen differenzieren[24]. Intrinsische Bedingungen sind solche, die

22 Vgl. § 4 a TVG, eingefügt durch Art. 1 des Gesetzes zur Tarifeinheit vom 3. Juli 2015 (BGBl I S. 1130). Dagegen sind derzeit beim BVerfG Verfassungsbeschwerden mehrerer Gewerkschaften anhängig; s. dazu den Beschluss vom 6. Oktober 2015, 1 BvR 1571/15 u.a., umfassende Auflistung der Pro- und Contra-Stimmen dort unter Rz. 14.

23 BVerfGE 101, 158 (216ff.).

24 Die Anregung verdanke ich meinem Mitarbeiter Pascal Klein.

von den die Rechtsfortbildung betreibenden Gerichten selbst beeinflusst werden können, etwa durch die Art und Weise der Argumentation, die methodische und dogmatische Absicherung oder das Bemühen um Praktikabilität und Angemessenheit. Externe Bedingungen dagegen sind solche, die von den anderen Akteuren im Rechtssystem abhängen, also etwa von der Art und Weise, wie diese auf eine Rechtsfortbildung reagieren, ob sie sie für sich übernehmen, sich dagegen zur Wehr setzen etc. Beide gehen aber letztlich ineinander über, weil die Gerichte durch Auswahl, Begründung und Überzeugungskraft ihrer Lösungsangebote den Erfolg bei den anderen Akteuren zumindest in begrenztem Umfang auch selber steuern können. Allerdings dürfte sich die Gewichtung der einzelnen Faktoren durchaus anders darstellen, als es Juristen meist anzunehmen geneigt sind.

I. Methodik

Als Normwissenschaftler, die sich als solche wesentlich über ihre Bindung an die Dogmatik oder die Qualität ihrer methodischen Arbeit definieren, werden Juristen einer Rechtsfortbildung im Allgemeinen umso größere Überlebenschancen zubilligen, je besser sie handwerklich gemacht oder eben methodisch fundiert ist. Dies ist in der Regel auch die Messlatte, die das Bundesverfassungsgericht an die Rechtsfortbildungen anderer Gerichte anlegt, und zwar sowohl an Rechtsfortbildungen der Fachgerichte als auch an diejenige anderer Höchstgerichte. So hat es etwa dem EuGH grundsätzlich die Befugnis zur Rechtsfortbildung zugebilligt, wenn sie „im Wege methodisch gebundener Rechtsprechung" erfolgt – aber eben auch nur dann[25]. Methodische Bindung wird hier als Gültigkeitsvoraussetzung von Rechtsfortbildung postuliert. Das wirft allerdings zwei Folgefragen auf: Gibt es überhaupt eine „methodisch gebundene", vielleicht sogar methodisch „richtige" oder jedenfalls „vertretbare" Rechtsfortbildung – und wie sähe sie aus? Und zweitens: Wann kommt es überhaupt darauf an?

1) Was die Antwort auf die erste Frage anbelangt, gibt es aus jüngerer Zeit ein geradezu schulmäßiges Beispiel für den Versuch eines Gerichts, eine Rechtsfortbildung offen als solche auszuweisen und zugleich von ihren normativen Voraussetzungen her zu begründen. Dies ist die Ent-

25 BVerfGE 126, 286 (305).

scheidung des Bundesgerichtshofs in Familiensachen zur Erforderlichkeit einer Zustimmung des Vormundschaftsgerichts für den Fall des Abbruchs einer lebensverlängernden ärztlichen Behandlung, also für das, was landläufig passive Sterbehilfe genannt wird[26]. Dort wird in einem ersten Schritt zunächst sorgfältig die Möglichkeit einer Einzel- oder Gesamtanalogie sondiert, wie sie von einigen Oberlandesgerichten als eine vergleichsweise einfache Lösung des Problems erwogen worden war; die Voraussetzungen dafür hält der BGH jedoch für nicht gegeben[27]. Anschließend prüft – und verneint – der Senat, ob einer offenen und freieren Rechtsfortbildung hier möglicherweise der Vorrang des Gesetzes oder der Grundsatz des Gesetzesvorbehalts entgegenstehen, bevor er dann in einem dritten und letzten Schritt die Rechtsfortbildung selbst „aus einer Gesamtschau des Betreuungsrechts und dem unabweisbaren Bedürfnis" rechtfertigt, „mit den Instrumenten dieses Rechts" auch auf solche Fragen „für alle Beteiligten rechtlich verantwortbare Antworten zu finden"[28]. Mustert man dies der Reihe nach durch, wird darin das Typische wie das Problematische des ganzen Vorgehens deutlich: Einigermaßen klare Prüfposten bestehen nur zum Negativen hin, nämlich in Bezug auf die möglichen Grenzen, die einer Rechtsfortbildung entgegenstehen. Wie diese selbst dann positiv auszusehen hat und nach welchen Maßstäben sie sich vollzieht, bleibt demgegenüber ganz unbestimmt: Was ein „unabweisbares Bedürfnis" ist oder wie eine „rechtlich verantwortbare Antwort" aussieht, weiß meist nur derjenige, der beides formuliert. Und auch über die immerhin formulierten Grenzen mag man durchaus streiten: In Bezug auf den Grundsatz des Vorbehalts des Gesetzes müsste man zunächst sehen, dass dieser für weite Bereiche der Rechtsordnung wie insbesondere das Privatrecht gar nicht gilt[29], und der Grundsatz des Vorrangs des Gesetzes wird in seiner Bedeutung dadurch relativiert, dass die Gerichte in einem zu ent-

---

26 BGHZ 154, 205ff. Der Gesetzgeber selbst hat diese Lösung mittlerweile für das neue Rechtsinstitut der Betreuung weitgehend übernommen, s. § 1904 BGB in der Fassung des Dritten Gesetzes zur Änderung des Betreuungsrechts vom 29.07.2009, BGBl. I S. 2286.

27 BGHZ 154, 205 (220); anders demgegenüber OLG Frankfurt, NJW 1998, 2747ff., dort mit einem Erst-recht-Schluss zum gesetzlich geregelten Genehmigungserfordernis für den Fall eines riskanten, nämlich potentiell lebensbedrohlichen ärztlichen Heileingriffs.

28 BGHZ 154, 205 (221).

29 Treffend C. Bumke, Verfassungsrechtliche Grenzen fachrichterlicher Rechtserzeugung, in: ders. (Hrsg.), Richterrecht zwischen Gesetzesrecht und Rechtsgestaltung,

scheidenden Fall nicht die Antwort einer einzelnen Gesetzesvorschrift suchen, sondern die Antwort der gesamten Rechtsordnung[30]. Aber das alles sind letztlich nur Anschauungsbeispiele dafür, woran es insgesamt fehlt: Die Formulierung eines handhabbaren methodischen Programms für Rechtsfortbildungen würde einen Grundkonsens über die richtige Methode voraussetzen, der so nirgends zu sehen ist; nimmt man nur die vier, fünf wichtigsten Bücher zur Methodenlehre zur Hand, so vertreten sie eben nicht eine, sondern ganz verschiedene Methoden, nach deren gemeinsamen Nenner man lange suchen kann[31]. Im Grunde herrscht nicht einmal Einigkeit über das Vorliegen einer „Lücke" als Voraussetzung jeder Rechtsfortbildung; während das Bundesarbeitsgericht die Aufgabe seiner Rechtsprechung zur Tarifeinheit damit begründet, es habe von Anfang an an einer solchen für eine Rechtsfortbildung erforderlichen Lücke gefehlt, sah der Bundesgerichtshof in seiner oben angeführten Entscheidung zum Betreuungsrecht den Weg zur offenen Rechtsfortbildung überhaupt erst dadurch eröffnet, dass er das Vorliegen einer im Wege der Analogie zu schließenden Regelungslücke verneinte[32].

2) Die zweite Frage, wann es auf methodische Richtigkeit oder Begründbarkeit überhaupt ankommt, lässt sich demgegenüber verhältnismäßig einfach beantworten: wenn die Gerichte selbst in einen wie auch immer bestimmten Instanzenzug eingebunden sind, in dem sie durch andere Gerichte kontrolliert werden. Gerade das Bundesverfassungsgericht hat hier in den letzten Jahren die Zügel deutlich enger angezogen, wie sich an einer Gegenüberstellung des „Klassikers" zur Rechtsfortbildung, der Soraya-Entscheidung aus dem Jahre 1973, mit den nunmehr aufgestellten Anforderungen nachzeichnen lässt. Hieß es in der Soraya-Entscheidung unter Berufung auf die Formel von „Gesetz und Recht" in Art. 20 Abs. 3 GG noch, dass sich „Gesetz und Recht zwar faktisch im Allgemeinen, aber nicht notwendig und immer decken", dass gegenüber „den positiven Satzungen der Staatsgewalt … unter Umständen ein Mehr an Recht bestehen" kann, dass der Richter „nach dem Grundgesetz nicht darauf verwiesen"

2012, S. 33 (43ff.): „Die Überzeugungskraft dieses Ansatzes scheint mir nicht groß zu sein", dort auch mit weiteren Argumenten.

30 Vgl. Fischer (Fn. 11), S. 144; Rüthers/Fischer/Birk, (Fn. 8), Rn. 139ff.

31 So auch Mülbert (Fn. 3), S. 196 unter Verweis auf die Konzeptionen von Canaris, Rüthers, Pawlowski und F. Müller; man könnte aber ohne weiteres auch noch Larenz oder Engisch hinzunehmen.

32 BAGE 135, 80 (90) einerseits und BGHZ 154, 205 (208 ff.) andererseits.

ist, „gesetzgeberische Weisungen in den Grenzen des möglichen Wortsinns auf den Einzelfall anzuwenden" und dass sich die Grenzen einer solchen schöpferischen Rechtsfindung „nicht in einer Formel erfassen" lassen, „die für alle Rechtsgebiete und für alle von ihnen geschaffenen oder beherrschten Rechtsverhältnisse gleichermaßen gälte"[33], so hat das Gericht gerade diese Formel nach Jahren der Suche offenbar gefunden. Sie lautet: „Eine Interpretation, die als richterliche Rechtsfortbildung den klaren Wortlaut des Gesetzes hintanstellt, keinen Widerhall im Gesetz findet und vom Gesetzgeber nicht ausdrücklich oder … stillschweigend gebilligt wird, greift unzulässig in die Kompetenzen des demokratisch legitimierten Gesetzgebers ein"; ergänzend wird dazu noch darauf verwiesen, der Richter habe „den anerkannten Methoden der Gesetzesauslegung zu folgen"[34]. Das eröffnet natürlich Möglichkeiten der Kontrolle der Fachgerichte, auch wenn diese nicht immer konsistent wahrgenommen werden[35]. Darüber hinaus bleiben auch hier Schlupflöcher, die von den Untergerichten weiter genutzt werden können und eher nur den Darlegungsaufwand erhöhen[36]. Überhaupt muss man sehen, dass die breite Masse der Rechtsfortbildungen, selbst der als solche offen ausgewiesenen, davon nicht erfasst wird: Auf das Ganze der Rechtsordnung gesehen sind es immer nur einige wenige Fälle, in denen das Bundesverfassungsgericht korrigierend eingegriffen und eine bestimmte Rechtsfortbildung als Verstoß gegen das Rechtsstaats-

33 BVerfGE 34, 269 (286ff.).

34 BVerfGE 128, 193 (210), an der entscheidenden Stelle unter Verweis auf BVerfGE 118, 212 (243). Darin sieht Rüthers (Fn. 19), S. 1857, die lange von ihm erhoffte „eindeutige Tendenzwende" im Methodenprogramm des Bundesverfassungsgerichts, womit er durchaus richtig liegen könnte. Zur begrenzten Reichweite dieses Programms sogleich im Text.

35 S. etwa die Entscheidung des Bundesverfassungsgerichts zur Verabschiedung des Verbots der Rügeverkümmerung, BVerfGE 122, 248; hier ist es das Minderheitsvotum, das diese Gesichtspunkte ins Spiel bringt (281ff.).

36 Ein solches ergibt sich etwa aus dem Hinweis des Bundesverfassungsgerichts, eine Rechtsfortbildung sei weiterhin zulässig, wenn sie ihre Grundlage in der verfassungsmäßigen Ordnung als Ganzes finden und sie der Durchsetzung und dem wirksamen Schutz eines Verfassungsgutes dienen, vgl. BVerfGE 111, 54 (82); grundsätzlich auch das Minderheitsvotum in BVerfGE 122, 248 (286). Verfassungsgüter gibt es mittlerweile ziemlich viele; s. dazu den zutreffenden Hinweis von C. Möllers, Nachvollzug ohne Maßstabbildung: Richterliche Rechtsfortbildung in der Rechtsprechung des Bundesverfassungsgerichts, JZ 2009, S. 668 (671 f.).

oder Demokratieprinzip kassiert hat[37]. Für einen heute so wichtigen Teilbereich wie das Gesellschaftsrecht etwa ist kürzlich ohne nennenswerten Widerspruch festgestellt worden, die Rechtsfortbildung gehe hier fortwährend gesetzeskorrigierend über das allgemeine Zivilrecht hinaus, sie konfiguriere gesellschaftsrechtliche Grundstrukturen neu und modernisiere sie, und dies alles, ohne dass sie sich überhaupt „mit den engen Grenzen einer zulässigen Fortbildung contra legem" auseinandersetzt[38].

Unabhängig davon muss das Kontrollinstrumentarium dort versagen, wo es an der Einbindung der Gerichte in einen Instanzenzug oder überhaupt einer weiteren Überprüfungsmöglichkeit gerichtlicher Entscheidungen vollständig fehlt. So mag man zwar, wie es das Bundesverfassungsgericht getan hat, den EuGH dazu anhalten, sich bei der Rechtsfortbildung streng im Rahmen „methodisch gebundener" Rechtsprechung zu bewegen[39]. Die Möglichkeiten, dies institutionell durchzusetzen, sind aber sehr begrenzt, wie es allen Akteuren auch durchaus bewusst und letztlich gerade in der Honeywell-Entscheidung selbst deutlich geworden ist[40]. Und wie wenig im Zweifel darauf zu bauen ist, mag man an den beiden wichtigsten Rechtsfortbildungen ablesen, die es in der Geschichte des EuGH je gegeben hat, also an der Postulierung des Vorrangs des Europarechts einerseits und der Erfindung der europäischen Grundrechte andererseits. Beide hatten letztlich überhaupt kein – oder allenfalls ein dubioses – methodisches Fundament, stattdessen wurden zu ihrer Begründung mit dem „Geist" der Verträge und den „gemeinsamen Überlieferungen" der mitgliedstaatlichen Verfassungen Autoritäten bemüht, die man eher in der Bibel als in Lehrbüchern zur Methodenlehre vermutet hätte[41]. Aber der postulierte Vorrang

37 Bumke (Fn. 29), S. 43.

38 Mülbert (Fn. 3), S. 12ff.

39 Vgl. oben Fn. 25.

40 S. dazu die zutreffende Einschätzung von D. Grimm, Die Zukunft der Verfassung II, 2012, S. 178ff.

41 S. EuGH, Slg. 1964, 1253 (1269ff.) – Costa/ENEL zum Vorrang der Verträge; Slg. 1974, 491, 1125 (Rn. 4) – Internationale Handelsgesellschaft zur Begründung europäischer Grundrechte. Wenn das Bundesverfassungsgericht in der Honeywell-Entscheidung gerade darin einen Fall methodisch gebundener Rechtsprechung, nämlich der Anwendung der „Methode der wertenden Rechtsvergleichung" sieht, vgl. BVerfGE 126, 286 (306), knüpft das an das entsprechende Bemühen der Europarechtswissenschaft an, für den Dezisionismus des EuGH einen Begriff zu finden, der ihn nicht als solchen erscheinen lässt oder wenigstens erträglicher macht. Irgendein sachlicher Gehalt steckt darin nicht. Die Ausrufung europäischer Grundrechte erfolgte erstmals in der Rechtssache Stauder und dort überhaupt ohne jede

des Unionsrechts hat sich weithin unwidersprochen durchgesetzt, und die – vom Bundesverfassungsgericht selbst, wie es heute gern hervorhebt, mit angestoßene – Kreation europäischer Grundrechte aus dem Nichts gilt vielen bis heute als wichtigste Rechtsinnovation auf der europäischen Ebene überhaupt. Angesichts dessen ist es vielleicht auch nicht nur eine Anmerkung am Rande, dass von der Zurückhaltung, die das Bundesverfassungsgericht neuerdings von den Fachgerichten gegenüber allen Versuchen der Rechtsfortbildung verlangt, im Umgang mit dem von ihm selber verwalteten Text nicht viel zu spüren ist. Dieser gilt geradezu als „Quellcode", der dem Gericht zur immer weiteren Ausbuchstabierung und Entfaltung aufgegeben ist[42], und deshalb dynamisiert man die vorhandenen Normbestände, sieht neue Grundrechte in der Verfassung, die vorher noch niemandem aufgefallen waren, oder erweitert etwa durch kreativen Umgang mit den Zulässigkeitsvoraussetzungen die eigenen Zuständigkeiten[43]. Man muss dazu nicht das böse Wort aus den eigenen Reihen bemühen, dass das Bundesverfassungsgericht hier selbst zuletzt die Grenzen richterlicher Kompetenz überschritten hat[44]. Aber man kann relativ sicher sagen, dass dann, wenn das Bundesverfassungsgericht in seiner eigenen Rechtsprechung so verfahren wäre, wie es das nun von den Fachgerichten verlangt, es heute nicht rund einhundertvierzig Bände verfassungsgerichtlicher Entscheidungen gäbe, sondern vielleicht zehn oder zwanzig[45]. Und man mag ja schon

---

Begründung, in der Rechtssache Internationale Handelsgesellschaft wurde mit wenig mehr als einem einzigen Satz der Hinweis auf die gemeinsamen Verfassungsüberlieferungen der Mitgliedsstaaten nachgeschoben, dem dann in der Rechtssache Nold als Letztes ein ebenso knapper Hinweis auf die gemeinsame Anerkennung der EMRK durch die Mitgliedsstaaten folgte, vgl. EuGH, Slg. 1969, 419 (Rn. 7) – Stauder; Slg. 1974, 491 (Rn. 13) – Nold. Wenn das juristische „Methode" sein soll, verliert der Begriff jeden Inhalt; immerhin braucht es dann auch nicht viel Aufwand, um sie zu beherrschen.

42 A. Voßkuhle, Stabilität, Zukunftsoffenheit und Vielfaltssicherung – Die Pflege des verfassungsrechtlichen Quellcodes durch das Bundesverfassungsgericht, JZ 2009, S. 917ff.

43 Bekanntestes Beispiel ist die Ausweitung der Wahlgrundsätze des Art. 38 Abs. 1 S. 1 GG zu einer Art Grundrecht auf Demokratie seit BVerfGE 89, 155 (171ff.) bis hin zu BVerfGE 134, 366 (380 f., 396 f.); s. zu letzterem sogleich im Text.

44 Abweichende Meinung Lübbe-Wolff zu BVerfGE 134, 366 (419ff.)

45 Ich kann diese These fortwährender Rechtsfortbildung durch das Bundesverfassungsgericht hier nicht näher belegen, sondern dazu nur auf frühere Veröffentlichungen verweisen; s. etwa U. Volkmann, Verfassungsrecht zwischen normativem Anspruch und politischer Wirklichkeit, VVDStRL 67 (2008), S. 58 (62ff.); Grundzüge einer Verfassungslehre der Bundesrepublik Deutschland, 2013, S. 39ff., 83ff.,

beim verfassungsgerichtlichen Zugriff auf die Kontrolle der Rechtsfortbildungen durch die Fachgerichte fragen, ob sie sich mit der Mobilisierung von Art. 2 Abs. 1 GG im Rahmen der Elfes-Logik – nun meist „i.V.m. dem Rechtsstaatsprinzip“ – selber einer rechtsfortbildenden Selbstermächtigung verdankt, über deren ständige Verfeinerung und Weiterentwicklung man auch heute noch durchaus nachdenken kann[46].

II. Strategie

Auf methodische Richtigkeit oder auch die Einhaltung methodischer Bindungen dürfte es für den Erfolg gerichtlicher Rechtsinnovationen insofern weniger ankommen, als es das häufige Plädoyer für solche Bindungen vermuten lässt. Natürlich kann eine sorgfältige Begründung oder der Rekurs auf eingespielte Topoi juristischer Argumentation dazu beitragen, dass sich eine Rechtsfortbildung im Rechtsleben auch längerfristig behaupten kann, wie sich am Beispiel der Rechtsprechung des Bundesgerichtshofs zum Umgang mit der passiven Sterbehilfe im Betreuungsrecht belegen lässt[47]. Aber mit gleicher Berechtigung lässt sich auch die umgekehrte These wagen, dass Rechtsfortbildungen aufs Ganze gesehen umso größere Chancen auf Durchsetzung haben, je weniger sie als solche ausgewiesen werden. Vor allem für den Bereich des Zivilrechts wie auch für das Gesellschaftsrecht ist dieser Bereich mittlerweile gut erforscht; hier ist durch zahlreiche Untersuchungen der Nachweis geführt worden, dass und auf welche Weise die Zivilgerichte das Recht fortwährend um neue kreative Problemlösungen erweitern, ohne dies nach außen kenntlich zu machen oder etwa den Unterschied zur gewöhnlichen Auslegung irgendwie her-

---

129ff., speziell zum Bundesverfassungsgericht dort S. 167ff.; zuletzt dann etwa: Rechts-Produktion oder Wie die Theorie der Verfassung ihren Inhalt bestimmt, Der Staat 54 (2015), S. 35ff.

46 BVerfGE 6, 32 (36ff.). Jüngstes Beispiel für eine – nennen wir es einmal so – kreative Erweiterung der eigenen Überprüfungsmöglichkeiten nun BVerfGE 138, 64 ff.: Zuerkennung der Beschwerdefähigkeit einer Behörde (!) im Verfassungsbeschwerdeverfahren über Art. 101 Abs. 1 S. 2 und Art. 103 Abs. 1 GG, um sich so den Zugriff auf die Überprüfung einer Entscheidung des Bundesgerichtshofs zu eröffnen; ironischerweise betraf diese selber einen Fall von offen ausgewiesener Rechtsfortbildung.

47 S. oben Fn. 26.

vorzuheben[48]. Gerade das Bundesverfassungsgericht weist seine Rechtsfortbildungen traditionell nicht aus: Selbst in den großen „Klassikern" wie der Begründung des Rechts auf informationelle Selbstbestimmung im Volkszählungsurteil oder des Grundrechts auf Gewährleistung der Vertraulichkeit und Integrität informationstechnischer Systeme in der Entscheidung zur Online-Durchsuchung taucht der Begriff der „Rechtsfortbildung" nicht auf, geschweige denn, dass dort die Anforderungen an eine „methodisch gebundene Rechtsprechung" problematisiert werden oder man sich überhaupt mit irgendwelchen methodischen Grenzen der Rechtsfortbildung auseinandersetzt[49]. Das lässt sich wiederum methodisch kritisieren, so wie ja die Forderung nach Offenlegung der eigenen Entscheidungsprämissen schon immer eine klassische Forderung der Methodenlehre ist[50]. Aber die Gründe für diese Praxis liegen letztlich auf der Hand. Sie ergeben sich zum einen aus dem Umstand, dass zwischen Auslegung und Rechtsfortbildung ohnehin ein Kontinuum besteht und es dann mit verhältnismäßig geringem argumentativem Aufwand möglich ist, das eine in das andere hinüberzuziehen. Zum anderen ist die schlichte Gesetzesanwendung das Verfahren, das mit richterlichem Entscheiden traditionell assoziiert wird und die größte Aussicht auf Zustimmung hat: Normgebundenes Entscheiden wird generell mit Attributen wie Verlässlichkeit, Berechenbarkeit und Unparteilichkeit belegt, während normfreies Entscheiden gerade im Fall der Justiz schnell unter Willkürverdacht gestellt wird[51]. Gerade für die unteren Instanzen ist der offene Ausweis von Rechtsfortbildung deshalb riskant, weil er relativ sicher die Aufmerksamkeit der Berufungs- und spätestens der Revisionsgerichte auf sich zieht, denen diese

---

48 S. vor allem die Schrift von Fischer (Fn. 11); ferner für das Gesellschaftsrecht vor allem die Beiträge von Schmidt (Fn. 19) und Mülbert (Fn. 3).

49 Vgl. BVerfGE 65, 1 (41ff.) – Volkszählung; 120, 274 (313ff.) – Online-Durchsuchung, dort immerhin der Hinweis auf das allgemeine Persönlichkeitsrecht „in seiner lückenfüllenden Funktion". Ansonsten ergibt eine Juris-Recherche mit den Begriffen „Rechtsfortbildung" und „Bundesverfassungsgericht", dass von Rechtsfortbildungen immer nur im Zusammenhang mit denjenigen anderer Gerichte die Rede ist; auch dies sicherlich ein interessanter Befund.

50 S. in diesem Zusammenhang Schmidt (Fn. 19), S. 12ff.; aus dem älteren Schrifttum etwa H.-P. Schneider, Richterrecht, Gesetzesrecht und Verfassungsrecht, 1969, S. 40. Fischer (Fn. 11), S. 405, will das Problem demgegenüber durch Entwicklung und Ausbau einer eigenen Rechtsfortbildungslehre lösen. Dass dies nicht verfängt, zeigt Eisfeld (Fn. 10) unter I.4. seiner Überlegungen.

51 S. Fischer (Fn. 11), S. 425ff. m.w.N. auch aus dem älteren Schrifttum.

Aufgabe durch die Prozessordnungen an sich als eigene Domäne zugewiesen ist[52]. Dadurch erhöht sich zwangsläufig das Kassationsrisiko[53]. Und auch bei den obersten Bundesgerichten dürfte sich der Trend zur verdeckten Rechtsfortbildung künftig eher noch verstärken, je mehr sich bei ihnen der Eindruck verfestigt, dass das Bundesverfassungsgericht hier die Zügel anzieht. Dass ein Gericht wie weiland das Bundesarbeitsgericht im Leitsatz eines Urteils selbstbewusst verkündet, „der Senat stellt den folgenden Rechtssatz auf ...“, wird man jedenfalls wohl kaum mehr erleben[54].

III. Autorität

An solcher Neigung zu strategischem Verhalten lässt sich ablesen, dass für den Erfolg von Rechtsfortbildung auch institutionelle Faktoren eine Rolle spielen: Es kommt nicht nur darauf an, wie und mit welchem Inhalt das Recht inhaltlich fortgebildet wird, sondern mindestens ebenso sehr darauf, wer es macht und wie sein Verhältnis zu den anderen Akteuren aussieht. Maßgeblich ist damit auch Autorität, die wiederum auf unterschiedlichen Gründen beruhen kann.

a) In einem ganz allgemeinen Sinne beruht Autorität nicht nur auf äußerer Kompetenzzuweisung, sondern mindestens ebenso sehr auf innerer Anerkennung durch andere. Kompetenzen – etwa im Verhältnis zu anderen Gerichten – sind damit auch für die Durchsetzung von Rechtsinnovationen wichtig, aber umgekehrt eben nicht alles, auch wenn sich Juristen meist nur auf sie konzentrieren. Mindestens ergänzend kommt es auf die soziale Praxis ihrer Ausübung und der Abgleichung mit den Kompetenzen anderer Beteiligter an. Wie sich in einer solchen Praxis Autorität herausbildet, ist zuletzt durch einige neuere Überlegungen des amerikanischen Pragmatismus deutlich geworden. Danach kontrollieren sich innerhalb einer bestimmten Regelbefolgungsgemeinschaft alle Teilnehmer in einem „Spiel des Gebens und Forderns von Gründen“ wechselseitig auf Regelbeobachtung und betrachten sich als für ihre Handlungen verantwortlich. Ihre Erfolge und Misserfolge halten sie dabei in einer „deontischen Buchführung“ regelmäßig nach, indem sie gelungene Verständigungsversuche

52 Eingehende Darstellung bei C. W. Hergenröder, Zivilprozessuale Grundlagen richterlicher Rechtsfortbildung, 1995, S. 19ff., 52ff., 88ff.

53 Fischer (Fn. 11), S. 300.

54 So BAGE 24, 177 (Ls. 2).

dem Konto des jeweiligen Sprechers gutschreiben, während fehlgeschlagene mit Punktabzug und äußerstenfalls mit Disqualifikation sanktioniert werden[55]. Aus diesem Modell, das sich ganz generell für die Begründung und Erzeugung von Normativität in einem Rechtssystem fruchtbar machen lässt, erhellt zugleich auch, warum Rechtsbehauptungen innerhalb dieses Systems unterschiedliche normative Kraft entfalten, je nachdem, wer sie aufgestellt hat[56]. Dass etwa das Bundesverfassungsgericht sich mit seinen Innovationen häufiger durchsetzt als andere, liegt aus dieser Sicht eben auch an seinen erfolgreichen Beiträgen in der Vergangenheit, die seine Punktezahl in der „deontischen Buchführung" erhöht haben. Gerade das Bundesverfassungsgericht zehrt deshalb heute von der hohen Anerkennung, die es mittlerweile beim Publikum genießt und ihm in sämtlichen entsprechenden Umfragen eine Spitzenstellung unter allen anderen politischen Akteuren verschafft hat[57]. Ein ähnlicher Autoritätsvorschuss wird mittlerweile aber auch dem EuGH eingeräumt, der im regelmäßig erhobenen „Eurobarometer" im Verhältnis zu den anderen Unionsorganen ähnlich gut abschneidet wie das Bundesverfassungsgericht im nationalen Rahmen[58]. Beide Gerichte profitieren darüber hinaus naturgemäß von ihrer günstigen strategischen Lage, von der aus sie eigene Rechtsfortbildungen regelmäßig leichter durchsetzen können als andere, während sie gerade im Verhältnis zueinander um wechselseitige Anerkennung noch streiten[59]. Diese ist umgekehrt dort leichter zu erzielen, wo ein Gericht in einem vergleichsweise konsensualen Umfeld agiert, so wie es etwa vom Bundesgerichtshof im Personen- und Kapitalgesellschaftsrecht gesagt werden kann: Hier herrscht ein vergleichsweise hohes Maß an Einverständnis über die

55 R. Brandon, Making it Explicit, 1994, dt. Expressive Vernunft, 2000, insbes. S. 241, 252 f., 272ff.

56 Vgl. M. Winkler, Die normative Kraft des Praktischen, JZ 2009, S. 821 (826 f.).

57 Vgl. etwa H. Vorländer/A. Brodocz, Das Vertrauen in das Bundesverfassungsgericht, in: H. Vorländer (Hrsg.), Die Deutungsmacht der Verfassungsgerichtsbarkeit, 2006, S. 259ff.

58 Vgl. A. Gimmel, Der Kontext als Schlüssel für ein angemessenes Verständnis der Integration durch Recht in Europa – am Beispiel der aktuellen Grundrechtsrechtsprechung des EuGH, EuR 2013, S. 146 (152).

59 Markant etwa im Versuch des EuGH, die Bindung an die europäischen Grundrechte immer weiter zu Lasten der Mitgliedsstaaten – und damit auch zu Lasten des Einflusses der dortigen Verfassungsgerichte – zu verschieben, s. zuletzt EuGH, Rs. C 617/10, Slg. 2013, Nr. 22 – Åkerberg Fransson, und dazu die Reaktion in BVerfGE 133, 277 (313ff.) – Antiterrordatei.

ökonomischen Grundlagen, nämlich eine prinzipiell marktwirtschaftlich-liberale Grundeinstellung vor, es gibt gemeinsame Gegner wie die sogenannten Berufskläger, gegen die man sich verbünden kann, dazu existiert eine enge, auch institutionelle Kooperation zwischen Wissenschaft und Praxis und anderes mehr[60].

b) In stärker konfliktorientierten Rechtsgebieten wie dem Arbeitsrecht müssen es demgegenüber andere Quellen sein, aus denen sich Autorität speist. In solchen Konstellationen resultiert Autorität regelmäßig aus Gesichtspunkten einer sachgerechten Aufgaben- und Funktionenzuordnung, und zwar gerade eben auch im Verhältnis zum Gesetzgeber. Diese richtet sich aber erneut nicht nach abstrakten normativen oder gar verfassungsrechtlichen Kriterien, wie sie etwa von der „Wesentlichkeitstheorie" bereitgestellt werden. So kann es keinem Zweifel unterliegen, dass etwa das Arbeitskampfrecht wegen seiner hohen Grundrechtsrelevanz eine „wesentliche" Angelegenheit im Sinne dieser Theorie oder besser Doktrin ist. Trotzdem ist es vom Bundesarbeitsgericht weitgehend im Alleingang ausbuchstabiert und entwickelt worden, weil der Gesetzgeber davor zurückgescheut ist, sich der hochkontroversen Materie anzunehmen. Ähnlich lässt sich auch in anderen sensiblen Bereichen wie etwa der Zulässigkeit der Sterbehilfe beobachten, dass der Gesetzgeber sich tendenziell zurückhält und seine Bemühungen meist dort anknüpfen, wo die Rechtsprechung aufgehört und das Feld in gewissem Umfang bereits bestellt hat. In diesem Sinne geht es insgesamt eher darum, wer was in welcher Situation besser kann, und dies kann in bestimmten Bereichen dazu führen, dass die Gerichte unter breiter Zustimmung der Rechtsgemeinschaft Aufgaben übernehmen, für die nach der reinen Lehre an sich der Gesetzgeber zuständig wäre[61]. Autorität für Rechtsfortbildung verdankt sich so oft auch einer unausgesprochenen Kooperation mit der Politik. Auch das ist eine der Erklärungen für die hochgradig innovative Judikatur des EuGH, mit der er zu einem wesentlichen „Motor der Integration" aufgestiegen ist[62]: Weil viele Integrationsschübe, die sich seiner Fortbildung des Unionsrechts verdanken, im Wege förmlicher Vertragsänderung oder auch nur mit den klassischen Instrumenten des Sekundärrechts nie zu erreichen gewesen wären

---

60 Vgl. Mülbert (Fn. 3), S. 294ff.

61 Vgl. die Frage von Schmidt (Fn. 19), S. 12: „Kann es nicht sein, dass die anderen Spieler auf dem Feld der Rechtsfortbildung umso sichtbarer auftreten, je weniger der gesetzgeberische Auftritt überzeugt?"

62 Vgl. Grosche (Fn. 7), S. 3ff.

und dies allen Beteiligten klar ist, gibt es durchaus einen Trend zur Verlagerung schwieriger Fragen von Brüssel und Straßburg nach Luxemburg[63]. Man kann hier von einer stillschweigenden Delegation von Rechtsetzungsaufgaben an die Judikative sprechen, die sich in ihren praktischen Wirkungen kaum noch von der ausdrücklichen Delegation unterscheidet. Auch solche kommen aber natürlich vor, etwa wenn ein Gesetzgeber bei Erlass einer Regelung eine generalklauselartige Formulierung wählt oder in die Gesetzesbegründung ausdrücklich hineinschreibt, dass die weitere Entwicklung der Rechtsprechung überlassen werden soll[64]. Rechtsfortbildungen, die daran anknüpfen, erhalten so von Anfang an einen Autoritäts- oder Legitimitätsvorschuss, die klassische Legitimitätskriterien wie etwa die Einhaltung bestimmter methodischer Standards noch einmal weiter zurücktreten oder ganz bedeutungslos werden lassen.

IV. Kohärenz

Autorität kommt aber nicht nur der Person oder Institution zu, sondern muss im selben Maße auch der Sache gelten, also dem, was im hier interessierenden Zusammenhang von einem Gericht entschieden, ausgelegt oder innovativ entwickelt wird. Daraus ergeben sich neben Anforderungen an die sachliche Richtigkeit oder Problemangemessenheit auch solche, die man Kohärenz oder auch Netzwerkfähigkeit nennen könnte. Innovationen im Rechtssystem müssen danach, um sich halten zu können, in vorhandene Strukturen, Denkgewohnheiten und Pfade eingebunden sein, und je besser das gelingt, desto größer ist die Aussicht, dass sie erfolgreich kommuniziert werden können[65]. Für Rechtsfortbildungen bedeutet dies zum einen, dass ihre Chancen auf Durchsetzung in dem Maße steigen, in dem sie sich in ein gegebenes – textlich einigermaßen umrissenes, durch frühere Auslegungen bestimmtes oder im Großen und Ganzen konsentiertes – Normprogramm einfügen. Das fügt sich in die bekannte Unterscheidung

63 Gimmel (Fn. 58), S. 163ff., 167, dort etwa zu den Entscheidungen Viking und Laval.

64 S. statt vieler D. Looschelders/W. Roth (Fn. 17), S. 281 m.w.N.; zur Einordnung solcher Regelungen als „Delegationsnormen" schon Ph. Heck, Grundriss des Schuldrechts, 1929, § 4, Rn. 1.

65 Nach H. J. Strauch, Die Bindung des Richters an Recht und Gesetz – eine Bindung durch Kohärenz, KritV 2002, S. 311 (323).

zwischen einer Rechtsfortbildung praeter legem und der Rechtsfortbildung contra legem, nur dass eben auch diese Unterscheidung entgegen der geläufigen Einschätzung der Methodenlehre nicht im Sinne einer begrifflichen oder sonstwie strikten Alternativität zu verstehen ist, sondern erneut eher als eine gleitende Skala, bei der sich die Rechtfertigungsanforderungen umso stärker erhöhen, je mehr von einem solchen Programm abgewichen wird[66]. Zum anderen und damit zugleich zusammenhängend geht es aber auch um die Einfügung in frühere Rechtsfortbildungen, die sich durchgesetzt haben und an die dann nur noch angeknüpft werden muss. Ein prominentes Beispiel bildet etwa die Rechtsprechung zum allgemeinen Persönlichkeitsrecht oder auch zu den Verkehrssicherungspflichten im Rahmen von § 823 Abs. 1 BGB: Einmal als Rechtsfiguren begründet, können ihnen problemlos weitere Ausprägungen hinzugefügt werden. Ein weiteres und vielleicht noch instruktiveres Beispiel – auch in ihrem Zusammenspiel mit vom Gesetzgeber vorgenommenen Modifizierungen – ist die allmähliche Verdichtung der Anforderungen zum sog. Planungsermessen im Rahmen der Bauleitplanung, die mit der Entwicklung einer Typologie von Planungsfehlern beginnt und dann in der berühmten „Flachglas-Entscheidung" des Bundesverwaltungsgerichts in die grundsätzliche Unterscheidung zwischen Anforderungen an den Abwägungsvorgang und das Abwägungsergebnis mündet[67]. Diese ist dann im Laufe der Zeit immer weiter verfeinert und ausbuchstabiert worden, bevor sie dann durch das Europarechtsanpassungsgesetz des Jahres 2004 mit der Einfügung von § 2 Abs. 3 BauGB weiter prozeduralisiert und durch verschiedene andere gesetzgeberische Maßnahmen um neue materiale Planungsziele wie etwa die Privilegierung der Windenergie ergänzt worden ist. Daraus hat das Bundesverwaltungsgericht zuletzt mit der Tabuzonen-Rechtsprechung ein hochdifferenziertes Anforderungsprofil zur Ausweisung von Vorrangflächen für die Windenergie entwickelt, das gerade dieser Privilegierung in

66 Die geläufige Unterscheidung etwa bei Larenz (Fn. 10), S. 366ff.; Looschelders/Roth (Fn. 17), S. 220ff.; Rüthers/Fischer/Birk (Fn. 8), Rn. 822ff., 567ff., teils mit veränderter Begrifflichkeit (gesetzesübersteigende/abändernde Rechtsfortbildung, Rechtsanwendung im Lückenbereich/richterliche Gesetzesabweichungen etc.); umfassend J. Neuner, Die Rechtsfindung contra legem, 1992, die dort auch dann als einer der „schillerndsten Begriffe der juristischen Methodenlehre" bezeichnet wird, S. 1. Zu den Problemen und der begrenzten Aussagekraft solcher Grenzen Grosche (Fn. 7), S. 98.

67 BVerwGE 45, 309 (315) – Flachglas; die Typologie bereits in BVerwGE 34, 301 (309).

einem Stufenkonzept – beginnend mit der Forderung nach einem schlüssigen planerischen Gesamtkonzept über die Ermittlung „harter" und „weicher" Tabuzonen bis hin zur Ausweisung geeigneter Vorrangflächen – Rechnung tragen soll[68]. Auch das ist als beständige normative Nachverdichtung natürlich Fortbildung des Rechts, die aber als solche deshalb nicht auffällt, weil sie ihrerseits in ein kohärentes Geflecht früherer Rechtsfortbildungen eingebettet ist. Umgekehrt bedeutet das, dass solche Rechtsfortbildungen es tendenziell schwerer haben, die ohne eine solche Einbettung auskommen müssen und gleichsam aus dem Stand heraus eine völlig neue und eigenständige Problemlösung anbieten. Beispiele dafür sind etwa die Einordnung von Sozialplanabfindungen als vorrangige Konkursforderungen durch das Bundesarbeitsgericht[69] – einer der spektakulärsten Fälle gescheiteter Rechtsfortbildungen[70] – oder aus jüngerer Zeit etwa die Rechtsprechung des Bundesgerichtshofs zur Rücknahme der Börsennotierung einer Aktiengesellschaft, dem sog. Delisting: Hierfür hat der dafür zuständige Senat ohne jede Anknüpfung im Vorherigen in seiner Macrotron-Entscheidung aus Gesichtspunkten des Aktionärsschutzes einen Hauptversammlungsbeschluss sowie ein in einem gerichtlichen Verfahren zu überprüfendes Verkaufsangebot des Mehrheitsaktionärs verlangt und dies nicht zuletzt durch Erwägungen aus der Eigentumsgarantie des Art. 14 GG abzusichern versucht[71]. Nachdem das Bundesverfassungsgericht dieser Begründung mit der Feststellung, Art. 14 GG sei hier überhaupt nicht tangiert, den Boden entzogen hatte, gab der Bundesgerichtshof diese Rechtsfortbildung auf, obwohl diese als solche gar nicht beanstandet worden war[72]. Neben dem Umstand, dass es sich hier nicht um eine kontinuitätswahrende Rechtsfortbildung handelte, sondern um eine solche, die eine neue Kontinuität erst begründen sollte, wird man die Gründe für diesen Rückzug durchaus auch darin zu sehen haben, dass hier eine vom Gericht selbst formulierte Kohärenzanforderung nicht erfüllt und dies plötzlich für jedermann sichtbar war. Rechtsfortbildungen dieser Art sind dann

68 Die Forderung nach einem schlüssigen Gesamtkonzept erstmals in BVerwG, NVwZ 2003, 1261ff.; die Unterscheidung nach verschiedenen „Tabuzonen" dann bei BVerwG, BauR 2010, 82ff.

69 BAGE 31, 176 = BAG, NJW 1979, 774

70 S. BVerfGE 65, 182ff.

71 BGHZ 153, 47.

72 BVerfGE 132, 99 (118ff.) – Delisting und daraufhin BGH, NJW 2014, 146ff. – Frosta.

zwar nicht ausgeschlossen, aber zumindest in einer Übergangsphase notwendig labiler. Oft kommt es aber, wie das Beispiel zeigt, auch gar nicht auf eine objektive – wie auch ermittelbare? – Kohärenz an als vielmehr auf die erfolgreiche Suggestion von Kohärenz, die damit ihrerseits wieder Räume für strategisches Verhalten eröffnet.

V. Adäquanz

Neben der Einfügung in vorhandene Denkstrukturen, Argumentationsmuster und Verarbeitungsregeln – und mit einiger Wahrscheinlichkeit noch vor ihnen – spielt für den Erfolg von Rechtsfortbildungen naturgemäß auch ein gewisses Maß an inhaltlicher Richtigkeit oder Problemangemessenheit eine Rolle: Ohne sie kommt letztlich keine Autorität aus. Allerdings steht sie ihrerseits naturgemäß nicht objektiv oder a priori fest, sondern hängt vor allem davon ab, wie sie von den beteiligten Akteuren empfunden wird. Insoweit kommt viel darauf an, ob für eine Rechtsfortbildung überhaupt ein sachlicher Bedarf besteht (oder plausibel gemacht werden kann), die Interessen der Beteiligten gleichmäßig berücksichtigt werden (oder diese sich mit ihnen ernstgenommen fühlen), ob eine neue Lösung praktikabel ist (oder den Beteiligten so erscheint); zusammenfassend geht es um das, was in der Soraya-Entscheidung als Orientierung an den „Maßstäben der praktischen Vernunft" beschrieben ist[73] oder einfach bestimmten Klugheitsregeln folgt[74]. Das schließt etwa auch die Frage ein, wie eine bestimmte Innovation in ihre Zeit passt und dort als angemessene Antwort auf neuentdeckte Problemlagen empfunden wird. So wurde etwa das Grundrecht auf informationelle Selbstbestimmung, das das Bundesverfassungsgericht im Volkszählungsurteil aus der Taufe gehoben hatte, seinerzeit geradezu als eine Epiphanie gefeiert, es war etwas, auf das man, ohne es zu wissen, lange sehnsüchtig gewartet hatte und das nun endlich da

73 BVerfGE 34, 269 (287) – Soraya.

74 Vgl. dazu den Sammelband von A. Scherzberg (Hrsg.), Kluges Entscheiden, 2006; zu den über die Einhaltung formaler methodischer Maßstäbe hinausgehenden Anforderungen an „Richtigkeit" dort etwa der Beitrag von W. Hoffmann-Riem, Die Klugheit der Entscheidung ruht in ihrer Herstellung – selbst bei der Anwendung von Recht, S. 3 (4ff.).

war[75]. Von seinem Nachfolger, dem Grundrecht auf Gewährleistung der Vertraulichkeit und Integrität informationstechnischer Systeme, lässt sich das schon weniger sagen; hier begannen doch viele alsbald nach der Entscheidung zu mäkeln und zu fragen, ob man das nicht auch einfacher hätte haben können, ob man es überhaupt braucht und ob es letztlich halten kann, was es verspricht[76]. Darin mag auch das dunkle Empfinden zum Ausdruck kommen, dass das neue Grundrecht möglicherweise zum Zeitpunkt seiner Ausrufung schon quer zur Realität stand und der angemessene Schutz der Privatsphäre in Zeiten ihrer zunehmenden Erosion so nicht mehr zu gewährleisten ist. Folgerichtig gerät nun auch die Ausgangsinnovation, das Grundrecht auf informationelle Selbstbestimmung, wieder auf den Prüfstand: In wissenschaftlichen Qualifikationsschriften wird seine Tragfähigkeit zunehmend bezweifelt, vom europäischen Datenschutzrecht breiten sich alternative, stärker objektivrechtliche Schutzkonzepte aus, und man merkt, dass es in vielen der heute als problematisch empfundenen Konstellationen möglicherweise nicht mehr weiterhilft[77]. Die Gerichte müssen deshalb die Sachrichtigkeit und Problemangemessenheit ihrer Lösungen zunehmend auch selber thematisieren und herausstellen, um mögliche Einwände gleich vorab zu entkräften, und sie machen davon auch rege Gebrauch. So hat etwa der Bundesgerichtshof die Anerkennung der prinzipiellen Rechtsfähigkeit der Gesellschaft bürgerlichen Rechts, die allenthalben als ein klarer Fall von Rechtsfortbildung angesehen wird, ausdrücklich und an tragender Stelle mit der hohen Praktikabilität und Widerspruchsfreiheit seines Modells begründet, mit der es sich dem bisherigen als überlegen erweisen sollte[78]. In der Praxis der Rechtsanwendung setzt

---

75 Vgl. die Darstellung bei H. P. Bull, Informationelle Selbstbestimmung – Vision oder Illusion?, 2. Aufl. 2011, S. 45ff., dort auch mit Zitaten wie „Bergpredigt des Datenschutzes“, „Grundrechtstheologie“ etc.

76 Vgl. etwa die Kritik von T. Hoeren, Was ist das „Grundrecht auf Integrität und Vertraulichkeit informationstechnischer Systeme“?, MMR 2008, 365 f.; G. Britz, Vertraulichkeit und Integrität informationstechnischer Systeme, DÖV 2008, 411ff.; M. Eifert, Informationelle Selbstbestimmung im Internet, NVwZ 2008, 521ff.

77 Vgl. etwa die Habilitationen von M. Albers, Informationelles Selbstbestimmungsrecht, 2005 (238): „missglückt“, alternatives Konzept auf S. 601ff.; B. Schöndorf-Haubold, Sicherheit und Freiheit im Polizeirecht, 2014, unveröffentlichtes Ms., S. 304ff.; zur Kritik ferner K.-H. Ladeur, Das Recht auf informationelle Selbstbestimmung: Eine juristische Fehlkonstruktion?, DÖV 2009, 45ff.; Bull (Fn. 75), S. 45ff.

78 BGHZ 146, 341 (344). In seiner ebenfalls rechtsfortbildenden Rechtsprechung zur Vor-GmbH hat der BGH in diesem Sinne die Anforderungen so formuliert, es sei

sich das gegen ein klassisches Legitimitätskriterium wie die Einhaltung methodischer Bindungen ohne weiteres durch. Misst man etwa gerade die Zuerkennung der Rechtsfähigkeit für die Gesellschaft bürgerlichen Rechts an den strengen Anforderungen, die das Bundesverfassungsgericht neuerdings an Rechtsinnovationen durch die Fachgerichte stellt, hielte sie einer Überprüfung nicht stand: Versetzung des Richters in die Rolle einer normsetzenden Instanz, Hintanstellung des klaren Wortlauts des Gesetzes, Verkennung der gesetzgeberischen Konzeption oder sogar Verkehrung in ihr Gegenteil – all das trifft ja auf diesen Fall der Rechtsfortbildung ganz offensichtlich zu, und es gibt keinen Weg, sie unter Anwendung dieses methodischen Programms irgendwie zu rechtfertigen[79]. Gleichwohl dürfte die Frage kaum mehr vor das Bundesverfassungsgericht gelangen, und falls doch, müsste sich dieses sorgfältig überlegen, ob es eine Konzeption, die das Rechtsleben nun schon seit über dreißig Jahren prägt und auf die sich alle Akteure mehr oder weniger eingerichtet haben, noch aufhebt – und warum eigentlich[80]. Die Kollateralschäden wären jedenfalls erheblich, und der einzige Gesichtspunkt, der das in der Sache rechtfertigen könnte, wären seinerseits Praktikabilitätsprobleme, die es durchaus noch geben mag. Gerade hier spielt aber auch die Komplexität und Eigenständigkeit einer Materie hinein, die für den Außenstehenden schwer zu durchdringen ist; hier sind dann spezialisierte Gerichte einfach oft sachnäher[81].

„nach einer Lösung zu suchen, die den tragenden Grundsätzen des Kapitalgesellschaftsrechts, dem Stand der rechtswissenschaftlichen Erkenntnisse, den Belangen der Beteiligten wie namentlich auch der Gläubiger und den Bedürfnissen des Rechtsverkehrs möglichst gerecht wird“, BGHZ 80, 129 (136).

79 Zu den Kriterien s. Text und Nachweise zu Fn. 34; für die Hintanstellung des Wortlauts muss nur auf § 736 ZPO verwiesen werden. Insoweit lässt sich in der Sache gar nicht viel entgegenhalten, wenn A. Bruns, Zivilrichterliche Rechtsschöpfung und Gewaltenteilung, JZ 2014, 162 (167 f.), unter Anlegung dieser Maßstäbe hier einen offenkundigen Fall verfassungswidriger Rechtsfortbildung sieht; die Frage ist eben nur, was daraus folgt.

80 Zur Nachzeichnung der Entwicklung und der Abarbeitung der daraus resultierenden Folgeprobleme Mülbert (Fn. 3), S. 239ff.

81 S. etwa die Einschätzung von Mülbert (Fn. 3), S. 234 f., für das Gesellschaftsrecht: Es gibt mittlerweile rund hundert Kommentare, niemand hat mehr das ganze Rechtsgebiet im Blick etc.

VI. Akzeptabilität

Sachliche Autorität, Sachrichtigkeit oder Problemangemessenheit bilden mit alledem aber in der Sache nur die Grundlage für jene Bedingung, von der der Erfolg gerichtlicher Rechtsinnovationen entscheidend abhängt: Behaupten können sich Rechtsfortbildungen letztendlich immer nur dann, wenn sie von den von ihnen Betroffenen akzeptiert werden können. Die Zustimmung aller anderen ist deshalb das entscheidende Kriterium, von dem am Ende alles abhängt. Üblicherweise steht es deshalb auch im Hintergrund solcher Entscheidungen, in denen eine erfolgte Rechtsfortbildung von höheren Instanzen beanstandet oder korrigiert wurde, und zwar sowohl innerhalb der Gerichtsbarkeit selbst als auch nachträglich durch den Gesetzgeber. So hat etwa das Bundesverfassungsgericht schon in einem ersten der einschlägigen Fälle eine vom Bundesgerichtshof vorgenommene Beschränkung der Haftung von gerichtlich bestellten Sachverständigen auf die Fälle vorsätzlicher Falschbegutachtung mit der ausdrücklichen Begründung aufgehoben, sie sei „nahezu ausnahmslos auf entschiedene Ablehnung gestoßen", während die dem Soraya-Fall zugrundeliegende Rechtsprechung „weitgehende Zustimmung der Rechtswissenschaft" gefunden und dem „allgemeinen Gerechtigkeitsempfinden" entsprochen habe[82]. Darin ist bereits alles angesprochen, was in der Sache am Ende zählt: die Kompatibilität mit allgemeinen moralischen Standards, die Anerkennung im Fachdiskurs, die Anerkennung im breiten Publikum, wo eine Entscheidung eine gewisse Symbol- oder Breitenwirkung hat. Rechtsfortbildungen, die für längere Zeit kontrovers bleiben, haben es deshalb regelmäßig schwerer, sich durchzusetzen. Dementsprechend wird auch in der Entscheidung des Bundesverfassungsgerichts über die – am Ende beanstandete – „Dreiteilungsmethode" der wissenschaftliche Streit darüber sorgfältig referiert, wobei die Darstellung zeigt, dass die Kritiker deutlich in der Mehrzahl sind[83]. Erschwerend kam hier hinzu, dass sich der Bundesgerichtshof bei der Entwicklung dieser Methode auch auf politisch vermintes Gelände vorgewagt hatte: Die Frage, welche Ehe im Falle der Scheidung stärker geschützt wird – die erste und ursprüngliche, eine zweite oder möglicherweise auch eine dritte und vierte –, berührt delikate Fragen, und welche Emotionen hier im Spiel sind, mag man daran ablesen, dass die

82 BVerfGE 49, 304 (321 f.) – Sachverständigenhaftung.
83 BVerfGE 128, 193 (200 f.) – Dreiteilungsmethode.

Rechtsprechung des Bundesgerichtshofs als Zusammenfassung der geschiedenen Erstfrau, der aktuellen Zweitfrau und des unterhaltspflichtigen Mannes zu einer „polygamen Unterhalts(berechnungs)gemeinschaft" beschrieben worden ist[84]. Umgekehrt kann eine Rechtsfortbildung dort relativ geräuschlos und ohne nennenswerte Widerstände vonstattengehen, wo ein Rechtsgebiet generell stark konsensual geprägt ist: Hier trifft sie eben von vornherein auf eine entgegenkommende Bereitschaft der Akteure, sie zu akzeptieren oder sich zumindest auf sie einzulassen[85]. Andererseits schließt auch eine starke Lagerbildung Akzeptanz nicht unbedingt aus, sondern kann sie unter bestimmten Bedingungen sogar ihrerseits erleichtern. So liegt es etwa im Arbeitsrecht, in dem hochorganisierte wirtschaftliche Interessen aufeinanderprallen und auch die Wissenschaft häufig weniger neutral als vielmehr interessengeleitet agiert. Aber auch dort gibt es ein gemeinsames Interesse an der Geltung und Einhaltung bestimmter Regeln, durch eine Ideologie wie die der Sozialpartnerschaft werden die Beteiligten dann doch wieder zusammengebracht, und die Gerichte profitieren von dem generellen Vertrauen, das ihnen als neutrale und unabhängige Streitschlichter entgegengebracht wird. Dementsprechend hält sich auch das Bundesverfassungsgericht hier bei seiner Kontrolle stärker zurück und räumt den Arbeitsgerichten bis heute einen größeren Freiraum für die Erarbeitung eigenständiger Problemlösungen ein[86]. Und wenn es dann – wie im Fall der Rechtsprechungsänderung zur wiederum vorher in der Literatur stark kritisierten Tarifeinheit – die eigenen Erfinder sind, die einen das Rechtsleben ordnenden und befriedenden Rechtsgrundsatz wieder aufheben, ist es eben gerade das, was für Irritationen sorgt und nun mühevoll durch den Gesetzgeber wieder korrigiert werden muss[87]. Methodische Strenge garantiert auch hier nicht unbedingt sachliche Richtigkeit und schon gar nicht Akzeptanz.

---

84 V. Rieble, Richterliche Gesetzesbindung und BVerfG, NJW 2011, 819.

85 S. etwa für das Beispiel des Gesellschaftsrechts oben III 3 a a.E (Fn. 68).

86 S. zuletzt BVerfG, NZA 2014, 493ff. – Flashmob, dort mit einer für heutige Verhältnisse überraschenden Scheu vor dem eigenen Zugriff.

87 S. oben III (Fn. 22).

E. Rück- und Ausblick

Blickt man auf dieses Bündel von Gelingensvoraussetzungen zurück, dürfte es keine große Überraschung sein, dass es genau diejenigen sind, die auch für den Erfolg dessen verantwortlich sind, was landläufig als Auslegung bezeichnet wird; vielleicht ein letzter Beleg dafür, dass man es hier mit einem Kontinuum zu tun hat. Darüber hinaus ist es eine interessante Beobachtung, dass alle diese Voraussetzungen, die hier von der tatsächlichen Seite her entfaltet sind, sich sämtlich auch als normative Anforderungen ausweisen lassen[88]. So lässt sich etwa das, was hier als Autorität aus institutioneller Stellung beschrieben worden ist, ohne weiteres auch im Prinzip der Gewaltenteilung unterbringen, indem man etwa sagt, dass die Gerichte dort zuständig sind und rechtsfortbildend tätig werden können, wo die in Betracht kommenden Fälle nicht vorhersehbar und rasche Anpassungen an wechselnde Lagen erforderlich sind. Oder man leitet aus dem Rechtsstaatsprinzip ab, dass die Gerichte von sich aus aktiv werden müssen, wenn der Gesetzgeber eine an sich regelungsbedürftige Materie nicht regelt. Die Anforderungen normativer Kohärenz und Kontinuität folgen aus den Geboten der Rechtssicherheit und des Vertrauensschutzes. Und das Konsens- oder Akzeptanzkriterium lässt sich möglicherweise im Demokratieprinzip fundieren: Wo ohnehin ein grundsätzlicher Konsens innerhalb der Rechtsgemeinschaft besteht, kann er auch durch die Gerichte weiter ausbuchstabiert und fortentwickelt werden, ohne dass dafür jedes Mal der Gesetzgeber tätig oder bemüht werden muss. Wenn dies aber so ist, ließe sich natürlich fragen, ob die normativen Anforderungen, die für die Zulässigkeit von Rechtsfortbildungen aufgestellt worden sind, nicht unwesentlich auch von ihren tatsächlichen Realisierungsbedingungen her formuliert worden sind. Daran schließt sich die weitere Frage an, inwiefern es dann überhaupt normative Prämissen sind und ob man sich nicht etwas vormacht, wenn man glaubt, Rechtsfortbildungen künftig methodisch stärker disziplinieren – letztlich also einschränken und zurückdrängen – zu müssen. Namentlich das Bundesverfassungsgericht sollte sich deshalb vielleicht überlegen, ob es den restriktiven Kurs, den es seit einiger Zeit gegenüber den Fachgerichten eingeschlagen hat, fortführt, zumal wenn sich damit die Rückkehr zu methodischen Postulaten verbindet, die

---

88 Dies geschieht etwa bei Wank (Fn. 3), ZGR 3 (1988), 322 f., daraus auch das Folgende.

in ihrem Kern aus dem vorletzten Jahrhundert stammen[89]. Hier war auch das Bundesverfassungsgericht eigentlich schon weiter und fällt zudem ohne Not hinter das zu seiner Zeit vorausweisende Programm der Soraya-Entscheidung zurück[90]. Ob dafür institutionelle Interessen verantwortlich sind und das Bundesverfassungsgericht auf diese Weise versucht, den Bedeutungsverlust, den es im Verhältnis zu den europäischen Gerichten hinnehmen muss, durch einen verstärkten Zugriff auf die fachgerichtliche Rechtsprechungspraxis zu kompensieren, lässt sich von außen nicht beurteilen. Die Erfolgsaussichten sind jedenfalls aus den dargelegten Gründen durchaus begrenzt. Und auch über die Sinnhaftigkeit des Unterfangens lässt sich durchaus streiten: Die Rechtsfortbildung durch die Gerichte ist ein beständiger Rechtsinnovator, den man bei allen Risiken heute nicht missen mag; es entscheiden diejenigen, die in einer Materie zu Hause sind; sie gleichen ihre Lösungen mit den Lösungen anderer Akteure – eben auch anderer Gerichte – ab, und wenn das dem Gesetzgeber nicht gefällt, mag er es korrigieren oder modifizieren, wie es ohne größere Schäden ständig geschieht[91]. Auch insofern ist die Rechtsordnung durchaus weiter auf Innovationen und ihre beständige Prozessierung angewiesen.

---

89 Dies gilt vor allem für den in diesen Entscheidungen zu erkennenden Trend zur sog. subjektiven Auslegungstheorie, die ganz maßgeblich auf den Willen des historischen Gesetzgebers abstellt. Es ist deshalb kein Zufall, wenn einer der wenigen entschiedenen heutigen Befürworter dieser Auslegungsmethode und traditionellen Kämpfer gegen den „Richterkönig" wie Bernd Rüthers die neue Rechtsprechung geradezu euphorisch begrüßt, vgl. ders. (Fn. 19), S. 1856ff.

90 Programmatisches Bekenntnis zur objektiven Auslegungstheorie in BVerfGE 1, 299 (312) – Wohnungsbauförderung; seitdem lange st. Rspr., vgl. BVerfGE 11, 126 (129ff.) – Nachkonstitutioneller Bestätigungswille; 53, 135 (147) – Schokoladenosterhase; 79, 106 (121) – Zählverfahren.

91 Zutreffend deshalb das Fazit von Bumke (Fn. 29), S. 44 f.: Mit der Einschränkung von Rechtsfortbildungen „verlöre die Gesellschaft ein großartiges Experimentierfeld rechtlicher Ordnungs- und Wissensbildung". Grenzen, die vornehmlich von den jeweiligen Gerichten selbst zu reflektieren wären, ergäben sich eher aus funktionellen Überlegungen, etwa daraus, dass Gerichte nicht von sich aus tätig werden können, deshalb auch Rechtsfortbildungen nicht ohne weiteres von sich aus wieder korrigieren können, dass sie ferner eine Materie in der Regel nicht gesamthaft-umfassend, sondern immer nur auschnittweise, d.h. in Bezug auf die ihnen je vorliegende Fallkonstellation regeln können etc., s. dazu zuletzt B.-O. Bryde, Richterrecht und Gesetzesbindung, Soziales Recht 5 (2015), 128ff. Aber das gilt dann eben auch für das Bundesverfassungsgericht, dessen Korrektur von Rechtsfortbildungen selbst wieder rechtsetzenden Charakter hat, nämlich bisheriges Recht durch neues Recht ersetzt.

II. Teil: Verfahren

Die Erfindung der Beteiligung im Verwaltungsverfahren

Pascale Cancik

Inhalt

A. Erwartungen

I. Neuheit

In der Innovationsforschung geht es um „Neuheit“. Es geht um „aktuellen Wandel“ in der Gesellschaft und damit verbundenes Recht, wie einleitend zu dieser Tagung formuliert.[1] Was auch immer wir über „Beteiligung im Verwaltungsverfahren“ wissen, eines ist klar: neu im Sinne von kürzlich

---

1 Vgl. nur: W. Hoffmann-Riem, Soziale Innovationen. Eine Herausforderung auch für die Rechtswissenschaft, Der Staat 47 (2008), S. 588 ff.; ders., Vorüberlegungen zur rechtswissenschaftlichen Innovationsforschung, in: Hoffman-Riem/ J.-P. Schneider (Hrsg.), Rechtswissenschaftliche Innovationsforschung. Grundlagen, Forschungsansätze, Gegenstandsbereiche, 1998, 11 ff.

erfunden ist sie nicht. Eine spezifische Neuheitserwartung kann dieser Beitrag mithin nicht erfüllen.

Wollte man daher vorsorglich die historische Perspektive rechtfertigen, könnte man darauf verweisen, dass bekanntlich Neues „morgen schon alt" ist und die Beiträge zur Tagung in historischer Perspektive auch nur jüngere oder jüngste Zeitgeschichte thematisieren. Entscheidender als dieses ‚alles ist historisch-Argument' ist aber Folgendes: Die Zuschreibung von Innovativität setzt, wenn sie nicht nur aus instrumentellen Gründen erfolgt, einen Vorher – Nachher – Vergleich voraus. Diese Wahrnehmung von Veränderung oder Kontinuität gehört zum Zentrum der historischen Perspektive. Es mag sich also lohnen, einmal eine alte Innovation zu betrachten. Das gilt umso mehr, wenn, wie es die Tagung tun will, Fragen nach der Rezeption und nach der Nachhaltigkeit einer Innovation gestellt werden.

Der Beitrag versucht also, die notwendig historische Struktur von Innovationswahrnehmung zu betonen, die der Tagungsantrag aufgerufen und der Tagungsverlauf bestätigt hat. Die Selbstverortung als historisch argumentierend hat methodische Folgen oder sollte sie doch haben. Vielleicht bietet diese Perspektive also auch ein Muster für die Wahrnehmung von noch neuen Innovationen?

II. Anfang

Fragt man Juristen und Juristinnen, seit wann es „Öffentlichkeitsbeteiligung" im Verwaltungsrecht gibt, setzt häufig eine gewisse Unsicherheit ein. Das Angebot reicht – abhängig vom Lebensalter der Befragten – von den 1970er Jahren bis zurück in die Gründungszeiten der Bundesrepublik. Beim Ertasten der Antwort spielt offenbar die Bezugnahme auf das Grundgesetz eine Rolle. Verwaltungsrechtshistorisch versiertere KollegInnen nutzen die Einführung der Verwaltungsgerichtsbarkeit im letzten Drittel des 19. Jahrhunderts als möglichen Ankerpunkt ihrer Annäherung.

Zu den typischen Erwartungen an historische Beiträge gehört, dass die Dinge älter sind, als man dachte. Diese Erwartung kann ich erfüllen. Ob wir die „Erfindung" der Beteiligung im Verwaltungsverfahren auffinden werden, wie der Titel behauptet, bleibt allerdings abzuwarten. Das zweite Anliegen dieses Beitrags ist also zu zeigen, seit wann Beteiligung im Verwaltungsverfahren beobachtet werden kann, welchen Weg die Verrechtlichung genommen hat und was die allmähliche Etablierung des Modells befördert hat. Die implizite Behauptung, es handele sich um eine relevante Innovation, soll am Ende nochmals aufgegriffen werden.

III. Geschichte

Geschichte ist konkret, einzelfallbezogen, zeitlich und räumlich begrenzt. Die hier vorgestellten Erkenntnisse beziehen sich auf Preußen bzw. einzelne preußische Provinzen. „Die" Rechtslage gibt es dort ebenso wenig wie „die" Verwaltung oder gar eine einheitliche Verwaltungspraxis. Auch die Sprache zur Erfassung der beschriebenen Vorgänge entwickelt sich erst allmählich. „Verwaltungsverfahren", „Beteiligung", „Verwaltungsrecht" sind Begriffe, die in den Quellen noch nicht genutzt werden.[2] Es geht im folgenden also, wenn man so will, um Verwaltungsrecht vor dem „Verwaltungsrecht".[3]

B. Geschichten

In den Akten, in denen ich nach Verwaltungsrecht vor dem „Verwaltungsrecht" gesucht habe, finden sich – überraschenderweise[4] – nicht wenige Beteiligungsfälle. Sie betreffen in gegenwärtiger Sprache ganz unter-

---

2 ‚Teilnehmer' aller Art werden in der Verwaltungspraxis der Zeit u.a. bezeichnet als: „Dabei Interessierte, Betroffene, Extrahati, Konkurrenten, Protestanten, Provocaten, Rekurrenten, Supplikanten" oder auch „dabei Beteiligte". Der Ausdruck „Verfahren" oder „Verfahrungsart" findet sich neben „Geschäftsgang" allmählich.

3 Die Benutzung anderer als der Quellensprache wirft die methodische Frage nach möglicher anachronistischer Rückprojektion auf. Für die Erfassung sich entwickelnder Phänomene, die in der Fachsprache später auf gewisse Weise gekennzeichnet werden und wegen der Anschlussfähigkeit entsprechender Entwicklungsdarstellung ist die Verwiesenheit auf die gegenwärtige Sprache unentrinnbar; es bleibt also nur Aufmerksamkeit für das Problem.
Zur Entstehung der Disziplin Verwaltungsrecht aus wissenschaftsgeschichtlicher Perspektive: H. Maier, Die ältere deutsche Staats- und Verwaltungslehre, 2.A., 1980; M. Stolleis, Geschichte des öffentlichen Rechts, Bd. 2, 1992; ders., Entwicklungsstufen der Verwaltungsrechtswissenschaft, in: Hoffmann-Riem/ Schmidt-Aßmann/ Voßkuhle (Hg.), Grundlagen des Verwaltungsrechts Bd. 1, 2. A., 2012, § 2. Zur Verschiebung der Perspektive bei ‚rechtsrealgeschichtlicher' Betrachtung: P. Cancik, Verwaltung und Öffentlichkeit in Preußen, 2007, S. 393.

4 Auffällig angesichts der wenigen historischen Literatur dazu.

schiedliche Verfahrensstationen, sie sind rechtlich zunächst nicht oder nicht klar reglementiert, erlauben aber einen Eindruck von der Beteiligungspraxis und später auch dem Beteiligungsrecht. Sie führen zur Erkenntnis, dass **ein** Anfang von Beteiligung im Verwaltungsverfahren auf das frühe 19. Jahrhundert datiert werden kann. Vor diesem Anfang stehen weitere Anfänge, Praktiken, Traditionen, die im frühen 19. Jahrhundert aufgegriffen werden konnten, sich verdichten zu dem, was wir Beteiligung im Verwaltungsverfahren nennen können.

I. Der Fall Screbentzky (1704)

Der ‚Fall Screbentzky' kann aus Akten eines Bestandes, der Mühlensachen der preußischen Verwaltung seit dem 16. Jahrhundert enthält, konstruiert werden.[5]

Der König hatte am 1. Februar 1704 befohlen, Erkundigungen wegen des vom Freiherrn von Screbentzky nachgesuchten Mühlenbaus einzuziehen. Die neue Mühle, eine Mahlmühle, sollte bei Schöneberg errichtet werden.[6]

Nun sollte weiter geprüft werden, "ob aber dem Amte Schwed oder sonst jemandem der zu contradiciren befugt, durch solchen Mühlenbau geschadet werde."[7] Dazu wurde der "Stolpirische Land Reuter", also der für

---

5 Archiviert in: Geheimes Staatsarchiv Preußischer Kulturbesitz, hier: GStA PK I.HA Rep. 9 AA 2 Fasz. 2 – Preußische Verwaltung, Mühlenkonzessionssachen 1701 – 1716. Die Akten sind nicht paginiert.

6 Schöneberg liegt etwa zehn Kilometer östlich von Angermünde.

7 GStA PK I.HA Rep. 9 AA 2 Fasz. 2, Zitat auf Vorder- und Rückseite des betreffenden Schreibens. Auf diesem Schreiben erscheint oben, wie darüber geklebt, in anderer Schrift, gezeichnet von einem Hofrat Milg, ohne Datierung, folgender Text: „Wenn der Von Ascherleben getane Fürstellungen gegründet wolle S. Königl. Mt. Dem Baron Screbentzky den gesuchten Mühlenbau nicht verstatten."
Die Funktion der drei Unterzeichner des Schreibens an den König wird nicht klar. Da sie in Cölln an der Spree datieren, handelt es sich nicht um die lokale Verwaltung unmittelbar vor Ort. Im Schreiben selbst ist von der "Amts-Kammer" die Rede. Es dürfte sich also um die zu Beginn des 17. Jahrhunderts eingerichtete und später kollegial organisierte zentrale obere administrative Behörde handeln. Sie wurde neben der Hofrentei eingerichtet. Vgl. W. Vogel, Brandenburg-Preußen. Die Entwicklung der brandenburgischen Verwaltung bis zum Regierungsantritt König Friedrich Wilhelms I. (1713), in: K.G.A. Jeserich/ H. Pohl/ G.-C. von Unruh (Hg.), Deutsche Verwaltungsgeschichte I, 1983, S. 876 f.

den 'Stolpirischen Bezirk' zuständige Landreiter, losgeschickt, um sowohl vom Amt "Schwed" als auch "von denen benachbarten von Adel" entsprechende Stellungnahmen einzuholen.[8]

Vier Tage insgesamt scheint der zuständige "Landreiter aus Angermünde" in einem Umkreis von etwa 20 km unterwegs gewesen zu sein. Neun Parteien haben schriftlich bestätigt, dass ihnen das Projekt „kommuniziert“ oder „notifiziert“ worden sei, sie also Gelegenheit zur Stellungnahme hatten. Eine Partei hat Einwendungen erhoben.[9] Die Einwender, die Brüder von Aschersleben, betreiben am selben, „communen“ Fluss, zum Teil offenbar sogar zusammen mit dem Antragsteller von Screbentzky zwei Mühlen, eine dritte läge nahebei, so dass sie befürchteten, ihnen würden Mahlgäste entzogen. Auch ein entgegenstehendes Hütungsrecht wurde genannt.

Wie der Fall entschieden wurde, ist den Akten nicht zu entnehmen. Was zeigt er? Er ist ein Beispiel für ein aufwendiges Verfahren der Beteiligung möglicher Widerspruchsberechtigter vor einer – nach heutigem Sprachgebrauch – Verwaltungsentscheidung. Wir erfahren nichts Weiteres über das Verfahren. Insbesondere bleibt unklar, ob es sich um ein (rechtlich) vorgesehenes, typisches Verfahren handelte und wie die zu Beteiligenden bestimmt wurden. Offenbar gibt es eine Vorstellung von einem „Kontradiktionsrecht“, das auf Eigentums- oder Nutzungs-Rechten, möglicherweise auch auf erteilten Privilegien für bestehende Mühlen, beruhen könnte.[10]

8 J. Schultze, Der Landreiter in der Uckermark, in: ders., Forschungen zur Brandenburgischen und Preussischen Geschichte, 1964, S. 209, geht von zwei Landreitern in der Uckermark aus, einen für den uckermärkischen Kreis mit Sitz in Prenzlau, einen für den Stolpirischen Kreis mit Sitz in Angermünde. Um letzteren müßte es sich mithin im hiesigen Fall handeln. Zum Landreiter oder (Kreis-)Ausreuter auch: W. Sellert, Landreiter, in: A. Erler u.a. (Hg.), Handwörterbuch zur Deutschen Rechtsgeschichte II, 1. A. 1978, Sp. 1545 f.; G.-C. von Unruh, Polizei, Polizeiwissenschaft und Kameralistik, in: Jeserich (Fn. 7), S. 401 m.w.N., datiert das Amt sogar ins 16. Jahrhundert. Die Bestellung als Exekutivorgan erfolgte (erneut) durch die "Generalinstruktion, betreffend unterschiedene Policey-Sachen, wornach sich die von dem General-Krieges-Commissariat dependirende Ausreuter allergehorsamst zu achten. Vom 15. September 1713" (CCM Teil V, Abt. 1, Sp. 97 ff.). Zur Amtsstellung auch: D. Willoweit, in: Jeserich (Fn. 7), S. 119. In Brandenburg-Preußen unterstützte der Landreiter bis 1713 die landesherrliche Exekutive, Vogel (Fn. 7), 859 ff., 860, 865.

9 2 Blatt bezeichnet auf Blatt 1 mit Lit. A, davon das erste auf Vorder- und Rückseite beschrieben.

10 Auf den Adel und die Ämter wird verwiesen.

Wie die Untersuchung späterer mühlenrechtlicher Fälle zeigt, ist es in solchen Fallkonstellationen durchaus typisch, dass Einwendungen von anderen Müllern stammen. Die Konfliktkonstellation ist dann also eine mehr oder weniger unmittelbare Konkurrentensituation. Wie sich deren Wahrnehmung vor dem Hintergrund der langsam durchgesetzten Gewerbefreiheit entwickelt, ist wirtschaftsrechtlich interessant, soll hier aber nicht behandelt werden.[11] Hier ist nur festzuhalten, dass zu Beginn des 18. Jahrhunderts von Seiten der Verwaltung vor Bescheidung eines Antrags auf Genehmigung, also nicht erst ex post vor Gericht, ein Beteiligungsverfahren stattfinden konnte, das uns vielleicht nicht in der landreitenden Durchführung, aber doch in der Struktur modern erscheint.

II. Der Fall Jacob zu Webau (1830 ff.)

Der Fall Jacob zu Webau stammt aus einem Aktenbestand des preußischen Ministeriums des Innern für Handel und Gewerbe, den ich mit "Merseburger Mühlenfälle" bezeichnet habe.[12] Den Bestand zeichnet aus, dass nun, anders als noch hundert Jahre zuvor, der Sachverhalt des Errichtens oder Änderns einer Mühle als eigener Tatbestand erfasst und als Systematisierungskategorie für die Archivierung benutzt wird. Offenbar war die Anzahl der Mühlenerrichtungen so groß geworden, dass eine eigene Erfassung sinnvoll war. Rechtlich und verwaltungstechnisch war der Sachverhalt nun, im Jahr 1830, klar umgrenzt.[13]

Der Fall spielt im Regierungsbezirk Merseburg, der 1820 einundzwanzig Kreise von sehr unterschiedlicher Größe umfasste. Das Gebiet hatte lange zu Sachsen gehört und war 1815 als Teil der neuen preußischen Pro-

---

11 S. P.Cancik, „Wirtschaftsverwaltungsrecht“ avant la lettre? Verwaltungshandeln zwischen ‚Mühlenfreiheit' und Mühlenruin im 19. Jahrhundert, in: Rolf Lieberwirth/ Heiner Lück (Hg.): Akten des 36. Deutschen Rechtshistorikertages, 2008, S. 176 ff.

12 Die Materie Handel und Gewerbe wurde immer wieder neu zugewiesen, entweder organisiert als eigenes Ministerium oder als Abteilung des Innenministeriums oder des Finanzministeriums. Deshalb wechseln die Bezeichnungen der Akten mit Gewerbeangelegenheiten. Näher zum zu Grunde liegenden Aktenbestand: Cancik (Fn. 3), S. 276 ff.

13 Die ‚Zusammenfügung' der in den Akten oft verstreut liegenden Unterlagen zu ‚Fällen' stammt von mir – mit allen Fehlermöglichkeiten, die bestehen.

vinz Sachsen an Preußen gefallen. In einigen 'Fällen' finden sich dementsprechend Verweise auf sächsisches Recht.

In unserem Fall sind beteiligt ein Müller namens Jacob aus Webau, einem Örtchen etwa zwei Kilometer südlich der Stadt Weißenfels im Kreis Weißenfels gelegen. Jacob wollte dort eine Windmühle bauen. Gegen die Konzession, die offenbar erst nach einigem Hin und Her erteilt worden war, legten Beschwerde ein der Müller Kuhn aus Taucha, etwa acht Kilometer östlich von Weißenfels gelegen, und zwischen neunzehn und zweiundzwanzig andere Beschwerdeführer. Aus den Akten ergibt sich zusammengefasst folgende Geschichte:[14]

Vor oder im Jahre 1830 wurden mehrere Anträge des Jacob zu Webau auf Genehmigung eines Mühlenbaus von der Regierung Merseburg abgelehnt.[15] Jacob wandte sich dagegen an das Ministerium, das am 28. Mai 1830 die Erteilung der Konzession anordnete. Am 5. Juni desselben Jahres erhielt Jacob zu Webau dann auch die Konzession. Ob es in diesem Teil des Verfahrens zur Beteiligung Dritter durch die Regierung Merseburg gekommen war, ist aus den Akten nicht zu entnehmen. Angesichts des 1810 ergangenen Mühlenedikts, welches ein Beteiligungsverfahren vor Genehmigungserteilung regelte, wäre das zu erwarten.[16] Was die Akten aber zeigen, ist gleichsam eine zweite Phase von Beteiligung, nämlich in einem nicht-gerichtlichen Beschwerdeverfahren gegen die erteilte Konzession. Denn die genannten anderen Müller wandten sich im Weg der Immediatbeschwerde nun ihrerseits an den König und beantragten die Rücknahme der nach ihrer Ansicht rechtswidrig erteilten Konzession.

In Kürze sei der weitere Verlauf geschildert: Am 25. März 1833 – also fast drei Jahre nach Erteilung der Konzession – erhoben der Müller Kuhn mit seinen Mitunterzeichnern ihre Beschwerde gegen den beabsichtigten Mühlenbau von Jacob zu Webau. Eine Woche später schrieb der Landrat Stuckart [?] an Müller Kuhn, die Konzession sei schon lange und auf Anweisung des Ministeriums erteilt worden, er könne daher nichts tun.[17] Zehn Tage später folgte ein weiteres Beschwerdeschreiben, nun eine sogenannte Immediatbeschwerde der Müller Kuhn und einundzwanzig weiterer Unterzeichner an den König verbunden mit einem Antrag auf Rück-

---

14 GStA PK I.HA.Rep.120 B VI a Nr. 62 Bd.1, Bl. 12 ff.

15 Die folgenden Informationen ergeben sich durch explizite Referenz in den Akten, die dazugehörigen Schriftstücke sind aber selbst nicht in den Akten enthalten.

16 Dazu unten C.II.

17 Text selbst in der Akte: GStA PK I.HA.Rep.120 B VI a Nr. 62 Bd.1, Bl. 14.

nahme der Konzession.[18] Das entscheidende Argument ist ein rechtliches: Nach einer Kabinettsorder von 1826 müsse bei Genehmigungserteilung das Bedürfnis für die beantragte Anlage geprüft werden. Bestehe ein solches nicht, dürfe keine Genehmigung erteilt werden. Am 4.5.1833 folgt der knappe Bescheid der Ministerien des Handels und des Innern an Kuhn: Sein Rücknahmeantrag wird abgelehnt:[19]

> „Dem Mühlenbesitzer C. F. Kuhn gereicht auf Seine von des Königs Majestät ohne weitere allerhöchste Bestimmung anher abgegebene Immediat-Vorstellung vom 11.v.M. zur Resolution, daß das darin angebrachte Gesuch um Zurücknahme der dem p. Jacob zu Webau erteilten Conzession zur Anlage einer neuen Windmühle nicht berücksichtigt werden kann, indem diese Concession wegen der für die Nützlichkeit jener Windmühlenanlage sprechenden Gründe vorlängst erteilt worden ist.
>
> Die von dem Reclamanten zur Unterstützung seine Gesuches in Bezug genommene allerh. Cabinets- Ordre vom 23. October 1826 findet übrigens in dortiger Provinz überhaupt keine Anwendung."

Wir finden also ein durchaus komplexes Verwaltungsverfahren mit spezifisch rechtlicher Argumentation und einem ‚Instanzengang'. Ähnliche Fälle, mittlerweile auch zunehmend aufgrund von leichter identifizierbaren rechtlichen Regelungen, finden sich außer im Mühlenrecht auch in anderen Bereichen. Zeit für einen Blick auf das mittlerweile erlassene Recht.

C. Die Verrechtlichung der Beteiligung im Verwaltungsverfahren

I. Panorama

Zu Beginn des 19. Jahrhunderts gibt es kein systematisiertes, kodifiziertes allgemeines Verwaltungsverfahrensrecht, in welchem Interaktionen der Verwaltung mit den Bürgern geregelt wären. Regelungen über Verfahren („Geschäftsgang") und über Beteiligung von Bürgern findet man aber in Rechtstexten über die (Neu-)Organisation der Verwaltung sowie in Rechtstexten des heute sogenannten Besonderen Verwaltungsrechts, konkreter in Regelungen, die wir heute dem „Wirtschaftsverwaltungsrecht" zuordnen würden.

---

18 11. April 1833, GStA PK I.HA.Rep.120 B VI a Nr. 62 Bd.1, Bl. 12 f.

19 GStA PK I.HA.Rep.120 B VI a Nr. 62 Bd.1, Bl. 15. Diese und andere Fallgeschichten in Kurzform bei Cancik (Fn. 3), S. 276 ff., 417 ff.

Neben dem Mühlenrecht gibt es zum Beispiel frühe Regelungen im Wasserrecht.[20] Sie betreffen das Wasserstauen und Entwässern, später auch Wasserbauten. Auch im Gemeinheitsteilungsrecht, das der Privatisierung öffentlicher oder kollektiver Güter und Nutzungen zur Durchsetzung der agrarwirtschaftlichen „Culturfreiheit" dient, ist Beteiligung vorgesehen.[21] Im Bergrecht, mit seiner langen Tradition, wird Beteiligung indessen erst in der zweiten Hälfte des 19. Jahrhunderts und durchaus in begrenztem Rahmen eingeführt.[22] Ein allgemeines Enteignungsgesetz, das die Beteiligung in Enteignungsverfahren der verschiedenen Spezialbereiche (Eisenbahn, Wege, Deiche) zusammenfassend regelt, wird in Preußen erst 1874 verabschiedet.[23]Auch im Bereich der Verkehrswegeinfrastruktur – Straßen, Eisenbahn – ist mit Blick auf die Linienführung oder die Projektgenehmigung keine oder kaum Beteiligung vorgesehen; mit Blick auf die Festsetzung einer Entschädigung gibt es ein Modell der Betroffenenanhörung, also bezogen auf den engen Teilnehmerkreis betroffener Grundeigentümer.[24]

20 Etwa das Vorflutedikt von 1773, im Preußischen Allgemeinen Landrecht und schließlich im Vorflutgesetz von 1811. Dazu und zu weiteren späteren Regelungen in Preußen: Cancik (Fn. 3), S. 293 ff.

21 Cancik (Fn. 3), S. 311 ff.

22 Cancik (Fn. 3), 334 ff. Das preußische Berggesetz stammt von 1865 und ist zurückhaltend im Vergleich mit dem elaborierten Beteiligungsverfahren im Bergrecht Frankreichs von 1791 bzw. 1810 (dazu: H. Achenbach, Das französische Bergrecht und die Fortbildung desselben durch das preußische Allgemeine Berggesetz, 1869), das in einigen neu-preußischen Landesteilen zur Zeit nach den preußischen Reformen galt, zum Teil bis ins 20. Jahrhundert; Arndt, Bergbau, in: J. Conrad/ L. Elster/ W. Lexis/ E. Loening (Hg.), Handwörterbuch der Staatswissenschaften, 3. A., 1909, Bd. 3, S. 742, 744.

23 Spät im Vergleich mit dem französischen Enteignungsgesetz von 1810, das in den preußischen Rheinprovinzen bis 1874 galt, seinerseits aber wenig beteiligungsfreundlich war. Dazu: E.C. v. Wendt [ursprünglich anonym], Neuster Expropriations-Codex oder vergleichende Darstellung der wichtigsten ältern und neuern Gesetze und Verordnungen über Enteignung, Kanal- und Straßenbau, Eisenbahnen u.dgl. [...], 1837, S. 68 ff.; D. Grimm, Die Entwicklung des Enteignungsrechts unter dem Einfluss der Industrialisierung (1979), in: ders., Recht und Staat der bürgerlichen Gesellschaft, 1987, S. 267. Spät aber auch im Vergleich mit Regelungen in Bayern (1816) oder im Großherzogtum Hessen (1821), Sachsen (1830er Jahre, ohne Beteiligung) oder Baden (mit Beteiligung).

24 Zum Eisenbahnrecht: Cancik (Fn. 3), S. 348 ff.

II. Das mühlenrechtliche Modell

Das in Preußen entwickelte mühlenrechtliche Verfahren, zunächst 1808, dann 1810 in einem Edikt geregelt, bietet das Grundmodell der seitdem in Deutschland praktizierten Anlagengenehmigungsregelung. Die zentralen Regelungen zur Beteiligung lauten wie folgt:[25]

> „§ 6 Wer eine Mühle bauen, eine eingegangene herstellen, oder an einen anderen Ort verlegen will, muss der Landespolizei-Behörde mit Einreichung des Plans, aus dem, wenn es eine Wassermühle ist, das Nivellement sichtbar wird, von der beabsichtigten Einrichtung Anzeige machen. Zugleich muss der Bauherr solches, und ob es eine ober-, unterschlägige, oder eine Panzermühle sein soll, in den benachbarten Gegenden durch Anschlag an den Kirchentüren und in den Krügen, sowie gleichzeitig dreimal in den Intelligenzblättern und Zeitungen bekannt machen.
>
> Bei allen Mühlen, die nicht Wassermühlen sind, bedarf es nur der Bekanntmachung an die Besitzer der zunächst grenzenden Grundstücke.
>
> § 7 Ein jeder der durch die beabsichtigte Mühlenanlage eine Gefährdung seiner Rechte fürchtet, muß den Widerspruch binnen 8 Wochen präklusivischer Frist, vom Tage der vorgedachten Bekanntmachung an, sowohl bei der Landespolizei-Behörde, als bei dem Bauherrn einlegen.
>
> Der Besitzer einer schon vorhandenen Wind- oder Wassermühle hat als solcher, kein anderes Widerspruchsrecht gegen die neue Anlage, als wenn sie ihm Wind oder Wasser in dem Maße entzieht, oder letzteres aufstaut, daß er nach der Art seines bisherigen Betriebs einen Schaden beweisen kann, wofür er nicht vollständig entschädigt wird. Es versteht sich, daß im letztern Fall der Schadenersatz nur dann angenommen werden darf, wenn die Landespolizei-Behörde die neue Anlage als überwiegend vorteilhaft anerkennt.
>
> § 8 Die Landespolizei-Behörde kann den Bau und die Veränderung einer jeden Mühle, so wie die Erlaubnis zu Betrieb der Brauerei und Brennerei versagen, wenn
>
> a. die Anlage in allgemeiner landespolizeilicher Hinsicht, oder aus überwiegenden Gründen des allgemeinen Bestens unzulässig ist, z.B. bei einer Wassermühle, wegen eines der Landes-Kultur hinderlichen Wasserstandes,
> b. ein nach § 6 [sic! richtig § 7] erhobener Widerspruch gegründet befunden worden.

25 Edikt wegen der Mühlen-Gerechtigkeit und Aufhebung des Mühlen-Zwangs, […] vom 28. Oktober 1810, Preußische Gesetz-Sammlung 1810, 95 ff. Näher dazu: Cancik (Fn. 3), S. 253 ff.

> Gegen die Entscheidung der Landespolizei-Behörde kann der Weg Rechtens nicht ergriffen werden.“

1845 wandert dieses Verfahrensmodell vom Mühlenrecht ins Gewerberecht, im letzten Viertel des 20. Jahrhunderts dann ins Immissionsschutzrecht.[26] Das Mühlenrecht mit seiner sehr langen Rechtstradition ‚verschwindet', geht auf im Wasserrecht und vor allem im Gewerberecht.[27] Die Mühle, einst die gewerbliche Anlage schlechthin,[28] ist dann nur noch eine unter vielen gewerblichen Anlagen und unterliegt deren allgemeinerer Regulierung durch Recht und Verwaltung.

Vorläuferregelungen für das Verfahrensmodell finden sich im Preußischen Allgemeinen Landrecht.[29] Auch eine französische Regelung über

---

26 Derzeit: § 10 BImSchG.

27 Das Mühlenrecht als eigenes Rechtsgebiet wird schon 1847 verabschiedet, ihm fehle zunehmend die sachliche Substanz, vgl. Marbach, in: J. Weiske, Rechtslexikon für Juristen aller teutschen Staaten enthaltend die gesammte Rechtswissenschaft, Bd. 7, Leipzig 1847, s.v. Mühlenrecht.

28 Einen Einblick in die Bedeutung von Mühlen, die der Nahrungsmittelversorgung, aber insbesondere auch der Energiebereitstellung für alle möglichen Handwerke dienten, gibt die zeitgemäß ausführliche Titelei des wohl zentralen Werks aus dem frühen 18. Jahrhundert:
Beyer, Theatrum Machinarum Molarium, Oder Schau-Platz der Mühlen-Bau-Kunst, Welcher allerhand Sorten von solchen Machinen, die man Mühlen nennet, so wohl historisch als practisch, nebst ihren Grund-und Auf-Rissen vorstellet, und zwar wird in selbigen gehandelt: Von Untersuchung des Gefälles, der Quantität des Wassers, so ein Fluß in gewisser Zeit schüttet, Theil-und Wägung, Wehr-und andern nöthigen Wasser-Bau, von Grund-Werck und dem Unterscheid, so zwischen Staber-Strauber-und Panster-Zeug ist, von Oberschlächtigen und Schiff-Mühlen, ihren Vorgelegen und sämmtlich gangbaren Zeuge, Räder-Werck und Mühl-Gerüste; Ingleichen von Wind-Hand-Roß-und Feld-Mühlen, über dem von allerhand improprie so genannten Mühlen, als: Oel-Graupen-Hierse, Gewürtz-Loh-und Pulver-Mühlen, ferner von Papier-Walck-Glaß-Eisen-Schleiff-Polier-Bohr-Säge-Steinschneide-Dresch-und Heckerlings-Mühlen, u.a.m. auch was insonderheit mit jeglicher besonders vor Vortheil geschaffet werden kan. Welchem am Ende beygefüget Ein Real-Register aller und jeder bey diesen Machinen vorkommender Terminorum technicorum oder Kunst-Wörter. Allen Justitz-Cammeral-und Policey-Beamten, Advocaten und Liebhabern mechanischer Wissenschafften, Mühlen-Besitzern und Baumeistern, zu sonderbaren Nutzen zusammen getragen und ausgefertiget von Johann Matthias Beyern und Consorten. Leipzig und Rudelstadt, verlegts Wolffgang Deer 1735. [7] Bl., 125 S., [4] Bl., XLIII Faltkupfer.

29 Allgemeines Landrecht für die preußischen Staaten – PrALR – II 15, 5. Abschnitt: „Von der Mühlengerechtigkeit. Was rechtens sei, bei Anlegung neuer, oder Veränderung alter Mühlen.

die Genehmigung ‚stinkender und ungesunder' Anlagen könnte Vorbild gewesen sein.[30] Diese Regelungen enthalten, mit Unterschieden im Einzelnen, die seither klassische Verfahrensabfolge von Projekteinreichung, Bekanntmachung, Einwendungsmöglichkeit eines mehr oder weniger bestimmten ‚Teilnehmerkreises' (Beteiligung), Entscheidung. Und sie weisen die rechtsgeprägte Entscheidung der (nicht-gerichtlichen) Verwaltung zu, gegebenenfalls sogar unter Ausschluss des Rechtsweges gegen die Entscheidung.

III. Funktionen der Beteiligung

Mir sind kaum Hinweise zur Entstehungsgeschichte der verschiedenen Beteiligungsregelungen bekannt geworden. Gesetzgebungsmaterialien, die Funktionen zuschreiben, sind ebenso wenig aufzufinden wie politische oder rechtswissenschaftliche Äußerungen dazu. Auch die Frage, wer zum jeweiligen Teilnehmerkreis gehört, wird nicht allgemein diskutiert; entsprechende Schlussfolgerungen über mögliche Zwecke der Beteiligung sind also nicht möglich. Es bleibt die mehr oder weniger plausible Spekulation über Funktionen respektive Effekte. Sie wird natürlich durch die gegenwärtigen Funktionsdiskussionen beeinflusst. Allerdings können die Erfahrungen aus den alten Akten einfließen, so dass die Gefahr bloßer Rückprojektion gegenwärtiger Debatten gemindert ist.

---

§ 235: Es muss daher jeder Mühlenberechtigte ohne Unterschied, welcher eine neue Mühle bauen; oder eine eingegangene wiederherstellen; oder sie an einen anderen Ort verlegen; oder in eine andere Gattung verwandeln; oder mit mehreren Gängen versehen will, sich bei der Landespolizei-Instanz melden, derselben den Plan der vorhabenden Einrichtung anzeigen, und die weitere Anweisung derselben erwarten.
§ 236: Die Landespolizei-Instanz muss, ehe sie die Approbation erteilt, die benachbarten Mühlenberechtigten, und andere, welchen durch den neuen Bau oder durch die Abänderung Schaden erwachsen könnte, darüber vernehmen."

30 Décret impérial relatif aux Manufactures et Ateliers qui répandent une odeur insalubre ou incommode vom 15.10.1810, Bulletin des lois 1810, 397 ff. Kurz: Cancik (Fn. 3), S. 221. Ausführlicher: S. Kramer, Vom lästigen Publikum zum mündigen Darsteller: Die Entwicklung der Beteiligungsrechte im Recht der öffentlichen Vorhaben seit dem 19. Jahrhundert in Deutschland, Frankreich und England, 2008, S. 90 ff.

Danach gilt in Kürze:

(1) Betroffene beteiligen sich sowieso. Anders formuliert: die Formalisierung und Verrechtlichung der Beteiligung bietet eine Möglichkeit, Anfragen, Beschwerden, Einwendungen zu kanalisieren und auch zurückzuweisen. Nicht zuletzt die frühe Nutzung von Präklusionsmöglichkeiten verdeutlicht das. Wie viel informale Beteiligung es gab, kann man in Akten etwa zum Eisenbahnbau sehen, ein zunächst ganz beteiligungsarmes Planungsmodell mit viel faktischer Beteiligung.[31]
(2) Beteiligung generiert erforderliches oder doch hilfreiches Wissen bei den Verwaltungen, kann also zur Verbesserung von Entscheidungen beitragen. Nicht nur die Ausstattung mit Wissen, sondern auch die Verbindung von Vor-Ort-Verwaltung und Zentrale war prekär, die Frage, wo Entscheidungen am besten getroffen werden, damals wie heute, relevant.
(3) Beteiligung generiert ggf. auch Wissen beim Antragsteller und eröffnet Verhandlungsräume über etwa entgegenstehende Rechtspositionen. Sie ermöglicht die Einschätzung von Prozeßrisiken – damals mit Blick auf private Rechtspositionen.
(4) Beteiligung im Verwaltungsverfahren kann Konfliktbewältigung in einem nachfolgenden Gerichtsverfahren vermeiden. Möglicherweise rechtfertigt sie geradezu die Verdrängung des ordentlichen Rechtswegs.
(5) Die in gegenwärtigen Funktionskatalogen recht hoch gehandelte Akzeptanzsicherung mag eine Rolle spielen. Ausdrückliche Hinweise dazu habe ich nicht gefunden.
(6) Nicht relevant, jedenfalls nicht expliziert, waren rechtsstaatlich oder gar demokratisch konnotierte Partizipationsfunktionen.

D. Faktoren und Wandel

Beteiligung in Verfahren der Verwaltung ist zu Beginn des 19. Jahrhunderts nichts völlig Neues. Beginnend mit den preußischen Wirtschafts- und Verwaltungsreformen können wir aber eine massive Verdichtung von Verfahrensregelungen und auch von Beteiligung im Verwaltungsverfahren beobachten. Was man hier im Kleinen sieht, ist – aus größerer Distanz be-

31 Cancik (Fn. 3), S. 354 ff., 359 f., 384 f.

trachtet – ein wesentlicher Teil der Expansion der öffentlichen Verwaltung, die das 19. Jahrhundert geprägt hat und uns seither begleitet.[32] Diese Expansion führt zur Entstehung des Verwaltungsrechts beziehungsweise wird möglich nur mit Hilfe des Verwaltungsrechts als einem Modus der Expansion.

Es ist kein Zufall, dass das heute sogenannte Wirtschaftsverwaltungsrecht besonders viel Rechtsmaterial bietet. Es bildet gewissermaßen die konkreten Schauplätze der Konflikte ab, die durch die Einführung der Gewerbefreiheit, die Abschaffung der Zunftverfassung, die Einführung der „Culturfreiheit" ausgelöst wurden. Die Durchsetzung der Wirtschafts- und Sozialreformen, die damit verbundenen Lernprozesse, der Kampf gegen die damit verbundenen Verluste, finden hier im Detail statt. Wesentlicher Akteur der Durchsetzung ist die Verwaltung, die mit Hilfe ihrer Verrechtlichung die ordentlichen Gerichte als Rechtskonflikt-Entscheider zurückdrängen kann. Die Verdrängung wird erforderlich, weil jene Gerichte mit ihrem Rückgriff auf Rechtsbestände, wohlerworbene Rechte, alte Eigentumskonstruktionen wesentliche Veränderungen nicht nur nicht befördern, sondern ihnen eher entgegenstehen.[33]

Sucht man nach weiteren Gründen für die Entstehung oder Verdichtung von Beteiligung im Verwaltungsverfahren – und das ist eben auch: die Verrechtlichung des Verwaltungsverfahrens überhaupt – oder sucht man, vorsichtiger, weil keinen Kausalverlauf suggerierend, nach Faktoren und Kontexten, kann man folgende Stichworte in Erinnerung rufen.

Den großen Bogen bildet der Weg vom Spätabsolutismus mit seinem Konzept eines autoritären Wohlfahrtsstaates über Vormärz und Liberalismus zum Interventionsstaat der Industriegesellschaft. Industrialisierung (Dampfmaschine, Eisenbahn), Integration neuer, heterogener Staatsgebiete, Entmachtung der intermediären Gewalten, Erstarken eines dritten Standes, Proletarisierung und Entstehung eines vierten Standes, Bevölkerungswachstum, Binnenmigration und Emigration deuten einige der zentralen

32 Andere Bereiche der Expansion sind Organisation, aber auch etwa die Verrechtlichung der Verwaltungskommunikation (Publikation), dazu Cancik (Fn. 3), S. 53 – 208. L. Raphael, Recht und Ordnung. Herrschaft durch Verwaltung im 19. Jahrhundert, 2000.

33 Cancik (Fn. 3), S. 391. Auch als Akteure der Neuorganisation der Bodenverhältnisse waren die Gerichte offenbar nicht recht geeignet, wie die Geschichte der Gemeinheitsteilung zeigt, die in Preußen zunächst auf Selbstorganisation unter Einbeziehung von Gerichtspersonal gesetzt hatte.

Wandlungen an. Sie gehen mit Aufgaben einher, die vom Staat, genauer von der Verwaltung übernommen werden und die zugleich zum Ausbau von Staat und Verwaltung führen. Die Zunahme und Professionalisierung von Verfahren jener Verwaltung sind Effekt und Modus dieser Entwicklung.

Last not least sei aber bei allem Wandel auch nochmals die Bedeutung von Traditionen betont. Das Beteiligungsmodell knüpft an frühere Beteiligungsformen an. Solche Beteiligungsformen sind etwa bei einigen der mühlen- und wasserrechtlichen Konfliktkonstellationen überliefert, wenn auch nicht wirklich erforscht. Sie sahen im Rahmen von Zünften oder ähnlichen Korporationen gleichsam selbstverwaltende Konfliktlösung vor.[34] Die Verdrängung und allmähliche Abschaffung der intermediären Gewalten und ihrer ‚Selbstverwaltung' durch die Staatsverwaltung wurde vermutlich durch die (modifizierende) Beibehaltung von Beteiligungsstrukturen erleichtert, weil dies die Wucht des Eingriffs gemindert hat.

E. Ergebnisse und Thesen

1. Die Erfindung der Beteiligung im Verwaltungsverfahren geht Hand in Hand mit der Erfindung des Verwaltungsverfahrens an sich.[35] Die Frage, „wer hat's ‚erfunden'", ist ungeklärt, um nicht zu sagen: falsch gestellt, wenn und weil der suggerierte ‚Erfinder' nie existiert hat. Damit das Verwaltungsverfahren zu dem wird, was es heute noch ist, brauchen wir als zentralen Akteur eine Verwaltung im gegenwärtigen Sinne, das heißt insbesondere eine staatliche (öffentliche) und ‚nicht-gerichtliche' Verwaltung.[36] Diese Verwaltung in unserem Sinne operiert

---

34 Cancik (Fn. 3), S. 268 ff., 290.

35 Das heißt nicht, dass es nicht auch Verfahrensrecht ohne Beteiligungsregelungen gibt. Wie erwähnt wurden im Bergrecht und im Enteignungsrecht Beteiligungen erst spät und begrenzt eingeführt, auch im Bereich der Verkehrswegeplanung oder im Eisenbahnrecht gibt es wenig Beteiligungsregelungen – aber viel Beteiligungspraxis, Cancik (Fn. 3), 333 ff.

36 Angesichts des weiteren Sprachgebrauchs von „Verwaltung" im 18/ 19. Jh. ist es hilfreich, die gerichtliche Verwaltung von der nicht-gerichtlichen Verwaltung, d.i. die Verwaltung im engeren Sinne, zu unterscheiden. So kann man die allmähliche Ausdifferenzierung und damit einhergehende Verengung des Verwaltungsbegriffs erfassen, die damals noch nicht in Worte gefasst wird. Cancik (Fn. 3), S. 10 f.

zunehmend auf der Basis von und mit spezifischem Recht: inhaltlich wie formal.

2. Sicher ist immerhin, wer im hier betrachteten Zeitraum das Verfahren und sein Recht nicht erfunden hat: die Rechtswissenschaft.[37] Deshalb sind Anfangs-Konstruktionen, die auf die Ausbildung der „Disziplin Verwaltungsrecht" in wissenschaftsgeschichtlicher Perspektive blicken und diese zu Recht auf das letzte Drittel des 19. Jahrhunderts datieren, ungenügend. Ungenügend wäre auch eine, Juristen naheliegende, Begrenzung auf Gerichtspraxis als Material. Nur am Rande: Die Bedeutung verwaltungsgerichtlicher Rechtspraxis für die Konsolidierung von Verfahrensrecht und besonders Verfahrensbeteiligung ist bislang m.W. nicht untersucht worden.
3. Vorbilder für die Beteiligungsregelungen könnten sein: das Privatrecht, z.B. römisches Nachbarrecht sowie die Gerichtsverfahren der ordentlichen Gerichte; französisches Recht; korporative Beteiligungsstrukturen im landesherrschaftlichen Rahmen; und schließlich: die Tradition einer gleichsam selbstverständlichen Verwaltungs- und Herrschaftsübung, wonach Anfragen und Beschwerden an die Verwaltung wahrgenommen und beschieden werden.[38]
4. Historisch steht Beteiligungs-Praxis vor der Verrechtlichung von Beteiligung.[39] Beteiligung als **Rechts**praxis wiederum steht lange – überraschend lange – vor der Erfassung des Phänomens in der (Verwaltungs-)Rechtswissenschaft.[40] Wann und wie genau die wissenschaftliche Erfassung von Verwaltungsverfahren beginnt, ist noch nicht untersucht. Noch 1960 konnte aber beklagt werden, dass das Verwaltungs-

37 Richtig ist aber auch, dass eine spezifische Form der Beteiligung in Form der Anhörung auf ganz alten Rechtsvorstellungen von der Erforderlichkeit des Gehört-Werdens in rechtlichen Auseinandersetzungen aufsetzen kann. Insofern bringt die Fokussierung auf das entstehende Verwaltungsverfahren eine Verengung mit sich.

38 Ausführlicher Cancik (Fn. 3), S. 226 ff., 366 f.

39 Skeptisch zur Prägung der Verwaltung durch Recht, dagegen stärker Tradition und Anpassung an tatsächliche Veränderungen betonend: T. Ellwein, Der Staat als Zufall und Notwendigkeit, 1993, S. 43 ff.; J. Eibach, Konflikt und Arrangement: Lokalverwaltung in Bayern, Württemberg und Baden zwischen Reformära und 48er Revolution, in: E. Laux/ K. Teppe (Hg.), Der neuzeitliche Staat und seine Verwaltung: Beiträge zur Entwicklungsgeschichte seit 1700, 1998, S. 137 ff.

40 Eine frühe, kategoriale Wahrnehmung von Verfahren findet sich 1837 bei Wendt (Fn. 23), S. 556 ff.

verfahren, wegen seiner (angeblichen?) Formlosigkeit, von den ‚prozessfixierten' Juristen kaum beachtet werde.[41]

5. Eine vertiefte Systematisierung als Kategorie verwaltungsrechtlicher Dogmatik und Wissenschaft beginnt in Deutschland wohl frühestens in den 1950er Jahren.[42] 1976 wird mit der – ihrerseits späten – Kodifikation des Verwaltungsverfahrens das Rechtsmaterial für die Vertiefung in neuer Weise bereitgestellt.[43] Es folgt eine intensive Debatte über Beteiligung. Sie wird jetzt unter der weiteren Bezeichnung „Partizipation" in neue rechtliche und disziplinäre Zusammenhänge gestellt.[44] Rechtsstaat und dann auch Demokratie sind die beiden Verfassungsprinzipien, mit denen Beteiligung nun fundiert und normativ aufgeladen wird. Die Entstehung des Informationsverwaltungsrechts tritt hinzu. Einer gewissen tatsächlichen Partizipationsfrustration und standortpolitischen Partizipationsbegrenzungsversuchen seit den 1990er Jahren[45] folgen in jüngster Zeit die Ratlosigkeit nach Stuttgart

41 F. Becker, Das allgemeine Verwaltungsverfahren in Theorie und Gesetzgebung. Eine rechtsvergleichende Untersuchung, 1960, S. 4 ff.

42 Zur Debatte um eine Kodifikation des Verwaltungsverfahrensrechts z.B. die Beiträge von K.A. Bettermann und E. Melichar, in VVDStRL Bd. 17 (1959), S. 118 ff.; M. Stolleis, Geschichte des Öffentlichen Rechts IV, 2012, 257 ff.

43 Spät verglichen mit der früheren Kodifikation in Österreich im Allgemeinen Verwaltungsverfahrensgesetz von 1925. Allerdings gab es auf Landesebene in Deutschland durchaus Vorläufer: M. Sachs, Einleitung, in: Stelkens/ Bonk/ Sachs, VwVfG. Kommentar, 8.A. 2014, Rn. 3, nennt: LVwO für Thüringen vom 10.6.1926/ 22.7.1930; Entwurf eines VwVfG für Württemberg von 1931, nicht mehr Gesetz geworden; Gesetz über Verwaltungsverfahren und Verwaltungszwang vom 11.4.1934, GBl, 123, an das 1960 angeknüpft werden konnte. Auch die RVO 1911 und die RAO 1913 enthielten Verfahrensregelungen.

44 Partizipationsforschung ist ein eigenständiges Feld der Politikwissenschaften. Die rechtswissenschaftliche Partizipationsforschung wurde stark in den 1970er Jahren. Zum Partizipationsdiskurs als einem der zentralen Diskursfelder der Verwaltungsrechtsgeschichte der Bundesrepublik: A.-B. Kaiser, Die Kommunikation der Verwaltung, 2009, S. 136 ff.

45 Zu einer späteren Welle: P. Cancik, Beschleunigung oder Re-Arkanisierung? Die geplanten Einschränkungen der Erörterung im Planfeststellungsverfahren, DÖV 2007, S. 107 ff.

21[46] und die praktisch noch nicht erprobte „Partizipationskaskade“ für den Energieleitungsbau.[47]

6. Angesichts der mittlerweile langen Lebenszeit von Beteiligung im Verwaltungsverfahren darf man wohl eine hohe Flexibilität des Beteiligungsmodells konstatieren. Es ist anschlussfähig an, integrierbar in ganz unterschiedliche Umwelten von Recht, Verwaltung und Verfasstheit. Man kann „Beteiligung im Verfahren“ mit verschiedenen Funktionen, mit normativen Bedeutungen aufladen. Das macht das Modell in einem gewissen Sinne ‚nachhaltig', in der Sprache der Innovationen: erfolgreich. Der rechtshistorische Befund zeigt aber, dass zunächst weder rechtsstaatliche noch demokratische Motive für Entwicklung und Erfolg von Verfahrensbeteiligung relevant waren. Anderslautende Andeutungen in juristischen Arbeiten zur Öffentlichkeitsbeteiligung sind unzutreffend.[48]
7. Für den relativen Erfolg des Beteiligungsmodells ausschlaggebend waren nach der hier entwickelten Interpretation ein spezifisches Zusammentreffen von Tradition und Veränderung. Beteiligung im Verfahren steht dabei nur pars pro toto der Zunahme des staatlichen Verwaltens. Veränderungswille bzw. Veränderungsbedarf stärken die Verwaltung, die zu einem zentralen Akteur wird. Das Verhältnis zu den im wahrsten Sinne des Wortes privatrechtlich fixierten ordentlichen Gerichten wird dabei prekär. Es wird, sichtbar ex post, justiert durch die Verrechtlichung des Verwaltens. Das relativ neue Verwaltungsrecht ermöglicht die Expansion der Verwaltung, die Expansion einer „guten“ Verwaltung von oben. Die Funktion des Verwaltungsrechts als

---

46 Zur Debatte nur: W. Durner Möglichkeiten der Verbesserung förmlicher Verwaltungsverfahren am Beispiel der Planfeststellung, ZUR 2011, S. 354 ff.; F. Gärditz, Angemessene Öffentlichkeitsbeteiligung bei Infrastrukturplanungen als Herausforderungen an der Verwaltungsrecht im demokratischen Rechtsstaat, Gewerbearchiv 2011, 273 ff., T. Groß, Stuttgart 21 – Folgerungen für Demokratie und Verwaltungsverfahren, DÖV 2011, S. 510 ff. Zu Reformerfordernissen: J. Ziekow, Neue Formen der Bürgerbeteiligung? Planung und Zulassung von Projekten in der parlamentarischen Demokratie; Gutachten Teil D zum 69. Deutschen Juristentag, Bd. 1, München 2012.

47 Im EnWG, NABEG und EnLAG; dazu H. Posser / K. Faßbender, Praxishandbuch Netzausbau und Netzplanung. Die neue Infrastrukturplanung der Energiewende in Recht und Praxis – NABEG, EnLAG und das InfraStrPlanVBeschlG, 2013.

48 A. Fisahn, Demokratie und Öffentlichkeitsbeteiligung, 2002; zurückhaltender: B. Wegener, Der geheime Staat. Arkantradition und Informationsfreiheit in Deutschland, 2006. Dazu Cancik (Fn. 3), S. 15 m. Fn. 65 ff.

Begrenzung der Verwaltung, wie sie im Kontext der Erzählungen von Rechtsstaat, Liberalismus, Bürgertum betont werden, ist demgegenüber ein wichtiger, aber eben nicht der einzige Befund.

8. Die historische Perspektive bietet Anregungen für die Suche nach und die Erforschung von Rechts-Innovationen. Sie kann den Blick schärfen für mögliche Akteure und ‚Motoren' eines Innovationsprozesses und dementsprechend auch für mögliche Quellen jenseits von Gesetzgebung und unmittelbarer Gesetzgebungsgeschichte oder rechtswissenschaftlicher Erfassung. Schaut man – mit guten Gründen – auf Rechtspraxis, sollte man dazu nicht nur die Gerichtspraxis zählen. Dass auch die Rechtswissenschaft einmal Rechtsinnovationen hervorbringt, ist nicht ausgeschlossen. Möglicherweise ist unsere tatsächliche Bedeutung insofern aber geringer als unser Wunsch nach Bedeutung. Immerhin und jedenfalls bleibt der Rechtswissenschaft aber ein nicht unerheblicher Beitrag bei der Rezeption von Innovationen, bei ihrer Stabilisierung oder De-Stabilisierung und nicht zuletzt bei der Zuweisung von Innovativität.
9. Neuheit ist regelmäßig relative Neuheit. Relativ lange Entwicklungs- und Durchsetzungsphasen scheinen mir eher typisch denn gleichsam revolutionäre Neuheit oder eben „Erfindung". Die historische Perspektive ist insofern mit einer gewissen Zumutung gerade an die Rechtsinnovationsforschung verbunden. Denn sie erschwert im Zweifel Anfangs- und Neuheitsbehauptungen. Die Referenz auf „Verdichtung" und „Verrechtlichung" als Beschreibung für relevanten Wandel versucht dem zu entsprechen.
10. War die Entwicklung der Beteiligung im Verwaltungsverfahren eine Innovation? Mit den genannten Einschränkungen wie Relativität und Traditionsverbundenheit möchte ich das bejahen. Sie ist Teil des Innovationskomplexes, als welcher die entstehende,moderne' Verwaltung beschrieben werden kann. Die Beteiligungsmodelle kommen über Praxiserfahrungen, die Rechtspraxiserfahrungen sind oder werden, zu uns. Und irgendwann sind sie dann alt.

III. Teil: Maßstäbe

Der Grundsatz der Verhältnismäßigkeit. Beispiel für eine rechtsimmanente Innovation im Recht

Christian Bumke

Inhalt

A. Einführung in das Thema und das konzeptionelle Grundverständnis

Wird nach Innovationen im Recht gefragt, nimmt man einen unvertrauten Standpunkt ein, der wohlbekannte Unterscheidungen, wie die zwischen Setzung und Anwendung, Auslegung und Fortbildung oder Erkenntnis und Erzeugung des Rechts, hinter sich lässt und damit einen Raum für Beobachtungen und Analysen eröffnet, der noch nicht durch feste und zum Teil verhärtete Pfade und Diskussionspositionen strukturiert ist. Die Verschiebung ist dabei eine doppelte: Nicht nur werden – wie auch sonst beim Aufgreifen einer disziplinfremden Vorgehensweise – die Denk- und Arbeitsweisen der Innovationsforschung aufgegriffen, um danach zu fragen, welchen Beitrag das Recht zur Förderung und Bewältigung technischer oder sozialer Innovationen zu leisten vermag.[1] Vielmehr wird der Blick auch nach innen auf das Recht selbst als einem konstitutiven Stoff gesellschaftlicher Ordnung gewendet und danach gefragt, wie es in diesem Stoff zu Innovationen kommt, woraus solche Innovationen bestehen und wozu sie dienen. Sind sie Motoren der Rechtsentwicklung, gibt es autonome Zwecke im Recht,[2] die mit ihrer Hilfe verfolgt werden, halten Sie die Rechtsordnung anschlussfähig für die Entwicklungen der Gesellschaft oder sind sie bloß ein Mittel, um auf technische oder soziale Innovationen zu reagieren? Da Recht ein zentrales Steuerungsmittel der Politik ist, werden viele Innovationen im Recht von außen angestoßen.[3] Ein anschauliches Beispiel dafür bildet das sog. Regulierungsverwaltungsrecht der Netzwirtschaften. An einem Beispiel wie diesem ließe sich der Prozess und das Zusammenspiel von äußerem Anstoß und Errichtung eines umfangreichen gesetzlichen Regelungsregimes sowie der systematischen Aufarbeitung des Rechtsstoffes und der Ausarbeitung seiner Eigenheiten, seiner Fragestellungen, Prinzipien und Instrumente auf lehrreiche Weise verfolgen.[4] Es handelt sich um eine Innovation im Recht durch die Politik mit dem Mittel der Rechtsetzung, deren Auswirkungen jedoch weit über die Schaffung neuer Gesetze hinausgehen. Es gibt aber auch Innovationen, die nicht von außen durch die Politik oder etwa die Bedürfnisse unternehmerischer Praxis (wie die Kombination von Kapital- und Personengesellschaften) ausgelöst werden. Vertrackte Rechtsfragen können der Grund dafür sein oder das Erreichen eines Entwicklungsstandes, der es erlaubt, rechtliche Sachverhalte anders als bislang zu verstehen. Ein Beispiel dafür ist die Erfindung des Vertrages als ein Rechtsakt, der die unterschiedlichs-

---

1 Näher zur Fruchtbarkeit disziplinärer Öffnung A. v. Arnauld, Öffnung der öffentlich-rechtlichen Methode durch Internationalität und Interdisziplinarität: Erscheinungsformen, Chancen, Grenzen, VVDStRL 74 (2015), S. 39, 46 ff.; C. Röhl, Öffnung der öffentlich-rechtlichen Methode durch Internationalität und Interdisziplinarität: Erscheinungsformen, Chancen, Grenzen, VVDStRL 74 (2015), S. 7, 27 ff.

2 „Autonom" bedeutet nicht „objektiv". Autonom ist ein Zweck, den ein gesellschaftliches Funktionssystem gerade als (s)eine spezifische Leistung erbringt. Näher zur Zweckperspektive im Recht T. Wischmeyer, Zwecke im Recht des Verfassungsstaates, 2015, S. 50 ff.

3 Näher mit Blick auf das Gesetz G. F. Schuppert, Verwaltungswissenschaft, 2000, S. 461 ff.; ders., Governance und Rechtsetzung, 2011, S. 141 ff.

4 Näher M. Ruffert, in: M. Fehling/M. Ruffert (Hrsg.), Regulierungsrecht, § 7 Rn. 3 ff. Einen Vorschlag mit Blick auf das Kapitalmarktrecht macht C. Bumke, Kapitalmarktregulierung, Die Verwaltung 41 (2008), S. 227 ff.

ten Erscheinungsformen verbindlicher Bindungen zwischen Privaten umfasst und sich zur allgemeinen Gestaltungsgrundlage privater Rechtsbeziehungen eignet. Der Vertrag ist eine genuin rechtliche Innovation im Recht.[5] Es soll in einem solchen Fall von einer rechtsimmanenten Innovation im Recht gesprochen werden.

I. Begriff und Erscheinungsformen

Doch was ist eine Innovation? Den Überlegungen von Hoffmann-Riem und Eifert folgend lässt sich eine Innovation als unvorhersehbarer Sprung charakterisieren.[6] Eine Innovation ist also mehr als eine bloße Neuheit und sie ist deshalb auch nicht identisch mit Gesetzgebung oder richterlicher Rechtsfortbildung. Sollte man sich darüber hinaus auf solche Sprünge konzentrieren, die sich als Verbesserung einer Rechtslage, Lösung einer Rechtsfrage oder Bewältigung eines gesellschaftlichen Problems erweisen?[7] Die herausfordernde Frage einer solchen qualitativen Eingrenzung lautet, wie lassen sich solche Innovationen befördern und unter welchen Bedingungen ereignen sie sich? Vor allem aber steht man vor der Schwierigkeit, gute von schlechten Innovationen zu unterscheiden. Was aus der Sicht des einen als Innovation erscheint, stellt für den anderen einen schwerwiegenden Verlust dar. Man denke beispielsweise an Forsthoffs Einschätzung von der „Umbildung des Verfassungsgesetzes“ durch das Bundesverfassungsgericht, die die Basis für das heute weitestgehend anerkannte Verfassungs- und Grundrechtsverständnis bildet.[8] Außerdem hat

---

5 Näher R. Zimmermann, The Law of Obligations, 2. Aufl., 1996, S. 4 ff.

6 Ähnlich in diesem Band W. Hoffmann-Riem, Innovationen im Recht: Zur Einführung, S. 13; M. Eifert, Innovationen im Recht – Methodische Zugriffe, S. 39; ferner M. Eifert, Innovationsfördernde Regulierung, in: ders./W. Hoffmann-Riem (Hrsg.), Innovationsfördernde Regulierung, 2009, S. 11 ff.; A. Bora, Innovationsregulierung als Wissensregulierung, in: M. Eifert/W. Hoffmann-Riem (Hrsg.), Regulierung (Fn. 6), S. 24 ff.; W. Hoffmann-Riem/S. Fritzsche, Innovationsverantwortung – zur Einleitung, in: M. Eifert/W. Hoffmann-Riem, Innovationsverantwortung, 2009, S. 11 ff.; W. Hoffmann-Riem, Einführung, in: M. Eifert/W. Hoffmann-Riem (Hrsg.), Innovation, Recht und öffentliche Kommunikation, 2011, S. 12 ff.

7 W. Hoffmann-Riem, Innovationen im Recht (Fn. 6), S. 13 ff.

8 E. Forsthoff, Die Umbildung des Verfassungsgesetzes (1959), in: R. Dreier/F. Schwegmann (Hrsg.), Probleme der Verfassungsinterpretation, 1976, S. 51 ff., und Gegenkritik von A. Hollerbach, Auflösung der rechtsstaatlichen Verfassung? (1960), in: R. Dreier/F. Schwegmann (Fn. 8), S. 80 ff.

Eifert darauf aufmerksam gemacht, dass Innovationen im Recht nicht per se erstrebenswert sind. Das Recht gründet auf dem Gedanken der Kontinuität, der sich unter anderem in den rechtsstaatlichen Prinzipien der Rechtssicherheit und des Vertrauensschutzes ausdrückt. Gemessen an diesen Prinzipien stellen tiefgreifende und unvorhergesehene Veränderungen stets verfassungsrechtliche Herausforderungen dar. Vor allem aber dürften tiefgreifende Neuerungen, Brüche oder Sprünge es stets verdienen, systematisch untersucht zu werden. Auch ein plötzlich einsetzender Niedergang verspricht lehrreichen Aufschluss über das Funktionieren und die Entwicklung des Rechts und erlaubt am Ende vielleicht auch Strategien zu erarbeiten, um solchen negativen Prozessen zu begegnen. Deshalb spricht viel dafür, auf ein qualitativ eingrenzendes Kriterium zu verzichten.

Innovationen im Recht lassen sich danach ordnen, ob die maßgeblichen Impulse heteronom oder autonom gesetzt wurden. Auf der daraus resultierenden Skala lassen sich exemplarisch folgende Situationen unterscheiden:

- elementarer gesellschaftlicher Wandel;
- politisches Reformwerk;
- Verfassungsgebung;
- rechtlicher Anschauungswandel;
- rechtsimmanente Fragestellungen.

Der Innovationsimpuls kann maßgeblich auf elementare Veränderungen in der Gesellschaft zurückzuführen sein. Man denke an den grundlegenden Wandel, der sich im Bereich partnerschaftlicher Beziehungen und den familiären Strukturen vollzogen hat. Die klassische bürgerliche Kleinfamilie bestand aus einem weiblichen und einem männlichen Ehepartner und den Kindern. Diese Familienkonstellation ist zwar nicht in der Vielfalt der Lebensformen aufgegangen. Das Modell hat aber den Status als gesellschaftliches Ideal verloren.[9] Verfassungsrechtlich hat dies zu einem Aufbrechen der in Art. 6 Abs. 1 GG geschützten Verbindung von „Ehe und Familie“

9 Siehe Destatis/GESIS-ZUMA/WZB, Datenreport 2008, 2008, S. 27 ff., abrufbar unter https://www.destatis.de/DE/Publikationen/Datenreport/Downloads/Datenreport2008.pdf?__blob=publicationFile (zuletzt abgerufen 03.08.2015); F. Gräfin v. Nesselrode, Das Spannungsverhältnis zwischen Ehe und Familie in Artikel 6 des Grundgesetzes, 2007, S. 30 ff.; ferner C. Bumke, Institution und Intimität, in: Prof. der Bucerius Law School (Hrsg.), Begegnungen im Recht, 2011, S. 155; A. Röthel, Institution und Intimität, in: Prof. der Bucerius Law School (Fn. 9), S. 175; M. Böhm, Dynamische Grundrechtsdogmatik von Ehe und Familie?, VVDStRL 73 (2014), S. 213 f.

geführt.[10] Eng damit verknüpft sind Impulse, die von der Politik ausgehen. Die gesetzliche Einführung der gleichgeschlechtlichen Lebenspartnerschaft ist dafür ein passendes Beispiel.[11] Die Verfassungsgebung bildet eine Gemengelage heteronomer und autonomer Impulse. Die Verfassung als Teil der politischen Idee des demokratischen Verfassungsstaates ist ein politisches Reformwerk. Zugleich aber wird durch diese politische Handlung das Recht als eine eigenständige Sphäre gegenüber der Politik konstituiert und das Recht seines rein instrumentellen Charakters entkleidet. Durch die Konstitution wird ein eigenständiger Rechtsraum geschaffen, der auch durch rechtsimmanente Entwicklungen gestaltet wird.[12] Ein rechtlicher Anschauungswandel kann die Grundfesten des Rechtsdenkens erfassen, sprunghaft geht es dabei meist nicht zu. Doch wie das Beispiel der völkerrechtlichen Anerkennung der sog. humanitären Intervention als Ausnahme von dem in Art. 2 Nr. 4 UN-Charta statuierten Gewaltverbot zeigt, können sich die Überzeugungen auch sprunghaft wandeln.[13] Wahrscheinlich verlaufen äußere und innere Impulse oft parallel. Man denke etwa an die „Mobilisierung des Bürgers“ durch das europäische Unions-

---

10 Man kann freilich daran zweifeln, ob es sich hier überhaupt um ein Beispiel für eine Innovation im Recht handelt. Sicherlich ist die Veränderung elementar für das Verfassungsdenken, doch lässt sich das sprunghafte Element bestreiten.

11 Siehe zur Einführung des LPartG P. Badura, in: Th. Maunz/G. Dürig (Bg.), Grundgesetz, 73. EL., 2014, Art. 6, Rn. 58 ff.; vgl. zu den verfassungsrechtlichen Folgen der Einführung BVerfGE 133, 59, 82 ff.; 133, 377, 413 ff.

12 Siehe U. Volkmann, Der Aufstieg der Verfassung, in: Th. Vesting/S. Korioth (Hrsg.), Der Eigenwert des Verfassungsrechts, 2011, S. 24 ff.; vgl. zur kooperativen Ausformung des Verfassungsrechts durch das Bundesverfassungsgericht und den Gesetzgeber F. Ossenbühl, Bundesverfassungsgericht und Gesetzgeber, in: P. Badura/H. Dreier (Hrsg.), Festschrift 50 Jahre Bundesverfassungsgericht, Bd. 1, 2001, S. 33 ff.; zu rechtsimmanenten Entwicklungen bei der Ausformung von Art. 2 Abs. 1 GG; F. Hufen, Schutz der Persönlichkeit und Recht auf informationelle Selbstbestimmung, in: Festschrift 50 Jahre BVerfG, Bd. 1 (Fn. 12), S. 105 f.

13 Vgl. B. Fassbender, Militärische Einsätze der Bundeswehr, in: J. Isensee/P. Kirchhof (Hrsg.), Handbuch des Staatsrechts der Bundesrepublik Deutschland, Bd. 11, 2013, § 244, Rn. 35 ff., 44 ff. Gegen dieses Beispiel für die Eigenständigkeit des Völkerrechts mag man einwenden, dass es sich doch um den Fall eines gesellschaftlichen Wertewandels handelt. Eine solche Sichtweise erscheint zwar nicht ausgeschlossen, aber sie ist mit großer Sicherheit nicht die einzige plausible Sichtweise. Man wird zumindest anerkennen müssen, dass eine Gemengelage von heterogenen und autonomen Impulsen zu diesem Wandel führte.

recht.[14] Hier nutzte der Europäische Gerichtshof genuin rechtliche Instrumente, wie das Mittel der Subjektivierung oder die Proklamation eines europäischen Staatshaftungsanspruchs gegen die Mitgliedsstaaten, um das gleichermaßen rechtliche wie politische Ziel einer möglichst weitgehenden Etablierung und Durchsetzung des Unionsrechts zu verwirklichen.[15] Neben dem Verfassungsrecht ist es vor allem das Privatrecht mit in seinen bis ins römische Recht zurückreichenden Wurzeln, das viel Raum für eigenständige, rechtsimmanente Entwicklungen bietet.[16] Rechtliche Entdeckungen oder Erfindungen, wie die angesprochene Rechtsform des Vertrages oder der culpa in contrahendo[17], lassen sich hier ebenso beobachten wie fundamentale Rechtsprobleme. Ein Beispiel dafür ist die Frage nach der Grundrechtsbindung des Gesetzgebers, deren Schwierigkeit sich darin ablesen lässt, dass sich die Weimarer Staatsrechtswissenschaft vergeblich um ihre adäquate Beantwortung bemühte.[18] Darüber hinaus hat Eifert in seinem Beitrag am Beispiel von Art. 3 Abs. 1 GG darauf aufmerksam gemacht, wie politische Impulse ins Recht transmittiert mit sehr viel weitergehenden rechtlichen Konsequenzen verknüpft sein können.[19] Es also zu spezifisch rechtsimmanenten Entwicklungen kommt.

II. Einbindung und Ausbreitung (Diffusion)

Gerade das letzte Beispiel zeigt aber auch, welche außerordentliche Bedeutung dem Prozess der Einbindung zukommt. Denn die Arbeit mit Art. 3 Abs. 1 GG und die damit einhergehende Ausweitung der Innova-

---

14 J. Masing, Die Mobilisierung des Bürgers für die Durchsetzung des Rechts, 1997, S. 19 ff.; ders., Der Rechtsstatus des Einzelnen im Verwaltungsrecht, in: W. Hoffmann-Riem/E. Schmidt-Aßmann/A. Voßkuhle (Hrsg.), Grundlagen des Verwaltungsrechts, Bd. 1, 2. Aufl., 2012, § 7, Rn. 91 ff.

15 Näher statt vieler J. Masing, in: Grundlagen des Verwaltungsrechts, Bd. 1 (Fn. 14), § 7, Rn. 91 ff.

16 Vgl. im Verhältnis zum Grundgesetz M. Ruffert, Vorrang der Verfassung und Eigenständigkeit des Privatrechts, 2001, S. 7 ff.; allgemein R. Michaels/N. Jansen, Private Law Beyond the State? in: dies. (Hrsg.), Beyond the State, 2008, S. 69 ff.

17 H. Dölle, Juristische Entdeckungen, DJT 42 (1959), Bd. 2, S. B 1 ff.; Zimmermann (Fn. 5), S. 11 f.; J. D. Harke, in: M. Schmoeckel/J. Rückert/R. Zimmermann (Hrsg.), Historisch-kritischer Kommentar zum BGB, Bd. 2, 2. Teilb., 2007, § 311 II, III, Rn. 8 ff.

18 Näher C. Bumke, Der Grundrechtsvorbehalt, 1998, S. 21 f., 40 ff., 111 ff.

19 M. Eifert, Methodische Zugriffe (Fn. 6), S. 576 ff.

tion, zählt zu den gewöhnlichen und wohlvertrauten Arbeiten im Verfassungsrecht. Noch deutlicher wird dies, wenn man bedenkt, dass eine Aufgabe des Rechts darin besteht, Erwartungen oder Verhalten zu stabilisieren und Ereignisse verlässlich miteinander zu verknüpfen.[20] Denn dann müssen alle unvorhersehbaren Sprünge in das Recht eingearbeitet werden. Die Art der Einbindung entscheidet über die Wirkung und Ausbreitung einer Innovation im Recht. So betrachtet sind die Mechanismen der Einbindung noch weit wichtiger als die Innovation selbst. Denn ob eine Innovation als bloße Störung weitgehend wirkungslos bleibt oder zu einer Umbildung führt und wie weit und intensiv die rechtlichen Auswirkungen sind, hängt von diesen Mechanismen ab. Der Einbindungsprozess ist darüber hinaus aber auch deshalb von Bedeutung, weil sich eine Innovation aus mehreren Teilakten zusammensetzen kann und diese Teilakte Frucht des Einbindungsprozesses sein können. Mit anderen Worten: Erst der Einbindungsprozess formt die Innovation. Anschaulich verfolgen lässt sich dieses prozedurale Wechselspiel an der Rechtsprechung der beiden Senate des Bundesverfassungsgerichts zu den gleichgeschlechtlichen Lebenspartnerschaften.[21] Aber auch die hier noch auszubreitende Entwicklung des Grundsatzes der Verhältnismäßigkeit gäbe ein gutes Beispiel für das Zusammenspiel von Einbindung und Innovation. Die Einsicht, dass letztlich der Einbindungsprozess über das Ob und Wie einer Innovation im Recht entscheidet, erklärt auch, warum sich Innovationen am besten rückblickend erkennen lassen. Es kann eben gut sein, dass ein Ereignis sich erst durch die Einbindung zu einer Innovation auswächst. Und erst im Nachhinein lassen sich deshalb auch Innovation und Störung voneinander scheiden. Für den Innovationsbegriff bedeutet dies, dass zu dem Element „Sprung“ das Ele-

---

20 In handlungsbezogener Manier N. Luhmann, Rechtssoziologie, 4. Aufl., 2008, S. 40 ff.; systemtheoretisch konstruiert ders., Das Recht der Gesellschaft, 1993, S. 131 ff.

21 So hielt zunächst der 1. Senat die Vereinbarkeit des LPartG mit Art. 6 Abs. 1 GG fest (BVerfGE 105, 303, 342 ff.) und arbeitete die strengen Anforderungen des Art. 3 Abs. 1 GG für die Ungleichbehandlung von Ehe und eingetragener Lebenspartnerschaft heraus (BVerfGE 124, 199, 219 ff.). Diese Rechtsprechungslinie griff der 2. Senat in weiteren Entscheidungen zur Ungleichbehandlung von verheirateten und verpartnerten Beamten auf (BVerfGE 131, 239, 259 ff.) und schreibt sie in seiner Entscheidung zum steuerrechtlichen Ehegattensplitting fort (BVerfGE 133, 157, 409 ff.). Diese Entscheidungen (untergründig kritisch) nachzeichnend M. Böhm (Fn. 9), S. 212 ff.; M. Germann, Dynamische Grundrechtsdogmatik von Ehe und Familie? VVDStRL 73 (2014), S. 257 ff.

ment „geglückte Einbindung" hinzutreten muss, um aus einem unvorhersehbaren Ereignis eine Innovation im Recht zu machen.

B. Das Verhältnismäßigkeitsprinzip als rechtsimmanente Innovation im Recht

Die Eigenheiten einer rechtsimmanenten Innovation und das Wechselspiel zwischen ihr, ihrer Einbindung und weiterer Innovationen sollen hier an der Erfindung und Entwicklung des Grundsatzes der Verhältnismäßigkeit bzw. dem Verhältnismäßigkeitsprinzip verfolgt werden. Die Geschichte dieses Prinzips unter dem Grundgesetz ist noch nicht aufgearbeitet worden.[22] Es lässt sich hier deshalb nur mit recht groben und wohlmöglich eigenwilligen Strichen eine Skizze von der Entwicklung zeichnen. Das Studium dieses Prinzips ist nicht nur deshalb aufschlussreich, weil mit seiner Erfindung das Rätsel der Grundrechtsbindung des Gesetzgebers praktisch weitgehend gelöst wurde, sondern auch weit nach einem Jahrzehnte langen unsicheren Ringen um dessen Legitimität und Inhalt plötzlich Ruhe einkehrte. Erst in jüngster Zeit ist die Diskussion – nunmehr auf internationaler Ebene – wieder in Bewegung geraten.[23]

I. Rätsel der Grundrechtsbindung des Gesetzgebers und die Anfänge des Verhältnismäßigkeitsprinzips

Beim Erlass des Grundgesetzes war der Verhältnismäßigkeitsgrundsatz als verfassungsrechtlicher Maßstab unbekannt. Nach dem Untergang der NS-Diktatur besann man sich in der gerichtlichen Praxis und in der Wissenschaft auf den im Polizeirecht entwickelten Grundsatz der Verhältnismä-

---

22 Fokussiert auf die Diskussion um die Meinungsfreiheit J. Bomhoff, Balancing Constititutional Rights, 2013, S. 72 ff.

23 A. Barak, Proportionality, 2012; R. H. Fallon Jr., Strict Judicial Scrutiny, 54 UCLA L. R. 1267 (2007), S. 1306 f., 1315 ff.; J. Bomhoff (Fn. 22), S. 10 ff.; B. Pirker, Proportionality Analysis and Models of Judicial Review, 2013, S. 40 ff.; siehe außerdem die in G. Huscroft/B. W. Miller/G. Webber (Hrsg.), Proportionality and the Rule of Law, 2014 versammelten Beiträge; ferner N. Petersen, Verhältnismäßigkeit als Rationalitätskontrolle, 2015, S. 54 ff. und die in M. Jestaedt/O. Lepsius (Hrsg.), Verhältismäßigkeit. Zur Tragfähigkeit eines verfassungsrechtlichen Schlüsselkonzepts, 2015 enthaltenen Beiträge.

ßigkeit und bemühte sich darum, ihn zu einem allgemeinen Maßstab für die staatliche Gewalt zu erheben.[24] Parallel zur Anleihe im Polizeirecht nahm man den Gedanken der Interessen-, Wert- oder Güterabwägung auf, mit dem man am Ende der Weimarer Republik versucht hatte, den Gesetzgeber zu binden.[25]

Auch das Bundesverfassungsgericht verpflichtete von Anfang an die staatliche Gewalt dazu, keine unzumutbaren, unangemessenen oder nicht erforderlichen Maßnahmen zu ergreifen.[26] Beträchtliche Unsicherheiten ergaben sich jedoch daraus, dass man sowohl in der Praxis als auch in der Theorie keine klare Vorstellung vom Inhalt und der Struktur des Grundsatzes hatte und deshalb auch nicht wusste, wie er sich für die praktische Rechtsarbeit operationalisieren ließ. Trotzdem griff man auf ihn zurück, um die schrecklichen Schatten der Vergangenheit hinter sich zu lassen und das Verhältnis zwischen Individuum und Gemeinschaft auf der Grundlage einer Verfassung neu zu bestimmen, die die Garantie der Menschenwürde in ihren Mittelpunkt stellt. Theoretisch wie praktisch traten die Unsicherheiten am deutlichsten bei der Frage hervor, wie der Gesetzgeber durch die Grundrechte gebunden werde, wenn das Grundgesetz ihn zugleich zu Eingriffen in die grundrechtliche Freiheit ermächtige? Schon die Staatsrechtswissenschaft während der Weimarer Republik hatte sich vergeblich an dieser Frage versucht und auch im Parlamentarischen Rat existierte

---

24 Siehe die knappen Überblicke bei R. v. Krauss, Der Grundsatz der Verhältnismäßigkeit, 1955, S. 3 ff.; L. Hirschberg, Der Grundsatz der Verhältnismäßigkeit, 1981, S. 2 ff.

25 R. Smend, Das Recht der freien Meinungsäußerung, VVDStRL 4 (1928), S. 44; A. Hensel, Grundrechte und Rechtsprechung, in: O. Schreiber (Hrsg.), Festschrift 50 Jahre Reichsgericht, 1929, S. 1, 15 ff.; A. Mannheim, in: H. C. Nipperdey (Hrsg.), Die Grundrechte und Grundpflichten der Reichsverfassung, Bd. 1, 1929, Art. 115 f., S. 316, 237 f.; G. Boehmer, in: H. C. Nipperdey (Hrsg.), Die Grundrechte und Grundpflichten der Reichsverfassung, Bd. 3, 1930, Art. 154, S. 250, 253 f., 257 f.; A. Hensel, in: G. Anschütz/R. Thoma (Hrsg.) Handbuch des Deutschen Staatsrechts, Bd. 2, 1932, S. 313 ff., 316; K. Häntzschel, in: Anschütz/ Thoma (Fn. 25), S. 651, 659 ff.; G. Giere, Das Problem des Wertsystems der Weimarer Grundrechte, 1932, S. 4 ff.; E. Westphalen Fürstenberg, Das Problem der Grundrechte im Verfassungsleben Europas, 1935, S. 41 ff.; zusammenfassend C. Bumke (Fn. 18), S. 114.

26 K. Stern, Das Staatsrecht der Bundesrepublik Deutschland, Bd. 3/2, 1994, S. 762 ff.; C. Bumke (Fn. 18), S. 143 f.

kein Konzept, um den Gesetzgeber substantiell zu binden.[27] Der Wille war da, aber über die Qualifizierung einzelner Eingriffsermächtigungen, wie etwa in Art. 11 Abs. 2 GG, und die Statuierung formaler Schrankenschranken in Art. 19 Abs. 1 GG hinaus, konnte man nur postulieren, dass kein Grundrecht „in seinem Wesensgehalt angetastet werden“ darf (Art. 19 Abs. 2 GG). Einen justiziablen Gehalt besaß diese Pflicht nicht. Und die bis heute anhaltenden Streitigkeiten um die Ausdeutung der Wesensgehaltsgarantie zeigen, dass darin auch nicht der Schlüssel zur Grundrechtsbindung zu finden war.[28]

Im Polizeirecht hatte sich zum Ende des 19. Jahrhunderts hin der Gedanke Bahn gebrochen, dass „ein Polizeibefehl... ungültig wegen Übermaßes (ist), wenn er mehr verlangt als die Herbeiführung eines polizeimäßigen Zustands“.[29] Das war die Geburtsstunde des heutigen Erforderlichkeitsgebots, das damals noch unter dem Begriff der Verhältnismäßigkeit firmierte.[30] Doch die Transformation des Prinzips aus der kleinteiligen Welt konkreter behördlicher Anordnungen zum allgemeinen Maßstab hoheitlichen Handelns war kein einfaches Geschäft. Bei überschaubaren Sachverhalten warf die Prüfung, ob ein Mittel zur Erreichung eines vorgegebenen Zwecks aus Sicht der betroffenen Bürger notwendig war, um das staatlich vorgegebene Ziel zu verwirklichen, praktisch keine Schwierigkeiten auf. Es fehlte deshalb an Untersuchungen zum genauen Inhalt und der gerichtlichen Kontrollperspektive.

Die Ebene des Gesetzes erwies sich hingegen als diffizil:[31] Da gab es zum einen das Problem der Einschätzungs- und Prognoseunsicherheit und

27 Näher C. Bumke (Fn. 18), S. 109 ff.; 122 ff. zur Debatte in Weimar G. Gusy, Die Weimarer Reichsverfassung, 1997, S. 280 ff.

28 Grdl. P. Häberle, Die Wesensgehaltsgarantie des Art. 19 Abs. 2 GG, 3. Aufl., 1983, S. 315 ff., mit einem lehrreichen Überblick über die Diskussion bis Anfang der 1980er Jahre. Zum heutigen Stand der Diskussion H. Dreier, in: ders. (Hrsg.), Grundgesetz, 3. Aufl., 2013, Art. 19 Abs. 2 Rn. 11 ff.; B. Remmert, in: Th. Maunz/G. Dürig (Fn. 11), Art. 19 Abs. 2 Rn. 26 ff., 36 ff.

29 W. Jellinek, Gesetz, Gesetzesanwendung und Zweckmäßigkeitserwägung, 1913, S. 289, mit einem knappen Überblick über die Entwicklung (ebd., S. 290) – dazu auch L. Hirschberg (Fn. 24), S. 2 ff.

30 L. Hirschberg (Fn. 24), S. 2 ff. P. Reimer, Verhältnismäßigkeit im Verfassungsrecht, ein heterogenes Konzept, in: M. Jestaedt/O. Lepsius (Fn. 23), S. 68, meint demgegenüber, dass der Begriff der Verhältnismäßigkeit „ursprünglich“ allein dem Gedanken der Angemessenheit vorbehalten gewesen sei.

31 Ausführlicher L. Hirschberg (Fn. 24), S. 172 ff., 186 ff., 200 f.; pointiert N. Petersen (Fn. 23), S. 68 ff., jeweils in Auseinandersetzung mit dem Ansatz von B.

damit die Frage, an wessen Sicht der Dinge und ihrer künftigen Entwicklung die gesetzliche Maßnahme zu messen sei. Als ebenso so schwierig sollte sich die Frage nach der Einräumung eines gesetzgeberischen Gestaltungsspielraums bezüglich der verfassungsrechtlichen Vorgaben und die Frage nach den in Betracht zu ziehenden Alternativen erweisen.[32]

Noch sehr viel größer waren im Vergleich dazu die Schwierigkeiten bei dem Versuch, staatliche Maßnahmen mit Hilfe des Abwägungsgedankens zu kontrollieren. Denn weder war geklärt, was man genau gegeneinander abwog, noch existierte ein brauchbares Konzept für den Abwägungsvorgang selbst. Die Struktur und der normative Gehalt des Grundsatzes, dass Mittel und Zweck nicht außer Verhältnis zueinander stehen dürfen, waren nämlich ungeklärt. Das lässt sich an dem von Fleiner geprägten Bild veranschaulichen, man dürfe nicht mit Kanonen auf Spatzen schießen.[33] Dieses Bild blendet den entscheidenden Punkt aus: Denn ob die Spatzen von Kanonen oder Gewehren getötet werden, ist allenfalls unter dem Gesichtspunkt staatlicher Effizienz interessant. Für die Betroffenen ist es hingegen gleichgültig, auf welche Weise sie umkommen. Einen freiheitsschützenden Gehalt gewinnt das In-Verhältnis-Setzen erst, wenn die Position der nachteilig Betroffenen in Relation zu den verfolgten öffentlichen oder privaten Interessen, also dem Gemeinwohl, gestellt wird.

Von dieser Ausgangslage her betrachtet, lässt sich – entgegen der These von Ernst-Wolfgang Böckenförde[34] – kein Wandel des Verhältnismäßig-

---

Schlink, Abwägung im Verfassungsrecht, 1976, S. 190 ff., der das Erforderlichkeitsgebot als Gebot versteht, einen pareto-optimalen Zustand herbeizuführen.

32 Näher T. Wischmeyer, Die Kosten der Freiheit, 2015.

33 F. Fleiner, Institutionen des Deutschen Verwaltungsrechts, 3. Aufl., 1919, S. 376.

34 E.-W. Böckenförde, Zur Lage der Grundrechtsdogmatik nach 40 Jahren Grundgesetz, 1990, S. 53. Diese These wird vielfach geteilt, so z.B. P. Reimer (Fn. 30), S. 69 f.; O. Lepsius, Die Chancen und Grenzen des Grundsatzes der Verhältnismäßigkeit, in: M. Jestaedt/O. Lepsius (Fn. 23), S. 2 ff. In eine ähnliche Richtung weist die Überlegung von M. Jestaedt, Verhältnismäßigkeit als Verhaltensmaß, in: M. Jestaedt/O. Lepsius (Fn. 23), S. 300, wonach sich der Mangel des Verhältnismäßigkeitsgrundsatzes daran zeige, dass er für den Kompromiss keinen Raum habe. Die Aussage verwundet insofern, als dass der Kompromiss kein rechtlicher, sondern ein politischer Begriff ist. Er muss in die Welt des Verfassungsrechts transformiert werden, und dies geschieht u.a. dadurch, dass das Bundesverfassungsgericht bei der Begrenzung vorbehaltlos gewährter Grundrechte die Aufgabe des Gesetzgebers herausstellt, die kollidierenden Grundrechtspositionen voneinander abzugrenzen, oder bei unsicheren Sachlagen und künftigen Entwicklungen dem Gesetzgeber eine Einschätzungsprärogative einräumt. Sieht man mit O. Lepsius (Fn. 34),

keitsprinzips beobachten. Die vermeintlich klare „Zweck-Mittel-Relation" als tragende Struktur des Verhältnismäßigkeitsprinzips ist eine Projektion in die Vergangenheit. Natürlich lässt sich rekonstruierend sagen, dass das Verhältnismäßigkeitsprinzip verstanden als Erforderlichkeitsgebot im Sinne des Polizeirechts durch eine klare Zweck-Mittel-Relation gekennzeichnet war. Doch war damit gerade kein präziser Ausgangspunkt für den verfassungsrechtlichen Transformationsprozess markiert. Gegenüber dem Gesetzgeber galt es, das Gebot überhaupt erst zu erfinden. Und in diesem Transformationsprozess spielte von vornherein der Abwägungsgedanke eine prominente Rolle und auch er knüpfte an die Zweck-Mittel-Relation an. Aus Sicht des Verfassungsrechts erweisen sich Erforderlichkeit und Abwägung als gleichursprüngliche Elemente des Verhältnismäßigkeitsprinzips.[35]

S. 11, in der Einräumung einer Einschätzungsprärogative – also einer Kategorie des Kompetenzrechts – eine „stillose Degradierung der Ersten Gewalt", der sich kein Gericht der angelsächsischen Welt erdreisten würde, wird man freilich zu einer anderen Einschätzung gelangen. Interessant wäre es zu wissen, welche handhabbaren und stilgerechten Kategorien die Gerichte der angelsächsischen Welt gebrauchen, um mit Unsicherheiten umzugehen. Auch wüsste man gerne, welche Gerichtshöfe für diese Aussage untersucht und mit der Entscheidungstätigkeit des Bundesverfassungsgerichts verglichen wurden.

35 Erst mit der Zeit wird deutlich, dass sich sehr verschiedene Dinge hinter der „Zweck-Mittel-Relation" verbergen. Ein erster markanter Unterschied ergibt sich daraus, ob der Zweck, also der zu verwirklichende Zustand oder das gesetzgeberische Ziel ein empirisch messbarer Zustand oder ein normativer Zustand ist, da nur bei ersterer Relation eine Kausalbeziehung existiert (näher M. Hensche, Teleologische Begründungen in der juristischen Dogmatik, 1998, S. 85 ff.; T. Wischmeyer [Fn. 2], S. 213 ff.). S. Huster, Rechte und Ziele, 1993, S. 142 ff., hat eine weitere Unterscheidung herausgearbeitet, nämlich die zwischen einer Zweck-Mittel-Relation und einer Entsprechens-Relation. Bei der Entsprechens-Relation wird ein grundrechtlicher Maßstab an eine staatliche Maßnahme angelegt (z.B. der Maßstab einer schuldangemessenen Strafe) und geprüft, ob diesem Maßstab genügt wurde. Der Maßstab ist nicht das Ergebnis eines Widerstreits kollidierender verfassungsrechtlich geschützter Positionen, die in die Zweck-Mittel-Relation eingestellt werden. Solche Maßstäbe finden sich sowohl bei den Freiheits- als auch bei den Gleichheitsrechten. Näher zu solchen gewährleistungsspezifischen Vorgaben C. Bumke (Fn. 18), S. 57 f., 99 ff., 235 ff.; ders., Ausgestaltung von Grundrechten, 2009, S. 52 ff.

II. Innovative Maßstabsbildung

1. Die Etablierung des Erforderlichkeitsgebots und der effektiven verfassungsgerichtlichen Kontrolle eines Gesetzes

In dieser, mit Blick auf die verfassungsrechtlichen Maßstäbe diffusen Lage wagte es das Bundesverfassungsgericht für das praktisch hoch relevante Grundrecht der Berufsfreiheit das Verhältnismäßigkeitsgebot erstmals auf handhabbare Weise zu operationalisieren. Das Gericht war sich dabei der Außerordentlichkeit seiner Apotheken-Entscheidung bewusst. In einer für die Herausbildung des Verhältnismäßigkeitsprinzips als verfassungsrechtlicher Maßstab einmaligen Weise begründete es den von ihm entwickelten Prüfungsmaßstab und die Berechtigung, diesen auch an ein Gesetz anlegen zu dürfen.[36]

Gerade im Kontrast zur Selbstverständlichkeit, mit der das Erforderlichkeitsgebot gegenwärtig in der Praxis gehandhabt und an den Universitäten gelehrt wird, tritt das Moment des Außergewöhnlichen besonders klar hervor. Heutzutage reibt man sich verwundert die Augen und fragt, welcher Punkt es eigentlich war, der als so exzeptionell wahrgenommen wurde: War es die Propagierung eines Maßstabs, dessen Regime nicht abzusehen war, war es der Entschluss ein Gesetz aus inhaltlichen Gründen zu verwerfen oder war es die Bereitschaft die eigene Prognose an die Stelle der gesetzgeberischen zu stellen?[37]

Im Nachhinein hat sich der Maßstab, dessen Anwendungsbereich im Apotheken-Urteil mittels der sog. Drei-Stufen-Theorie noch drastisch beschränkt wurde, als relativ harmlos und Ausdruck eines Mindeststandards rationalen Entscheidens erwiesen. Die Aufhebung von Gesetzen aufgrund inhaltlicher Verfassungsverstöße ist zum alltäglichen Geschäft geworden, um das für sich genommen keinerlei Aufhebens mehr gemacht wird. Einzig bezüglich Prognosen hat das Gericht seine Haltung in differenzierter Zurückhaltung fort- und umgeschrieben. Es hat nämlich einerseits einen –

36 BVerfGE 7, 377, 400 ff.

37 Eine Auseinandersetzung mit der Entscheidung findet sich bei U. Scheuner, Das Grundrecht der Berufsfreiheit, DVBl. 1958, S. 845 ff.; skeptisch: P. Lerche, Übermaß und Verfassungsrecht, 1961, S. 107 ff., 253 f.; deutliche Kritik bei H. Ehmke, Prinzipien der Verfassungsinterpretation, VVDStRL 20 (1963), S. 53, 93 ff.: Ersetzung der gesetzgeberischen Prognose, zu hohe Intensität der Kontrolle und verfehlte abstrakte Abwägung.

unterschiedlich zu bemessenden – Einschätzungsspielraum des Gesetzgebers anerkannt und sich andererseits dafür ausgesprochen, dessen Prognosen regelmäßig nur zurückhaltend zu kontrollieren und nur ausnahmsweise die eigene Prognose an die Stelle einer gesetzgeberischen Einschätzung zu setzen.[38]

Doch zum Zeitpunkt seiner Entscheidung konnte das Bundesverfassungsgericht noch nicht absehen, zu welcher Welt es das Tor aufstieß. Wie weit reichte die dirigierende Kraft des Erforderlichkeitsgrundsatzes? Man denke nur an die weitreichenden Rechtsfolgen, die Lerche in seinem klassischen Werk „Übermaß und Verfassungsrecht" aus dem Grundsatz beispielsweise für das Staatshaftungsrecht herleitete.[39] In keiner Weise ließ sich abschätzen, welche Auswirkungen sein Gebrauch in dem noch wenig entwickelten Verhältnis zwischen parlamentarischer Regierung, Gesetzgebung und Verfassungsgericht mit sich bringen würde. Außerdem war der Grundsatz nur ein Element unter mehreren, die im Apotheken-Urteil entwickelt wurden, um die Grundrechtsbindung des Gesetzgebers einzulösen. Das Erforderlichkeitsgebot bildete einen Teil der sog. Drei-Stufen-Theorie. Diese baute auf dem Gedanken abstrakter Abwägung auf, die zu drei Eingriffs- und Rechtfertigungsstufen ausgeformt wurde. Das Erforderlichkeitsgebot diente allein dazu, die Beziehung zwischen den Stufen zu ordnen. Die nächst höhere und damit eingriffsintensivere Stufe durfte nur betreten werden, sofern dies notwendig war. Mit der Ausbildung verschiedener Wertstufen griff man den bereits aus der Weimarer Republik vertrauten und vom Parlamentarischen Rat praktizierten Gedanken einer Bindung des Gesetzgebers durch Statuierung spezifischer Zwecke bzw. Ziele zur verfassungsrechtlichen Rechtfertigung von Eingriffen auf (vgl. Art. 5 Abs. 2, 11 Abs. 2 GG). Zugleich überschritt man aber die grundgesetzlichen Grundlagen, da die Zwecke nun mit einem abstrakten Gewicht verknüpft wurden. Man wird deshalb vermuten dürfen, dass das Gericht die Bedeutung seiner Entscheidung in erster Linie in der Etablierung der Drei-Stufen-Theorie zur Bindung des Gesetzgebers sah.

Außerdem sollte nicht vergessen werden, welche große Unsicherheit bei alldem bezüglich der abstrakten Abwägung und dem mit ihr verwandten Verhältnismäßigkeitsprinzip vorherrschte. Es fehlte nicht nur an praktischen Erfahrungen und theoretischen Konzepten. Vor allem sollte es noch

38 Zusammenfassend: BVerfGE 50, 290, 331 ff.; ausführlich dazu N. Petersen (Fn. 23), S. 90 ff.

39 P. Lerche (Fn. 37), S. 164 ff.

Jahrzehnte dauern, bis man einsah, dass mit dem Gedanken abstrakter Abwägung kein fruchtbarer Weg für das Verfassungsrecht eingeschlagen worden war. Die Sorgen vor dieser Form der Grundrechtsbindung war groß: Drohte sich auf diesem Weg nicht die gesetzgeberische Gestaltungsmacht in den subjektiven Wertungen des Verfassungsgerichts zu verfangen?[40]

Noch völlig außerhalb der juristischen Vorstellungswelt lag der Gedanke einer situativen Abwägung aller relevanten Umstände eines verfassungsrechtlichen Konfliktes. Mit der Charakterisierung als „situativ" ist gemeint, dass eine Beurteilungsebene eingenommen wird, die oberhalb des Einzelfalls und deutlich unterhalb der abstrakten Normebene des Grundrechts liegt. Es handelt sich um Rechtsfragen, die sich auf einen abgrenzbaren Regelungsbereich beziehen und einer gesetzlichen Regelung zugänglich sind, wie etwa die, ob und unter welchen Voraussetzungen Boykottaufrufe oder eine medizinische Zwangsbehandlung eines Untergebrachten erlaubt sind. Situativ ist eine Abwägung, wenn das „Gewicht" bzw. die Bedeutung eines Eingriffs und der mit ihm verfolgten Ziele (und der dadurch beförderten Güter) relativ zu den Umständen erfolgt, in denen der Eingriff vorgenommen wird; mit anderen Worten wenn eine kontextspezifische Gewichtung der konfligierenden Positionen vorgenommen wird.

Neben dem Entschluss, den Gesetzgeber dem Erforderlichkeitsgebot zu unterwerfen und seine Prognosen auf ihre Richtigkeit zu überprüfen, besteht ein weiteres, für die künftige Entwicklung sehr wichtiges innovatives Moment darin, dass das Gericht mit der Drei-Stufen-Theorie die Vorstellungswelt abstrakter Abwägung aufbrach und die unfruchtbare Perspektive hinter sich ließ, ob nun beispielsweise der Ehrschutz per se wichtiger als die Meinungsfreiheit sei. Die Einführung genereller Gewichtungsstufen erlaubte es, die verfolgten öffentlichen Interessen auf ihre Bedeutung hin zu überprüfen. In der Kombination von generellem Gewichtserfordernis und Erforderlichkeit liefen die Grundrechte auch dort nicht mehr „leer", wo der Gesetzgeber zu Eingriffen ermächtigt wurde. Damit war ein entscheidender Schritt in Richtung „Grundrechtsbindung des Gesetzgebers" getan.

---

40 Repräsentativ P. Lerche (Fn. 37), S. 130 f.

2. *Die Etablierung des Abwägungsgedankens als Maßstab fachgerichtlicher Entscheidung*

Die Vorstellung situativer Abwägung konnte nur über die Kontrolle der fachgerichtlichen Tätigkeit Fuß in der Welt des Verfassungsrechts fassen. Erstmals geschah dies in der Lüth-Entscheidung, deren überragende Bedeutung in erster Linie darin zu sehen ist, dass mit ihr der umfassende Geltungsanspruch des Grundgesetzes für die gesamte einfache Rechtsordnung einschließlich der Rechtsbeziehungen unter Privaten anerkannt wurde. In dieser Entscheidung wurde die Grundrechtsbindung der Gerichte mittels einer situationsspezifischen Abwägung eingelöst. Allerdings fehlte eine anerkannte methodische Grundlage für ein solches Vorgehen. Der Abwägungsgedanke war gewöhnlich mit dem abstrakten Ins-Verhältnis-Setzen von Gütern wie Ehre und Meinungsfreiheit verknüpft.[41] Es verwundert deshalb nicht, dass die Wechselwirkungslehre als „ipse-dixit-Prozedieren" eingeordnet und als ein unvorhersehbares Hin-und-Herschaukeln charakterisiert wurde.[42]

Ein entscheidender Punkt wurde dabei allerdings übergangen. Das Gericht kontrollierte nämlich nicht nur den Einzelfall, sondern errichtete zugleich ein grundgesetzliches Regelwerk für die Meinungsfreiheit, in das es später auch die Pressefreiheit einbezog.[43] Die Abwägung der widerstrei-

---

41 Klar abzulesen an den Ausführungen von P. Häberle (Fn. 28), S. 51 ff.; F. Müller, Normstruktur und Normativität, 1966, S. 215 f. Gerade darauf gründet das Bemühen für das Verfassungsrecht eine passendere Vorstellung zu entwickeln; vgl. dazu K. Hesse, Grundzüge des Verfassungsrechts der Bundesrepublik Deutschland, 5. Aufl., 1972, S. 28: „Prinzip praktischer Konkordanz", der seinerseits auf U. Scheuner, Prinzipien der Verfassungsinterpretation, VVDStRL 20 (1963), S. 125; ders., Pressefreiheit, VVDStRL 22 (1965), S. 53 („Harmonisierung") sowie P. Lerche (Fn. 37), S. 125 ff., 153 („schonendster Ausgleich") verweist. Eine mögliche methodische Anleihe hätte die sog. Interessenjurisprudenz geboten, da sie gerade die Analyse, Bewertung und Abwägung der Interessen bzw. der vom Gesetzgeber getroffenen Wertungen in den Mittelpunkt stellte, um schwierige Fälle zu lösen. Näher H. Stoll, Begriff und Konstruktion in der Lehre der Interessenjurisprudenz, in: ders. (Hrsg.), Festgabe für Philipp Heck, Max Rümelin und Arthur Schmidt, 1931, S. 60 ff.

42 R. Schnur, Pressefreiheit, VVDStRL 22 (1965), S. 101, 128 sowie 122 ff.; zur damaligen Debatte J. Bomhoff (Fn. 22), S. 86 ff. m. w. Nw.

43 Zur Entwicklung der Rspr. H. P. Bull, Freiheit und Grenzen des politischen Meinungskampfes, in: P. Badura/H. Dreier (Hrsg.), Festschrift 50 Jahre Bundesverfassungsgericht, Bd. 2, 2001, S. 163 ff.; R. Zimmermann, die Meinungsfreiheit in der neueren Rechtsprechung des Bundesverfassungsgerichts, NJ 2011, S. 145 ff.; zu-

tenden Positionen unter Rückbindung an ihre verfassungsrechtlichen Grundlagen erlaubte es dem Gericht eine grundgesetzliche Präferenzordnung zu erreichten, die in ihrer Aussagekraft über den Einzelfall hinaus allgemeine Geltung beanspruchte. Die hohe Abstraktionsebene des Verfassungsrechts und die Charakteristik des Konflikts bestärkten den Anspruch der richterlichen Regelbildung. Das Gericht räumte der Meinungsfreiheit den grundsätzlichen Vorrang gegenüber dem Ehrschutz ein, sofern die Meinungsäußerung der öffentlichen Meinungsbildung diente.[44] Auf diese Weise zeigte sich die situationsbezogene Abwägung als ein vielversprechendes Instrument, um das Grundgesetz zu konkretisieren und die spezifischen Gehalte der Grundrechte zu entfalten. Doch die Tragweite dieses Vorgehens blieb zunächst unerkannt und unbewältigt.[45]

III. Auf der Suche nach einem handhabbaren Konzept

1. Entwicklung der verfassungsgerichtlichen Rechtsprechung

Apotheken- und Lüth-Urteil bilden den Grundstein für die weitere Kontroll- und Konkretisierungsarbeit des Bundesverfassungsgerichts. Über lange Zeit entwickelt sich daraus nicht nur das Verhältnismäßigkeitsprinzip in seiner gegenwärtigen Gestalt, sondern auch ein dichtes Netz an grundgesetzlichen Vorgaben.[46] So exzeptionell dieser Doppelschritt auch

---

sammenfassend D. Grimm, Die Meinungsfreiheit in der Rechtsprechung des Bundesverfassungsgerichts, NJW 1995, S. 1697 ff.

44 Diese Vorrangentscheidung wurde vielfach kritisiert. Doch ging es dabei im Wesentlichen nur um eine andere Beurteilung – entweder meinte man, dass der Ehrschutz mehr Bedeutung verdiene, oder man glaubte, dass der Vorrang zu einer unzulässigen Privilegierung einer Form der Meinungsbetätigung führe; vgl. W. Schmitt Glaeser, Die Meinungsfreiheit in der Rechtsprechung des Bundesverfassungsgerichts (Schluß), AöR 97 (1972), S. 289 f.; ders., Die Meinungsfreiheit in der Rechtsprechung des Bundesverfassungsgerichts, AöR 113 (1988), S. 98; ders., Meinungsfreiheit, Ehrenschutz und Toleranzgebot, NJW 1996, S. 874 ff.

45 Sinn für die Unausweichlichkeit einer situationsbezogenen Abwägung zeigt U. Scheuner, Pressefreiheit (Fn. 41), S. 1, 80 ff., 88 f.

46 Näher zu solchen gewährleistungsspezifischen Vorgaben C. Bumke (Fn. 18), S. 57 f., 99 ff., 235 ff.; ders., Ausgestaltung von Grundrechten, 2009, S. 52 ff.; die dirigierende Wirkung der einzelnen grundrechtlichen Gewährleistungen wird bsplw. von R. Wendt, Der Garantiegehalt der Grundrechte und das Übermaßgebot, AöR 104 (1979), S. 436 ff. betont.

war, so verwickelt und unvorhersehbar ist indes die weitere Entwicklung gewesen. So sicher es dieser innovativen Maßstabsbildung bedurfte, so wenig lässt sich bezweifeln, dass erst der Prozess der Einbindung über den rechtlichen Gehalt und Bedeutung des Verhältnismäßigkeitsprinzips entschied.

Das BVerfG hat in den weiteren Jahren zunächst einmal den in der Apotheken-Entscheidung eingeschlagenen Weg fortgesetzt. Es bemühte sich darum generelle Anforderungen an das öffentliche Interesse aufzustellen,[47] die Überzeugungskraft der öffentlichen Interessen in Hinblick auf die grundrechtliche Beeinträchtigung zu prüfen[48] und den verschiedenen Grundrechten spezifische Profile zu verleihen. So entwickelte es unter anderem die Sphärentheorie, die Kernbereichslehre oder das eigentumsrechtliche Ausgleichsgebot in Kombination von Bestands- und Wertgarantie.[49]

Betrachtet man die gerichtliche Praxis anhand der Entscheidungen, in denen ein Gesetz als verfassungswidrig erachtet wurde, weil es sich im Rahmen einer Abwägung als nicht verhältnismäßig im engeren Sinne erwies,[50] zeigt sich zunächst der von Petersen herausgearbeitete Befund:[51] Danach meidet das Gericht zunächst das Instrument der Abwägung. Erst seit den 1970er Jahren gewinnt das Instrument die beträchtliche Bedeutung, die es bis heute besitzt.[52]

---

47 BVerfGE 31, 229, 243 ff.; 53, 336, 349 ff.; 72, 278, 294.

48 BVerfGE 31, 229, 243 ff.; 34, 165, 185 ff.; 52, 1, 32 ff.; 72, 51, 63 f.; 79, 256, 270 ff.; 87, 114, 140 ff.; 108, 82, 106 ff.

49 Zur Sphärentheorie: BVerfGE 6, 32, 41; 80 367, 373 ff.; zur Kernbereichslehre: BVerfGE 34, 238, 245; 80, 367, 373 ff.; 109, 279, 311 ff.; 113, 348, 390; zum eigentumsrechtlichen Ausgleichsgebot: BVerfGE 100, 226, 240 f.; 110, 1, 28.

50 N. Petersen (Fn. 23), S. 281 ff., hat eine Liste der Entscheidungen zusammengestellt, in denen das BVerfG ein Gesetz mit dem Argument für verfassungswidrig erachtete, dass es die Verhältnismäßigkeit i.e.S. (Zumutbarkeit, Angemessenheit, Proportionalität) nicht wahrt.

51 Die Tragweite dieses Befundes lässt sich gleichwohl nicht sicher beurteilen. Denn man müsste die Praxis mit den Entscheidungen vergleichen, in denen das Gericht ein Gesetz mittels Abwägung kontrolliert und zur Verfassungsmäßigkeit des Gesetzes gelangt. Es lässt sich nicht von vornherein ausschließen, dass es dort schon früher zu einer Angleichung der Prüfungsweisen kommt; geeignet für eine solche Untersuchung sind etwa die Entscheidungen BVerfGE 10, 89; 10, 354; 12, 45; 12, 319; 13, 181; 14, 76; 14, 105.

52 N. Petersen (Fn. 23), S. 136 ff. Als maßgeblichen Erklärungsgrund sieht Petersen das wachsende Selbstbewusstsein des Gerichts an (ebd., S. 144 ff.). Für die Frage, was genau abgewogen wird, bildet Petersen Fallgruppen (ebd., S. 147 ff.), wobei

Studiert man die einzelnen Entscheidungen, lässt sich indes eine sehr viel weittragendere Beobachtung machen. Danach handhabt das Gericht die Abwägung als Maßstab für die Verfassungswidrigkeit eines Gesetzes in grundsätzlich anderer Weise als das Kontrollinstrument gerichtlicher Entscheidungen. Die im Zusammenhang mit gerichtlichen Entscheidungen charakteristischen situativen Abwägungen, die einhergehen mit der Etablierung gewährleistungsspezifischer Maßstäbe für die berührten Grundrechte,[53] bilden bis in die 2000er Jahre hinein eine Ausnahme auf der Ebene der Gesetzesverwerfung.[54] Trotz der schmalen Datenbasis lässt sich die These wagen, dass die im Lüth- und Apotheken-Urteil begründete Zweiteilung der gerichtlichen Prüfungsmaßstäbe über die Jahrzehnte hinweg fortbesteht und die Rechtsprechungspraxis auch prägt.[55]

In der Literatur wurde diese Entwicklung gewöhnlich übersehen. Gerade die verständnisprägende Rekonstruktion der dritten Stufe des Verhältnismäßigkeitsprinzips durch R. Alexy übergeht diese maßstäbliche Differenz.[56] Wie auch viele andere Rekonstruktionen erschließt sie die Struktur der Verhältnismäßigkeit i.e.S. ausschließlich mit Hilfe von Entscheidungen, in denen das Instrument situativer Abwägung zur Kontrolle gerichtli-

---

sich die Gruppen überschneiden; es handelt sich eher um Themen als um Faktoren, die in die Abwägung eingestellt werden. Petersen ist zudem der Überzeugung, dass der Kruzifix-Beschluss (BVerfGE 93, 1) eine Art „Ausreißer" darstellt; er sei untypisch in der Art der Abwägung (ebd., S. 159 ff.). Er übersieht dabei allerdings zwei Umstände: Erstens hat das Gericht diese Maßstäbe gerade in früheren Entscheidungen bereits herausgearbeitet. Es sind die verfassungsrechtlichen Maßstäbe, gewissermaßen das gewährleistungsspezifische Profil der Glaubensfreiheit, das sich nicht von anderen Konkretisierungen wie etwa für die Meinungsfreiheit oder das allgemeine Persönlichkeitsrecht unterscheidet. Zweitens nimmt das Gericht an der entscheidenden Stelle gar keine Abwägung vor, sondern zieht eine harte Grenze mit Hilfe des Neutralitätsgebots ein. Danach verletzt der Staat das Neutralitätsgebot, wenn er Andersdenkende im Rahmen staatlicher Institutionen unausweichlich mit religiösen Symbolen, die der Glaubensvermittlung dienen, konfrontiert (BVerfGE 93, 1 21 ff.).

53 Näher C. Bumke (Fn. 18), S. 100 ff.

54 Veranschaulichen lässt sich dieser Befund etwa an BVerfGE 100, 226, 242 ff.; 103, 1, 9 ff.; 106, 181, 193 ff.; situative Abwägungen finden sich demgegenüber bei BVerfGE 100, 313, 375 ff.; 102, 197, 220 ff.; 104, 357, 367 ff.; 109, 256, 270 ff.

55 Die gegenteilige Behauptung stellt O. Lepsius (Fn. 34), S. 2 ff., 11 ff., auf, ohne seine Aussage anhand der Entscheidungspraxis des Bundesverfassungsgerichts auszuweisen.

56 R. Alexy, Theorie der Grundrechte, 2. Aufl., 1996, S. 75 ff., 100 ff.

cher Entscheidungen praktiziert wird.[57] Ein charakteristischer Teil der maßstäblichen Innovation wird dadurch übergangen. Aufgrund der Ausrichtung an der eigenen Rechtsprechung, den daraus resultierenden Rechtsprechungslinien und der sich darin ausdrückenden Pfadabhängigkeit bleiben diese Momente trotzdem für die verfassungsgerichtliche Praxis bedeutsam. Doch ohne Reflexion, Kritik und Einbindung und vor der gefestigten Folie eines Verhältnismäßigkeitsprinzips, das von Seiten der Wissenschaft gewissermaßen aus der Praxis heraus mit rekonstruierendem Anspruch extrahiert wurde, fehlte auf Dauer ein hinreichend stabiler Raum, um die generalisierte Abwägungsweise zu bewahren.[58]

2. Reaktionen der Rechtswissenschaft

Die Literatur nahm die Außerordentlichkeit der beiden Urteile, Lüth und Apotheken, sehr wohl wahr.[59] Skepsis prägte den Rezeptions- und Transformationsprozess.[60] Doch die Aufmerksamkeit, die man dem Verhältnismäßigkeitsprinzip schenkte, war begrenzt. Zu sehr wurde die damalige Situation durch eine unbeherrschbare Vielfalt, Unübersichtlichkeit und Ungeklärtheit der Bezüge und Themen bestimmt. Zu viele Fragen und Herausforderungen stellten sich zur selben Zeit mit Blick auf das Grundge-

---

57 R. Alexy (Fn. 56), S. 79 ff., 84 ff.; L. Hirschberg (Fn. 24), S. 79 ff.; weit überwiegend auch bei H. Schneider, Die Güterabwägung des Bundesverfassungsgerichts bei Grundrechtskonflikten, 1979, S. 209 ff.; K. Stern, Staatsrecht Bd. 3/2 (Fn. 26), S. 775, 782 ff. (vgl. aber auch S. 785 ff.); wesentlich schärfere Konturen gewinnt die rechtsanwendungsbezogene Verhältnismäßigkeitsprüfung auch bei G. Ress, Der Grundsatz der Verhältnismäßigkeit im deutschen Recht, in: Deutsche Sektion der Internationalen Juristen-Kommission (Hrsg.), Der Grundsatz der Verhältnismäßigkeit in europäischen Rechtsordnungen, 1985, S. 26 ff.; ausdrücklich ausgenommen wird die gesetzgebende Gewalt von B. Schlink, Der Grundsatz der Verhältnismäßigkeit, in: Festschrift 50 Jahre BVerfG, Bd. 2 (Fn. 43), S. 451 f., 460 ff.; ders. (Fn. 31), S. 24 ff., ders., Proportionality (1), in: M. Rosenfeld/A. Sajó (Hrsg.), Oxford Handbook of Comparative Constitutional Law, 2013, S. 724 f.

58 BVerfGE 115, 1, 20 ff.; 117, 163, 193 ff.; 119, 59, 86 ff.; 120, 274, 321 ff.; 121, 175, 194 ff.; 121, 317, 355; 125, 260, 318 ff.; 128, 282, 310 ff.; 133, 277, 322 ff.

59 U. Scheuner (Fn. 37), S. 845; ders., Pressefreiheit (Fn. 41), S. 35; H. Ehmke (Fn. 37), S. 93; W. Leisner, Die verfassungsrechtliche Berufsfreiheit – BVerfGE 7, 377 (Apothekenurteil), JuS 1962, S. 464; zusammenfassend C. Bumke (Fn. 18), S. 144 ff.

60 P. Lerche (Fn. 37), S. 107 ff., 253 f.

setz, seinen Geltungsanspruch, seine Handhabung und die von ihm errichtete Ordnung. Wenige Hinweise genügen, um sich die damalige Lage zu vergegenwärtigen.

Die Verfassung war informationsarm gestaltet, aber zugleich mit einem beträchtlichen Ordnungsanspruch verknüpft. Sie sollte justiziabel sein und vom Bundesverfassungsgericht verwirklicht werden. Auf welchem Weg ließen sich die normativen Gehalte und Vorgaben des Grundgesetzes gewinnen? Die alte Art zu denken und zu arbeiten überzeugte nicht mehr. Die von Forsthoff postulierte Alternative einer klassisch-juristischen Arbeitsweise war ein Phantasiegebilde. Nach den methodischen Debatten zu Beginn des 20. Jahrhunderts im Zivilrecht, dem Weimarer Methoden- und Richtungsstreit, der sich ergebnislos im Irrsinn nationalsozialistischen Rechtsdenkens verloren hatte, der Rechtskritik der Reinen Rechtslehre und der „unbegrenzten Auslegung“ während der NS-Diktatur führte der Verweis auf irgendeinen vermeintlich anerkannten Kanon von Auslegungsinstrumenten nicht weiter. Unausweichlich avancierte die Verfassungsinterpretation zu einem der zentralen Themen. In diesem großen Puzzle bildete das Verhältnismäßigkeitsprinzip nur ein kleines Teilchen unter vielen anderen.

Daneben gab es eine Überfülle an konkreten praktischen verfassungsrechtlichen Fragen. Erschwerend kam hinzu, dass sich die Handhabung der Grundrechte als ein äußerst unsicheres Geschäft erwies. Grundrechte verstanden als Abwehrrechte sollten zwar den Kern und die klassische Funktion bilden, doch war diese Grundrechtswirkung niemals für die und in der Praxis operationalisiert worden. Was wurde geschützt? Wann genau lag ein Eingriff vor? Und wie gestaltete sich die verfassungsrechtliche Rechtfertigung? Wie waren die Eingriffs-, Schranken-, Regelungs- oder Ausgestaltungsvorbehalte mit ihren unterschiedlichen Formulierungen zu verstehen und wie sollte man mit Grundrechten umgehen, die vorbehaltslos gewährleistet waren?

Das damit umrissene Rechtsfertigungs- und Kontrollprogramm musste erst einmal ausbuchstabiert werden. Mit der – spätestens im Lüth-Urteil – getroffenen Entscheidung für einen umfassenden Ordnungsanspruch der Grundrechte gegenüber der einfachen Rechtsordnung drängten die grundrechtlichen Wertungen auch nach anderweitiger Realisierung. Der „Wandel der Grundrechte“ hin zu einem mehrdimensionalen Wirkungsverständnis oder mit anderen Worten die Erschließung der sog. objektiv-rechtlichen Grundrechtsfunktionen bzw. -gehalte verlief zeitlich weitgehend parallel zur Entfaltung des abwehrrechtlichen Gehalts. Damit nicht genug, wurde die Losung ausgegeben, es müsse eine Verfassungstheorie für das Grundgesetz ausgearbeitet oder erschlossen werden. Ein Rätsel bei alledem war, wie es gelingen sollte, der Wechsel- und Selbstbezüglichkeit von positivem Verfassungsgesetz, Verfassung, Verfassungsinterpretation und Verfassungstheorie zu entrinnen und einen wissenschaftlich neutralen Ausgangspunkt einzunehmen.[61]

Halt suchte man in der Gerechtigkeit, der einfachen Rechtsordnung oder anderen Gewissheit spendenden Quellen wie etwa einem goldenen Zeitalter der juristischen Methode. Viel Raum und Zeit gab für den Grundsatz der Verhältnismäßigkeit folglich nicht. Trotz seiner großen praktischen Relevanz wird die Innovation zwar begleitet, ein dauerhaftes Forschungsgespräch mit klaren Fragestellungen entwickelt sich jedoch nicht. Herausragt die umfassend angelegte, viele Perspektive erschließende und reflektierende, das Themenfeld ordnende Habilitationsschrift „Übermaß und Verfassungsrecht" von Peter Lerche.[62] Sieht man von der allgemein verbreiteten Skepsis gegenüber Güterabwägungen als einem Instrument verfassungsgerichtlicher Gesetzeskontrolle ab, lässt sich das begleitend-reflektierende und kritisch-konstruktive Gespräch in der Rechtswissenschaft nur als sporadisch und punktuell charakterisieren. Bleibende Spuren hinterließ das Bemühen, den Gedanken der Güterabwägung abzulösen durch ein Leitbild, das besser zur Vorstellung einer inneren Einheit der Verfassung passte. „Güterabwägung" bedeutet für viele einen abstrakten und generellen Vorrang des einen Gutes auf Kosten des anderen.[63] So wurden die Formeln vom „schonendsten Ausgleich" und von der „praktischen Konkordanz" geprägt, die auch Eingang in die Rechtsprechung des Bundesverfassungsgerichts fanden.[64]

---

61 Vielleicht ist in dieser nicht zu bewältigenden Überfülle ein fachinterner Grund für die Bereitschaft zu finden, dem Bundesverfassungsgericht zwar nicht blindlings, aber doch mit einem gewissen distanzierten Wohlwollen zu folgen.

62 P. Lerche (Fn. 37).

63 J. Schwabe, Probleme der Grundrechtsdogmatik, 1977, S. 319 ff., hält diese Ansicht für falsch. Allerdings stellt er den historischen Erfahrungskontext nicht hinreichend ein: Die situative Abwägung war ursprünglich unbekannt und wurde vom Bundesverfassungsgericht erst mit Blick auf die Urteilsverfassungsbeschwerde entwickelt.

64 S. dazu oben Fn. 41. Erst 1979 machte sich die Dissertation von Harald Schneider daran, dem Topos der Güterabwägung in der Rechtsprechung des Bundesverfassungsgerichts nachzugehen und die Berechtigung dieser Sorgen und Vorbehalte zu prüfen. Er präsentierte ein weitgehend negatives Ergebnis; insbesondere mit Blick

Bewegung kommt erst 1976 mit der Präsentation eines wohldurchdachten Vorschlags für eine Rekonstruktion des Grundsatzes der Erforderlichkeit in die Diskussion. In seiner Dissertation zeigt Bernhard Schlink, dass sich das Gebot als Ausdruck des Gedankens der Pareto-Optimalität verstehen lässt. Auf diesem Weg wird zwar der Anwendungsbereich und die Direktionskraft – beispielsweis im Vergleich zum früheren Entwurf von Lerche – sehr deutlich eingeengt. Schlinks Vorschlag beseitigt dafür die Unsicherheit im Umgang mit dem Prinzip und weist ihm eine klare und präzise Aufgabe zu. Es handelt sich danach um eine Rationalitätsgebot mit freiheitsschützendem Charakter.[65] Diese Anschauung setzt sich in der Literatur durch, wobei dessen genaue Tragweite jedoch davon abhängt, wie strikt am Ausschluss jeder Form von Abwägung festgehalten wird.

Zu diesem Zeitpunkt ist die Unsicherheit im Umgang mit dem Verhältnismäßigkeitsprinzip noch groß. Es fängt damit an, dass unklar ist, wie weit der Anwendungsbereich des Prinzips reicht, und setzt sich in der Frage fort, ob und in welcher Weise die Kontrollmaßstäbe bei seiner Handhabung durch das Bundesverfassungsgericht differieren.[66] Weitere Aufklärung bringen die Arbeiten von Schneider und Hirschberg. Während Schneider die verfassungsgerichtliche Rechtsprechung zum Topos „Güterabwägung" auswertet, greift Hirschberg das von Schlink (neu) eröffnete Gespräch über die theoretischen und strukturellen Grundlagen des Verhältnismäßigkeitsprinzips auf. Er zeigt das praktische Bedürfnis nach Abwägungen auf und entwickelt einen Alternativentwurf, um am Verhältnismäßigkeitsprinzip in der Form festzuhalten, wie das Bundesverfassungsgericht es entwickelt hat.

Einen wichtigen Anteil an der Einbindung des Verhältnismäßigkeitsprinzips dürfte schließlich die Habilitationsschrift „Theorie der Grundrechte" von Robert Alexy gehabt haben.[67] In der Arbeit führte er die Un-

---

auf die abstrakte Abwägung zeigte er, dass es nicht zu einer endgültigen Zurückstellung des kollidierenden Gutes kommt (H. Schneider [Fn. 57], S. 155 ff.).

65 Schlinks zweite These, dass dieser Grundsatz ausreiche, um die Rspr. des BVerfG zum Grundsatz der Verhältnismäßigkeit zu erfassen, hat sich hingegen nicht durchgesetzt; siehe nur J. Schwabe (Fn. 63), S. 322 f. m. Fn. 45. Dieser Debatte liegt vor allem die Frage zugrunde, ob Verfassungsinterpretation rationaler ist als Abwägung.

66 Repräsentativ dafür E. Grabitz, Freiheit und Verfassungsrecht, 1976, S. 84 ff.

67 Als maßgebliches Werk für die Konsolidierung sieht O. Lepsius (Fn. 34), S. 16, das Lehrbuch von B. Pieroth/B. Schlink, Grundrechte – Staatrecht II, 1985, Rn. 310–340, an. Für den Grundsatz der Angemessenheit verwundert dies ein we-

terscheidung von Regeln und Prinzipien ein. Prinzipien sind „Optimierungsgebote", „die gebieten, daß etwas in einem relativ auf die rechtlichen und tatsächlichen Möglichkeiten möglichst hohen Maße realisiert wird".[68] Mit Hilfe der so verstandenen Prinzipien war es ihm möglich, die situative Abwägung des Bundesverfassungsgerichts zu rekonstruieren. Diese Rekonstruktion erlaubte es, die Abwägung als einen normativ durch das Verfassungsrecht angeleiteten Prozess zu verstehen. Sicherlich blieb die Abwägung ein unsicheres Geschäft, da unsere Fähigkeiten, das bei einem Prinzipienkonflikt normativ Gebotene zu erkennen, nicht gut ausgebildet sind. Doch steht die Abwägung nicht länger in Gefahr, mit individuellen Geschmacksurteilen in Eins gesetzt oder verwechselt zu werden. Zudem ermöglicht es die Rekonstruktion als Optimierungsgebot, die Abwägung in die Welt hermeneutischen Textverstehens zurückzuführen. Zwar überschreitet die Kollision diese Ebene, aber den Inhalt des Prinzips zu erschließen, lässt sich als Aufgabe des Verstehens einordnen. Wurde der normative Gehalt der Prinzipien geklärt, erfolgt der Abwägungsvorgang, in dem sich die allseitige Optimierung der konfligierenden Prinzipien vollzieht. Normativ angeleitet wird dies durch die Vorstellung, dass die Prinzipien über ein Gewicht verfügen, das sich situationsspezifisch mit Blick auf das Ausmaß der Realisierung bzw. Nichtrealisierung der Prinzipien ermitteln lässt.

Auch wenn kein exakter Maßstab zur Ermittlung des situativen Gewichts existiert, führt die übereinstimmende Prinzipienstruktur der widerstreitenden Normen dazu, dass das fundamentale Problem der Verrechnung unterschiedlichster Güter miteinander gelöst zu sein scheint. Denn beide Normen sind Prinzipien. Trotz denkbar unterschiedlichster Schutzgüter weisen sie eine übereinstimmende normative Struktur auf und gewinnen im Konflikt ein situationsspezifisches Gewicht. Warum sollten sich die jeweiligen Gewichte dann nicht auch in ein Verhältnis zueinander setzen lassen?

Zwar lassen sich gegen die Prinzipientheorie gewichtige Einwände erheben. Doch ist die Vorstellung, dass es sich bei den Verfassungsnormen ganz überwiegend um Optimierungsgebote handelt, auch ertragreich, wenn man die weitreichenden Thesen der Prinzipientheorie nicht teilt und

---

nig, da die Autoren den Abwägungsgedanken als Instrument verfassungsgerichtlicher Kontrolle verwerfen.

68 R. Alexy (Fn. 56), S. 75.

an einem ausdifferenzierten grundrechtsdogmatischen Lehrgebäude festhält. Darauf dürfte die breite Rezeption der Prinzipienvorstellung gründen.

IV. Konsolidierung

Ab Mitte der 1980er Jahre änderte sich merklich der Ton. Die grundsätzliche Skepsis gegenüber dem Abwägungsgedanken verlor sich weitgehend.[69] Sicherlich, die Kritik der Böckenförde-Schule verstummte nicht. Doch Böckenfördes Bestandsaufnahme „zur Lage der Grundrechtsdogmatik nach 40 Jahren Grundgesetz"[70] war bereits sachlich-resignierend verfasst. Die Umkehr blieb wünschenswert, als realistische Chance wurde sie offenbar nicht mehr angesehen. So wurde die Kritik zu einer Begleitmusik, die an die Risiken erinnerte, die mit dem Verhältnismäßigkeitsprinzip und einer kraftvollen verfassungsgerichtlichen Kontrolle einhergingen. In diesem Sinne waren Missklänge dann durchaus willkommen.[71]

Rückblickend lässt sich das Zusammenspiel von Innovationen, Einbindung, offenen Entwicklungen, Entscheidungen des Verfassungsgerichts, Reflexionen und Impulsen aus der Literatur nicht in einer Weise entwirren, dass sich daraus sichere Einsichten für die Innovationsforschung entnehmen lassen. Insbesondere aufgrund der Tatsache, dass die historischen Umstände singulär waren, lässt sich Verallgemeinerbares kaum schlussfolgern.

Versucht man sich trotz dieser Vorbehalte an einem Resümee, erweist es sich als hilfreich, sich zunächst die Eigenheiten dieser Innovation zu vergegenwärtigen: Der Ausgangspunkt ist vertraut. Beim Verhältnismäßigkeitsgrundsatz handelt es sich um einen normativen Maßstab, der dazu dient, eine Vorgabe des positiven Rechts zu verwirklichen. Hier handelt es sich um eine zentrale Vorgabe der Verfassung, nämlich die Grundrechtsbindung der öffentlichen Gewalt zu verwirklichen (Art. 1 Abs. 3 GG). Dies lässt sich mühelos als verfassungsrechtlicher Auftrag verstehen,

---

69 Repräsentativ K. Stern, Das Staatsrecht der Bundesrepublik Deutschland, Bd. 1, 2. Aufl., 1984, S. 133 f.

70 E.-W. Böckenförde (Fn. 34).

71 So wird man auch die Polemik von F. Ossenbühl, Abwägung im Verfassungsrecht, DVBl. 1995, S. 904 ff. einordnen, der die Abwägung zugleich als „hohe Schule der Jurisprudenz" charakterisiert (ebd., S. 909). Derartige Inkonsequenzen unterlaufen der Böckenförde Schule nicht.

und seine Erledigung ist dem Bundesverfassungsgericht kompetenziell überantwortet. Es ist deshalb auch nur konsequent, dass das innovative Geschehen vom Gericht seinen Ausgang nimmt. Dass sich bei der Bewältigung dieser Aufgabe der Maßstabsinhalt nicht verlässlich bestimmen lässt, ist ebenfalls keine Besonderheit. Gleiches gilt für viele andere Maßstabsbildungen im Recht auch. Solche Unsicherheiten lassen sich gewöhnlich mittels Präjudizien und darauf gründenden Fallgruppen auffangen. Und über die Zeit ist es vielfach möglich, Figuren oder Regeln zu entwickeln, die den Maßstab ausfüllen und die Unsicherheiten zumindest spürbar verringern. Gerade dem Bundesverfassungsgericht ist es gelungen, ein weitgehend vorhersehbares Geflecht an verfassungsrechtlichen Vorgaben zu entwickeln, die es erlauben, das Verhältnismäßigkeitsprinzip auf vorhersehbare Weise zu handhaben. Der Verlauf dieses Konkretisierungs- und Ausfüllungsprozesses dürfte gewöhnlich von entscheidender Bedeutung für die Anerkennung solcher inhaltlich unterbestimmter Maßstäbe sein. Die zunehmende normative Verdichtung überlagert die fehlende Determinierungskraft des Maßstabs und beseitigt so das ursprüngliche Problem mangelnder Operationalisierung.

Erhebliche Bedeutung für den Prozess der Einbindung und der Konsolidierung dürfte darüber hinaus der jahrzehntelangen verfassungsgerichtlichen Praxis beizumessen sein. Gepaart mit einer im Großen und Ganzen positiven Einschätzung der Arbeit und der Leistungen des Bundesverfassungsgerichts dürfte diese Praxis – über die bloße normative Kraft der Gewöhnung hinaus – dazu beigetragen haben, dem Prinzip viel seiner anfänglichen Schreckenskraft zu nehmen.[72]

---

72 Dies schließt auch scharfe Kritik nicht aus, doch setzt diese gewöhnlich an einzelnen Entscheidungen an, vgl. K. Schlaich/S. Korioth, Das Bundesverfassungsgericht, 10. Aufl., 2015, Rn. 548 f. Überschreitet sie diese Ebene, dann werden unzeitgemäße, übersteigerte oder grenzenlose Ansprüche diagnostiziert, vgl. dazu etwa O. Lepsius, in: M. Jestaedt/O. Lepsius/C. Möllers/C. Schönberger (Hrsg.), Das entgrenzte Gericht, 2011, S. 159 ff.; siehe zur Auseinandersetzung mit dem von B. Schlink erhobenen Vorwurf des Bundesverfassungsgerichtspositivismus der Staatsrechtslehre (ders., Die Entthronung der Staatsrechtswissenschaft durch die Verfassungsgerichtsbarkeit, Der Staat 28 [1989], S. 161 ff.) S. Korioth, Der Befund „eines die Staatsrechtswissenschaft bestimmenden Bundesverfassungsgerichtspositivismus" – 1989 und 2014, in: J. Nolte/R. Poscher/H. Wolter (Hrsg.), Festschrift für Bernhard Schlink, 2014, S. 31 ff.; C. Schönberger, Bundesverfassungsgerichtspositivismus – Zu einer Erfolgsformel Bernhard Schlinks, in: Festschrift Schlink (Fn. 72), S. 46 ff.

Doch ohne die theoretische Aufarbeitung in der Zeit zwischen Mitte der 1970er und Mitte der 1980er Jahre wäre die Konsolidierung wohl sehr unwahrscheinlich geblieben. Mit Blick auf die Entwicklung ist besonders bemerkenswert, dass die Debatte kein einvernehmliches Ende findet, sondern der skeptisch-reduktionistische Ansatz der Böckenförde-Schule dem optimistisch-ausgreifendem Ansatz der Alexy-Schule gegenübersteht. Während der erste Ansatz das Verhältnismäßigkeitsprinzip nur in kupierter Form akzeptiert, sieht der zweite Ansatz in der Abwägung von Prinzipien den Schlüssel, um die Welt des positiven Rechts zu ergründen. Ein wesentliches Handicap des reduktionistischen Ansatzes besteht letztlich darin, dass seine Standards für die rechtswissenschaftliche Arbeit so hoch sind, dass sie, übertragen auf andere Bereiche der Rechtsarbeit, auch diese Tätigkeiten in arge Verlegenheit bringen. Würde man sie wirklich ernst nehmen, müsste man sich vom Projekt der Rechtsdogmatik verabschieden und dem rechtstheoretischen Forschungsprogramm der Reinen Rechtslehre zu wenden. Auf der anderen Seite suggeriert die Prinzipientheorie ein ungemein hohes Lösungspotential. Alle schwierigen Verfassungsfragen sollen sich mittels situativer Abwägung auflösen lassen. Doch die Abwägung gewinnt erst ihre nötige inhaltliche Kontur, nachdem inhaltliche Ordnungsvorstellungen über die verschiedenen Verfassungsbestimmungen entwickelt worden sind. Zu ihrer Entwicklung und Entfaltung vermag die Prinzipientheorie keinen substantiellen Beitrag zu leisten. Sie weist also eine empfindliche Leerstelle auf.

Die Entwicklungsgeschichte ist damit an ihr Ende gelangt. Vor ihrem Hintergrund ist es besonders interessant zu sehen, dass sich gerade in jüngerer Zeit das Gespräch über das Verhältnismäßigkeitsprinzip wieder intensiviert hat.[73] Das Prinzip wurde von anderen (Verfassungs-) Gerichtshöfen aufgegriffen.[74] Und so verwundert es nicht, dass sich das Gespräch internationalisiert hat. Neben der Rezeption, aber auch Fortführung des Forschungsgesprächs über die theoretischen Grundlagen[75] erweist sich der

73 Vgl. oben Fn. 23.

74 G. Huscroft/B. W. Miller/G. Webber, Introduction, in: dies. (Fn. 23), S. 1; R. H. Fallon Jr. (Fn. 23), S. 1268 ff.; N. Petersen (Fn. 23), S. 221 ff.; M. Tushnet, Comparative Constitutional Law, in: M. Reimann/R. Zimmermann (Hrsg.), The Oxford Handbook of Comparative Law, S. 1249 ff. („generic constitutional law"); differenziert J. Bomhoff (Fn. 22), S. 11 ff.

75 Beispielsweise J. Bomhoff (Fn. 22), S. 190 ff.; B. Pirker (Fn. 23), S. 40 ff.; A. Barak (Fn. 23), S. 131 ff.; M. Luterán, The Lost Meaning of Proportionality, in: G. Huscroft/B. W. Miller/G. Webber (Fn. 23), S. 21 ff.; A. L. Young, Proportionality

Rechtsvergleich als besonders fruchtbar. Erschließt er doch die unterschiedlichen Weisen, wie das Prinzip verstanden und gehandhabt und wie es in das funktionelle Verhältnis zwischen Verfassungsgericht und Gesetzgeber eingeflochten wird.[76] Aufgeschlagen ist damit ein neues Kapitel, das aus Sicht der Innovationsforschung ein schönes Beispiel für den Diffusionsprozess sein könnte.

Is Dead: Long Live Proportionality!, in: G. Huscroft/B. W. Miller/G. Webber (Fn. 23), S. 43 ff.; G. Pavlakos, Between Reason and Strategy: Some Reflections on the Normativity of Proportionality, in: G. Huscroft/B. W. Miller/G. Webber (Fn. 23), S. 90 ff.; T. Endicott, Proportionality and Incommensurability, in: G. Huscroft/B. W. Miller/G. Webber (Fn. 23), S. 311 ff.; B. W. Miller, Proportionality's Blind Spot: "Neutrality" and Political Philosophy, in: G. Huscroft/B. W. Miller/G. Webber (Fn. 23), S. 370 ff.; ferner N. Petersen (Fn. 23), S. 54 ff.

76 Siehe etwa J. Bomhoff (Fn. 22), S. 190 ff.; N. Petersen (Fn. 23), S. 221 ff.; A. Barak, Proportionality (2), in: M. Rosenfeld/A. Sajó (Fn. 57), S. 738 ff.

IV. Teil: Inter- und Transnationalisierung

Die Weltbank als rechtlicher Innovator

Philipp Dann[*]

Inhalt

A. Einleitung

Das Thema ‚Innovationen im Recht' hat natürlich auch eine internationale Dimension, die ich hier mit Blick auf eine Organisation einbringen möchte, die einen großen Anteil an globalen Rechtsfortbildungs-, Rechtsangleichungs- und vielleicht auch rechtlichen Innovationsprozessen hat: die Weltbank.

Unter Innovation sei dabei (bewusst weit) der Vorgang der kompetitiven Generierung von signifikanten Neuerungen (in unserem Fall rechtlichen Neuerungen) und ihre anschließende Aufnahme durch andere, also Diffusion verstanden. Innovation hat damit zwei wesentliche Parameter: Neuerung und Diffusion.[1] In der von Martin Eifert skizzierten Terminologie geht es damit um eine fremddisziplinäre Perspektive auf Recht als in-

---

* Ich danke Matthias Nübold und Michael Riegner für Kritik und Recherchehilfen.

1 Zum Innovationsbegriff Hoffmann-Riem, Soziale Innovationen. Eine Herausforderung auch für die Rechtswissenschaft, Der Staat 2008, S. 588 ff.; Hauschildt, Innovationsmanagement, 2007, S. 3 ff.; Speziell zu rechtlichen Innovationen Davis, Contracts as Technology, New York University Law Review 2013, S. 83 ff.; Klassisch Schumpeter, Business Cycles: A Theoretical, Historical, and Statistical Analysis of the Capitalist Process, 1939.

novatives, marktfähiges Produkt und nur teilweise um eine rechtsimmanente Perspektive.[2] Dies ergibt sich auch aus der von mir eingenommenen internationalen Perspektive: Die Weltbank betrachtend, richtet sich unser Blick auf spezifische Dynamiken und Mechanismen im Mehrebenensystem der internationalen Ordnung.[3] Rechtsfortbildung und Innovation erfolgen hier anders: es gibt keinen zentralen Gesetzgeber; es gibt nur wenige, meist sektoral tätige Gerichte (aber nicht im hier mit der Weltbank angesprochenen Bereich); und das internationale Mehrebenensystem ist auch kein ökonomischer Markt; vielmehr ist die inter- und transnationale Ordnung ein pluralistisches, tendenziell heterarchisches Zusammenspiel verschiedener Akteure, es ist ein – wenn man so will – politischer Markt. Die Akteure wirken aus je spezifischen Interessen und mit spezifischen Ressourcen auf Neuerungen im Recht und Rechtsfortbildungen ein.

Daran schließen sich schon im Ausgangspunkt verschiedene Fragen an: So lässt sich überlegen, was der Pluralismus der internationalen Ordnung für Prozesse der Innovation und Diffusion bedeutet und ob die Pluralität einen inhärenten Wettbewerb zwischen Staaten, internationalen Organisationen (IOs) und Privaten produziert – so dass jede Neuerung grundsätzlich als „kompetitiv generiert" verstanden werden kann.[4] Weiter ist zu fragen, was wohl das international grenzüberschreitende Element mit dem Gegenstand der Rechtsfortbildung macht: Ist schon die Übernahme einer Regel, die irgendwann einmal und vielleicht auch kompetitiv generiert wurde, schon qua Übernahme an neuem Ort eine Innovation?

Gerade in der internationalen Konstellation erlangt das Moment der Diffusion eine besondere Bedeutung. In der politikwissenschaftlichen Forschung wird unter Diffusion die Adaption von Normen oder Politiken in *einem* Land verstanden, die durch die Ausrichtung an Vorbildern entsprechender Normen oder Politiken *anderer* Länder systematisch vorgezeichnet werden.[5] Schon länger diskutiert werden derartige Vorgänge im Zu-

---

2 Eifert, in diesem Band, A.II.1 a.

3 Vgl. zu ähnlichen Dynamiken im Mehrebenensystem der EU Kaiser, Wissensmanagement im Mehrebenensystem, in Schuppert/ Voßkuhle (Hrsg.), Governance von und durch Wissen, 2008, S. 217 ff.; Eifert, Europäischer Verwaltungsverbund als Lernverbund, in Spiecker Döhmann/ Collin (Hrsg.), Generierung und Transfer staatlichen Wissens im System des Verwaltungsrechts, 2008, S. 159 ff.

4 Vgl. auch Mehde, Wettbewerb zwischen Staaten, 2005.

5 Simmons/ Dobbin/ Garrett, Introduction: The International Diffusion of Liberalism, International Organization 2006, S. 781 ff.; Gilardi, Transnational diffusion: Norms,

sammenspiel zwischen Staaten sowie in föderalen Ordnungen.[6] Genauso gut lässt sich dieser Vorgang aber auch unter Einschluss des Einflusses von IOs, wie eben der Weltbank, denken und untersuchen. Diese treten dann grds. als Akteure auf, die eigene Interessen haben, formulieren und – z.B. durch eigene Rechtsetzung – transportieren können. In der einschlägigen Literatur werden verschiedene Mechanismen der Diffusion unterschieden, nämlich: Zwang, Wettbewerb, Lernen / Nachahmung, Anpassung.[7]

In Rechtsvergleichung und Rechtsanthropologie werden derzeit ganz ähnliche Fragen verhandelt, hier allerdings nicht unter den Stichworten von Innovation oder Diffusion, sondern anhand von Konzepten wie Migration, Übersetzung oder Transfer. Auch hier geht es um Diffusion und insbesondere die Frage, was im Transfer eigentlich mit der Norm geschieht. Stärker als der Antrieb von Diffusionen wird hier also die inhaltliche Dimension thematisiert und gefragt, was der Transfer eigentlich für den Gehalt der Norm bedeutet.

Welche Rolle spielt also die Weltbank für Innovationsprozesse im Recht? Die These vom Einfluss der Weltbank auf Rechtsfortbildung mag zunächst überraschen: Ist die Weltbank nicht eher mit der Vergabe von Krediten für Entwicklungsprojekte und vielleicht noch der Information über ökonomische Entwicklungen beauftragt? Auf den zweiten Blick ist die These allerdings nicht mehr so überraschend: Die Weltbank betreibt schon lange nicht mehr nur den Bau von Staudämmen und Krankenhäusern in der Dritten Welt, sondern den Umbau nationaler Rechtsordnungen weltweit mit dem Ziel, sie in die Weltwirtschaft zu integrieren, für Freihandel zu öffnen und durch Good Governance-Programme zu responsiven Partnern zu machen. Sie wird daher sicherlich zu Recht als ‚Globalizer' bezeichnet.[8]

Nachgehen möchte ich vor diesem Hintergrund der Frage, wie die Weltbank genau Einfluss nimmt – und was dies wiederum mit Innovationen zu

---

ideas, and policies, in Carlsnaes/ Risse-Kappen/ Simmons (Hrsg.), Handbook of International Relations, 2013, S. 453 ff.

6 Gray, Innovation in the States: A Diffusion Study, American Political Science Review 1973, S. 1174 ff.; Shipan/ Volden, Bottom-Up Federalism: The Diffusion of Antismoking Policies from U.S. Cities to States, American Journal of Political Science 2006, S. 825 ff.

7 Simmons/ Dobbin/ Garrett, Fn. 4; Gilardi, Fn. 4.

8 Woods, The Globalizers, 2006.

tun haben könnte. Die Antwort sei in drei Schritten entfaltet: Zunächst ist ein Schritt zurück zu machen, um ein paar Grundlagen zu legen, indem einige Grunddaten zur Rolle von IOs im Allgemeinen und zur Weltbank im Besonderen geliefert werden. Sodann wird, zweitens, an vier Beispielen aufgefächert, wie die Weltbank Einfluss auf Rechtsetzung nimmt. Schließlich werden diese Beobachtungen, drittens, reflektiert und über die Gründe von Diffusion und ihren Innovationsgehalt nachgedacht.

B. Grundlagen: IOs und Weltbank

In den Theorien zu den internationalen Beziehungen werden drei verschiedene Bilder von IOs und ihrer Rolle entworfen. Das erste Bild ist das der IO als Forum oder Agora: Eine IO dient hier der Begegnung, um Kontakte zwischen Staaten zu verstetigen und v.a. auch multilateralen Austausch zu ermöglichen. Alles weitere, wie etwa Rechtsetzung, ist nicht intendiert. Dieses Bild basiert auf einer realistischen Theorie, die als Akteure der internationalen Beziehungen nur Staaten für ausschlaggebend hält.[9] Das zweite Bild ist das der IO als Instrument: Danach werden die Organisation von Staaten genutzt (und gebraucht), um gemeinsam Probleme zu lösen oder auch grenzüberschreitend eigene Interessen durchzusetzen; dies kann auch Rechtsetzung sein, etwa ein multilateraler Vertrag, der im Rahmen einer IO erarbeitet wird. Dieses Bild beruht auf einer institutionalistischen Betrachtung der internationalen Beziehungen und sieht IOs durchaus als relevante Akteure der internationalen Beziehungen an.[10] Das dritte Bild schließlich ist das der IO als autonomem Akteur: Die IO agiert danach in eigenen Spielräumen, entwickelt und verfolgt eigene institutionelle Interessen; diese kann kommunikativ – d.h. durch Formulierung von Ideen, Idealen und Zielen –, durch Verbreitung von Informationen und durch Bewertung von Verhalten, aber z.B. auch durch Setzung von Recht erfolgen, sei es eigene Sekundärrechtsetzung oder Abschluss von Verträgen. Dieses Bild bezieht sich vor allem auch auf ein konstruktivistisches Verständnis

---

9 Vgl. Klabbers, Two Concepts of International Organization, International Organizations Law Review 2005, S. 277 ff.

10 Abbott/ Snidal, Why States Act through Formal International Organizations, Journal of Conflict Resolution 1998, S. 3 ff.

der internationalen Beziehungen.[11] Je nach eigenem Verständnis der internationalen Beziehungen und ihrem Recht wird man die Weltbank unterschiedlich einordnen.

Was ist nun eigentlich diese Weltbank? Einige Grunddaten: Die Weltbank mit Sitz in Washington ist nach Zahl ihrer Mitarbeiter eine der größten IOs. Die Bank hat 10.000 Mitarbeiter (mehr als die UN, etwa 9.000 oder der IWF, etwa 2.500); den weitaus größten Anteil stellen Ökonomen, Juristen sind eine marginale Gruppe. Zudem ist die Weltbank nicht nur eine Kreditinstitution, sondern zugleich weltgrößter Think-Tank zu Entwicklungsfragen.[12] Das Mandat der Bank sah dabei ursprünglich vor allem die Kreditvergabe zum Zweck von Wiederaufbau und Entwicklung nach dem zweiten Weltkrieg vor (erste Kredite gingen an Norwegen und Frankreich). Im Zuge der Dekolonisierung hat sich dies grundlegend geändert; inzwischen unterstützt sie vor allem Entwicklungsprozesse in Transitions- und Post-Konflikt-Situationen. Dabei kommt ihr zugute, dass die Bank heute eine fast universale Mitgliedschaft hat und nicht nur in den ärmsten Entwicklungsländern aktiv wird. Vielmehr ist sie zugleich in low-income und middle-income-Ländern aktiv, was vor dem Hintergrund der Tatsache, dass die meisten armen Menschen in Ländern mittleren Einkommens (wie z.B. Indien) leben, viel Sinn ergibt.[13]

Finanziert werden die Tätigkeiten vor allem aus drei Quellen: Einlagen der Mitgliedstaaten als Anteilseigner; Zinsen und Gebühren der Nehmerstaaten; sowie Ausgabe von Anleihen am Kapitalmarkt. Dies bedeutet, dass die Weltbank im Vergleich nicht nur eine der größten, sondern auch eine der reichsten IOs ist. Ihr Finanzierungsvolumen beläuft sich pro Jahr auf rund 30 Milliarden USD.[14]

---

11 Barnett/ Finnemore, The Politics, Power, and Pathologies of International Organizations, International Organization 1999, S. 699 ff.

12 Stern/ Ferreira, The World Bank as „Intellectual Actor“, in Kapur/ Webb/ Lewis (Hrsg.), The World Bank. Its First Half Century, 1997, S. 523 ff.

13 Dann, Entwicklungsverwaltungsrecht, 2012, S. 156 ff.

14 World Bank, Annual Report 2014, 2014.

C. Mechanismen der Einflussnahme auf Rechtsfortbildung – an vier Beispielen

In einem zweiten Schritt sei nun an vier Beispielen eine kleine Typologie der Einflussnahme der Bank auf Rechtsfortbildungen skizziert.

I. Modus direkter finanzieller Anreiz: Konditionalitäten

Das erste Beispiel bezieht sich auf das klassische Instrument der Konditionalitäten. Wo die Bank allgemeine Budgethilfe leistet, also nicht einzelne Projekte unterstützt, sondern Zuschüsse in den allgemeinen Haushalt gewährt, verlangt sie regelmäßig, dass als Voraussetzung und Bedingung für die Auszahlung spezifische Rechtsreformen durchgeführt werden. Diese können sich auf die Wirtschaftsregulierung beziehen, also z.B. eine Handelsliberalisierung, die Einführung einer Grundbuchordnung oder die Liberalisierung von Vergaberegeln für forstwirtschaftliche Konzessionen sein; Reformen können aber auch im Bereich der öffentlichen Verwaltung liegen.[15]

Meist berät die Bank die Länder inhaltlich bei solchen Reformen – und greift dabei auf internationale *best practices* zurück, agiert also als Diffusions-Agent für Rechtsvorschriften aus verschiedenen Ländern. Häufig dienen dabei US-amerikanische Vorschriften als Vorbilder. Rechtsreformen sind dabei keine schlichten Kopien, sondern partielle Übernahmen und Anpassungen.[16]

Der zur Durchsetzung ihrer Forderung nach Rechtsreformen und also zur Diffusion genutzte Modus ist finanzieller Druck: Wer Finanzierung erhalten möchte, muss Reformen durchführen und die eigenen Vorschriften entsprechen anpassen. Finanzbedarf erzwingt die Übernahme von Standards, die die Weltbank gesetzt hat. Je nach finanziellen und politischen

15 World Bank, Review of World Bank Conditionality, 2005; Dann, Entwicklungsverwaltungsrecht, 2012, S. 383 ff.; früh Meng, Conditionality of IMF and World Bank Loans: Tutelage over Sovereign States?, Verfassung und Recht in Übersee 1988, S. 263 ff.

16 Z.B. Brooks, Interdependent and Domestic Foundations of Policy Change: The Diffusion of Pension Privatization around the World, International Studies Quarterly 2005, S. 273 ff.; Anders, The Normativity of Numbers: World Bank and IMF Conditionality, Political and Legal Anthropology Review 2008, S. 187 ff.

Ressourcen des Nehmerlandes ist dies eine Form des wirtschaftlichen Zwangs oder aber auch nur des wirtschaftlichen Anreizes.

II. Modus Wettbewerb durch Information: Doing Business Indicators

Ein zweites Beispiel und Instrument zielt nicht auf Rechtsfortbildung durch direkten finanziellen Anreiz, sondern durch Information und den durch sie verursachten Wettbewerbsdruck. Seit 2001 veröffentlicht die Weltbank Rankings, welche die wirtschaftsrechtliche Regulierung und Unternehmensfreundlichkeit von Ländern bewerten. In den zehn sog. ‚Doing Business Indicators' wird z.B. angegeben und bewertet, welche Regularien für die Gründung von Unternehmen gelten, welche eigentums- oder steuerrechtlichen Regelungen bestehen oder auch wie die Kündigungsregeln in den jeweiligen Staaten aussehen.

Diese auf den ersten Blick schlichte Information hat beträchtliche Auswirkungen; weil sich insbesondere internationale Investoren an den Angaben orientieren, um eigene Allokationsentscheidungen zu treffen; und weil die Verbesserung im Ranking messbare Auswirkungen auf das Wirtschaftswachstum hat, haben Staaten auf die Indikatoren und ihr Ranking reagiert – und ihre Rechtsordnungen entsprechend angepasst.[17]

Inhaltlich nehmen die Indikatoren natürlich Wertungen vor, an denen sich die entsprechenden Länder dann ausrichten, um im Ranking zu steigen. Hier spielen Rechtsordnungen eine große Rolle, die sich vor allem dem Freihandel verschrieben haben. Nicht zufällig sind Singapur und Hongkong regelmäßig in der Spitzengruppe der Rankings. Der Modus der Diffusion beruht hier auf durch Informationen generierten Konkurrenzdruck zwischen Staaten; also Wettbewerb. Dahinter steht erneut ein ökonomischer Anreiz, aber nicht in Form der Finanzierung durch die Bank, wie im ersten Modus, sondern die Aussicht auf Investitionen und Geschäfte mit Dritten.[18]

---

17 Kern, Die Doing-Business-Reports der Weltbank – fragwürdige Quantifizierung rechtlicher Qualität?, Juristenzeitung 2009, S. 498 ff.; Davis/ Kruse, Taking the Measure of Law: The Case of the Doing Business Project, Law & Social Inquiry 2007, S. 1095 ff.; Schueth, Assembling International Competitiveness: The Republic of Georgia, USAID, and the Doing Business Project, Economic Geography 2011, S. 51 ff.

18 Davis/ Kingsbury/ Engle Merry, Indicators as a Technology of Global Governance, Law and Society Review 2012, S. 71 ff.

III. Modus lernender Nachahmung: Social Impact Assessments

Der Modus lernender Nachahmung lässt sich als drittes Beispiel beschreiben. Hier fungiert das Recht der Bank selbst als Vorbild, das von Mitgliedstaaten zur Reform genutzt wird. In ihren Operational Policies, also gleichsam ihren Verwaltungsvorschriften, schreibt die Bank seit den 1990er Jahren die Durchführung von Folgenabschätzungen vor. Neben einer intensiven umweltrechtlichen Prüfung und Umweltfolgenabschätzung wird hier das Nehmerland verpflichtet, im Verfahren der Projektausarbeitung (und als Voraussetzung dafür, dass die Bank ein Projekt finanziell unterstützen darf) Studien zu beauftragen, die die *sozialen* Konsequenzen eines Projekts umreißen. Das Social Impact Assessment soll einschätzen, welche Verteilungsfolgen (distributional impacts) eine ökonomische oder institutionelle Reform habe würde. Wo erhöhte Risiken erkennbar werden, muss das Nehmerland konkrete Pläne zum Umgang mit den Risiken vorlegen bzw. Verfahren und Strukturen schaffen, wie mit noch unerkannten, im Verlauf des Projektes auftretenden Risiken umzugehen ist.[19]

Der Modus der Diffusion ist hier einer der freiwilligen Nachahmung. Zwar sind die Nehmerstaaten einerseits im konkreten Einzelfall auch rechtlich verpflichtet, solche Impact Assessments durchzuführen. Andererseits aber lässt sich nachzeichnen, dass verschiedene Länder das Instrument der Social Impact Assessments auch generell in ihre Rechtsordnung übernommen haben. Hier lässt sich zwar schwer nachweisen, welche Rolle genau das Vorbild der Bank hatte; dass aber ein klarer Zusammenhang besteht, ist jedoch belegbar.

In den bisherigen Beispielen war die Weltbank die Organisatorin von Reformen und der Rezipient von Neuerungen ein Mitgliedstaat; die Bank als internationale Organisation betreibt hier die Verbreitung von Ideen, wirkt als Diffusions-Maschine, als ‚Globalizer'. Im nun zu beschreibenden vierten Beispiel ist es ebenfalls die Bank, die Anregungen gibt und im eigenen Recht etabliert – aber diesmal sind es andere IOs, die ihr darin folgen:

---

19 Goodland, Social and Environmental Assessment to Promote Sustainability: An Informal View from the World Bank, Environmental Management Series 2000; Burdge/ Taylor, When and Where is Social Impact Assessment Required?, Paper prepared for the International Association for Impact Assessment annual meeting, Porto, Portugal, 2012; zu den rechtlichen Handlungsformen der Weltbank, Dann, Entwicklungsverwaltungsrecht, 2012, S. 144 ff.

IV. Modus lernender Nachahmung zwischen IOs: Inspection Panel

Die Weltbank führte als erste Geberorganisation 1993 ein internes Tribunal ein, das Beschwerden von Individuen behandelt, die sich durch Entwicklungsprojekte, die von der Weltbank gefördert werden, in ihren Rechten verletzt sehen. Sie müssen dabei geltend machen, dass die Bank bei Ausarbeitung und Durchführung des Projektes Vorschriften, wie z.B. zum Social Impact Assessment, verletzt hat.[20]

Die Neuerung, die sich darin ausdrückt, ist bedeutsam: Erstmalig für IOs wurde damit eine Instanz geschaffen, an die sich externe Individuen unmittelbar wenden und sich über das Verhalten von IOs beschweren können. Dies ist Ausdruck eines Quantensprungs im Völkerrecht, das nun nach und nach Individuen als Subjekte mit völkerrechtlichen Rechten anerkennt – und dies nicht nur gegenüber Staaten, sondern gegenüber IOs. Gegenüber Staaten sind Menschenrechte natürlich schon lange ein auch international formulierbares Recht; aber hier geht es um *Rechte gegenüber einer IO*.

Andere Geberorganisationen haben diese Idee übernommen. Heute haben alle internationalen Entwicklungsbanken vergleichbare Einrichtungen, vor denen Individuen ihre Beschwerden formulieren können.[21] Die Gründe für die Übernahme dürften vielfältig sein. Sicherlich spielen Erwartungen und Druck der Anteilseigner, also der zahlenden Mitgliedstaaten, eine wesentliche Rolle. Sie wollen die Organisationen, die ihr Geld verteilen, auf diejenigen (umwelt- und sozialrechtlichen) Standards verpflichtet sehen, denen sie selbst folgen. Zugleich ist wichtig zu sehen, dass die Entwicklungsbanken durchaus im Wettbewerb miteinander stehen – im Wettbewerb um Kunden wie auch um Ressourcen der Mitgliedstaaten.[22] Schließlich ist nicht auszuschließen, dass diese Art des individuellen Rechtsschutzes für sich als gute Idee begriffen und daher aufgenommen wurde.

---

20 Naudé Fourie, The World Bank Inspection Panel and quasi-judicial oversight, 2009.

21 Mitzman, The Proliferation of Independent Accountability Mechanisms in the Field of Development Finance, Rivista Trimestrale di Diritto Pubblico 2012, S. 93 ff.

22 Mota Prado/ Cimini Salles, The BRICS Bank's potential to challenge the field of development cooperation, Verfassung und Recht in Übersee 2014, S. 147 ff.

D. Reflektierende Überlegungen

Abschließend seien die Beispiele in einigen allgemeinen Überlegungen zusammengeführt. Die vier Beispiele zeigten vier verschiedene Modi der Diffusion und Einflussnahme: Konditionalitäten nutzen Modus des finanziellen Anreizes bzw. Zwangs; Doing Business Indikatoren nutzen Informationen, um einen spezifischen Wettbewerbsdruck auf und zwischen Staaten und ihre Rechtssysteme zu erzeugen; interne Verwaltungsvorschriften der Bank zum Social Impact Assessment wie auch die Einführung des Inspection Panels lösen freiwillige Adaptionen aus – wenngleich durch sehr unterschiedliche Rezipienten: zum einen durch die Mitgliedstaaten, die keinen Druck hatten, zum anderen durch andere Entwicklungsbanken, die mit der Bank in Konkurrenz stehen.

Mit Blick auf Konditionalität und Indikatoren besteht die Rolle der Bank eher darin, Rechtsangleichung zu forcieren, also Diffusion zu betreiben, nicht aber Neuerungen zu generieren. Die Beispiele drei und vier zeigen dagegen in der Tat spezifische Neuerungen, die dann anderswo übernommen werden.

Es bietet sich an, auf die Mehrebenendimension und IO-Bilder des Anfangs zurückzukommen, um zu klären, was die Weltbank selbst antreibt und was Gründe für diese relative Innovationsfähigkeit der Bank sein könnten, die die Bank von anderen IOs in diesem Feld unterscheidet, die sich selbst weniger verändern bzw. die Weltbank eher kopieren. Drei Dynamiken lassen sich unterscheiden:

IOs sind zunächst einmal Kreaturen ihrer Schöpfer, also der Mitgliedstaaten. In der Weltbank haben sich einige über die gewichtete Stimmenverteilung besondere Kompetenzen gesichert. Insofern ist sicherlich zunächst auf den Einfluss insbesondere der USA, aber auch der anderen westlichen Geberstaaten (insbesondere das Vereinigte Königreich, aber auch die Bundesrepublik) zu schauen. In der Tat hat die US-amerikanische Regierung, aber auch die amerikanische Zivilgesellschaft einen immensen Einfluss auf die Ausrichtung und Fortentwicklung der Weltbank.

Ein weiterer Kontext ist wichtig: Die Weltbank ist nicht nur Instrument der Mitgliedstaaten, sondern steht selbst in hartem Wettbewerb mit anderen Banken und IOs (Entwicklungsbanken wie privaten Banken, UN, IWF, etc.). In dieser Wettbewerbskonstellation können auch wichtige Kunden der Bank, wie etwa Indien oder China, Innovationsdruck generieren und strategische Ausrichtungen der Bank beeinflussen. Hier ist die Bank dann nicht nur Instrument, sondern auch Akteur mit eigenen Interessen.

Schließlich trägt die Organisationsstruktur der Bank zu ihrer Innovationsfähigkeit bei. Die Bank hat sich frühzeitig, nämlich schon seit den 1970er Jahren, zunehmend zu einem Think-Tank entwickelt und als Knowledge Bank verstanden.[23] Sie betreibt in großem Umfang eigene Forschung, in der Entwicklungsprozesse reflektiert werden. Wie kritisch und pluralistisch diese Forschung im Einzelfall ist, ist umstritten; klar ist, dass die Bank massive Ressourcen in die intellektuelle Untermauerung ihrer Politiken investiert und (zusammen mit OECD, IWF und einigen westlichen Gebern) eine Form intellektueller Hegemonie aufbauen konnte.[24]

Noch eine letzte Dynamik sei erwähnt: Zuweilen erscheint es, als würden andere Akteure schlicht davon ausgehen, dass die Weltbank Positionen und Konzepte generiert, die dann sozialisiert werden können. Ihr wird insofern schlicht die Rolle eines Innovationsgenerators zugeschrieben, so dass andere eigene Ressourcen entsprechend schonen.

23 Stern/ Ferreira, Fn. 11; World Bank, Knowledge for Development, 1999; J. Toye/ R. Toye, The World Bank as a Knowledge Agency, UNRISD Overarching Concerns Programme Paper Number 11, 2005.

24 Kritische Perspektiven bei Goldman, Imperial nature, 2005; Waeyenberge/ Fine, A Knowledge Bank?, in Bayliss/ Waeyenberge/ Fine (Hrsg.), The political economy of development, 2011, S. 26 ff.; Broad, Research, knowledge, and the art of ‘paradigm maintenance’: the World Bank's Development Economics Vice-Presidency (DEC), Review of International Political Economy 2006, S. 387 ff.

„Eine neue Rechtsordnung des Völkerrechts" – Innovationsverfassung und Innovationen im Recht der EU

Jörg Philipp Terhechte

Inhalt

A. Eine neue Rechtsordnung des Völkerrechts

Der Prozess der europäischen Integration war von Beginn an auf Innovationen angewiesen, um Erfolg haben zu können. Als „neue Rechtsordnung des Völkerrechts“[1] konnte das heutige Unionsrecht weder auf der Grundlage der klassischen Doktrinen des Völkerrechts geformt werden, noch kamen Analogien zum staatlichen Recht in Betracht, wenn es nicht unweigerlich in den Sog des latenten Effektivitätsmangels des einen oder in scharfe Konfliktlinien mit dem anderen geraten wollte.[2] Entsprechend brachte die Unionsrechtsordnung (damals: das Gemeinschaftsrecht) bahnbrechende Neuerungen hervor: Innovativ war die Festlegung des Geltungs- und Anwendungsmodus des Unionsrechts, der sich in den Grundsätzen der unmittelbaren Anwendbarkeit[3] und dem Vorrang des Unionsrechts niederschlägt.[4] Auch der Einfluss des Unionsrechts auf das nationale Recht, der oftmals mit dem Schlagwort der „Europäisierung“ charakterisiert wird[5], darf als wichtiger Impuls für Neuerungen in den nationalen

---

1 EuGH Rs. 26/62, van Gend & Loos, Slg. 1963, 1, 25.

2 Dazu J. P. Terhechte, Europäischer Bundesstaat, supranationale Gemeinschaft oder Vertragsunion souveräner Staaten? – Zum Verhältnis von Staat und Union nach dem Lissabon-Urteil des BVerfG, in: A. Hatje/J. P. Terhechte (Hrsg.), Grundgesetz und europäische Integration, EuR-Beiheft 1/2010, S. 135 ff. (135).

3 Grundlegend EuGH Rs. 26/62, van Gend & Loos (Fn. 1); eingehend dazu etwa s. J. M. Prinssen/A. Schrauwen (Hrsg.), Direct Effect – Rethinking a Classic of EC Legal Doctrine, 2002.

4 EuGH Rs. 6/64, Costa/ENEL, Slg. 1964, 1251, 1269 f.; EuGH Rs. 11/70, Internationale Handelsgesellschaft, Slg. 1970, 1125 ff., Rn. 3; EuGH Rs. 106/77, Simmenthal, Slg. 1978, 629 ff., Rn. 17 ff.; EuGH Rs. C-213/89, Factortame I, Slg. 1990, I-2433 ff., Rn. 18; zur Entwicklung dieses Prinzips K. J. Alter, Establishing the Supremacy of European Law, 2001; T. Kruis, Der Anwendungsvorrang des EU-Rechts in Theorie und Praxis, 2013.

5 Eingehend dazu A. K. Mangold, Gemeinschaftsrecht und Deutsches Recht. Die Europäisierung der deutschen Rechtsordnung in historisch-empirischer Sicht, 2011; E.-W. Böckenförde, Die Zukunft politischer Autonomie. Demokratie und Staatlichkeit im Zeichen von Globalisierung, Europäisierung und Individualisierung, in: ders., Staat, Nation, Europa. Studien zur Staatslehre, Verfassungstheorie und Rechtsphilosophie, 1999, S. 103 ff.; K. F. Kreuzer/D. H. Scheuing/U. Sieber (Hrsg.), Die Europäisierung der mitgliedstaatlichen Rechtsordnungen, 1997; D. Grimm, Die Zukunft der Verfassung II. Auswirkungen von Europäisierung und Globalisierung, 2012, S. 67 ff.; R. Scholz, Der Verfassungsstaat im Wandel: Europäisierung der Verfassung im Prozeß der Verfassung Europas, dargestellt am Beispiel des Grundgesetzes, in: R. Pitschas/A. Uhle (Hrsg.), Parlamentarische Demokratie in der Bewährung, 2012, S. 361 ff.; J. P. Terhechte, Wandel klassischer De-

Rechtsordnungen angesehen werden. Hinzu kommt die schrittweise Entwicklung eines supranationalen Grundrechtsregimes, das heute insbesondere durch die Grundrechtecharta (GRCh) verkörpert wird.[6] Schließlich dürfen auch der institutionelle Aufbau der EU und das damit verbundene spezielle institutionelle Gleichgewicht[7] sowie die Konzeption und die Errichtung des europäischen Binnenmarktes (Art. 26 f. AEUV) mit flankierenden Politiken als Wegmarken und Innovationen zugleich gelten.

Mit dem Erfolg der Integration kamen weitere Innovationen hinzu, wie etwa die Gemeinsame Außen- und Sicherheitspolitik (GASP, Art. 23 ff. EUV)[8], das Umweltrecht (Art. 194 ff. AEUV)[9] oder die aktuell im Zen-

---

mokratievorstellungen in der Rechtswissenschaft – Europäisierung und Internationalisierung als Herausforderung, in: H. M. Heinig/J. P. Terhechte (Hrsg.), Postnationale Demokratie, Postdemokratie, Neoetatismus, 2013, S. 193 ff.; aus der Perspektive des Völkerrechts J. Wouters/A. Nollkaemper/E. de Wet (Hrsg.), The Europeanisation of International Law, 2008.

6 Zur Entwicklung und Bedeutung der Unionsgrundrechte s. etwa A. von Bogdandy, Grundrechtsgemeinschaft als Integrationsziel?, JZ 2001, S. 157 ff.; G. Nicolaysen, Die gemeinschaftsrechtliche Begründung von Grundrechten, EuR 2003, S. 719 ff.; M. Holoubek, Ein Grundrechtskatalog für Europa, in: U. Becker/A. Hatje/M. Potacs/N. Wunderlich (Hrsg.), FS Schwarze, 2014, S. 109 ff.; H.-W. Rengeling, Grundrechtsschutz in der Europäischen Gemeinschaft, 1993; G. Braibant, La Charte des droits fondamentaux de l'Union européenne, 2001; S. Barriga, Die Entstehung der Charta der Grundrechte der Europäischen Union, 2003; G. Nicolaysen, Historische Entwicklungslinien des Grundrechtsschutzes in der EU, in: S. Heselhaus/C. Nowak (Hrsg.), Handbuch der Europäischen Grundrechte, 2006, § 1; M. Strunz, Strukturen des Grundrechtsschutzes der Europäischen Union in ihrer Entwicklung, 2006; R. Winkler, Die Grundrechte der Europäischen Union: System und allgemeine Grundrechtslehren, 2006; A. Haratsch (Hrsg.), Grundrechtsschutz in der Europäischen Union, 2007; J. P. Terhechte, Konstitutionalisierung und Normativität der europäischen Grundrechte, 2011.

7 Zum institutionellen Gleichgewicht etwa A. Hatje/S. von Förster, Organordnung der Europäischen Union, in: A. Hatje/P.-C. Müller-Graff (Hrsg.), Europäisches Organisations- und Verfassungsrecht, Enzyklopädie des Europarechts Bd. 1, 2014, § 10, Rn. 26 ff.; J.-P. Jacqué, The Principle of Institutional Balance, CMLRev. 41 (2004), S. 383 ff.; K. Lenaerts/P. van Nuffel, Constitutional Law of the European Union, 2. Aufl., 2005, Rn. 13-008 ff.; H. Goeters, Das institutionelle Gleichgewicht – seine Funktion und Ausgestaltung im Europäischen Gemeinschaftsrecht, 2007.

8 Dazu P. Koutrakos, EU Common Security and Defence Policy, 2. Aufl., 2013; H.-J. Cremer, Die Gemeinsame Außen- und Sicherheitspolitik (GASP) nach dem Vertrag über eine Verfassung für Europa, in: S. Kadelbach (Hrsg.), Die Außenbeziehungen der EU, 2006, S. 47 ff.; M. Pechstein, Die Intergouvernementalität der GASP nach Lissabon, JZ 2010, S. 425 ff.; D. Thym, GASP und äußere Sicherheit, in: A. von

trum der Debatte stehende Wirtschafts- und Währungsunion (Art. 119 ff. AEUV)[10]. Auch wenn vieles hiervon heute recht selbstverständlich – womöglich auch zu selbstverständlich – erscheint, so hat doch kaum ein Bereich des Unionsrechts zu seiner Zeit kein Neuland betreten. Die Notwendigkeit Innovation zu schaffen, ist so immer schon Grundlage des Unionsrechts gewesen. Seine DNA ist die einer Innovationsordnung, sie konstituiert einen Innovationsverbund par excellence.

Wenn man nun über die Eigenschaft des Unionsrechts als „Innovator" bzw. über Innovationen im und durch das Unionsrecht nachdenkt, könnte man deshalb schnell auf die Idee kommen, dass allein der soeben skizzierte Innovationspool reichlich Anschauungsmaterial liefern müsste – und unbestritten agiert das Unionsrecht als Innovator: Es hat in der Vergangenheit zu immer neuen Prinzipien oder allgemeinen Rechtsgrundsätzen[11] und

---

Arnauld (Hrsg.), Europäische Außenbeziehungen, Enzyklopädie Europarecht Bd. 10, 2014, § 16.

9 Eingehend dazu M. Lee, EU Environmental Law, Governance and Decision-Making, 2. Aufl., 2014; A. Epiney, Umweltrecht der Europäischen Union, 3. Aufl., 2013; s. auch B. Wegener, Die Zukunftsfähigkeit des europäischen Umweltrechts, ZUR 2009, S. 459 ff.

10 Allgemein zur Währungsunion etwa G. Nicolaysen, Rechtsfragen der Währungsunion, 1993; C. Herrmann, Währungshoheit, Währungsverfassung und subjektive Rechte, 2010, S. 218 ff.; zur aktuellen Debatte M. Herdegen, Die Vertiefung der Europäischen Wirtschafts- und Währungsunion: der verfassungs- und europarechtliche Rahmen, in: W. Durner/F.-J. Peine/F. Shirvani (Hrsg.), FS Papier, 2013, S. 59 ff.; I. Pernice u.a. (Hrsg.), Die Krise demokratisch überwinden: Reformansätze für eine demokratisch fundierte Wirtschafts- und Finanzverfassung Europas, 2012; C. Calliess, Die Reform der Wirtschafts- und Währungsunion als Herausforderung für die Integrationsarchitektur der EU, DÖV 2013, S. 785 ff.; S. Kadelbach, Lehren aus der Finanzkrise – Ein Vorschlag zur Reform der Politischen Institutionen der Europäischen Union, EuR 2013, S. 489 ff.; T. Möllers/F.-C. Zeitler (Hrsg.), Europa als Rechtsgemeinschaft – Währungsunion und Schuldenkrise, 2013.

11 Dazu A. von Bogdandy, Grundprinzipien des Unionsrechts – eine verfassungstheoretische und -dogmatische Skizze, EuR 2009, S. 749 ff.; J. Schwarze, Zwischen Tradition und Zukunft: Die Rolle der allgemeinen Rechtsgrundsätze im Recht der Europäischen Union, DVBl. 2011, S. 721 ff.; J. P. Terhechte, Prinzipienordnung der EU, in: A. Hatje/P.-C. Müller-Graff (Hrsg.), Europäisches Organisations- und Verfassungsrecht, Enzyklopädie Europarecht Bd. 1, 2014, § 7; T. Tridimas, The General Principles of EU Law, 3. Aufl., 2015; J. Frowein, Die Herausbildung europäischer Verfassungsprinzipien, in: A. Kaufmann/E.-J. Mestmäcker/H. F. Zacher (Hrsg.), FS Maihofer, 1988, S. 149 ff.; S. Besson/D. Pichonnaz (Hrsg.), Les principes en droit europééen, 2011; J. Molinier (Hrsg.), Les principes fondateurs de l'Union européenne, 2005; J. A. Usher, General Principles of EC Law,

damit verbunden zu Um- und Anbauten in den nationalen (und mitunter auch internationalen) Rechtssystemen geführt, neue Rechtspositionen für den Einzelnen geschaffen[12] und insgesamt eine Öffnung der mitgliedstaatlichen Rechtsordnungen bewirkt, die weltweit einmalig ist. Der offene Verfassungsstaat in Europa ist so durch die Impulse des Unionsrechts bedingt immer auch der innovationsoffene Staat.[13]

Dennoch kann man sich nicht nur auf eine Analyse dieser Innovationen beschränken, soweit von der unionalen Innovationsverfassung und unionsrechtlichen Innovationen die Rede sein soll, sondern muss darüber hinaus den Blick auch in die Zukunft lenken: Wie kann eine neue Rechtsordnung des Völkerrechts – eine supranationale Rechtsordnung – für die sich rasant verändernden Umstände und Rahmenbedingungen in einer globalisierten Welt zukunftsfähig gemacht werden? Welche Fortentwicklungen bzw. Innovationen werden benötigt, um die im und durch das Unionsrecht erreichten Innovationen dauerhaft abzusichern?

Die Antworten auf diese Fragen erfordern zum Teil den Bruch mit tradierten Argumentationsfiguren im Arsenal des Unionsrechts. Man wird es sich künftig nicht mehr leisten können, von „offener Finalität"[14] oder „dualer Legitimation"[15] – also recht vagen Konzepten – zu sprechen, son-

---

1999; S. Jacoby, Allgemeine Rechtsgrundsätze: Begriffsbildung und Funktion in der Europäischen Rechtsgeschichte, 1997.

12 Am Beispiel der subjektiven Dimensionen der Grundfreiheiten C. Nowak, Rechtsschutz im europäischen Verwaltungsrecht, in: J. P. Terhechte (Hrsg.), Verwaltungsrecht der EU, 2011, § 13, Rn. 8; zur Rolle des Einzelnen bei der Durchsetzung des Unionsrechts ausführlich J. Saurer, Der Einzelne im europäischen Verwaltungsrecht, 2014, S. 27 ff.; zur Rolle der Unionsbürgerschaft und des Freizügigkeitsregimes s. nur C. Schönberger, Unionsbürger, 2005; F. Wollenschläger, Grundfreiheit ohne Markt, 2007.

13 Zum Begriff des „offenen Staates" s. K. Vogel, Die Verfassungsentscheidung des Grundgesetzes für die internationale Zusammenarbeit, 1964, S. 42; eingehend auch P.-M. Huber, Offene Staatlichkeit: Vergleich, in: A. von Bogdandy/P. Cruz Villalón/P. M. Huber (Hrsg.), Handbuch Ius Publicum Europaeum, Bd. II (Offene Staatlichkeit. Wissenschaft vom Verfassungsrecht), 2008, § 26.

14 Eingehend dazu C. D. Classen, Zur offenen Finalität der europäischen Integration, in: A. Hatje/P.-C. Müller-Graff (Hrsg.), Europäisches Organisations- und Verfassungsrecht, Enzyklopädie Europarecht Bd. 1, 2014, § 37; U. Haltern, Finalität, in: A. von Bogrdandy/J. Bast (Hrsg.), Europäisches Verfassungsrecht, 2. Aufl., 2009, S. 279 ff.; I. Pernice, Zur Finalität Europas, in: F.-G. Schuppert/I. Pernice/U. Haltern (Hrsg.), Europawissenschaft, 2005, S. 743 ff.

15 Eingehend dazu J. von Achenbach, Demokratische Gesetzgebung in der Europäischen Union, 2014, S. 300 ff.; dies., Theoretische Aspekte des dualen Konzepts

dern muss sich der Tatsache stellen, dass die EU in ihrem Selbststand gefährdet ist, wenn keine konkretere Vorstellung vom weiteren Weg und dem Ziel der europäischen Integration entwickelt wird, wenn also nicht weitere Innovationsschritte auf dem Boden bereits vorhandener „Basisinnovationen“[16] unternommen werden.

Vor diesem Hintergrund wird im Folgenden zunächst auf die Verfasstheit der Unionsrechtsordnung als „Innovationsordnung“ eingegangen (B.). In einem weiteren Schritt sollen dann die wichtigsten Innovationen auf der Ebene der EU, die maßgeblichen Innovationen, die das EU-Recht für die mitgliedstaatliche und internationale Ordnung mit sich gebracht hat, sowie die Grundlagen der jeweiligen Innovationen näher beleuchtet werden. Sodann werden die aktuell zu verzeichnenden Gefahren für die Innovationskraft des EU-Rechts benannt (C.), um schließlich mögliche Innovationsschritte darzulegen (D.).

B. Die Unionsrechtsordnung als Innovationsordnung

I. Innovationsverfassung

Die Unionsrechtsordnung ist eine Rechtsordnung der ständigen Innovation und Dynamik.[17] Soweit man hier den Verfassungsbegriff verwenden möchte, könnte auch von einer unionalen „Innovationsverfassung“ gesprochen werden. Auch wenn der Begriff der „Innovation“ sicher weit ist, bietet er sich doch an, die speziellen Merkmale der unionalen Verfassung zu charakterisieren. Sie ist auf die Schaffung von neuen Rechtsprinzipien und

---

demokratischer Legitimation für die Europäische Union, in: S. Vöneky/C. Hagedorn/M. Clados/J. von Achenbach (Hrsg.), Legitimation ethischer Entscheidungen im Recht, 2009, S. 191 ff.; W. Kluth, Demokratie, in: R. Schulze/M. Zuleeg/S. Kadelbach (Hrsg.), Europarecht, 3. Aufl., 2015, § 5, Rn. 17 f.; I. Härtel, Gesetzgebungsordnung der Europäischen Union, in: A. Hatje/P.-C. Müller-Graff (Hrsg.), Europäisches Verfassungs- und Organisationsrecht, Enzyklopädie Europarecht Bd. 1, 2014, § 11, Rn. 81 f.

16 Zum Begriff der „Basisinnovation“ s. W. Hoffmann-Riem, Soziale Innovationen. Eine Herausforderung für die Rechtswissenschaft, Der Staat 47 (2008), S. 585 ff. (590).

17 Dazu früh R. Bieber/G. Ress, The Dynamics of EC Law, 1989; s. auch R. A. Wessel, The Dynamics of the European Union Legal Order: An Increasingly Coherent Framework of Action and Interpretation, European Constitutional Law Review 5 (2009), S. 117 ff.

Garantien ausgerichtet, auf eine ständige Fortentwicklung angelegt, wie es auch der Innovationsbegriff ist. Diese stetige Fortentwicklung ist der EU schon durch die jeweiligen Präambeln[18] zu den Unionsverträgen aufgegeben und wird an zahlreichen Stellen im Unionsrecht betont. Jeder neue Schritt ist hierbei immer im Kontext der Ziele der Union (Art. 3 EUV) zu sehen, die wiederum ein umfassendes Integrationsprogramm vorgeben, allerdings ohne dass hieraus ein klares Ziel oder ein angestrebter Endzustand der Integration gefolgert werden könnte (sog. „offene Finalität“).

Mit dem fortwährenden Integrationsauftrag war und ist immer auch ein rechtlicher Innovationsauftrag verbunden, denn weitere Integrationsschritte sind in einer Rechtsunion zunächst auf rechtliche Innovationen angewiesen. Als maßgeblicher Motor hat sich hierbei die unionale „Rechtsetzungsmaschinerie“ erwiesen[19]: Wie in kaum einem anderen Integrationsverband wird in der EU fortlaufend Recht produziert – und zwar in den regulären Rechtsetzungsverfahren[20] wie auch durch die Rechtsprechung des EuGH[21]. Im Rahmen der entsprechenden Verfahren darf der Siegeszug

---

18 In der Präambel zum EUV ist davon die Rede, dass die Mitgliedstaaten entschlossen sind, den Prozess der europäischen Einigung auf eine neue Stufe zu heben (1. Erwägungsgrund); es wird von einem Prozess der Schaffung einer immer engeren Union der Völker Europas gesprochen (13. Erwägungsgrund) und man ist sich einig, dass weitere Schritte zu unternehmen sind, um die europäische Integration voranzutreiben (14. Erwägungsgrund). Ähnlich gibt Art. 1 EUV weitere Integrationsschritte vor („immer engeren Union der Völker Europas“). Zur Präambel des EUV eingehend J. P. Terhechte, in: E. Grabitz/M. Hilf/M. Nettesheim (Hrsg.), Recht der EU, Präambel EUV, Rn. 1 ff. (50. EL 2014).

19 Zur Bedeutung und Rolle des Rechts für die europäische Integration W. Hallstein, Die Europäische Gemeinschaft, 5. Aufl., 1979, S. 53 ff.; T. Möllers, Die Rolle des Rechts im Rahmen der europäischen Integration, 1999, S. 6 ff.; vgl. auch W. von Simson, Das „Recht“ in den Europäischen Gemeinschaften, in: FS von der Groeben, 1987, S. 391 ff. (395 ff.).

20 Dazu I. Härtel, Gesetzgebungsordnung der Europäischen Union, in: A. Hatje/P.-C. Müller-Graff (Hrsg.), Europäisches Organisations- und Verfassungsrecht, Enzyklopädie Europarecht Bd. 1, 2014, § 11, Rn. 128 ff.

21 Zur richterlichen Rechtsetzung im Wege der Auslegung und Rechtsfortbildung in der EU J. Schwarze, Die Befugnis zur Abstraktion im Europäischen Gemeinschaftsrecht, 1975; dazu U. Everling, Rechtsgewinnung durch Abstraktion? – J. Schwarzes Ansatz zur Legitimation des Europäischen Gemeinschaftsrechts durch Richterrecht, in: U. Becker (Hrsg.), FS Schwarze, 2014, S. 43 ff.; s. auch J. P. Terhechte, Die ungeschriebenen Tatbestandsmerkmale des europäischen Wettbewerbsrechts, 2004, S. 54 ff., S. 83 ff. m. w. N.

des Mehrheitsprinzips (z. B. Art. 16 Abs. 3 EUV)[22] und die immer stärkere Rolle des Europäischen Parlaments für eine überstaatliche Organisation als vergleichsweise innovativ gelten.[23] Zudem erlauben verschiedene Flexibilitätsklauseln (vgl. etwa Art. 48 Abs. 6 EUV) und die Vertragsabrundungskompetenz des Art. 352 AEUV die Schaffung rechtlicher Innovationen in erheblichem Ausmaß[24] – nicht zuletzt deshalb fordern sie die nationalen Verfassungsgerichte und das nationale Recht heraus.[25]

Jenseits der fortlaufenden Rechtsetzung durch die Kommission, den Rat und das Europäische Parlament muss auch die Rolle, die der EuGH bei der Entwicklung vieler wichtiger – und neuer – Prinzipien des Unionsrechts gespielt hat und auch weiterhin spielen wird, zunächst als Innovation angesehen werden.[26] Ohne den EuGH gäbe es viele Innovationen im Recht der EU nicht. Dies gilt etwa für den Vorrang und die unmittelbare Anwendbarkeit des Unionsrechts ebenso wie für die Unionsgrundrechte. Seine Rolle als Innovator wird freilich in den letzten Jahren immer kritischer

---

22 Eingehend dazu H. Wedemeyer, Mehrheitsbeschlussfassung im Rat der Europäischen Union, 2008, S. 31 ff.

23 Wegweisend für diese Entwicklungen waren nicht zuletzt einige Urteile des EuGH, s. etwa EuGH Rs. 294/83, Les Verts/Parlament, Slg. 1986, 1339, Rn. 23 ff.; EuGH Rs. C-70/88, Tschernobyl, Slg. 1990, I-2041.

24 Die Vorschrift diente als Grundlage für ein Tätigwerden der Union in neuen Politikbereichen wie z. B. der Umweltpolitik oder der Entwicklungspolitik sowie für die Gründung von Agenturen, dazu etwa D. Winkler, in: E. Grabitz/M. Hilf/M. Nettesheim (Hrsg.), Das Recht der EU, Art. 352 AEUV, Rn. 23 ff. (46. EL. 2011); dies., Vergangenheit und Zukunft der Flexibilitätsklausel im Spannungsfeld von unionalen Integrations- und mitgliedstaatlichem Souveränitätsanspruch, EuR 2011, S. 384 ff. (389 ff.); S. Augsberg, Europäisches Verwaltungsorganisationsrecht und Vollzugsformen, in: J. P. Terhechte (Hrsg.), Verwaltungsrecht der EU, 2011, § 6, Rn. 75 ff.; zu den Vorgängervorschriften s. M. Bungenberg, Art. 235 EGV nach Maastricht, 1999, S. 44 ff.; ders., Dynamische Integration, Art. 308 und die Forderung nach dem Kompetenzkatalog, EuR 2000, S. 879 ff. (884 f.).

25 So z. B. das BVerfG in seinem Lissabon-Urteil, BVerfGE 123, 267 (327 f.); dazu J. P. Terhechte, Souveränität, Dynamik und Integration – Making up the rules as we go along? Anmerkungen zum Lissabon-Urteil des Bundesverfassungsgerichts, EuZW 2009, S. 724 ff. (727).

26 Zur Bedeutung des EuGH für den Prozess der europäischen Integration s. etwa die etwas lakonische Bemerkung Werner von Simsons: „Ich frage mich manchmal, was wohl ohne den Gerichtshof aus der Europäischen Gemeinschaft geworden wäre“, vgl. W. von Simson, Rechtsetzungsaufträge in der Europäischen Gemeinschaft, in: J. Schwarze (Hrsg.), Gesetzgebung in der Europäischen Gemeinschaft, 1985, S. 55 ff. (71).

gesehen[27]; auch der Rahmen für rechtliche Innovationen hat sich für den EuGH verändert. Mit der zunehmenden Kodifizierung im Unionsrecht[28] wird die Kreationsfunktion des EuGH womöglich von einer eher konservativ-exegetischen Funktion abgelöst, ohne dass hiermit automatisch Innovationseinbußen verbunden sein müssen. Dies belegen neue Urteile wie z. B. die Åkerberg Fransson-Entscheidung[29], das zweite Gutachten zum EMRK-Beitritt[30] sowie das Gutachten zur Errichtung eines Patentgerichts[31], die letztlich auch als Urteile gelesen werden können, welche die Funktion haben, unionsrechtliche Innovationen zu bewahren.

II. Innovationen im Recht der EU

In welchen Lebensbereichen und Rechtsgebieten wirkt nun das Unionsrecht als Innovator? Welche eigenen Innovationen hat es hervorgebracht? Die Auswahl muss hier schwer fallen, denn letztlich ließe sich fast jeder Diskurs im Unionsrecht, jeder Rechtsgrundsatz mit dem Begriff Innovation charakterisieren, sodass es im Folgenden gilt, die besonders wichtigen Innovationen auf der Ebene der Union näher auszuloten.

1. Supranationalität

Gerade in der Frühphase der europäischen Integration war die Charakterisierung der Europäischen Gemeinschaften als supranationale Integrationsgemeinschaften von entscheidender Bedeutung, wenn es darum ging, das Gemeinschaftsrecht vom Völkerrecht und dem staatlichen Recht abzu-

---

27 Dazu etwa U. Haltern/A. Bergmann (Hrsg.), Der EuGH in der Kritik, 2012; M. Adams/H. de Waele/J. Meeusen/G. Straetmans (Hrsg.), Judging Europe's Judges, The Legitimacy of the Case Law of the European Court of Justice, 2013.

28 Siehe z. B. zur Stellung des EuGH nach der Kodifikation der Grundrechtecharta J. P. Terhechte, Konstitutionalisierung und Normativität der europäischen Grundrechte, 2011, S. 88 ff.; s. allgemein auch I. Pernice, Die Zukunft der Unionsgerichtsbarkeit, EuR 2011, S. 151 ff.

29 EuGH Rs. C-617/10, Åkerberg Fransson, EU:C:2013:105.

30 EuGH Gutachten 2/13 v. 18.12.2014, Rs. C-2/13, EU:C:2014:2454.

31 EuGH Gutachten 1/09 v. 08.03.2011, Rs. C-1/09, Slg. 2011, I-1137.

grenzen.[32] Es unterschied sich hierdurch rechtskategorial grundlegend von dem einen und stand zumindest gefühlt „über“ dem anderen. Der Begriff ist sicherlich schillernd und wurde in den deutschen Übersetzungen der Verträge weitgehend vermieden.[33] Was aber verbirgt sich hinter einer „supranationalen Gemeinschaft“? Gemeinhin bezieht sich dieser Begriff auf die Merkmale der Selbständigkeit des Unionsrechts, seine unmittelbare innerstaatliche Wirksamkeit und den Vorrang des Unionsrechts.[34] Dieses Prinzipienbündel verkörpert bis heute die unverzichtbare Grundlage der Unionsrechtsordnung, die Basisinnovation schlechthin, die der EuGH, so zeigen jüngere Urteile, unbedingt und kompromisslos verteidigen wird.[35]

2. Die Rolle des Einzelnen

Die Einbeziehung des Einzelnen in den Integrationsprozess ist seit jeher ein wesentlicher Innovationspool des Unionsrechts gewesen.[36] Der EuGH hat in seiner Rechtsprechung sehr früh klargestellt, dass die europäische Integration keinen Selbstzweck darstellt, sondern insbesondere darauf zielt, den Einzelnen mit Rechten und Pflichten auszustatten.[37] Letztlich ist es dieses Merkmal des Unionsrechts, das zusammen mit seinem supranationalen Charakter dafür gesorgt hat, dass der Integrationsprozess bis dahin erfolgreich verlaufen konnte.[38] Allerdings zeigt sich heute, dass es offensichtlich eine Schicksalsfrage der Union ist, ob es gelingt, die rechtlichen Innovationen rund um den Einzelnen, die etwa durch die Unionsbürgerschaft, die Grundrechte, die Grundfreiheiten oder ganz allgemein durch

32 Dazu J. P. Terhechte, Prinzipienordnung der Europäischen Union, in: A. Hatje/P.-C. Müller-Graff (Hrsg.), Europäisches Organisations- und Verfassungsrecht, Enzyklopädie Europarecht, Bd. 1, 2014, § 7, Rn. 32 ff.

33 Dazu H. P. Ipsen, Über Supranationalität, in: ders., Europäisches Gemeinschaftsrecht in Einzelstudien, 1984, S. 97 ff.

34 G. Nicolaysen, Europarecht I – Die europäische Integrationsverfassung, 2. Aufl., 2002, S. 71.

35 EuGH Rs. C-409/06, Winner Wetten, Slg. 2010, I-08015; EuGH Gutachten 2/13 v. 18.12.2014, Rs. C-2/13, EU:C:2014:2454; EuGH Gutachten 1/09 v. 08.03.2011, Rs. C-1/09, Slg. 2011, I-1137.

36 Ausführlich dazu J. Saurer, Der Einzelne im europäischen Verwaltungsrecht, 2014, S. 27 ff.

37 EuGH Rs. 26/62, van Gend & Loos (Fn. 1).

38 Dazu etwa J. H. H. Weiler, The Transformation of Europe, Yale Law Journal 100 (1991), S. 2403 ff. (2413 f.).

„Deregulierung“ verkörpert werden, auch dauerhaft in soziale Innovationen umzumünzen.[39] Auch wenn hier in der Vergangenheit viel erreicht wurde[40], scheint die Entwicklung gegenwärtig ins Stocken zu geraten. Offenbar sind die EU-Mitgliedstaaten immer weniger bereit, die sozialen Kosten des unionalen Freizügigkeitsregimes zu akzeptieren. Hier war es in den letzten Jahren insbesondere die Aufgabe des EuGH, die jeweiligen Interessen der Mitgliedstaaten mit der Arbeitnehmerfreizügigkeit (Art. 45 ff. AEUV) in Einklang zu bringen. Eine Reihe von Urteilen des EuGH haben hier offensichtlich zu größeren Spielräumen der Mitgliedstaaten bei der Gewährung bzw. Versagung von Sozialleistungen an EU-Ausländer geführt,[41] was unterstreicht, dass es nach wie vor Grenzen für die Implementierung sozialer Innovationen in der EU gibt.

3. *Verfassung als Schlüsselbegriff*

Zumindest in der Europarechtswissenschaft darf die „Verfassungsdiskussion“, also die wissenschaftliche Diskussion der Frage, ob die europäischen Verträge Verfassungscharakter aufweisen, als der bislang innovativste theoretische Ansatz gelten, der dazu beigetragen hat, rein funktionalistische Deutungen des Integrationsprozesses zu überwinden.[42] Der Begriff

---

39 Dazu W. Hoffmann-Riem, Soziale Innovationen. Eine Herausforderung für die Rechtswissenschaft, Der Staat 47 (2008), 587 ff.

40 Eingehend dazu F. Wollenschläger, Grundfreiheit ohne Markt, 2007; sowie J. Bast/F. Rödl (Hrsg.), Wohlfahrtsstaatlichkeit und „soziales Europa“ im Kontext der Euro-Krise, EuR-Beiheft 1/2013; s. auch A. Hatje (Hrsg.), Unionsbürgerschaft und soziale Rechte, EuR-Beiheft 1/2007.

41 EuGH Rs. C-299/14, Garcia-Nieto u.a., ECLI:EU:C:2016:114; EuGH Rs. 67/14, Alimanovic, ECLI:EU:C:2015:597; EuGH Rs. C-333/13, Dano, ECLI:EU:C:2014:2358; zum Ganzen auch D. Thym, Die Rückkehr des „Marktbürgers“ – Zum Ausschluss nichterwerbsfähiger EU-Bürger von Hartz IV-Leistungen, NJW 2015, S. 130 ff.; s. auch J. P. Terhechte, Arbeitnehmerfreizügigkeit, in: M. Schlachter/H. M. Heinig (Hrsg.), Europäisches Sozial- und Arbeitsrecht, Enzyklopädie Europarecht, Bd. 7, 2015, § 1, Rn. 87 ff.

42 Dazu etwa A. von Bogdandy/J. Bast (Hrsg.), Europäisches Verfassungsrecht, 2. Aufl., 2009; P. Häberle, Europäische Verfassungslehre, 7. Aufl., 2011, S. 187 ff.;; J. Schwarze (Hrsg.), Die Entstehung einer europäischen Verfassungsordnung, 2000; I. Pernice, Europäisches und nationales Verfassungsrecht, VVDStRL 60 (2001), S. 148 ff.; A. Peters, Elemente einer Theorie der Verfassung Europas, 2001; zur Diskussion auch C. Möllers, Der vermisste Leviathan 2008, S. 87 ff.

„Verfassung“ fungiert hierbei durchaus als Schlüsselbegriff und erfüllt damit eine wichtige Scharnierfunktion zwischen Europarechtswissenschaft, Politikwissenschaft und den Sozialwissenschaften.[43] Nicht umsonst ist es beispielsweise rund um die Verfassungsdiskussion erstmals zu einem fruchtbaren Austausch zwischen der Rechts- und Politikwissenschaft gekommen – letztere scheint auch im Windschatten dieser Diskussionen das Europarecht als Exerzierfeld entdeckt zu haben.[44] Die Diskussion zeigt aber auch, dass sie ohne Fixpunkte wie dem Europäischen Verfassungsvertrag (EVV) nur schwer zu führen ist. Angesichts des Scheiterns des EVV – der einen markanten Innovationsschritt verkörpern sollte – ist zumindest die Verfassungsdiskussion ein wenig ins Stocken geraten und hat sich im Lichte des Lissabon-Urteils des BVerfG offenbar wieder mehr dem nationalen „Europaverfassungsrecht“ zugewendet. Ob man sich aber von der „Konstitutionalisierungsdebatte“ wirklich verabschieden sollte, steht auf einem anderen Blatt.[45]

4. Binnenmarkt als Motor der Integration

Innovativ war und ist schließlich das europäische Binnenmarktkonzept (vgl. Art. 26 f. AEUV), das letztlich für das Konzept der wirtschaftlichen Integration insgesamt steht.[46] Im Zuge der mit dem Binnenmarktprogramm verbundenen Liberalisierung zahlreicher Sektoren (z. B. Energie,

---

43 Zur Bedeutung von Schlüsselbegriffen s. W. Hoffmann-Riem, Rechtswissenschaftliche Innovationsforschung – Plädoyer für einen trans- und interdisziplinären Dialog zwischen Rechts- und Technikwissenschaften, Technikfolgenabschätzung – Theorie und Praxis, TATuP 12 (2003), 92 ff. (96); s. auch A. Voßkuhle, Schlüsselbegriffe der Verwaltungsreform. Eine kritische Bestandsaufnahme, Verwaltungsarchiv 92 (2001), S. 184 ff.

44 S. etwa M. Höreth, Die Selbstautorisierung des Agenten, 2008; A. Grimmel, Europäische Integration im Kontext des Rechts, 2013.

45 S. dazu ausführlich unten D. I.

46 Dazu P.-C. Müller-Graff, Grundfreiheiten und Wettbewerbsordnung, in: A. Hatje/P.-C. Müller-Graff (Hrsg.), Europäisches Organisations- und Verfassungsrecht, Enzyklopädie Europarecht, Bd. 1, 2014, § 9, Rn. 3 ff.; J. Schwarze, Europäisches Wirtschaftsrecht, 2007, S. 27 ff.; A. Hatje, Wirtschaftsverfassung, in: A. von Bogdandy/J. Bast (Hrsg.), Europäisches Verfassungsrecht, 2. Aufl., 2009, S. 801 ff. (807); A. Hatje/J. P. Terhechte (Hrsg.), Das Binnenmarktziel in der europäischen Verfassung, EuR-Beiheft 3/2004; J. P. Terhechte, in: E. Grabitz/M. Nettesheim/M. Hilf (Hrsg.) Recht der EU, 53. EL 2014, Art. 3 EUV, Rn. 38 ff.

Wasser oder Telekommunikation) ist nicht nur die Notwendigkeit entstanden, ein Regulierungs- und Infrastrukturrecht zu schaffen, sondern es ist zudem in hohem Maße gelungen, rechtliche Innovationen auch in soziale Innovationen umzusetzen. In diesem Zusammenhang sei nur auf die in vielen Sektoren deutlich geringeren Kosten der Verbraucher hingewiesen, die unmittelbar mit den Deregulierungsinitiativen der Kommission zusammenhängen dürften.

Die Grundpfeiler des Binnenmarktes – die Grundfreiheiten[47] und das europäische Wettbewerbsrecht[48] – haben zudem über Jahrzehnte gezeigt, dass sie nachhaltige Innovationsimpulse sowohl für die Ebene der Union als auch für die Mitgliedstaaten aussenden können. Freilich ist hier mitunter kritisiert worden, dass insbesondere die Grundfreiheiten durch die Rechtsprechung des EuGH zu einer Überformung und Durchdringung des nationalen Rechts geführt haben, die mitunter dem erforderlichen Legitimationsniveau und sauberen Kompetenzgrundlagen entbehrt.[49] Gleichwohl zeigen gerade die aktuellen Strategien der Kommission, dass der Binnenmarkt auch weiterhin in hohem Maße für Innovationen sorgen soll.[50]

---

47 Eingehend D. Ehlers, Allgemeine Lehren der Grundfreiheiten, in: ders. (Hrsg.), Europäische Grundrechte und Grundfreiheiten, 2014, S. 239 ff.; T. Kingreen, Grundfreiheiten, in: A. von Bogdandy/J. Bast (Hrsg.), Europäisches Verfassungsrecht, 2. Aufl., 2009, S. 701 ff.; J. Schwarze, Europäisches Wirtschaftsrecht, 2007, S. 41 ff.

48 S. dazu etwa T. Müller, Wettbewerb und Unionsverfassung, 2014, S. 139 ff.; J. P. Terhechte, „Constitutional Moments“ im europäischen Wettbewerbsrecht?, in: P. Behrens/M. Kotzur/K. Lammers (Hrsg.), Sechs Dekaden europäischer Integration – Eine Standortbestimmung, 2015, S. 65 ff.; J. Drexl, Wettbewerbsverfassung, in: A. von Bogdandy/J. Bast (Hrsg.), Europäisches Verfassungsrecht, 2. Aufl., 2009, S. 905 ff.

49 Dazu T. Kingreen, Grundfreiheiten, in: A. von Bogdandy/J. Bast (Hrsg.), Europäisches Verfassungsrecht, 2. Aufl., 2009, S. 701 ff. (727 f.).

50 S. dazu etwa die Mitteilung der Kommission an das Europäische Parlament, den Rat, den Europäischen Wirtschafts- und Sozialausschuss und den Ausschuss der Regionen vom 6. 5. 2015, Strategie für einen digitalen Binnenmarkt für Europa, KOM(2015) 192 final; s. auch Mitteilung der Kommission v. 28. 10. 2015 an das Europäische Parlament, den Rat, den Europäischen Wirtschafts- und Sozialausschuss und den Ausschuss der Regionen, Den Binnenmarkt weiter ausbauen: mehr Chancen für die Menschen und die Unternehmen, COM(2015) 550 final.

III. Innovationsquelle für das nationale Recht

Das Unionsrecht ist nicht nur selbst eine Innovation, sondern hat seit jeher Innovationen in die mitgliedstaatlichen Rechtsordnungen getragen. Es scheint inzwischen durchaus zulässig zu sein, die Mehrzahl grundlegender Neuerungen im nationalen Recht auf den Einfluss und die Innovationskraft des EU-Rechts zurückzuführen, auch wenn die Intensität der jeweiligen Prozesse in den einzelnen Rechtsgebieten durchaus unterschiedlich ist.

1. Die Europäisierung des mitgliedstaatlichen Privatrechts und genuin europäische (Privat-)Rechtsgebiete

Dies ist etwa im Privatrecht spätestens mit der Schuldrechtsreform im Jahre 2002 deutlich geworden[51] und manifestiert sich momentan in den Arbeiten zu einem europäischen Vertragsgesetzbuch[52] sowie im entstehenden europäischen Kaufrecht[53]. Gerade in der Angleichung der nationalen Pri-

---

51 S. dazu etwa G. Brüggemeier/N. Reich, Europäisierung des BGB durch große Schuldrechtsreform? Stellungnahme zum Entwurf eines Schuldrechtsmodernisierungsgesetzes, BB 2001, S. 213 ff.; W.-H. Roth, Die Schuldrechtsmodernisierung im Kontext des Europarechts, in: W. Ernst/R. Zimmermann (Hrsg.), Zivilrechtswissenschaft und Schuldrechtsreform, S. 225 ff.; R. Schulze/H. Schulte-Nölke, (Hrsg.), Die Schuldrechtsreform vor dem Hintergrund des Gemeinschaftsrechts, 2001; s. auch allgemein M. Gebauer/T. Wiedmann (Hrsg.), Zivilrecht unter europäischem Einfluss, 2. Aufl. 2010.

52 C. von Bar/E. Clive/H. Schulte-Nölke, Draft Common Frame of Reference, 2008; dazu L. Niglia, The Struggle for European Private Law, 2015; s. auch H. Eidenmüller/F. Faust/C. Grigoleit/N. Jansen/G. Wagner/R. Zimmermann, The Common Frame of Reference for European Private Law – Policy Choices and Codification Problems, Oxford Journal of Legal Studies 28 (2008), S. 659 ff.

53 S. dazu Vorschlag für eine Verordnung des Europäischen Parlaments und des Rates über ein Gemeinsames Europäisches Kaufrecht (VO-GEK) v. 11. 10. 2011, KOM(2011)635 endg., s. dazu etwa P.-C. Müller-Graff, Der Begriff der Rechtsangleichung in Art. 114 AEUV im Licht eines gemeinsamen europäischen Kaufrechts, in: FS Schwarze, 2014, S. 617 ff.; kritisch etwa H. Eidenmüller/N. Jansen/E.-M. Kieninger/G. Wagner/R. Zimmermann, Der Vorschlag für eine Verordnung über ein Gemeinsames Europäisches Kaufrecht. Defizite der neuesten Textstufe des europäischen Vertragsrechts, JZ 2012, S. 269 ff.; s. auch T. Pinkel/C. Schmid/J. Falke (Hrsg.), Funktionalität und Legitimität des Gemeinsamen Europäischen Kaufrechts, 2014.

vatrechte drückt sich seit jeher der Anspruch des Integrationsprozesses aus, unmittelbar Einfluss auf die Unionsbürgerinnen und Unionsbürger zu nehmen. Die Zivilrechtswissenschaft hat sich auf diese Entwicklungen eingestellt und so nimmt die Weiterentwicklung und Durchdringung der nationalen Zivilrechte und die Konzeption genuin europäischer Rechtsgebiete („Europäischen Privatrecht"[54], „Europäischen Zivilverfahrensrecht"[55]) inzwischen viel Raum ein. Insofern ist auch zukünftig eine Stärkung der unionalen Dimensionen des Privatrechts – und damit letztlich eine weitere unionale Überformung der Privatautonomie – zu erwarten.

2. Staatliches Gewalt- und Strafmonopol und justizielle Zusammenarbeit in Strafsachen

Spätestens seit der intensiv geführten Debatte über den europäischen Haftbefehl[56] und mit den neuen Bestimmungen im Lissabonner Vertrag zur justiziellen Zusammenarbeit in Strafsachen (Art. 82 f. AEUV)[57] ist deutlich geworden, dass auch das Strafrecht mannigfaltigen Innovationsimpulsen von der europäischen Ebene ausgesetzt ist. Inzwischen ist deshalb auch ganz selbstverständlich von einem europäischen Strafrecht die Rede.[58] Angesichts der Bedeutung des Strafrechts für die mitgliedstaatlichen

---

54 Ausführlich dazu P.-C. Müller-Graff, Allgemeines Gemeinschaftsprivatrecht, in: M. Gebauer/C. Teichmann (Hrsg.), Europäisches Privat- und Unternehmensrecht, Enzyklopädie Europarecht, Bd. 6, 2016, § 2 m. w. Nachw.; s. auch R. Zimmermann, The Present State of European Private Law, American Journal of Comparative Law 57 (2009), S. 479 ff.

55 Dazu etwa J. Adolphsen, Europäisches Zivilverfahrensrecht, 2. Aufl., 2015; B. Hess, Europäisches Zivilprozessrecht, 2010; s. auch S. Leible/J. P. Terhechte (Hrsg.), Europäisches Rechtsschutz- und Verfahrensrecht, Enzyklopädie Europarecht, Bd. 3, 2015, §§ 14-29.

56 Zum europäischen Strafbefehl s. BVerfGE 113, 273; dazu F. Schorkopf (Hrsg.), Der europäische Haftbefehl vor dem Bundesverfassungsgericht, 2006; jüngst BVerfG, Beschluss v. 15. 12. 2015, 2 BvR 2735/14; aus der Sicht der Unionsgerichtsbarkeit s. EuGH C-399/11, Melloni, EU:C:2013:107.

57 S. nur J. Meyer, Das Strafrecht im Raum der Freiheit, der Sicherheit und des Rechts, EuR 2011, S. 169 ff.

58 H. Satzger, Die Europäisierung des Strafrechts, 2001; ders., International and European Criminal Law, 2012; M. Bösc (Hrsg.), Europäisches Strafrecht, Enzyklopädie Europarecht, Bd. 9, 2013; U. Sieber/H. Satzger/B. von Heintschel-Heinegg (Hrsg.), Europäisches Strafrecht, 2. Aufl., 2014; S. Summers/C. Schwarzenegger/G. Ege/F. Young, The Emergence of EU Criminal Law, 2014.

Rechtsordnungen, der damit verbundenen z. T. sehr unterschiedlichen kulturellen Hintergründe sowie abweichender Verfahrensstandards verwundert es nicht, dass dieses Feld der Europäisierung zwar noch nicht breitflächig bestellt ist. Aber auch im Bereich des Strafrechts bestehen für die Zukunft große Innovationspotentiale. Hier wird es insbesondere auch darauf ankommen, die unterschiedlichen Verfahrenstraditionen im Lichte der unionalen Grundrechte auf einen Nenner zu bringen, damit Auseinandersetzungen, wie z. B. die um den europäischen Haftbefehl, vermieden werden können. Auch hinsichtlich gemeineuropäischer materiell-rechtlicher Standards scheint es erste Entwicklungen zu geben, die durch das Unionsrecht angestoßen wurden (vgl. Art. 83 AEUV in Bezug auf Straftaten mit grenzüberschreitender Dimension), ein europäisches Strafgesetzbuch ist aber noch lange nicht in Sicht.[59]

3. Offene Staatlichkeit im europäischen Verwaltungsraum – das Öffentliche Recht

Und auch – oder besser: insbesondere – das Öffentliche Recht konnte das Unionsrecht als Innovationsquelle nutzen. Im Staatsrecht hat der Prozess der europäischen Integration zu einer bis dahin ungeahnten Öffnung geführt, die sich z. B. in Deutschland inzwischen in Art. 23 GG manifestiert.[60] Darüber hinaus fanden viele wichtige staatsrechtliche Debatten der letzten Jahre ihren Ursprung im Unionsrecht und seinem Verhältnis zum (deutschen) Staatsrecht. Hingewiesen sei nur auf die regen Diskussionen nach den verfassungsgerichtlichen Urteilen zum Maastrichter[61] und Lissabonner[62] Vertrag, die jeweils Neuland betraten. Wichtig sind nach wie vor auch die Diskussionen, ob Art. 38 GG ohne weitere Einschränkungen den

---

59 Dazu A. Esser, Brauchen wir ein europäisches Strafgesetzbuch?, in: H. Däubler-Gmelin (Hrsg.), Recht schafft Zukunft: Perspektiven der Rechtspolitik in einer globalisierten Welt, 2003, S. 136 ff.; zu den Perspektiven des europäischen Strafrechts s. etwa M. Böse, Ausblick, in: ders. (Hrsg.), Europäisches Strafrecht, Enzyklopädie Europarecht, Bd. 9, 2013, § 27, Rn. 10 ff.

60 Dazu etwa U. Everling, Überlegungen zur Struktur der Europäischen Union und zum neuen Europa-Artikel des Grundgesetzes, DVBl. 1993, S. 936 ff.; C. D. Classen, Maastricht und die Verfassung: kritische Bemerkungen zum neuen „Europa-Artikel" 23 Grundgesetz, ZRP 1993, S. 57 ff.

61 BVerfGE 89, 155.

62 BVerfGE 123, 267.

richtigen prozessualen Anknüpfungspunkt für Verfassungsbeschwerden „gegen die europäische Integration“ verkörpern kann[63], die Formulierung von Integrationsstandards durch das BVerfG[64], die Ausformung verschiedener Kontrollvorbehalte[65] oder die Ausgestaltung des Grundsatzes der „Europarechtsfreundlichkeit“[66].

---

63 Im Sinne eines Grundrechts auf demokratisch legitimierte Integration im Rahmen der eigenen, nationalen Staatlichkeit, erstmals in BVerfGE 89, 155, (171 f.); dazu E. Klein, Grundrechtsdogmatische und verfassungsprozessuale Überlegungen zur Maastricht-Entscheidung des BVerfG, GS Grabitz, 1995, S. 271 ff.; kritisch U. Everling, Das Maastricht-Urteil des BVerfG und seine Bedeutung für die Entwicklung der Europäischen Union, integration 1994, S. 165 ff.; C. Tomuschat, Die Europäische Union unter Aufsicht des Bundesverfassungsgerichts, EuGRZ 1993, S. 489 ff. (491); Vertiefung der Rechtsprechung zum Art. 38 GG in BVerfGE 123, 267, (330 f.); dazu M. Nettesheim, Ein Individualrecht auf Staatlichkeit? Die Lissabon-Entscheidung des BVerfG, NJW 2009, S. 2867 ff.; kritisch etwa C. Schönberger, Erwiderung: Der introvertierte Rechtsstaat als Krönung der Demokratie? – Zur Entgrenzung von Art. 38 GG im Europaverfassungsrecht, JZ 2010, S. 1160 ff.; kritisch auch J. P. Terhechte, Souveränität, Dynamik und Integration – making up the rules as we go along? Anmerkungen zum Lissabon-Urteil des Bundesverfassungsgerichts, EuZW 2009, S. 724 ff. (726).

64 Wie zum Beispiel die Wahrung der Verfassungsidentität und die Integrationsverantwortung BVerfGE 123, 267, (344 f., 351 f.); dazu I. Pernice, Der Schutz nationaler Identität in der Europäischen Union, AöR 2011, S. 185 ff.; M. Walter, Integrationsgrenze Verfassungsidentität, ZaöRV 72 (2012), S. 177 ff.; M. Nettesheim, Die Integrationsverantwortung Vorgaben des BVerfG und gesetzgeberische Umsetzung, NJW 2010, S. 170 ff.; ausführlich zu diesen Grenzen der Integration F. C. Mayer/M. Wendel, Die verfassungsrechtlichen Grundlagen des Europarechts, in: A. Hatje/P.-C. Müller-Graff (Hrsg.), Europäisches Organisations- und Verfassungsrecht, Enzyklopädie Europarecht Bd. 1, 2014, § 4, Rn. 71 ff.; zu den sachgebietsbezogenen Grenzen vgl. BVerfGE 123, 267, (359).

65 In Bezug auf Grundrechte BVerfGE 37, 271; BVerfGE 73, 339; für den ausbrechenden Rechtsakt bzw. die Ultra-vires-Kontrolle BVerfGE 89, 155, (187 f.); BVerfGE 123, 267, (353 f.); Konkretisierung in BVerfGE 126, 286, (304); eingehend dazu F. C. Mayer, Kompetenzüberschreitung und Letztentscheidung, 2000 passim; erste Anwendung der ultra vires-Grundsätze nunmehr im BVerfG, Beschluss v. 14.1.2014, 2 BvR 2728/13 u.a. (OMT-Vorlagebeschluss), dazu etwa die Beiträge im German Law Journal 2014, Special Issue, The OMT Decision of the German Federal Constitutional Court, S. 107 ff.; H. Gött, Die ultra vires-Rüge nach dem OMT-Vorlagebeschluss des Bundesverfassungsgerichts, EuR 2014, S. 514 ff.

Im Verwaltungsrecht hat es in den letzten Dekaden kaum neue Entwicklungen gegeben, die nicht ihren Ursprung im Unionsrecht gefunden hätten.[67] Neben der Etablierung eines europäischen Verwaltungsrechts[68] ist insbesondere auf die damit verbundene Überformung des nationalen Verwaltungsrechts hinzuweisen.[69] Betrachtet man heute die maßgeblichen Diskussionen rund um das Verwaltungsrecht, z. B. die Debatten zur normativen Ermächtigungslehre[70], zur Zukunft der deutschen Schutznorm-

66 BVerfGE 123, 267, (401), ausführlich zur Europarechtsfreundlichkeit D. Kopp, Völker- und Europarechtsfreundlichkeit als Verfassungsgrundsätze, 2013, S. 260 ff.

67 O. Lepsius, Hat die Europäisierung des Verwaltungsrecht Methode?, in: P. Axer/B. Grzeszick/W. Kahl u.a. (Hrsg.), Das europäische Verwaltungsrecht in der Konsolidierungsphase, DV-Beiheft 10 (2010), S. 179 ff. (190).

68 Dazu grundlegend J. Schwarze, Europäisches Verwaltungsrecht, 2. Aufl., 2005, s. auch J. P. Terhechte, Das Verwaltungsrecht der Europäischen Union als Gegenstand rechtswissenschaftlicher Forschung – Entwicklungslinien, Prinzipien und Perspektiven, in: ders., (Hrsg.), Verwaltungsrecht der EU, 2011, § 1; ders., Strukturen und Perspektiven des europäischen Verwaltungsrechts, in: S. Leible/J. P. Terhechte (Hrsg.), Europäisches Rechtsschutz- und Verfahrensrecht, 2014, § 30, Rn. 30 ff.; zur Idee der Kodifikation von Teilen des europäischen Verwaltungsrechts s. A. Guckelberger/F. Geber, Allgemeines Europäisches Verwaltungsverfahrensrecht vor seiner unionsrechtlichen Kodifizierung?, 2013.

69 S. dazu etwa J. Schwarze (Hrsg.), Das Verwaltungsrecht unter europäischem Einfluß, 1996; ders., Zukunftsaussichten für das Europäische Öffentliche Recht, 2010, S. 47 ff.; C. Knil, The Europeanisation of National Administrations: Patterns of Institutional Change and Persistence, 2001; M. Ruffert, Europäisierung des Verwaltungsrechts, in: A. von Bogdandy/S. Cassese/P. M. Huber (Hrsg.), Ius Publicum Europaeum Bd. V, Verwaltungsrecht in Europa, 2014, § 94; am Beispiel des deutschen Verwaltungsrechts T. von Danwitz, Verwaltungsrechtliches System und europäische Integration, 1996; A. Hatje, Die gemeinschaftsrechtliche Steuerung der Wirtschaftsverwaltung, 1998; S. Kadelbach, Allgemeines Verwaltungsrecht unter europäischem Einfluss, 1999; M. Brenner, Der Gestaltungsauftrag der Verwaltung in der Europäischen Union, 1996; J. Bergmann/M. Kenntner, Deutsches Verwaltungsrecht unter europäischem Einfluss, 2002.

70 S. dazu etwa F. Ramsauer/U. Kopp, VwVfG, 15. Aufl., 2014, Einführung I, Rn. 72; C. D. Classen, Strukturunterschiede zwischen deutschem und europäischem Verwaltungsrecht – Konflikt oder Bereicherung?, NJW 1995, S. 2457 ff. (2460).

theorie[71] oder die unionsrechtliche Überformung des Ermessens[72], so wird deutlich, dass es sich jeweils um unionsrechtlich inspirierte Diskurse handelt.

Erstaunlich ist in diesem Zusammenhang, wie geräuscharm unionsrechtliche Innovationen in die nationalen Rechtsordnungen eingespeist werden. Zu kritischen Reaktionen kommt es hier nach wie vor höchst selten. Nur vereinzelt gab es Diskussionen, etwa hinsichtlich der Einpassung des gemeinschaftsrechtlichen Staatshaftungsanspruchs[73] oder hinsichtlich der mitunter sehr ausgeprägten Überformung nationaler Rechtsinstitute[74]. Hier und da wurde auch Kritik am EuGH als Institution bzw. hinsichtlich seines methodischen Vorgehens geäußert.[75]

Dieser Befund spricht dafür, dass die Instrumente, die zur „Innovationseinspeisung" eingesetzt werden, höchst effektiv sind. Schaut man etwa auf die inzwischen vergleichsweise hohe Quote bei der Umsetzung von Richtlinien gem. Art. 288 Abs. 3 AEUV, so hat das Unionsrecht mit dieser Handlungsform offenbar ein optimales Instrument zur „Innovationseinpassung" entwickelt. Im Übrigen können aus dieser Perspektive die Rechtsprechung des EuGH zur unmittelbaren Anwendbarkeit von Richtlinien[76] und zum unionsrechtlichen Staatshaftungsanspruch[77] sowie das Vertrags-

---

71 Exemplarisch EuGH Rs. C-237/07, Janecek, Slg. 2008, I-6221, Rn. 34 ff.; dazu C. Calliess, Feinstaub im Rechtsschutz deutscher Verwaltungsgerichte Europarechtliche Vorgaben für die Klagebefugnis vor deutschen Gerichten und ihre dogmatische Verarbeitung, NVwZ 2006, S. 1 ff.; monographisch schon früh J. Masing, Die Mobilisierung des Bürgers für die Durchsetzung des Rechts – Europäische Impulse für eine Revision der Lehre vom subjektiv-öffentlichen Recht, 1997.

72 Dazu etwa C. Grabenwarter, Ermessenslehren, in: A. von Bogdandy/S. Cassese/P. M. Huber (Hrsg.), Ius Publicum Europaeum, Bd. V, Verwaltungsrecht in Europa, 2014, § 90.

73 S. dazu T. von Danwitz, Die gemeinschaftliche Staatshaftung, DVBl. 1997, S. 1 ff.; s. allgemein auch A. Thiele, Europäisches Haftungsrecht, in: J. P. Terhechte (Hrsg.), Verwaltungsrecht der EU, 2011, § 39, Rn. 71 ff. m. w. N.

74 S. nur T. von Danwitz, Verwaltungsrechtliches System und europäische Integration, 1996.

75 S. dazu U. Haltern/A. Bergmann (Hrsg.), Der EuGH in der Kritik, 2012.

76 EuGH Rs. 41/74, van Duyn, Slg. 1974, 1338 (1349); EuGH Rs. 148/78, Ratti, Slg. 1979, 1629, Rn. 18/23; EuGH verb. Rs. C-6/90 und C-9/90, Francovich, Slg. 1991, I-5357, Rn. 26.

77 EuGH verb. Rs. C-6/90 und C-9/90, Francovich, Slg. 1991, I-5357; EuGH verb. Rs. C-46/93 und C-48/93, Brasserie du Pêcheur/Factortame, Slg. 1996, I-1029; EuGH verb. Rs. C-178/94 u.a., Dillenkofer, Slg. 1996, I-4845; EuGH Rs. C-5/94,

verletzungsverfahren[78] durchaus als Instrumente angesehen werden, die eine „Innovationsimplementierung" sicherstellen sollen.

Freilich sind die Folgen dieser Innovationen in den einzelnen Rechtsgebieten und insbesondere im Verwaltungsrecht bislang noch gar nicht absehbar; die „theoretische Aufarbeitung" dauert hier an. Verdienstvolle theoretische Ansätze, wie etwa Überlegungen zum „europäischen Verwaltungsverbund"[79] oder zum „europäischen Verwaltungsraum"[80], die Konzeption genuin europäischer Rechtsgebiete[81] usw. hängen nicht zuletzt von der in der Europarechtswissenschaft oder – allgemeiner – in der Rechtswissenschaft vorherrschenden Wissenschaftskultur bzw. „Innovationskultur" ab. Dass es etwa in einem immer stärkeren Maße zu einer Verschlei-

Hedley Lomas, Slg. 1996, I-2553; EuGH Rs. C-224/01, Köbler, Slg. 2003, I-10239.

78 Eingehend dazu C. Nowak, Vertragsverletzungsverfahren, in: S. Leible/J. P. Terhechte (Hrsg.), Europäisches Rechtsschutz- und Verfahrensrecht, Enzyklopädie Europarecht Bd. 3, 2014, § 10, Rn. 8 ff.

79 E. Schmidt-Aßmann, Europäische Verwaltung zwischen Kooperation und Hierarchie, FS Steinberger, 2002, S. 1375 ff.; E. Schmidt-Aßmann/B. Schöndorf-Haubold (Hrsg.), Der Europäische Verwaltungsverbund, 2005; W. Weiß, Der Europäische Verwaltungsverbund, 2010; M. Ruffert, Von der Europäisierung des Verwaltungsrechts zum Europäischen Verwaltungsverbund, DÖV 2007, S. 761 ff.; W. Kahl, Der europäische Verwaltungsverbund: Strukturen – Typen – Phänomene, Der Staat 50 (2011), S. 353 ff.

80 Dazu J. Olsen, Towards a European Administrative Space?, Journal of European Public Policy 10 (2003), S. 506 ff.; H. Siedentopf/B. Speer, The European Administrative Space from a German Administrative Science Perspective, International Review of Administrative Science 89 (2003), S. 9 ff.; H. Hofmann, Mapping the European Administrative Space, West European Politics 31 (2008), S. 662 ff.; M. Egeber/J. Trondal, National Agencies in the European Administrative Space: Government Driven, Commission Driven or Networked?, Public Administration 87 (2009), S. 779 ff.; A. von Bogdandy, Verwaltungsrecht im europäischen Rechtsraum – Perspektiven einer Disziplin, in: ders./S. Cassese/P. M. Huber (Hrsg.), Handbuch Ius Publicum Europaeum, Bd. IV, 2011, § 57, Rn. 1; J. P. Terhechte, Das Verwaltungsrecht der EU als Gegenstand rechtswissenschaftlicher Forschung, in: ders. (Hrsg.), Verwaltungsrecht der EU, 2011, § 1, Rn. 7.

81 Am Beispiel des Umwelt-, Energie- und Rohstoffrechts s. die Beiträge von S. Heselhaus und J. P. Terhechte, in: C. Nowak (Hrsg.), Konsolidierung und Entwicklungsperspektiven des Europäischen Umweltrechts, 2015, S. 327 ff. bzw. 357 ff.

fung tradierter Säulenstrukturen kommen wird[82], ist schon jetzt zu beobachten, sodass die (insbesondere deutsche) Rechtswissenschaft vor gewaltigen Herausforderungen steht.[83]

IV. Unionsrechtliche Innovationen als Variationen des Bestehenden?

Innovationen stellen sich häufig als Variationen des Bestehenden dar, d. h. sie entstehen nicht einfach aus dem Nichts, sondern bauen auf bestehenden Strukturen auf.[84] Dies kann zumindest teilweise auch für das Unionsrecht gelten, geht doch etwa die Konzeption des Binnenmarktes zu weiten Teilen auf das GATT 47 zurück.[85] Die Konzeption der Unionsgrundrechte hat bei der EMRK Anleihen genommen[86], wie auch das nationale Recht Pate bei vielen Neuerungen auf der Ebene der Union stand, man denke etwa an das Verhältnismäßigkeitsprinzip.[87] Darüber hinaus werden bestimmte Bereiche des Unionsrechts auch häufig durch das U.S.-Recht inspiriert, wie z. B. das Kartellrecht[88] oder das Umweltrecht[89].

82 S. nur S. Leible/J. P. Terhechte, Die Rechtsschutz- und Verfahrensidee im Unionsrecht, in: dies. (Hrsg.), Europäisches Rechtsschutz- und Verfahrensrecht, Enzyklopädie Europarecht Bd. 3, 2014, § 1, Rn. 2.

83 Dazu auch A. von Bogdandy, Deutsche Rechtswissenschaft im europäischen Rechtsraum, JZ 2011, S. 1 ff.

84 W. Hoffmann-Riem, Soziale Innovationen. Eine Herausforderung für die Rechtswissenschaft, Der Staat 47 (2008), 587 ff. (590 f.) mit Verweis auf J. A. Schumpeter, Theorie der wissenschaftlichen Entwicklung, 6. Aufl., 1964, S. 100 ff.

85 F. Schorkopf, Der europäische Weg, 2010, S. 78 ff.

86 Dazu etwa W. Frenz, Handbuch Europarecht, Bd. 4, 2009, § 2.

87 A. Emmerich-Fritsche, Der Grundsatz der Verhältnismäßigkeit als Direktive und Schranke der EG-Rechtsetzung, 2000; G. A. Bermann, Proportionality and Subsidiarity, in: C. Barnard/J. Scott, The Law of the Single European Market, 2002, S. 75 ff.; T. I. Harbo, The Function of the Proportionality Principle in EU Law, ELJ 16 (2010), S. 158 ff.; J. Schwarze, Dimensionen des Rechtsgrundsatzes der Verhältnismäßigkeit, in: FS Rengeling, 2008, S. 633 ff.; ders., Europäisches Verwaltungsrecht, 2. Aufl., 2005, S. 660 ff., 690.

88 Das U.S.-Recht übt an vielen Stellen einen enormen Einfluss auf das europäische Wettbewerbsrecht aus, s. am Beispiel der Diskussion rund um die sog. rule of reason J. P. Terhechte, Die ungeschriebenen Tatbestandsmerkmale des europäischen Wettbewerbsrechts, 2004, S. 192 ff.

89 Dieser Befund führt dazu, dass viele Probleme des Vollzugs im Bereich des Umweltrechts (z. B. Umweltverbandsklagen und Informationsansprüche) diesseits und jenseits des Atlantiks gleichermaßen bekannt sind, s. etwa am Beispiel von

Innovationen im Unionsrecht sind so häufig auch Variationen des (anderswo) bereits Bestehenden, was eine besondere Aufmerksamkeit verlangt. Angesichts einiger Basisinnovationen, wie z. B. dem Prinzip der Supranationalität, ist nämlich die Übernahme unionsfremder Konzepte in das Unionsrecht regelmäßig mit besonderen Schwierigkeiten behaftet, die häufig ausgeblendet werden. Innovationen können aber nur dann glücken, wenn Basisinnovationen und Variationen des Bestehenden in einen Ausgleich miteinander gebracht werden. Insoweit könnte auch das neuerlich aufkommende Interesse an einer europäischen Rechtsgeschichte eine wichtige Rolle spielen, indem sie dazu beiträgt, Hintergründe von Innovationen bzw. ihre Pfadabhängigkeiten aufzudecken.[90]

C. Gefahren und Grenzen für die Innovationskraft des Unionsrechts

Die geschilderten Innovationen im Unionsrecht sehen sich mitunter mit strukturellen Defiziten und ungelösten Fragen konfrontiert, die es insbesondere momentan schwer machen, die vorherrschenden und ggf. neu aufkommenden Problemen zu bewältigen.[91] Tatsächlich ist die innovative Rolle des Unionsrechts gegenwärtig so stark gefährdet wie noch nie zuvor in der Geschichte der europäischen Integration. Zwar gab es auch in der Vergangenheit manche Krise zu bewältigen, so etwa die Politik des leeren Stuhls[92] oder die Zeit der sog. „Eurosklerose“[93]. Die Entwicklung, die sich gegenwärtig abzeichnet, scheint allerdings bei weitem bedrohlicher zu sein: So wird mitunter ernsthaft über den Austritt von Mitgliedstaaten diskutiert, sei es als Folge von Staatsschuldenkrisen wie im Falle Griechenlands[94], oder sei es als Folge verschobener innenpolitischer Gewichte wie

---

Umweltinformationsansprüchen D. Bünger, Deficits in EU and US Mandatory Environmental Information, 2012.

90 Dazu F. Schorkopf, Rechtsgeschichte der europäischen Integration. Ein Themengebiet für Grundlagenforschung in der Rechtswissenschaft, JZ 2014, S. 421 ff.

91 Dazu auch die Beiträge in: C. Franzius/F. C. Mayer/J. Neuer (Hrsg.), Grenzen der europäischen Integration, 2014.

92 Dazu A. Hatje/S. von Förster, in: A. Hatje/P.-C. Müller-Graff (Hrsg.), Europäisches Organisations- und Verfassungsrecht, Enzyklopädie Europarecht Bd. 1, 2014, § 6, Rn. 51 ff.

93 Ebenda, Rn. 54 f.

94 D. Meyer, Rechtliche Möglichkeit eines Ausscheidens aus dem EURO und die Rückübertragung der Währungssouveränität, EuR 2013, S. 334 ff.

im Vereinigten Königreich. Zur Lösung von bestehenden Problemen weichen die Mitgliedstaaten mitunter auf das Völkerrecht aus, z. B. im Falle des sog. Fiskalpakts.[95] Zudem werden neue Formen ökonomischer Governance entworfen, die nicht mehr Bedacht auf die in den Verträgen angelegten Strukturen nehmen, wie etwa die Vorschläge zur Bildung einer europäischen Wirtschaftsregierung.[96] Gleichzeitig werden von außen Herausforderungen an die Union und damit an das Unionsrecht herangetragen: Zu nennen ist etwa der Konflikt in der Ukraine, in dem die unionale Gemeinsame Außen- und Sicherheitspolitik bisher keine nennenswerte Rolle zu spielen vermochte. Auch die wirtschaftliche Innovationsfähigkeit des Unionsraumes, der nach den ehrgeizigen Zielen der Europäischen Kommission schon vor vielen Jahren zum Innovationsmotor der Weltwirtschaft weiterentwickelt werden sollte, steht ernstlich in Zweifel. Diese Entwicklungen sollen im Folgenden näher beleuchtet werden.

I. Völkerrecht als Ausweichordnung

Die europäischen Verträge betonen an unterschiedlichen Stellen, dass das Unionsrecht in seinem Zuständigkeitsbereich eine Art „Alleinstellungsanspruch“ hat, der sich nicht zuletzt im Grundsatz der Autonomie des Unionsrechts manifestiert.[97] Nicht umsonst hat der EuGH dieses Charakteristikum der unionalen Rechtsordnung vor einigen Monaten im zweiten EMRK-Gutachten unterstrichen und den Beitritt der EU zur EMRK damit

---

95 Dazu J. Hamer, in: H. von der Groeben/J. Schwarze/A. Hatje (Hrsg.), Europäisches Unionsrecht, 7. Aufl., 2015, Art. 126 AEUV, Rn. 54 ff. m. w. N.

96 A. Hatje, Auf dem Weg zu einer europäischen Wirtschaftsregierung: Das Europäische Semester als Instrument wirtschaftspolitischer Koordination in der EU, FS Schwarze, 2014, S. 594 ff.; J. Gundel, Die europäischen Instrumente zur Überwindung der Staatsschuldenkrise, in: P. Hilpold/W. Steinmair (Hrsg.), Neue europäische Finanzarchitektur, 2014, S. 89 ff.; D. Triantafyllou, „Nachholende“ Wirtschaftsregierung unter der Gewalt des Geldes, in: E. Pache (Hrsg.), Grundlagen aktuelle Entwicklungen und Perspektiven der Europäischen Währungsunion, 2012, S. 145 ff.; H. Schneider, Die „Europäische Wirtschaftsregierung“, ZöR 2012, S. 315 ff.; C. Antpöhler, Emergenz der europäischen Wirtschaftsregierung – Das Six Pack als Zeichen supranationaler Leistungsfähigkeit, ZaöRV 72 (2012), S. 353 ff.; J. Bast/F. Rödl, Jenseits der Koordinierung? Zu den Grenzen der EU-Verträge für eine europäische Wirtschaftsregierung, EuGRZ 2012, S. 269 ff.

97 Zu diesem Grundsatz etwa G. Nicolaysen, Europarecht, Bd. I, 2. Aufl., 2002, S. 71 ff.

erheblich schwieriger gestaltet als zunächst vermutet.[98] Gleichwohl hat sich in der Vergangenheit gezeigt, dass die Mitgliedstaaten auf verschiedene Weise versuchen, diesen Alleinstellungsanspruch zu umgehen, insbesondere durch völkerrechtliche Abkommen, die neben dem Unionsrecht stehen. Ein prominentes Beispiel aus der Vergangenheit wird etwa durch das EuGVÜ verkörpert.[99] Aktuell wird dieser Ansatz im Rahmen des sog. Fiskalpakts verfolgt.[100]

Zu solchen Instrumenten wird in erster Linie dann gegriffen, wenn es nicht gelingt, Einigkeit zwischen allen Mitgliedstaaten herzustellen.[101] Dennoch handelt es sich hier um ein ernst zu nehmendes Ausweichmanöver, denn zum einen kennt das Unionsrecht Mechanismen wie z. B. die verstärkte Zusammenarbeit gem. Art. 20 EUV[102], die helfen sollen, derartige Ausweichmanöver zu verhindern; zum anderen üben die Mitgliedstaaten mit völkerrechtlichen Seitenverträgen erheblichen Druck auf die Unionsstrukturen aus. Freilich ließe sich auch hierin eine Innovation sehen, die dazu dient, politische Problemlagen und komplizierte rechtliche Abstimmungsmodi zu vermeiden. Ob aber die Außerachtlassung oder das bewusste Ignorieren von Basisinnovationen der EU wie etwa der supranatio-

---

98 EuGH Gutachten 2/13 v. 18.12.2014, Rs. C-2/13, EU:C:2014:2454.; eingehend dazu J. P. Terhechte, in: H. von der Groeben/J. Schwarze/A. Hatje (Hrsg.), Europäisches Unionsrecht, 7. Aufl., 2015, Vorb. GRC, Rn. 13; s. auch ders., Kohärenz und Autonomie – Die Unionsgrundrechte nach dem Beitritt der EU zur EMRK, in: J. Iliopoulos-Strangas/V. Pereira da Silva/M. Potacs (Hrsg.), Die Grundrechte in Europa vor und nach dem Beitritt der EU zur EMRK, SIPE Bd. 8, 2013, S. 23 ff.

99 Europäisches Übereinkommen über die gerichtliche Zuständigkeit und die Vollstreckung gerichtlicher Entscheidungen in Zivil- und Handelssachen v. 27. 09. 1968, BGBl. 1972 II S. 774; dazu P. Oberhammer/C. Koller/M. Slonina, Zuständigkeit sowie Anerkennung und Vollstreckung von Entscheidungen in Zivil- und Handelssachen, in: S. Leible/J. P. Terhechte (Hrsg.), Europäisches Rechtsschutz- und Verfahrensrecht, Enzyklopädie Europarecht Bd. 3, 2014, § 15, Rn. 2 ff.

100 Dazu R. Uerpmann-Wittzack, Völkerrecht als Ausweichordnung – das Beispiel der Euro-Rettung, in: A. Hatje (Hrsg.), Die Einheit des Unionsrechts im Zeichen der Krise, EuR-Beiheft 2/2013, S. 49 ff.; S. Peers, Towards a New Form of EU Law? The Use of EU Institutions Outside the EU Legal Framework, European Constitutional Law Review 9 (2013), S. 37 ff.

101 Eingehend dazu V. Skouris, Der Gerichtshof der Europäischen Union und die Finanz- und Schuldenkrise – neue Rechtsgrundlagen, neue Zuständigkeiten und Zukunftsaussichten, FS Schwarze, 2014, S. 751 ff. (756 ff.).

102 Dazu jüngst U. Becker, Die Entwicklung der differenzierten Integration, FS Schwarze, 2014, S. 790 ff.

nalen Methode wirklich als richtiger Schritt angesehen werden kann, ist zu bezweifeln.

II. Unilaterale Sonderwege

Das Unionsrecht verdankt seinen Innovationserfolg insbesondere auch der Tatsache, dass es stets gelungen ist, die Einheit und Autonomie der unionalen Rechtsordnung trotz mannigfaltiger Anfechtungen zu bewahren.[103] Zwar hatte das Unionsrecht immer wieder mit unilateralen Sonderwegen zu kämpfen und sieht mit der Möglichkeit, den Verträgen Protokolle (vgl. Art. 51 EUV) und Erklärungen beizufügen, auch Instrumente vor, mit diesen Sonderwegen umzugehen.[104] Gegenwärtig ist aber zu beobachten, dass die Problematik des Unilateralismus ungeahnte Ausmaße erreicht,[105] insbesondere weil der Austritt von Mitgliedstaaten nunmehr ernsthaft zur Debatte steht.

Das Unionsrecht hat diese Situation offenbar kommen sehen und mit dem durch den Lissabonner Vertrag neu verankerten Austrittsrecht (Art. 50 EUV) die Grundlagen für „geordnete Austritte“ aus der EU geschaffen.[106] Indes hilft insbesondere in Anbetracht der Situation in Griechenland Art. 50 EUV nicht weiter. Griechenland will weder aus der EU

---

103 Zu den jeweiligen Überwindungen der Integrationskrisen s. A. Hatje/S. von Förster, Historische Entwicklung der Europäischen Union, in: A. Hatje/P.-C. Müller-Graff (Hrsg.), Europäisches Organisations- und Verfassungsrecht, Enzyklopädie Europarecht Bd. 1, 2014, § 6, Rn. 50 ff.; zur Bedeutung der Einheit des Unionsrechts s. auch A. Hatje, Loyalität als Rechtsprinzip in der Europäischen Union, 2011, S. 28 ff.

104 Zum Beispiel das Protokoll Nr. 30 über die Anwendung der Charta der Grundrechte auf Polen und das Vereinigte Königreich ABl. 2010 C 83, 313; dazu J. P. Terhechte, Konstitutionalisierung und Normativität der europäischen Grundrechte, 2011, S. 69 ff. m. w. N.

105 Zu den aktuellen Gefährdungen dieses Grundsatzes etwa M. Nettesheim, Einheit des Unionsrechts – ein überholtes Paradigma?, EuR-Beiheft 2/2013, S. 7 ff. (13); A. Hatje, Rechtsgemeinschaft und differenzierte Integration, in: P. Behrens/M. Kotzur/K. Lammers (Hrsg.), Sechs Dekaden europäischer Integration – Eine Standortbestimmung, 2015, S. 56 ff. (58 f.); in demselben Band P.-C. Müller-Graff, Ist die Europäische Union noch eine Rechtsgemeinschaft? Anmerkungen aus juristischer Sicht, S. 136 ff.

106 Monographisch dazu S. Lechner, Das Austrittsrecht im Vertrag von Lissabon, 2009; s. auch T. Bruha/C. Nowak, Recht auf Austritt aus der EU?, AVR 42 (2004), 1 ff.; J. P. Terhechte, Der Vertrag von Lissabon: Grundlegende Verfas-

noch aus dem Euro-Verbund austreten. Es geht hier vielmehr um die Frage, ob man einzelnen Euro-Staaten fiskalische Sonderwege gewährt oder nicht. Ernsthaft diskutieren wird man in den nächsten Monaten über einen EU-Austritt aber in Großbritannien (sog. Brexit). Sollte eine Abstimmung hier zu einem Votum für einen Austritt des Vereinigten Königreichs aus der EU führen, wären die Folgen für den Integrationsprozess unabsehbar.

III. Die offene Finalität des Integrationsprozesses

Ein besonderes Problem für die Innovationskraft der Union stellt ihre häufig bemühte „offene Finalität“ dar.[107] Stand am Anfang des Integrationsprozesses verbreitet die Vorstellung, dass die europäische Integration langfristig in einem europäischen Bundesstaat münden wird[108], so hat man sich recht schnell von diesem Ziel gelöst. Stattdessen wird heute nahezu einmütig von der „offenen Finalität“ des Integrationsprozesses gesprochen.[109] Diese Metapher, die letztlich wohlklingend defensiv verdeutlichen soll, dass man sich inmitten eines Prozesses befindet, von dem keiner weiß, wohin er führt, hat es in der Vergangenheit erlaubt, die Zustimmung der EU-Mitgliedstaaten für weitere Integrationsschritte zu erhalten, die auf einem klaren Weg in Richtung eines europäischen Bundesstaates nicht erteilt worden wäre.

Heute markiert die „offene Finalität“ allerdings ein nicht mehr länger hinnehmbares Defizit, das Überlegungen zu Reformen der EU ausbremsen kann. Denn hinter der offenen Finalität steht heute weniger das Bemühen, eine voreilige und damit schädliche Festlegung auf eine Gestaltform der EU zu vermeiden, als offen zu Tage tretende Konzeptlosigkeit. Wer aber

---

sungsurkunde der europäischen Rechtsgemeinschaft oder technischer Änderungsvertrag?, EuR 2008, S. 143 ff. (151).

107 Dazu bereits H.-P. Ipsen, Europäisches Gemeinschaftsrecht, 1972, S. 1051 ff.

108 C. F. Ophüls, Juristische Grundgedanken des Schumanplanes, NJW 1951, S. 289 ff.; s. auch W. Hallstein, Der unvollendete Bundesstaat, 1969.

109 Dazu etwa H.-P. Ipsen, Europäisches Gemeinschaftsrecht, 1972, S. 1050 ff.; s. auch C. D. Classen, Zur offenen Finalität der europäischen Integration, in: A. Hatje/P.-C. Müller-Graff (Hrsg.), Europäisches Organisations- und Verfassungsrecht, Enzyklopädie Europarecht, Bd. 1, § 37; U. Haltern, Finalität, in: A. von Bogdandy/J. Bast (Hrsg.), Europäisches Verfassungsrecht, 2. Aufl., 2009, S. 279 ff.

ist bereit, weitere Souveränitätseinbußen hinzunehmen und weitere Kompetenzen zu verlagern, wenn unklar ist, wohin das Ganze führt?

Die mitunter als anachronistisch gedeutete Befassung des Bundesverfassungsgerichts mit der klassischen Bundesstaatstheorie kann daher auch nicht verwundern,[110] denn das Gericht musste einen Maßstab für sein Lissabon-Urteil entwickeln und eine Theorie, die von einer „offenen Gestaltform ohne Staatlichkeitspräjudiz" ausgeht, eignet sich hierzu offenkundig nicht. Es scheint daher die Zeit zu kommen, in der grundsätzliche wissenschaftliche Debatten über die Zukunft der EU geführt werden müssen.

IV. Europarechtswissenschaftliche Abschottungsdiskurse als Innovationshemmnisse

Innovationen sind auch seitens der Wissenschaft auf Strukturen angewiesen; insbesondere wird es hier auf eine gewisse Breite und Offenheit der entsprechenden Diskurse ankommen. Aus dieser Perspektive stellen hermetisch abgeschlossene Diskussionsräume ebenso eine Gefahr für Innovationen dar wie eintönige oder eindimensionale Debatten. Die deutsche Europarechtswissenschaft muss sich diesbezüglich – vor allem rückblickend – Kritik gefallen lassen.[111] Zum einen ist hier seit jeher eine allzu einseitige, geradezu eschatologische, Heilserwartung auf das Projekt „Europa" projiziert worden, die kritische Diskussionen eigentlich bis Mitte der 1990er Jahre fast unmöglich machte und so möglicherweise auch wissenschaftliche Debatten verhinderte. Zum anderen wurden – z. T. bewusst – die Diskussionszirkel klein gehalten, die so mitunter mehr die Formen von „Glaubensbruderschaften" annahmen. Sicher sind hier auch beeindruckende Forschungsleistungen zu verzeichnen, wie etwa das bahnbrechende

---

110 Ähnlich F. Schorkopf, Die Europäische Union im Lot – Karlsruhes Rechtsspruch zum Vertrag von Lissabon, EuZW 2009, S. 718 ff. (724).

111 Zur Entwicklung der Europarechtswissenschaft in Deutschland s. etwa A. von Bogdandy, Beobachtungen zur Wissenschaft vom Europarecht. Strukturen, Debatten und Entwicklungsperspektiven der Grundlagenforschung zum Recht der Europäischen Union, Der Staat 40 (2003), S. 3 ff.; I. Pernice, Europarechtswissenschaft oder Staatsrechtslehre? Eigenarten und Eigenständigkeit der Europarechtslehre, in: H. Schultze-Fielitz (Hrsg.), Staatsrechtslehre als Wissenschaft, Die Verwaltung, Beiheft 7 (2007), S. 225 ff.; D. Thym, Zustand und Zukunft der Europarechtswissenschaft in Deutschland, EuR 2015, S. 671 ff.

Werk Hans Peter Ipsens zum Europäischen Gemeinschaftsrecht.[112] Bezeichnend ist gleichwohl, dass es fast vier Dekaden dauerte, bis im deutschen Sprachraum mit dem von Armin von Bogdandy herausgegebenen Band zum Europäischen Verfassungsrecht eine zweite große theoretische Untersuchung vorgelegt wurde.[113]

Erst mit der Diskussion über die Grenzen der Integration im Zuge des Vertrags von Maastricht und mit der einsetzenden Debatte über eine europäische Verfassung wurden wissenschaftliche Entwürfe sichtbar, die nicht nur einem reinen Funktionalismus verschrieben waren.[114] Fragen nach der Gestaltform der EU, der demokratischen Legitimation unionaler Hoheitsmacht[115] oder nach den Unionsgrundrechten werden erst seit dieser Zeit umfassend diskutiert. Vielleicht hat es die Europarechtswissenschaft zu lange verstanden, unter dem Deckmantel des Wirtschaftsrechts allzu kritische Anfragen an das europäische Projekt zu unterbinden, wohlwissend, dass auch Fragen im Bereich der Agrarpolitik[116] oder der Grundfreiheiten[117] seit jeher zutiefst politische Dimensionen aufweisen.

Wie lässt sich diese Diskussionskultur künftig verbessern? Damit europarechtswissenschaftliche Innovationen auch weiterhin gelingen, sollte zunächst über vergleichbare methodische Standards gesprochen werden, z. B. über eine gemeinsame Basis für rechtsvergleichende Ansätze.[118] Mit anderen Worten: Nur soweit es gelingt, aus 28 „nationalen Europarechten"

---

112 H. P. Ipsen, Europäisches Gemeinschaftsrecht, 1972.

113 A. von Bogdandy (Hrsg.), Europäisches Verfassungsrecht, 1. Aufl., 2001; A. von Bogdandy/J. Bast (Hrsg.), Europäisches Verfassungsrecht, 2. Aufl., 2009.

114 S. noch zur ersten Phase der „Europäisierungsdiskussion" C. Möllers, Der vermisste Leviathan, 2008, S. 56 ff.

115 Eingehend dazu die Beiträge von F. Schorkopf/C. Calliess/D. Grimm/C. Hillgruber/C. Möllers, in: H. M. Heinig/J. P. Terhechte (Hrsg.), Postnationale Demokratie, Postdemokratie, Neoetatismus – Wandel klassischer Demokratievorstellungen in der Rechtswissenschaft, 2013, S. 61 ff.; jüngst J. von Achenbach, Demokratische Gesetzgebung in der Europäischen Union: Theorie und Praxis der dualen Legitimationsstruktur europäischer Hoheitsgewalt, 2014.

116 Dazu etwa I. Härtel, Europäisches Agrarverwaltungsrecht, in: J. P. Terhechte (Hrsg.), Verwaltungsrecht der EU, 2012, § 37; A. Leidwein, Europäisches Agrarrecht, 2. Aufl., 2004; J. A. Usher, EC Agricultural Law, 2001.

117 Eingehend zu den Grundfreiheiten s. die Beiträge in: P.-C. Müller-Graff (Hrsg.), Europäisches Wirtschaftsordnungsrecht, Enzyklopädie Europarecht Bd. 4, 2014, §§ 1-7.

118 Dazu etwa A. Schwartze, Die Rechtsvergleichung, in: K. Riesenhuber (Hrsg.), Europäische Methodenehre, Handbuch für Ausbildung und Praxis, 3. Aufl., 2015, § 4, S. 53 ff.; H.-W. Daig, Zu Rechtsvergleichung und Methodenlehre im Europä-

ein gemeineuropäisches Europarecht zu formen, können auch die entsprechenden europarechtlichen Diskurse besser gelingen.[119] Es ist in diesem Kontext z. B. bis heute zu beobachten, dass etwa die „Verfassungsdebatte" ein recht deutsches Phänomen ist und in Frankreich oder dem Vereinigten Königreich bei weitem nicht so viel Aufmerksamkeit erfährt wie in der deutschsprachigen europarechtlichen Forschung. Umgekehrt tut sich die deutsche Europarechtswissenschaft nach wie vor schwer damit, Impulse aus anderen europäischen Rechtsordnungen zu verarbeiten, so ist etwa der Begriff der „Accountability" im deutschen Recht bis dato kaum anschlussfähig, spielt aber im Vereinigten Königreich und allgemein im anglo-amerikanischen Rechtskreis und in der dortigen europarechtlichen Debatte eine wichtige Rolle.[120]

Erste Ansätze, wie man den skizzierten Problemen auch institutionell beikommen kann, sind zu verzeichnen, etwa durch die Etablierung von Forschungsnetzwerken, wie z. B. dem ReNEUAL-Netzwerk[121] oder Netzwerken im europäischen Privatrecht[122] bis hin zu europäischen Forschungsvereinigungen wie der Societas Iuris Publici Europaei (SIPE)[123].

V. Grenzen der Innovation durch mitgliedstaatliches Recht?

Schließlich ist der Frage nachzugehen, ob sich das mitgliedstaatliche Recht in bestimmten Situationen auch als Grenze der Innovationen im und durch das Unionsrecht erweisen kann. Diese Situation charakterisiert z. B. momentan die Frage, ob die EZB mit ihrem OMT-Beschluss[124] möglicherweise die Grenzen des nationalverfassungsrechtlich zulässigen Innovati-

---

ischen Gemeinschaftsrecht, in: H. Bernstein u. a. (Hrsg.), FS Zweigert, 1981, S. 395 ff.

119 A. Hatje/P. Mankowski, „Nationale Unionsrechte" – Sprachgrenzen, Traditionsgrenzen, Systemgrenzen, Denkgrenzen, EuR 2014, S. 155 ff.

120 Zur zentralen Rolle der Figur der „Accountability" im englischen Recht s. etwa A. Tomkins, Public Law, 2003, S. 170 ff.; für das Unionsrecht s. etwa C. Harlow, Accountability in the European Union, 2002; s. auch C. Möllers/J. P. Terhechte, in: J. P. Terhechte (Hrsg.), Verwaltungsrecht der EU, 2011, § 40, Rn. 15 ff.

121 Research Network on European Administrative Law, online unter: renaul.eu.

122 Z. B. das European Law Institute, www. http://www.europeanlawinstitute.eu.

123 Societas Iuris Publici Europaei, www.sipe-online.eu.

124 BVerfG, Vorlagebeschluss v. 14.1.2014, 2 BvR 2728/13; NJW 2014, S. 907 ff.; kritisch dazu F. Mayer, Rebels without a cause? Zur OMT-Vorlage des Bundesverfassungsgerichts, EuR 2014, S. 473 ff.

ven überschritten hat. Der EuGH hatte hier aus der Perspektive des Unionsrechts bekanntlich keine Bedenken.[125] Die Entscheidung des BVerfG bleibt abzuwarten. Deutlich wird hier aber, dass viele Konflikte zwischen dem mitgliedstaatlichen Recht und dem Unionsrecht als „Innovationskonflikte“ dechiffriert werden können, auch wenn sich die Vorzeichen verändert haben. Hatte die Rechtsprechung der nationalen Höchstgerichte in den 1980er Jahren noch zu Impulsen und damit Innovationen auf der Ebene des Gemeinschaftsrechts geführt (z. B. die Entwicklung der Gemeinschaftsgrundrechte), kann heute eher eine skeptische Haltung gegenüber Innovationen auf der Ebene der EU beobachtet werden, die auch zu einer immer klareren Betonung der Integrationsgrenzen durch das BVerfG geführt hat. Anzumerken ist allerdings, dass bislang alle formulierten Grenzen und Verfahren zu ihrer Sicherung theoretischer Natur geblieben sind, was insbesondere für die vom BVerfG entwickelte Ultra-vires-Kontrolle und die Identitätskontrolle gilt.[126]

D. Mögliche Innovationsschritte

Angesichts der aufgezeigten Probleme wird man langfristig nicht umhin kommen, auf der Ebene des Unionsrechts Innovationsschritte zu gehen, will man das Projekt der europäischen Einigung nicht insgesamt gefährden.[127] Zum einen wird es darum gehen, eher verdunkelnde „Containerbegriffe“ der Europarechtswissenschaft bzw. des unionsrechtlichen Diskurses endgültig zu verabschieden. Zum anderen sind neue – konkrete – Entwürfe für den Fortgang des Integrationsprozesses zu skizzieren. Im Folgenden soll hierbei insbesondere auf die Frage der „Gestaltform“ der EU[128], die Notwendigkeit einer europäischen Regierung, Fragen der demokratischen Legitimation, die Zukunft der Gemeinsamen Außen- und Sicherheitspolitik und schließlich die Weiterentwicklung der EU-Wirtschaftspolitik eingegangen werden.

---

125 S. EuGH Rs. C-62/14, EU:C:2015:400; s. auch SchlA Generalanwalt P. Cruz Villalón, v. 14.1.2015, Rs. C-62/14, EU:C:2015:7; EuGRZ 2015, S. 105 ff.

126 S. o. (Fn. 58), jüngst BVerfG, Beschluss v. 15. 12. 2015, 2 BvR 2735/14.

127 Siehe dazu J. P. Terhechte, Eine immer engere Union der Völker Europas, Wirtschaftsdienst 2015, S. 599 ff. (602).

128 Begriff nach H. P. Ipsen, Europäisches Gemeinschaftsrecht, 1972, S. 1050 ff.

Die Konzentration auf diese eher grundsätzlichen Themen hat einen guten Grund, denn bislang hat die Entwicklung eines „konstitutionellen Innovationsrahmens", der letztlich durch das europäische Verfassungsrecht abgesteckt wird, immer dafür gesorgt, dass auch „Detailinnovationen" erfolgen konnten bzw. in das nationale Recht transportiert wurden. Es darf deshalb vermutet werden, dass nur wenn es weiterhin gelingt, die große Perspektive zu erhalten, auch künftig Innovationen im Detail glücken können. Mit anderen Worten: Fortentwicklungen auf der Makroebene der Integration bedingen auch sehr wahrscheinlich Innovationserfolge auf der Mikroebene.

I. Gestaltform der EU

Wie bereits erwähnt, führt die „offene Finalität" heute zu erheblichen Problemen. Doch was kann an die Stelle dieser Worthülse treten? Es liegt auf der Hand, dass man sich hier mit Modellen wie dem „supranationalen Föderalismus", dem „Staatenverbund", der „Konföderation" oder eben doch dem „Bundesstaat" auseinanderzusetzen hat.[129] Die hinlänglich bekannten Diskussionen über einen „supranationalen Föderalismus"[130] und der Begriff des „Staatenverbundes"[131] haben hier innerhalb der Europarechtswissenschaft bzw. in der Rechtsprechung des BVerfG erhebliche Bedeutung erlangt.[132] Beide Ansätze stehen letztlich für den Versuch, eine organisationsverfassungsrechtliche Kategorie für die EU zu finden, die jenseits der klassischen Ansätze der Staatslehre verortet ist. Das BVerfG hat in seinem Lissabon-Urteil darüber hinaus von einer „Vertragsunion souveräner Staa-

129 A. Hatje, Demokratie in der Europäischen Union – Plädoyer für eine parlamentarisch verantwortliche Regierung der EU, in: ders. (Hrsg.), Verfassungszustand und Verfassungsentwicklung der Europäischen Union, EuR-Beiheft 2/2015, S. 39 ff. (49).

130 Dazu nur A. von Bogdandy, Supranationaler Föderalismus als Wirklichkeit und Idee einer neuen Herrschaftsform, 1999.

131 Eingehend dazu P. Kirchhof, Der europäische Staatenverbund, in: A. von Bogdandy/J. Bast (Hrsg.), Europäisches Verfassungsrecht, 2. Aufl., 2009, S. 1009 ff.; s. auch BVerfGE 89, 155 (183 ff.).

132 Allgemein zu den Integrationstheorien A. Grimmel/C. Jakobeit, Die integrationstheoretischen Grundlagen des Europarechts, in: A. Hatje/P.-C. Müller-Graff (Hrsg.), Europäisches Organisations- und Verfassungsrecht, Enzyklopädie Europarecht, Bd. 1, 2014, § 2.

ten" gesprochen, ohne, dass damit eine Abgrenzung zum Begriff des Staatenverbundes intendiert wurde.[133] Es ist aber offenbar, dass keiner dieser Begriffe auf ungeteilte Zustimmung in Wissenschaft und Rechtspraxis gestoßen ist.

Deshalb mag es auch wenig innovativ wirken, über einen europäischen Bundesstaat oder gar die „Vereinigten Staaten von Europa" nachzudenken. Warum sollte ein supranationales Projekt wieder in einem Staat münden? Und doch wird man sich künftig noch stärker mit ebensolchen Gedanken beschäftigen müssen. Die grundlegenden Fragen nach der Zukunft der GASP, der demokratischen Legitimation der EU oder dem supranationalem Charakter aller Bereiche des Unionsrechts können letztlich nur beantwortet werden, wenn eine breit angelegte Verständigung darüber erzielt wird, welche Gestaltform die EU haben soll. Das Unionsrecht ist diesbezüglich recht „innovationsoffen" und so muss man sich ebenso mit den Bedingungen zur Gründung eines europäischen Bundesstaates beschäftigen wie mit der Möglichkeit, dass ursprüngliche Innovationen des EU-Rechts eine Art „Setback" oder Rückbau erleiden könnten.

Angesichts derart grundlegender Anfragen an das Projekt der europäischen Integration wird deutlich, dass ohne einen offenen Diskurs eine Weiterentwicklung der Union nicht gelingen kann. Hierbei müssen Scheuklappen und Denkverbote vermieden werden.[134] Zu beachten ist schließlich auch, dass schon die Präambel zum EUV sowie Art. 1 EUV letztlich einen normativen Auftrag zur stetigen Weiterentwicklung der EU enthalten – über ihre Zukunft nachzudenken, ist daher nicht nur ein Stück weit Rechtspolitik, sondern ein normativ vermittelter Auftrag des Unionsrechts und damit eine wichtige Aufgabe der (Europa-) Rechtswissenschaft.[135]

II. Europäische Regierung

Mit der Frage nach der „Gestaltform" ist zugleich die Frage nach der Regierungsform bzw. der Stellung der Regierung aufgeworfen. In der EU ist die Regierungsfunktion inzwischen in gewisser Weise aufgespalten: Sie wird durch die Europäische Kommission und durch den Rat wahrgenom-

---

133 Eingehend dazu J. P. Terhechte (Fn. 2).

134 Dazu jüngst mit deutlichen Worten A. Hatje (Fn. 129), S. 49.

135 So auch A. Hatje (Fn. 129), S. 49.

men.[136] Dieses Arrangement war ursprünglich anders, insbesondere die Hohe Behörde bzw. die Europäische Kommission fungierten in weiten Teilen als (supranationale) Regierung.[137] Der Einfluss der Kommission wurde aber in vielen Bereichen zugunsten des Rates zurückgedrängt, sodass es heute an einer schlagkräftigen Gubernative in der EU fehlt. Die entsprechenden Vorschläge (Stichwort: Wirtschaftsregierung) liegen zwar schon länger auf dem Tisch, Initiativen, sie durch Änderungen in der institutionellen Struktur der EU umzusetzen, sind dagegen kaum noch erkennbar.

Sollte eine europäische Regierung aber Wirklichkeit werden, wird man sicher in einem nächsten Schritt nicht umhinkommen, über die demokratische Legitimation und Kontrolle des Regierungshandelns sowie die weitere institutionelle Ausgestaltung der EU nachzudenken.[138] Tatsächlich ist die Frage nach einer europäischen Regierung hinsichtlich einiger Politikfelder und Innovationen von höchster Bedeutung, etwa im Rahmen der Außen- und Sicherheitspolitik oder im Bereich der Wirtschaftspolitik. Solange es etwa der EZB an einem Gegengewicht in Form einer echten europäischen Regierung fehlt, werden die europäischen Gerichte nahezu zwangsläufig in Konfrontationen hineingezwungen, in denen sie wenig gewinnen, aber alles verlieren können.[139] Hier zeigt sich, dass Innovationen auf der europäischen Ebene mitunter nur von Bestand sein können, wenn das institutionelle Arrangement auch mit dem Fluss der Innovationen und Politikgestaltungen mithält.

---

136 C. Ziegenhorn, in: E. Grabitz/M. Hilf/M. Nettesheim (Hrsg.), Recht der EU, Art. 16 EUV, Rn. 24 ff., (51. EL. 2013); I. Härtel, Gesetzgebungsordnung der Europäischen Union, in: A. Hatje/P.-C. Müller-Graff (Hrsg.), Europäisches Organisations- und Verfassungsrecht, Enzyklopädie Europarecht Bd. 1, 2014, § 11, Rn. 103 ff.

137 E. Poullet/G. Deprez, Struktur und Macht der EG Kommission: die Kommission im System der Europäischen Gemeinschaft, 1976; H. P. Ipsen, Europäisches Gemeinschaftsrecht, 1972, S. 360 ff.

138 Dazu eingehend A. Hatje (Fn. 129).

139 Exemplarisch ist die Auseinandersetzung um den OMT-Beschluss des BVerfG, kritisch dazu etwa J. Bast, Don't Act Beyond Your Powers: The Perils and Pitfalls of the German Constitutional Court's Ultra Vires Review, German Law Journal 15 (2014), S. 168 ff. (180); M. Wendel, Kompetenzrechtliche Grenzgänge: Karlsruhes Ultra-vires-Vorlage an den EuGH, ZaöRV 74 (2014), S. 615 ff.

III. Demokratische Legitimation

Eine weitere wichtige Diskussion, wenn nicht *die* Diskussion, der letzten Jahre ist die Frage nach der demokratischen Legitimation des Unionshandelns und auch der demokratischen Legitimation weiterer Kompetenzübertragungen der Mitgliedstaaten auf die europäische Ebene.[140] Insbesondere im Lichte der Rechtsprechung des BVerfG hängt von der Frage der demokratischen Legitimation fast jeder neue Schritt – und damit jede Innovation größeren Ausmaßes – ab.

Umso bedauerlicher ist es, dass diese Frage bei aller Diskussion kaum weiter voran gebracht wurde. Die Rechtswissenschaft tut sich schwer mit neuen Demokratiekonzepten, deshalb kann es aus der Sicht des Unionsrechts eigentlich nur eine Antwort auf das „Demokratieproblem" geben: Die Union braucht eine eigene Quelle demokratischer Legitimation, die insbesondere losgelöst von der mitgliedstaatlich vermittelten Legitimation zu suchen ist.[141] Insoweit wird man über die Modi zur Wahl des EP und die Rolle des EP im institutionellen Gefüge nachdenken müssen.[142] Insbesondere die breitflächige Implementierung des ordentlichen Gesetzgebungsverfahrens (Art. 289 AEUV) könnte wichtige Impulse aussenden. Innovativ könnten zudem grenzüberschreitende Wahlkreise, neue Verfahren zur Sicherung politischer Verantwortung und eine weitergehende demokratische Kontrolle der Kommission durch das EP sein. Auch ein eigenes und umfassendes Initiativrecht des EP könnte in diesem Zusammenhang eine wichtige Rolle spielen.

---

140 S. dazu etwa die Beiträge in H.-M. Heinig/J. P. Terhechte (Hrsg.), Postnationale Demokratie, Postdemokratie, Neoetatismus. Wandel klassischer Demokratievorstellungen in der Rechtswissenschaft, 2013; ausführlich auch jüngst A. Hatje (Fn. 129).

141 Zu den entsprechenden Vorschlägen eingehend etwa C. Franzius/U. K. Preuß, Die Zukunft der europäischen Demokratie, 2012.

142 Hiermit ist nicht zuletzt ein Perspektivwechsel in den gängigen „Demokratiedebatten" verbunden, s. dazu J. P. Terhechte, Wandel klassischer Demokratievorstellungen in der Rechtswissenschaft – Europäisierung und Internationalisierung als Herausforderung", in: H. M. Heinig/J. P. Terhechte (Hrsg.), Postnationale Demokratie, Postdemokratie, Neoetatismus – Wandel klassischer Demokratievorstellungen in der Rechtswissenschaft, 2013, S. 193 ff.

IV. Gemeinsame Außen- und Sicherheitspolitik

Die Etablierung einer Gemeinsamen Außen- und Sicherheitspolitik (Art. 23 ff. EUV) galt eigentlich als ein wesentlicher Innovationsschritt für die EU.[143] Die GASP sollte die politische Union ein großes Stück voran bringen, so dachte man zumindest. Heute ist sie häufig kaum noch wahrnehmbar, obwohl ein europäischer auswärtiger Dienst (EAD) aufgebaut wurde, der zu einer institutionellen Stabilisierung der GASP führen sollte.[144] Auch das Amt des Außenbeauftragten wurde eigentlich – so zumindest die Intention – aufgewertet (vgl. Art. 18 EUV).[145] Tatsächlich ist die EU aber kaum in der Lage, eine Außenpolitik jenseits einer Außenwirtschaftspolitik zu verfolgen. Dies zeigt die Ukraine-Krise ebenso wie die Konflikte im Nahen Osten.

Welche neuen Schritte können hier gegangen werden? Sicher stellt die Doppelfunktion des Außenbeauftragten ein Problem dar (s. Art. 18 Abs. 4 EUV), das man durch eine Änderung der vertraglichen Grundlagen lösen könnte, wie auch die GASP zumindest näher an die supranationale Methode herangeführt werden müsste. Erste Schritte in diese Richtung sind durch den EuGH in entsprechenden Urteilen zu Individualsanktionen gem. Art. 215 AEUV bereits unternommen worden.[146] Und schließlich wird man sich auch in diesem Bereich festlegen müssen, ob die EU künftig wirklich mit einer Stimme nach außen sprechen soll – so zumindest bis-

---

143 S. dazu etwa J. P. Terhechte, in: J. Schwarze (Hrsg.), EU-Kommentar, 3. Aufl., 2012, Art. 23 EUV, Rn. 3 ff.

144 P.-C. Müller-Graff, The European External Action Service: Challenges in a Complex Institutional Framework, in: I. Govaere/E. Lennon/P. Van Elsuwege/S. Adam (Hrsg.), The European Union in the World. Essays in Honour of Marc Maresceau, 2014, S. 117 ff.; zum EAD s. auch F. Kruse, Der Europäische Auswärtige Dienst zwischen intergouvernementaler Koordination und supranationaler Repräsentation, 2014; J. Lieb, Diplomatie jenseits des Staates: die Außenvertretung gegenüber Drittstaaten und der Europäische Auswärtige Dienst, 2013; B. van Vooren/R. A. Wessel, EU External Relations Law. Text, Cases and Materials, 2014, S. 19 f.; P. Koutrakos, The EU Common Security and Defence Policy, 2013, S. 47 f.; C. Sichel, Die Gründung des Europäischen Dienstes als EU-Organ – gleichzeitig eine kleine Ordnung der EU-Verwaltungsorganisation, EuR 2011, S. 447 ff.

145 J. P. Terhechte, in: J. Schwarze (Hrsg.), EU-Kommentar, 3. Aufl., 2012, Art. 24 EUV, Rn. 4.

146 EuGH verb. Rs. C-402/05 und C-415/05, Kadi/Rat und Komm. und Al Barakaat /Rat und Komm., Slg. 2008, I-6351.

lang die Fiktion –, oder ob sich die EU als „plurales Gebilde mit vielen Meinungen“ präsentieren will. Dies hängt letztlich auch von dem allgemeinen methodischen Ansatz im Rahmen der GASP ab. Solange hier der intergouvernementale Modus vorherrscht, ist ein einheitlicher Außenauftritt nur schwer zu erreichen.

V. Europäische Wirtschaftspolitik

Schließlich soll noch auf notwendige Innovationen im Bereich der europäischen Wirtschaftspolitik hingewiesen werden. Bekanntlich sind im Zuge der Staatsschuldenkrise zahlreiche neue Rechtsakte (insbesondere das sog. Six-Pack)[147] erlassen worden, die auch zu Innovationen geführt haben.[148] Allerdings tritt auch hier offen zutage, was bereits an anderen Stellen deutlich wurde. Offenbar setzt die EU verstärkt auf „intergouvernementale Rezepte“ und lässt sowohl das Europäische Parlament als auch die Euro-

---

147 Damit sind sechs Sekundärrechtsakte gemeint, die neue Verfahrensregelungen für die Wirtschafts- und Währungsunion eingeführt haben, vgl. VO (EU) Nr. 1173/2011 des Europäischen Parlaments und des Rates v. 16. 11. 2011 über die wirksame Durchsetzung der haushaltspolitischen Überwachung im Euro-Währungsgebiet, ABl. EU L 306/1; VO (EU) 1174/2011 des Europäischen Parlaments und des Rates v. 16. 11. 2011 über Durchsetzungsmaßnahmen zur Korrektur übermäßiger makroökonomischer Ungleichgewichte im Euro-Währungsgebiet, ABl. EU L 306/8; VO (EU) Nr. 1175/2011 des Europäischen Parlaments und des Rates v. 16. 11. 2011 zur Änderung der VO (EG) Nr. 1466/97 des Rates über den Ausbau der haushaltspolitischen Überwachung und der Überwachung und Koordinierung der Wirtschaftspolitiken, ABl. EU L 306/12; VO (EU) 1176/2011 des Europäischen Parlaments und des Rates v. 16. 11. 2011 über die Vermeidung und Korrektur makroökonomischer Ungleichgewichte, ABl. EU L 306/25; RL 2011/85/EU des Rates v. 8. 11. 2011 über Anforderungen an die haushaltspolitischen Rahmen der Mitgliedstaaten, ABl. EU L 306/41; VO (EU) Nr. 1177/2011 des Rates v. 8. 11. 2011 zur Änderung der Verordnung (EG) Nr. 1467/97 über die Beschleunigung und Klärung des Verfahrens bei einem übermäßigen Defizit, ABl. EU L 306/33.

148 Dazu etwa A. Hatje, Auf dem Weg zu einer europäischen Wirtschaftsregierung: Das Europäische Semester als Instrument wirtschaftspolitischer Koordination in der EU, in: U. Becker/A. Hatje/M. Potacs/N. Wunderlich (Hrsg.), FS Schwarze, 2014, S. 594 ff.; K. Armstrong, The New Governance of EU Fiscal Discipline, European Law Review 38 (2013), S. 601 ff.; F. Cromme, Die Einführung einer Wirtschaftsregierung der EU – ein Impuls für die fortschreitende Integration, EuR 2014, S. 448 ff.

päische Kommission außen vor.[149] Innovationen wären aber auf vielen Ebenen notwendig: Die Wirtschafts- und Währungsunion wird sich ohne eine stärker supranational ausgerichtete und demokratisch abgesicherte unionale Wirtschaftspolitik nicht dauerhaft etablieren und erst recht nicht im globalen Wettbewerb behaupten können.[150] Schon heute sind die Probleme in den Feldern Patent- und Innovationsrecht[151], Investitionsschutz[152] oder Telekommunikation und Datenschutz[153] immens. Eine Weiterentwicklung der unionalen Wirtschaftspolitik bzw. die fortdauernde Konsolidierung des Binnenmarktprojekts sind so letztlich ohne die supranationale Methode aber nicht denkbar.

E. Fazit

Das Recht konstituiert im Rahmen der EU einen weltweit einzigartigen Integrationsverbund, der einerseits als Innovator für die in ihm verbundenen nationalen Rechtsordnungen dient und andererseits selbst fortlaufend auf Innovationen angewiesen ist – also gewissermaßen Innovator in eigener Sache sein muss – , um seine durch die europäischen Verträge zugewiesenen Ziele und Aufgaben erfüllen zu können. Wohin dieser Integrationsverbund steuert, wird durch die Verträge offen gehalten, kann aber angesichts

149 Ebenda.

150 Eingehend dazu J. P. Terhechte, in: U. Häde/C. Nowak/M. Pechstein (Hrsg.), Frankfurter Kommentar zum EUV/AEUV, 2017, Art. 26 AEUV, Rn. 23 ff.

151 So etwa die Auseinandersetzung um das einheitliche Patent dazu T. Arntz, Weg frei für das Einheitspatent, EuZW 2015, 544; J. P. Terhechte, in: E. Grabitz/M. Hilf/M. Nettesheim (Hrsg.), Recht der EU, Art. 262 AEUV, Rn. 13 (53. EL 2014).

152 Dazu aktuell etwa die Diskussion über die Freihandelsabkommen TTIP und CETA, dazu F. C. Mayer/M. Ermes, Rechtsfragen zu den EU-Freihandelsabkommen CETA und TTIP, ZRP 2015, 237 ff.; S. Mayr, „Mixed“ oder „EU-only“ – Sind die Investitionsschutzbestimmungen im CETA von der Außenhandelskompetenz der EU „gedeckt“?, EuR 2015, 575 ff.; allgemein zu den Investitionsschiedsverfahren im Unionsrecht jüngst J. Ahner, Investor-Staat-Schiedsverfahren nach Europäischem Unionsrecht, 2015.

153 Etwa die Rechtsprechung des EuGH zum „Recht auf Vergessen“ gegenüber Google EuGH Rs. C-131/12, Google Spain, EU:C:2014:317 oder zum „Safe Harbor“ Abkommen mit den USA EuGH Rs. C-362/14, Schrems, EU:C:2015:650, dazu J. Kühling/J. Heberlein, EuGH „reloaded“: „unsafe harbor“ USA vs. „Datenfestung“ EU, NVwZ 2016, 7.

der rasanten globalen Entwicklungen und dem damit verbundenen gesellschaftlichen Wandel nicht offen bleiben. Den Luxus „offener Finalität" wird man zugunsten neuer und insbesondere aussagekräftigerer Konzeptionen aufgeben müssen, will man den Erfolg der europäischen Integration nicht insgesamt gefährden. Diese Diskussion muss auch um das Risiko geführt werden, dass Konflikte dann erst recht offen zutage treten könnten. Bedenklich stimmen schon heute Innovationsrückschritte wie etwa die Renaissance der intergouvernementalen Methode, die fortwährende Schwächung der Europäischen Kommission oder das Versickern ganzer Politikbereiche wie z. B. der GASP. Will die Union ihrem – verfassungsrechtlich vermittelten – Innovationsauftrag gerecht werden, so wird sie künftig ihre „Basisinnovationen" mehr verteidigen müssen, auch indem sie die Leistungsfähigkeit des jeweiligen supranationalen Instrumentariums hervorhebt und unter Beweis stellt. Das kann und sollte nicht in „Innovationskonfrontationen" mit den Mitgliedstaaten münden. Letztlich kann nur ein gemeinsames Vorgehen, wie es auch dem Geist der europäischen Verträge entspricht, die Mitgliedstaaten und die EU zukunftsfähig machen und so die wegweisenden Innovationen, die der europäische Integrationsprozess hervorgebracht hat, dauerhaft erhalten. Zugleich sind nur auf diese Weise auch weiterhin Innovationen möglich, auf die die Unionsstrukturen als Innovationsverbund gerade heute angewiesen sind.

Innovation mit Nebenwirkungen. Kommentar zum Beitrag von Jörg Terhechte

Dieter Grimm

Jörg Terhechte verdient volle Zustimmung, wenn er im Zusammenhang mit dem Europarecht von Innovation spricht. Die Europäische Union ist als politische Institution eine bedeutende, sogar präzedenzlose Innovation, das Europarecht ist höchst innovativ und hat überdies zahlreiche Innovationen im Recht der Mitgliedstaaten angestoßen. Etwas unbestimmt bleibt allerdings, was Terhechte unter „Innovation" versteht. So häufig das Wort vorkommt, so unklar ist der Begriff. Dass „Innovation" eine Neuerung sein muss, schwingt bereits im Wort mit. Die Rückgängigmachung einer Reform würde man wohl nicht als Innovation bezeichnen. Sonst wäre der Begriff gleichbedeutend mit „Veränderung" und entsprechend konturlos.

Ob aber jede Neuerung schon das Prädikat „Innovation" verdient, erscheint fraglich. Eine systemimmanente Gesetzesänderung oder Rechtsfortbildung würde man kaum als Innovation ansehen, selbst wenn sie etwas Neues bringt. Es geht wohl nicht ohne einen qualitativen Begriff, der es erlaubt, unter den zahlreichen Neuerungen die Innovationen zu identifizieren. Dafür fehlt es an Kriterien. Auch scheint für Terhechte das Wort „Innovation" durchweg positiv besetzt zu sein. Innovationen sind per se wertvoll. Indessen gibt es Innovationen, welche die Rechtsordnung nicht verbessern, sondern verschlechtern. Ob Verbesserung oder Verschlechterung mag umstritten sein oder sich erst im Lauf der Zeit herausstellen, ist aber für die Innovationsforschung nicht gleichgültig.

Damit soll Jörg Terhechte freilich nicht unterstellt werden, dass er an der Entwicklung des Europarechts nichts auszusetzen habe. Wäre das der Fall, hätte er der Europarechtswissenschaft wohl nicht vorgeworfen, zu ihrem Gegenstand zu lange ein unkritisches Verhältnis gehabt zu haben. Auch darin stimme ich mit ihm überein. Wenn sich eine Wissenschaft als Teil des von ihr beobachteten politischen Projekts versteht, verliert sie diejenige Distanz, welche Voraussetzung eines objektiven Blicks auf die Praxis ist. Das bleibt nicht ohne Folgen. So konnte sich der EuGH aufgrund des unausgesprochenen Kritikverbots lange in seiner Rechtsprechung bestätigt fühlen, weil sie stets nur als Erfolgsgeschichte erzählt wurde.

Kritik verdient allerdings auch die Staatsrechtslehre, wenngleich aus einem anderen Grund. Ihr kann man nicht mangelnde Distanz zu ihrem Gegenstand vorwerfen. Aber zu spät hat sie bemerkt, in welch tiefgreifender Weise sich ihr Gegenstand, der Staat und das nationale Verfassungsrecht, unter dem Einfluss des Europarechts veränderten. Zwar stand das Thema schon 1964 auf der Tagesordnung der Staatsrechtslehrervereinigung, also zu einer Zeit, als der EuGH seine umwälzenden Urteile in den Rechtssachen *Van Gend & Loos* und *Costa v. ENEL* fällte. Aber dessen ungeachtet blieb es lange dabei, dass Europarechtswissenschaft und Staatsrechtslehre unabhängig nebeneinander existierten, ebenfalls zum Nachteil einer kritischen Begleitung der Praxis.

Zustimmen möchte ich auch der Kritik Terhechtes daran, dass eine Diskussion über die Finalität europäischen Einigung vermieden wird („offene Finalität"). In Wirklichkeit bleibt sie ja nicht offen. Vielmehr werden unaufhörlich Integrationsschritte getan, welche die Finalitätsfrage präjudizieren, ohne dass sie thematisiert würde. So kommt es, dass die Europäer oft mit Situationen konfrontiert werden, die, als sie noch Optionen offen ließen, nicht hinsichtlich ihrer Folgen diskutiert wurden, wenn die Folgen sichtbar wurden, aber nicht mehr diskutierbar waren, sondern als Sachzwang auftraten. Die Gründung der Währungsunion 1992, bei der die jetzt aufgetretenen Probleme absehbar waren, zeigt das beispielhaft.

Viel von der seit Jahren bestehenden Europa-Aversion des Publikums findet hier seine Erklärung. Das Publikum war an den Weichenstellungen nicht beteiligt, ihren Folgen aber ausgesetzt. Das Akzeptanzproblem bricht nicht unverschuldet über die EU herein. Es macht allerdings ein Dilemma der Integration sichtbar. Hätten die Unionsbürger Gelegenheit gehabt, an den Entscheidungen mitzuwirken und hätte man sie über deren Tragweite ins Bild gesetzt, etwa die der Währungsunion, dann wäre die Integration nicht so weit fortgeschritten. Fehlende Transparenz und Partizipation waren Bedingungen des Fortschritts. Der Fortschritt war aber nicht kostenlos zu haben. Der Preis erscheint nun in Gestalt der Legitimationsschwäche des Einigungsprojekts.

Von diesen Dingen ist bei Terhechte zu wenig die Rede. Er ist erstaunt, wie „geräuscharm" unionsrechtliche Innovationen sich vollzogen haben. Aber ist das Zufall? Oder hat die Geräuschlosigkeit vielleicht ihren Grund gerade in der fehlenden Transparenz und Partizipation? Wesentliche Integrationsschritte sind nicht durch Vertragsänderungen und also in einem politischen Verfahren, sondern durch Vertragsinterpretation des EuGH und also in einem unpolitischen Verfahren erfolgt. Als Einzelfallentscheidungen eher technischer Art eines für unpolitisch gehaltenen Organs der EU angesehen, blieben sie unterhalb der Aufmerksamkeitsschwelle des Publikums und sogar der Politik, konnten, wenn ihre Folgen augenfällig wurden, aber nicht mehr revidiert werden.

Wieso nicht revidiert? Das hat etwas mit den beiden schon genannten umwälzenden Urteilen des EuGH zu tun, die auch von Terhechte als Großtaten des Gerichts angesehen werden. Inzwischen weiß man, dass ihr Effekt die „Konstitutionalisierung der Verträge“ war. Nicht dass diese zur Verfassung Europas geworden wären, die Rechtsgrundlage der EU sind nach wie vor völkerrechtliche Verträge. Aber dank der Rechtsprechung des EuGH entfalten sie nunmehr Wirkungen, wie Verfassungen sie haben. Sie sind höherrangiges Recht. Was in der Verfassung geregelt ist, ist dem politischen Entscheidungsprozess entzogen. Wahlen haben insoweit keine Bedeutung. Im konstitutionalisierten Bereich verlagert sich die Macht von den politischen Institutionen auf die Gerichte.

Warum ist das für die EU ein Problem? Um diese Frage beantworten zu können, muss man die europäischen Verträge mit Staatsverfassungen vergleichen. Dann springt der unterschiedliche Umfang ins Auge. Doch ist das nur eine Äußerlichkeit. Der Grund für den Umfang der Verträge liegt darin, dass sie sich nicht auf die einer Verfassung adäquaten Regelungen beschränken, sondern voll von Regelungen sind, die in den Mitgliedstaaten einfaches Recht wären. Während Verfassungen politisches Entscheiden regeln, die Entscheidungen selbst aber der Politik überlassen, treffen die Verträge diese Entscheidungen gleich selbst. Die für den Konstitutionalismus grundlegende Differenz zwischen Verfassungsrecht und einfachem Recht ist in der EU weithin eingeebnet.

Das ist den Gründerstaaten nicht vorzuwerfen, denn sie hatten Verträge mit völkerrechtlicher Bindungskraft im Sinn. Durch die Konstitutionalisierung hat sich das geändert. Auch Materien, die der Sache nach nicht Verfassung, sondern einfaches Recht sind, partizipieren nun am Verfassungsrang. Sie verpflichten nicht mehr nur die Mitgliedstaaten, sondern berechtigen auch die Einzelnen, namentlich die Wirtschaftsakteure, die Bindungen vor den staatlichen Gerichten gegen die Staaten durchzusetzen. Die Folge ist ein beträchtlicher Machtzuwachs der exekutiven und judikativen Organe der EU. Sie sind bei der Herstellung des Gemeinsamen Marktes nicht mehr auf die Kooperation der Mitgliedstaaten angewiesen, sondern können den Fortgang der Integration in eigene Hände nehmen.

Mit der Konstitutionalisierung hatten sich die exekutiven und judikativen Organe der EU die Möglichkeit verschafft, alle nationalen Institutionen und Regelungen, die ihnen integrationshinderlich erschienen, für europarechtswidrig zu erklären und außer Anwendung zu setzen. Der EuGH nutzte diese Möglichkeit mit missionarischem Eifer. Er verstand sich nicht als neutraler Schiedsrichter zwischen der EU und den Mitgliedstaaten, sondern als Motor der Integration. Die europäische Integration ist aufgrund dessen in erheblichem Maß das Ergebnis eines schleichenden Kompetenztransfers von den Mitgliedstaaten zur EU und folglich einer Aushöhlung des Prinzips der begrenzten Einzelermächtigung.

Dadurch, dass diese Entscheidungen in einem unpolitischen Modus fielen, verloren sie freilich nicht ihren politischen Charakter. Sie griffen vielmehr tief in die staatlichen Strukturen ein und brachten zahlreiche staatliche Ordnungskonzepte und Institutionen der Daseinsvorsorge zu Fall. Gleichzeitig sorgte die Konstititionalisierung aber dafür, dass die politischen Organe der EU die Rechtsprechung nicht durch Gesetzesänderung umsteuern konnten, wenn sie nicht ihren Intentionen beim Vertragsschluss entsprach oder schädliche Folgen zeitigte. Im konstitutionalisierten Bereich ist der EuGH gegen gesetzliche Umprogrammierung immun. Den Mitgliedstaaten bleibt nur die Möglichkeit der Vertragsänderung, die aber für „Kleinigkeiten“ wie die Korrektur einer Rechtsprechungslinie nicht zu erreichen ist.

In der durch die Konstitutionalisierung ermöglichten Verselbständigung der exekutiven und judikativen Organe der EU von den demokratischen Prozessen in den Mitgliedstaaten und der EU selbst hat das Demokratieproblem Europas seine eigentliche Wurzel. Transparenz und Partizipation fallen aus, soweit die Verselbständigung reicht. Das kommt bei Terhechte nicht vor. Daran krankt auch sein Lösungsvorschlag für die Überwindung der Integrationsschwäche, deren Ursachen er nicht in der Konstitutionalisierung („der bislang innovativste theoretische Ansatz“) sieht, sondern in der Gefährdung der innovativen Rolle des Unionsrecht, die seiner Ansicht nach „gegenwärtig so stark ist wie nie zuvor in der Geschichte der europäischen Integration“.

Sein Vorschlag besteht darin, die duale Legitimation der EU zu überwinden und das politische System Europas in eine parlamentarische Demokratie umzuwandeln. Das Europäische Parlament erhielte dann diejenigen Kompetenzen, über die nationale Parlamente üblicherweise verfügen. Die Kommission würde zur parlamentarischen Regierung Europas, „eine schlagkräftige Gubernative“. Was für den Rat, in seinen beiden Erscheinungsformen als Europäischer Rat und als Ministerrat jetzt noch das zentrale Organ der EU, übrig bliebe, wird nicht gesagt. Es ist aber klar, dass ihn die Aufwertung der anderen Organe nicht unberührt lassen könnte. Er würde zu einer Art Zweiten Kammer des Parlaments degradiert. Die Mitgliedstaaten verlören ihre Stellung als „Herren der Verträge".

Ohne es zu bemerken, tut Terhechte hier das, was er zuvor im Zusammenhang mit der Finalitätsfrage kritisiert hatte. Mit Recht fragt er: „Warum sollte ein supranationales Projekt wieder in einen Staat münden?" Aber eben das würde geschehen, wenn man seinen Vorschlägen folgte. Es ist ersichtlich das Staatsmodell, das hier Pate steht, und wenn auch noch die duale Legitimation der EU zugunsten einer europäischen Eigenlegitimation aufgegeben wird, wie er fordert, ist der Schritt zum Staat endgültig getan. Denn bei aller Unklarheit über den Verlauf der Grenze steht doch eines fest: Sie wird jedenfalls mit der Umstellung von Fremd- auf Eigenlegitimation überschritten. Man hat dann den europäischen Staat, selbst wenn man ihn nicht wollte.

Weg von der dualen Legitimation kann ja nur heißen, dass der Legitimationsstrom, der jetzt von den ihrerseits demokratischen Mitgliedstaaten ausgeht, gekappt würde. Künftig trüge die EU sich selbst. Einen solchen Vorschlag kann man sinnvollerweise nur machen, wenn man sicher ist, dass eine sich selbst tragende Union über genügend von den Mitgliedstaaten unabhängige Legitimationsressourcen verfügt, um für ihre Akzeptanz bei den Unionsbürgern nicht mehr auf die Mitgliedstaaten angewiesen zu sein. Aber wo sollen sie herkommen? Es wird wohl stillschweigend unterstellt, dass das von den Unionsbürgern direkt gewählte Parlament die nötige Legitimation vermitteln würde, wenn es erst einmal ins Zentrum der EU gerückt ist.

Indessen kommt hier zum Tragen, was schon oft gesagt worden ist: In der EU fehlt es an den gesellschaftlichen Voraussetzungen, die es einem Parlament erst erlauben, als Verbindungsglied zwischen Gesellschaft und Staat zu wirken. Es fehlt an den intermediären Institutionen und es fehlt vor allem an einem europäischen öffentlichen Diskurs, der nicht schon dadurch hergestellt wird, dass die nationalen Kommunikationsmedien über Europa berichten. Schließlich was weniger oft gesagt worden ist: Am Problem der Verselbständigung der exekutiven und judikativen Institutionen der EU von den demokratischen Prozessen als Folge der Konstitutionalisierung ginge Terhechtes Reformvorschlag völlig vorbei.

Terhechte meint, man müsse die Innovationen der EU retten, und die Urteile des EuGH sind für ihn der wichtigste Beitrag zur Integration. Aber man muss auch die europäische Integration vor einigen ihrer Innovationen retten. Die Konstitutionalisierung der Verträge, so wie sie derzeit ausgestaltet sind, gehört dazu. Wenn schon konstitutionalisiert (wogegen nichts einzuwenden ist), dann sollten sie inhaltlich auch einer Verfassung angeglichen werden. Sie müssen sich auf diejenigen Bestimmungen beschränken, die der Sache nach Verfassungsrecht sind. Kein Artikel würde dadurch geopfert. Was der Sache nach einfaches Recht ist, würde vielmehr auf die Stufe des Sekundärrechts abgesenkt und damit wieder für Entscheidungen der demokratisch legitimierten und verantwortlichen Organe geöffnet.[1]

1 Eine ausführlichere Darlegung meines Standpunkts beispielsweise in folgenden Beiträgen: Die Stärke der EU liegt in einer klugen Begrenzung, Frankfurter Allgemeine vom 11. August 2014, S. 11; Europa ja – aber welches? Merkur 2014, Heft 12, S. 1045; The democratic costs of constitutionalization, European Law Journal 21 (2015), S. 460; Auf der Suche nach Akzeptanz – über Legitimationsdefizite und Legitimationsressourcen der EU, Leviathan 43 (2015), S. 325 (alle jetzt auch in *Dieter Grimm*, Europa ja – aber welches? Zur Verfassung der europäischen Demokratie, München: Beck, 2016).

V. Teil: Emergente Technologien

Risikovorsorge durch Risikokommunikation: Die mangelnde Regelungsreife der Nanotechnologie und ihre Konsequenzen für das Recht

Arno Scherzberg

Inhalt

"We are living in the nanotechnology era. The total marked of nano-enabled products is in the range of the GNP of Germany and will further dynamically grow."[1]

A. Einleitung

Die besonderen Eigenschaften von Nanomaterialien eröffnen breite und teilweise erstaunliche Anwendungsmöglichkeiten und begründen zugleich ein vielfältiges, nur in Teilen bereits bekanntes Risikopotential. Deshalb ist die rechtliche Umhegung der Einführung von Nanotechnologien eine weltweite Herausforderung an Gesetzgebung und Verwaltung. Die supra- und nationalstaatlichen Instanzen haben einen komplexen Interessenkonflikt zu bewältigen, bei dem es um eine Abwägung zwischen dem erwarteten Nutzen von Nano-Innovationen geht, die die Lebensqualität verbessern und Gesundheit, Wohlstand und Nachhaltigkeit fördern können, und den möglichen Risiken für Arbeitnehmer, Verbraucher und die Umwelt.

Die nachfolgende Untersuchung widmet sich den Problemen der rechtlichen Steuerung der Nanotechnologien und gilt dabei insbesondere der Frage, wie bei hoher Ungewissheit über Art, Ausmaß und Wahrscheinlichkeit schädigender Nebenfolgen in angemessener Weise Vorsorge betrieben werden kann. Zunächst werden, nach einer induktiven Einführung in die Problemlage (A I), der Begriff der Nanotechnologie (A II), ihre heute absehbaren Anwendungsmöglichkeiten sowie der Stand des Risikowissens vorgestellt (A III, IV). Nach einer Übersicht über die für Nano-Innovationen einschlägigen Gesetzesbestimmungen (B I) werden in einem zweiten Schritt am Beispiel des Stoff- und des Lebensmittelrechts (B II, III) die Probleme aufgezeigt, die derzeit einer angemessenen Risikosteuerung entgegenstehen. Der dabei erhobene Befund, dass es auf einigen Rechtsgebieten auf absehbare Zeit an einer effektiven materiell-rechtlichen Regelung der Technologieeinführung fehlen wird, wirft die Frage auf, ob insoweit prozessuale und informationelle Steuerungsinstrumente weiterführen (C). Von zunehmender Bedeutung sind dabei Risikotransparenz und Risikokommunikation. Zwei dazu geeignete Mechanismen, das Produktregister

---

1 S. Hartl et al, Nanoforce, Book of recommendations for the European Commission – Excerpt, 2013, http://www.nanoforceproject.eu/docs/area-download/nanoforce_book_of_recommendations_excerpt_final.pdf?sfvrsn=0, S. 1 (abgerufen am 10.05.2015).

und die Produktkennzeichnung, werden abschließend vorgestellt und letztere einer auch empirischen Prüfung unterzogen (C I, II).

I. Zwei Beispiele aus der Praxis

Auf der Suche nach einem Ersatz seines defekten Tintenstrahldruckers erkundigte sich der Verfasser im Fachhandel nach möglichen gesundheitlichen Problemen aufgrund der Emissionen von Laserdruckern. Die Antwort war „keine Erkenntnisse". Dabei wird schon lange über mögliche gesundheitliche Folgen von Laserdruckern diskutiert. Seit 1984, als der erste HP Laserjet auf den Markt kam, sind solche Geräte im Handel. Trotzdem ist das Wissen um die Wirkungen der emittierten Nanopartikel offenbar marginal. Glaubt man der Unfallkasse des Bundes, immerhin Trägerin der gesetzlichen Unfallversicherung für Arbeitnehmer des Bundes und zuständig für den Arbeitsschutz aller Angehörigen des öffentlichen Dienstes im Bund, gibt es keinen Grund zur Besorgnis: „Die Feinstaubbelastung Ihres Büros hängt vor allem von zwei Einflüssen ab: wie viel Feinstaub mit der Außenluft hereinkommt und wie viele Personen sich in Ihrem Büro aufhalten. Ihr Laserdrucker trägt praktisch nichts zum Feinstaubgehalt Ihrer Büroluft bei."[2]

Das Umweltbundesamt stellte hingegen bereits im Jahre 2006 fest, dass der „Betrieb von Laserdruckern zu einer Freisetzung feiner und ultrafeiner Partikel führen kann,[3] und es überschreibt seine aktuelle Empfehlung mit dem Slogan „Laserdrucker kaufen? Dann aber emissionsarm!".[4] Dabei verweist es auf einen Artikel der Stuttgarter Zeitung aus dem Jahre 2013,[5] der über eine australische Studie berichtet, wonach manche Drucker fast

---

2 Unfallkasse des Bundes, Gibt es Gesundheitsgefahren durch Laserdrucker und Kopierer?, http://www.uk-bund.de/?bereich=AGS&sizeadd=0&images=1&uknid=301 (abgerufen am 10.05.2015).

3 D. Bake/ H.-J. Moriske, Untersuchungen zur Freisetzung feiner und ultrafeiner Partikel beim Betrieb von Laserdruck-Geräten, 2006, http://www.umweltbundesamt.de/sites/default/files/medien/publikation/long/3016.pdf (abgerufen am 10.05.2015).

4 Umweltbundesamt, Laserdrucker kaufen? Dann aber emissionsarm!, 2013, http://www.umweltbundesamt.de/themen/laserdrucker-kaufen-dann-aber-emissionsarm (abgerufen am 10.05.2015).

5 C. Meier, Laserdrucker. Milliarden Nanopartikel pro Seite, 2013, http://www.stuttgarter-zeitung.de/inhalt.laserdrucker-milliarden-nanopartikel-pro-seite.c69cb87a-4e6e-43d0-bb1a-0b7d4da45693.html (abgerufen am 10.05.2015).

ebenso viel Feinstaub emittieren wie eine Zigarette.[6] Nach Aussage der Stiftung nano-control sind es zwischen einer und 7,6 Mrd. Nanopartikel pro Seite; die natürliche Feinstaubbelastung der Raumluft verdoppelt sich dadurch immerhin schon nach 10 min Druckzeit.[7] Über die gesundheitlichen Folgen ist damit zwar noch nichts gesagt. In vitro allerdings erlitten Lungenzellen genetische Schäden, wenn sie den Emissionen von Kopierern und Laserdruckern ausgesetzt waren, und konnte eine Zelle sogar zur Tumorzelle transformieren. Ob das auch im menschlichen Körper geschehen kann, ist bis heute unbekannt. Immerhin stellte eine Untersuchung aus dem Jahre 2008 fest, dass vor allem Menschen mit besonders sensiblen Atemwegen unter Beschwerden durch Laserdrucker und Kopierer leiden. Man gehe davon aus, dass es bis zu 10.000 Fälle in Deutschland mit einem solchen Krankheitsbild gibt.[8]

Das zweite Beispiel ist der Patina-Fala-Fleckenschutz, ein Mittel zum Imprägnieren von Böden. Das Sicherheitsdatenblatt und die Produktkennzeichnung enthalten den Hinweis, beim Aufsprühen eine Atemschutzmaske AP2 zu benutzen.[9] Seit 2007 enthält das Produkt Nanopartikel. Fliesenleger F, dem Verfasser persönlich bekannt, nutzt das Produkt schon lange und nahm die Warnhinweise nicht ernst. Er sprühte vor kurzem eine wenige qm große Fläche mit dem Fleckenschutz. Kurze Zeit später bekam er Atemnot, verständigte einen Notarzt und wurde ins Krankenhaus eingeliefert; in Rücksprache mit dem Robert-Koch-Institut fand man dort die richtige Therapie. Ohne diese wäre er nach Aussage seiner Ärzte an den Folgen der Inhalation der aufgesprühten Nanopartikel gestorben.

---

6 Safe work australia, Nanoparticles from Printer Emissions in Workplace Environments, 2011, http://www.safeworkaustralia.gov.au/sites/SWA/about/Publications/Documents/635/Nanoparticles_from_printer_emissions.pdf, (abgerufen am 25.05.2015).

7 Nano-control, Atmen heißt Leben, Info, Stand der Forschung, https://www.nano-control.de/informieren.html#K21 (abgerufen am 10.05.2015).

8 Landesministerium Bayern, Gefährliche Stoffe aus Kopierern und Laserdruckern?, 2014, http://www.lgl.bayern.de/produkte/technische_geraete/hinweise/et_drucker.htm, (abgerufen am 25.05.2015).

9 Patina-Fala-System, Sicherheitsdatenblatt gemäß Verordnung (EG) 1907/2006 (REACH), 2012, http://www.patina-fala.de/fileadmin/Sicherheits/Fleckschutz.pdf (abgerufen am 10.05.2015).

Die Beispiele erlauben folgenden induktiven Befund, der im Folgenden zur näheren Überprüfung gestellt wird:

- Nanotechnologie ist längst im Alltag angekommen.
- Sie ist zumindest partiell hoch riskant; das Wissen hierüber ist aber stark defizitär.
- Selbst vorhandenes Risikowissen wird nicht hinreichend rezipiert.
- Ob dies gesetzliche Gegensteuerung erfordert, bleibt zunächst offen. Augenscheinlich bedarf es aber erheblicher Anstrengungen der Risikoforschung und einer deutlich verbesserten Risikokommunikation.

II. Nanodimension und Nanotechnologie

Als Nanotechnologien bezeichnet man Technologien zur Herstellung und Verarbeitung von Nanomaterialien. Als solche werden Stoffe bezeichnet, die zumindest in einer ihrer Dimensionen eine nanoskalige Größenordnung aufweisen. Aufgrund ihrer relativ zum Volumen großen Oberfläche zeigen sie gegenüber dem Stoff in Standardformat stark abweichende Eigenschaften.

Bei der Frage nach der exakten Definition der Nanodimension gehen die Meinungen auseinander. In einer Übersicht aus dem Jahre 2010 zählte das Joint Research Center (JRC) der EU-Kommission international 12 teils rechtsverbindliche, teils diskutierte Begriffsbestimmungen, von denen einige nachfolgend erörtert werden.[10]

Einen traditionellen Ansatz verfolgt die Internationale Standardisierungs-Organisation (ISO). ISO/TC229 DraftTS 27687 beschreibt Nanomaterialien als Stoffe „mit ein, zwei oder drei Dimensionen in einem Umfang von 1 nm bis 100 nm, die entweder Nano-Objekte oder nanostrukturierte Materialien sein können.“[11] In ähnlicher Weise bezeichnet Art. 2 Abs. 1 k) Kosmetik-Verordnung (EG) Nr. 1223/2009 als Nanomaterial ein "unlösliches oder biologisch beständiges und absichtlich hergestelltes Material mit einer oder mehreren äußeren Abmessungen oder einer inneren

---

10 JRC, Considerations on a Definition of Nanomaterial for Regulatory Purposes, 2010, https://ec.europa.eu/jrc/sites/default/files/jrc-refreport-definition-nanomaterial-eur24403en.pdf (abgerufen am 10.05.2015); vgl. ferner S. Greßler/A. Gazsó, Definition of the term “nanomaterial”, nanotrust dossiers 39/2013.

11 Vgl. Nano-Informationsportal, Definitionen zu nano, http://nanoinformation.at/grundlagen-nano/definitionen.html (abgerufen am 10.05.2015).

Struktur in einer Größenordnung von 1 bis 100 Nanometern". Etwas differenzierter definiert die französische Verordnung zur Meldepflicht für Nanomaterialien aus dem Jahre 2012 Nanopartikel, als „Substanzen, die absichtlich auf einer Nanometerskala hergestellt werden und die Partikel in einem ungebundenen Zustand enthalten oder als Aggregat oder als Agglomerat vorliegen und bei denen ein Mindestanteil der Partikel in der Anzahl der Größenverteilung in einer oder mehreren äußeren Abmessungen in der Größenordnung von 1 bis 100 Nanometer (nm) aufweisen."[12] Der Berichtspflicht unterliegen danach Unternehmen und Organisationen, die Nanomaterialien ab einer jährlichen Menge von 100 Gramm herstellen oder vertreiben.

In den letzten Jahren wird die grundsätzliche Anknüpfung an die Größenordnung von 1 – 100 nm zunehmend in Frage gestellt. In seinem Gutachten vom 8. Dezember 2010 kam SCENIHR (Scientific Committee on Emerging and Newly Identified Health Risks), ein unabhängiges wissenschaftliches Beratergremium der Europäischen Kommission für neu auftretende Gesundheitsrisiken, zu dem Schluss, dass die Größe auf Nanomaterialien zwar die am besten geeignete Messgröße darstellt.[13] Die Anwendung einer bestimmten Obergrenze von 100 nm könne für die Klassifizierung von Nanomaterialien aber zu eng sein. Zu Regelungszwecken sollte auch die Anzahlgrößenverteilung berücksichtigt werden, wobei zur Verfeinerung der Definition eine Durchschnittsgröße und die Standardabweichung der Größe verwendet werden. Der Größenverteilung sollte die Anzahlkonzentration (d.h. die Anzahl der Objekte in einem bestimmten Größenbereich geteilt durch die Gesamtzahl der Objekte) und nicht der Massenanteil von Nanopartikeln im Nanomaterial zugrunde gelegt werden, da es vorkommen kann, dass ein kleiner Massenanteil die größte Zahl von Partikeln enthält. Eine nanospezifische Risikobewertung könnte bereits bei Partikeln mit einer Größe bis zu 500 nm durchzuführen sein, wenn mehr als 0,15 % der Anzahlgrößenverteilung unter 100 nm liegen.

---

12 Art. 2 Décret n° 2012-232 du 17 février 2012 relatif à la déclaration annuelle des substances à l'état nanoparticulaire pris en application de l'article L. 523-4 du code de l'environnement, JORF n°0043 du 19.02.2012 page 2863 texte n 4, www.legifrance.gouv.fr/affichTexte.do?cidTexte=JORFTEXT000025377246&dateTexte=&categorieLien=id (abgerufen am 17.01.2014).

13 Scientific Committee on Emerging and Newly Identified Health Risks. SCENIHR. Scientific Basis for the Definition of the Term "nanomaterial", 2010, http://ec.europa.eu/health/scientific_committees/emerging/docs/scenihr_o_032.pdf (abgerufen am 10.05.2015).

Nach der Empfehlung der EU-Kommission aus dem Jahre 2011 ist Nanomaterial ein „bei Prozessen anfallendes oder hergestelltes Material , das Partikel in ungebundenem Zustand, als Aggregat oder als Agglomerat enthält, und bei dem *mindestens 50 % der Partikel* in der Anzahlgrößenverteilung ein oder mehrere Außenmaße im Bereich von 1 nm bis 100 nm haben.“ In besonderen Fällen könne der Schwellenwert von 50 % für die Anzahlgrößenverteilung herabgesetzt werden, wenn Umwelt-, Gesundheits-, Sicherheits- oder Wettbewerbserwägungen dies rechtfertigen.[14] Bestimmte Partikel wie Fullerene, Graphenflocken und einwandige Kohlenstoffnanoröhrchen (cnts) werden aufgrund ihrer Gefährlichkeit immer als Nanomaterialien betrachtet, auch wenn ihre Abmessungen kleiner als 1 nm sind. Laut einer Kommissionsmitteilung aus dem Jahre 2012 sollen alle EU-Vorschriften an diese Definition angepasst werden.[15] Bereits für das Jahr 2014 war aber eine Überprüfung der Definition angekündigt, die auch die Frage einschließen sollte, ob die 50 % Grenze beibehalten werden kann.[16] Denn diese Prozentgrenze gründet sich, worauf auch das deutsche Bundesinstitut für Risikobewertung hinweist, auf reinen Pragmatismus. Sie könne „bisher nicht wissenschaftlich begründet werden“.[17]

Auch das Bundesinstitut für Risikobewertung empfiehlt eine funktionale und nach Anwendungsbereichen differenzierende Definition. Angesichts der gesundheitlichen Risiken müsse geprüft werden, ob in bestimmten Anwendungsbereichen, zum Beispiel bei Aerosolprodukten, die Definition auch auf Partikel von über 100 nm Größe ausgedehnt werden soll, um mögliche nanospezifische Toxizitätseffekte zu berücksichtigen.[18] Für Kosmetika wird vorgeschlagen, als „Auslöser“ für eine Notifizierung und eine Risikobewertung unter Berücksichtigung nanospezifischer Aspekte

---

14 Europäische Kommission, Empfehlung der Kommission vom 18.10.2011 zur Definition von Nanomaterialien (2011/696/EU), ABl. Nr. L 275, S. 38, Empfehlung Nr. 2, Hervorhebung durch Verf.

15 Europäische Kommission, Mitteilung der Kommission an das Europäische Parlament, den Rat und den Europäischen Wirtschafts- und Sozialausschuss, COM(2012) 572 final, S. 2 f.

16 Europäische Kommission (Fn. 14), Empfehlung Nr. 6.

17 Bundesinstitut für Risikobewertung, Bedeutung der EU-Kommissionsempfehlung zur Definition von Nanomaterialien für die Arbeitsbereiche des BfR, Positionspapier des BfR vom 29. Oktober 2013, http://www.bfr.bund.de/cm/343/bedeutung-der-eu-kommissionsempfehlung-zur-definition-von-nanomaterialien-fuer-die-arbeitsbereiche-des-bfr.pdf, S. 2 (abgerufen am 10.05.2015).

18 Bundesinstitut für Risikobewertung (Fn. 17), S. 1.

einen niedrigen Schwellenwert (1 - 10 % in der Anzahlgrößenverteilung) anzusetzen; hier sei „eine hohe Exposition möglich (z.B. leave-on-Produkte), und nanoskalige Bestandteile können nur einen geringen Anteil an der Größenverteilung im gesamten Materialverbund einnehmen, der analytisch in der gesamten Matrix mitunter schwierig zu erfassen sein kann."[19]

Gleichfalls ohne eine feste Obergrenze, aber auch ohne Rücksicht auf die Anzahlgrößenverteilung definiert die neue Lebensmittelinformationsverordnung (EU) Nr. 1169/2011 als Nanomaterial „jedes absichtlich hergestellte Material, das in einer oder mehreren Dimensionen eine Abmessung in der Größenordnung von 100 nm oder weniger aufweist oder deren innere Struktur oder Oberfläche aus funktionellen Kompartimenten besteht, von denen viele in einer oder mehreren Dimensionen eine Abmessung in der Größenordnung von 100 nm oder weniger haben, einschließlich Strukturen, Agglomerate und Aggregate, die zwar größer als 100 nm sein können, deren durch die Nanoskaligkeit bedingte Eigenschaften jedoch erhalten bleiben".[20]

Für eine solche ausschließlich funktionale Betrachtung plädiert auch der Sachverständigenrat für Umweltfragen.[21] Denn auch größer als 1 – 100 nm dimensionierte Partikel können im menschlichen Körper bzw. in der Umwelt nanospezifische Reaktionen auslösen. Aus Sicht eines angemessenen Risikomanagements sei deshalb nicht allein auf die äußere Abmessung, sondern darauf abzustellen, ob das Material für die Nanoskaligkeit typische Eigenschaften aufweist,[22] sich mithin Nutzen und Risiken

---

19 Bundesinstitut für Risikobewertung (Fn. 17), S. 7.

20 Art. 2 Abs. 1 lit. t Verordnung (EU) Nr. 1169/2011 des Europäischen Parlaments und des Rates vom 25. Oktober 2011 betreffend die Information der Verbraucher über Lebensmittel und zur Änderung der Verordnungen (EG) Nr. 1924/2006 und (EG) Nr. 1925/2006 des Europäischen Parlaments und des Rates und zur Aufhebung der Richtlinie 87/250/EWG der Kommission, der Richtlinie 90/496/EWG des Rates, der Richtlinie 1999/10/EG der Kommission, der Richtlinie 2000/13/EG des Europäischen Parlaments und des Rates, der Richtlinien 2002/67/EG und 2008/5/EG der Kommission und der Verordnung (EG) Nr. 608/2004 der Kommission, ABl. Nr. L 304, S. 18.

21 Vgl. Sachverständigenrat für Umweltfragen (SRU), Vorsorgestrategien für Nanomaterialien. Sondergutachten, S. 360, http://www.umweltrat.de/SharedDocs/Downloads/DE/02_Sondergutachten/2011_09_SG_Vorsorgestrategien%20f%C3%BCr%20Nanomaterialien.html;jsessionid=0DC2AA5BF73F6443A84574798AC3791D.1_cid137 (abgerufen am 17.01.2014).

22 Ebenso C. Chau et al., Trends in Food Science & Technology 18 (2007), S. 269, 278.

gerade aus der geringen Abmessungen der Partikel und den damit verbundenen Charakteristika ergeben. Im Lebensmittelbereich könnte z.B. eine Erweiterung der Größenordnung auf 300 nm notwendig sein, da nach aktuellen Erkenntnissen bis zu dieser Größe eine Translokation durch den Magen-Darm-Trakt möglich erscheint.[23]

Als vorläufiges Fazit lässt sich feststellen: es gibt derzeit keinen Konsens über die Definition von Nanomaterialien. Der klassische Ansatz, der an die Partikelgröße von 1 bis 100 nm anknüpft, war schon mangels Klarheit über die relevante Anzahlgrößenverteilung nicht eindeutig und wird heute zunehmend von einer funktionalen Definition anhand nanotypischer Risikoeigenschaften abgelöst. Deren genaue Ausgestaltung und ihre Konsequenzen sind aber noch unklar. Nach bisherigem Kenntnisstand liegt eine bereichsspezifische Differenzierung nahe. Es fehlen aber wissenschaftlich sichere Kriterien für deren Ausgestaltung durch den Gesetzgeber. Ein weiteres Problem ist die mangelnde Umsetzbarkeit einer wie auch immer gearteten Definition. Es gibt bisher noch keine allgemein anerkannten standardisierten Methoden, um die maßgeblichen Parameter zu bestimmen, etwa für die Messung der Anzahlgrößenverteilung der Partikel.[24]

III. *Vom Nutzen und künftigen Anwendungschancen*

Für nanoskalige Objekte gelten die Gesetze der Quantenphysik. Die Oberfläche der Teilchen ist in Relation zu ihrem Volumen und der Masse riesig groß. Damit verändern sich im Vergleich zum Makromaterial wesentliche Stoffcharakteristika wie Löslichkeit, Transparenz, Lichtabsorption, Magnetismus, Farbe, Schmelzpunkt, Leitfähigkeit, Festigkeit und Reaktivität. Z.B. haben nanoskalige Objekte eine extreme Adhäsionskraft, so dass Partikel untereinander agglomerieren, sich an die nächsterreichbare Oberfläche anheften oder von anderen Strukturen wie Proteinen umhüllt werden,

---

23 Dies wurde u.a. in den Studien von: Jani et al., The Journal of Pharmacy and Pharmacology 42 (1990), S. 821 ff. bestätigt. Der BUND, der Verbraucherzentrale Bundesverband und der SRU halten sogar eine generelle Größenanforderung von bis zu 300 nm für vorzugwürdig, das Öko-Institut plädiert für 0,5 - 200 nm, siehe dazu Themengruppe 3 Regulierungsfragen der NanoKommission, Überprüfung der Regulierung von Nanomaterialien und Nanoprodukten, 2010, S. 7 ff., http://www.bmu.de/fileadmin/bmu-import/files/pdfs/allgemein/application/pdf/nano_abschlussbericht3_bf.pdf, (abgerufen am 17.01. 2014).

24 Umweltbundesamt/BfR/Baua, Nanomaterialien und REACH, 2013, S. 3.

womit sie dann ihre spezifischen Nanoeigenschaften verlieren oder sich diese wieder verändern.[25]

Die Arbeit mit Partikeln im Nanobereich ist nicht vollständig neu. Schon seit 100 Jahren wird Carbon Black (industriell gefertigter Ruß) in der Gummiindustrie verwendet, weit mehr als 50 Jahre werden Siliziumdioxid, Titandioxid, Aluminiumdioxid und Zirkoniumoxid als Pigmente in Kosmetika und Polierpasten eingesetzt. Seit mindestens 10 Jahren finden sich Anwendungen in den Bereichen Kosmetik, Lebensmittelproduktion, Textilherstellung, Automobilbau, Elektroartikel und Elektronik bis hin zur Nutzung von Goldnanopartikeln für Schwangerschaftstests.[26] Hinzu treten diverse Nutzungen im Umweltschutz.[27] Heute werden nach Schätzungen der EU-Kommission jede Woche drei bis vier neue nano-Produkte auf den europäischen Markt gebracht.[28]

Die Online-Datenbank des amerikanischen Woodrow Wilson Centers umfasst derzeit mehr als 1800 im Handel befindliche Produkte, bei denen der Hersteller eine entsprechende Kennzeichnung vorgenommen hat. Dabei werden allerdings verschiedene Modelle oder Ausführungen eines Produkts einzeln gezählt und es bleiben vom Markt genommene Produkte in der Datei.[29] Die genaue Zahl der tatsächlich angebotenen Nanoprodukte ist deshalb unbekannt. Gleiches gilt für die Menge der bei ihrer Herstel-

---

25 M. Müller/M. Fritz/A. Buchter, Nanotoxikologie, Zentralblatt für Arbeitsmedizin 68 (2008), S. 238, 239 f.; http:// http://www.uniklinikum-saarland.de/fileadmin/UKS/Einrichtungen/Fachrichtungen_Theor_und_Klin_Medizin/Arbeitsmedizin/Nanotoxikologie/Nanotoxikologie.pdf (abgerufen am 10.05.2015).

26 M. Müller/M. Fritz/A. Buchter,(Fn. 25), S. 241.

27 Bundesministerium für Bildung und Forschung (BMBF), nanoTruck, Umweltschutz und Nachhaltigkeit, https://www.nanotruck.de/treffpunkt-nanowelten/nanotechnologie-konkret/umweltschutz-und-nachhaltigkeit.html (abgerufen am 10.05.2015).

28 Europäische Kommission, research EU, results magazin Nr. 37. Nov. 2014; Die Innovationsgesellschaft, Nanotechnologie in Großaufnahme: die neusten Resultate der EU Forschungs-Projekte, http://innovationsgesellschaft.ch/nanotechnologie-in-grossaufnahme-die-neusten-resultate-der-eu-for-schungs-projekte/, Bericht vom 27.11.2014 (abgerufen am 10.05.2015).

29 Krit. deshalb S. Greßler/A. Gazsó, Nano-Konsumprodukte in Österreich, nano trust dossiers 41/2014.

lung eingesetzten Nanomaterialien. Die größten Produktionsvolumina weltweit betreffen wohl Silicium- und Titandioxid.[30]

Erste verlässliche Daten bietet Frankreich nach Einführung einer Meldepflicht für alle in Frankreich produzierten oder nach Frankreich importierten nanoskaligen Substanzen. Im ersten Halbjahr 2013 erhielten französische Behörden 3409 Anmeldungen von Nanomaterialien von 933 Unternehmen. Die Zahl der verschiedenen Nanomaterialien wird dabei auf zwischen 243 und 422 geschätzt; die Schätzdifferenz ergibt sich daraus, dass die chemische Zusammensetzung der Substanzen nicht in jedem Fall bekannt ist. Insgesamt wurden in Frankreich im Jahr 2012 279.439 Tonnen an deklarierten Substanzen hergestellt und 142.676 Tonnen importiert. Die fünf mengenmäßig wichtigsten Substanzen waren: Carbon Black, amorphes Silizium/Siliziumdioxid, Kalziumkarbonat, Titandioxid und Aluminiumoxid.[31]

Für die nähere Zukunft ist eine Vervielfältigung der Produktion und Anwendungsfelder zu erwarten. Die St. Gallener Innovationsgesellschaft schildert einige der sich heute „in der Pipeline befindlichen" Nutzungsmöglichkeiten:

Medizintechnik: Mikro- oder gar Nano-Roboter könnten im menschlichen Organismus wichtige medizinische Dienste verrichten. So ist es bereits gelungen, nano-Schwimmkörper zu konstruieren, die klein genug für einen Einsatz in Körperflüssigkeiten und einzelnen Körperzellen sind und sich darin selbstständig fortbewegen können.[32] Dafür wurde eine gläserne korkenzieherähnliche Schraube mit einem Durchmesser um die 100 Nanometer konstruiert. Das entstandene winzige U-Boot könnte in Gelenkflüssigkeit und anderen Medien wie im Glaskörper im Auge, in den Schleimhäuten oder auch in Blut navigieren und Transportfunktion für Wirkstoffe übernehmen. Noch offen ist es, ob es gelingt, das Nano-U-Boot auch in die Zellen einzuschleusen. Ein weiteres Beispiel sind neuartige optische Biosensoren, die auf den einzigartigen optischen Eigenschaften bestimm-

---

30 S. Greßler/F. Part/A. Gazsó, „Nanoabfall" – Produkte mit Nanomaterialien am Ende ihres Lebenszyklus, nano trust dossiers 40/2014, http://epub.oeaw.ac.at/0xc1aa500e_0x00313fef.pdf (abgerufen am 10.05.2015).

31 Die Innovationsgesellschaft, Frankreich publiziert Resultate zum ersten obligatorischen Nano Reporting, http://innovationsgesellschaft.ch/frankreich-publiziert-resultate-zum-ersten-obligatorischen-nano-reporting/ (abgerufen am 10.05.2015).

32 Die Innovationsgesellschaft, Newsflash November 2014, http://innovationsgesellschaft.ch/wp-content/uploads/2014/11/IG_Newsflash_dt_November1.pdf (abgerufen am 10.05.2015).

ter metallischer Nanopartikel basieren. Die Nanopartikel weisen ein an ihnen angebrachtes Biorezeptormolekül auf, das den angezielten Biomarker mit hoher Spezifität und Affinität bindet. Damit wird die Früherkennung derjenigen Krankheiten entscheidend verbessert, für die Biomarker identifiziert sind.

Trinkwasseraufbereitung: Nanobasierte Membranen werden in absehbarer Zukunft in der Lage sein, Viren und organische Mikroschadstoffe bei der Trinkwasseraufbereitung besser herauszufiltern.[33]

Erhaltung von Baudenkmälern und Kunstwerken: Zur besseren Erhaltung von Stein und Mörtel in historischen Gebäuden wie Schlössern, Kirchen und Denkmälern wird es demnächst möglich sein, in Alkohol dispergierte Kalk-Nanopartikel auf den Stein zu applizieren oder zu injizieren. Nach dem Verdunsten des Lösemittels reagieren die Kalk-Nanopartikel mit Kohlendioxid aus der Luft und formen so Kalkstein. In einem anderen Projekt wurden Mikroemulsionen und chemische Hydrogele zur besseren Reinigung und Restauration von Kunstwerken entwickelt.[34]

Neue Kühltechnik: Eine nanobasierte Kühltechnik für elektronische Geräte wird dazu beitragen, das künftig kleinere und leistungsfähigere Schaltkreise gebaut werden können. Dazu wurden bereits Kohlenstoff-Nanoröhren-Architekturen entwickelt, die anschließend auf Silizium-Chips/Wafer und Keramikgehäuse montiert wurden. In einigen Fällen wurden die Kohlenstoff-Nanoröhren direkt auf den Substraten hergestellt. Die Technologie passt daher direkt mit der konventionellen Silizium-Herstellung und den üblichen Mikromodul-Konfektionierungstechniken zusammen, wodurch ihre Kommerzialisierung einfach und kostengünstig wird.[35]

Arznei-und Lebensmittelherstellung: Ziel des Forschungsprojekts MAGPRO2LIFE war die kostengünstige industrielle Herstellung funktionalisierter superparamagnetischer Nanopartikel und die Einführung groß-

---

33 Die Innovationsgesellschaft, Newsflash Mai 2014, http://innovationsgesellschaft.ch/wp-content/uploads/2014/05/IG_Newsflash_dt_Mai.pdf (abgerufen am 10.05.2015).

34 Vgl. CORDIS, Forschungs- und Entwicklungsinformationsdienst der Gemeinschaft, Nanomaterialien zur Konservierung altehrwürdiger Kunstwerke, http://cordis.europa.eu/news/rcn/122134_de.html (abgerufen am 10.05.2015).

35 Vgl. CORDIS, Forschungs- und Entwicklungsinformationsdienst der Gemeinschaft, Kohlenstoff-Nanoröhren zur Kühlung von Elektronik, http://cordis.europa.eu/result/rcn/89960_de.html (abgerufen am 10.05.2015).

industrieller Prozesstechnologien für die Separation der Partikel.[36] Damit wird die Erzeugung physiologisch wertvoller Proteine erleichtert, die zur Herstellung von Arznei- und Nahrungsmittel verwendet werden.

Textilien: Mithilfe mehrwandiger Kohlenstoff-Nanoröhren und flammfest gemachter Schichtsilikate wird derzeit eine neue Generation von Schutzkleidung für Notfalleinsatzkräfte in risikoreichen Situationen entwickelt. In einem anderen Forschungskontext wurden Fortschritte bei der Entwicklung von thermoregulierenden Garnen und Stoffen sowie von thermochromischen Materialien gemacht.[37]

Weitere Anwendungsmöglichkeiten u. a. in der **Medizin** ergeben sich aus der Erkenntnis deutscher und amerikanischer Materialwissenschaftler, dass Nanodiamanten stark antibakterielle Eigenschaften haben und Bakterien ähnlich effektiv wie Silber töten können, ohne für menschliche Zellen toxisch zu sein. Dafür verantwortlich sind wahrscheinlich Säureanhydrid-Gruppen auf den Oberflächen der etwa 5 nm kleinen Diamanten. Diese können zur Oberflächenbeschichtung oder als Zusatz zu Desinfektionsmitteln eingesetzt werden. Im Zeitalter der Antibiotikaresistenzen könnte das Auffinden eines neuen antibakteriellen Materials einen Durchbruch bei der Behandlung bakteriell verursachter Erkrankungen darstellen.[38]

Die meisten der genannten Beispiele für die aktuelle Technologieentwicklung sind Ausfluss von Projekten aus dem 7. Forschungsrahmenprogramm der EU.[39] Sieben der in diesem Programm geförderten Projekte bezogen sich auf die Gebiete Biologie und Medizin, sieben auf den Umweltschutz, sieben weitere auf die Gebiete Energie und Transport, sechs auf den Bereich IT und Telekommunikation und fünf auf industrielle Fertigungstechniken, um nur die wichtigsten Anwendungsfelder zu nennen.

---

36 Vgl. CORDIS, Forschungs- und Entwicklungsinformationsdienst der Gemeinschaft, Günstige Herstellung physiologisch wertvoller Proteine, http://cordis.europa.eu/result/rcn/90985_de.html (abgerufen am 10.05.2015).

37 Vgl. CORDIS, Forschungs- und Entwicklungsinformationsdienst der Gemeinschaft, Trotz Gefahr in Sicherheit - Schutzkleidung für gefährliche Situationen, http://cordis.europa.eu/result/rcn/90766_de.html, (abgerufen am 10.05.2015).

38 J. Wehling et al, Bactericidal Activity of Partially Oxidized Nanodiamonds, http://web.stanford.edu/group/Zarelab/publinks/902.pdf (abgerufen am 10.05.2015).

39 Dazu CORDIS, Forschungs- und Entwicklungsinformationsdienst der Gemeinschaft, Das Siebte Rahmenprogramm finanzierte von 2007 bis 2013 europäische Forschung und technologische Entwicklung, http://cordis.europa.eu/fp7/home_de.html.

Nur ein einziges der vorgestellten 49 Projekte widmete sich allerdings unmittelbar der Sicherheit von Nanomaterialien und nanotechnologischer Verfahren selbst – ein Ungleichgewicht, das schon in Vergangenheit bestand und kritisiert wurde.[40] Betrachtet man etwa das finanzielle Engagement der Bundesrepublik, ergibt sich eine Relation von 18:1; im Jahre 2009 beliefen sich die Bundesmittel für die Erforschung und Entwicklung der Nanotechnologien nach offiziellen Angaben auf 382 Mio. €, die Zuschüsse für die Risikoforschung auf etwas über 14 Mio. €, im Jahre 2011 waren es 266 Mio. € für die Nanotechnologien und davon 26 Mio. für die Vorsorge- und Risikoforschung.[41] Insbesondere fehlen Lebenszyklus-Analysen, die die Umweltauswirkungen und den Nutzen über den gesamten Zeitraum der Existenz des Stoffes bewerten und dabei den hohen Bedarf an Energie und Ressourcen bei der großtechnischen Herstellung der Nanostoffe einbeziehen.[42]

IV. Das Wissen und Nichtwissen um das Risiko

Künstlich hergestellte Nanopartikel können prinzipiell auf drei Arten in den menschlichen Körper gelangen: durch die Haut, über die Lunge und über den Verdauungstrakt. Wegen ihrer geringen Abmessung besteht die Möglichkeit, dass sie die jeweiligen Schutzbarrieren des Körpers überwinden und z.B. über die Haut oder durch den Darm in die Blutbahn oder vom Blut ins Gehirn eindringen.

Nach aktuellem Wissensstand dürfte gesunde, unverletzte Haut eine wirksame Barriere gegen das Eindringen von Nanopartikeln in lebende

40 A. Scherzberg, Innovationsverantwortung in der Nanotechnologie, in: M. Eifert/W. HoffmannRiem, Innovationsverantwortung, 2009, S. 185, 200.

41 DaNa, Informationen zu Nanomaterialien und Nano-Sicherheitsforschung, http://www.nanopartikel.info/haeufige-fragen/407-wie-hoch-ist-der-einsatz-von-bundesmitteln-fuer-die-forschung-und-entwicklung-der-nanotechnologien (abgerufen am 10.05.2015); http://www.nanopartikel.info/haeufige-fragen/408-wie-viel-bundesmittel-werden-fuer-die-sicherheitsforschung-im-bereich-nanotechnologien-ausgegeben (abgerufen am 10.05.2015); BMBF, nano.DE-Report 2013, http://www.bmbf.de/pub/nano.DE-Report_2013_bf.pdf, S. 92 (abgerufen am 25.05.2015).

42 Landesanstalt für Umwelt, Messungen und Naturschutz Baden-Württemberg (LUBW), Nanomaterialien: Toxikologie/Ökotoxikologie, 2010, http://www.lubw.baden-wuerttemberg.de/servlet/is/62024/U10-S05-N10.pdf?command=downloadContent&filename=U10-S05-N10.pdf, S. 22 (abgerufen am 10.05.2015).

Zellschichten oder das Blutsystem darstellen.[43] Unklar ist indes, inwieweit dies auch bei vorgeschädigter Haut gilt, im Falle von nano-Sonnencremes also etwa bei deren – sicher nicht völlig ungewöhnlicher – Anwendung auf Schnittwunden oder (sonnen-) verbrannte Hautstellen.[44]

Beim Weg über Magen und Darm und bei der Lungengängigkeit lässt sich derzeit keine eindeutige Risikoeinschätzung abgeben. Nach einer vom deutschen Umweltbundesamt (UBA) in Auftrag gegebenen Bewertung von 100 verfügbaren Studien zur Kanzerogenität und Mutagenität von Nanomaterialien wird bei inhalativer Exposition ein kanzerogenes Potential vermutet, das höher sein könnte als bei größer dimensionierten Stoffen gleicher chemischer Zusammensetzung. Dabei gehe es vor allem um das Auslösen von chronischen Entzündungen, die eine Krebserkrankung nach sich ziehen können.[45] Neben Entzündungsreaktionen wurden bei längerer Exposition mit ultrafeinen Stäuben Schäden des zentralen Nervensystems und peripherer Organe sowie oxidativer Stress im gesamten Körper beobachtet.[46] Ultrafeinstaub wurde post mortem im Lungengewebe gefunden, was auf Akkumulation und Biopersistenz hindeutet. Auch korreliert die Menge des gesamten Umweltfeinstaubs mit der Mortalitätsrate in der Bevölkerung, insbesondere der Anzahl der Krankenhausaufnahmen und Todesfälle infolge respiratorischer sowie kardiovaskulärer Erkrankungen.[47] Bei faserförmigen und biobeständigen Nanopartikeln, den sog. carbon nanotubes (cnts), die eine morphologische Ähnlichkeit mit Asbest aufweisen, kam es im Tierversuch zu Entzündungen und Tumoren. Freilich ist die Übertragbarkeit dieser Ergebnisse auf den Menschen unsicher. In einer Veröffentlichung der International Agency for Research on Cancer (IARC) wurde eine bestimmte cnt-Modifikation als "möglicherweise krebserregend" eingestuft, während alle anderen cnts als "nicht klassifi-

---

43 T. Butz, Aufnahme und Speicherung von Nanopartikeln durch die Haut, in: A. Scherzberg/J. Wendorff, (Hrsg.), Nanotechnologie, 2009, S. 81 ff.

44 T. Butz (Fn. 43), S. 85.

45 K. Schröder et al, Carcinogenicity and Mutagenicity of Nanoparticles – Assessment of Current Knowledge as Basis for Regulation, http://www.umweltbundesamt.de/sites/default/files/medien/378/publikationen/texte_50_2014_carcinogenicity_and_mutagenicity_of_nanoparticles_1.pdf (abgerufen am 10.05.2015).

46 M. Simkó et al., nano trust dossiers 12 (2011), http://epub.oeaw.ac.at/ita/nanotrust-dossiers/dossier012en.pdf (abgerufen am 10.05.2015).

47 M. Müller/M. Fritz/A. Buchter (Fn. 25), S. 242.

zierbar" galten.[48] Nach Untersuchungen der Harvard School of Public Health[49] rufen Silber- und Zinkoxid-Nanopartikel in zwei untersuchten Zelltypen DNS-Schäden hervor. Indes ist offen, welcher Grad von Exposition gegenüber diesen Partikeln für den Menschen gefährlich sein könnte: „The question is: At what level does it become problematic, and how long will it take for us to notice?"[50]

Zu Risiken für die Umwelt sind gleichfalls sichere Feststellungen bestenfalls für einige Teilfragestellungen möglich: So werden die sog. Fullerene von Fischen über die Kiemen aufgenommen und führen zu Schädigungen im Gehirn. Ferner reduziert Nano-Titandioxid das mikrobielle Wachstum im Boden, und 13 nm Aluminiumoxid führt zur Verringerung des Wurzelwachstums bei Nutzpflanzen.[51] Das tatsächliche Ausmaß der Umweltbelastungen mit diesen und anderen Nanostoffen ist indes unbekannt. „Damit fehlt ein wichtiger Baustein der Toxikologie, denn nur aus der Gegenüberstellung der Wirkschwelle im Organismus mit der zu erwartenden Konzentration in der Umwelt kann eine Aussage über ein mögliches Risiko abgeleitet werden."[52]

Das Institut für Technikfolgen-Abschätzung (ITA) der Österreichischen Akademie der Wissenschaften hat das Wissen über das Verhalten von Nanomaterialien in den verschiedenen Abfallströmen sowie über die damit verbundenen Umwelt- und Gesundheitsrisiken am Ende der Produktlebensdauer analysiert.[53] Danach würden einige Nanomaterialien bei der Verbrennung zerstört, einige in andere Materialien umgewandelt und andere blieben unversehrt. Während der Feuerung könnten sie sowohl die Bildung als auch die Zerstörung von unerwünschten Nebenprodukten wie

48 DaNa, IARC bewertet die Karzinogenität von Kohlenstoff-Nanoröhrchen, http://nanopartikel.info/news/1839-iarc-bewertet-die-karzinogenitaet-von-kohlenstoff-nanoroehrchen (abgerufen am 10.05.2015).

49 Chr. Watson et al, High-Throughput Screening Platform for Engineered Nanoparticle-Mediated Genotoxicity Using CometChip Technology, http://pubs.acs.org/doi/abs/10.1021/nn404871 p (abgerufen am 10.05.2015).

50 B. Engelward, einer der Forscher, zitiert nach: Die Innovationsgesellschaft, DNS-Schäden durch Nanopartikel, http://innovationsgesellschaft.ch/dns-schaeden-durch-nanopartikel/.

51 LUBW, (Fn. 42), S. 24.

52 LUBW, (Fn. 42), S. 26.

53 Institut für Technikfolgenabschätzung der Österreichischen Akademie der Wissenschaften, nano-dossiers 40, August 2014, http://epub.oeaw.ac.at/0xc1aa500e_0x00313fef.pdf (abgerufen am 10.05.2015).

polyzyklische aromatische Kohlenwasserstoffe beschleunigen. Nanomaterialien könnten sich in den festen Abfällen der Verbrennungsanlagen, wie Asche, Schlacken und Filterrückständen befinden. Eine Auswaschung aus diesen Abfällen, etwa bei der abschließenden Deponierung, sei zu vermeiden. Letztlich sei „sehr wenig … darüber bekannt, wie sich nanomaterialhaltige Abfälle in thermischen, biologischen und mechanisch-biologischen Abfallbehandlungsanlagen sowie in Deponien verhalten.“[54]

Ein wesentliches Problem bei der Risikoforschung ist der Umstand, dass Nanomaterialien individuell designt werden. Deshalb sind toxikologische Verallgemeinerungen und Extrapolationen praktisch unmöglich. Die Eigenschaften der Partikel hängen zum einen von ihrer Größe und Form ab. Je nachdem, ob ein Gold-Nanopartikel 100 nm, 50 nm oder 10 nm im Durchmesser aufweist und ob es als Stern oder Dreieck, als Kugel oder flaches Plättchen geformt ist, können ganz unterschiedliche Eigenschaften auftreten. Sie hängen außerdem davon ab, ob und mit welcher chemischen Zusammensetzung Moleküle auf der Oberfläche mit dem Partikel verbunden sind.[55] Schließlich können Nanopartikel mit dem Medium reagieren, in dem sie sich befinden, und dabei ihre Eigenschaften verändern.[56] Die tatsächliche Größenverteilung, die jeweilige Oberflächengestaltung und die spezifischen chemischen Aktivitäten wie auch die Anziehungskraft zwischen den Nanopartikeln und ihre Neigung zur Agglomeration haben offenbar mehr Einfluss auf die Eigenschaften als der Stoff selbst, aus dem das Nanopartikel hergestellt wurde.[57] Diese Faktoren und nicht die chemische Bezeichnung, die Größe oder die Quantität der hergestellten Partikel müssen deshalb bei der Bestimmung des Risikos zuvorderst Berücksichtigung finden.

Ob und nach welchen Parametern Nanomaterialien auf ihre Gefährlichkeit hin geprüft werden können, ist derzeit aber noch völlig ungeklärt.[58] Toxikologische Standardtests für Chemikalien sind für Nanopartikel nicht geeignet.[59] Deshalb bedarf es, so auch das Ergebnis des im Auftrag der

---

54 Institut für Technikfolgenabschätzung der Österreichischen Akademie der Wissenschaften (Fn. 53).

55 S. Hartl et al, (Fn. 1).

56 M.E Pettitt /J. R. Lead, Minimum physicochemical characterisation requirements for nanomaterial regulation, Science Direct, http://www.sciencedirect.com/science/article/pii/S0160412012002462 (abgerufen am 10.05.2015).

57 S. Hartl et al, (Fn. 1), S. 2.

58 Einen Vorschlag machen Bundesumweltamt/BfR/BAuA, (Fn. 24), S. 7, Anlage II.

59 S. Hartl et al, (Fn. 1).

Kommission durchgeführten Projekts Nanoforce, nanospezifischer Testverfahren und einer auf das jeweilige Produkt (und nicht auf die verwendeten Partikel) bezogenen und in diesem Sinne individuellen Risikobewertung.[60] Erforderlich seien ferner eine Definition und Vereinheitlichung der zu testenden Partikeleigenschaften und eine Standardisierung der Testmethoden sowie die Einbeziehung des gesamten Lebenszyklus der jeweiligen Partikel und ihrer Endprodukte in die Analyse.[61]

Deutliche Kritik an der bisherigen toxikologischen Forschung äußerte die Eidgenössische Materialprüfungs- und Forschungsanstalt (Empa), ein interdisziplinäres Forschungsinstitut der ETH Zürich. Viele alarmistische Meldungen seien von zweifelhaftem Wert – etwa dann, wenn Nanopartikel aus löslichen Stoffen wie Zinkoxid oder Silber untersucht wurden. Die Partikel lösten sich auf; die in den Körper wandernden Ionen wirkten als Zellgift. Doch dieser Effekt habe mit der Nanoskaligkeit der Partikel nichts zu tun, er hänge nur noch mit der Giftigkeit der (gelösten) Substanz und der aufgenommenen Dosis zusammen. Auch Tierversuche seien vielfach unsachgerecht angelegt. So würden „manche Experimentatoren ihre Versuchstiere mit absurd hohen Mengen an Nanopartikeln traktieren.“ Etwa hätten chinesische Wissenschaftler Mäuse mit fünf Gramm Titanoxid pro Kilogramm Körpergewicht gefüttert, ohne Effekte festzustellen; dagegen hätte die halbe Menge an Kochsalz die Tiere bereits getötet.[62] Auch die Untersuchung der Lungengängigkeit von Nanopartikeln sei vielfach unzulänglich: Inhalationsversuche seien sehr aufwändig, weil dafür eine definierte Menge Partikel in der Luft verwirbelt werden muss. Einfacher ist es, die Partikel direkt in die Luftröhre des Tiers zu platzieren («Instillation»). Dabei übertreiben manche Forscherinnen und Forscher derart, dass die Tiere an der schieren Masse der Nanopartikel ersticken. Andere verzichten zwar auf Tierversuche und unternehmen in vitro-Versuche an Zellen. Doch auch hier werden Zellkulturen unter 500 Nanometer dicken Schichten Nanopartikeln so zugedeckt, dass sie allein an Nährstoff- und Sauerstoffmangel sterben – nicht etwa am Nano-Effekt. Schließlich sei

60 Das hat z.B. Auswirkungen auf die Anforderungen an die Angaben im Sicherheitsdatenblatt im Rahmen von REACH, vgl. S. Hartl et al, (Fn. 1), S. 3.

61 S. Hartl et al, (Fn. 1), S. 5 f.

62 Swiss Federal Laboratories for Materials and Science Technology, In der Nanosicherheitsforschung gibt es Verbesserungspotenzial, NanoMat Newsletter 03/2014, http://www.nanomat.de/PDF/Newsletter_NanoMat_2014-03.pdf, S. 5 (abgerufen am 10.05.2015).

„selbst die sorgfältigste Untersuchung … wertlos, wenn die eingesetzten Partikel zuvor nicht genauestens charakterisiert wurden.“[63]

Während also die Anwendungen der Nanotechnologie erheblich zunehmen, bleibt das toxikologische Wissen über sie lückenhaft und umstritten. Auch ist die praktische Relevanz derjenigen Erkenntnisse, die sich auf einen Stoff und nicht auf ein Produkt beziehen, fraglich.

Der Stand des Wissens lässt deshalb nur tendenzielle Aussagen zu:

- Es gibt offenbar keinen generellen Bezug zwischen Teilchengröße und biologischer Wirkung, aber Hinweise darauf, dass eine Aufnahme bestimmter Nanopartikel über die Lunge zu Problemen führen kann, jedenfalls bei höheren Expositionen, und der Eintrag in die Umwelt – bei unklarer Wirkungsschwelle – ökologisch nachteilige Folgen haben dürfte.
- Nanomaterialien, die nachweislich toxische Stoffe enthalten oder eine bestimmte Geometrie besitzen und deshalb, wie cnts, eine mechanische oder physikalische Wirkung entfalten können, geben eindeutig größeren Anlass zur Besorgnis als andere.[64]
- Letztlich aber sind die Risiken der Nanotechnologie, wie auch Vertreter der Versicherungswirtschaft betonen, weitgehend unbekannt[65] und „so far unquantifiable from an insurance perspective".[66]

B. Nanoregulierung als Steuerung unter Ungewissheit

Die besonderen Eigenschaften von Nanopartikeln und der Stand des Anwendungs- und Risikowissens legen drei Annahmen und eine Frage nahe:

---

63 Vgl. Swiss Federal Laboratories (Fn. 62); umfassend dazu H. Krug, Nanosicherheitsforschung – sind wir auf dem richtigen Weg?, 2014, http://www.nanopartikel.info/files/downloads/Nanosicherheitsforschung%E2%80%93Krug-Harald-2014.pdf?utm_source=Downloadbereich&utm_medium=Webseite&utm_campaign=Haralds%20paper (abgerufen am 10.05.2015).

64 H. Krug, Risikoforschung zu Nanomaterialien, in: Umweltbundesamt/BfR/Baua (Fn. 24), S. 99 f.

65 Zurich insider, The unknown risks of nanotechnology, http://insider.zurich.co.uk/industry-talking-point/unknown-risks-nanotechnology/ (abgerufen am 10.05.2015).

66 Dr. A. Auty, Direktor von Re: Liability (Oxford) Ltd, eines Anbieters für evidenzbasierte Informationen für britische Versicherungsunternehmen, (Fn. 65).

- Angesichts der potentiellen Gesundheits- und Umwelterheblichkeit bestimmter nanotechnologischer Anwendungen ist eine gesetzliche Einhegung der Nutzung der Nanotechnologie unter Abwägung ihrer Nutzen- und Risikopotentiale grundsätzlich unabweisbar.
- Eine gesetzliche Regelung kann den besonderen Chancen und Risikopotentialen der Technologie vermutlich nur Rechnung tragen, wenn sie nanospezifische Regelungen enthält.
- Eine effektive und zielsichere Einhegung des Einsatzes der Nanotechnologie setzt aber hinreichendes Steuerungswissen voraus. „…regulations should be based on a deep knowledge of nanotechnology. Nanotechnology needs nano - science based regulations.“[67]
- Derzeit und in absehbarer Zukunft können die Nanowissenschaften dieses Wissen wohl nicht mit hinreichender Sicherheit und in hinreichendem Umfang bieten. Wie kann dann Vorsorge geleistet werden?

Die Frage nach einer angemessenen rechtlichen Einhegung nanotechnologischer Anwendungen stellt sich auf einer Vielzahl von Rechtsgebieten, die durch Nanotechnologie berührt werden, insbesondere für

- das Umweltrecht, vor allem das Recht der Anlagensicherheit, das Abfall- und das Chemikalienrecht sowie das Recht der Biozide und Pestizide;
- das Verbraucherschutzrecht, insbesondere betreffend Lebensmittel und Kosmetika, Produktsicherheit sowie Arzneimittel und Medizinprodukte und
- das Arbeitsschutzrecht.[68]

I. Nanospezifische Regelungen

Überlegungen zur angemessenen Anpassung dieser Regelungsmaterien an die Herausforderung der Nanotechnologie finden sich weltweit bei ver-

---

67 S. Hartl et al, (Fn. 1), S. 2.

68 Dazu Milieu Ltd./AMEC Environment & Infrastructure UK Ltd., Review of Environmental Legislation for the Regulatory Control of Nanomaterials, erstellt im Auftrag der EU-Kommission, 2011, http://ec.europa.eu/environment/chemicals/nanotech/pdf/review_legislation.pdf, (abgerufen am 10.05.2015); ferner Milieu, Environmental Exposure to Nanomaterials – Data Scoping Study, 2012, http://ec.europa.eu/environment/chemicals/nanotech/pdf/exposure_nanomaterials.pdf, S. 99 f. (abgerufen am 10.05.2015).

schiedenen öffentlichen und halb-öffentlichen Institutionen.[69] So veröffentlichte die Internationale Standardisierungsorganisation ISO in den Jahren 2008 - 2012 mehrere technische Reports und Spezifizierungen, u.a. die ISO/TS 80004-1 (2010), mit Definitionen im Kontext der Nanotechnologien, ISO/TR 13121 (2011), über die Risikobewertung bei der Entwicklung und Nutzung hergestellter Nanomaterialien, und ISO/TR 13014 (2012), ein Leitfaden für die physikalisch-chemische Charakterisierung künstlich hergestellter Nanoobjekte.[70] Ferner erstellte der US-Rechnungshof im Mai 2010 einen Bericht mit Vorschlägen, das bestehende Umweltrecht den Spezifika der nanotechnologischen Risiken anzupassen.[71] In der Folge unterstellte die EPA im Jahre 2011 in der sog. "Significant New Use Rule" die Herstellung oder Einfuhr von cnts einer Meldepflicht. Eine solche Meldepflicht gilt in Frankreich, wie eingangs erwähnt, seit 2012 für die Einführung und Herstellung von Nanopartikeln generell. Weitergehende inhaltliche Steuerungsversuche gibt es, soweit ersichtlich, auf internationaler Ebene bisher nicht.

Im Recht der EU finden sich bislang nur wenige auf Nanopartikel und Nanotechnologien zugeschnittene Regelungen. Hierzu zählt die im September 2013 in Kraft getretene Biozid-Verordnung (EU) 528/2012.[72] Sie enthält eine Definition von Nanomaterialien, ferner die Forderung, bei der Genehmigung eines Wirkstoffs oder Produkts, bei dem Nanomaterialien eingesetzt wurden, das Risiko für die Gesundheit von Mensch und Tier und für die Umwelt besonders zu bewerten. Eine vereinfachte Zulassung, wie sie für Biozid-Produkte mit einem günstigen Gesundheits- und Umweltprofil möglich ist, ist ausgeschlossen. Nach § 69 Abs. 2 b) muss das

---

69 Für einen Überblick s. etwa Hessisches Ministerium für Wirtschaft, Energie, Verkehr und Landesentwicklung, Nanosicherheit, Informationsplattform Hessen-Nanotech, http://www.nano-sicherheit.de/dynasite.cfm?dsmid=501696 (abgerufen am 25.05.2015).

70 So etwa ISO/TR 13121:2011 Nanotechnologies - Nanomaterial risk evaluation, http://www.iso.org/iso/catalogue_detail.htm?csnumber=52976 (abgerufen am 10.05.2015).

71 US-Government Accountability Office, Report Nanotechnology: Nanomaterials Are Widely Used in Commerce, but EPA Faces Challenges in Regulating Risk, http://www.gao.gov/new.items/d10549.pdf (abgerufen am 10.05.2015).

72 Verordnung (EU) Nr. 528/2012 des Europäischen Parlaments und des Rates vom 22. Mai 2012 über die Bereitstellung auf dem Markt und die Verwendung von Biozidprodukten, ABl. L 167 vom 27.6.2012, http://eur-lex.europa.eu/legal-content/DE/TXT/PDF/?uri=CELEX:02012R0528-20140425&from=EN (abgerufen am 10.05.2015).

Etikett ausdrücklich mit dem Klammerzusatz (nano) darauf hinweisen, dass das Produkt Nanomaterialien enthält sowie welche spezifischen Risiken sich daraus möglicherweise ergeben. Auch enthält die Verordnung die Verpflichtung zur Überprüfung der Eignung der Standardtestmethoden für Nanomaterialen. Schließlich müssen die Mitgliedsstaaten der Kommission alle 5 Jahre über die Erfahrungen mit der Verwendung von Nanobioziden und ihre potenziellen Risiken berichten. [73]

Nanospezifische Regelungen enthält ferner die Kosmetikverordnung (EG) 1223/2009. Kosmetik-Inhaltsstoffe, Farbstoffe, Konservierungsstoffe und UV-Filter, die als Nanomaterialien eingesetzt werden, müssen danach als solche zugelassen werden, auch wenn sie in ihrer Standardgröße bereits eine Sicherheitsbewertung durchlaufen haben. Dazu müssen die Hersteller das nanohaltige Produkt der Europäischen Kommission sechs Monate vor dem Inverkehrbringen melden. Die Notifizierungen erfordern detaillierte Informationen u.a. zum toxikologischen Profil des Nanomaterials und den vorhersehbaren Expositionsbedingungen. So wurden die seit vielen Jahren bereits verwendeten UV-Filter Titandioxid und Zinkoxid hinsichtlich ihrer Eigenschaften als Nanomaterial aktuell nochmals intensiv untersucht und vom zuständigen wissenschaftlichen Ausschuss der Europäischen Kommission bewertet. Kosmetika, die Nanopartikel enthalten, müssen mit dem Zusatz „nano“ gekennzeichnet werden. Die Kommission hat einen Katalog aller Nanomaterialien in kosmetischen Mitteln erstellt, die auf den Markt gebracht wurden.[74] Der Katalog muss regelmäßig aktualisiert und öffentlich zugänglich gemacht werden. Nur für Behörden und Industrie zugänglich ist dagegen die auf einem EU-Portal zu erstellende Produktdatenbank.

Nanospezifische Regelungen fehlen dagegen beispielsweise für den Arbeitsschutz,[75] im Chemikalien-, Arzneimittel- und Produktsicherheitsrecht

---

73 Vgl. insbesondere Art. 3 Abs. 1 lit. z (Definition), § 4 Abs. 4: „wenn nicht ausdrücklich erwähnt, schließt die Genehmigung eines Wirkstoffs keine Nanomaterialien ein“; Art. 10 Abs. 2, § 19 Abs. 1 lit f (Zulassungsvoraussetzungen); § 25: kein vereinfachtes Zulassungsverfahren für Biozidprodukte mit Nanomaterialien; § 58 Abs. 3 lit. d: Kennzeichnungspflicht.

74 Verordnung (EG) 1223/2009 des Europäischen Parlamentes und des Rates vom 30.11.2009 über kosmetische Mittel, Liste im Anhang ab Anhang II, http://eur-lex.europa.eu/legal-content/DE/TXT/PDF/?uri=CELEX:32009R1223&from=DE (abgerufen am 10.05.2015).

75 S. aber VCI/BauA, Empfehlung für die Gefährdungsbeurteilung bei Tätigkeiten mit Nanomaterialien am Arbeitsplatz, 2012, http://www.baua.de/de/Publikationen/

sowie im Anlagengenehmigungsrecht. Auch das Lebensmittelrecht kennt, mit Ausnahme einer der Kosmetik-VO nachgebildeten Kennzeichnungspflicht in der Lebensmittel-Informations-VO,[76] keine speziellen Regelungen für unter Verwendung von Nanotechnologie entstandene Produkte. Ob das geltende, nicht nanospezifische Regelwerk geeignet ist, angemessene Vorsorge zu leisten, wird nachstehend anhand des Stoff- und des Lebensmittelrechts untersucht.

II. Vorsorge im Stoffrecht[77]

Gem. Art. 1 Abs. 3 REACH-VO gilt das Vorsorgeprinzip. Danach müssen Hersteller, Importeure und nachgestellte Anwender sicherstellen, dass sie Stoffe herstellen, in Verkehr bringen und verwenden, die die menschliche Gesundheit oder die Umwelt nicht nachteilig beeinflussen. REACH knüpft bei seinen Mechanismen zur Umsetzung des Vorsorgeprinzips allerdings an die Stoffidentität an. Die Stoffidentität wird durch die Molekülstruktur und die chemische Zusammensetzung definiert, und insoweit sind Makro- und Nanomaterial identisch.[78] Auf Teilchengröße oder Form kommt es deshalb nicht an. Zudem sind die Registrierungs- und Berichtspflichten gewichtsabhängig: ab 1 t Jahresproduktion ist die Registrierung, ab 10 t/Jahr ein Stoffsicherheitsbericht erforderlich. Die meisten Nanomaterialien werden davon nicht erfasst. Das gilt z.B. für Nanopartikel, die in geringen Mengen von Forschungseinrichtungen, Start-up Unternehmen und KMU entwickelt werden. Zudem profitieren Nanoformen von dem phase-in Status des Makromaterials und werden deshalb im Regelfall vor dem Jahr 2018 nicht einmal registriert. Und selbst danach beschränkt sich die Verpflichtung grundsätzlich auf die Einreichung physikalisch-chemischer Daten. Nanospezifische Testanforderungen fehlen. Expositionsbeurteilung und Risikobeschreibung, und damit toxikologische und ökotoxikologische

---

Fachbeitraege/Gd4.html;jsessionid=56ABB0062BCA53120F5FEDE01A87E058.1_cid333 (abgerufen am 10.05.2015), sowie Ausschuss für Gefahrstoffe, Bekanntmachung BekGS 527 „Hergestellte Nanomaterialien" (Mai 2013).

76 Verordnung (EG) 1169/2011 des Europäischen Parlamentes und des Rates vom 25.10.2011, http://eur-lex.europa.eu/LexUriServ/LexUriServ.do?uri=OJ:L:2011:304:0018:0063:de:PDF (abgerufen am 10.05.2015).

77 Dazu bereits A. Scherzberg, in: M. Eifert/W. Hoffmann-Riem (Hrsg.), Innovation und Recht III, 2009, S. 185, 195 f.

78 Bundesumweltamt/BfR/BAuA, (Fn. 24), S. 6.

Daten, müssen nur bereitgestellt werden, wenn der Registrand aus der selbst erstellten Stoffsicherheitsbeurteilung folgert, dass es sich um einen gefährlichen, persistenten, bioakkumulierenden oder toxischen Stoff handelt. Nur 5 % der anfallenden Stoffsicherheitsberichte werden im Übrigen von der Europäischen Chemikalienagentur (ECHA) kontrolliert.

Nur wenn ein Stoff, für den Registrierungspflichten gelten, gleichzeitig als Massengut und als Nanomaterial in Verkehr gebracht wird und insgesamt die Tonnageschwellen überschreitet, müssen Registrierungsdossiers und ggf. auch der Stoffsicherheitsbericht nanospezifische Angaben enthalten, was ggf. eigenständige Tests voraussetzt.[79] Nur bei besonders Besorgnis erregenden Stoffen gibt es einen Zulassungsvorbehalt ohne Mengenschwelle. Indes setzt eine solche Besorgnis einen hinreichend spezifischen Gefahrenverdacht voraus, eine abstrakte Besorgnis genügt nicht.

Symptomatisch für die Schwäche des geltenden Rechts ist der Umstand, dass im Jahre 2013, sechs Jahre nach Inkrafttreten der Registrierungsverpflichtungen aus REACH, nur neun Substanzen als Nanomaterialien registriert waren, obwohl sich eine wesentlich höhere Zahl auf dem Markt befand.[80] In der zweiten Registrierungsperiode waren nur bei 4 von 2923 Stoffen im Registrierungsdossier angegeben, dass es sich um ein Nanomaterial handelt. Die schlechte Qualität der wenigen Dossiers erlaubt im Übrigen auch keine angemessene Risikobewertung. Bei einer 130 Nano-Stoffe umfassenden Studie ergab sich, dass nur 10 von Seiten der Hersteller oder Anwender einer nano-spezifischen Bewertung unterzogen worden waren.[81]

Der Bedarf zu Anpassung der REACH-Verordnung liegt also auf der Hand. So fordert der Sachverständigenrat für Umweltfragen, Nanomaterialien als eigenständige Stoffe zu behandeln und stets ein Dossier mit einem Basisdatensatz zu fordern, der eine nanospezifische Risikoabschätzung zulässt. Beschränkungen und Verbote sollen bereits bei einer abstrak-

79 Mitteilung der Kommission an das Europäische Parlament, den Rat und den Europäischen Wirtschafts- und Sozialausschuss: Regelungsaspekte bei Nanomaterialien [SEK(2008) 2036], S. 5.

80 Landesanstalt für Umwelt, Messungen und Naturschutz Baden-Württemberg, Nanomaterialien – Regulierungen, https://www.lubw.baden-wuerttemberg.de/servlet/is/219885/nanomaterialien_regulierungen.pdf?command=downloadContent&filename=nanomaterialien_regulierungen.pdf (abgerufen am 10.05.2015).

81 J. Schenten, Recht und Innovation bei Nanomaterialien: Zwischenergebnisse einer juristisch-empirischen Untersuchung, Stoffrecht für Praktiker 2/2012, S. 82.

ten Besorgnis möglich sein.[82] Die zuständigen Bundesbehörden fordern in ihrem Positionspapier zu REACH, die Anforderungen an Nanomaterialien in REACH eindeutig festzulegen, insbesondere „müsse geklärt werden, welche besonderen Prüfpflichten für Nanomaterial gefordert werden sollen, welche Tonnagegrenzen für Nanomaterial gelten sollen und in welcher Weise oberflächenbehandelte Nanomaterialien zu betrachten sind."[83]

Die Europäische Kommission sah indessen in ihrer Mitteilung zur zweiten Überprüfung der Rechtsvorschriften zu Nanomaterialien vom Oktober 2012 die REACH-Verordnung als bestmöglichen Rahmen für das Risikomanagement von Nanomaterialien an.[84] Sie plant Änderungen nur für einige der Anhänge der Verordnung.[85] Zugleich empfahl sie der ECHA, die Anleitung für Registrierungen nach dem Jahr 2013 weiterzuentwickeln.[86]

Vor dem Hintergrund der Defizite der Verordnung bemüht sich die ECHA auf informelle Weise um Praktikabilität. So entwickelte sie best-practice Empfehlungen für die Expositionsbewertung und Risikocharakterisierung von Nanomaterialien.[87] Diese basieren auf den Ergebnissen einer unter ihrer Leitung tagenden Arbeitsgruppe, „GAARN" (Group Assessing Already Registered Nanomaterials), bestehend aus Vertretern nationaler Behörden, der Kommission und der Industrie, unter Ausschluss zivilgesellschaftlicher Organisationen. Ziel von „GAARN" ist es, sich bei der Umsetzung der REACH-VO in einem informellen Rahmen auf optimale Vorgehensweisen zur Beurteilung und Beherrschung der Risiken von Nanomaterialien zu verständigen. Die von GAARN erarbeiteten Schlussfolgerungen werden an die ECHA-Arbeitsgruppe Nanomaterialien berichtet,

---

82 SRU, (Fn. 21).

83 Bundesumweltamt/BfR/BAuA, (Fn. 24), S. 4.

84 EU-Kommission, Mitteilung der Kommission an das Europäische Parlament, den Rat und den Europäischen Wirtschafts- und Sozialausschuss, Zweite Überprüfung der Rechtsvorschriften zu Nanomaterialien, http://eur-lex.europa.eu/legal-content/en/TXT/PDF/?uri=CELEX:52012DC0572&qid=1401953422217&from=EN, S. 8 (abgerufen am 10.05.2015).

85 Zugleich gab sie allerdings beim Joint Research Center (JRC) eine Untersuchung von Kosten und Nutzen verschiedener Optionen für eine bessere Erfassung von Nanomaterialien in REACH in Auftrag; vgl. (Fn. 84), S. 5.

86 EU-Kommission, (Fn. 84).

87 ECHA Human health and environmental exposure assessment and risk characterization of nanomaterials, Best practice for REACH registrants, 2014, http://echa.europa.eu/documents/10162/5399565/best_practices_human_health_environment_nano_3rd_en.pdf (abgerufen am 10.05.2015).

der neben Fachleuten aus den Mitgliedstaaten, der Europäischen Kommission und der ECHA auch Vertreter akkreditierter Interessenverbände angehören.[88] Basierend auf den Ergebnissen von GAARN fordert die ECHA, Registrierungsdossiers mit fortschreitendem Stand der Forschung um nano-spezifische Studien zu ergänzen, so dass sie eine umfassende physikalisch-chemische Charakterisierung der Nanomaterialien, spezifische Expositionsszenarien sowie Risikobewertungen enthalten. Vorläufig weist sie die Unternehmen überdies darauf hin, dass das Fehlen von Risikowissen nicht das Fehlen von Risiken bedeute: "Registrants are reminded that a lack of (hazard) data does not automatically mean that there is a lack of specific hazards or risks for a substance."[89]

Zum Chemikalienrecht lässt sich mithin feststellen: sein Hauptregelwerk „REACH" ist nicht auf die Besonderheiten von nanoskaligen Stoffen eingerichtet und deshalb insoweit stark defizitär. Das Regelungsdefizit führt zum Versuch einer informellen und kooperativen Problembewältigung jenseits der gesetzlichen Grundlagen. Ein kooperatives Gremium übernimmt lückenfüllende Funktion praeter legem. Das Fehlen des Risikowissens bleibt dennoch unhintergehbar. Ferner fehlt es den informellen Regelungen an juristischer und angesichts der geringen Kontrolldichte der Registrierungen auch an praktischer Durchsetzungsmacht.

III. Vorsorge im Lebensmittelrecht[90]

Die Novel-Food-VO (NFVO) ist auf nanotechnologisch erzeugte Lebensmittel nach Art. 1 Abs. 1, 2 lit. c und f nur anwendbar, wenn das Lebensmittel eine neue Molekularstruktur aufweist oder in einem nicht üblichen Verfahren hergestellt wurde, durch das eine bedeutende Veränderung der Zusammensetzung oder der Struktur des Lebensmittels bewirkt wurde, die sich auf ihren Nährwert, ihren Stoffwechsel oder auf die Menge unerwünschter Stoffe im Lebensmittel auswirkt. Beides ist bei Nano-Lebens-

---

88 S. dazu ECHA, Nanomaterialien, http://echa.europa.eu/de/regulations/nanomaterials (abgerufen am 10.05.2015).

89 ECHA (Fn. 88) S. 10.

90 Dazu bereits A. Scherzberg/J. Seidl, Nano in Lebensmitteln – Sachstand und rechtliche Regulierung, ZLR 2014, S. 5 ff.

mitteln in manchen Fällen, jedoch nicht grundsätzlich der Fall.[91] Wenn man davon ausgeht, dass die unter Verwendung von Nanomaterial hergestellten Lebensmittel auf Grund ihrer neuartigen Eigenschaften typischerweise ein eigenständiges Risikoprofil aufweisen, spricht die Regelungsintention der NFVO zwar für die Anwendung von Art. 1 Abs. 2 lit. f NFVO auf Nano-Lebensmittel. Dennoch lässt sich die Frage, ob es beim Herstellungsprozess zu einer bedeutenden Veränderung im Lebensmittel kommt, nur einzelfallbezogen entscheiden. Wird sie verneint, ist die Basis-VO 178/2002 anwendbar.[92]

Noch stärker als bei der Prüfung des Anwendungsbereichs der NFVO macht sich das Fehlen einer nanospezifischen Regelung bei der Frage bemerkbar, nach welchen Kriterien die im Rahmen des Zulassungsprozesses durchzuführende Risikobewertung vorzunehmen ist. Hierfür hat der wissenschaftliche Ausschuss der Europäischen Behörde für Lebensmittelsicherheit (EFSA) im Jahre 2011 einen Leitfaden veröffentlicht.[93] Der Ausschuss ist aus Sachverständigen zusammengesetzt, die in öffentlichen Stellen beschäftigt sind oder waren.[94] Es handelt sich dabei zwar nur um eine rechtlich unverbindliche Empfehlung an die an der Risikoeinschätzung beteiligten Akteure. Faktisch wird das Entscheidungsverhalten der Kommission und der nationalen Vollzugsinstanzen von ihm aber nachhaltig geprägt. Der Leitfaden beschreibt erwünschte in vivo und in vitro Testverfahren und Toxizitätsstudien. Etwa sollen sich die zur Gefahrenbeschreibung notwendigen Tests auf verschiedene lebensmittelspezifische Kontaktbereiche beziehen und insbesondere den fraglichen Stoff in der hergestellten und angelieferten (natürlichen) Form, sein Vorkommen nach der Verarbeitung im Lebensmittel sowie seine Eigenschaften in biologischen Flüssigkeiten und Geweben umfassen.[95] Mit Blick auf sogenannte Carrier-Systeme soll nicht nur die Bioverteilung untersucht werden, sondern sich

---

91 K.-D. Rathke, Reformbedarf im Lebensmittelrecht, in: A. Scherzberg/J. Wendorff (Hrsg.), Nanotechnologie. Grundlagen, Anwendungen, Risiken, Regulierung, 2009, S. 233, 238; J. Schenten (Fn. 81), S. 12.

92 Dazu unten IV.

93 EFSA Scientific Committee, Scientific Opinion. Guidance on the risk assessment of the application of nanoscience and nanotechnologies in the food and feed chain, EFSA Journal 9 (2011), Artikel Nr. 2140, http://www.efsa.europa.eu/de/efsajournal/pub/2140.htm (abgerufen am 17.01.2014).

94 EFSA, Webnachricht vom 14.06.2012, http://www.efsa.europa.eu/de/events/event/120614a.htm (abgerufen am 10.05.2015).

95 EFSA Scientific Committee, (Fn. 93), S. 2.

die Analyse auch auf die Menge des bioaktiven Inhalts in den eingeschlossenen Kapseln und des davon im späteren Lebensmittel freigesetzten Stoffes beziehen.[96] Im Rahmen der abschließenden Risikocharakterisierung sind alle vorher entstanden Informationen zu verarbeiten und ist auch eine möglichst präzise Beschreibung der Wissenslücken geboten.[97] Soweit essentielle Daten zur Risikobewertung fehlen, soll eine abschließende Bewertung unterbleiben.[98] Offen bleibt allerdings, nach welchen Maßstäben dann ein Antrag auf Marktzulassung beschieden werden soll.

Für das Lebensmittelrecht gilt zusammenfassend: Die Anwendbarkeit der NFV auf nano-food ist nicht generell geklärt. Das Fehlen nanospezifischer Regelungen führt auch hier zur Rechtsunsicherheit bei der Anwendung der gesetzlichen Vorgaben. Die Ausfüllung der bestehenden Regelungslücken ist einem wissenschaftlichen Beratungsgremium übertragen, das das bestehende Regelungsdefizit jedoch nur prozedural, nicht jedoch sachlich-inhaltlich auszugleichen vermag.

IV. Weiterführende Überlegungen

Würde die Herstellung von Nanopartikel etwa im Stoffrecht unter den generellen Vorbehalt einer vorherigen Sicherheitsprüfung gestellt, könnte das den Markt für Nanoprodukte lähmen, denn Methoden, Techniken und Standards, um Nanostrukturen in industriellem Ausmaß zu testen, stehen noch gar nicht zur Verfügung oder sie sind, soweit verfügbar, unverhältnismäßig teuer. Auch in anderen Regelungszusammenhängen bestehen vergleichbare Probleme: so fehlt es etwa für das Anlagengenehmigungsrecht nach hinreichendem Risikowissen für die Bestimmung angemessener Emissionsgrenzwerte und Umweltqualitätsnormen. Unklar ist etwa, ob derartige Regelungen statt wie gewohnt auf Volumen oder Gewicht nicht

96 EFSA Scientific Committee, (Fn. 93), S. 17.

97 EFSA Scientific Committee, (Fn. 93), S. 27 ff.

98 EFSA Scientific Committee, (Fn. 93), S. 29: „The absence of data essential for the risk assessment should be indicated and the quality of the existing data and that provided should be reported. In the absence of essential data, the risk assessor will not be able to conclude on the risk assessment. It should be clear from the assessment how the available body of information has been taken into account when the final risk assessment is determined."

auf andere Parameter wie Größe, Partikelzahl und/oder Oberflächenstruktur bezogen werden müssen.[99]

Dennoch gibt es bereits Vorschläge für die Anpassung des herkömmlichen Vorsorgeinstrumentariums des Stoff-, Umwelt- und Produktrechts. So fordert der Sachverständigenrat für Umweltfragen u. a.:

- die Einführung von Meldepflichten gegenüber den Behörden und Kennzeichnungspflichten gegenüber dem Verbraucher;
- die Beschränkung auf vorläufige Zulassungen im Rahmen bestehender Zulassungsverfahren, solange Daten für eine vollständige Risikobewertung fehlen;
- die Schaffung einer Eingriffsgrundlage für Vorsorgemaßnahmen bei zulassungsfreien Produkten mit der Möglichkeit zum Einschreiten schon bei abstrakter Besorgnis;
- die Einführung einer generellen Pflicht zur Minimierung des Eintrags in die Umwelt und
- die Einstufung von Produktionsabfällen mit Nanomaterial als gefährlicher Abfall.[100]

Umweltverbände um den BUND schlagen den Erlass einer auf Nanomaterialien zugeschnittenen EU-Verordnung als Querschnittsregelung für alle relevanten Politikfelder vor, die allgemeine Grundsätze für den Umgang mit Nanomaterialien enthält sowie die in einzelnen Gesetzen wie der REACH-Verordnung bestehenden Lücken schließt.[101] Dabei geht es neben der Ausweitung der Pflichten zur Stoffprüfung durch den Hersteller auch um deren umfassende, auch vorbeugende behördliche Kontrolle. Dazu sollen die Registrierungsdossiers für Nanopartikel den Anforderungen für krebserregende, mutagene oder erbgutschädigende Stoffe unterstellt werden. Ferner sollten die Schwellenwerte für die Registrierung nach REACH

---

99 So etwa die Entschließung des Europäischen Parlaments vom 24. April 2009 zu Regelungsaspekten bei Nanomaterialien, http://dipbt.bundestag.de/dip21/brd/2009/0499-09.pdf, S. 11, Punkt 13 (abgerufen am 10.05.2015); grundlegend Ausschuss für Umweltfragen, Volksgesundheit und Lebensmittelsicherheit, Bericht über Regelungsaspekte bei Nanomaterialien, (2008/2208(INI)), (2008/2208(INI)), http://www.europarl.europa.eu/sides/getDoc.do?pubRef=-//EP//NONSGML+REPORT+A6-2009-0255+0+DOC+PDF+V0//DE, (abgerufen am 10.05.2015).

100 Vgl. SRU, (Fn. 21).

101 ClientEartch/Ciel/BUND, Höchste Zeit, Nanomaterialien zu regulieren, 2012, S. 5.

auf Mengen von über 10 kg/Jahr herabgesetzt und ein Nano-Register für Nanomaterialien ab einer Menge von 1 kg eingeführt werden. Ferner werden ihre Kennzeichnung gegenüber dem Verbraucher und eine konsequente Umsetzung des "no data - no market" Prinzips gefordert, so dass nanoskalige Stoffe, über die keine aussagekräftigen Daten für eine Risikobewertung vorliegen, nicht vertrieben werden dürfen.[102]

Freilich stehen der Verwirklichung der meisten dieser Vorschläge zwei grundlegende Hindernisse entgegen:

- Belastende, namentlich eingriffsintensive Maßnahmen wie ein präventives Verbot mit Erlaubnisvorbehalt für den Vertrieb nanoskaliger Stoffe, stehen unter dem Gebot der Verhältnismäßigkeit. Insbesondere eine „Vorsorge ins Blaue“ wäre danach unzulässig.[103] Hinreichende Anhaltspunkte für eine generelle Gefährlichkeit nanoskaliger Stoffen bestehen aber nicht. Das Verhältnismäßigkeitsgebot fordert deshalb ein nach Gefahrenneigung abgestuftes Vorgehen. Mit wenigen Ausnahmen wie bei cnts fehlt hierfür indes auf absehbare Zeit an belastbarem toxikologischen Wissen.
- Unabhängig von diesem Befund ist auf europäischer Ebene wegen politischer Widerstände nicht mit einer baldigen Einfügung nanospezifischer Regelungen in das geltende Regelwerk zu rechnen. Im Lebensmittelrecht ist die Kommission bereits im Jahre 2011 mit dem Versuch einer Reform der NFVO unter Einbezug von Nano-Food gescheitert. Im Chemikalienrecht kam sie erst nach langem Ringen um die Ausgestaltung der REACH-VO vom Weißbuch (2001) über den ersten Entwurf (2003) bis zum Inkrafttreten (2007) und der vollständigen Implementation (2018) zum Erfolg. Dementsprechend ist eine schnelle Einigung auf eine substanzielle Anpassung von REACH an die Besonderheiten der Nanostoffe nicht zu erwarten, weshalb die Kommission offensichtlich zögert, eine solche Initiative zu ergreifen.[104]

---

102 ClientEartch/Ciel/BUND, (Fn. 101).

103 M. Führ / J. Stenten, Stärkung der Regelungen für (Import)-Erzeugnisse in der Chemikalienverordnung REACH, Möglichkeiten zur Weiterentwicklung der Verordnung, http://www.bmub.bund.de/fileadmin/Daten_BMU/Pools/Forschungsdatenbank/fkz_3713_65_312_import_erzeugnisse_reach.pdf, S. 44 (abgerufen am 10.05.2015).

104 Zu lösen wäre dabei u.a. die umstrittene Definition von Nanostoffen (dazu oben A II), die letztlich über das Ausmaß der zusätzlichen Belastungen der Hersteller

Mithin lässt sich konstatieren: In maßgeblichen Regelungsmaterien des Umwelt- und Verbraucherschutzrechts steht der Einführung von spezifischen, auf die Besonderheiten von Nanostoffen zugeschnittenen Vorsorgemaßnahmen derzeit die mangelnde Regelungsreife der Materie und/oder die fehlende Regelungsbereitschaft und -fähigkeit des Gesetzgebers entgegen. Damit ist die Frage aufgeworfen, wie Vorsorge unter diesen Umständen geleistet werden kann.

C. Risikokommunikation und Risikotransparenz als Instrumente der Vorsorge bei mangelnder Regelungsreife der Materie

I. Grundlegende Überlegungen

Soweit vorhandene Regelwerke keine für die Problemlagen der Nanotechnologie geeigneten und/oder hinreichend bestimmten Vorsorgemaßgaben enthalten und das erforderliche Risikowissen für die Einführung subsumtionsfähiger nanospezifischer Vorgaben fehlt, müssen Gesetzgeber und Verwaltung in Erfüllung ihrer grundrechtlichen Schutzpflichten zumindest gewährleisten, dass die Betroffenen in die Lage versetzt werden, ihren Umgang mit Nanostoffen und deren Chancen und Risiken eigenverantwortlich zu steuern. Sicherzustellen sind deshalb Risikotransparenz und Risikokommunikation. Als konkrete Vorsorgeinstrumente kommen insoweit in Betracht:[105]

- Der Aufbau eines öffentlich zugänglichen Nanoregisters, das alle nanoskaligen Stoffe und Produkte umfasst.
- Dessen Verknüpfung mit einem behördlich geführten Risikoregister, das das zu Stoff und Produkten vorhandene Risikowissen enthält.
- Behördliche Beratungsangebote und ein behördengestütztes öffentliches Forum, das die Verbraucher in die Lage versetzt, die im Register angebotenen Informationen zu verstehen und einzuordnen.

---

entscheidet; vgl. C. Meier/ A. Romero /D. Trescher: Lobbyismus, Die Weghörer, http://www.nanomagazin.net/die-weghoerer/2/ (abgerufen am 25.05.2015).

105 Vertiefend dazu bipro/RPA: Study to Assess the Impact of Possible Legislation to Increase Transparency on Nanomaterials on the Market, Studie im Auftrag der DG Enterprise and Industry, 2014, http://rpaltd.co.uk/projects/study-to-assess-the-impact-of-the-possible-legislation-to-increase-transparency-on-nanomaterials-on-the-market (abgerufen am 10.05.2015).

- Eine Verpflichtung der Hersteller/Importeure zu einer angemessenen Risikokennzeichnung auf dem Produkt, die über die Nanoskaligkeit hinaus bekannte und mögliche schädliche Nebenwirkungen umfasst.
- Eine staatliche Kontrolle der Vollständigkeit und Aktualität der Register- und Produktinformationen.

Derzeit vorhanden sind:

- Die online-Datenbank der ECHA mit allerdings nur beschränktem Zugang für die Öffentlichkeit.
- Die wissenschaftlich basierte Wissensplattform „DaNa", die das zum Ziel hat, „in einem interdisziplinären Ansatz ... Forschungsergebnisse zu Nanomaterialien und deren Auswirkungen auf den Menschen und die Umwelt für interessierte Laien verständlich aufzubereiten." Hier werden die bekannten Stoffe, Anwendungen und in knapper Form das vorhandene Risikowissen erfasst.[106]
- Eine Verpflichtung zur Kennzeichnung der betreffenden Biozid-Produkten, Kosmetika und Lebensmittel mit dem Zusatz „nano".
- Die Ergebnisse des Sachverständigen-Diskurses in der NanoKommission der Bundesregierung, die von 2006 - 2008 und von 2009 - 2011 tätig war.[107]
- Spezifikationen für die freiwillige Kennzeichnung nach ISO/TS 13830:2013: "Nanotechnologies — Guidance on voluntary labelling for consumer products containing manufactured nano-objects". Die ISO-Norm liefert Richtlinien zu Form und Inhalt von freiwilligen Labels für Konsumprodukte, welche Nanomaterialien enthalten. Unter anderem wird die Verwendung des Ausdrucks „nano" in Produktbeschreibungen empfohlen.[108]

---

106 DaNa, Informationen zu Nanomaterialien und Nano-Sicherheitsforschung, http://nanopartikel.info/; die Datenbank findet sich unter http://nanopartikel.info/nanoinfo/wissens-datenbank (abgerufen am 10.05.2015).

107 Die Abschlussberichte der NanoKommission „Verantwortlicher Umgang mit Nanotechnologien" sind verfügbar unter http://www.bmub.bund.de/fileadmin/bmu-import/files/pdfs/allgemein/application/pdf/nanokomm_abschlussbericht_2008.pdf, (abgerufen am 10.05.2015) und http://nano.dguv.de/fileadmin/user_upload/documents/textfiles/Grundlagen/nano_schlussbericht_2011_bf.pdf (abgerufen am 10.05.2015).

108 Pulp and Paper Canada, Voluntary standards introduced for labeling nano products, http://www.pulpandpapercanada.com/news/voluntary-standards-introduced-for-nano-products/1002819866/?&er=NA (abgerufen am 10.05.2015).

Auf dieser Grundlage sehen sich die Verbraucher allerdings derzeit noch nicht hinreichend informiert. Aktuelle Umfragen verschiedener Institutionen in Europa belegen, dass

- das Wissen um Nanotechnologie und ihre Anwendungsmöglichkeiten gering ist,
- ein relativ hoher Anteil von 17 - 60 % der Befragten in den Mitgliedstaaten „keine Meinung“ über den Nutzen der Nanotechnologie hat,
- die Ambivalenz in den Einstellungen und den Erwartungen von Risiken steigt, wobei körperferne Anwendungen positiver gesehen werden und
- von staatlichen Stellen Information und Aufklärung in Bezug auf konkrete Anwendungen erwartet wird.[109]

Eine befriedigende Kosten/Nutzen- bzw. Chancen-/Risikoabwägung ist den Verbrauchern derzeit also offensichtlich nicht möglich.

II. Einzelne Instrumente

1. Das Produkte- und Risikoregister

Das Umweltbundesamt (UBA) Deutschland hat im Jahre 2014 eine umfangreiche Studie zur Bewertung der Auswirkungen einer Einführung eines europaweiten, obligatorischen Nano-Registers vorgelegt.[110] Gegenstand der Studie war ein Konzept für ein europäisches Register für nanomaterialhaltige Produkte (ENPR). Für die Folgenabschätzung wurden die Materialien Carbon Black, Siliziumdioxid, Aluminiumoxid, Bariumtitanat, Titandioxid, Ceriumoxid, Zinkoxid, Kohlenstoffnanoröhrchen, Nanosilber und Fullerene berücksichtigt. Als Kategorien und Sektoren wurden Stoffe, Kosmetika, Gesundheitspflege, Lebens- & Futtermittel, Lacke & Farben, Reinigung & Desinfektion, Gummierzeugnisse, Bausektor, Texti-

109 Zusammenfassung der vorhandenen Studien in D. Fuchs/A. Gazsó, Warum die öffentliche Wahrnehmung von Risiken ernst zu nehmen ist – der spezielle Fall der Nanotechnologie, nano dossiers 52/2014.

110 Umweltbundesamt, Assessment of Impacts of a European Register of Products Containing Nanomaterials, Texte 23/2014, http://www.umweltbundesamt.de/sites/default/files/medien/378/publikationen/texte_23_2014_assessment_of_impacts_of_a_european_register_of_products_containing_nanomaterials-schwirn.pdf (abgerufen am 10.05.2015).

lien, Papierprodukte sowie komplexe Erzeugnisse & andere Produkte ausgewählt.

Nach der Analyse des UBA wären bis zu 58.000 Unternehmen von einem solchen Nanoproduktregister betroffen; es könne bis zu 4,1 Mio. Notifizierungen geben, davon rund 60 % im Sektor Lacke & Farben und 25 % im Sektor Papiererzeugnisse. Ein großer Anteil der Notifizierungen könnte auf die Verwendung von Füllstoffen zurückzuführen sein.

Das UBA beurteilt die Folgen der Einführung dieses Registers überwiegend positiv.[111] Insbesondere würden dergestalt Wettbewerbsverzerrungen abgebaut, den zuständigen Behörden wertvolle Erkenntnisse über die Exposition von Mensch und Umwelt vermittelt und der Vollzug des Umwelt-, Verbraucher- und Arbeitsschutzrechtes erleichtern. Für Unternehmen und Konsumenten hätte das ENPR den Vorteil der Transparenz – alle Unternehmen in der Herstellungskette wären erkennbar – und damit der verbesserten Rückverfolgbarkeit. Den Konsumenten würde ein Produktregister eine selbstverantwortete Entscheidung ermöglichen.

Ein derartiges Register ist bei genauer Betrachtung allerdings nur dann zur Verbraucheraufklärung geeignet, wenn es mit Aussagen über die Risiken des Stoffes oder Produkts verknüpft wird. Allein die Kenntnis der Verwendung von Nanomaterialien ermöglicht dem Verbraucher eine fundierte Risikoabwägung nicht. Das zeigt auch die Debatte um die Kennzeichnungspflicht.

2. *Die Kennzeichnungspflicht und ihre Umsetzung - Ergebnisse einer Studierendenbefragung*

Das Bundesministerium für Bildung und Forschung äußerte in einer Stellungnahme im Jahre 2010 Bedenken gegenüber der Einführung einer generellen Kennzeichnungspflicht für Nanomaterialien und ihre Produkte. Diese könne zwar zu einer informierten Konsumentenentscheidung beitragen, jedoch auch als Warnhinweis missverstanden werden. Die Kennzeichnung als „Nanoprodukt" sei ohne Aussagekraft, weil allein daraus keine Schlüsse auf die Risiken oder die Qualität des Produkts gezogen werden könnten.[112]

---

111 Hierzu und zum Folgenden Umweltbundesamt, (Fn. 110), S. 116.
112 BMBF: Aktionsplan Nanotechnologie 2015, 2010, S. 13.

Da Kennzeichnungspflichten im Recht regelmäßig für potentiell riskante Produkte eingesetzt werden, könnte dem Label „nano" tatsächlich eine über sachliche Produktinformationen hinausgehende Warn- und Signalwirkung zukommen.[113] Stattdessen könnte ein spezifischer Hinweis auf das Fehlen von Risikowissen über Nebenwirkungen und Langzeitfolgen präziser und deshalb angemessener sein. In einem von Tilmann Betsch[114] gemeinsam mit dem Verfasser durchgeführten Forschungsprojekt wurde die Wirkung der Produktkennzeichnung „nano" auf Verbraucher mit Hilfe einer Studierendenbefragung (Teilnehmer: 382 Studierende verschiedener Fachbereiche) untersucht.[115]

Dabei wurde nach der Risikoerwartung und der Kaufbereitschaft für vier fiktive Produkttypen gefragt: Kettenöl, Sportdrink, Handcreme und Sonnencreme. Diese waren im ersten Fall ohne Kennzeichnung, im zweiten Fall mit der Kennzeichnung „nano" und im dritten Fall mit einem spezifischen Risikohinweis versehen: „Nach dem derzeitigen Wissensstand ist dieser Stoff für die menschliche Gesundheit unbedenklich. Es sind aber nicht alle Nebenwirkungen und Langzeitfolgen erforscht".[116]

Dabei ergab sich:

- Mit einer Ausnahme im Fall des Kettenöls erhöhte das Label „nano" die Risikoerwartung.
- Am stärksten davon betroffen war der Sportdrink, geringer, aber gleichfalls signifikant die Haut- bzw. Sonnencreme.
- Der substanzielle Risikohinweis führte zu einer nochmal erhöhten Risikoerwartung.
- Gegenüber dem einfachen Label „nano" nahm dabei auch die Kauf- bzw. Nutzungsbereitschaft deutlich ab.

---

113 Dazu A. Scherzberg, Braucht es eine Kennzeichnungspflicht für Nanoprodukte, nanomagazin, http://www.nanomagazin.net/debatte/debattenarchiv/debatte-kennzeichnung/ (abgerufen am 10.05.2015).

114 Inhaber der Professur für Sozial-, Organisations- und Wirtschaftspsychologie an der Universität Erfurt, https://www.uni-erfurt.de/va/psychologie/professuren/sow-psychologie/team/betsch-tilmann/.

115 Dazu die Schaubilder im Anhang, für die ich Tilmann Betsch herzlich danke.

116 Auf den Schaubildern im Anhang ist der substantiierte Risikohinweis als „nanoplus" bezeichnet.

Das erlaubt drei Folgerungen:

- Die Kennzeichnung „nano“ wird als Warnsignal verstanden.
- Noch stärker wirkt ein spezifischer Risikohinweis, der den Umstand des Nichtwissens einschließt und damit den Stand der Risikoforschung am Genauesten abbildet.
- Das wiederum hatte einen signifikanten Einfluss auf die Kauf- bzw. Nutzungsbereitschaft. Deshalb wird erst durch eine substantiierte Kennzeichnung die eigenverantwortliche Verbraucherentscheidung effektiv gewährleistet.

D. Fazit

Im Regelungsfeld Nanotechnologie verbindet sich eine hohe Innovationsdynamik mit insgesamt äußerst geringem Risikowissen. Dieses erlaubt immerhin zwei Feststellungen: Eine generelle Besorgnis gegenüber nanotechnologischen Stoffen und Produkten besteht nicht. Es gibt aber hinreichende Anzeichen dafür, dass bestimmte Nanopartikel bei hoher Exposition und auf bestimmten Eintragspfaden erhebliche Schäden für Gesundheit und Umwelt verursachen können. Das Vorsorgeprinzip macht deshalb eine gesetzliche Einhegung der Nutzung der Nanotechnologie grundsätzlich erforderlich. Dabei lässt sich den Besonderheiten der Materie in der Regel nur mit nanospezifischen Vorgaben Rechnung tragen. Die Einführung eines generellen Verbots mit Erlaubnisvorbehalt für nanotechnologische Stoffe und Produkte wäre dabei unverhältnismäßig. Für eine differenzierende Regelung ist das Risikowissen derzeit aber nicht ausreichend. Die Materie „Nanostoffe und Nanotechnologien“ erscheint deshalb derzeit nicht regelungsreif. Eine schnelle Ergänzung maßgeblicher europäischer Regelwerke ist aber auch aus politischen Gründen nicht zu erwarten.

Vorsorge lässt sich unter diesen Umständen nur durch eine bestmögliche Verbraucheraufklärung leisten. Dabei sollten ein öffentlich zugängliches Nanoregister mit Verknüpfung von Produkt- und Risikoinformationen und eine Kennzeichnungspflicht für Produkte im Vordergrund stehen. Die Kennzeichnung sollte, um eine selbstverantwortliche Verbraucherentscheidung zu ermöglichen, nicht auf das schlichte Label „nano“ beschränkt sein, sondern einen substanziellen Hinweis auf den Stand des Risikowissens enthalten.

Anhang: Schaubilder zur Auswertung der Studierendenumfrage

Abbildung 1: Risikoeinschätzung (%) negativer Effekte bei der Nutzung des Produktes (n = 382)

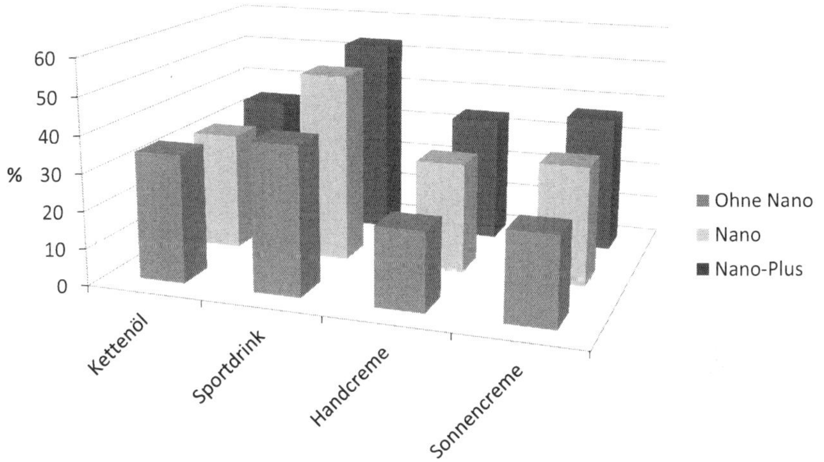

Abbildung 2: Risikoeinschätzung (%) negativer Effekte in Abhängigkeit vom Material (n = 382)

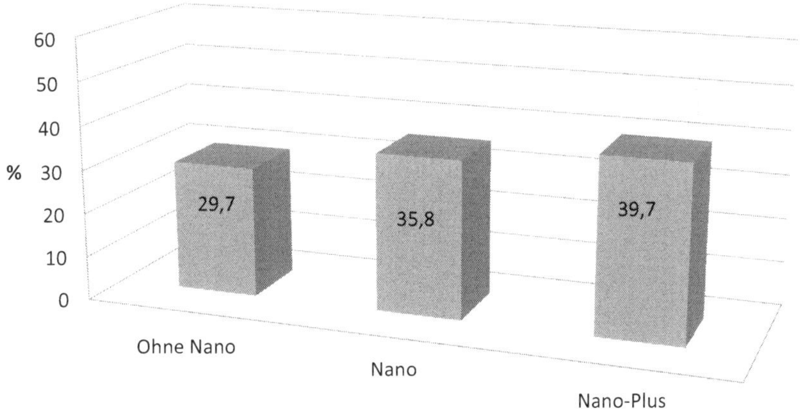

Abbildung 3: Nutzungsabsichten (0-100); (n = 382)

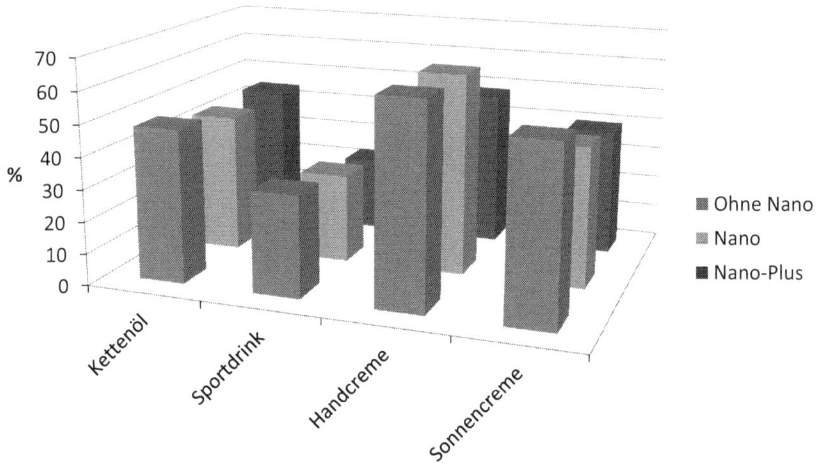

Abbildung 4: Nutzungsabsichten (0-100) in Abhängigkeit vom Material (n = 382)

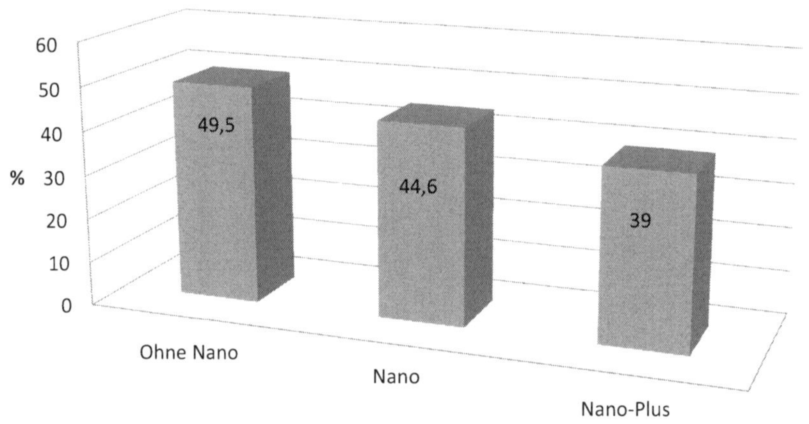

Die genetische Diagnostik als Innovationstreiber und die Regulierung des öffentlichen Systems der Gesundheitsversorgung

Stefan Huster

Inhalt

A. Einführung

I. Medizinische Innovationen im Versorgungssystem

Der medizinisch-technische Fortschritt schreitet rasant voran. Insbesondere in wohlhabenden Gesellschaften, in denen die Grundbedürfnisse weithin gedeckt sind, konzentriert sich das Interesse auf die Gesunderhaltung durch die medizinische Versorgung, so dass dieser Fortschritt wohlwollend, teils sogar begeistert begrüßt wird. Es überrascht daher nicht, dass die medizinische Versorgung inzwischen zu den größten Wirtschaftszweigen gehört und damit für die Anbieter medizinischer Leistungen auch starke wirtschaftliche Anreize bestehen, den Innovationsprozess voranzutreiben.[1]

Eine besondere Bedeutung für den medizinischen Fortschritt hat die genetische Diagnostik gewonnen. Nachdem die Erforschung des menschlichen Genoms lange Zeit ein rein wissenschaftliches Projekt war, eröffnen sich nun zunehmend praktische Anwendungsfelder.[2] Diese reichen von einer prädiktiven genetischen Diagnostik, die über Erkrankungsrisiken informiert, bis hin zum Einsatz der genetischen Diagnostik zur Therapieplanung, die eine gezieltere Behandlung im Sinne einer individualisierten oder personalisierten Medizin ermöglichen soll. Die Genetik scheint dabei der maßgebliche Innovationstreiber in der wissenschaftlich-technischen Entwicklung der Medizin zu sein. Dabei stand die genetische Diagnostik schon immer im Fokus einer ethischen, sozialwissenschaftlichen und auch juristischen Begleitforschung, weil sie zum einen äußerst sensible Daten erhebt, zum anderen Wissensbestände schafft, mit denen individuell und

---

1 Neben diesen technologischen Innovationen spielen für das Gesundheitswesen auch Innovationen, die die Versorgungsstruktur – etwa das Verhältnis von ambulanter und stationärer Versorgung – betreffen, eine erhebliche Rolle; aus Perspektive der rechtswissenschaftlichen Innovationsforschung vgl. dazu jetzt S. Augsberg, Innovative Versorgungsstrukturen im Gesundheitswesen, JöR n.F. 61 (2013), S. 579 ff.

2 Vgl. dazu nur Deutscher Ethikrat, Die Zukunft der genetischen Diagnostik – von der Forschung in die klinische Anwendung, 2013. Die folgenden Ausführungen zu dieser Thematik verdanken sich maßgeblich der Zusammenarbeit in dem vom BMBF geförderten Verbundforschungsprojekt SYSKON: Re-Konfiguration von Krankheit und Gesundheit. Ethische, psychosoziale, rechtliche und gesundheitsökonomische Herausforderungen der Systemmedizin (FKZ 01GP1407A-D).

kollektiv vernünftig umzugehen nicht einfach ist.[3] Sie hat daher im „Gesetz über genetische Untersuchungen beim Menschen“ (Gendiagnostikgesetz – GenDG) seit 2010 auch bereits eine spezialgesetzliche Regulierung gefunden.[4]

Dass die einschlägigen Innovationen nun auch in die kollektiven Versorgungssysteme drängen, wirft eine Reihe von Fragen – insbesondere der Qualitätssicherung und der Finanzierbarkeit – auf, die für moderne Gesundheitssysteme von zentraler Bedeutung sind.[5] In dem kollektiven Versorgungssystem in Deutschland, der Gesetzlichen Krankenversicherung (GKV), ist der Innovationszugang ein seit langem diskutiertes, politisch umkämpftes und außerordentlich unübersichtlich, weil für unterschiedliche Arten von Maßnahmen und unterschiedliche Versorgungsbereiche differenziert geregeltes Problemfeld.[6] Wissen und Geld sind hier knappe Ressourcen,[7] und so stellt der durch die genetische Diagnostik getriebene

---

3 Ohne Anspruch auf Vollständigkeit seien aus den letzten Jahren genannt: Heyen, Gendiagnostik als Therapie, 2011; Kollek/Lemke, Der medizinische Blick in die Zukunft, 2008; Nowotny/Testa, Die gläsernen Gene. Die Erfindung des Individuums im molekularen Zeitalter, 2009; Trute, Wissenspolitik und rechtliche Regulierung – Überlegungen am Beispiel der Erzeugung und Verwendung genetischer Daten, in: Eifert/Hoffmann-Riem (Hrsg.), Innovation und rechtliche Regulierung, 2002, S. 290 ff.; sowie die Beiträge bei Duttge/Engel/Zoll (Hrsg.), Das Gendiagnostikgesetz im Spannungsfeld von Humangenetik und Recht, 2011.

4 Vgl. dazu nur Kern, Gendiagnostikgesetz, 2012; Heidemann/Schillhorn, Gendiagnostikgesetz, Kommentar für die Praxis, 2011.

5 Aus der unüberschaubaren Literatur unterschiedlichster Provenienz zu diesem Thema vgl. hier nur die Beiträge in Rebscher/Kaufmann (Hrsg.), Innovationsmanagement in Gesundheitssystemen, 2010, und jüngst Heyen/Reiß, Das Gesundheitswesen aus Innovationsperspektive: Acht Thesen und Handlungsmöglichkeiten, Soz. Fortschr. 2014, S. 245 ff., 267 ff.

6 Vgl. dazu jetzt umfassend Gottwald, Die rechtliche Regulierung medizinischer Innovationen in der GKV, 2016.

7 Zu der aufgrund der demographischen Entwicklung und des medizinisch-technischen Fortschritts unvermeidlichen Priorisierungsdiskussion im Gesundheitswesen vgl. nur Huster, Soziale Gesundheitsgerechtigkeit, 2011; sowie die Beiträge bei Wohlgemuth/Freitag (Hrsg.), Priorisierung in der Medizin – Interdisziplinäre Forschungsansätze, 2009; und Schmitz-Luhn/Bohmeier (Hrsg.), Priorisierung in der Medizin. Kriterien im Dialog, 2013. Zur Wissensrezeption im Krankenversicherungsrecht, die maßgeblich durch die neuere Anknüpfung des Krankenversicherungsrechts an die Evidenz-basierte Medizin geprägt ist, vgl. etwa Axer, Normengeflecht und Wissensrezeption in der gesetzlichen Krankenversicherung, GuP 2011, S. 201 ff.; Hase, Sozialrecht und die Integration gesellschaftlichen Wissens, in: Denkschrift 60 Jahre BSG, Bd. 1, 2014, S. 423 ff.; S. Augsberg, Kooperative Wis-

Fortschritt in der Medizin auch das Krankenversicherungsrecht vor neue Aufgaben.[8]

II. Innovationen im Recht

Zu dem Thema der Innovationen im Recht können zwei unterschiedliche Perspektiven eingenommen werden. Beide sind für die rechtliche Regulierung medizinischer Innovationen in der GKV relevant.

Zum einen kann von Innovationen im Recht in dem Sinne die Rede sein, dass gefragt wird, wie das Recht technische und soziale Innovationen reguliert. So heißt es, Gegenstand der rechtlichen Innovationsforschung sei „der Teil der Rechtsordnung, der auf Innovationen in der Gesellschaft einwirkt, Gegenstand ist also das für Innovationen erhebliche Recht, das die Möglichkeit von Innovationen absichert und dennoch steuernd vorsorgt, dass die Ergebnisse gemeinwohlverträglich bleiben."[9] Vorrangig in diesem Sinne wird im Folgenden anhand einiger Beispiele gezeigt, welche Herausforderungen die medizinischen Innovationen und insbesondere die Entwicklung der genetischen Diagnostik an die rechtliche Regulierung des Innovationszugangs in der GKV stellen (B.).

---

sensgenerierung im Gesundheitsrecht, GesR 2012, S. 595 ff.; Hart, Evidenz-basierte Medizin und Gesundheitsrecht, MedR 2000, S. 1 ff.; ders., Kongruenz und Kontinuität in der Entwicklung von Medizin und Medizinrecht, MedR 2015, S. 1 ff.; Ladeur, Wissenserzeugung im und durch Recht – und das Problem der „evidenzbasierten Medizin", GesR 2011, S. 455 ff. Zur Notwendigkeit interdisziplinärer Kooperation in diesen Zusammenhängen vgl. Huster, Medizinische, philosophische und ökonomische Aspekte des Gesundheitsrechts, SDSRV 65 (2015), S. 9 ff.

8 Gelegentlich vermischen sich hier die Problemebenen und Rechtsgebiete, weil allgemeine medizinrechtliche und –ethische Fragen auch im Rahmen der Innovationsregulierung in der GKV diskutiert werden. Ein aktuelles Beispiel dafür ist der neue nichtinvasive pränataldiagnostische Bluttest auf das Down-Syndrom („Praena-Test"), über dessen ethische Beurteilung nun im Rahmen der Entwicklung von Anwendungskriterien für die GKV-Versorgung durch den Gemeinsamen Bundesausschuss gestritten wird; sogar – und sicherlich wenig zielführend – die Einrichtung einer besonderen Ethikkommission für die Innovationsregulierung in der GKV ist in diesem Zusammenhang bereits gefordert worden (vgl. „Folgen der Früherkennung", SZ v. 15.04.2015, S. 5).

9 Hoffmann-Riem, Rechtswissenschaftliche Innovationsforschung als Reaktion auf gesellschaftlichen Innovationsbedarf, in: Eifert/Hoffmann-Riem (Hrsg.), Innovation und rechtliche Regulierung, 2002, S. 26 (31).

Zum anderen kann es aber auch um Innovationen im Recht selbst gehen, also um neue Entwicklungen in der Rechtsetzung und –anwendung.[10] Dabei steht zu vermuten, dass derartige Neuerungen typischerweise wiederum auf technische und soziale Innovationen reagieren. Da sich das hier im Zentrum stehende Krankenversicherungsrecht schwer tut, mit neuen und konsistenten Konzepten auf den wissenschaftlich-technischen Fortschritt in der Medizin zu reagieren, fällt es allerdings nicht leicht, in diesem Rechtsgebiet rechtliche Innovationen im Sinne bereits etablierter und tragfähiger Regulierungsstrukturen zu erkennen. Einige Andeutungen dazu sollen aber versucht werden (C.).

B. Herausforderungen an die Innovationsregulierung in der GKV – einige Beispiele

I. Die „Healthy Ill“: Auflösung des Krankheitsbegriffs?

1. Die zentrale Steuerungsfunktion des Krankheitsbegriffs in der GKV

Über eine weitverbreitete Intuition steuert der Krankheitsbegriff Art und Ausmaß der krankenversicherungsrechtlichen Leistungspflicht und Solidarität: Die Behandlung von Krankheiten ist zu gewährleisten, sonstige Maßnahmen – etwa der Verbesserung der Gesundheit oder der Prävention - können dagegen grundsätzlich der privaten Absicherung und Finanzierung überlassen werden.[11] Dementsprechend bestimmt der zentrale § 27 Abs. 1 S. 1 SGB V generalklauselartig: „Versicherte haben Anspruch auf Krankenbehandlung, wenn sie notwendig ist, um eine Krankheit zu erkennen, zu heilen, ihre Verschlimmerung zu verhüten oder Krankheitsbeschwerden zu lindern.“ Leistungen der Verhütung und der Früherkennung von Krankheiten gehören dagegen nur zum Leistungskatalog der GKV, soweit sie in den §§ 20 ff. SGB V ausdrücklich vorgesehen sind. Die Begriffe der Krankheit und der Krankenbehandlung nehmen damit eine zentrale Steuerungsfunktion im GKV-System wahr.

---

10 Zur Entwicklung der Grundrechtsdogmatik als Innovationsprozess vgl. jetzt umfassend Hornung, Grundrechtsinnovationen, 2015.

11 Grundsätzlich dazu vgl. die Beiträge in Mazouz/Werner/Wiesing (Hrsg.), Krankheitsbegriff und Mittelverteilung, 2004.

2. *Grenzfragen des Krankheitsbegriffs: Das Beispiel der künstlichen Befruchtung*

Allerdings ist aus der medizintheoretischen und –ethischen Diskussion bekannt, dass der Krankheitsbegriff komplex ist und mindestens unscharfe Grenzen hat.[12] Der Gesetzgeber hat auch trotz seiner zentralen Bedeutung nie versucht, ihn gesetzlich zu definieren; der Fähigkeit des Begriffs, neue medizinische Erkenntnisse und Verfahren in die Versorgung zu integrieren, wäre ein derartiger Versuch auch kaum förderlich gewesen. Hinzu kommt, dass der Begriff in unterschiedlichen Rechtsgebieten durchaus unterschiedliche Funktionen wahrnimmt und entsprechend differenziert verstanden wird.[13]

Die Sozialrechtsprechung arbeitet mit einem zweigliedrigen Begriff, nach dem eine Krankheit ein regelwidriger Körper- oder Geisteszustand ist, der behandlungsfähig und –bedürftig ist (und/oder zu Arbeitsunfähigkeit führt).[14] Nun sieht man gleich, dass es auch hier Zweifelsfälle und Unklarheiten gibt: Wann sind etwa Fettleibigkeit oder eine Entstellung behandlungsbedürftig? Warum sind alterstypische Gebrechen, deren Behandlung von der GKV anstandslos finanziert wird, eigentlich regelwidrig – ist es nicht geradezu typisch, dass man im fortgeschrittenen Lebensalter Probleme mit den Knien oder mit dem Hörvermögen bekommt?

Besonders heikle Zweifelsfälle treten auf, wenn medizinische Innovationen dazu führen, dass neue Behandlungsmöglichkeiten entstehen, über deren Charakter als Krankenbehandlung man sich dann erst verständigen muss. Am spektakulärsten war und ist insoweit die künstliche Befruchtung als reproduktionstechnische Innovation, die eine Fülle von sozialgerichtlichen Verfahren und sogar Entscheidungen des Bundesverfassungsgerichts ausgelöst hat.[15] Hintergrund ist der Umstand, dass der Gesetzgeber hier eine Sonderregelung eingeführt hat, nach der die Finanzierung der künstlichen Befruchtung in der GKV zahlreichen Beschränkungen unterliegt

---

12 Vgl. dazu die Beiträge bei Schramme (Hrsg.), Krankheitstheorien, 2012.

13 Vgl. dazu jetzt S. Beck (Hrsg.), Heilung, Prävention, Enhancement? Rechtliche Auswirkungen der Unterscheidung von Krankheit und Gesundheit im Recht, 2016.

14 Vgl. nur Lang, in: Becker/Kingreen (Hrsg.), SGB V, 4. Aufl. 2014, § 27 Rn. 13 ff.

15 Vgl. dazu Huster, Die Leistungspflicht der GKV für Maßnahmen der künstlichen Befruchtung und der Krankheitsbegriff, NJW 2009, S. 1713 ff.; ders., Die Relativität des Krankheitsbegriffs, in: Rauprich/Vollmann (Hrsg.). Die Kosten des Kinderwunsches. Interdisziplinäre Perspektiven zur Finanzierung reproduktionsmedizinischer Behandlungen, 2012, S. 37 ff., jew. mwN.

(vgl. § 27 a SGB V): Es werden nur drei Versuche finanziert; die Betroffenen müssen miteinander verheiratet sein; es dürfen ausschließlich Ei- und Samenzellen der Ehegatten verwendet werden, die Befruchtung muss also im homologen System verbleiben; die Betroffenen müssen das 25. Lebensjahr, dürfen aber noch nicht das 40. (Frau) bzw. 50. Lebensjahr (Mann) vollendet haben; und schließlich wird die Kostenübernahme durch die Krankenkasse auf 50% der Kosten der Behandlung begrenzt, die bei ihrem Versicherten durchgeführt worden ist.

All diese Beschränkungen sind von den Versicherten gerichtlich angegriffen worden. Die Sozialgerichte konnten insoweit auf die einfachrechtliche Systematik verweisen, nach der die künstliche Befruchtung nicht als Krankenbehandlung, sondern in § 27 a SGB V als „eigenständiger Versicherungsfall" ausgestaltet sei und daher auch besonderen Beschränkungen unterliege; die Frage, ob die künstliche Befruchtung der Behandlung einer Krankheit im krankenversicherungsrechtlichen Sinne dient, konnte man insoweit offenlassen.[16] Das Bundesverfassungsgericht konnte sich aber auf diese gesetzliche Differenzierung nicht mehr zurückziehen, sondern musste nun begründen, warum sie vor dem allgemeinen Gleichheitssatz des Art. 3 Abs. 1 GG gerechtfertigt ist. Dabei steuerte das Gericht in seiner ersten Entscheidung aus dem Jahre 2007 sofort auf den zentralen Punkt zu:[17] Die Ungleichbehandlung von verheirateten und nicht verheirateten Paaren wäre nicht zu rechtfertigen, wenn es sich bei den in § 27 a SGB V geregelten Maßnahmen um eine Krankenbehandlung handelte. Dies sei aber nach dem Willen des Gesetzgebers und der gesetzlichen Systematik gerade nicht der Fall. Ist es aber vertretbar, die künstliche Befruchtung aus dem Begriff der Krankenbehandlung herauszunehmen? Das Verfassungsgericht hat diese Frage bejaht. Dazu hat es zunächst an die Ausführungen der Entscheidung des Bundessozialgerichts angeknüpft, diesen aber eine viel grundsätzlichere Erwägung zugrunde gelegt: Es gehe hier um einen „Grenzbereich zwischen Krankheit und solchen körperlichen und seelischen Beeinträchtigungen eines Menschen, deren Beseitigung oder Besserung durch Leistungen der gesetzlichen Krankenversicherung nicht von vornherein veranlasst ist." Die Freiheit des Gesetzgebers, die Leistungsvoraussetzungen in der GKV zu bestimmen, bestehe nun „auch" – gemeint

16 Vgl. BSGE 88, 62 ff.
17 Vgl. BVerfGE 117, 316 ff.

war wohl eher: insbesondere[18] – in diesem „Grenzbereich“.[19] Zwei Jahre später hat das Bundesverfassungsgericht diese Rechtsprechung weitergeführt, indem es seine Begründung mit Hilfe des Krankheitsbegriffs konkretisiert hat. Dies hielt das Gericht hier wohl für angezeigt, weil die Begrenzung der GKV-Leistungen auf einen 50%igen Zuschuss nicht - anders als die Beschränkung auf verheiratete Paare - mit Erwägungen des Kindeswohls vor dem Gleichheitssatz gerechtfertigt werden kann, sondern nur über den Begriff der Krankheit bzw. der Krankenbehandlung. Die entscheidende Passage lautet:

> „Vor allem kann der Begriff der Krankheit, der grundsätzlich die Leistungen der gesetzlichen Krankenversicherung auslöst, nicht durch Auslegung dahingehend erweitert werden, dass er auch den Wunsch nach einer erfolgreichen Familienplanung in einer Ehe umfasst. Die künstliche Befruchtung beseitigt keinen regelwidrigen körperlichen Zustand, sondern umgeht ihn mit Hilfe medizinischer Technik, ohne auf dessen Heilung zu zielen.“[20]

Allerdings überzeugt diese Begründung nicht. Dass hier überhaupt eine Krankheit vorliegt, ließe sich noch mit dem Argument bezweifeln, dass in den – von § 27 a SGB V *auch* erfassten – Fällen, in denen keine organische Ursache der Sterilität gefunden werden kann (sog. idiopathische Sterilität), eben kein regelwidriger Körperzustand vorliegt. Nun könnte man überlegen, ob nicht bereits die Unfruchtbarkeit als solche Krankheitswert besitzt. Darauf kommt es aber gar nicht an: Denn in der weitaus überwiegenden Anzahl der Fälle beruht die Sterilität auf bekannten organischen Funktionsstörungen – und dass dann eine Krankheit vorliegt, unterstellt in § 27 Abs. 1 S. 4 SGB V bereits das Krankenversicherungsrecht.[21] Ob das Bundesverfassungsgericht das bestreiten will, wird nicht ganz deutlich, weil die Formulierung, der „Begriff der Krankheit (könne) nicht durch

---

18 So dann auch die Aufnahme dieser Entscheidung durch BSG, SGb 2008, S. 356 (358): „Sind aber schon Leistungsbegrenzungen in Fällen der Krankenbehandlung möglich, gilt das erst recht bei Maßnahmen der künstlichen Befruchtung generell (…).“

19 Dass man auch dann noch über die Beschränkung der Leistung auf Ehepaare streiten kann, betont etwa Ricken, Familiale Gemeinschaften im Sozialrecht, in: FS Schnapp, 2008, S. 509 (514 ff.).

20 BVerfG, NJW 2009, S. 1733, Rn. 10.

21 Die Norm lautet: „Zur Krankenbehandlung gehören auch Leistungen zur Herstellung der Zeugungs- oder Empfängnisfähigkeit, wenn diese Fähigkeit nicht vorhanden war oder durch Krankheit oder wegen einer durch Krankheit erforderlichen Sterilisation verlorengegangen war.“

Auslegung dahingehend erweitert werden, dass er auch den Wunsch nach einer erfolgreichen Familienplanung umfasst", völlig missglückt ist und den Leser daher ratlos zurücklässt: Wer hätte jemals den Kinderwunsch als Krankheit bezeichnet?

Näherliegend ist es daher wohl, dass das Verfassungsgericht behaupten will, dass die künstliche Befruchtung keine Behandlung dieser Krankheit darstelle. Das insoweit vorgebrachte Argument, die „künstliche Befruchtung beseitigt keinen regelwidrigen körperlichen Zustand, sondern umgeht ihn mit Hilfe medizinischer Technik, ohne auf dessen Heilung zu zielen", ist aber schon deshalb außerordentlich schwach, weil das für eine Fülle medizinischer Leistungen – etwa Brillen, Hörgeräte, Rollstühle, künstliche Darmausgänge - gilt, die unstreitig als Krankenbehandlung anerkannt werden. Selbst § 27 Abs. 1 S. 1 SGB V lässt es ja ausreichen, dass eine Behandlung geeignet ist, „Krankheitsbeschwerden zu lindern"; „Heilung" ist keineswegs das einzige Ziel der Medizin.

Auch das Bundessozialgericht hatte angedeutet, dass die künstliche Befruchtung nicht als Krankenbehandlung anzusehen sei, weil sie – anders als die Maßnahmen nach § 27 Abs. 1 S. 4 SGB V – den regelwidrigen Zustand nicht beseitige. In allen anderen Gerichtszweigen ist dagegen inzwischen geklärt, dass nicht nur die (versuchte) Heilung als Krankenbehandlung gewertet werden kann. Durchweg wird daher die künstliche Befruchtung jedenfalls dann als Kranken- oder Heilbehandlung eingeordnet, wenn sie auf einer bekannten organischen Ursache beruht. Dies gilt für die Rechtsprechung des Bundesgerichthofs zur privaten Krankenversicherung[22] ebenso wie für die Entscheidungen des Bundesverwaltungsgerichts zur truppenärztlichen Versorgung.[23] Auch der Bundesfinanzhof sieht die künstliche Befruchtung (inzwischen) als Heilbehandlung an, deren Kosten daher auch von unverheirateten Frauen als außergewöhnliche Belastung im Sinne des § 33 EStG geltend gemacht werden können.[24] Schließlich sind auch die Arbeitsgerichte einhellig der Meinung, dass eine Arbeitnehmerin, die aufgrund der Behandlung im Rahmen der artifiziellen Insemi-

---

22 Grundlegend BGHZ 99, 228. Vgl. ferner BGH, VersR 2004, S. 1123 ff.; NJW 2005, S. 3783 ff.; VersR 2006, S. 1351 ff.; VersR 2006, S. 1673.

23 Vgl. BVerwGE 119, 265 (269): „Aus der Sonderregelung für die gesetzliche Krankenversicherung lässt sich indessen nicht folgern, dass die In-vitro-Fertilisation auch dann keine Heilbehandlung ist, wenn die Fertilitätsstörung auf dem regelwidrigen Körperzustand eines der Partner oder beider beruht."

24 Vgl. BFH, DStR 2007, S. 1623 ff., in Abkehr von BFH, NJW 2005, S. 3517 ff.

nation arbeitsunfähig wird, krankheitsbedingt (und unverschuldet) arbeitsunfähig ist und daher einen Entgeltfortzahlungsanspruch nach § 3 Abs. 1 EFZG besitzt.[25] Mehrfach ist dabei das vom Bundesverfassungsgericht verwendete Argument, die künstliche Befruchtung sei mangels Heilungsabsicht keine Krankenbehandlung, aus den genannten Gründen zurückgewiesen worden.[26] Außer dem Verfassungsgericht und – in einem obiter dictum – dem Bundessozialgericht vertritt diese Ansicht niemand mehr.

Was ist hier schiefgegangen? Die bereits erwähnte Intuition, dass die Leistungspflicht der GKV auf Krankheitsfälle zu beschränken ist, hat das Verfassungsgericht auf den Irrweg geführt, auch in diesem Grenzbereich die gesetzliche Differenzierung über den Begriff der Krankheit bzw. Krankenbehandlung rechtfertigen zu wollen. Das funktioniert hier aber ersichtlich nicht. Trotzdem sträubt man sich, eine Leistungsverpflichtung der GKV für die künstliche Befruchtung wie für sonstige Krankenbehandlungen anzunehmen. Tatsächlich gibt es ja gute Gründe, ein Einspringen der Solidargemeinschaft nicht in der gleichen Weise für zwingend zu halten: Die Betroffenen leiden nicht körperlich und sind in ihrer Lebensführung an sich nicht eingeschränkt.[27] Erst – und dies lässt auch eine Formulierung des Verfassungsgerichts vage anklingen[28] – der Kinderwunsch und damit eine Präferenz der „individuellen Lebensgestaltung" lassen überhaupt ein lebenswirkliches Problem entstehen, das zudem auch anders als mit reproduktionstechnologischen Maßnahmen – nämlich durch eine Relativierung dieses Wunsches - gelöst werden kann. Angesichts der Dringlichkeit des Kinderwunsches bei vielen Paaren und der „Normalität" der Familiengründung mag man es immer noch als unglücklich ansehen, dass die derzeitige Rechtslage dazu führen kann, dass sich wirtschaftlich schwächer

---

25 Vgl. LAG Düsseldorf v. 13.6.2008, 10 Sa 449/08; ferner ArbG Marburg v. 26.9.2006, 2 Ca 155/06; ArbG Essen v. 17.1.2008, 1 Ca 1805/07.

26 Vgl. BGHZ 99, 228 (233); BVerwGE 119, 265 (269); BFH, DStR 2007, S. 1623 (1624); LAG Düsseldorf v. 13.6.2008, 10 Sa 449/08, Rn. 34.

27 Vgl. dazu und zum Folgenden Rauprich, Sollen *Kinderwunschbehandlungen* von den Krankenkassen finanziert werden?, in: Bockenheimer-Lucius u.a. (Hrsg.), Umwege zum eigenen Kind, 2008, S. 31 (44 f.).

28 BVerfG, NJW 2009, S. 1733, Rn. 14: Bei der künstlichen Befruchtung handele es sich um eine Leistung, „die nicht medizinisch für eine Therapie notwendig ist, sondern die Wünsche eines Versicherten für seine individuelle Lebensgestaltung betrifft. Dann bleibt es aber im Rahmen seines Gestaltungsspielraums, wenn der Gesetzgeber sich zu einer Förderung von Maßnahmen künstlicher Befruchtung entschließt, dies aber generell auf eine Teilförderung beschränkt."

Gestellte diesen Wunsch nicht erfüllen können. Aber das ist dann ein allgemeines Problem der sozialen Gerechtigkeit, das sich angesichts der genannten Besonderheiten der Unfruchtbarkeit und der künstlichen Befruchtung nicht mehr als ein spezifisches Problem der GKV auffassen lässt.

Die künstliche Befruchtung ist aus Sicht der krankenversicherungsrechtlichen Solidargemeinschaft somit tatsächlich ein Sonderfall und liegt in einem „Grenzbereich". Dem Bundesverfassungsgericht ist daher mit seiner Abweisung verfassungsrechtlicher Leistungsansprüche gegen die GKV und der Betonung des gesetzgeberischen Gestaltungsspielraums im Ergebnis durchaus Recht zu geben. Nicht überzeugend ist dagegen die Argumentation, weil es in konsistenter Weise nicht möglich ist, diese Differenzierung über die Begriffe der Krankheit und der Krankenbehandlung einzuholen. Das offensichtliche Scheitern dieses Versuchs beweist aber, welch hoher Stellenwert dem Krankheitsbegriff nach verbreiteter Auffassung hier zukommt.

3. Risiko als Krankheit?

Eben dieser Krankheitsbegriff wird nun aber durch die Fortschritte der genetischen Diagnostik in noch fundamentalerer Weise in Frage gestellt. § 27 Abs. 1 SGB V setzt voraus, dass eine Maßnahme der Behandlung einer Krankheit dient; die Verhütung und Früherkennung von Krankheiten gehört nur in engen Grenzen zum Leistungsspektrum der GKV.[29] Wie verhält es sich aber nun, wenn uns die prädiktive genetische Diagnostik das Wissen eines hohen Erkrankungsrisikos verschafft und dann bereits Maßnahmen ergriffen werden sollen? Diese Fallkonstellation ist prominent geworden durch die Schauspielerin Angelina Jolie, die sich als Trägerin eines Hochrisikogens für Brustkrebs zu einer prophylaktischen Mastektomie entschlossen hat. Seitdem sie mit dieser Entscheidung an die Öffentlichkeit gegangen ist, häufen sich auch in Deutschland entsprechende Nachfragen von betroffenen Frauen. Aber haben diese Frauen einen Leistungsanspruch? Schließlich sind sie ja noch nicht krank, sondern haben lediglich ein erhöhtes Erkrankungsrisiko. Wirklich gesund sind sie aber ersichtlich auch nicht: Sie sind „kranke Gesunde" (healthy ill).

---

29 Vgl. bereits oben 1.

Bisher ist kaum untersucht worden, welche Konsequenzen sich aus dieser Entwicklung für die GKV und andere Sicherungssysteme ergeben.[30] So herrscht gerade mit Blick auf das hereditäre Mammakarzinom große Rechtsunsicherheit, ob, inwieweit und auf welcher Rechtsgrundlage die gesetzlichen Krankenkassen berechtigt oder verpflichtet sind, präventive Maßnahmen vor Ausbruch der Erkrankung – etwa eine prophylaktische Mastektomie und einen nachfolgenden Brustaufbau – zu finanzieren. Ein Mustervertrag, der im Jahre 2005 zwischen den zwölf im Konsortium für „Familiären Brust- und Eierstockkrebs“ zusammengeschlossenen Behandlungszentren und den – damaligen – Spitzenverbänden der Krankenkassen vereinbart wurde, ist auf Ebene der Länder unterschiedlich und nicht von allen Krankenkassen umgesetzt worden. Soweit derartige selektivvertragliche Vereinbarungen nicht bestehen, behilft sich die Praxis der GKV mit individuellen Behandlungszusagen, wobei die Handhabung durchaus unterschiedlich zu sein scheint. Vergleichbare Unsicherheiten bestehen im Recht der privaten Krankenversicherung und der beamtenrechtlichen Beihilfe. Hier besteht eine Rahmenvereinbarung des Verbandes der privaten Krankenversicherung e.V. mit dem Kölner Zentrum, der sich inzwischen andere Behandlungszentren angeschlossen haben, nicht aber alle privaten Krankenversicherungsunternehmen. Für Beihilfeberechtigte ist insoweit von Bedeutung, dass sich die Bund-Länder-Kommission für das Beihilferecht dafür ausgesprochen hat, eine entsprechende Behandlung in den spezialisierten Zentren im Sinne dieser Rahmenvereinbarung zu übernehmen; diese Empfehlung wird aber wohl nicht in allen Bundesländern umgesetzt. Dementsprechend laufen auch bereits die ersten gerichtlichen Verfahren, in denen Beihilfeberechtigte einen Leistungsanspruch einzuklagen versuchen. Dass der gegenwärtige Rechtszustand unbefriedigend ist, wird auch von der Rechtspraxis gesehen; so heißt es in einem neueren Urteil, das den Anspruch auf Erstattung der Kosten der Durchführung einer prädiktiven Gendiagnostik aus einem privaten Krankenversicherungsvertrag mangels hinreichender Rechtsgrundlage im Privatversicherungsrecht ablehnte – wobei aus der Entscheidung nicht ersichtlich wird, um welchen Test es sich genau handelt -, dass die mit der Erstattungsfähigkeit von prädiktiven Tests zusammenhängenden Fragen „einer breiten rechtspolitischen – und in Teilbereichen auch ethischen - Diskussion und einer Beant-

30 Vgl. dazu jetzt Schmutzler/Huster/Wasem/Dabrock, Risikoprädiktion: Vom Umgang mit dem Krankheitsrisiko, Deutsches Ärzteblatt 112 (2015), S. A 910 ff.

wortung durch den Gesetzgeber (bedürfen). Eine gerichtliche Klärung würde die Grenzen der zulässigen richterlichen Rechtsfortbildung überschreiten."[31]

Vermutlich ist hier ein Punkt erreicht, an dem die Steuerungskraft des Krankheitsbegriffs endgültig endet. Allerdings könnte man nun daran denken, dem – soweit die entsprechenden Maßnahmen medizinisch tatsächlich indiziert sind – unzweifelhaft plausiblen Leistungsanspruch der Betroffenen mit einer erweiternden Auslegung des krankenversicherungsrechtlichen Krankheitsbegriffs zu entsprechen: Warum sollte man sie warten lassen, bis sie tatsächlich erkrankt sind? Einen Fingerzeig in diese Richtung gibt ein neueres Urteil des Bundessozialgerichts.[32] Dabei ging es um folgenden Fall: Die Klägerin erkrankte an einem Mammakarzinom. In einem ärztlichen Gutachten wurde daraufhin festgestellt, dass sie nach der erforderlichen Chemotherapie mit einer Wahrscheinlichkeit von 90% nie mehr einen Eisprung haben werde und somit im späteren Leben keine eigenen Kinder mehr bekommen könne. Deshalb sollte eizellbildendes Gewebe entnommen, eingefroren, später aufgetaut und in den Körper der Klägerin reimplantiert werden, um die Fertilität der Klägerin wenigstens teilweise zu erhalten. Daher beantragte sie bei der beklagten Versicherung, die Kosten für die Entnahme und Aufbewahrung von Gewebe aus den Eierstöcken zu übernehmen. Die Beklagte lehnte diese Kostenübernahme mit der Begründung ab, es handele sich bei den begehrten Leistungen nicht um solche der GKV. Das Bundessozialgericht gab der Klägerin aber schließlich Recht: Die konkrete Gefahr, die Empfängnisfähigkeit aufgrund der Krebserkrankung und der Behandlungsfolgen zu verlieren, sei für die Annahme einer Krankheit ausreichend. Denn nicht nur eine eingetretene krankheitsbedingte Empfängnisunfähigkeit sei gemäß § 27 Abs. 1 S. 4 SGB V eine Krankheit, sondern auch bereits der therapiebedingt drohende Eintritt der Empfängnisunfähigkeit. Ziehe eine Krankheit in unbehandeltem oder behandeltem Zustand zwangsläufig oder mit hoher Wahrscheinlichkeit weitere Erkrankungen nach sich, so seien medizinische Maßnahmen, die dem entgegenwirken und eine Verschlechterung des Gesamtgesundheitszustandes verhüten sollen, als Behandlung der Grundkrankheit

---

31 LG Stuttgart, NJW 2013, S. 1543 ff. Eine erste, allerdings nicht rechtskräftige Entscheidung liegt nun zu den Ansprüchen einer Beihilfeberechtigten auf Erstattung der Kosten einer prophylaktischen Mastektomie vor: VG Darmstadt, Urt. v. 13. 5. 2015 – 1 K 491/13.DA –, juris.

32 BSG, NZS 2011, S. 20 ff.

und damit als Krankenbehandlung im Sinne des § 27 Abs. 1 SGB V aufzufassen.

Ist dies eine Lösung, die sich auf das Begehren nach Finanzierung einer prophylaktischen Mastektomie übertragen lässt? Auf den ersten Blick ein pragmatischer Weg, der aber erhebliche Folgefragen aufwirft: Ab welcher Risikohöhe soll denn die Gleichstellung mit einer Krankheit erfolgen? Es ist ja der Verdacht nicht von der Hand zu weisen, dass verängstigte Betroffene auch schon bei sehr geringem Risiko zu den einschlägigen Maßnahmen werden greifen wollen. Soll die GKV auch derartig übersteigerte Ängste finanzieren? Und soll wirklich die Sozialgerichtsbarkeit die Kriterien entwickeln, wann hier die Einstandspflicht der Solidargemeinschaft beginnt? Das ist schwerlich zielführend, zumal mit der Entwicklung der genetischen Diagnostik die Fälle zunehmen werden, in denen mit prophylaktischen Maßnahmen auf ein bekanntes Erkrankungsrisiko reagiert werden kann. Vermutlich wird man diese Fälle der „gesunden Kranken“ einer speziellen gesetzlichen Regelung zuführen müssen; die allgemeine Abgrenzung von Krankheit und anderen Lebensproblemen hilft hier nicht mehr weiter.

II. Die Erstattung von Companion Diagnostics

1. Personalisierte Medizin

Durch die Entwicklung der genetischen Diagnostik wird auch die Entwicklung einer personalisierten oder individualisierten Medizin ermöglicht – insbesondere in der Onkologie –, die gezielt auf die genetische Ausstattung des Patienten oder dessen Tumorgewebe abstellt.[33] Ob die

33 Dass Ansätze der personalisierten Medizin nicht nur Keimbahn-, sondern auch somatische Mutationen untersuchen, wirft übrigens gewisse Fragen für die Anwendbarkeit des GenDG auf: Während diesem Gesetz mit seinen strengen Schutzvorschriften die Untersuchungen von Keimbahnmutationen unterfallen, da insoweit unveränderliche und in diesem Sinne „exzeptionelle“ Informationen erhoben werden, ist dies für die Untersuchung somatischer Mutationen gerade nicht vorgesehen. Hier droht eine Regelungslücke zu entstehen, weil es die neuere Technik vielfach ermöglicht, von dem Vorliegen einer somatischen Mutation auf eine Keimbahnmutation – zumindest mit einer hohen Wahrscheinlichkeit - zurückzuschließen. Auch hier ergeben sich also durch medizintechnische Innovationen Probleme für die rechtliche Systematik. Im Einzelnen vgl. dazu jetzt Huster/Schmutz-

sich aus diesen Ansätzen ergebenden Hoffnungen berechtigt sind und ob man nicht viel zurückhaltender von einer stratifizierenden Medizin sprechen sollte, die lediglich kleinere Patientensubgruppen bildet, ist in den letzten Jahren vielfach diskutiert worden.[34] Im Folgenden soll es um einen Ausschnitt aus dieser Diskussion gehen, der in der Praxis der GKV bereits Probleme bereitet.

2. Genetische Analysen zur Therapieplanung

Zunehmend werden Arzneimittel entwickelt, deren Einsatz einen genetischen Test voraussetzt, weil das Arzneimittel nur bei einer bestimmten genetischen Konstitution indiziert ist. Dass der entsprechende begleitende Test (Companion Diagnostics) vorgenommen werden muss oder soll, ist dann auch in der arzneimittelrechtlichen Zulassung festgeschrieben.

Für das Krankenversicherungsrecht entsteht damit ein grundlegendes Problem, das bisher nicht befriedigend gelöst ist.[35] Im Kern ergibt es sich daraus, dass für unterschiedliche Arten von medizinischen Maßnahmen der Innovationszugang in den Leistungskatalog der GKV ganz unterschiedlich geregelt ist. So sind Arzneimittel grundsätzlich bereits mit ihrer Zulassung zu Lasten der GKV verordnungsfähig.[36] Dies steht zwar nicht ausdrücklich im Gesetz, ergibt sich aber nach der Rechtsprechung des Bundessozialgerichts aus der Vorgreiflichkeit der arzneimittelrechtlichen Zulassung: Nach seiner Auffassung verzichtet das Krankenversicherungsrecht bei der Arzneimittelversorgung – anders als bei den übrigen Leistungen der Krankenbehandlung - weitgehend auf eigene Vorschriften zur Qualitätssicherung; es knüpfe insoweit an das Arzneimittelrecht an, das für Fertigarzneimittel eine staatliche Zulassung vorschreibe und deren Erteilung vom Nachweis der Qualität, Wirksamkeit und Unbedenklichkeit

---

ler, Rechtliche Aspekte aktueller Entwicklungen in der molekulargenetischen Tumordiagnostik, MedR 2015, S. 248 ff.

34 Vgl. dazu aus juristischer Sicht Huster/Gottwald, Rechtliche Implikationen der personalisierten Medizin: Welche juristischen Herausforderungen und Probleme müssen bewältigt werden?, GesR 2012, S. 449 ff. mwN.; sowie die (anderen) Beiträge bei Wienke/Dierks/Janke (Hrsg.), Rechtsfragen der Personalisierten Medizin, 2014.

35 Zum Folgenden vgl. auch bereits Huster/Gottwald, Die Vergütung genetischer Diagnostik in der Gesetzlichen Krankenversicherung, 2013, S. 9 ff..

36 Zu der nachgeschalteten Preisregulierung vgl. sogleich bei 3.

des Medikaments abhängig mache (vgl. § 21 Abs. 2 AMG).[37] Da dies dieselben Kriterien seien, an denen die Leistungen der Krankenversicherung gemessen werden, könne bei Vorliegen der arzneimittelrechtlichen Zulassung davon ausgegangen werden, dass damit zugleich die Mindeststandards im Sinne des Krankenversicherungsrechts erfüllt seien. Für eine (weitere) Überprüfung des Arzneimittels durch den Gemeinsamen Bundesausschuss (G-BA) sei daher kein Raum:[38] Es sei nicht Aufgabe des Bundesausschusses, zulassungspflichtige Arzneimittel für einen Einsatz in der vertragsärztlichen Versorgung einer nochmaligen, gesonderten Begutachtung zu unterziehen und die arzneimittelrechtliche Zulassung durch eine für den Bereich der gesetzlichen Krankenversicherung geltende Empfehlung zu ersetzen oder zu ergänzen.[39] Ganz anders stellt sich dagegen die Rechtslage für die begleitende Diagnostik dar: Sie stellt eine ärztliche Leistung dar, die im ambulanten vertragsärztlichen Versorgungsbereich jedenfalls der Aufnahme in den Einheitlichen Bewertungsmaßstab (EBM, vgl. § 87 Abs. 2 SGB V) bedarf, um zu Lasten der GKV erbracht werden zu können.

Nun sind bereits Fälle aufgetreten, in denen der Einsatz eines zugelassenen Arzneimittels dadurch be- oder gar verhindert wird, dass der zuständige Bewertungsausschuss den begleitenden Test (noch) nicht in den EBM aufgenommen hat, obwohl das Arzneimittel an sich verordnungsfähig ist und die Versicherten auch einen entsprechenden Leistungsanspruch besitzen. Die Rechtslage ist insoweit unbefriedigend, weil es für das Tätigwerden des Bewertungsausschusses keine strikten Fristen gibt und weder der Arzneimittelhersteller noch der Hersteller des begleitenden Tests eine Entscheidung des Ausschusses erzwingen können. Man sieht hier sehr schön, wie eine medizinische Innovation – nämlich die Kopplung von Arzneimittel und Test – die gegliederte Struktur der Innovationsregulierung in der GKV in Frage stellt, weil sich diese Struktur als Innovationshindernis erweist. Es dürfte zu den zentralen Aufgaben der Rechtswissenschaft gehören, derartige rechtlich verursachte Blockaden zu identifizieren und auch – in interdisziplinärer Kooperation mit anderen einschlägigen Disziplinen[40]

---

37 BSGE 89, 184, Rn. 11.

38 BSG, MedR 2010, 276, Rn. 19.

39 BSGE 89, 184, Rn. 24.

40 Zum interdisziplinären Bedarf im Gesundheitsrecht vgl. Huster, SDSRV 65 (Fn. 7); generell zu dem Thema im Rahmen der rechtswissenschaftlichen Innovationsforschung vgl. Hoffmann-Riem (Fn. 9), S. 36 f.

– Vorschläge für eine Regulierung zu entwickeln, die dem Interesse an Qualitätssicherung und einem sparsamen Einsatz der Finanzmittel, aber auch an einem zügigen Zugang zu medizinischen Innovationen Rechnung trägt.

III. Innovationsverantwortung als Leerstelle: das Beispiel der Arzneimittelpreise

1. Die Festlegung der Arzneimittelpreise in der GKV

Die Entwicklung personalisierter Arzneimittel stellt die GKV auch vor neue Herausforderungen, weil diese Innovationen voraussichtlich erhebliche Kosten verursachen werden: Ihre Entwicklung ist teuer und die Stratifizierung der Patientengruppen führt dazu, dass diese Entwicklungskosten von einer immer kleiner werdenden Anzahl von Anwendungsfällen refinanziert werden müssen.

Nachdem die pharmazeutische Industrie die Preise für innovative Arzneimittel in Deutschland lange Zeit frei festlegen konnte, hat der Gesetzgeber vor einigen Jahren erstmals ein Preisregulierungssystem für die GKV geschaffen. Mit dem GKV-Wettbewerbsstärkungsgesetz (GKV-WSG) hatte der Gesetzgeber im Jahre 2007 in §§ 35 b, 31 Abs. 2 a SGB V a.F. für neue Arzneimittel zunächst das Verfahren der Kosten-Nutzen-Bewertung durch den Gemeinsamen Bundesausschuss (G-BA) und das Institut für Qualität und Wirtschaftlichkeit im Gesundheitswesen (IQWiG) mit einer anschließenden Höchstbetragsfestsetzung durch den Spitzenverband Bund der Krankenkassen (GKV-Spitzenverband) vorgesehen. Dieses Verfahren kam allerdings nicht recht in Gang; die Ursache dafür lag insbesondere darin, dass eine Diskussion über die Methodik der Kosten-Nutzen-Bewertung einschließlich ihrer ethischen Fallstricke entstand.[41] Mit dem

41 Eine prominente Zusammenfassung fand diese Diskussion schließlich in einer Stellungnahme des Deutschen Ethikrats, Nutzen und Kosten im Gesundheitswesen – Zur normativen Funktion ihrer Bewertung, 2011. Umfassend dazu jetzt auch Münkler, Kosten-Nutzen-Bewertungen in der gesetzlichen Krankenversicherung, 2015. Vgl. ferner Gassner, Legitimitätsprobleme der Kosten-Nutzen-Bewertung von Arzneimitteln, PharmR 2007, S. 441 ff.; ders., Der Vorschlag des Instituts für Qualität und Wirtschaftlichkeit im Gesundheitswesen zur Methodik einer Kosten-Nutzen-Bewertung auf dem rechtlichen Prüfstand, PharmInd 2008, S. 701 ff.; Hess, Regelungsrahmen des SGB V für die Kosten-Nutzen-Bewertung von Arz-

Arzneimittelmarktneuordnungsgesetz (AMNOG) wurde das System der Preisregulierung für neue Arzneimittel in der Gesetzlichen Krankenversicherung bereits wieder grundlegend reformiert. An die Stelle des Höchstbetrags trat nach §§ 35 a, 130 b SGB V nicht eine „Vierte Hürde“, sondern ein Erstattungsbetrag, der nicht festgesetzt, sondern zwischen dem jeweiligen Hersteller und dem GKV-Spitzenverband als Rabatt auf den Abgabepreis des pharmazeutischen Unternehmers vereinbart wird, und diese Vereinbarung erfolgt – jedenfalls im ersten Schritt – nicht auf der Grundlage einer Kosten-Nutzen-Bewertung, sondern einer frühen Nutzenbewertung.

Die frühe Nutzenbewertung und die Festlegung des Erstattungsbetrags finden in ihren Grundzügen in folgenden Schritten statt:[42]

---

neimitteln, MedR 2010, S. 232 ff.; Huster, Die Methodik der Kosten-Nutzen-Bewertung in der Gesetzlichen Krankenversicherung, GesR 2008, S. 449 ff.; ders., Die Methodik der Kosten-Nutzen-Bewertung in der Gesetzlichen Krankenversicherung. Analyse der rechtlichen Vorgaben, MedR 2010, S. 234 ff.; ders., Kosten-Nutzen-Bewertungen in der Gesetzlichen Krankenversicherung. Aspekte der juristischen und ethischen Diskussion, Recht und Politik im Gesundheitswesen (RPG) 15 (2009), S. 69 ff.; Kingreen/Henck, Prozedurale Anforderungen an die Arzneimittelbewertung durch das Institut für Qualität und Wirtschaftlichkeit im Gesundheitswesen und den Gemeinsamen Bundesausschuss, PharmR 2007, S. 353 ff.; Martini, Kosten-Nutzen-Bewertung von Arzneimitteln - eine bittere Pille oder süßes Gift für das Gesundheitswesen?, WiVerw 2009, S. 195 ff.; Zur ethischen Analyse vgl. insbesondere Lübbe, Sollte sich das IQWiG auf indikationsübergreifende Kosten-Nutzen-Bewertungen mittels des QALY-Konzepts einlassen?, DMW 2010, 135: S. 582 ff.; dies., QALYs, Zahlungsbereitschaft und implizite Lebenswert-Urteile. In welchen Kategorien begreifen wir das öffentliche Gesundheitswesen?, ZEFQ 104 (2010), S. 196 ff.; ferner etwa Marckmann, Nutzenmaximierung mit gerechtigkeitsethischen Einschränkungen: Perspektiven einer ethisch vertretbaren Kosten-Nutzen-Bewertung, Das Gesundheitswesen 72 (2009), Suppl. 1, S. 2 ff.; Strech/Marckmann, Kosten-Nutzen-Bewertung zwischen Rationierung und Rationalisierung, Thieme Gesundheitsökonomie Report 2009, 1: S. 48 ff.

42 Zur juristischen Analyse des neuen Rechtszustandes vgl. etwa Axer, Nutzenbewertung nach § 35 a SGB V und Erstattungsbeträge bei Arzneimitteln, SGb 2011, S. 246 ff.; Burgardt, Verfahren der frühen Nutzenbewertung nach § 35 a SGB V, in: Voit (Hg.), Die Neuordnung des Arzneimittelmarktes – Veränderungen und Perspektiven, 2012, S. 9 ff.; Ebsen, Die zentralen Reformelemente des Arzneimittelmarktneuordnungsgesetzes, GuP 1 (2011), S. 41 ff.; Heinemann/ Lang, Der Begriff des Nutzens in der Frühbewertung nach dem AMNOG, MedR 2011, S. 150 ff.; Hess, Die Frühbewertung des Nutzens neu zugelassener Arzneimittel, GGW 2011, Heft 1, S. 8 ff.; ders., Die frühe Nutzenbewertung und ihre rechtliche Herausforderung, GesR 2011, S. 65 ff.; Huster, Rechtsfragen der frühen Nutzenbewertung, GesR 2011, S. 76 ff.; Kingreen, Zur Neuordnung des Arzneimittelmarktes in der gesetzlichen Krankenversicherung, NZS 2011, S. 441 ff.; Köhler, Das gebrochene

- Nach der arzneimittelrechtlichen Zulassung kann der Hersteller bei der Markteinführung den Preis des Arzneimittels – wie auch bisher – zunächst frei festsetzen.
- Gleichzeitig übermittelt er dem G-BA ein Dossier zu diesem Arzneimittel, dessen Inhalt in § 35 a Abs. 1 S. 3 SGB V näher beschrieben wird und das insbesondere Nachweise zum medizinischen Nutzen und Zusatznutzen des Arzneimittels enthalten muss. Aufgrund dieser Nachweise führt der G-BA innerhalb von drei Monaten eine (frühe) Nutzenbewertung durch, mit der er auch das IQWiG oder einen Dritten beauftragen kann (§ 35 a Abs. 2 SGB V). Diese Nutzenbewertung erfolgt nach § 35 a Abs. 1 S. 6 und 7 SGB V auf der Grundlage einer Rechtsverordnung des Bundesministeriums für Gesundheit; vgl. Verordnung über die Nutzenbewertung von Arzneimitteln nach § 35 a Absatz 1 SGB V für Erstattungsvereinbarungen nach § 130 b SGB V (Arzneimittel-Nutzenbewertungsverordnung – AMNutzenV).[43]
- Nach der Veröffentlichung dieser Nutzenbewertung findet ein Stellungnahmeverfahren statt, bevor der G-BA spätestens nach weiteren drei Monaten über die Nutzenbewertung beschließt. Hat sich in der Nutzenbewertung kein Zusatznutzen eines Arzneimittels ergeben und ist dieses Mittel festbetragsfähig, wird es mit diesem Beschluss in eine Festbetragsgruppe (§ 35 Abs. 1 SGB V) eingeordnet (§ 35 a Abs. 4 SGB V).
- Ist das Arzneimittel dagegen nicht festbetragsfähig oder ist ein Zusatznutzen festgestellt worden, wird innerhalb von sechs Monaten zwischen dem GKV-Spitzenverband und dem Hersteller der Erstattungsbetrag vereinbart (§ 130 b Abs. 1 und 3 SGB V).
- Kommt es dabei nicht zu einer Einigung, setzt innerhalb weiterer drei Monate eine Schiedsstelle den Vertragsinhalt fest (§ 130 b Abs. 4 SGB V). Der dadurch festgelegte Erstattungspreis gibt ab dem 13. Monat nach Markteinführung des Arzneimittels, so dass den Unternehmen

---

Preismonopol der Pharmaindustrie, 2013; Luthe, Erstattungsvereinbarungen mit pharmazeutischen Unternehmen, PharmR 2011, S. 193 ff.; Maassen, Rechte und Pflichten des pharmazeutischen Unternehmens bei der frühen Nutzenbewertung, GesR 2011, S. 82 ff.; Paal/Rehmann, Arzneimittelrabattgesetz und frühe Nutzenbewertung nach dem AMNOG, A&R 2011, S. 51 ff.; Schwickert, Arzneimittelschnellbewertung und ihre Folgen nach dem Regierungsentwurf zum AMNOG, PharmR 2010, S. 452 ff.

43 Gegen diese Regelungsform sind im rechtswissenschaftlichen Schrifttum systematische Bedenken vorgebracht worden; zur Diskussion vgl. Axer (Fn. 42), S. 248 f.; Huster (Fn. 42), S. 77 ff.; Kingreen (Fn. 42), S. 444.

eine freie Preisfestlegung nur noch für die Dauer eines Jahres möglich ist. Für das Verfahren und die Entscheidungsmaßstäbe der Schiedsstelle sieht § 130 b Abs. 9 S. 1 SGB V vor, dass der GKV-Spitzenverband und die für die Wahrnehmung der wirtschaftlichen Interessen gebildeten maßgeblichen Spitzenorganisationen der pharmazeutischen Unternehmer auf Bundesebene eine Rahmenvereinbarung (RahmenV) schließen.

- Sind sie mit diesem Schiedsspruch nicht einverstanden, können beide Parteien beim G-BA eine Kosten-Nutzen-Bewertung nach § 35 b SGB V beantragen, auf deren Grundlage der Erstattungsbetrag dann neu zu vereinbaren oder – erfolgt wiederum keine Einigung – von der Schiedsstelle festzusetzen ist (§ 130 b Abs. 8 SGB V).

2. Das Verschwinden der Innovationsverantwortung

Dass die Gesundheitspolitik sich zu einer Regulierung der Arzneimittelpreise in der GKV durchgerungen hat, ist gar nicht zu kritisieren; auch in anderen Ländern findet man ähnliche Mechanismen. Ersichtlich reagiert sie damit nicht nur auf Scheininnovationen, die die Pharmaindustrie geschickt zur Stabilisierung der Preise nach Ablauf eines Patents in die Versorgungssysteme eingeschleust hat, sondern auch auf echte Innovationen, deren medizinischer Zusatznutzen allerdings nicht immer in einem rechten Verhältnis zu ihren Mehrkosten stand. Allerdings ist zu bedenken, dass die Preisfestsetzung nicht nur für das Schicksal der konkreten Versorgungsleistung von Bedeutung ist, sondern auch weitläufigere Konsequenzen haben kann. So können Preise Innovationsanreize für die Anbieter setzen und dadurch sowohl die Gestalt der zukünftigen Versorgung als auch die Entwicklung bestimmter Branchen beeinflussen. Damit stellt sich die Frage, wer und in welcher Weise diesen Umstand im Verfahren der Preisbestimmung berücksichtigen soll, wer also in diesem Sinne die Innovationsverantwortung trägt.[44] Eine Antwort auf diese Frage scheint hier besonders dringlich zu sein, weil die Entwicklung von Arzneimitteln mit hohen Kosten und einem entsprechenden wirtschaftlichen Risiko verbunden ist.

44 Zum – allerdings wohl umfassender als hier verstandenen - Begriff im Zusammenhang der rechtswissenschaftlichen Innovationsforschung vgl. die Beiträge bei Eifert/Hoffmann-Riem (Hrsg.), Innovationsverantwortung, 2009.

Insbesondere bei Arzneimitteln für seltene Krankheiten kann die Amortisation der Forschungs- und Entwicklungskosten problematisch sein.

Im Rahmen der Festsetzung von Höchstbeträgen nach dem GKV-WSG war hierzu eine eigenständige Regelung getroffen vor: § 31 Abs. 2 a S. 4 SGB V idF. des GKV-WSG sah insoweit vor, dass der GKV-Spitzenverband bei der Festsetzung dieser Höchstbeträge die Entwicklungskosten eines Arzneimittels angemessen berücksichtigt. Dies war eine originäre Aufgabe des Spitzenverbandes; für die Kosten-Nutzen-Bewertung durch IQWiG und G-BA spielten die Entwicklungskosten keine Rolle. Mit der Umstellung des Preisfindungsverfahrens durch das AMNOG auf die frühe Nutzenbewertung und die Verhandlung eines Erstattungsbetrags ist der Abs. 2 a des § 31 SGB V ersatzlos gestrichen worden – und damit auch die ausdrückliche Erwähnung der Entwicklungskosten als Faktor der Preisfindung.

In der juristischen Literatur ist daraufhin zunächst die Ansicht vertreten worden, dass die Forschungs- und Entwicklungskosten nun in den Verhandlungen bzw. Festsetzungen des Erstattungsbetrags zu berücksichtigen seien.[45] Ob das in den Preisverhandlungen tatsächlich – implizit oder explizit – geschieht, kann aufgrund der Vertraulichkeit der Verhandlungen nicht beurteilt werden. In den Entscheidungen der Schiedsstelle, die auch für die Verhandlungen eine gewisse Orientierungsfunktion haben dürften, ist von den Forschungs- und Entwicklungskosten als Preisfindungskriterium jedenfalls keine Rede. Ob und inwieweit über die rechtlich vorgegebenen Maßstäbe der europäischen Preise und der Preise vergleichbarer Arzneimittel die Forschungs- und Entwicklungskosten mitberücksichtigt werden, mag durchaus zweifelhaft sein. Auch die rechtlichen Vorgaben enthalten sich dazu jeder Stellungnahme. Selbst die Gesetzesbegründung zum AMNOG, die ausdrücklich auf „verlässliche Rahmenbedingungen für Innovationen, die Versorgung der Versicherten und die Sicherung von Arbeitsplätzen“ abstellt,[46] schweigt sich zu den Forschungs- und Entwicklungskosten aus.

Angesprochen ist damit letztlich die grundsätzliche Frage, wer mit Blick auf die Arzneimittelversorgung die Innovationsverantwortung trägt. Auf der einen Seite kann dies in einem Regulierungssystem, in dem die

45 So etwa Burgardt (Fn. 42), S. 74; Huster (Fn. 42), S. 81 f.; Kingreen (Fn. 42), S. 447, der allerdings auch auf die Problematik der Ermittlung und Berechnung dieser Kosten hinweist.

46 Vgl. BT-Drks. 17/2413, S. 1.

Arzneimittelpreise sowohl für die gesetzliche als auch die private Krankenversicherung und damit nahezu für die gesamte Bevölkerung festgesetzt werden, wohl nur innerhalb dieses Systems geschehen. Auf der anderen Seite sind die Akteure - insbesondere der GKV-Spitzenverband – für die Übernahme dieser Aufgabe schwerlich geeignet; sie vertreten – in durchaus legitimer Weise – zunächst einmal das Interesse der GKV an einer qualitativ hochstehenden, aber auch kostengünstigen Arzneimittelversorgung; wirtschafts- und forschungspolitische Überlegungen fallen nicht in ihre Kompetenz. Auch im Übrigen bietet das AMNOG-Verfahren für die Berücksichtigung derartiger Überlegungen keinen rechten Ansatzpunkt; es ist ein reines Regulierungs-, aber kein umfassendes Steuerungssystem.[47] Man wird daher feststellen müssen, dass das AMNOG mit Blick auf die Innovationsverantwortung eine Leerstelle enthält.

C. Reaktionen der Rechtsordnung

I. Einführung

Auf die Herausforderungen durch die wissenschaftlich-technischen Innovationen in der Medizin reagiert das Krankenversicherungsrecht nicht einheitlich. Es ist nicht nur häufig durch eine hektische Maßnahmegesetzgebung geprägt, die nachhaltige Ordnungsstrukturen kaum entstehen lässt, sondern auch durch einen unsystematischen (Über-)Regulierungsmix, weil der Gesetzgeber in den letzten Jahren sowohl die direkte staatliche Steuerung als auch die Befugnisse der Selbstverwaltung gestärkt und zudem noch wettbewerbliche Instrumente im Sinne eines „Wettbewerbskorporatismus" in das System integriert hat.[48] Einige Rechtsentwicklungen, die sich in spezifischer Weise auf die Innovationsregulierung in der GKV beziehen, sollen im Folgenden dennoch kurz vorgestellt werden, ohne dass

---

47 Vgl. Cassel/Heigl, AMNOG in der Umsetzung: Preisregulierung als Innovationsbremse?, RPG 19 (2013), Heft 1, S. 1 (2 ff.); Sickmüller, Arzneimittelsteuerung aus Sicht der pharmazeutischen Industrie, VSSR 2013, S. 209 ff.

48 Vgl. dazu Huster, Korporatismus: Idee, Umsetzung und Handlungsbedarf aus rechtlicher Sicht, Recht und Politik im Gesundheitswesen (RPG) 1/2015, S. 10 ff.; ders., Marktwirtschaft und Versorgungsgerechtigkeit – passt das zusammen?, Frankfurter Forum: Diskurse, Heft 12 (2015), S. 18 ff.

sich behaupten ließe, dass es sich dabei immer bereits um konsolidierte Rechtsinnovationen handelte.

II. Verschiebung von Entscheidungen auf Schiedsstellen und Schlichtungsausschüsse

Auffällig ist zunächst, dass der Gesetzgeber in den letzten Jahren zunehmend Schiedsstellen und Schiedsämter in der GKV installiert hat, die zur Entscheidung berufen sind, wenn es zwischen den Krankenkassen und den Leistungserbringern nicht zu einer Einigung über Struktur- und Finanzierungsfragen kommt.[49] Nun sind derartige Institutionen nichts grundsätzlich Neues im Versorgungssystem;[50] ihre Anzahl und ihre Kompetenzen nehmen aber zu. Dies zeigt eine gewisse Ungeduld der Gesundheitspolitik mit dem korporatistischen Selbstverwaltungssystem, das zwischen einer intelligenten „regulierten Selbstregulierung" und einer unregulierten Interessenpolitik schwankt. Dies gilt auch und gerade für den Eingang von Innovationen in den Versorgungskatalog, der häufig Finanzierungs- und Verteilungsfragen aufwirft und daher für Blockaden seitens der Stakeholder anfällig ist. Allerdings ist nicht zu übersehen, dass es Legitimationsfragen aufwirft, wenn wichtige gesundheitspolitische Fragen immer häufiger von derartigen Gremien – und insoweit regelmäßig letztlich von deren unparteiischen Mitgliedern – getroffen werden, zumal die gerichtliche Kontrolle der Entscheidungen derartiger Gremien traditionellerweise weit zurückgenommen wird.

III. Erprobungsregelungen

Angesichts des medizinische Fortschritts steht jedes Versorgungssystem vor der Herausforderung, einerseits einen zügigen Innovationszugang zugunsten der Versicherten und Patienten sicherzustellen, andererseits aber auch zu gewährleisten, dass innovative Maßnahmen nicht ohne Nachweis

---

49 Vgl. exemplarisch Huster, Der Schlichtungsausschuss auf Bundesebene – die verbindliche Klärung von Kodier- und Abrechnungsfragen von grundsätzlicher Bedeutung, KrV 2015, S. 228 ff.

50 Vgl. nur Schnapp (Hrsg.), Handbuch des sozialrechtlichen Schiedsverfahrens, 2004.

ihres (Zusatz-)Nutzens und ihrer Qualität in das System Eingang finden und dadurch Gesundheit und finanzielle Stabilität gefährden. Der Gesetzgeber geht in diesem Zusammenhang zunehmend dazu über, die Innovationseinführung nicht nach einem strikten Ja/nein-Schema zu gestalten, sondern in Situationen der Ungewissheit vorläufige Entscheidungen zu ermöglichen. So sieht § 137 e SGB V seit einigen Jahren vor, dass neue Untersuchungs- und Behandlungsmethoden auch dann, wenn sie ihren Nutzen noch nicht hinreichend nachgewiesen haben, aber das „Potenzial" einer erforderlichen Behandlungsalternative bieten, im Rahmen eines Erprobungsverfahrens zeitlich befristet in die Versorgung eingeführt werden können. Dies soll nicht nur den Innovationszugang ermöglichen, ohne dass bereits eine definitive Entscheidung getroffen werden müsste, sondern auch sicherstellen, dass die erforderlichen Erkenntnisse über Wirksamkeit und Qualität einer Innovation gewonnen werden; § 137 e Abs. 5 SGB V sieht insoweit eine obligatorische unabhängige wissenschaftliche Begleitung und Auswertung der Erprobung vor. Das GKV-System nutzt hier also den Anreiz einer Aufnahme in den Versorgungskatalog, um die Beteiligten im Sinne der Wissensgenerierung in die Pflicht zu nehmen.

IV. Ausgründung wissenschaftlicher Institute

Ebenfalls der Generierung des notwendigen Wissens dient die Ausgründung wissenschaftlicher Institute, die die Entscheidungsträger in der GKV mit den notwendigen Informationen versorgen sollen. Bahnbrechend war insoweit die Gründung des Instituts für Qualität und Wirtschaftlichkeit im Gesundheitswesen (IQWiG, vgl. §§ 139 a ff. SGB V) im Jahre 2004, dessen Aufgabe insbesondere darin besteht, im Auftrag des G-BA Nutzenbewertungen – auch und gerade mit Blick auf innovative Leistungen - durchzuführen.[51] Um die Unabhängigkeit der Arbeit dieses Instituts zu gewährleisten, wird es von einer rechtlich unabhängigen Stiftung privaten Rechts getragen (vgl. § 139 a Abs. 1 SGB V). Da die Selbstverwaltungspartner in der GKV auch den Stiftungsrat besetzen, besteht aber natürlich eine enge Verbindung.

Eine parallele Ausgründung zum Zweck der Vorbereitung von Maßnahmen zur Qualitätssicherung ist kürzlich mit der Gründung des Instituts für

51 Zu den Aufgaben im Einzelnen vgl. § 139 a Abs. 3 SGB V.

Qualitätssicherung und Transparenz im Gesundheitswesen (IQTiG, vgl. § 137a SGB V) erfolgt.[52] Beiden Instituten ist gemeinsam, dass sie keine Versorgungsentscheidungen treffen, sondern lediglich wissenschaftlich fundierte Stellungnahmen und Empfehlungen abgeben, wobei eine gewisse präjudizierende Wirkung nicht zu leugnen ist.[53]

V. Patientenbeteiligung

Die Entscheidungsorgane in der GKV werden grundsätzlich von den Krankenkassen und den Leistungserbringern als Partner der Selbstverwaltung besetzt. Dabei folgt insbesondere die Zusammensetzung des GBA als des zentralen Steuerungsgremiums mit Vertretern der Kassen, der Vertragsärzte und der Krankenhäuser einer einfachen Logik: Die Ärzte und die Kassen sind nach § 72 Abs. 1 SGB V für die Sicherstellung der Versorgung verantwortlich.

Allerdings hat der Gesetzgeber seit einigen Jahren auch eine Beteiligung von Patienten im G-BA und anderen Gremien verankert (vgl. § 140f SGB V). Diese Vorgehensweise ist rechtssystematisch fragwürdig, weil die Struktur des GKV-Systems eigentlich davon ausgeht, dass Patientenbelange bereits durch die anderen Beteiligten vertreten werden – insbesondere durch die Krankenkassen, deren Vertreter letztlich durch die Versicherten im Wege der Sozialwahlen (vgl. §§ 45 ff. SGB IV) legitimiert werden. Trotzdem hat sich ein gewisser Konsens herausgebildet, dass die Patientenbeteiligung sinnvoll ist, weil sie – auch mit Blick auf die Einführung medizinischer Innovationen – eine spezifische Perspektive zur Geltung

---

52 Zur Struktur des Rechts der Qualitätssicherung in der GKV vgl. Harney/Huster/Recktenwald, Das Recht der Qualitätssicherung im SGB V – rechtliche Grundlagen und Systematisierung, MedR 2014, S. 273 ff., 365 ff. Zum Verhältnis von G-BA und IQTiG vgl. Harney/Huster, Der G-BA und das wissenschaftliche Qualitätsinstitut nach § 137a SGB V, KrV 2013, S. 197 ff.

53 Zu den sich daraus ergebenden Legitimationsfragen vgl. Huster/Penner, Legitimationsprobleme des IQWiG bei der Kosten-Nutzen-Bewertung von Arzneimitteln, VSSR 2008, S. 221 ff.; Rixen, Verhältnis von IQWiG und G-BA: Vertrauen oder Kontrolle? – Insbesondere zur Bindungswirkung der Empfehlungen des IQWiG, MedR 2008, S. 24 ff.

bringt.[54] Sie erfolgt allerdings – insbesondere im G-BA – nicht als Mitentscheidungs-, sondern nur als Mitberatungsrecht.

D. Ausblick

In kaum einem anderen Bereich lässt sich so eindrücklich wie im Gesundheitswesen beobachten, wie das Recht der wissenschaftlichen und technologischen Innovationen Herr zu werden versucht. Das Krankenversicherungsrecht steht hier vor besonderen Herausforderungen, weil es in der Medizin nicht nur um Leib und Leben - und nicht selten auch um die (medizin)ethischen Befindlichkeiten des Gemeinwesens - geht, sondern in einem kollektiven Versorgungssystem zugleich auch immer Grundfragen der gesellschaftlichen Solidarität berührt sind.[55]

Dabei ist kaum zu erwarten, dass es eine Regulierungsstruktur geben wird, die diese Innovationsdynamik und die sich aus ihr ergebenden Probleme mit beständigen Institutionen und allgemeinen Regeln in den Griff bekommen wird. Gerade die Entwicklung der genetischen Diagnostik zeigt, dass überkommene Rechtsbegriffe an ihre Grenzen geführt werden. Zu erwarten ist daher, dass sich der Gesetzgeber immer wieder genötigt sehen wird, neu auftretende Probleme nicht der eingeführten Verarbeitung im korporatistischen GKV-System zu überlassen, sondern selbst einer detaillierten gesetzlichen Regelung zuzuführen.[56] Das ist zwar nicht besonders innovativ und häufig auch nicht besonders rational, aber immerhin demokratisch.

---

54 Zur Diskussion vgl. nur Ebsen, Patientenpartizipation in der gemeinsamen Selbstverwaltung der GKV – ein Irrweg oder ein Desiderat?, MedR 2006, S. 528 ff.; Pitschas, Mediatisierte Patientenbeteiligung im Gemeinsamen Bundesausschuss als Verfassungsproblem, MedR 2006, S. 451 ff.

55 Vgl. dazu Huster (Fn. 7).

56 Dies ist in einigen Fällen ja auch bereits geschehen; vgl. neben der bereits erwähnten Sonderregelung des § 27 a SGB V zur künstlichen Befruchtung insbesondere den Ausschluss von Arzneimitteln zur Behandlung der erektilen Dysfunktion in § 34 Abs. 1 S. 4 SGB V: Auch „Viagra“ war mit den allgemeinen Instrumenten des Krankenversicherungsrechts nicht in den Griff zu bekommen (vgl. BSGE 85, 36 ff.; 94, 302 ff.).

VI. Teil: Wertewandel

Innovation im Recht: Antidiskriminierungsrecht

Susanne Baer

Inhalt

Eine Leitfrage der rechtswissenschaftlichen Innovationsforschung richtet sich – neuerdings – darauf, ob sich rechtliche Veränderungen gewinnbringend als Innovation im Recht beschreiben lassen. Ihr geht auch dieser Beitrag - mit einer exemplarischen Betrachtung des Antidiskriminierungsrechts - nach. Dabei mag die Verknüpfung von Diskriminierung mit Innovation erstaunen. Ein Grund für die Annahme, Diskriminierung und Innovation hätten nichts miteinander zu tun, liegt sicher darin, dass Innovation vielfach nur mit technologischer Neuerung verknüpft wird, wie in der Nanotechnologie oder der Medizintechnik.[1] Das Erstaunen könnte aber auch daran hängen, dass Antidiskriminierungsrecht, gerade im Unterschied zu Innovation, keinen konsentiert guten Ruf genießt. Das Gebiet eignet sich jedoch besonders gut, um zu studieren, was jedenfalls soziale Innovation regelmäßig begleitet: der Zündstoff. Dazu findet sich im Feld des Antidiskriminierungsrechts besonders viel Material.

Von der Frage nach Innovation *im* Recht sind die Fragen zu unterscheiden, ob und wie gesellschaftliche Veränderungen zu rechtlicher Innovation führen und ob Recht selbst gesellschaftliche Innovation zeitigt. Aus den Sozialwissenschaften wissen wir, dass sich diese nicht mit dem Maß an Si-

---

1 Zur Begriffsgeschichte Parpan-Blaser, Innovation und soziale Innovation, in: Innovation in der Sozialen Arbeit, 2011, S. 35-68; Gillwald, Konzepte sozialer Innovation, WZB Discussion Paper, 2000; Handbuch Innovationen, 2014. Zum Projekt Recht und Innovation der Rückblick in Eifert/Hoffmann-Riem, Innovation, Recht und öffentliche Kommunikation: Innovation und Recht IV, 2011, S. 295.

cherheit beantworten lassen, das von empirischer Forschung zu verlangen ist. Zwar sind plausible Annahmen zur Kausalität bestimmter Faktoren möglich und auch durchaus gewinnbringend, doch lässt sich „das“ Recht oder eine soziale Entwicklung nie als einzige Ursache für juristische Prozesse isolieren.[2] Die Rechtswissenschaft kann jedoch viel und eigenständig dazu beitragen, Prozesse *im* Recht zu verstehen. Dann fragt sich u.a.: Treibt Antidiskriminierungsrecht unsere Wahrnehmung, nun alles Mögliche als Diskriminierung zu verstehen, ist also selbst Innovator? Und wer ist „wir“ - die beobachtbar gesellschaftliche, beispielsweise in Massenmedien veröffentlichte, oder aber die segmentiert-fachliche epistemische Gemeinschaft des Zivilrechts (was naheliegt, wenn nur das AGG beachtet wird), des Strafrechts (wofür Regelungen wie § 130 StGB oder die Diskussion um *hate crimes* sprechen) oder des öffentlichen Rechts (mit einer Auseinandersetzung um die verfassungs- und völkerrechtlich verbürgten Gleichbehandlungsgebote, aber auch mit den Gleichstellungsgesetzen für den öffentlichen Dienst, dem PersVG usw.), oder sind „wir“ die Rechtswissenschaft insgesamt? Stößt Antidiskriminierungsrecht insofern spezifische soziale Veränderungsprozesse an, wirkt also proaktiv, oder sind juristische Entwicklungen nur nachholend, abbildend, rezeptiv? Wie funktioniert ein solches „anstoßen“ genau, als spezifischer Impuls in unterschiedlichen Diskursen? Und gibt es Entwicklungspfade in einem Rechtsgebiet, die als Innovationsprozess beschrieben werden können?

Das ist alles sehr kompliziert. Auch hier mahnt zur Vorsicht, dass das grundlegende Problem der Kenntnis von Kausalverläufen im Sozialen eben nicht gelöst ist. Gerade die Auseinandersetzung mit Antidiskriminierungsrecht verdeutlicht, wie nahe in rechtspolitischen, aber auch in rechtswissenschaftlichen Diskussionen das Risiko der alltagsplausiblen Kausalattribution liegt. Es muss uns dann nicht erstaunen, wenn behauptet wird, erst das AGG führe zur Anerkennung von Unrechtserfahrungen, die es so sonst überhaupt nicht gebe. Das gehe doch langsam zu weit. Da könne ja künftig jeder kommen. Zwar lässt sich dies mit Grundkenntnissen der Rechtssoziologie schnell als rhetorischer Kurzschluss enttarnen - Recht konstruiert immer Realitäten und die automatisch schiefe Bahn des *slippe-*

---

2 In der soziologischen Forschung ist es das intensiv diskutierte Tautologie-Problem: Was ist hier Henne, was Ei – oder, wohl mit Aristoteles etwas genauer: Wie kam der erste Mensch auf die Welt, wenn es keine Eltern für diesen gab? Die Herleitung der Frage ist allerdings unklar; Variationen sind Catch-22 (Roman von Joseph Heller 1961) oder der Teufelskreis.

ry slope gibt es in der Rechtswirklichkeit nicht. Nicht nur daran zeigt sich, dass rechtswissenschaftliche Innovationsforschung in den großen Schuhen der interdisziplinären Rechtsforschung unterwegs ist und nur auf diesen Pfaden gut vorankommen kann. Danach ist Recht nicht nur ein „fait social" (Durkheim, Nussbaum) und eine „institutionelle Tatsache" (MacCormick), sondern in einem weit verstandenen Sinne heterogene Regulierungspraxis[3]. Was dann warum in welcher Hinsicht und mit welchen Folgen als Unrecht wahrgenommen und eventuell auch sanktioniert wird, eröffnet so verstanden ein sehr weites Feld.

Rechtliche Entwicklungen lassen sich damit in einem besonderen Sinn auch als soziale Innovation verstehen. Diese galt lange als die den technologischen Wandel flankierende Entwicklung, wird aber mittlerweile – spätestens sei Wolfgang Zapf 1989 - als eigenständiges Phänomen gefasst: Neue Regeln, die als sinnvoll anerkannt werden, verfestigen sich. [4] Die wirkmächtige Geschichte der Auseinandersetzung mit Innovation in der Wirtschaftswissenschaft nicht zuletzt mit Schumpeter[5] verführt allerdings zu einer allzu engen ökonomistischen Betrachtungsweise: Innovation steht dann für neue Regeln, die sich am Markt der Konfliktlösungsangebote durchsetzen. Genau in dieser Durchsetzung liegt aber das Problem, denn Geltung und Wirkung von Recht als komplexe Implementation von Regeln sind wiederum von zahlreichen Faktoren abhängig.[6] Die Verfestigung von Regeln ist keineswegs ein Automatismus. Auch das wissen wir aus der Rechtsforschung, hier insbesondere aus der Rechtssoziologie zur Geltung und Wirkung von Recht, zu Rechtsentwicklung und Rechtspraxis und nicht zuletzt eben zu Implementation, die aufgrund des multifaktoriellen Geschehens heute anschaulicher als Rechtsmigration und Rechtsdiffusion beschrieben wird[7]. Es erscheint also vielversprechend, ganz im Sinne der

3 Im Überblick und m.w.N. zu den „Klassikern" Baer, Rechtssoziologie, 2015; i.Ü. dies., Interdisziplinäre Rechtsforschung, in: Festschrift 200 Jahre Juristische Fakultät der Humboldt-Universität zu Berlin, 2010, S. 917-936.

4 Zapf definierte, Innovation sei gekennzeichnet durch „neue Wege, Ziele zu erreichen, insbesondere neue Organisationsformen, neue Regulierungen, neue Lebensstile, die die Richtung des sozialen Wandelns verändern, Probleme besser lösen als frühere Praktiken, und deshalb wert sind, nachgeahmt und institutionalisiert zu werden"; Zapf, Über soziale Innovationen, Soziale Welt 40 (1989), S. 170.

5 Theorie der wirtschaftlichen Entwicklung, 1912.

6 Eifert, in diesem Band.

7 Ausführlich zu den Konzepten Baer, Traveling Concepts: Substantive Equality On The Road, Tulsa Law Review, 46 (2011), S. 59-80.

interdisziplinären Rechtsforschung und damit in einer kritischen Tradition der Rechtssoziologie, das methodische Rüstzeug mehrerer Disziplinen zu nutzen, um dem Phänomen juristischer Innovation auf die Spur zu kommen.

Der interdisziplinäre Zugriff liegt auch gerade mit Blick auf das Feld Antidiskriminierungsrecht nahe. Zur Erfassung aller Dimensionen von Innovation genügt es auch hier nie, allein soziologisch quantitativ anzusetzen. In Diskussionen um Quotenregelungen oder Regeln gegen die Benachteiligung von Teilzeitarbeit wird das deutlich, denn dort greift eben deutlich zu kurz, nur Köpfe zu zählen. Wird die Rechtsfigur der mittelbaren Diskriminierung nur quantitativ gefasst, verschleiert dies, dass Quantität nur ein Indiz für eine spezifische Benachteiligungsqualität ist. Insofern lohnt es sich, jedenfalls auch qualitativ sowie politologisch und kulturwissenschaftlich anzusetzen, also Benachteiligung mit Blick auf die Existenzweisen, in denen Menschen Erfahrungen machen, zu untersuchen, mit Blick auf die sozialen Verhältnisse und Strukturen und Diskurse und zudem mit mehr als nur einem mehr oder minder offen gelegten Gespür für Macht und Herrschaft. Im Anschluss an die kritischen Ansätze der Rechtsforschung[8] gelingt es dann, die im Recht wohl immer relevante politische Dimension von Innovationsprozessen hervorzuheben. Und eben dann zeigt sich auch besonders deutlich, was Innovation meist – oder immer? – auch erzeugt: „Zündstoff".

Ohnehin dürfte Innovation im Recht stark durch die Besonderheiten der tatsächlichen Problemlage geprägt sein, die jeweils rechtlich adressiert wird. Auch das legt das Beispiel des Antidiskriminierungsrechts zumindest nahe: Die soziale, kulturelle, ökonomische und politische Beschaffenheit der Tatbestände einer Regelung beeinflusst stark, wie Innovation im Recht tatsächlich abläuft. Sind hier die Referenzgebiete sogar dominant? Dann müssten wir auch theoretisch-abstrahierenden Verallgemeinerungen mit Vorsicht begegnen. Mit Blick auf das Antidiskriminierungsrecht lassen sich insofern vorsichtig aber vier Thesen präparieren: Erstens regelt Recht meist nichts Neues, sondern entnormalisiert Normalität – und ist insofern Innovation. Zweitens geschieht dies im Huckepack-Verfahren, denn hier

8 Vgl. Baer, Rechtssoziologie, 2015; Boulanger u.a., Interdisziplinäre Rechtskritik und das Andere des Rechts, Kritische Justiz 2010, S. 431-435. S.a. Karpen, Weber, Willoweit, Rechtsforschung, Rechtspolitik und Unternehmertum, 1999; vergleichend Reimann, Symposium: Amerikanische und deutsche Traditionen der soziologischen Jurisprudenz und der Rechtskritik, JZ 1986, S. 1052 f.

wirken mehrere Triebkräfte zusammen. Drittens kann Gesetzgebung ein sehr spezifischer Impuls im Konzert dieser Kräfte sein, wenn die rechtspolitische Partitur das erlaubt. Und viertens erzeugt all dies eben Zündstoff, nicht allgemein, sondern genau verortet, nämlich als Renitenz bei denen, die abgeben müssen.

A. Nichts Neues neu regeln: Entnormalisierung

Recht kann Innovation sein, wenn eine Rechtsfigur zum Angebot für die Praxis wird, die sich darauf dann einstellt. Beispiele sind das Gesellschaftsrecht oder das Verwaltungsorganisationsrecht oder auch das Steuerrecht mit seinen „Gestaltungsoptionen". Jenseits dieser Regeln mit Angebotscharakter kann eine nachhaltige Neuerung im Recht jedoch insbesondere auch darin liegen, dass Recht etwas vorher normal-selbstverständliches nun erst zum regelungsbedürftigen Problem macht. Es kommt, so ließe sich sagen, zu einer juristischen Umwertung der Werte (tatsächlich allerdings zunächst nur zum Versuch, eine veränderte Haltung politischer Mehrheiten zum Wertewandel zu machen). Wie so etwas aussieht, lässt sich am Beispiel des Antidiskriminierungsrechts studieren.

Antidiskriminierungsrecht reagiert auf Diskriminierungen, aber die sind nicht neu. Das Innovative liegt also nicht im Tatbestand, den das Recht nun aufgreift. Ganz im Gegenteil: Diskriminierung ist ein Klassiker, nur Antidiskriminierungsrecht ist neu. Der Begriff Diskriminierung bezeichnet seit über 200 Jahren das Unrecht, auf das Grund- und Menschenrechte reagieren[9]. Diese Rechte mussten gegen Verwerfungen erkämpft werden, die heute – differenzierter und weiterhin durchaus kontrovers - als unmittelbare, mittelbare und strukturelle Benachteiligung, als Privilegierung oder auch als rechtlicher Gruppismus beschrieben werden können.[10] Alle Ungleichheiten, die heutiges Gleichbehandlungsrecht adressiert, waren aber rechtsgeschichtlich immer schon Thema. Und trotzdem ist Antidiskriminierungsrecht „neu". Der entscheidende Unterschied liegt wohl darin, dass sich Ungleichheiten in der Vergangenheit nicht auf der Agenda rechtset-

9 Über die Datierung lässt sich streiten. Hier wird das dominante Narrativ der aufgeklärten Moderne zugrunde gelegt, das bei den Bürgerrechtskatalogen in Virginia und Frankreich ansetzt.

10 Dazu m.w.N. Baer, Rechte und Regulierung, in: Dennerlein u.a. (Hrsg.), Verschleierter Orient – entschleierter Okzident?, 2012, S. 23-46.

zender Eliten oder Mehrheiten befanden. Das Innovative lässt sich hier also als Thematisierung in der Sprache des Rechts beschreiben, als diskursive Verschiebung.

Die Besonderheit dieser Innovation im Recht liegt dann darin, dass dieses neue Recht aus Normalitäten rechtfertigungsbedürftiges Unrecht macht. Darüber hinaus zerrt Antidiskriminierungsrecht das vormals Tabuisierte (Intime, Sexuelle) des stilisiert Privaten an das Licht der Öffentlichkeit des Rechts. Das ist allerdings nicht mit einem Wertewandel zu verwechseln, denn der Wert der Gleichbehandlung von Menschen als Menschen – und nicht weißen usw. Männern als pars pro toto – ist seit langem humanistisch gesetzt. Nur die Subsumtion zeigt jahrhundertelange Schwächen. Schon die Geburtsstunden des Konstitutionalismus und der Menschenrechte lassen sich ganz deutlich als Reaktion auf Diskriminierung verstehen: *liberté* und *fraternité* steht eben sogleich neben *égalité* und gegen die Diskriminierung aufgrund der ständischen Herkunft und auch der Religion. Sie richten sich zumindest in einigen Protestbewegungen auch gegen die Diskriminierung von Frauen aufgrund eines Geschlechts und in der Menschenrechtsgeschichte mit der Frage, ob „Indianer überhaupt Menschen seien“, zunächst vereinzelt, aber doch prominent auch gegen die Diskriminierung aufgrund einer vermeintlichen Rasse, einer Ethnie, aufgrund körperlicher Merkmale. Später tritt dazu – jeweils örtlich und zeitlich spezifisch – die Thematisierung von Be- und Enthinderung als menschenrechtlicher Frage, neben der in den Vereinten Nationen allerdings auffällig erfolglosen Forderung nach selbstbestimmter geschlechtlicher und sexueller Identität. Das Gleichbehandlungsgebot ist damit im Kern eben Diskriminierungsverbot, als eine Reaktion auf altbekannte, wenn auch untereinander hierarchisierte Ungleichheiten[11], und insofern nicht neu.

Auf manche wirkt die heutige Rede von der Diskriminierung dennoch nicht vertraut, sondern oftmals neu, manchen sogar allzu neu. Darin zeigt sich eine Innovation. Es ist Innivation im Sinne eines verfestigten Begriffswandels, der auch konzeptionelle Veränderungen markiert: Der Terminus Diskriminierung hat sich in dieser Bedeutung in Europa erst in den letzten 20 Jahren festgesetzt. Er war also irgendwann eine Invention, dif-

11 M.w.N. Baer, Ungleichheit der Gleichheiten? in: Klein/ Menke (Hrsg.), Universalität - Schutzmechanismen - Diskriminierungsverbote, 2008, S. 421; dies. "Sexuelle Selbstbestimmung"?, in: Lohrenscheit (Hrsg.), Sexuelle Selbstbestimmung als Menschenrecht, 2009, S. 89.

fundierte dann, fand langsam breitere Anerkennung, setzte sich schließlich durch. Die Rede von der Diskriminierung ist daher heute nicht mehr Mode (diese Markierung hält sich allerdings als Gegenrede, als Abwehrstrategie: „Weg mit dem modischen Zeug!“[12]), sie ist nicht bloß Potential, sondern sie hat sich festgesetzt. „Diskriminierung“ ist nun als Begriffsspeicher präsent. Es handelt sich also um eine Erneuerung, die ge- oder erfunden wurde (Invention), nun aber auch anerkannt wird (im hiesigen Kontext: Innovation)[13]. Das innovative Moment liegt dann gerade auch in der Möglichkeit, Sachverhalte so zu thematisieren, dass sie in den Anwendungsbereich der etablierten Großnormen fallen, also unter Art. 3 GG und die entsprechenden Normen des EU- und Völkerrechts subsumiert werden können.

Allerdings zeigt sich im Antidiskriminierungsrecht, dass derart lange Geschichten auch ihren Preis haben. Nicht nur wird abgewehrt, was nur Intervention und allzu neu ist. Vielmehr kann auch auf Abwehr stoßen, was eigentlich bereits diffundiert und nicht mehr innovativ ist. Besonders spannend wird das, wenn nicht mehr völlig Neues, aber doch gerade erst Erkämpftes nun als allzu tradiert und überkommen zurückgewiesen wird. So geht es aktuellen Forderungen von Menschen, die auch ihre Erfahrungen als rechtfertigungsbedürftige Ungleichbehandlung gewertet sehen wollen. Das wird nicht selten als "Inflation“ denunziert („Da könnte ja jeder kommen!“[14]), und in diesem Fallstrick verfangen sich auch große Denker – wie Luhmann, der sich über Antidiskriminierungsrecht für Pfeifenraucher lustig machte[15]. Ist dieser Widerstand gegen Innovation im Recht gängig? Ist er hier anders beschaffen als die Kritik an der „Erfindung“ anderer Grundrechtssubsumtionen, wie der Anwendung von Art. 2

---

12 Besonders häufig ist das der Duktus von Kritikern einer „political correctness“, die als Chiffre der Denunziation dient und genau zu diesem Zweck auch erfunden wurde. Vgl. bereits Hall, "Some 'Politically Incorrect' Pathways Through PC", in Dunant (Hrsg.), The War of the Words: The Political Correctness Debate, 1994, S. 164; Huhnke, PC Das neue Mantra der Remaskulinisierung, in: Cleve/Jäger (Hrsg.), Wissenschaft, Macht, Politik, 1997.

13 Jedenfalls ist es ein Geschehen mit einem Anfang und einem Ende, aber – wie das Beispiel wissenschaftlicher Fortschritt zeigt – sehr komplex, vgl. Stolleis/Fried, Wissenskulturen, 2009, S. 64, denn i.d.R. muss Tradition mit Innovationswissen kombiniert werden.

14 So der nunmehrige – offensichtlich subversiv vorgehende - Kommentator des AGG Adomeit, Diskriminierung–Inflation eines Begriffs, NJW 2002, S. 1622.

15 Luhmann, Frauen, Männer und George Spencer Brown, Zeitschrift für Soziologie 17 (1988), S. 47.

Abs. 1 i.V.m. 1 Abs. 1 GG auf Computer[16], oder jene des Art. 1 Abs. 1 i.V.m. Art. 20 GG auf die existenzsichernden Sozialleistungen[17]? In all diesen Konstellationen vollzieht sich Innovation nicht zuletzt im Wege der zwar auch fundamental außerjuristischen, aber doch juridisch fokussierten Begriffsarbeit, der allgemein subsumierenden Thematisierung. Doch genießen die Einen Innovationen einen guten, die Anderen einen zumindest manchmal lautstark geäußerten schlechten Ruf.[18] Das ließe sich weiter erhellen.

Das Antidiskriminierungsrecht lässt sich so jedenfalls als Innovation im Recht im Sinne einer Normalitätsverschiebung beschreiben, als Entnormalisierung. Für die Einen sind das „neue Kontrollansätze"[19], für die Anderen ein Ende tabuisierter Privilegierung, die rechtfertigungsbedürftig werden lassen, was vorher als normal, erwartbar, richtig usw. galt.[20] Für sie ist die Verschiebung positiv im Sinne des Empowerment der Betroffenen, wenn strukturelle Diskriminierung, mittelbare Diskriminierung benennbar werden[21]. Für die Anderen ist das „neue" Recht, so Säcker zum AGG, nur Jakobinertum, weil es alle möglichen Ungleichheiten, die dann eher als individuell-private Präferenzen beschrieben werden, plötzlich problematisch werden lässt[22].

---

16 BVerfG, Urteil vom 27. Februar 2008 - 1 BvR 370/07, 1 BvR 595/07 - = BVerfGE 120, 274; dazu Britz, Vertraulichkeit und Integrität informationstechnischer Systeme, DÖV 2008, S. 411.

17 BVerfG, Urteil vom 09. Februar 2010 - 1 BvL 1/09 - = BVerfGE 125, 225; dazu auch Neumann, Menschenwürde und Existenzminimum, 1994 (online).

18 Ich bin nicht sicher, ob das mit Ambivalenz gemeint ist - für geistiges Eigentum gezeigt von Eifert/Hoffmann-Riem 2011 (Fn. 1).

19 Korthaus, Das neue Antidiskriminierungsrecht, 2006; s.a. Bauer/ Thüsing/ Schunder, Das Allgemeine Gleichbehandlungsgesetz-Alter Wein in neuen Schläuchen, NZA 2006, S. 774.

20 Aus der umfänglichen Literatur: Wenckebach, Antidiskriminierungsrechtliche Aspekte des Kündigungsschutzes in Deutschland und England, 2012, S. 94 m.w.N.; insbesondere zu Alter bei der Sozialauswahl S. 287 ff.

21 Wenckebach (Fn. 20), S. 65 f.

22 Säcker, „Vernunft statt Freiheit!"—Die Tugendrepublik der neuen Jakobiner: Referentenentwurf eines privatrechtlichen Diskriminierungsgesetzes, ZRP 2002, S. 286 (mit Gegenrede Baer, „Ende der Privatautonomie" oder grundrechtlich fundierte Rechtsetzung?, ZRP 2002, S. 290); aber auch Repgen, Die Totenglocke des Privatrechts läutet, in: Isensee (Hrsg.), Vertragsfreiheit und Diskriminierung, 2007, S. 13. Vgl. auch Huster, Toleranz als politisches Problem in der pluralistischen Gesellschaft, ARSP 2005, S. 20.

All dies wirft Fragen nach dem Verhältnis zwischen Recht und Gesellschaft auf, die wieder an rechtssoziologische Forschung anknüpfen können[23]. Festzuhalten ist hier nur: „Diskriminierung" ist keine Innovation, denn wir leben nicht erst neuerdings in Zeiten derart systemischer Benachteiligung, sie taucht nicht erst jetzt auf und nimmt, soweit das erfasst werden kann, auch nicht plötzlich zu. Nachhaltig erneuert und insofern innovativ ist aber die Benennbarkeit, die Terminologie, die Markierung - Innovation ist hier also Begriffswandel. Nur das – und nicht die Unterstellung einer Kausalbeziehung – ist neu: Diskriminierung als weithin benutzter (Rechts-)Begriff. An darüber hinausgehender sozialer Innovation ist dann Antidiskriminierungsrecht beteiligt, indem es zur Verfestigung dieser Begrifflichkeit und damit auch zu Wahrnehmungen beiträgt. Die Setzung des Rechts ist insoweit Teil der diskursiven Formation, die ein Sprechen über Dinge ermöglicht, welche vorher nicht so oder überhaupt nicht benannt worden sind.

B. Dynamiken des Wandels: Recht im Rucksack

Antidiskriminierungsrecht ist also keine Reaktion auf ein neues Phänomen, aber doch eine rechtliche Entwicklung. Sie steht im Zusammenhang mit mehreren weiteren sozialen Veränderungsprozessen, mehr noch: Antidiskriminierungsrecht wäre wohl nicht denkbar, wenn es nicht im Huckepack-Verfahren auf anderes aufgesattelt hätte[24]. Insofern können weitere Entwicklungen als Triebkräfte sozialer Innovation verstanden werden, und auch dieses Feld ist noch lange nicht vermessen. Wenn Antidiskriminierungsrecht als Entnormalisierung verstanden wird, lassen sich diese Triebkräfte als Phänomene der Entgrenzung beschreiben. Einige sind für das Antidiskriminierungsrecht besonders relevant.

Antidiskriminierungsrecht steht zunächst im Zusammenhang mit räumlicher Entgrenzung in Form der Inter- und Transnationalisierung, und da-

---

23 Produktive Ansätze wären zudem: Pfadabhängigkeit, Leitbilder und Normalität bzw. Normalisierung. Vgl. die Beiträge in Cottier/Estermann/Wrase (Hrsg.), Wie wirkt Recht?, 2010, und zum ADR Baer, Komplizierte Effekte, in Festschrift Rottleuthner 2011, S. 245, sowie Klose, Stereotype, ebda. S. 298.

24 Zur Koppelung mit kulturellen Praxen Hark, Parodistischer Ernst und politisches Spiel. Zur Politik in der GeschlechterParodie, in: Hornscheidt/Jähnert/Schlichter (Hrsg.), Kritische Differenzen- geteilte Perspektiven, 1998, S. 113.

bei insbesondere auch von Mobilität und Migration. Zum einen treiben hier transnationale Akteursnetze – ein „velvet triangle" feministischer Rechtspolitik oder auch allgemeiner die „TANs"[25] - und zum anderen wird Antidiskriminierungsrecht vielfach als Reaktion auf demografische Veränderungen gerahmt. Dazu kommt die in einem klassischen Sinn soziale Entgrenzung als „Abschied von der Normalerwerbsarbeit" hin zum unternehmerischen Selbst in der Dienstleistungsgesellschaft, in der Menschen künftig nicht mehr in einem Beruf sozial gesichert, sondern projektweise tätig, flexibel und prekär situiert sind, was individualisierten Rechtsschutz gegen systemische Nachteile auf den Plan ruft. Hier passt Antidiskriminierungsrecht, weil es vielfach ein prozedural ausgefeiltes Recht auf Chancengleichheit ist – mit Beauftragten, Transparenzpflichten, Auskunftsrechten, Beweisregeln und flexiblen Zielvorgaben in regulierter Selbstregulierung.

Weiter finden sich mehrere persönliche Entgrenzungen in Form der Publifizierung des Privaten, aber auch in Form der Privatisierung öffentlicher Räume, als Orten für das postmoderne und postdemokratische Subjekt, das in der Lebenslaufperspektive die Bedürfnisse von Familie, Arbeit und Freizeit verändert, und auch nicht mehr alt ist, sondern ständig altert, und sich überhaupt der Kategorisierung in tradierten Schubladen entzieht oder zumindest entziehen soll, auch indem Geschlechtsidentitäten jenseits der Biologie und metro- oder multi- statt ausschließlich heterosexuell gelebt werden. Gerade Antidiskriminierungsrecht beinhaltet die nun geforderte Wertschätzung von Vielfalt oder „diversity", normiert also schon, was sozialer Wandel von uns erwartet. Dazu gehören Verbote rassistischer Diskriminierung ebenso wie „positive Maßnahmen" – wie in § 5 AGG - und Gebote ebenso wie Grenzen der Inklusion – von Bauvorschriften bis zum Schulrecht, von Diskriminierungsverboten im Mietrecht bis zur Vielfaltsvorgabe für Wohngebiete[26]. Hier wird Behinderung als umfassendes Han-

---

25 Vgl. Woodward, Building Velvet Triangles: Gender and Informal Governance' in Piattoni/ Christiansen (eds.), Informal Governance and the European Union, 2004, S. 76, sowie Kowalski, Transnational organizations and actors, in Hawkesworth/ Kogan (eds.), Encyclopedia of Government and Politics, Band 2, 1992, S. 944.

26 § 20 Abs. 3 AGG: Bei der Vermietung von Wohnraum ist eine unterschiedliche Behandlung im Hinblick auf die Schaffung und Erhaltung sozial stabiler Bewohnerstrukturen und ausgewogener Siedlungsstrukturen sowie ausgeglichener wirtschaftlicher, sozialer und kultureller Verhältnisse zulässig.

dicap gefasst, weit jenseits der Pathologie, und hier werden Auseinandersetzungen mit uns und den Fremden geführt.

Antidiskriminierungsrecht besteht zudem nicht mehr nur aus einer langen Liste der Gleichheitsrechte – in den im Detail doch leicht unterschiedlichen § 1 AGG[27], Art. 3 Abs. 3 GG, § 75 BetrVG[28], § 67 PersVG[29] usw. - . Vielmehr hat sich mehrdimensionales oder intersektionales Antidiskriminierungsrecht auch ihrer inneren Verschränktheit zugewandt – wie in § 4 AGG[30]. Damit normiert Antidiskriminierungsrecht, dass das heutige Subjekt ebenso allein wie kompliziert ist. Es wehrt sich eben nicht mehr gegen eine, sondern gegen viele Schubladen – Alter, Herkunft, Geschlecht, Sexualität, Krankheit, Behinderung und mehr. Mittlerweile stellt sich denn auch die Frage, inwieweit, wann und ob dieses innovative Recht selbst wieder Innovation benötigt und verkraftet: Antidiskriminierungsrecht ist kein Monolith, sondern hat sich konzeptionell von einem wenn auch strategischen Essentialismus (die Rasse, die Ethnie, die Behinderten, die Frauen, die Männer) hin zur Kategorisierung gewandelt (als Recht für Angehörige des unterrepräsentierten Geschlechts/Gender) und öffnet sich auch postkategorialen Vorstellungen (Menschen in bestimmten hierarchi-

27 Ziel des Gesetzes ist, Benachteiligungen aus Gründen der Rasse oder wegen der ethnischen Herkunft, des Geschlechts, der Religion oder Weltanschauung, einer Behinderung, des Alters oder der sexuellen Identität zu verhindern oder zu beseitigen.

28 Arbeitgeber und Betriebsrat haben darüber zu wachen, dass alle im Betrieb tätigen Personen nach den Grundsätzen von Recht und Billigkeit behandelt werden, insbesondere, dass jede Benachteiligung von Personen aus Gründen ihrer Rasse oder wegen ihrer ethnischen Herkunft, ihrer Abstammung oder sonstigen Herkunft, ihrer Nationalität, ihrer Religion oder Weltanschauung, ihrer Behinderung, ihres Alters, ihrer politischen oder gewerkschaftlichen Betätigung oder Einstellung oder wegen ihres Geschlechts oder ihrer sexuellen Identität unterbleibt.

29 Dienststelle und Personalvertretung haben darüber zu wachen, dass alle Angehörigen der Dienststelle nach Recht und Billigkeit behandelt werden, insbesondere, dass jede Benachteiligung von Personen aus Gründen ihrer Rasse oder wegen ihrer ethnischen Herkunft, ihrer Abstammung oder sonstigen Herkunft, ihrer Nationalität, ihrer Religion oder Weltanschauung, ihrer Behinderung, ihres Alters, ihrer politischen oder gewerkschaftlichen Betätigung oder Einstellung oder wegen ihres Geschlechts oder ihrer sexuellen Identität unterbleibt. …

30 Erfolgt eine unterschiedliche Behandlung wegen mehrerer der in § 1 genannten Gründe, so kann diese unterschiedliche Behandlung nach den §§ 8 bis 10 und 20 nur gerechtfertigt werden, wenn sich die Rechtfertigung auf alle diese Gründe erstreckt, derentwegen die unterschiedliche Behandlung erfolgt.

sierten Lebenslagen; Menschen, die behindert werden)[31]. Insgesamt geht es bei Antidiskriminierungsrecht also um Gleichstellung in einem weiten Sinn. Erkennbar wird, dass Innovation im Recht eventuell nur funktioniert, wenn es sich mit anderen Innovationen verschränkt.

C. Gesetzgebung als Innovation

Innovation im Recht lässt sich also als verfestigter Wandel der Regulierungsansätze im Wechsel mit kulturellen Deutungsmustern und sozioökonomischen Veränderungen beschreiben. Ein neues Gesetz genügt hierzu nicht. Ein Gesetz kann zwar versuchen, Dinge normativ anders zu fassen und damit Normalitäten zu verändern. Doch verfestigt sich dies keineswegs von selbst und ist mit dem Ende eines Gesetzgebungsverfahrens auch noch keineswegs so verfestigt, dass die einstige Invention zur nachhaltigen Innovation würde. Allerdings lässt sich im Bereich des Antidiskriminierungsrechts und konkret am Beispiel des 6. März 2015 die These aufstellen, dass es offensichtlich auch Gesetzgebungsentscheidungen gibt, die ausnahmsweise schon für sich genommen Innovation sein könnten. Was da im Deutschen Bundestag seitens der auch zuständigen Ministerin als „historischer Schritt" bezeichnet wurde, ist vielleicht auch ein Innovationsmoment für das Recht.

Der 6. März 2015 ist – offensichtlich bewusst kurz vor dem 8.[32] - der Tag, an dem der Deutsche Bundestag ohne Gegenstimmen – aber gegen das Votum des Bundesrates, gegen mehrere Alternativen und mit signifikanten Änderungen noch in den Ausschüssen - ein Gesetz zur Mindestquote von Frauen in Aufsichtsräten von Unternehmen verabschiedete. Amtlich heißt es das „Gesetz für die gleichberechtigte Teilhabe von Frau-

---

31 Diese Konzepte werden in der kritischen Rechtsforschung benutzt, die wiederum auf feministische und antirassstische postkoloniale Debatten Bezug nimmt. Vgl. Castro Varela/ Dhawan, Postkoloniale Theorie, 2005, sowie Lembke/ Foljanty (Hrsg.), Feministische Rechtswissenschaft, 2. Aufl. 2012; Holzleithner, Recht Macht Geschlecht, 2002.

32 Der „internationale Frauentag" (seit 1911) geht auf eine Initiative von Clara Zetkin zurück und ist heute in den Vereinten Nationen auch der Tag für den Weltfrieden (http://www.un.org/en/events/womensday/history.shtml), was an die pazifistischen Anfänge vieler Frauenbewegungen erinnert. Er ist in einigen Staaten gesetzlicher Feiertag, in Deutschland ein Anlass für Veranstaltungen, im Unterschied zum Tag gegen Gewalt gegen Frauen am 25. November (seit 1981).

en und Männern an Führungspositionen in der Privatwirtschaft"[33]. Der Gesetzentwurf weist – im Unterschied zur politischen Rahmung in der Debatte, die fast alle Schlagzeilen des Tages zum Thema bestimmte - aus, dass hier kein Paukenschlag ertönt, der das Publikum aus seiner Lethargie reißen soll, dass nichts ganz Neues auf den Markt kommt, nichts erfunden wird. Das spricht gegen Innovation. Vielmehr sei das Gesetz der (vorerst) letzte Schritt auf dem Pfad der Regelungen zur Förderung der Gleichberechtigung von Frauen, der sehr weit zurückreicht. Aber sogar der kürzere Pfad der Bemühungen zur Steigerung der Präsenz von Frauen in den Chefetagen – oder zur Beendigung der Monokultur von Männern ebenda – ist lang genug, um schon im Moment des Beschlusses von Innovation sprechen zu können.

Auch hier spielen Prozesse der Thematisierung eine Rolle, die jede Innovation im Recht kennzeichnen. Zudem werden mächtigere Triebkräfte aufgerufen, die Akzeptanz verschaffen sollen: In anderen Ländern „machen die das auch", und im weltweiten Wettbewerb „muss das nun einfach sein". Doch wird am Beispiel dieses Quoten-Bausteins des Antidiskriminierungsrechts auch besonders deutlich, was noch zur Innovation im Recht zu gehören scheint. So müssen es die Thematisierungen auch auf die gesetzgeberische Agenda schaffen. Das geschieht unterschiedlich schnell und wird – jenseits der Mehrheitserfordernisse bei Abstimmungen - unterschiedlich breit getragen, teils im Verfahren der Gesetzgebung selbst auch wieder unterwandert. Hierzwingt die Innovationsperspektive dazu, angeblich „neues Recht" zu historisieren[34]. Dann zeigt sich: Im Gesetzentwurf zur Vorstandsmindestpräsenz tauchen die vorgängigen Thematisierungen eigentlich kaum auf – nun heißt es lediglich, die Unterrepräsentanz von Frauen trotz ihrer Qualifikation bedeute Handlungsbedarf[35]. Die hegemoniale Präsenz von Männern in Führungsetagen der Wirtschaft und auch des öffentlichen Dienstes und der Gremien ist ebenfalls kein Thema – und als anspruchsvolle Analyse weit jenseits der Quantität wohl auch vielfach unbekannt - und wird auch nicht mit Benachteiligung in Verbindung gebracht. Desgleichen wird ein „pay gap" konstatiert[36], aber nicht als kom-

---

33 BTDrs 18/3784. Informativ zum Thema die Beiträge in Chancengleichheit durch Personalpolitik, 2011; zur – ernüchternden - Empirie die DIW-Wochenberichte (Holst u.a.), u.a. 2015, S. 47, 62.

34 Dazu Cancik in diesem Band.

35 BTDrs 18/3784, Vorblatt und Begründung S. 40 ff.

36 BTDrs 18/3784, S. 42.

plizierter Fall von Diskriminierung analysiert. So entsteht ein Bild, in dem nur noch eine quantitative Unwucht als Schönheitsfehler beim Blick auf's Board überschminkt werden muss.

Für die Frage nach der Innovation im Recht scheint sogar noch interessanter: Das Antidiskriminierungsrecht ist ein Experimentierfeld sondergleichen. Bevor dieser „historische Schritt" der Gesetzgebung im März 2015 gemacht wurde, hat man prozeduralisiert, institutionalisiert, selbstreguliert, angereizt und sogar strategisch und ökonomisch untersetzt – und all das nun in eine eher schlichte Mindestzielzahl gegossen. Hier muss der kursorische Überblick genügen: 1982 gab es eine Sachverständigenanhörung im Deutschen Bundestag zum Regelungsbedarf für ein Antidiskriminierungsgesetz, seit Jahrzehnten gibt es Frauenförderregeln im öffentlichen Dienst, dazu kommen Vorgaben im kollektiven Arbeitsrecht oder auch das Schwerbehindertenrecht usw. usf. Vieles war jeweils „neu", weil es erstmals in einen Gesetzgebungsprozess eingebracht wurde, scheiterte oder blieb isoliert schlafendes Recht, wie der Portoparagraf § 611 a BGB oder auch die Frauenfördernormen in den Hochschulen. Dann kamen Verfestigungsschübe aus und in der EU, manifestiert im deutschen AGG. 1994 wurde Art. 3 Abs. 2 GG um einen Satz ergänzt und das Gleichberechtigungsgesetz verabschiedet, 1994 ein weiteres Durchsetzungsgesetz und ein weiteres zur Besetzung von Gremien des Bundes, 2001 ein neues Gleichstellungsgesetz und ebenfalls 2001 eine Vereinbarung mit der Wirtschaft zur Frauenförderung geschlossen, 2009 das Ziel Diversity in den Kodex aufgenommen und 2011 das Ziel mit einer Erklärung bekräftigt – und es hat alles an der Präsenz kaum etwas verändert. In der privaten Wirtschaft nahm die Männerdominanz um ganze 0,8 % ab – im Gesetzentwurf und der akzeptierten Rhetorik heißt es: der Frauenanteil stieg um diesen Satz –, es sind 95,6 % aller Vorstände Männer, 85 % aller Aufsichtsratsmitglieder, 155 von 160 Vorständen Männer (üblich also: hier liegt „der Frauenanteil" bei 4, 4 %, 15 % oder 5 von 160); im öffentlichen Dienst sind 20 bis 30 % Frauen in Führungspositionen beschäftigt und in Gremien kaum verändert ganz mehrheitlich Männer (80 %, üblich beschrieben als: 20 % Frauen). Auch die Vorgabe für die Aufsichtsräte hat also eine durchaus wechselvolle Geschichte. Trotz der vorangehenden Misserfolge und der keineswegs rein legislativen Motorik lobt sich der Gesetzgeber allerdings selbst. Er unterschlägt nicht zufällig die weiteren Triebkräfte des Wandels.

Der Wandel ist auch tatsächlich nicht rein legislativ. Zur Regulierungsgeschichte kommt gerade im Antidiskriminierungsrecht tatsächlich eine

Rechtsprechungsgeschichte hinzu, die im Verfassungsrecht mit der Durchsetzung der Gleichberechtigung in Ehe und Familie die Rückendeckung für die öffentlichen Bereiche Erwerbsarbeit und Politik lieferte und im Unionsrecht die Erwerbsarbeit einschließlich der Vereinbarkeit mit Elternschaft veränderte. Die Bedeutung der Judikatur ist besonders hoch, insofern es um (politische) Minderheiten geht. Rechtsprechungsgeschichte ist dann auch – genau betrachtet – eine Mobilisierungsgeschichte, die sowohl von Individuen wie auch von Verbänden (Gewerkschaften, Verbänden, Vereinen und Initiativen, die lose als Bürgerrechtsbewegung gefasst werden) und auch von der Justiz getragen wird (die Fachgerichte und über die Vorlagen nach Art. 100 GG das Bundesverfassungsgericht und nach Art. 267 AEUV der Gerichtshof der Europäischen Union). So liefert das Antidiskriminierungsrecht ein gutes Beispiel dafür, dass, wenn und wie Innovation im (judizierten) Recht auch gegen das (Gesetzes-) Recht selbst durchgesetzt werden muss. Das wird kein Einzelfall sein. Aber hier zeigt sich aber, dass im Recht selbst bestimmte Elemente erhebliches Innovationspotential haben – namentlich: Grund- und Menschenrechte auf Gleichbehandlung und gegen Diskriminierung.

Damit lässt sich die gegenmajoritäre[37] Struktur des Gleichheitsrechts als Innovationsfaktor begreifen. Inwiefern das ein kategorialer Unterschied zu den Freiheitsrechten ist, in denen der Schutzbereich erweitert oder die Angemessenheit mit Blick auf neue Faktoren beurteilt wird[38], muss hier offen bleiben. Jedenfalls finden Gleichheitsrechte in der Rechtsprechungsgeschichte des Antidiskriminierungsrechts eigentlich nur Anwendung: Sie werden aus einem Zustand schlafenden Rechts qua Subsumtion zum Leben erweckt. Zudem müsste Innovation im Recht mit Blick auf die handelnden Akteure untersucht werden, die sich alle an Prozessen der Regulierung beteiligen[39]. Dabei erweist sich einiges als geschickt gestellte Falle, als „capture“, wenn beispielsweise regulierte Selbstregulierung zur Dekoration wird, denn sie ist jedenfalls auf diesem Feld meist wirkungslos gefasst.[40] Anders liegt es im Fall des lernenden Rechts, etwa

---

37 Bickel, The Least Dangerous Branch, 1962 („counter-majoritarian“); auch Kneip, Demokratieimmanente Grenzen der Verfassungsgerichtsbarkeit, Politik und Recht. PVS-Sonderheft 2006, S. 259.

38 Zu Art. 6 GG Britz in diesem Band.

39 Wiederum dazu Baer, Rechtssoziologie, 2. Aufl. 2015.

40 Wenckebach, Antidiskriminierungsrechtliche Aspekte des Kündigungsschutzes, 2012, S. 38 („bessere Tarnung“).

mit dem Prostitutionsgesetz – ein ebenfalls im Feld des Antidiskriminierungsrecht anzusiedelndes Experiment in experimenteller Regulierung, mit eingebauter Reversibilität, auch tief verstrickt in streitige Thematisierungen und ein vielfaches Ende vormaliger Normalität.[41] Hier lässt sich die Frage stellen, ob Unwirksamkeit nicht geradezu gewollt ist. Das gilt auch für einen anderen Baustein des Antidiskriminierungsrecht, der gegen die Diskriminierung Homosexueller wirken soll: die Institutionalisierung einer Lebenspartnerschaft[42]. Ist das eine institutionalisierende Normalisierung in patriarchale Modelle oder wirklich ein Schritt gegen Benachteiligung? Und ändert sich der Befund durch die dem Gesetz iterativ qua Rechtsprechung nachfolgende Pluralisierung von Elternschaft, die aber wiederum zugleich geschlechtsneutralisiert und rebiologisiert zu werden scheint? So lässt sich das Feld des Antidiskriminierungsrecht noch weiter vermessen: Ist Recht gegen Behinderung ein Inklusionsbaustein, als Maßnahme der Enthinderung –oder ist es institutionalisiertes Stigma? Inwiefern sind Regeln gegen die Diskriminierung aufgrund des Alters eine Innovation – oder doch nur eine Variation auf Bevölkerungspolitik? Wie verhält es sich mit den Regeln gegen Rassismus: Sind sie als Markierung des paradigmatischen Übels zu verstehen, soweit sie mit Rassismusverboten arbeiten, dem schärfsten Schwert des Rechts, der ultima ratio der strafbewehrten Verbotsnorm als Reaktion auf das Schlimmste, und ist das eine subversive Demontage anderer Versuche im Antidiskriminierungsrecht, die dann „nicht so schlimm" wirken? Und was geschieht, wenn Rassismus beispielsweise im Kontext des AGG und öffentlich auch außerhalb der Erwerbsarbeit und der Massengeschäfte thematisiert wird? Warum wird die eine Diskriminierung überhaupt juristisch früher und anders adressiert als die andere[43]? Wenn solche Fragen gestellt werden, wird der am 6. März

41 U.a. Euchner, in: Prostitutionspolitik in Deutschland, 2015, S. 21; Prasad, Mythen und Realitäten in Bezug auf Menschenhandel zum Zwecke der sexuellen Ausbeutung in der BRD, Welcome to Germany IV (2014); vergleichend Krieg, Multilevel Regulation Against Trafficking in Human Beings, 2014.

42 Dazu auch Eifert in diesem Band; quer dagegen Haberler u.a., Que [e] r zum Staat. Heteronormativitätskritische Perspektiven auf Staat, Macht und Gesellschaft, 2012.

43 Pfade der Entwicklung von Recht gegen Rassismus in den USA und Recht gegen Sexismus in Europa beschreibt Linos, Path Dependence in Discrimination Law, Yale J. of Int'l L. 35 (2010), S. 116.

2015 erreichte „Konsens im Hochpreissegment" (Berghahn[44]) vielfach besonders interessant.

D. Zündstoff

Ein weiterer interessanter Aspekt möglicher Innovation im Recht, der am Beispiel des Antidiskriminierungsrecht besonders deutlich wird, ist der Zündstoff. Am Beispiel des Antidiskriminierungsrechts lässt sich eindrücklich zeigen, dass Innovationsprozesse nicht ohne Erschütterungen ablaufen. Ökonomisch rubriziert hat das Karl Deutsch 1985: Innovation erzeugt ungleiche Kosten, es gibt „Zündstoff", denn Veränderung erzeugt Gegenwehr, genauer noch: Umschichtung führt zu Renitenz bei denen, die abgeben müssen.[45] Tragen dann – wie es Schumpeter sah – die Pioniere die Innovationskosten? Bedeutet das im Feld des Antidiskriminierungsrecht, dass gerade die von neuem Recht nicht profitieren, die es erkämpft haben, weil Widerstand größer und Diskriminierung subtiler und intensiver wird? Die Erfahrungen mit Klagen auf Gleichstellung deuten darauf hin, dass dieses Recht im Erwerbsleben überproportional häufig von Männern in Konkurrenz mit Frauen eingeklagt worden ist. Es gibt im Antidiskriminierungsrecht eine adverse Mobilisierung, da ganz mehrheitlich weiße, männliche, nicht behinderte Angehörige der Mittelschicht Frauenförderung einklagen; gleichzeitig ist es gelungen, „AGG-Hopping" als denunzierenden Topos im juristischen Diskurs zu etablieren[46]. Komplizierter liegt das, wenn in erster Linie Väter das Elterngeld in Anspruch nehmen – ist das eine Innovation? Muss Antidiskriminierungsrecht insgesamt eher so verstanden werden, dass es Kosten von den Diskriminierten auf die Diskriminierenden umschichtet, also von den Verlierern auf die Profiteure?

---

44 Berghahn, Vereint im Kampf für die Frauenquote in Aufsichtsräten? gender – politik – online 2012, unter http://www.fu-berlin.de/sites/gpo/Aktuelles/berghahnquote.pdf.

45 Deutsch, On theory and research in innovation, in: Merritt/Merritt (eds.), Innovation in the Public Sector, 1985, S. 17 <30>.

46 Vgl. auch Raasch/ Rastetter, Rechtstatsachen und Rechtswirkungen im Arbeits- und Sozialrecht, 2013; Müller, Das Allgemeine Gleichbehandlungsgesetz aus Anwaltssicht. Von Dunkelfeldern, gerichtlicher Zurückhaltung und langfristigen Potenzialen, Kampf ums Recht 11 (2012), S. 261.

Zündstoff ist allerdings mehr als Kostenverlagerung. So wird bei Innovationen generell ein Widerstand des Establishments beobachtet[47]. Was oder wer ist das genau? Wer ist das Establishment mit Blick auf das Antidiskriminierungsrecht, das soziale Verwerfungen bearbeitet, aber auch – im Huckepack-Verfahren - Probleme lösen soll, die allgemein drängen, wie der demografische Wandel, die transnationale Entgrenzung, der Wandel der Privatheit? Warum ist Antidiskriminierungsrecht für wen genau ein „Schreckenszenario“[48]? Ist die erwartete Innovationsfeindlichkeit des Rechts[49] – politikwissenschaftlicher, eigentlich aber wohl: herrschaftstheoretisch informiert und damit im skeptischen Sinne kritisch verstanden – letztlich der Widerstand derjenigen, die über rechtspolitische Agency verfügen und ihre „patriarchale Dividende“ (Connell[50]) riskieren? Oder entzündet sich der juristische Stoff nur, wenn größere Fragen im Raum stehen – ist also im Fall des Antidiskriminierungsrecht erst zu erklären, wenn verstanden ist, dass all die Innovation im und durch Antidiskriminierungsrecht jedenfalls bei den Gegnern als „fremd“ – amerikanisch, unions- oder völkerrechtlich – gekennzeichnet worden ist? Widerstand entzündet sich im Feld des Antidiskriminierungsrecht wohl manchmal, aber nicht immer, teils erstmalig und insofern neu, teils in tradierten Bahnen, und teils auch gegen schlafendes Antidiskriminierungsrecht, das – beispielsweise gegen Alltagsrassismus – auch ohne förmliche Mobilisierung Wirkung entfaltet. Es gälte, das theoretisch angemessen zu beschreiben.

E. Fragen über Fragen

Diskriminierung ist keine soziale Innovation, aber unser Sprechen über Diskriminierung hat sich verändert. Methodologisch ist es nicht möglich, in dieser Entwicklung das Antidiskriminierungsrecht selbst als Innovator

---

47 Anregend Mazzucato, Das Kapital des Staates: Eine andere Geschichte von Innovation und Wachstum, 2014. Die widerstreitenden Kräfte sind Gegenstand mehrerer Forschungsfelder; vgl. m.w.N. Kollmorgen/ Merkel, Handbuch Transformationsforschung, S. 11; van Zanten, Elitebildungsforschung im Vergleich – Frankreich, USA und Großbritannien, Zs. f. Erziehungswissenschaft 2014, S. 11.

48 Nachweise bei Singer, Grundfragen der Gleichbehandlung im Zivil- und Arbeitsrecht, Gedächtnisschrift U. Zacher 2010, S. 341 <345>.

49 Hoffmann-Riem 2011 (Fn. 1).

50 Connell, Der gemachte Mann. Konstruktion und Krise von Männlichkeiten, 1999/2015.

von anderen Faktoren zu isolieren, auch wenn und weil Antidiskriminierungsrecht selbst offensichtlich eine Reaktion auf innovative soziale Entwicklungen ist, und selbst Innovation. Es bietet jedenfalls reichhaltiges Anschauungsmaterial für Veränderungsprozesse im Recht und den Umgang mit ihnen, insbesondere für Studien zum Zündstoff. Dazu lässt sich die interdisziplinäre Rechtsforschung in der Tradition kritischer Rechtssoziologie gewinnbringend nutzen. Zudem ist Antidiskriminierungsrecht ein Lehrstück für regulatorische Typenvielfalt – und das Scheitern „innovativer" Regulierung, weil neue Formen und Typen eben nicht per se die Lösung sind. Da stellen sich viele Fragen. Auch hier ist Recht eine spezifische soziale Praxis - pluralistisch, unterschiedlich funktional, eingebettet in Akteurs- und Verfahrensstrukturen, als Ergebnis einer Typenwahl im „regulatory choice", immer verwoben mit anderen Machttechnologien und, je nach Akteur und Kontext und den weiteren Wirkkräften im Feld, mit sehr unterschiedlichen Wirkungen und Effekten, vom implementierten Verbot bis zur symbolischen Wirkung. All diese Differenzierungen sind wohl erforderlich, um spezifische, aber eben doch sehr heterogene Innovationsgehalte eines Regelungskomplexes verstehen zu können.

Wandel von Ehe- und Familienvorstellungen im und durch Verfassungsrecht

Gabriele Britz

Inhalt

Der Wandel normativer Ehe- und Familienvorstellungen lässt sich als Wechselspiel zwischen gesellschaftlicher Veränderung und interpretatorischen Modifikationen von Verfassungsrecht begreifen (A.), bei dem unterschiedliche Techniken und Formen des Wandels auftreten (B.). Dieses Wechselspiel stößt an Grenzen, weil auf der einen Seite ein die gesellschaftlichen Veränderungen nachzeichnender Verfassungswandel ohne Textänderung nicht uneingeschränkt möglich ist und auf der anderen Seite umgekehrt auch die staatliche Stimulation gesellschaftlichen Wandels im Bereich von Ehe und Familie nicht unbegrenzt erfolgen kann (C.).

A. Wechselwirkungen zwischen Gesellschaft und Recht am Beispiel von Ehevorstellungen

Vorstellungen davon, was Familie und Ehe ausmacht, verändern sich in einem Wechselspiel von gesellschaftlichem und rechtlichem Wandel. Auf der einen Seite führt gesellschaftlicher Wandel zu Anpassungsprozessen bei der Verfassungsinterpretation und auf der anderen Seite reagiert die Verfassungsinterpretation auf gesellschaftliche Veränderung. Beispiele dafür, wie das Grundgesetz und seine Interpretation durch das Bundesverfassungsgericht kontinuierlich gesellschaftlichen Wandel bewirken und wie ebenso kontinuierlich das Bundesverfassungsgericht auf gesellschaftliche Veränderungen reagiert, bietet die Entwicklung der Ehevorstellungen, die heute von der Vorstellung gleicher Partner tief durchdrungen sind (I.) und überkommene Rollenverteilungen in Frage stellen (II.).

I. Gleichberechtigte Teilhabe der Ehepartner

Nach und nach hat sich als eine prägende Vorstellung von der Ehe in ökonomischer Hinsicht die gleichberechtigte Teilhabe der Ehepartner am in der Ehe Erwirtschafteten erwiesen. Eine Vorgeschichte hat dies in einer Rechtsprechungslinie des Bundesverfassungsgerichts, die anfangs noch nicht unmittelbar mit dem Ehegrundrecht des Art. 6 I GG zu tun hatte: In den frühen Jahrzehnten des Grundgesetzes war es zunächst das Bundesverfassungsgericht, das wegen Art. 3 II, III GG immer wieder die gesetzliche Gleichstellung von Frauen und Männern im Ehe- und Familienrecht einforderte[1]. Der Gedanke hat auch in der Gesellschaft Fuß gefasst, aus der heraus die Entwicklung dann weiter getrieben wurde. Im Jahr 1977 ist der Gesetzgeber mit einer großen Reform des Ehe- und Familienrechts[2] bedeutende Schritte auf dem Weg zur Partnerschaft Gleicher gegangen, die so vom Bundesverfassungsgericht nicht im Einzelnen vorgegeben waren. So schlägt sich in den Regelungen über den 1977 eingeführten Versorgungsausgleich das Bild gleicher Partner nieder, die im Scheidungsfall hinsichtlich der Anrechte an der während der Ehezeit erworbenen Altersversorgung auch dann ökonomisch gleich zu behandeln sind, wenn einer der Partner während der Ehe erwerbstätig war und Geld verdiente, während der andere kein Geld verdiente, sondern sich um Haushalt und Familie gekümmert hat – und damit keine eigenständigen Versorgungsanrechte

1 Grundlegend BVerfGE 3, 225 (239 ff.) – Gleichberechtigung; s. auch z. B. 10, 59 ff. – elterliche Gewalt; 37, 217 ff. – Staatsangehörigkeit; 48, 327, 337 f. und 84, 9 ff. – Familien- und Ehenamen.

2 Erstes Gesetz zur Reform des Ehe- und Familienrechts vom 14. Juni 1976 (BGBl. I S. 1421).

erwerben konnte[3]. Dies kennzeichnet einen Meilenstein in der Entwicklung, wenngleich kontroverser, gesellschaftlicher Vorstellungen von Partnerschaft. Das Bundesverfassungsgericht hat die tragenden Pfeiler der Reform gebilligt.[4]

Interessant ist daran in hiesigem Zusammenhang die Fortsetzung des Wechselspiels: Das Bundesverfassungsgericht hat die Wertungen dieser Ehe- und Familienrechtsreform seinerseits in die grundlegende Neuinterpretation des Ehegrundrechts integriert und hat die Beachtung der neu gewonnenen Grundrechtsgehalte später über die bestehenden gesetzlichen Regeln hinaus wiederum vom Gesetzgeber eingefordert; der Stimulationsweg hat dann also wieder die Gegenrichtung vom Verfassungsrecht in die Gesellschaft genommen. Das Gleichberechtigungsanliegen des Gesetzgebers hat das Bundesverfassungsgericht in der Entscheidung zum Versorgungsausgleich durch eine gewisse Neuinterpretation des Ehegrundrechts verfassungsrechtlich nachvollzogen[5]. Entstanden ist dabei vor allem die aus Art. 6 I iVm Art. 3 II GG abgeleitete verfassungsrechtliche Formel von der gleichberechtigten Teilhabe der Ehepartner am während der Ehe Erwirtschafteten. Dies wurde zur eigenständigen Argumentationsfigur. Damit war im Wege der Verfassungsinterpretation eine bedeutende Neuheit des Verfassungsrechts gewonnen. Diese Formel hat später die Rechtsprechung zu den Eheverträgen[6] und zur Bemessung nachehelichen Unterhalts[7] maßgeblich geprägt. Dort hat das Bundesverfassungsgericht dann der vertraglichen und gesetzlichen Ausgestaltung der Ehe Grenzen gesetzt und einer Benachteiligung eines Ehepartners – typischerweise der Ehefrau – entgegengewirkt. Die durchaus als Zeitenwende des Eheleitbilds zu begreifende Grundentscheidung hatte aber 1977 der Gesetzgeber – wohl getragen von einer (neuen) gesellschaftlichen Mehrheit - mit dem neuen Ehe- und Familienrecht getroffen. Ein zentraler Impuls zum Wandel kam insoweit „aus der Gesellschaft".

---

3 BTDrucks 7/650, S. 136.

4 BVerfGE 53, 257 ff. – Versorgungsausgleich I.

5 BVerfGE 53, 257 (298 f.) – Versorgungsausgleich I.

6 BVerfGE 103, 89 (101 ff.) – Unterhaltsverzichtsvertrag.

7 BVerfGE 105, 1 (10 f.) – Familienarbeit.

II. Infragestellung überkommener Rollenverteilung

Ein weiterer Wandel betrifft die Rollenverteilung in der Ehe. Das Bundesverfassungsgericht hat Art. 3 II GG das Verbot einer Festschreibung überkommener Rollenverteilung entnommen[8] und es hat ebenfalls aus Art. 3 II GG gelegentlich den Auftrag an den Gesetzgeber abgeleitet, dazu beizutragen, solche überkommenen Rollenverteilungen zu überwinden[9], etwa eine Rollenverteilung, nach der das Kind einseitig und dauerhaft dem „Zuständigkeitsbereich" der Mutter zugeordnet würde[10]. Dieser Auftrag zielt auf einen Vorstellungswandel, in dem sich zugleich eine leichte Modifikation verfassungsrechtlicher Vorstellungen von gleichberechtigter Partnerschaft niederschlägt. Die große Ehe- und Familienrechtsreform von 1977 und dem folgend das Bundesverfassungsgericht hatten die sog. Hausfrauenehe geschützt. Mit der Formel von der gleichberechtigten Teilhabe der Ehepartner am während der Ehe Erwirtschafteten beschränkte sich der Gleichstellungimpetus hier noch darauf, dafür zu sorgen, dass die Hausfrau nach dem Scheitern der Ehe nicht vor der finanziellen Katastrophe steht. Ein Anreiz für Ehefrauen, sich gar nicht erst auf eine Hausfrauenehe einzulassen, wurde damit aber gerade nicht geschaffen. Wenn es dann später heißt, eine Rollenverteilung, nach der das Kind einseitig und dauerhaft dem „Zuständigkeitsbereich" der Mutter zugeordnet würde, sei nicht bloß nicht zu verfestigen, sondern sogar zu überwinden, ist dies von einem weiterreichenden Gleichstellungsverständnis getragen.

Der Gesetzgeber hat diesen Auftrag, gesellschaftlichen Wandel zu bewirken, aufgegriffen. Insbesondere erhöht heute das neuere Unterhaltsrecht die Eigenverantwortung der Ehepartner (§ 1569 BGB) und setzt damit ökonomische Anreize, schon während der Ehe eine eher ausgeglichene Aufgabenverteilung anzustreben.[11] Auch das Bundeselterngeld in seiner heutigen Gestalt soll in diese Richtung wirken. Gesetzgeberisches Ziel der sog. Vätermonate (§ 4 IV BEEG) ist ebenfalls, die partnerschaftliche (symmetrische) Aufteilung von Erwerbs- und Familienarbeit zwischen

---

8 BVerfGE 87, 1 (42) – Trümmerfrauen; 114, 357 (371 f.) – Aufenthaltserlaubnis.

9 BVerfGE 85, 191 (207) – Nachtarbeitsverbot; 92, 91 (112) – Feuerwehrabgabe; 114, 357 (370 f.) – Aufenthaltserlaubnis.

10 BVerfGE 85, 191 (207) – Nachtarbeitsverbot; 114, 357 (370 f.) – Aufenthaltserlaubnis.

11 Dazu BVerfGE 128, 193 ff. – Dreiteilungsmethode.

beiden Elternteilen durch finanzielle Anreize zu stärken.[12] Zwar nehmen Väter deutlich weniger Elternzeit als Mütter; oft beanspruchen sie nur gerade die zwei Monate, die die Regelung zusätzlich gewährt. Dass aber viele Väter überhaupt Elternzeit nehmen, prägt eine Mann-Rolle, die stärker in die Familie integriert ist als dies zu früheren Zeiten üblich war. Einen praktisch größeren Effekt dürfte der intensive Ausbau der öffentlichen Kinderbetreuung, verbunden mit einem Betreuungsanspruch (§ 24 II SGB VIII) schon für Kleinkinder entfalten, wodurch kontinuierliche doppelte Erwerbstätigkeit von Elternpaaren eher möglich wird.

Eine gesellschaftliche Gegenbewegung schien die Forderung nach Einführung eines Betreuungsgeldes zu sein. Die nach langen politischen Kontroversen gefundene Regelung (§ 4 a ff. BEEG), sieht allerdings vor, dass Betreuungsgeld auch doppelberufstätigen Eltern gezahlt wird, sofern sie ihr Kind nicht in eine öffentlich geförderte Einrichtung geben und ist mit monatlich 150 Euro so niedrig bemessen, dass es kaum ökonomische Anreize auf Frauen entfalten dürfte, von einer Erwerbstätigkeit abzusehen.[13] Wirksame ökonomische Anreizeffekte für eine Bewahrung überkommener Rollenverteilung entfaltet allerdings das Ehegattensplitting[14], an das sich bislang kein Bundesgesetzgeber – unabhängig von der politischen Mehrheit – wirklich herangetraut hat. Gesellschaftlicher Wandel kennt also durchaus Grenzen.

B. Techniken und Typen des Wandels

I. Rechtstechniken des Wandels

Die Verfassungsinterpretation realisiert den Wandel von Ehe- und Familienvorstellungen technisch im Wesentlichen mittels personeller und sachlicher Schutzbereichserweiterungen und der Rezeption von Wandel im Rahmen von Verhältnismäßigkeitsprüfung und Grundrechtsausgleich.

---

12 BTDrucks 16/1889, S. 1 f., 14 ff., 19 f.

13 Die Regelung wurde zwischenzeitlich mangels Gesetzgebungskompetenz für verfassungswidrig erklärt, s. BVerfG, Urteil des Ersten Senats vom 21. Juli 2015 - 1 BvF 2/13.

14 Einkommenssteuertarifbestimmung nach § 32 a Abs. 5 EStG im Falle der Zusammenveranlagung der Ehegatten (§§ 26, 26 b EStG).

Veränderte Schutzbereichsinterpretationen liegen nicht nur dem, wie eben gesehen, durch Gleichberechtigungsaspekte angereicherten Ehebild des Grundgesetzes zugrunde, sondern lassen sich auch besonders leicht an Veränderungen des verfassungsrechtlichen Schutzes von Familie und Elternschaft nachzeichnen. Beispiele für die Veränderung personeller Schutzbereiche sind die Einbeziehung unehelicher Väter ins Familien- und Elterngrundrecht[15] oder die Einbeziehung gleichgeschlechtlicher Eltern ins Familien- und Elterngrundrecht[16]. Ein Fall der Veränderung des personellen und sachlichen Schutzbereichs ist die Einbeziehung leiblicher, nicht rechtlicher Väter in den Schutz des Art. 6 GG, die jedenfalls ein Recht darauf haben, dass ein Verfahren besteht, in dem sie die rechtliche Elternstellung erlangen können.[17] Ein Fall veränderten sachlichen Schutzbereichs (hier allerdings des Art. 2 Abs. 1 GG) ist die Etablierung des Rechts des rechtlichen Vaters, die Abstammung seines Kindes von ihm prüfen zu können, ohne die Vaterschaft anfechten zu müssen.[18]

Ein Beispiel dafür, wie sich in multipolaren Grundrechtskonstellationen das Ergebnis der verfassungsrechtlichen Interessenabwägung verändert hat, ist die großzügigere Gewährung eines Umgangsrechts für leibliche, nicht rechtliche Väter. Hier musste der zuvor höher bewertete Schutz der sozialen Familie etwas zurücktreten, um die leiblichen Väter ebenfalls zu ihrem Recht kommen zu lassen. Allerdings geht dies nicht auf die Rechtsprechung des Bundesverfassungsgerichts zurück, sondern auf Entscheidungen des Europäischen Gerichtshofs für Menschenrechte[19], die der Gesetzgeber umgesetzt hat[20] und nun vom Bundesverfassungsgericht stillschweigend[21] mitvollzogen wird. Auch den verfassungsrechtlichen Vorgaben für eine Erleichterung der Mitsorge[22] durch nichteheliche oder ge-

15 BVerfGE 45, 104 (123) – Unterhaltsleistungen bzw. 92, 158 ff. – Adoption II.

16 BVerfGE 133, 59 (77 ff. u. 82 ff.) – Sukzessivadoption.

17 BVerfGE 108, 82 (99 ff.) – biologischer Vater.

18 BVerfGE 117, 202 ff. – heimliche Vaterschaftstests.

19 EGMR, 15. 09. 2011,17080/07 – Schneider; EGMR, 21. 12. 2010, 20578/07 – Anayo; EGMR, 22. 03. 2012, 23338/09 – Kautzor; EGMR, 22. 03. 2012, 45071/09 – Ahrens.

20 Gesetz zur Stärkung der Rechte des leiblichen, nicht rechtlichen Vaters vom 4. Juli 2013 (BGBl. I, S. 2176).

21 BVerfG, Beschluss der 1. Kammer des Ersten Senats vom 19. November 2014 - 1 BvR 2843/14 -, juris, Rn. 10.

22 Zunächst noch BVerfGE 107, 150 ff. – Sorgeerklärungen; dann aber BVerfGE 127, 132 ff. – Elternrecht des Vaters.

trennt lebende Väter liegt eine gewisse Umgewichtung der betroffenen Grundrechte zugrunde. Auch hier wurde das grundrechtliche Interesse des Vaters - wiederum unter Mitwirkung des Europäischen Gerichtshofs für Menschenrechte[23] - aufgewertet.

II. Typen des Wandels

Eine nähere Betrachtung der hinter solchen verfassungsrechtlichen Veränderungen liegenden Wandlungen von Ehe- und Familienvorstellungen lässt unterschiedliche Arten von Wandel erkennen. Es griffe zu kurz, dies immer als Wandel von Wertvorstellungen zu begreifen. Manches ist tatsächlich in erster Linie ein Wertungswandel. Anderes ist hingegen vor allem Reaktion auf veränderte technische oder sonstige Umstände. Vieles ist eine Mischung.

Ausdruck gewandelter Wertungen ist etwa die eben beschriebene gesellschaftliche und verfassungsrechtliche Veränderung von Eheleitbildern und Geschlechterrollen. Ein weiteres greifbares Beispiel dafür, wie die Veränderung grundlegender Wertungen das Verständnis von Familienvorstellungen verändert hat, ist die Anerkennung gleichgeschlechtlicher Elternschaft. Diese wäre offensichtlich ohne einen tiefgehenden Wertungswandel, der zunächst zur Enttabuisierung von Homosexualität führte und in die Schaffung des Lebenspartnerschaftsgesetzes mündete, das nach einer grundlegenden Ergänzung mit der Stiefkindadoption einen ersten Weg rechtlicher Elternschaft gleichgeschlechtlicher Paare geschaffen hat[24], nicht denkbar gewesen. Auch der Stärkung von Väterrechten könnte ein grundlegender Wertungswandel zugrunde liegen: Eine Ursache der Herausbildung stärkerer Väterrechte dürfte die Aufweichung stereotyper Geschlechterrollen sein. Die Abkehr von allzu stereotypen Geschlechterrollen ließ und lässt Raum für eine allgemeine Entwicklung hin zu mehr „Väterlichkeit", was zur Artikulation und rechtlichen Sicherung von Väterwünschen beitragen dürfte.

Teilweise haben die Veränderungen (auch) einen technischen Ursprung. So wird man das Erstarken des Interesses von Vätern an ihren nicht rechtlichen Kindern nur dann vollständig erklären können, wenn man berück-

23 EGMR, 03.12.2009, 22028/04 – Zaunegger.

24 § 9 Abs. 7 LPG, eingeführt durch das Gesetz zur Überarbeitung des Lebenspartnerschaftsrechts vom 15. Dezember 2004 (BGBl. I, S. 3396).

sichtigt, dass die Vaterschaft heute mittels Abstammungsuntersuchung nahezu sicher festgestellt werden kann, was früher nicht möglich war. Auch die Anerkennung eines Rechts des rechtlichen Vaters, die Abstammung seines Kindes von ihm prüfen zu können, ohne die Vaterschaft anfechten zu müssen, ist nur vor dem Hintergrund veränderter genetischer Testmöglichkeiten erklärbar. Nicht auszuschließen ist, dass sich (auch) aufgrund der technischen Möglichkeiten der Fortpflanzungsmedizin künftig Vorstellungen von Mutterschaft verändern, falls auch in Deutschland aufgrund von Leihmutterschaftskonstellationen öfter neben die - rechtlich allein als Mutter anerkannte - gebärende Frau (§ 1591 BGB) jene Frau tritt, von der das Kind genetisch abstammt.

C. Grenzen des Wechselspiels

Das Wechselspiel von gesellschaftlichen und verfassungsrechtlichen Veränderungen der Ehe- und Familienvorstellungen trifft auf Kritik.

I. Verfassungsgerichtliche Nachzeichnung gesellschaftlichen Wandels

Eine Kritik betrifft die Frage, ob gesellschaftliche Veränderungen ohne Weiteres in einem gewandelten Verfassungsverständnis abgebildet werden können oder aber einer Änderung des Textes bedürften. Vor allem bezüglich der Anerkennung verfassungsrechtlicher Schutzwürdigkeit gleichgeschlechtlicher Partnerschaft und Elternschaft durch das Bundesverfassungsgericht ist angezweifelt worden, dass dies die Grenzen zulässiger Verfassungsinterpretation wahre. Im Grundsatz passt ein Kernargument für die Notwendigkeit fachrichterlicher Rechtsfortbildung im einfachen Recht freilich auch hier: Auch die Verfassungsnorm „steht ständig im Kontext der sozialen Verhältnisse und der gesellschaftlich-politischen Anschauungen, auf die sie wirken soll; ihr Inhalt kann und muss sich unter Umständen mit ihnen wandeln“.[25] Dass es gleichwohl textliche Grenzen eines Verfassungswandels gibt, steht außer Frage. Dass diese hier überschritten wurden, ist hingegen nicht zu erkennen. So sind aktualisierende Anpassungen im Verfassungsrecht von vornherein weniger problematisch,

25 BVerfGE 34, 269 (288) – Soraya.

wenn es ausschließlich um Rechts- und Freiheitsmehrung geht, wie dies in den bisherigen Entscheidungen des Bundesverfassungsgerichts zur Einbeziehung gleichgeschlechtlicher Paare ins Eltern- und Familiengrundrecht der Fall war, die niemandes Rechte haben zurücktreten lassen. Zudem sollte nicht aus dem Blick geraten, dass Verfassungswandel hier vorangegangene Verfassungsinterpretationen ablöst, die angesichts textlicher Offenheit letztlich ähnlich kontingent und von gesellschaftlichen Vorstellungen ihrer Zeit geprägt gewesen sein mögen wie ein gewandeltes Verständnis, so dass die Legitimation einer aus einem aktuelleren Ehe- und Familienverständnis heraus gewonnenen Verfassungsinterpretation nicht hinter der der früheren Verfassungsinterpretation zurückbleibt, sondern insoweit sogar durchaus einen Vorsprung haben kann.

II. Rechtliche Stimulierung gesellschaftlichen Wandels

Eine anders gelagerte Frage lautet, ob Verfassungsrecht den Gesetzgeber überhaupt dazu anhalten darf, Wertungswandel – zumal im sehr privaten Bereich von Ehe und Familie – zu stimulieren. So kann man etwa fragen, ob es den Staat wirklich allzuviel angehen darf, wie und nach welchem Leitbild sich Paare und Familien organisieren. Zweifellos darf der Staat die Wahlmöglichkeiten der Betroffenen erweitern (s.u.). Aber darf er sie auch dazu anhalten, von ihrer Wahlfreiheit in bestimmter Weise Gebrauch zu machen?

Das Grundgesetz selbst scheint solchem Ansinnen des Gesetzgebers Einhalt zu gebieten. Nach der Rechtsprechung des Bundesverfassungsgerichts garantiert Art. 6 I und II GG den Eltern gegenüber dem Staat das Recht, ihr familiäres Leben nach ihren Vorstellungen zu planen und zu verwirklichen.[26] Deshalb hat der Staat die Ehe- und die Familiengemeinschaft sowohl im immateriell-persönlichen als auch im materiell-wirtschaftlichen Bereich in ihrer jeweiligen eigenständigen und selbstverantwortlichen Ausgestaltung zu respektieren. Demgemäß können Ehepaare nach eigenen Vorstellungen zwischen einer Doppelverdiener- und einer Einverdienerehe wählen und dürfen Eltern ihr familiäres Leben nach ihren Vorstellungen planen und verwirklichen und insbesondere in ihrer Erziehungsverantwortung entscheiden, ob und in welchem Entwicklungsstadi-

26 Vgl. BVerfGE 130, 240 (251) – Bayerisches Landeserziehungsgeldgesetz.

um das Kind überwiegend von einem Elternteil allein, von beiden Eltern in wechselseitiger Ergänzung oder von einem Dritten betreut werden soll. Das Grundgesetz überlässt die Entscheidung über das Leitbild der Erziehung den Eltern, die über die Art und Weise der Betreuung des Kindes, seine Begegnungs- und Erlebensmöglichkeiten sowie den Inhalt seiner Ausbildung bestimmen.[27] Die staatliche Stimulierung bestimmter Ehe- und Familienvorstellungen verträgt sich damit nicht ohne Weiteres.

Daneben findet sich allerdings, wie eingangs gesehen, in der Rechtsprechung des Bundesverfassungsgerichts der Auftrag an den Gesetzgeber eine Rollenverteilung, nach der das Kind einseitig und dauerhaft dem Zuständigkeitsbereich der Mutter zugeordnet würde, zu überwinden. Dies könnte über die bloße Eröffnung von Wahlfreiheit hinausgehen und die Verfolgung eines bestimmten Familienbildes nahelegen, so dass zwei Stränge der Rechtsprechung miteinander in Widerspruch zu treten scheinen. Bei genauerem Hinsehen lässt sich dies aber auflösen. Die Rechtsprechung zur Rollenverteilung lässt sich in dem Sinne verstehen, dass der Auftrag nicht dahin geht, jeder Familie im Einzelfall eine moderne Rollenverteilung nahezulegen, sondern dahin, abstrakte Rollenstereotype innerhalb der Gesellschaft aufzubrechen, um den Familien so im Einzelfall eine von Rollenstereotypen freie Aufteilung der Familienaufgaben zu ermöglichen. Die Wahlfreiheit ist damit nicht nur gewahrt, sondern gestärkt. Das Grundgesetz erteilt hier einen asymmetrischen Auftrag der Förderung der Wahlfreiheit. Die Wahlfreiheit ist asymmetrisch darauf gerichtet, die nach wie vor gültige Standardeinstellung „Haus*frauen*familie" im konkreten Fall tatsächlich abwählen zu können. Art. 6 I GG kann insoweit nicht ohne Art. 3 II GG gedacht werden, der die Durchsetzung tatsächlicher Gleichberechtigung fordert und damit solange potentiell asymmetrisch wirkt, wie das Gleichberechtigungsproblem ein asymmetrisches ist.

Rechtliche Stimulierung eines Wandels gesellschaftlicher Familien- und Ehebilder bleibt so zwar im Grunde suspekt. Im Grundsatz hat sich der Staat in die Ausbildung privater Vorstellungen von gelungener Partnerschaft und Familie nicht einzumischen. Jedoch erteilt das GG dem Gedanken, die Herausbildung bestimmter Familien- und Partnerschaftsvorstellungen sei reine Privatsache, in einigen wichtigen Punkten eine Absage. Die Schutz- und Unterstützungsbedürftigkeit einzelner Beteiligter ist aus verfassungsrechtlicher Sicht zu hoch, als dass der Staat die Entwicklung

27 Vgl. BVerfGE 99, 216 (231 f.) – Familienlastenausgleich II.

komplett sich selbst überlassen dürfte. Neben Art. 3 II GG in der Paarbeziehung sind es für die Familie die staatliche Schutzpflicht für die Kinder aus Art. 2 I, II und Art. 6 II 2 GG und der staatliche Erziehungsauftrag aus Art. 7 GG, die den Staat legitimieren und verpflichten, sich gelegentlich in die private Familienwertebildung einzumischen, in gewissem Rahmen Familien- und Erziehungsbilder vorzugeben und zu versuchen, diese in der Gesellschaft zu verankern.

Davon kategorial zu unterscheiden ist die ausschließlich auf Erweiterung der Wahlmöglichkeiten zielende Stimulierung gesellschaftlicher Familienbilder, auf die das eben angedeutete Zurückhaltungsgebot von vornherein keine Anwendung findet, weil sie Freiheit fördert und nicht nimmt. Im Fall der rechtlichen Gleichstellung gleichgeschlechtlicher Paare hat der Gesetzgeber mit Unterstützung des Bundesverfassungsgerichts dazu beigetragen, das Bild von Partnerschaft[28] und Familie[29] zu öffnen und die Betroffenen so gegen exkludierende und freiheitsbeeinträchtigende Normalitätserwartungen der Gesellschaft zu schützen. Für gleichgeschlechtliche Paare und deren Familien hat sich in der Praxis – nachdem das Lebenspartnerschaftsgesetz erst einmal geschaffen und vom Bundesverfassungsgericht gebilligt war[30] - Art. 3 I GG als treibende Kraft des Verfassungsrechts erwiesen, die gleichgeschlechtlicher Partnerschaft und Familie nach und nach neben der rechtlichen Angleichung auch einen Platz in Familienleitbildern der Gesellschaft zu vermitteln scheint.[31]

D. Schluss

Wer danach sucht, wie Verfassungsrecht - sei es direkt, sei es vermittelt durch den Gesetzgeber - Wertungen und Wertvorstellungen in der Gesellschaft verändert und wie umgekehrt die Verfassungsinterpretation gesellschaftlichen Wandel aufgreift, wird im Bereich des verfassungsrechtlichen Schutzes von Ehe und Familie fündig. Obwohl das Verfassungsrecht dem

---

28 Dazu grundlegend BVerfGE 105, 313 ff. – Lebenspartnerschaftsgesetz.

29 Dazu BVerfGE 133, 59 (82 ff.) – Sukzessivadoption; vorausgegangen war die gesetzliche Ermöglichung der Stiefkindadoption.

30 BVerfGE 105, 313 ff. – Lebenspartnerschaftsgesetz.

31 BVerfGE 124, 199 ff. – Hinterbliebenenversorgung; 126, 400 ff. – Erbschafts- und Schenkungssteuer; 131, 239 ff. – Familienzuschlag; 132, 179 ff. – Grunderwerbssteuer; 133, 59 ff. – Sukzessivadoption; 133, 377 ff. – Ehegattensplitting.

Gesetzgeber gerade in diesen besonders persönlichen und privaten Gebieten im Grundsatz Zurückhaltung abverlangt, hält es zu einem Wandel solcher Familien- und Partnerschaftsvorstellungen an, die bestimmte familiäre und partnerschaftliche Beziehungen oder bestimmte Personen innerhalb solcher Beziehungen benachteiligen.

VII. Teil: Informationsgesellschaft

IT und Demokratie

Jens Kersten

Inhalt

A. Einleitung

Das Verhältnis von Informationstechnik und Demokratie hat viele Fassetten: der Konflikt von freier Meinungsäußerung und geheimer Überwachung,[1] die Entdifferenzierung von Privatheit und Öffentlichkeit,[2] das Spannungsverhältnis zwischen globaler Virtualität und staatlicher Regulie-

1 Vgl. Hoffmann-Riem, Regelungsstrukturen für öffentliche Kommunikation im Internet, AöR 137 (2012), S. 509 (528 ff.).

2 Vgl. Hoffmann-Riem, Neue Kollektivität im World Wide Web als Herausforderung für das Recht, JZ 2012, S. 1081 (1085 f.).

rung.[3] Die folgenden Überlegungen konzentrieren sich jedoch auf die Frage, wie der Wandel von Informations- und Kommunikationstechnik unser Verständnis des verfassungsrechtlichen Demokratieprinzips verändert. Demokratie war schon immer sehr eng mit der Entwicklung von Informations- und Kommunikationstechnik verbunden. Seit der Antike kommt die Demokratie nicht ohne Medien aus: Zunächst werden die Stimmen der Bürger mittels Steinen, sodann auf Zetteln und schließlich per Computer ausgezählt.[4] Aber auch jenseits der Wahl verändern Medien die Politik: Das Gemeißelte, Geschriebene, Gedruckte, Gesendete und Getwitterte verbreitet politische Ideen und Entscheidungen über das unmittelbar gesprochene Wort hinaus.[5] Zeitungen und Zeitschriften begleiten einen zunächst liberalen und sodann demokratischen Strukturwandel der Öffentlichkeit.[6] Es ist der Begriff der „Kulturtechnik", der Politik und Technik und damit auch Demokratie und Informationstechnik verbindet.[7] Der technische Wandel von Politik und Demokratie repräsentiert insofern nur einen Ausschnitt dieser kulturtechnischen Evolution. Dabei beeinflussen sich Demokratie und Technik gegenseitig: Technik eröffnet neue politische Optionen, Demokratie zu leben. Demokratie gestaltet die Möglichkeiten, technische Potenziale sozial zu entfalten. Dies gilt insbesondere auch für die Beschleunigung der Entwicklung des Verhältnisses von Politik und Technik vom Radio über das Fernsehen zum Internet.

Dieses mediale Gegenstromprinzip von Politik und Technik hat Bertold Brecht in seiner „Radiotheorie" beschrieben, zu der sich fünf Aufsätze aus den Jahren 1927 bis 1932 in seiner Werkausgabe zusammengefasst sehen:[8] Angesichts des „Radio-Hurrikans"[9], der Amerika verwüste, schlägt Brecht

3 Vgl. Hoffmann-Riem, Freiheitsschutz in den globalen Kommunikationsstrukturen, JZ 2014, S. 53 ff.

4 Vgl. Bunz, Die stille Revolution. Wie Algorithmen Wissen, Arbeit, Öffentlichkeit und Politik verändern, ohne dabei viel Lärm zu machen, 2012, S. 85.

5 Vgl. Vismann, Das Schöne am Recht, 2012, S. 7 ff.; dies., Fluchen in Stein, in: dies., Das Recht und seine Mittel. Ausgewählte Schriften, 2012, S. 101 ff.; Pariser, Filter Bubble. Wie wir im Internet entmündigt werden, 2012, S. 63 f.

6 Vgl. Habermas, Strukturwandel der Öffentlichkeit. Untersuchungen zu einer Kategorie der bürgerlichen Gesellschaft, 1990, S. 275 ff.

7 Vgl. grundsätzlich Lévy, Die kollektive Intelligenz. Eine Anthropologie des Cyberspace, 1994, S. 68 ff.; Vismann, Kulturtechniken und Souveränität, in: dies. (Fn. 5), S. 445 ff.; Steinhauer, Vom Scheiden. Geschichte und Theorie einer juristischen Kulturtechnik, 2015, S. 11 ff., 165 ff.

8 Vgl. Brecht, Gesammelte Werke, 18. Bd., 1967, S. 117 ff.

9 Brecht, Radio – eine vorsintflutliche Erfindung? in: ders. (Fn. 8), S. 119.

1927 vor, „aus dem Radio eine wirklich demokratische Sache zu machen.“[10] Deshalb ruft er zum „Aufstand des Hörers“[11] auf und fordert „seine Aktivierung und seine Wiedereinsetzung als Produzent.“[12] Aus dem Radio als einem „Distributionsapparat“ müsse ein „Kommunikationsapparat“ gemacht werden.[13] Über die Rundfunkkanäle sei „nicht nur auszusenden, sondern auch zu empfangen, also den Zuhörer nicht nur zu hören, sondern auch sprechen zu machen und ihn nicht zu isolieren, sondern ihn in Beziehung zu setzen.“[14] „Sollten Sie dies“ – so Brecht 1932 resümierend – „für utopisch halten, so bitte ich Sie, darüber nachzudenken, warum es utopisch ist.“[15] Und Brecht wäre nicht Brecht, wenn er nicht sogleich auch diese Utopiefrage selbst abschließend beantworten würde: Das Radio könne „in dieser Gesellschaftsordnung“ von 1932 keine demokratische Sache sein; dafür bedürfe es einer anderen Ordnung, die „nur eine natürliche Konsequenz der technischen Entwicklung“ sei.[16]

In seiner „Radiotheorie“ stellt Brecht also nicht allein einen unmittelbaren Bezug zwischen politischem Wandel und technischer Innovation her, sondern wirft zugleich auch die Utopiefrage auf, die jeden kulturtechnischen Evolutionsschub im Verhältnis von Politik und Technik begleitet. Brechts technische Erwartung ist mit der Entwicklung des Internets eingetreten. Seine „Radiotheorie“ der späten 1920er liest sich wie eine „Internettheorie“ für die späten 1990er Jahre. Sie bringt die politische Idee auf den Punkt, die zunächst die technische Entwicklung des Computers[17] und sodann des Internets begleitet hat: Die elektronische Kommunikation sei – im wahrsten Sinne des Wortes – „unmittelbar“ und deshalb eben auch unmittelbar demokratisch. Wie unmittelbar diese Verbindung von Informationstechnik und Demokratie bis heute teilweise gedacht wird, kommt auch sprachlich zum Ausdruck, wenn von einem „Absturz und Neustart der westlichen Demokratie“[18] die Rede ist. Technik und Politik werden medial

10 Brecht, Vorschläge für den Intendanten des Rundfunks, in: ders. (Fn. 8), S. 121.

11 Brecht, Erläuterungen zum „Ozeanflug “, in: ders. (Fn. 8), S. 124 (126).

12 Brecht (Fn. 11), S. 126.

13 Vgl. Brecht, Der Rundfunk als Kommunikationsapparat, in: ders. (Fn. 8), S. 127 (128 f.), einschließlich der vorstehenden Zitate.

14 Brecht (Fn. 13), S. 129.

15 Brecht (Fn. 13), S. 130.

16 Vgl. Brecht (Fn. 13), S. 134, einschließlich der vorstehenden Zitate.

17 Vgl. Krauch, Computer-Demokratie, 1972, besonders S. 1 ff., 109 ff.

18 Plaum, Die Wiki-Revolution. Absturz und Neustart der westlichen Demokratie, 2013.

identifiziert:[19] Demokratie als digitale Demotechnik. Dieser Kurzschluss zwischen Technikentwicklung und Demokratieverständnis spiegelt sich auch im unvermittelten Umschlagen der zunächst vorherrschenden demokratischen Internetutopien in die allgegenwärtigen Internetdystopien: Ausbeutung, Burnout, digitaler Darwinismus, Entblößung, Gewalt, Informationskapitalismus, Hass, Meute, Neoliberalismus, Repression, Schwarmdummheit, Shitstorm und Überwachung sind die Stichworte,[20] welche die aktuell populären – teils esoterischen,[21] teils kulturpessimistischen[22] – Verlusterzählungen prägen. Demgegenüber haben „Technoeskapisten“[23] die „Utopie maximaler Transparenz“[24] zum zentralen demokratischen Prinzip erhoben, um ihre antiinstitutionellen Affekte und Vorurteile gegenüber politischen Parteien und repräsentativer Demokratie voll ausleben zu können.[25] So ist aus dem demokratischen Hype[26] eine politische Depression der Netzkultur geworden,[27] anstatt das Verhältnis von Technik und Kultur und insbesondere von Netz und Demokratie als das einzuordnen, was es ist: Ambivalent!

Diese Ambivalenz führt zu der These, dass der liberale Verfassungsstaat einerseits die demokratischen Legitimationspotenziale, welche sich mit

19 Vgl. ausdrücklich Plaum (Fn. 18), S. 76; kritisch Michelsen/Walter, Unpolitische Demokratie. Zur Krise der Repräsentation, 2013, S. 222, 242 f.; Morozov, Smarte neue Welt. Digitale Technik und die Freiheit des Menschen, 2013, S. 175, 211 ff.

20 Vgl. nur Schirrmacher, Payback. Warum wir im Informationszeitalter gezwungen sind zu tun, was wir nicht tun wollen, und wie wir die Kontrolle über unser Denken zurückgewinnen können, 2013, S. 11 ff.; Frank, Meute mit Meinung. Über Schwarmdummheit, 2013; Dueck, Schwarmdumm. So blöd sind wir nur gemeinsam, 2015.

21 Vgl. etwa Han, Digitale Rationalität und das Ende des kommunikativen Handels, 2013; ders., Im Schwarm. Ansichten des Digitalen, 2013.

22 Vgl. etwa Strauss, Lichter des Toren. Der Idiot und seine Zeit, 2013, S. 41, 70, 79 f., 89 f., 100.

23 Morozov (Fn. 19), S. 218.

24 Michelsen/Walter (Fn. 19), S. 233.

25 Vgl. nur Plaum (Fn. 18), S. 64 ff., 83, 93, 147 ff., 171 f.; Hensel/Klecha/Schmitz, „Vernetzt euch – das ist die einzige Waffe, die man hat“. Internetproteste, in: Marg/Geiges/Butzlaff/Walter (Hrsg.), Die neue Macht der Bürger. Was motiviert Protestbewegungen? BP-Gesellschaftsstudie, 2013, S. 267 (283 ff.), zur gemeinsamen Identität „lobbykritischer Demokratie-Idealisten“: für eine umfassende Kritik Michelsen/Walter (Fn. 19), S. 229 ff.; Morozov (Fn. 19), S. 211 ff., 218 ff.; jeweils mit umfassenden Nachweisen.

26 Vgl. nur Lévy (Fn. 7), S. 68 ff.

27 Vgl. nur Lobo, Die digitale Kränkung des Menschen, FAS, Nr. 2, 12.1.2014, S. 37.

der technischen Entwicklung des Internets verbinden, nicht defensiv ignorieren sollte:[28] Er muss die demokratischen Legitimationspotenziale des Web 2.0 und der Sozialen Medien aktiv aufgreifen, damit die demokratischen Institutionen nicht den Anschluss an die gesellschaftliche Kommunikation verlieren. Andererseits darf der liberale Verfassungsstaat aber auch nicht die Herausforderungen übersehen und Gefahren ignorieren, die sich aus der Netzkommunikation für die liberale Demokratie ergeben. Um insbesondere die demokratischen Legitimationspotenziale der digitalen Kommunikation für den liberalen Verfassungsstaat zu entfalten, gilt es zunächst, dem politischen Charme „kommunikativer Unmittelbarkeit" zu widerstehen:[29] Die Vorstellung Brechts, dass die unmittelbare Kommunikation der Bürgerinnen und Bürger das Radio bzw. das Netz ebenso unmittelbar demokratisiere wie die politische Ordnung insgesamt, ist in medialer, politischer und rechtlicher Perspektive unterkomplex: Unmittelbare Kommunikation resultiert nicht automatisch in demokratischer Legitimation. Andererseits darf diese Einsicht aber auch nicht dazu führen, mit Carl Schmitt elektronische Kommunikation für die demokratische Legitimation des Verfassungsstaats vorschnell für irrelevant zu erklären: „Es ließe sich ausmalen" – so Schmitt ebenfalls Ende der 1920er Jahr in seiner „Verfassungslehre" – „daß eines Tages durch sinnreiche Erfindungen jeder einzelne Mensch, ohne seine Wohnung zu verlassen, fortwährend seine Meinung über politische Fragen durch einen Apparat zum Ausdruck bringen könnte und daß alle diese Meinungen automatisch von einer Zentrale registriert würden, wo man sie dann nur abzulesen brauchte."[30] Doch nach der Auffassung von Schmitt wäre dies „keineswegs eine besonders intensive Demokratie, sondern der Beweis dafür, daß Staat und Öffentlichkeit restlos privatisiert wären. Es wäre keine öffentliche Meinung, denn die noch so übereinstimmende Meinung von Millionen Privatleuten ergibt keine öffentliche Meinung, das Ergebnis ist nur die Summe von Privatmeinungen. Auf diese Weise entsteht kein Gemeinwille, keine volonté générale, sondern nur die Summe aller Einzelwillen, eine volonté de tous."[31] Doch dies

---

28 Vgl. hierzu um zum Folgenden Kersten, Schwarmdemokratie. Veränderungen des Demokratieverständnisses durch Soziale Medien, JuS 2014, S. 673 ff.

29 Vgl. auch Werber, Ameisengesellschaften. Eine Faszinationsgeschichte, 2013, S. 133 ff.

30 Schmitt, Verfassungslehre, 7. Aufl. 1983, S. 245.

31 Schmitt (Fn. 30), S. 245 f.

greift begrifflich zu kurz: Die netzbasierte „Macht der Vielen“[32] verändert durchaus auch die demokratische Selbstregierung aller Bürgerinnen und Bürger. Dies wird deutlich, wenn man die neuen politischen Phänomene emergenter Kollektivität auf den kulturtechnischen Schnittstellen der politischen Online- und Offline-Welt betrachtet und diese im Hinblick auf die Theorie und Praxis des demokratischen Verfassungsstaats reflektiert.

B. Phänomenologie

Demokratien – und vor allem repräsentative Demokratien wie die des Grundgesetzes (Art. 38 Abs. 1, Art. 63, Art. 67 f. GG) – entfalten ein politisches Legitimationsverhältnis, das zwischen den *einzelnen* Bürgerinnen und Bürgern einerseits und *allen* Bürgerinnen und Bürgern und damit dem Volk andererseits besteht. Insofern setzt das verfassungsrechtliche Demokratieprinzip auf die Vermittlung von politischer Legitimation zwischen individueller und kollektiver Selbstbestimmung: Eine(r) und Alle. Zwischen den einzelnen und allen Bürgerinnen und Bürgern entfaltet sich jedoch noch eine dritte politische Form: die „Vielen“ bzw. – wie Thomas Hobbes sie genannt hat: die „Multitude of men“[33]. Gerade in liberalen Demokratien hat es die Vielen sozial, politisch, wirtschaftlich und rechtlich schon immer gegeben: Versammlungen, Vereine, Verbände und Parteien sind die klassischen Formen der Vielen und „Öffentlichkeit“, „Öffentliche Meinung“ oder „Zivilgesellschaft“ ihr – begrifflich notwendigerweise unscharfer – politischer Kollektivsingular. Mit dem Web 2.0 und den Sozialen Medien erhalten die Vielen einen neuen Stellenwert in der Demokratie, weil sich die „Macht der Vielen“ neu konfiguriert: Die (globale) Ubiquität (im)mobiler Kommunikationstools führt in Verbindung mit der Herabsetzung der Kommunikationskosten zu einer interaktiven Nutzung massenhaft vernetzter Kommunikationsmedien, die das alltägliche und damit eben auch das politische Online- und Offline-Leben verbinden.[34] Dadurch

32 Reichert, Die Macht der Vielen. Über den neuen Kult der digitalen Vernetzung, 2013.

33 Hobbes, Leviathan, hrsg. v. Macpherson, 1985, 16. Kapitel, S. 220.

34 Vgl. hierzu und zum Folgenden Benkler, The Wealth of Networks. How Social Production Transforms Markets and Freedom, 2006, S. 2 ff., 29 ff.; Shirky, Here Comes Everybody. How Change Happens When People Come Together, 2009, S. 7 ff., 14 ff., 25 ff., 47 ff., 51 ff., 153 ff., 205 ff.; ders., Cognitive Surplus. Creativity and Generosity in a Connected Age, 2010, S. 17 ff., 27 ff., 31 ff., 37 f., 60 ff.

kollabieren die zeitlichen Hürden, die räumlichen Distanzen und die finanziellen Kosten der Selbstorganisation. Dies vereinfacht die latente Gruppenbildung mit durchschlagender sozialer, politischer und wirtschaftlicher Wirkung. Insofern führt die Informations- und Kommunikationstechnik über das Web 2.0 und die Sozialen Medien zu einer Neuformatierung der Vielen in der Form *emergenter Kollektivität*, deren gemeinsame Wirkung also gerade über die Summe der einzelnen Handlungsbeiträge hinausgeht.[35]

Die emergente Kollektivität der Vielen unterscheidet sich von den politischen Formen, in denen sich die Vielen klassischerweise formieren – Vereine, Verbände und Parteien. Im Gegensatz zu dieser „formierten Gesellschaft"[36] sind die netzbasierten Formen emergenter Kollektivität Ausdruck informaler Vielheit von einzelnen, die sich auf der Grundlage koisolierter Netzkommunikation zu gemeinsamem Handeln zusammenfinden. Eine gewisse Nähe weisen die netzbasierten Formen emergenter Kollektivität nur mit einer klassischen Form der Vielen auf: den Versammlungen – eine Nähe, auf die noch zurückzukommen sein wird.[37] Doch auch von der Versammlung als einer klassischen Form der Vielen hebt sich emergente Kollektivität ab. Im Web 2.0 und in den Sozialen Medien differenzieren sich vollkommen neue Formen massenhaften Verhaltens aus.[38] Diese lassen sich mit der Metapher des „Schwarms" auf einen Begriff bringen, der bei typologischer Betrachtung die folgenden fünf Merkmale aufweist:[39] Erstens erfolgt menschliche Schwarmbildung regelmäßig auf

35 Vgl. Kersten, Leviathan und Hive – Schwarmbildung und staatliche Rechtsordnung, RW 3 (2012), S. 249 (282 f.); Ingold, Grundrechtsschutz sozialer Emergenz – eine Neukonfiguration juristischer Personalität in Art. 19 Abs. 3 GG angesichts webbasierter Kollektivitätsformen –, Der Staat 53 (2014), S. 193 ff.; Gärditz, Der digitalisierte Raum des Netzes als emergente Ordnung und die repräsentativ-demokratische Herrschaftsform, Der Staat 54 (2015), S. 113 ff.; Münker, Emergenz digitaler Öffentlichkeiten. Die sozialen Medien im Web 2.0, 2009, 73 ff., 103 ff.

36 Vgl. Anonymus, Die Formierte Gesellschaft, 1965, S. 5 ff.; Nolte, Die Ordnung der deutschen Gesellschaft. Selbstentwurf und Selbstbeschreibung im 20. Jahrhundert, 2000, S. 386 ff.

37 Vgl. unten C.

38 Vgl. auch Bunz (Fn. 4), S. 89; trotz aller Kritik auch Frank (Fn. 20), S. 28.

39 Vgl. hierzu und zum Folgenden Kersten (Fn. 35), S. 252 ff.; ders., (Fn. 28), S. 674; ders., Koalitionsfreiheit als Kampfmittelfreiheit? – Zugleich ein Beitrag zur „Governance der Schwärme", in: Rieble/Junker/Giesen (Hrsg.), Neues Arbeitskampfrecht, München 2010, S. 61 (73 ff.); ders., Neues Arbeitskampfrecht. Über den Verlust institutionellen Verfassungsdenkens, 2012, S. 80 ff.

der Basis eines digital vorab kommunizierten Schwarmmusters (Muster). Zweitens konstituieren sich menschliche Schwärme aufgrund der freien und spontanen Entscheidungen der beteiligten Akteure, sodass sich die Größe eines Schwarms regelmäßig nicht vorhersagen lässt (Spontaneität). Drittens formieren die Schwarmakteure auf der Grundlage ihrer jeweils autonomen Entscheidungen das Schwarmmuster durch „ko-isoliertes" Handeln (Ko-Isolation).[40] Viertens generiert die kollektive Affektionsbewegung der sich gegenseitig affizierenden Schwarmakteure eine „dynamische Instabilität"[41] des reproduzierten oder variierten Schwarmmusters (Instabilität). Fünftens versuchen menschliche Schwärme, ihre Schwarmeffekte medial zu manifestieren, um diese auch nach dem Kollaps des Schwarmmusters dokumentiert zu sehen (Manifestation).

Es ist erstaunlich, dass diese Phänomene emergenter Kollektivität ganz überwiegend negativ bewertet werden: „Kollektive Intelligenz"[42] oder „Schwarmintelligenz"[43] sehen sich bestenfalls belächelt, überwiegend aber pejorativ konnotiert.[44] Diese politische Negativität ist in Begriffen wie „Mob", „Meute" oder „Shitstorm" sprachlich unmittelbar greifbar. In diesen einseitig negativen Bewertungen vor allem der politischen Phänomene emergenter Kollektivität sind die Nachwirkungen der Massenpsychologie des späten 19. und frühen 20. Jahrhunderts spürbar, nach der das Individuum seine Individualität in der Masse aufgibt, um im Massenkörper manipuliert werden zu können.[45] Doch die soeben vorgestellte Typisierung menschlichen Schwarmverhaltens veranschaulicht die Unterschiede zum Massenverständnis der industriellen Moderne: Emergente Kollektivität entfaltet sich aufgrund der autonomen Entscheidung jedes einzelnen

40 Vgl. zum Konzept von „Ko-Isolation" Sloterdijk, Sphären III. Schäume, 2004, S. 605.

41 Buhl/Sumpter/Couzin/Hale/Despland/Miller/Simpson, From Disorder to Order in Marching Locusts, Science 312 (2006), S. 1402 ; ferner Reichert (Fn. 32), S. 183 f.

42 Vgl. bereits klassisch Lévy (Fn. 7), S. 37 ff.

43 Vgl. bereits klassisch Rheingold, Smart Mobs. The Next Social Revolution, 2002, S. 174 ff.; darüber hinaus etwa Fischer, Schwarmintelligenz. Wie einfache Regeln Großes möglich machen, 2010; Miller, Die Intelligenz des Schwarms. Was wir von Tieren für unser Leben in einer komplexen Welt lernen können, 2010.

44 Vgl. etwa Frank (Fn. 20); Dueck (Fn. 20); Metz/Seeßlen, Blödmaschinen. Die Fabrikation der Stupidität, 2011, S. 597.

45 Vgl. Le Bon, Psychologie der Massen, 15. Aufl. 1982, S. 10; Freud, Massenpsychologie und Ich-Analyse, in: ders., Studienausgabe, 9. Bd., 9. Aufl. 1974, S. 61 (81 ff., 96, 109); Canetti, Masse und Macht, 1978, S. 14 ff., 30 ff.

Akteurs durch ko-isoliertes Handeln. Diese Typisierung menschlichen Schwarmverhaltens zeigt zugleich, dass es ihr nicht um eine schlichte Analogie zum Schwarmverhalten von Tieren und insbesondere von Insekten, sondern um die Beschreibung speziesspezifischer Entfaltung emergenter Kollektivität geht.[46] Tiere und Menschen schwärmen unter vollkommen verschiedenen kognitiven, medialen und sozialen Bedingungen, die in der vorgestellten Typologie für menschliches Schwarmverhalten sichtbar werden. Vor diesem Hintergrund greift auch die Kritik nicht durch, schon die Annahme menschlichen Schwarmverhaltens verstoße gegen das Menschenbild des Grundgesetzes und sei deshalb verfassungswidrig, weil sie den Menschen als „dummen“ Schwarmakteuer verstehe.[47] Doch gerade das zweite und dritte Merkmal der vorgestellten Typologie menschlichen Schwarmverhaltens verdeutlichen, dass Menschen den Schwarm freiwillig bilden und auch im Schwarm autonom handeln. Und die Schwarmakteure sind auch nicht deshalb „dumm“, weil sie die emergenten Folgen ihrer freien und autonom bestimmten Teilnahme an schwarmförmiger Kollektivität nicht überblicken (können).[48] Denn dies ist aufgrund der Struktur des – frei gewählten und autonom mitgestalteten – emergenten Handelns niemandem möglich. Gerade deshalb kommt es für eine phänomenologische Annäherung an die neuen Formen emergenter Kollektivität umso mehr darauf an, diese weder von vornherein abzuwerten noch zu idealisieren, sondern in ihrer ganzen Ambivalenz zu begreifen.

C. Theorie

Ist emergente Kollektivität aber ambivalent, so bietet es sich an, dass gerade auch die liberale Demokratie die positiven Seiten menschlichen Schwarmverhaltens würdigt, ohne dabei deren negative Seiten aus dem Blick zu verlieren. In der demokratietheoretischen Perspektive geht es also

---

46 Vgl. hierzu und zum Folgenden Kersten (Fn. 35), S. 252 ff.; ders., (Fn. 28), S. 674.

47 Vgl. Hien, Verbindlichkeit von Entscheidungen bei Infrastrukturvorhaben in den Zeiten von liquid democracy, DVBl. 2015, S. 1 (4); Lévy (Fn. 7), S. 32; Werber (Fn. 29), S. 217.

48 Vgl. in diesem Sinn wohl auch grundsätzlich Lévy (Fn. 7), S. 32 f.

darum, den legitimatorischen Dreiklang – Eine(r), Viele, Alle[49] – neu zu entfalten.

I. Digitale Zerstreuung des deliberativen Publikums

Aus diskurstheoretischer Sicht schätzt Jürgen Habermas die demokratischen Potenziale des Web 2.0 und der Sozialen Medien für liberale Gesellschaften sehr kritisch ein: Die „computergestützte Kommunikation" könne „unzweideutige demokratische Verdienste nur für einen speziellen Kontext beanspruchen: sie unterminiert die Zensur autoritärer Regime, die versuchen, spontane öffentliche Meinungen zu kontrollieren und zu unterdrücken."[50] Im Kontext liberaler Regime überwiege jedoch eine andere Tendenz:[51] Hier fördere die Entstehung von Millionen weltweit zerstreuter *chat rooms* und weltweit vernetzter *issue publics* eher die Fragmentierung jenes großen, in politischen Öffentlichkeiten jedoch gleichzeitig auf gleiche Fragestellungen zentrierten Massenpublikums. Dieses Publikum zerfalle im virtuellen Raum in eine riesige Anzahl von zersplitterten, durch Spezialinteressen zusammengehaltenen Zufallsgruppen. Mit dieser Fragmentierung der Öffentlichkeit geht zugleich die demokratische Filterfunktion verloren, welche die Diskurstheorie der öffentlichen Meinung zuschreibt: „Das deliberative Modell begreift die politische Öffentlichkeit als Resonanzboden für das Aufspüren gesamtgesellschaftlicher Probleme und zugleich als diskursive Kläranlage, die aus den wildwüchsigen Prozessen der Meinungsbildung interessenverallgemeinernde und informative Beiträge zu relevanten Themen herausfiltert und diese ‚öffentliche Meinung' sowohl an das zerstreute Publikum der Staatsbürger zurückstrahlt wie an die formalen Agenden der zuständigen Körperschaften weiterleitet."[52] Die Filterfunktion der öffentlichen Meinung besteht nach der Auffassung von Habermas darin, in den gesellschaftlichen Diskursen und Verhandlungen Rationalität zu gewährleisten und Vernunft zu entdecken.

---

49 Vgl. grundsätzlich Rancière, Der Hass der Demokratie, 2. Aufl. 2012, S. 40; anderer Ansicht Abensour, Demokratie gegen den Staat. Marx und das machiavellische Moment, 2012, S. 27 f.

50 Habermas, Hat die Demokratie noch eine epistemologische Dimension?, in: ders., Ach, Europa. Kleine Politische Schriften XI, 2008, S. 138 (161).

51 Vgl. hierzu und zum Folgenden Habermas, Demokratie (Fn. 50), S. 161 f.; ferner Pariser (Fn. 5), S. 171 ff.

52 Habermas, Demokratie (Fn. 50) S. 144.

Auch wenn das deliberative Modell den Bürgerinnen und Bürgern – aufgrund ihrer persönlichen Autonomie und vor allem ihrer Kommunikationsgrundrechte – normativ eine aktive Rolle in diesem gesellschaftlichen Lernprozess zumisst, bleiben ihre Partizipationsmöglichkeiten jedoch faktisch äußerst begrenzt: Bürgerinnen und Bürger werden im Wesentlichen als passive Leser, Hörer und Zuschauer von qualitätshaltigen „Massenmedien" begriffen: Sie unterwerfen sich „gewissermaßen auto-paternalistisch einem Lernprozess mit unbestimmtem Ausgang."[53]

Diese Filterfunktion demokratischer Öffentlichkeit wird gegenwärtig – nicht nur, aber vor allem auch – durch das Web 2.0 und die Sozialen Medien in Frage gestellt: Emergente Kollektivität und die damit einhergehende Informalisierung der Vielen marginalisieren die Printmedien und Rundfunkanstalten und begründen die Inklusionsverluste von Vereinen, Verbänden, Kirchen, Gewerkschaften und Parteien.[54] Diese konstituieren jedoch nach der Auffassung von Habermas die Öffentlichkeit, die aus der unendlichen Meinungsvielfalt die interessenverallgemeinernden und informationsgehaltvollen Meinungen für die demokratische Bildung der Bürgerinnen und Bürger sowie die politischen Institutionen des Verfassungsstaats herausfiltert. Für ein deliberatives Verständnis der öffentlichen Meinung fehlten – so Habermas – aber vorerst „im virtuellen Raum die funktionalen Äquivalente für die Öffentlichkeitsstrukturen, die die dezentralisierten Botschaften wieder auffangen, selegieren und in redigierter Form synchronisieren."[55] Vor diesem Hintergrund sind die vehementen Abwehrreflexe zu begreifen, mit denen dieses deliberative Verständnis demokratischer Öffentlichkeit auf die politische Dimension emergenter Kollektivität reagiert: Vor allem Byung-Chul Han hat – in Anknüpfung an Habermas – den digitalen „Schwarm" zum politischen Gegenbegriff einer demokratischen Öffentlichkeit stilisiert, der in Form des Shitstorms distanz- und respektlos Persönlichkeitsrechte verletze, der für den Verfall demokratischer Werte und Kultur verantwortlich sei, der die seelen- und geistlose politi-

53 Habermas, Medien, Märkt und Konsumenten, in: ders., Europa (Fn. 50), S. 131 (133).

54 Vgl. für die Veränderung der Medienlandschaft Meik, Wir klicken uns um Freiheit und Verstand. Warum die neuen Medien unsere Demokratie bedrohen, 2012, 16 ff.

55 Habermas, Demokratie (Fn. 50), S. 162.

sche Ausdrucksform egozentrischer Nerds darstelle und der keine stabile Sozialität zu konstituieren vermöge.[56]

Doch meiner Meinung nach sollten wir die neuen Phänomene der Vielen nicht zum Anlass nehmen, den Wandel demokratischer Öffentlichkeit ausschließlich als eine kulturelle Verlustgeschichte zu erzählen.[57] Die kulturtechnischen Phänomene emergenter Kollektivität sind nicht einseitig negativ zu bewerten. Vor allem lässt sich die Vermutung, es handele sich bei den politisch aktiven Nutzern der Sozialen Medien um egozentrische und bourgeoise Nerds,[58] nicht belegen: Wer sich im Netz politisch engagiert, ist auch insgesamt politisch aktiver als die durchschnittlichen User, die das Internet aus privaten oder beruflichen Gründen nutzen.[59] Um einen demokratietheoretischen Ansatzpunkt für ein positives Verständnis dieses Wandels politischer Öffentlichkeit in digitalen Zeiten zu gewinnen, lässt sich an die oben bereits angedeutete Parallele zur Versammlung als einer klassischen, aber eben auch bereits emergenten Form von Kollektivität anknüpfen[60] – und dafür den zentralen – und im weitesten Sinne medienpolitischen – Satz des Brokdorf-Beschlusses des Bundesverfassungsgerichts von 1985 zitieren: „In einer Gesellschaft, in welcher der direkte Zugang zu den Medien und die Chance, sich durch sie zu äußern, auf wenige beschränkt ist, verbleibt dem Einzelnen neben seiner organisierten Mitwirkung in Parteien und Verbänden nur die kollektive Einflussnahme durch Inanspruchnahme der Versammlungsfreiheit für Demonstrationen."[61] Anders als die Diskurstheorie, nach der die Einzelnen die öffentliche Meinung letztlich nur passiv bzw. „auto-paternalistisch" im Sinn einer „Kläranlage" auf sich wirken lassen dürfen, um etwas „Vernünftiges" zu lernen, fragt das Bundesverfassungsgericht also gezielt nach den politischen Artikulationschancen der Bürgerinnen und Bürger. Es stellt fest, dass diese in der formierten und organisierten Gesellschaft der klassischen Bundesrepu-

---

56 Vgl. Han, Rationalität (Fn. 21), S. 7 ff., 16 ff., 30 ff.; ders., Im Schwarm, FAZ, Nr. 231, 4.10.2012, S. 8; ders., Schwarm (Fn. 21), S. 7 ff., 18 ff.

57 Vgl. hierzu und zum Folgenden Kersten (Fn. 28), S. 675 ff.

58 Vgl. in diesem Sinn jedoch Michelsen/Walter (Fn. 19), S. 221, 241 f.; zu Recht kritisch Gärditz (Fn. 35), S. 132 f.

59 Vgl. Elster, Bierzelt oder Blog? Politik im digitalen Zeitalter, 2010, S. 20 ; kritisch auch Mertens, Nerds. Computer. Piraten. Die kulturgeschichtliche Erklärung eines Syllogismus, in: Bieber/Leggewie (Hrsg.), Unter Piraten. Erkundungen in einer neuen politischen Arena, 2012, S. 53 ff.

60 Vgl. oben B.

61 BVerfGE 69, 315 (346) – Brokdorf.

blik doch sehr beschränkt oder jedenfalls stark mediatisiert waren. Deshalb betont das Bundesverfassungsreicht die besondere Bedeutung politischer Spontaneität von Versammlungen für die Demokratie.[62] Mit diesem Grundgedanken des Brokdorf-Beschlusses lässt sich auch der digitale Wandel demokratischer Öffentlichkeit positiv beschreiben:[63] Die Bürgerinnen und Bürger konstituieren die demokratische Öffentlichkeit in ihrer webbasierten, interaktiven Kommunikation – vor allem auch durch die Entfaltung emergenter Kollektivität – engagiert mit. Aus diesem Grund geht die Bedeutung der Brokdorf-Entscheidung auch weit über die versammlungsrechtliche Dimension emergenter Kollektivität in Form von Smart-, Fun- und Flash-Mobs hinaus.[64] Vielmehr legt der medienpolitische Tenor der Brokdorf-Entscheidung eine sehr viel umfassendere Analyseperspektive nahe: Welche demokratischen Legitimationspotenziale werden im Rahmen des Web 2.0 und der Sozialen Medien freigesetzt? Und wie lassen sich diese mit den bestehenden verfassungsrechtlichen Institutionen verbinden?

II. Neukomposition demokratischer Öffentlichkeit

Der Wandel demokratischer Öffentlichkeit lässt sich nicht mehr mit einem diskurstheoretisch aufgeladenen Verständnis des „Strukturwandels *der* Öffentlichkeit“[65] begreifen.[66] Zum einen weil sich die deliberative Perspektive nicht auf die Kommunikationsbedingungen des Netzes einlässt, wenn sie nach den funktionalen Äquivalenten der von ihr in der Offline-Welt favorisierten Öffentlichkeitsstrukturen in der Online-Welt sucht. Das Fehlen dieser medial, sozial und politisch vermachteten Filterstrukturen „der“ öffentlichen Meinung ist gerade das zentrale Charakteristikum digital ver-

---

62 Vgl. BVerfGE 69, 315 (343 ff.) – Brokdorf.

63 Vgl. hierzu und zum Folgenden Kersten (Fn. 28), S. 676.

64 Vgl. grundsätzlich Rheingold (Fn. 43), S. 157 ff.; aus rechtlicher Perspektive insbesondere Hoffmann-Riem (Fn. 1), S. 516 f.; Lenski, Flashmobs, Smartmobs, Raids – Sicherheitsrechtliche Antworten auf neue Formen von Kollektivität, VerwArch 103 (2012), S. 539 ff.

65 Vgl. Habermas, Strukturwandel (Fn. 6), S. 225 ff., 275 ff. (Hervorhebung durch den Verfasser).

66 Vgl. zurückhaltend auch Hoffmann-Riem (Fn. 1), S. 517 f.; hierzu und zum Folgenden Kersten (Fn. 28), S. 676 f.

netzter Kommunikation.[67] Zum anderen kann für die Analyse des Wandels demokratischer Öffentlichkeit nicht schlicht an das überkommene Struktur- und Funktionsverständnis angeknüpft werden, weil sich die Kommunikationsbedingungen der Bürgerinnen und Bürger und damit des demokratischen Souveräns durch das Web 2.0 und die Sozialen Medien radikal gewandelt haben:[68] Die interaktive Kommunikation in den Sozialen Medien lässt den passiven Konsum von „Massenmedien" hinter sich.[69] Sie ermöglicht es den Bürgerinnen und Bürgern, aktiv neue Formen emergenter Kollektivität zu kreieren, die sich jenseits „einer" öffentlichen Meinung realisieren und deshalb – beispielsweise in Form von Schwarmbildungen – Auswirkungen auf gesellschaftliche und staatliche Institutionen haben.

Was in deliberativer Perspektive also als Zerfall „der" Öffentlichkeit kritisiert wird, ist vielmehr die Chance für eine Neukomposition demokratischer Legitimationspotenziale im liberalen Verfassungsstaat.[70] An dieser Stelle können die Überlegungen Anschluss an eine Variation der Akteur-Netzwerk-Theorie (ANT) finden, die Bruno Latour in seinem „Versuch eines ‚Kompositionistischen Manifests'" zusammengefasst hat:[71] „Die" Öffentlichkeit „an sich" existiert nicht. Vielmehr setzt sie sich aus der Vielzahl einzelner Kommunikationsakte zusammen. Sie ist selbst ein emergentes Kompositum und bedarf der ständigen Rekomposition. Es geht nicht um die Beschreibung des Wandels einer bereits bestehenden Öffentlichkeit, sondern um die Rekomposition von Öffentlichkeiten – also eine Rekomposition, in der die klassischen Institutionen – Versammlungen, Vereine, Verbände, Parteien, Parlamente und Regierungen – selbstverständlich auch weiterhin vorkommen, in der aber eben auch Formen emergenter Kollektivität in neue Konstellationen von Eine(r), Viele und Alle münden. Deshalb muss die weitere juristische Argumentation darauf gerichtet sein,[72] die politische Öffentlichkeit durch die Verbindung von demokratischen Legitimationspotenzialen möglichst differenziert zu (re)komponie-

67 Vgl. Kohle, Digitale Bildwissenschaft, 2013, S. 20 ff.

68 Vgl. Benkler (Fn. 34), S. 8 ff.; Shirky, Surplus (Fn. 34), S. 22 ff., 36 ff., 56, 64.

69 Vgl. Bunz (Fn. 4), S. 132 f.

70 Vgl. hierzu und zum Folgenden Kersten (Fn. 28), S. 767 f.

71 Vgl. hierzu und zum Folgenden Latour, Versuch eines „Kompositionistischen Manifests", Zeitschrift für Theoretische Soziologie 1/2013, S. 8 (29); englische Fassung ders., An Attempt at a „Compositionist Manifesto", New Library History 41 (2010), S. 471 ff.

72 Vgl. Latour, Eine neue Soziologie für eine neue Gesellschaft. Einführung in die Akteur-Netzwerk-Theorie, 2007, S. 19 f., 410 f.

ren. Auf diese Weise werden die demokratischen Potenziale emergenter Kollektivität im Verhältnis zu den tradierten verfassungsrechtlichen Institutionen sichtbar.

Doch für die juristische Abbildung dieser Neukomposition demokratischer Öffentlichkeit muss man auch das Demokratieprinzip des Grundgesetzes dogmatisch neu denken. Der allgemein gefasste Demokratiegrundsatz (Art. 20 Abs. 1 und 2 GG) wird von unserer Verfassung primär als parlamentarisches Regierungssystem ausgestaltet (Art. 38 Abs. 1, Art. 63, Art. 67 f. GG). Doch das Demokratieprinzip des Grundgesetzes lässt sich auch anders und sehr viel weiter verstehen.[73] Dies ist möglich, wenn man das demokratische Verfassungsprinzip des Art. 20 Abs. 1 und 2 GG – auf der Grundlage der Struktursicherungsklauseln des Art. 23 Abs. 1 Satz 1 GG und Art. 2 EUV – in Verbindung mit dem Demokratieverständnis der Europäischen Verträge liest – also konkret in Verbindung mit Art. 10 und Art. 11 EUV, die neben der repräsentativen und der plebiszitären zugleich auch die partizipative und assoziative Dimension des Demokratieprinzips kennen: die partizipative Demokratie im Sinn einer Teilhabe der Bürgerinnen und Bürger an Entscheidungen, die sie unmittelbar selbst betreffen (Art. 10 Abs. 3 Satz 1 EUV) und die assoziative Demokratie im Sinne eines offenen, transparenten und regelmäßigen Dialogs mit den repräsentativen Verbänden und der Zivilgesellschaft (Art. 11 Abs. 2 EUV). Im Rahmen des europäischen Verfassungsverbundes spricht also nichts dagegen, die Interpretation des Art. 20 Abs. 1 und 2 GG für dieses stärker differenzierende Verständnis demokratischer Legitimationsformen zu öffnen.

D. Praxis

Diese Ausdifferenzierung des Demokratieprinzips ermöglicht es, die Entfaltung emergenter Kollektivität in der Rechtspraxis zu beschreiben: Wo zeigt sich auf der Schwelle der politischen Online- und Offline-Welt menschliches Schwarmverhalten? Und wie ist dieses im Kontext der Neukomposition demokratischer Öffentlichkeit verfassungsrechtlich zu bewerten?

---

73 Vgl. hierzu und zum Folgenden Kersten, FS Papier, 2013, S. 103 (105 ff.); ders., Transformationen der Demokratie, hrsg. v. Roman Herzog Institut, 2014, S. 12.

I. Repräsentative Demokratie

Die repräsentative Demokratie wird auf den ersten Blick durch die neuen Formen emergenter Kollektivität politisch besonders herausgefordert. Doch ein zweiter Blick auf die innerparteiliche und die parlamentarische Repräsentation veranschaulicht, dass menschliches Schwarmverhalten auch hier nicht nur negative, sondern auch positive Effekte zeitigen kann.

1. Innerparteiliches Repräsentationsprinzip

Nach Art. 21 Abs. 1 Satz 3 GG muss die innere Ordnung der Parteien demokratischen Grundsätzen entsprechen. Auf der verfassungsrechtlichen Ebene ist damit ein sehr weiter Spielraum eröffnet, um die demokratische Ordnung in den Parteien auszugestalten. Das Parteiengesetz schränkt diesen Gestaltungsspielraum jedoch ein, indem es die Parteien durch den sog. „Parteitagsvorbehalt" auf eine repräsentative politische Binnenstruktur verpflichtet: Die Parteitage haben in sachlicher Hinsicht exklusiv über Parteiprogramme, Satzungen sowie Beitrags- und Schiedsgerichtsordnungen zu entscheiden (Art. 9 Abs. 3 PartG). In personeller Hinsicht ist ihnen insbesondere die Wahl der Parteivorsitzenden und der Parteivorstände vorbehalten (§ 9 Abs. 4 PartG).

Im Spannungsverhältnis zwischen diesem weiten verfassungsrechtlichen Gestaltungsspielraum und dieser einfachgesetzlichen Einengung der politischen Parteien auf eine repräsentative Binnenstruktur experimentiert die Piratenpartei unter dem Stichwort „Liquid Democracy" mit Organisationsformen, die auf die Erschließung der politischen Potenziale emergenter Kollektivität setzt.[74] Die Konzepte von „Liquid Democracy" zielen auf eine „fließende" Verbindung von repräsentativer und direkter Demokratie, die mittels Liquid-Feedback-Software umgesetzt wird. Dabei ist es jeder Teilnehmerin und jedem Teilnehmer grundsätzlich möglich, über Sachfragen entweder selbst zu entscheiden oder sein Stimmrecht auf eine andere Person zu übertragen. Dies wird durch eine Wiki-gestützte Form der Entwicklung von Sachpolitiken begleitet, die es den Teilnehmerinnen und

---

74 Vgl. hierzu und zum Folgenden https://wiki.piratenpartei.de/Liquid_Democracy (abgerufen am 22.5.2015); ferner Plaum (Fn. 18), S. 147 ff.; hierzu kritisch Seckelmann, Wohin schwimmt die Demokratie? – „Liquid Democracy" auf dem Prüfstand –, DÖV 2014, S. 1 (7, 10); Gärditz (Fn. 35), S. 136.

Teilnehmern erlaubt, politische Initiativen sowie Vorschläge zu formulieren, zu kommentieren und abzustimmen. In diesem liquiden Netzwerk von Delegationen kann sich emergente Kollektivität sowohl in Sach- als auch in Personalfragen entfalten. Die damit verbundenen Schwarmeffekte werden noch dadurch gesteigert, dass sich die Partizipationsrechte der Parteimitglieder und Nichtmitglieder nivelliert sehen.[75] Dies ist zugleich Ausdruck eines Wandels des Parteiverständnisses vom politischen Verein zur politischen Plattform.

Die ambivalenten Folgen dieser emergenten Kollektivität für die Organisations- und Entscheidungsstruktur politischer Parteien liegen auf der Hand: Positiv ausgedrückt wird die Sach- und Personalpolitik der Parteien spontaner und überraschender. Darüber hinaus trägt die Schwarmstruktur dem Wandel der politischen Engagementkultur Rechnung: Bürgerinnen und Bürger engagieren sich nicht weniger, sondern anders als in der „klassischen" Bundesrepublik, die bis heute unser Parteienverständnis prägt. Gerade im politischen Bereich steigt die Zurückhaltung der Bürgerinnen und Bürgern, dauerhafte Bindungen an Vereine, Verbände und Parteien einzugehen. Demgegenüber ist die Bereitschaft gestiegen, sich punktuell für spezifische Gemeinwohlbelange einzusetzen – eine Bereitschaft, der vor allem die Möglichkeit entgegenkommt, über das Web 2.0 und die Sozialen Medien emergente Kollektivität zu entfalten und dafür eben auch Liquid-Feedback-Strukturen zu nutzen. Die negative Seite dieser Entwicklung lässt sich allerdings auch klar benennen: Es fehlt an einer systematischen Entwicklung politischer Perspektiven für die gesamte Gesellschaft. Dem entspricht es, dass die Piraten als eine Ein-Themen-Partei begonnen haben, die sich auf die Verwirklichung von „Internetfreiheit" und „Netzneutralität" fokussiert hat.[76] Aber auch bei der Erschließung weiterer Politikfelder hat die Piratenpartei – jedenfalls bei der Zugrundelegung der klassischen politischen Farbenlehre – keine konsistente parteipolitische Position entwickelt, sondern flotiert – überspitzt formuliert – zwischen

75 Vgl. Bieber/Lewitzki, Die Piratenpartei: Organisieren ohne Organisation?, in: Korte/Treibel (Hrsg.), Wie entscheiden Parteien? Prozesse innerparteilicher Willensbildung in Deutschland, 2012, S. 219 (228).

76 Vgl. hierzu und zum Folgenden Marschall, Single Issue – Null Chance? Was verrät der Erfolg der Piratenpartei über die Perspektiven von Ein-Themen-Parteien im politischen System Deutschlands?, in: Bieber/Leggewie (Fn. 59), S. 211 ff.; kritisch Morozov (Fn. 19), S. 175.

einem Online-Liberalismus und einer Offline-Linken.[77] So sehr die Piraten gerade dies als Kennzeichen ihres eigenen fluiden Politikstils begreifen wollen, dürfen dessen Grundprobleme aber auch nicht übersehen werden: Die Schwarmstruktur der Entscheidungsfindung über Liquid-Feedback-Software ist weniger Ausdruck von Basisdemokratie als vielmehr die Verwirklichung einer Basisbürokratie: Sie setzt voraus, dass jede(r) Einzelne entweder selbst in der komplexen Vielzahl gesellschaftlicher Politikfelder Expertin bzw. Experte ist oder zumindest solche kennt, um von der elektronischen Stimmrechtsübertragung effektiv Gebrauch zu machen.[78] Über eine flache Plattformstruktur lässt sich jedoch das strategische Expert(inn)enwissen gerade nicht dauerhaft speichern, das eine Partei für die Entwicklung von politischen Vorschlägen für die soziale, ökonomische und ökologische Gestaltung einer komplexen Gesellschaft insgesamt vorhalten muss. Die spontane und zufällige Mobilisierung der schwarmförmigen „Wisdom of the Crowds“[79] genügt insofern nicht. Diese Politik des Zufalls zeigt sich denn auch, wenn im „Schwarm der Superdeligierten“[80] einzelne Sachfragen von nur wenigen Personen für die gesamte Piratenpartei entschieden werden. Doch nicht nur in den Sach-, sondern auch in den Personalentscheidungen der Partei spiegelt sich diese spontane Politik des Schwarms: Die informalen Imperative der Liquid-Feedback-Strukturen sorgen für eine gesteigerte Fluktuation von profiliertem politischen Personal, welches sich eben nicht ohne Weiteres elektronisch „zurückpfeifen“ lässt,[81] sodass es der Piratenpartei im „Dauer-Getöse des Schwarms“[82] kaum gelingt, über personelle Kontinuitäten einen maßgeblichen Einfluss im öffentlichen und politischen Raum zu entwickeln.

---

77 Vgl. zur Metamorphose der Piraten Schirrmacher, Die Revolution der Piraten. Aufstieg der Nerds, http://www.faz.net/aktuell/feuilleton/medien/aufstieg-der-nerds-die-revolution-der-piraten-1858596.html (abgerufen am 22.5.2015); ferner Michelsen/Walter (Fn. 19), S. 240 f.

78 Vgl. kritisch Morozov (Fn. 19), S. 188.

79 Surowiecki, The Wisdom of Crowds, 2005.

80 Wagner, Schwarm der Superdelegierten, http://www.faz.net/aktuell/politik/parteitag-der-piraten-schwarm-der-superdelegierten-11733010.html (abgerufen am 22.5.2015).

81 Vgl. Bieber/Lewitzki (Fn. 75), S. 243; zur Personalpolitik der Piratenpartei ferner Michelsen/Walter (Fn. 19), S. 231.

82 Vgl. Meiritz, Piraten im Umfragetief: Plötzlich uncool, http://www.spiegel.de/politik/deutschland/umfragen-im-sinkflug-fuenf-gruende-warum-die-piraten-abstuerzen-a-851456.html (abgerufen am 22.5.2015); hierzu auch Morozov (Fn. 19), S. 176.

Diese höchst ambivalente Einschätzung der Piraten bedeutet jedoch nicht, dass emergente Kollektivität in den politischen Parteien keine Rolle spielen kann oder spielen sollte. In gewisser Weise hat gerade der „Piratendilettantismus“[83] die etablierten Parteien unter politischen Druck gesetzt,[84] die teils verunsichert, teils höhnisch auf dieses parteipolitische Großexperiment reagiert haben. Den Kern dieser Verunsicherung bildet die Professionalisierungsfrage, die in allen gesellschaftlichen Bereichen aufgeworfen wird, die sich von den Sozialen Medien überformt sehen.[85] Das Verhältnis von Berufs- und Laienpolitik formiert sich in der Entfaltung emergenter Kollektivität neu.[86] Seit Mitte des 19. Jahrhunderts hat die Berufspolitik die Honoratiorenpolitik abgelöst – eine Entwicklung, die Max Weber herrschaftstechnisch beschrieben[87] und die wiederum Carl Schmitt in eine antiparlamentarische Polemik gefasst hat.[88] Derzeit beobachten wir jedoch wieder eine internetbasierte Gegenbewegung der vernetzten Laienpolitik, die mittels emergenter Kollektivität im Einzelfall über eine ungeheure politische Netzmacht mit harten Offline-Konsequenzen verfügen kann. Vor diesem Hintergrund stellt sich für alle Parteien heute die Frage, wie sich diese neue Macht der Vielen mit tradierten Parteistrukturen konstruktiver verbinden lässt, als dies vielleicht gegenwärtig bei der Piratenpartei geschieht.

Für die Entwicklung parteipolitischer Reformperspektiven gilt es, bei dem Grundverständnis der Parteien als politischen Vereinen anzusetzen. Dieses Konzept sieht sich angesichts rückläufiger Mitgliederzahlen in Frage gestellt; und vor dem Hintergrund des soeben beschriebenen Wandels der Engagementkultur in der Bundesrepublik scheint sich ein Verständnis politischer Parteien als politische Plattformen geradezu aufzudrängen. Doch dies übersieht den besonderen Wert, den eben nicht schwarmkatalysierende Plattformen, sondern nur repräsentative Parteistrukturen für eine professionelle Politik in einer komplexen Gesellschaft entwickeln. Deshalb liegt es nahe, die politische Perspektive umzudrehen: Wenn Partei-

83 Kaube, Wider einen Internetminister, FAZ, Nr. 261, 9.11.2013, S. 1.

84 Di Fabio, Ist das Grundrecht ein Ladenhüter?, FAZ, Nr. 264, 13.11.2013, S. 34; Hanel/Marschall, Die Nutzung kollaborativer Online-Plattformen durch die Parteien: „Top down“ oder „bottom up“?, ZfP 22 (2012), S. 5 (26).

85 Vgl. Shirky, Everybody (Fn. 34), S. 70 ff.

86 Vgl. hierzu und zum Folgenden Kersten, Transformationen (Fn. 73), S. 16.

87 Vgl. Weber, Politik als Beruf, 1992, S. 16 ff.

88 Vgl. Schmitt, Die geistesgeschichtliche Lage des heutigen Parlamentarismus, 8. Aufl. 1996, S. 27 ff.

mitgliedschaft ein knappes Gut wird, sollte man sie attraktiver gestalten. Diese schärfere Konturierung der Parteimitgliedschaft heißt zunächst, dass man – in Abgrenzung zum Plattformverständnis – darauf verzichten sollte, die Partizipationsmöglichkeiten von Parteimitgliedern und Nichtmitgliedern einander anzugleichen: Was wäre die Motivation, einer politischen Partei beizutreten und sich in ihr und für sie zu engagieren, wenn die Rechte von Parteimitgliedern und Nichtmitgliedern weitgehend einander angeglichen würden? Darüber hinaus gilt es, den Grundsatz innerparteilicher Demokratie (Art. 21 Abs. 1 Satz 3 GG) im Sinn einer Willensbildung „von unten nach oben“[89] weiter auszudifferenzieren. Dies kann zunächst dadurch geschehen, dass die tradierten repräsentativen Entscheidungsstrukturen um plebiszitäre Elemente ergänzt werden. In rechts- wie verfassungs*politischer* Perspektive ist es jedoch angezeigt, die Möglichkeiten der plebiszitären Teilhabe an der richtigen Stelle zu eröffnen.[90] Insofern bieten sich direktdemokratische Entscheidungen insbesondere für zentrale innerparteiliche Sach- und Personalfragen an, wie beispielsweise die direktdemokratische Abstimmung über das Parteiprogramm oder die Wahl der bzw. des Parteivorsitzenden. Dies kann gegenwärtig jedoch nur dann umgesetzt werden, wenn der Bundestag das Parteitagsprivileg des § 9 Abs. 3 und 4 PartG lockert oder aufhebt. Demgegenüber ist es sicherlich rechts- wie verfassungspolitisch klug, komplexe „allgemeinpolitische“ Sachentscheidungen nicht durch parteiinterne Plebiszite, sondern weiterhin repräsentativ zu diskutieren und zu entscheiden, um die politische Handlungsfähigkeit der Parteien in Parlament und Koalition nicht zu stark einzuengen.[91] Denn hat das „Parteivolk“ unmittelbar gesprochen, entwickelt dies eine politische Schwerkraft, die die Kompromiss- und damit Politikfähigkeit der entsprechenden Partei im parlamentarischen Regierungssystem stark einschränkt.

Aber diese repräsentativen Entscheidungen „allgemeinpolitischer“ Sachfragen lassen sich durch politische Formen emergenter Kollektivität ergänzen. Im Zentrum der Diskussion steht hier aktuell die Frage, ob On-

---

89 BVerfGE 2, 1 (40); vgl. Ipsen, in: Sachs (Hrsg.), GG, 7. Aufl. 2014, Art. 21, Rn. 60 mit weiteren Nachweisen.

90 Vgl. Steinberg, Direkte Demokratie in politischen Parteien. Überlegungen anlässlich des Mitgliederentscheids der SPD, ZParl 2014, S. 402 (414).

91 Vgl. Steinberg (Fn. 90), S. 412; ferner Becker, Wozu denn überhaupt Parteimitglieder? Zum Für und Wider verstärkter parteiinterner Partizipationsmöglichkeiten, ZParl 1996, S. 712 (718).

line-Parteitagen eingeführt werden können. Aus rechtlicher Perspektive ist dies grundsätzlich zu bejahen:[92] Online-Parteitage sind nach § 32 Abs. 2 BGB und §§ 8 f. PartG zulässig, solange sie über die Eröffnung von Antrags- und Rederechten sowie Diskussionsmöglichkeiten ein funktionales Äquivalent zu einem Offline-Parteitag bilden. Doch die Umsetzung dieser grundsätzlichen Möglichkeit, einen Parteitag auch Online durchzuführen, steht vor massiven praktischen und speziell technischen Problemen: Erstens wäre zu gewährleisten, dass alle Parteimitglieder über einen entsprechenden Online-Zugang verfügen. Zweitens muss die elektronische Abstimmung manipulationsfrei möglich sein. Gegenwärtig ist jedoch die datensichere und manipulationsfreie Durchführung von Online-Parteitagen ausgeschlossen.[93] Die politischen Potenziale emergenter Kollektivität können jedoch auch auf einem anderen Weg zur Geltung gebracht werden: Insofern kommt eine Ergänzung des innerparteilichen Repräsentationsprinzips durch die Formulierung und Kommentierung von Anträgen im Vorfeld von Parteitagen über Online-Plattformen in Betracht.[94] Dabei lässt sich die Online-Partizipation an dieser Stelle auch für Nichtmitglieder öffnen. Im Hinblick auf die Offenlegung der Identität von Personen, die an der Formulierung und Kommentierung von Anträgen teilnehmen wollen, können verschiedene Konzepte verfolgt werden: von der namentlichen Anmeldung über die fakultative bis zur obligatorischen Anonymität, was insbesondere auch die (Nicht-)Offenlegung der Parteimitgliedschaft angeht. Mit dieser Form der Partizipation von Nichtmitgliedern ist keine Beeinträchtigung der Parteimitgliedschaft verbunden. Ganz im Gegenteil: Es geht um das Sammeln von Ideen, die von repräsentativen Parteiorganen aufgegriffen werden, ohne dass damit ein Entscheidungsrecht von Nichtmitgliedern verbunden wäre. So können sich interessierte Bürgerinnen und Bürger sowie das „befreundete“ Parteiumfeld für eine Partei engagieren.[95] Man mag einwenden, dass – abgesehen von der Piratenpartei – die Beteiligung von sowohl Parteimitgliedern als auch Nichtmitgliedern an innerpar-

---

92 Vgl. hierzu und zum Folgenden Sadowski, Von der visuellen zur virtuellen Partei, MIP 15 (2008/2009), S. 60 ff.; Robbe, Online-Parteitage. Wissenschaftliche Dienste des Deutschen Bundestags, WD 3 – 3000 – 327/11, 29.11.2011, S. 5 ff.; Ossege, Das Parteienrechtsverhältnis. Das Rechtsverhältnis zwischen politischen Parteien und Parteimitglied, 2012, S. 207 ff.; zweifelnd Augsberg, in: Kersten/Rixen (Hrsg.), PartG, 2009, § 9, Rn. 19.

93 Vgl. Ossege (Fn. 92), S. 211.

94 Vgl. Hanel/Marschall (Fn. 84), S. 6 ff.

95 Vgl. Hanel/Marschall (Fn. 84), S. 25.

teilichen Online-Plattformen bisher zahlenmäßig eher gering ausgefallen ist. Doch eine entsprechende „Online-Partizipationskultur“[96] stellt sich nicht sofort und auch nicht automatisch ein, sondern muss sich erst entwickeln. Dies ist jedoch nur möglich, wenn die entsprechenden Partizipationsverfahren erstens überhaupt zur Verfügung stehen und zweitens von den Parteien selbst engagiert verfolgt und politisch ernst genommen werden.

2. Parlamentarisches Repräsentationsprinzip

Im Verhältnis von netzbasierten Formen emergenter Kollektivität und parlamentarischer Repräsentation wird vor allem auf die Gefährdung des freien Mandats hingewiesen – und zweifellos würde die Verpflichtung von Abgeordneten, bei ihrem Abstimmungsverhalten die Ergebnisse parteiinterner Liquid-Feedback-Strukturen umzusetzen, ein imperatives Mandat und folglich einen Verstoß gegen Art. 38 Abs. 1 Satz 2 GG darstellen.[97] Doch die politische Realität emergenter Kollektivität ist komplexer als dieses neue Schulbeispiel des imperativen Mandats suggeriert. Denn selbstverständlich bleibt es Abgeordneten unbenommen, sich gerade als Ausdruck ihres freien Mandats im Rückgriff auf das Internet, Soziale Medien und Liquid-Feedback-Strukturen über die innerparteiliche und allgemeine politische Willensbildung zu informieren. In diesem Zusammenhang sollte man sich auch nicht der Illusion hingeben, dass der dabei entstehende politische Druck auf Abgeordnete gering wäre. Dies gilt vor allem auch für Hass- und Shitstorms, die die Postfächer unserer Abgeordneten überschwemmen.[98] Zugleich rechnet die Gewährleistung des freien Mandats aber damit, dass in einer pluralistischen Gesellschaft durchaus Einfluss auf die Abgeordneten ausgeübt wird und dass diese damit verantwortlich umgehen.[99] Gerade aus diesem Grund stellt Art. 38 Abs. 1 Satz 2 GG fest, dass die Mandatsträgerinnen und Mandatsträger an Aufträge und Weisungen nicht gebunden, sondern nur ihrem Gewissen unterworfen sind. Eine gewisse Relativierung des medialen Drucks, der über die Sozia-

96 Hanel/Marschall (Fn. 84), S. 26.

97 Vgl. Seckelmann (Fn. 74), S. 7, 10.

98 Vgl. auch Minkmar, Der Zirkus. Ein Jahr im Innersten der Politik, 2013, S. 24.

99 Vgl. Burgi, Ein neuartiges direktdemokratisches Element: Die vorhabenbezogene Volksbefragung im exekutivistischen Funktionsbereich, ZG 2015, S. 34 (45).

len Medien auf Abgeordnete ausgeübt wird, ergibt sich aus deren Mediennutzung: Die Kommunikations- und Medienrealität der Mandatsträgerinnen und Mandatsträger wird durch einen Medienmix aus Printmedien, Rundfunk, Fernsehen und Internet bestimmt.[100] Die Macht der Vielen entfaltet sich also in einem komplexen Medienkontext, in dem sich die Annahme monokausaler oder finaler Einflussmöglichkeiten einzelner Medien als zu einfach erweist.

Doch gerade im Hinblick auf die parlamentarische Repräsentation sollten nicht nur die politischen Pathologien, sondern auch die positiven Seiten menschlicher Schwarmbildung unterstrichen werden. So kann emergente Kollektivität dazu beitragen, die Unabhängigkeit von Abgeordneten und die Chancen von politischen Newcomern zu erhöhen. Dies ist beispielsweise durch Crowdfunding möglich, wenn dieses mit dem Ziel durchgeführt wird, finanzielle Ressourcen für die politische Arbeit von Abgeordneten und Wahlkandidaten zu generieren und speziell für die Gestaltung des Wahlkampfs zu mobilisieren.[101] Im Fall des Crowdfunding werden über Internetplattformen Klein- und Kleinstbeträge gesammelt, um mit den sich daraus ergebenden großen Geldsummen Projekte zu finanzieren.[102] In den USA verändert das Crowdfunding bereits auf Kommunal-, Staaten- und Bundesebene die Finanzierung von Politik: Präsident Obama hat in seinen beiden Wahlkampagnen sehr erfolgreich auf Crowdfunding gesetzt.[103] Die normative Bewertung von Crowdfunding kann zunächst davon ausgehen, dass Spenden an politische Parteien und Wahlbewerber grundsätzlich verfassungsrechtlich erwünscht sind:[104] Bürgerinnen und Bürger geben so ihre politische Unterstützung für eine Partei oder einen Kandidaten finanziell zu erkennen. Der verfassungsrechtlichen Ambivalenz von Spenden, undemokratischen Einfluss auf die Politikgestaltung zu gewinnen, tragen Transparenzgebote Rechnung. Das Parteienrecht (Art. 21 Abs. 1 Satz 4 GG i.V.m. § 24 Abs. 4 Nr. 3 und 4, § 25 PartG) und

100 Vgl. Dohle/Bernhard, Mediennutzung und -wahrnehmung von Bundestagsabgeordneten: Ersetzen oder ergänzen Online-Medien klassische Informations- und Kommunikationskanäle?, ZParl 2014, S. 763 (768 f., 772 ff.); ferner Elster (Fn. 59), S. 28.

101 Vgl. hierzu und zum Folgenden Kersten (Fn. 28), S. 678 f.

102 Vgl. Klöhn/Hornulf, Crowdinvesting in Deutschland – Markt, Rechtslage und Regulierungsperspektiven, ZBB 2012, S. 237 (239).

103 Vgl. Hoffmann-Riem (Fn. 1), S. 514; Elster (Fn. 59), S. 14; Münker (Fn. 35), S. 105 ff.

104 Vgl. BVerfGE 73, 40 (81).

das Abgeordnetenrecht (§ 44 b Nr. 3 AbgG i.V.m. den Verhaltensregeln für Mitglieder des Deutschen Bundestages [VR]) regulieren deshalb die Spendenannahme und die Spendenrechenschaftspflicht. Da die Klein- und Kleinstspenden im Rahmen des politischen Crowdfunding überwiesen werden, werfen sie keine klassischen Barspendenprobleme auf (§ 25 Abs. 1 Satz 2 PartG). Zwar besteht durchaus die Gefahr einer Umgehung des Verbots von (gestückelten) „Strohmannspenden" (§ 25 Abs. 2 Nr. 6 PartG [ggfs. i.V.m. § 4 IV VR]).[105] Doch dies ist ein Transparenzrisiko, das sich keineswegs nur im Fall des Crowdfunding realisieren kann.[106] Grundsätzlich ist das demokratische Legitimationspotenzial des Crowdfunding hoch einzuschätzen. Vor allem neue Parteien und neue Kandidaten profitieren vom Crowdfunding, wenn sie über Klein- und Kleinstspenden größere Summen für die Finanzierung ihres Wahlkampfs sammeln können. Darüber hinaus sind auch bereits etablierte Wahlbewerber in der Lage, über diese Finanzierungsform eine größere Unabhängigkeit gegenüber ihrer Partei zu gewinnen. Insofern belebt Crowdfunding den politischen Wettbewerb und steigert die politische Unabhängigkeit von Kandidatinnen und Kandidaten.

II. Plebiszitäre Demokratie

Die plebiszitäre Demokratie setzt auf die direktdemokratische Teilhabe des Volkes an staatlicher Herrschaft in Form von Volksbefragungen, Volksinitiativen und Volksentscheiden. Die Entfaltung emergenter Kollektivität auf der Grundlage des Web 2.0 und der Sozialen Medien belebt aber nicht nur diese klassischen direktdemokratischen Elemente, sondern führt – wie das Petitionsrecht zeigt – auch zu einem plebiszitären Institutionenwandel.

---

105 Vgl. hierzu Lenski, PartG, 2011, § 25, Rn. 59 ff.; Jochum, in: Ipsen (Hrsg.), PartG, 2008, § 25, Rn. 33 ff.

106 Vgl. Kersten, in: ders./Rixen (Fn. 92), § 25 PartG, Rn. 100 ff.; ferner ders. (Fn. 28), S. 679, zu den spendenrechtlichen Transparenzproblemen netzbasierter „Parallelaktionen".

1. Plebiszitäre Instrumente

Volksbefragungen, Volksinitiativen und Volksentscheide profitieren von der neuen Macht der Vielen.[107] Mit der Vernetzung von Bürgerinnen und Bürgern in den Sozialen Medien steigen die Mobilisierungschancen für Plebiszite: Bürgerinnen und Bürger können sich gegenseitig über die Sozialen Medien schwarmförmig motivieren, an Volksbefragungen, Volksinitiativen und Volksentscheiden teilzunehmen. Die Entfaltung emergenter Kollektivität ermöglicht es den Bürgerinnen und Bürgern auf diese Weise, direktdemokratische Instrumente effektiver zu nutzen. Diese Entwicklung ist jedoch nicht unkritisiert geblieben: Zum einen wird in diesem Zusammenhang auf die digitale Teilung der Gesellschaft verwiesen (digital divide).[108] Zum anderen sind Plebiszite (neuerdings) in die Kritik geraten, weil sie vor allem von der politisch aktiven Mittelschicht belebt würden:[109] Als negative Beispiele plebiszitärer Partizipation werden die Volksabstimmung über die Bayerische Nichtraucherpolitik und die Hamburger Schulreform aus dem Jahr 2010 ins Feld geführt und geschlussfolgert: „Insofern laufe gerade die moderne Partizipationsgesellschaft auf eine Art Zensusdemokratie hinaus."[110] Doch diese beiden Einwände greifen im Ergebnis nicht durch. Erstens spricht die digitale Teilung nicht gegen eine positive Bewertung der emergenten Mobilisierungsfunktion der sozialen Netzwerke. Volksbefragung, Volksinitiative und Volksentscheid werden durch die digitalen Mobilisierungsmöglichkeiten nicht zu politischen Instrumenten, die Bürgerinnen und Bürger nur und ausschließlich über einen Internetzugang in Anspruch nehmen können. Darüber hinaus steigt der Anteil der Bevölkerung, der über einen Netzzugang verfügt, in der Bundesrepublik zunehmend an.[111] In gleichem Maße dürfte die digitale Teilung – jedenfalls für die in diesem Zusammenhang relevanten, technisch nicht sehr aufwendigen Mobilisierungsmöglichkeiten – an politischer Relevanz verlieren. Zweitens wird die zentrale Bedeutung plebiszi-

---

107 Vgl. hierzu und zum Folgenden Kersten (Fn. 28), S. 680.

108 Vgl. zu den Dimensionen des „digitalen Grabens" Martini, Vom heimischen Sofa in die digitale Agora: E-Partizipation als Instrument einer lebendigen Demokratie?, in: Hill/Schliesky (Hrsg.), Die Neubestimmung der Privatheit. E-Volution des Rechts- und Verwaltungssystems, 2014, S. 193 (225 ff.).

109 Vgl. hierzu und zum Folgenden Michelsen/Walter (Fn. 19), S. 295 ff.

110 Vgl. Michelsen/Walter (Fn. 19), S. 298.

111 Vgl. http://www.ard-zdf-onlinestudie.de (abgerufen am 22.5.2015).

tärer Elemente für eine demokratische Verfassungsordnung nicht in Frage gestellt, wenn sich Bürgerinnen und Bürger, die der Mittelschicht zuzurechnen sind, politisch engagieren. Volksinitiativen und Volksentscheide gewährleisten über Quoren, dass sie nicht zum politischen Instrument einer Minderheit werden. Des Weiteren ändern plebiszitäre Elemente nichts an der verfassungsrechtlich und verfassungspolitisch zentralen Stellung des Parlaments, in dem das gesamte Volk repräsentiert ist und das auf direktdemokratische Entscheidungen auch politisch reagieren kann. So ist es im Ergebnis positiv zu bewerten, wenn die direkte Demokratie durch die emergente Macht der Vielen gestärkt wird.

2. Plebiszitärer Institutionenwandel

Neben dieser Stärkung direktdemokratischer Instrumente hat die neue Macht der Vielen vor allem auf Bundesebene bereits zu einem plebiszitären Institutionenwandel geführt. Grund dafür ist, dass das Grundgesetz – bis auf die heute bedeutungslose Länderneugliederung (Art. 29 Abs. 2 - 6 GG) – keine plebiszitären Instrumente kennt. Die in Art. 20 Abs. 2 Satz 2 GG genannten Abstimmungen sind ein bisher unerfülltes Verfassungsversprechen geblieben. Vor diesem Hintergrund ist der Wandel des Petitionsrechts zu einem direktdemokratischen Element zu verstehen, der sich durch die Entfaltung emergenter Kollektivität vollzogen hat:[112] Nach Art. 17 GG hat jedermann das Recht, sich einzeln oder in Gemeinschaft mit anderen schriftlich mit Bitten oder Beschwerden an die zuständigen Stellen und an die Volksvertretung zu wenden. Das Petitionsverfahren wird durch die verfahrensrechtlichen Grundsätze des Petitionsausschusses über die Behandlung von Bitten und Beschwerden (Verfahrensgrundsätze [VG]) ausgestaltet, die auf der Grundlage des § 110 Abs. 1 GOBT erlassen wurden. Danach sind nicht nur Einzel-, sondern auch Mehrfach-, Sammel- und Massenpetitionen möglich (Nr. 2.2 VG), für deren schwarmförmige Einreichung sich Bürgerinnen und Bürger wiederum über die Sozialen Medien gegenseitig motivieren können. Darüber hinaus wurde 2005 die Öffentliche Petition eingeführt (Nr. 2.2 IV VG):[113] Bei Öffentlichen Peti-

112 Vgl. hierzu und zum Folgenden Kersten (Fn. 28), S. 680.

113 Vgl. Guckelberger, Neue Erscheinungen des Petitionsrechts: E-Petitionen und öffentliche Petitionen, DÖV 2008, S. 85 ff.; Bauer, Partizipation durch Petition – Zu Renaissance und Aufstieg des Petitionsrechts in Deutschland und Europa –,

tionen handelt es sich um Bitten oder Beschwerden von allgemeinem Interesse, die an den Bundestag gerichtet und im Einvernehmen mit dem Petenten auf der Internetseite des Petitionsausschusses veröffentlicht werden. Damit erhalten weitere Personen oder Personengruppen über das Internet die Gelegenheit, die Petition elektronisch mitzuzeichnen oder zu ihr in einem elektronischen Diskussionsbeitrag Stellung zu nehmen. Hat eine Sammel- oder Massenpetition das Quorum von 50.000 Unterstützern erreicht, werden ein Petent oder mehrere Petenten in öffentlicher Ausschusssitzung angehört (Nr. 8.2.1 Spstr. 7, 8.4 IV 1 VG). Angesichts der hohen Mitzeichnungszahlen[114] bedarf es „keiner hellseherischen Kräfte, um potenziell auch Petitionen mit die Millionengrenze überschreitenden Unterstützerzahlen für realistisch zu halten."[115] Dies wird ebenfalls zum Teil kritisch gesehen: Es bestehe „schon die Gefahr, dass die ‚Petition per Mausklick' in die ‚Nähe plebiszitärer Elemente' rückt."[116] Doch auch dieser Kritik ist zu widersprechen: Der plebiszitäre Institutionenwandel der Petition ist verfassungspolitisch zu begrüßen, weil sich die demokratischen Legitimationspotenziale emergenter Kollektivität hier geradezu optimal mit parlamentarischen Entscheidungsverfahren verbinden.

III. Partizipative Demokratie

Partizipative Demokratie ist auf die Teilhabe der Betroffenen an staatlichen Entscheidungen gerichtet. In diesem Zusammenhang kann die neue Macht der Vielen ebenfalls ihr demokratisches Legitimationspotenzial ent-

---

DÖV 2014, S. 453 (455); ders., in: Dreier (Hrsg.), GG, 3. Aufl. 2013, Art. 17, Rn. 18, 22, 24.

114 Vgl. Öffentliche Petitionen zur Senkung des Flächenverbrauchs und zum Schutz landwirtschaftlicher Nutzflächen (212.292 Mitzeichnungen); zur Ablehnung der Änderung des Gesetzentwurfs der Bundesregierung zum Telemediengesetz (135.404 Mitzeichnungen); zur Zulassungsbegrenzung bzw. einem regionalen Anbauverbot von genetisch veränderten Pflanzen (105.229 Mitzeichnungen); zur Verbesserung der Rahmenbedingungen in der Altenpflege (92.739 Mitzeichnungen); zum Verbot der Vorratsdatenspeicherung (65.656 Mitzeichnungen); zur Aussetzung der Ratifizierung von ACTA (61.705 Mitzeichnungen) – vgl. BT-Drs. 17/9900, 72; 17/13660, 69.

115 Bauer, Partizipation (Fn. 113), S. 457.

116 Pagenkopf, in: Sachs (Fn. 89), Art. 17 GG, Rn. 9, Fn. 44; kritisch Riehm/Coenen/Lindner, Zur Öffentlichkeit des Petitionsverfahrens beim Deutschen Bundestag und beim Schottischen Parlament, ZParl 2009, S. 529 (542 f.).

falten. Dies gilt insbesondere für menschliches Schwarmverhalten im Rahmen der verwaltungsverfahrensrechtlichen Öffentlichkeitsbeteiligung und des gesetzgeberischen Crowdsourcing.

1. Öffentlichkeitsbeteiligung

Verwaltungsverfahrensrechtliche Öffentlichkeitsbeteiligungen (z.B. § 73 VwVfG, § 3 BauGB) dienen nicht nur der Informationsgewinnung der Verwaltung und dem Rechtsschutz der Bürgerinnen und Bürger, die von einem Plan oder von einem Infrastrukturvorhaben betroffen sind. Die Öffentlichkeitsbeteiligung im Planungs- und Infrastrukturrecht ist auch Ausdruck des Demokratieprinzips.[117] Diese demokratische Funktion kann durch die Entfaltung emergenter Kollektivität optimiert werden, wenn die Bürgerinnen und Bürger sich über die Sozialen Medien gegenseitig zur Beteiligung an einem Planungsverfahren bzw. Infrastrukturvorhaben motivieren. Auf diese Weise verstärken die demokratischen Potenziale emergenter Kollektivität die demokratische Legitimation des Planungsverfahrens oder Infrastrukturvorhabens. Der Gesetzgeber hat dem bereits dadurch Rechnung getragen, dass er den Einsatz elektronischer Informationstechnologien etwa in der städtebauplanerischen Öffentlichkeitsbeteiligung ausdrücklich ermöglicht (§ 4 a Abs. 4 BauGB).[118] Damit wird zugleich die elektronische Partizipationskultur und die Entfaltung emergenter Kollektivität im Planungsverfahren anerkannt und gefördert. Dieses positive Zeichen des Gesetzgebers ist umso wesentlicher, als schwarmförmige Massenbeteiligung und schwarmförmige Massenklagen die Umsetzung von Planungsverfahren und Infrastrukturvorhaben verzögern oder sogar verhindern können, sollten diese beispielsweise so umstritten wie Stuttgart 21 oder der Bau des Berliner Hauptstadtflughafens sein. In diesem Punkt gilt es jedoch, den ganz entscheidenden Unterschied zwischen menschlichem Schwarmverhalten im Kontext von plebiszitärer und partizipativer Demokratie festzuhalten: Im Rahmen der plebiszitären Demokratie wirken sich Schwarmmotivationen grundsätzlich positiv auf die Beteiligung an Volksbefragungen, Volksinitiativen und Volksentscheiden aus.[119]

117 Vgl. BVerfGE 77, 288 (300); Battis, Partizipation im Städtebaurecht, 1976, S. 43 ff.

118 Vgl. Battis, in: ders./Krautzberger/Löhr, BauGB, 12. Aufl. 2014, § 4 a, Rn. 6.

119 Vgl. oben D.II.1.

Demgegenüber ist Schwarmintelligenz als Ausdruck partizipativer Demokratie ambivalenter einzuschätzen: Schwarmmotivationen können in der Öffentlichkeitsbeteiligung die demokratische Legitimation von Planungsverfahren oder Infrastrukturvorhaben ebenfalls steigern. Sie können allerdings auch über Schwarmeskalationen dazu führen, dass Planungsverfahren oder Infrastrukturvorhaben undurchführbar werden. Zwar sind Verwaltungen und Verwaltungsgerichte durchaus auf Massenverfahren eingerichtet. Doch speziell Massenanhörungsverfahren (§ 73 VwVfG) verlaufen regelmäßig nicht konstruktiv und steigern deshalb ebenso regelmäßig nur den Oppositionswillen der Bürgerinnen und Bürger. Der Gesetzgeber hat versucht, dem Problem durch die frühzeitige Öffentlichkeitsbeteiligung abzuhelfen (§ 25 Abs. 3 VwVfG). Indessen ist auch § 25 Abs. 3 VwVfG für sich genommen kaum geeignet, Schwarmeskalationen im Planungs- und Infrastrukturrecht effektiv vorzubeugen. Aus der Perspektive des klassischen Planungsrechts erscheint die Lösung dieser Probleme aber offensichtlich ganz einfach: Nach der Auffassung des ehemaligen Präsidenten des Bundesverwaltungsgerichts Eckart Hien können Menschen keine Schwarmintelligenz entwickeln.[120] Wenn es aber doch Schwarmintelligenz bei Menschen gebe, verstoße sie gegen das Menschenbild des Grundgesetzes und sei damit verfassungswidrig.[121] Wenn sich Schwarmintelligenz aber nichtsdestotrotz zur Geltung bringe, sei sie von der planenden Verwaltung schlicht zu ignorieren. Jedenfalls dürfe sie die Verbindlichkeit von Planfeststellungs- und Infrastrukturentscheidungen nicht in Frage stellen. Doch demgegenüber ist vielmehr fraglich, ob der ehemalige Präsident des Bundesverwaltungsgerichts mit dieser Empfehlung an die Verwaltung, die Entfaltung emergenter Kollektivität von Bürgerinnen und Bürger in Planungsverfahren aktiv zu ignorieren, einen konstruktiven Ratschlag gibt – oder dadurch nicht vielmehr Planungspathologien geradezu herbeigeführt werden. Deshalb gilt es Gunnar Folke Schupperts Argument aufzugreifen, bei großen Planungs- und Infrastrukturprojekten von vornherein nicht einseitig und allein auf rechtliche Instrumente zu setzen und diese gegebenenfalls mit Polizeigewalt zu verteidigen.[122] Vielmehr ist eine umfassende Governance notwendig, deren Konturen Schuppert ebenfalls ent-

---

120 Vgl. hierzu und zum Folgenden Hien (Fn. 47), S. 3 ff.

121 Vgl. zu diesem Einwand bereits oben B.

122 Vgl. hierzu und zum Folgenden Schuppert, Politikvermittlung als Kommunikation, in: Kersten/Schuppert (Hrsg.), Politikwechsel als Governanceproblem, 2012, S. 45 (60 ff.).

worfen hat: Große Planungs- und Infrastrukturvorhaben benötigen eine demokratisch sensible, kommunikative Vorbereitung, Moderation und Begleitung, um von vornherein Schwarmeskalationen zu vermeiden, die in Verfahrens- oder Klagepathologien münden.

2. Crowdsourcing

Im Rahmen des Gesetzgebungsverfahrens lassen sich demokratische Legitimationspotenziale emergenter Kollektivität durch Crowdsourcing nutzen.[123] Crowdsourcing meint in diesem Zusammenhang, dass Bürgerinnen und Bürgern die Möglichkeit eröffnet wird, zu Gesetzesvorhaben Stellung zu nehmen und auch eigene Formulierungs-, Verbesserungs- oder Alternativvorschläge zu unterbreiten. Auf diese Weise kann emergente Kollektivität zur demokratischen Legitimation des Gesetzgebungsverfahrens beitragen. Dabei bürgt jedoch die „Wisdom of the Crowds“[124] keineswegs durchgehend für die Qualität jedes einzelnen Beitrags. Deshalb macht insbesondere die Ministerialbürokratie Vorbehalte gegenüber Crowdsourcing geltend, weil die Entprofessionalisierung und Erosion von Herrschaftswissen im Arkanbereich der Verwaltung befürchtet wird.[125] Zugleich darf aber auch nicht der immense bürokratische Aufwand übersehen werden, der mit dem Crowdsourcing verbunden ist: „Man kann nur“ – so formuliert es Rüdiger Soldt – „Mitleid mit den Verwaltungsbeamten haben, die bei Gesetzentwürfen nun schon einmal 20.000 Kommentare zusammenfassen müssen, man kann auch grundsätzlich nach dem Sinn dieser Form der Bürgerbeteiligung fragen.“[126] Die Antwort auf diese vollkommen berechtigte Frage lautet: Das Crowdsourcing lässt sich im Gesetzgebungsverfahren nur dort gewinnbringend einsetzen, wo man sich durch die schwarmförmige Motivierung massenhaften Laienwissens entweder einen kognitiven Vorteil versprechen kann bzw. die spätere demokratische Akzeptanz von Gesetzesregelungen gezielt steigern möchte. Dies dürfte ins-

---

123 Vgl. Soldt, Klick dich zur Zivilgesellschaft, FAZ, Nr. 64, 16.3.2013, S. 5; Martini (Fn. 108), S. 222, 244 f.; grundsätzlich Hoffmann-Riem (Fn. 1), S. 515; Grassmann (Hrsg.), Crowdsourcing – Innovationsmanagement mit Schwarmintelligenz. Interaktiv Ideen finden, 2. Aufl. 2012; kritisch Frank (Fn. 20) S. 53.

124 Surowiecki (Fn. 79).

125 Vgl. Soldt (Fn. 123), S. 5; Martini (Fn. 108), S. 220.

126 Soldt (Fn. 123), S. 5.

besondere dort der Fall sein, wo die Regelungen unmittelbar die Lebensgestaltung der Bürgerinnen und Bürger betreffen,[127] wie dies beispielsweise im Bildungsrecht oder im Recht des demografischen Wandels der Fall ist. Das Crowdsourcing sollte deshalb im Gesetzesverfahren nur sehr gezielt und sehr sparsam eingesetzt werden.

IV. Assoziative Demokratie

Die assoziative Demokratie ist der „natürliche" Ort für die schwarmförmige Entfaltung emergenter Kollektivität:[128] Assoziative Demokratie lebt vom Dialog zwischen den Einzelnen, Vielen und Allen. Gegenwärtig geht es insbesondere um die Entwicklung einer neuen Dialogkultur zwischen den Vielen und Allen: Dabei ist es die Aufgabe des Staates, seine „Schwarmängste" abzubauen, die er beispielsweise gegenüber Flash Mobs an den Tag legt.[129] Umgekehrt stehen große Teile der Netzgemeinde vor der Herausforderung, ihre antiinstitutionellen Reflexe gegenüber den verfassungsstaatlichen Institutionen zu überwinden.[130] Die Neukomposition demokratischer Öffentlichkeit ist selbst ein emergenter Prozess, der von der Offenheit der einzelnen Bürgerinnen und Bürger, der Vielen und des Staates lebt. Dafür müssen sich alle individuellen und kollektiven, privaten und staatlichen Akteure aus ihren selbstgewebten Informationskokons befreien,[131] um neue kommunikative Verbindungen zu knüpfen. Gerade angesichts der medialen Umbrüche, die mit dem Web 2.0 und den Sozialen Medien für unser Verständnis demokratischer Öffentlichkeit einhergehen, gilt auf der faktischen Ebene die bleibende Einsicht Siegfried Kracauers: „Die Demokratie zu praktizieren, ist eine Sache der Übung"[132] – und das heißt aktuell: vor allem auch der Einübung neuer politischer Kulturtechniken. Auf der normativen Ebene verdeutlicht die assoziative Demokratie, dass die emergente Entfaltung dieser demokratischen Öffent-

---

127 Vgl. Martini (Fn. 108), S. 218.

128 Vgl. Kersten (Fn. 38), S. 681.

129 Vgl. Kersten (Fn. 35), S. 273 ff.

130 Vgl. hierzu und zum Folgenden oben C.II.

131 Vgl. Sunstein, Infotopia. Wie viele Köpfe Wissen produzieren, 2009, S. 19 ff., 266 ff.; ders., Republic.com 2.0, 2007, S. XI ff., 212 f.; ferner Pariser (Fn. 5), S. 13.

132 Vgl. Kracauer, Zum Ende des Sklarek-Prozesses, in: ders., Berliner Nebeneinander. Ausgewählte Feuilletons 1930-33, 1996, S. 181 (187).

lichkeit nicht als schlichter Reflex „dienender" Kommunikationsgrundrechte,[133] sondern als integraler Bestandteil des verfassungsrechtlichen Demokratieprinzips zu verstehen ist.

E. Fazit

Die Fortschreibung der Brecht'schen Radio- zu einer demokratischen Internettheorie fordert uns verfassungsrechtlich heraus: Das Netz ist kein unmittelbar demokratisches, sondern ein politisch ambivalentes Medium. Die Entwicklung des Web 2.0 und der Sozialen Medien begründen in der demokratischen Konstellation – Eine(r), Viele, Alle – eine neue Macht der Vielen. Die Schwarmphänomene emergenter Kollektivität gehen über einen Strukturwandel „der" Öffentlichkeit hinaus. Um die aktuelle Rekomposition demokratischer Öffentlichkeit verfassungsrechtlich reflektieren zu können, lässt sich das Demokratieprinzip in seiner repräsentativen, plebiszitären, partizipativen und assoziativen Dimension ausdifferenzieren. Auf dieser Grundlage muss der liberale Verfassungsstaat einerseits an die demokratischen Legitimationspotenziale emergenter Kollektivität anknüpfen, um nicht den kulturtechnischen Anschluss an die neuen Formen gesellschaftlicher Kommunikation zu verlieren. Andererseits darf er dabei aber auch nicht die Möglichkeit politischer Pathologien der neuen Macht der Vielen übersehen, die sehr schnell bereit sind, sich als „Gegendemokratie" gegen die Demokratie zu engagieren,[134] sich als demokratischer Existentialismus gegen einen „oligarchischen Rechtsstaat" zu stilisieren[135] oder sich als „wilde Demokratie gegen den Staat"[136] zu wenden, um die „populäre Verschwörungstheorie"[137] der „postdemokratischen Prophezeiung" einer „wahrhaften Demokratie" zu erfüllen.[138]

---

133 Vgl. grundsätzlich Rupp, „Dienende" Grundrechte, „Bürgergesellschaft", „Drittwirkung" und „soziale Interdependenz" der Grundrechte, JZ 2001, S. 271 ff. mit weiteren Nachweisen.

134 Vgl. jedoch Rosanvallon, Counter-Democracy. Politics in an Age of Distrust, 2008, S. 313, mit einer Reformperspektive eines „mixed regime" aus „electoral-representative government, counter-democracy, and political reflection and deliberation".

135 Vgl. Rancière (Fn. 49), S. 63 ff., 87 ff.

136 Vgl. Abensour (Fn. 49), S. 12, 26 f., 203 f., 210 ff., 227 ff.

137 Crouch, Postdemokratie, 2008, S. 141: „der postdemokratischen Verschwörung".

138 Vgl. Crouch (Fn. 137), S. 7 ff., 33, 150.

Von der kommerziellen Verlagsproduktion zum Open Access – zur Rolle des Rechts beim Wandel wissenschaftlicher Publikationskanäle

Michael Fehling

Inhalt

A. Einführung

Traditionell werden wissenschaftliche Aufsätze und Monographien von gewinnorientierten Verlagen publiziert, sei es in Papierform oder zunehmend auch digital. Die Kunden, vornehmlich wissenschaftliche Bibliotheken, müssen die Werke einzeln oder im (Zeitschriften- bzw. Datenbank-)

Abonnement gegen Entgelt erwerben. In einigen wenigen Wissenschaftsdisziplinen, namentlich der Rechtswissenschaft, erhalten die Autoren vom Verlag ein (relativ geringes) Honorar, teilweise müssen aber Autoren auch jetzt schon zuzahlen. Der Staat finanziert über Universitäts- und weitere Bibliotheken zugleich indirekt zu einem wesentlichen Teil die Verlagsproduktion. Nun scheint sich ein Wandel noch ungewissen Ausmaßes anzubahnen. Vermehrt werden vor allem Aufsätze im Internet so veröffentlicht, dass sie für alle Interessenten barriere- und kostenfrei, also Open Access, abrufbar sind. Dies kann auf zwei Wegen geschehen: Entweder ergänzend zur konventionellen Subskriptionszeitschrift in einem Internet-Repositorium o.Ä. – sogenannte „green road“ – oder durch Publikation ausschließlich in einer Open Access-Zeitschrift – sogenannte „golden road“.[1] Sofern dabei ein Verlag zwecks Qualitätssicherung zwischengeschaltet ist, finanziert dieser die Online-Publikation über Entgelte von den Autoren statt den Nutzern. Entsprechend muss sich in diesem System auch die staatliche Finanzierung wandeln; Mittel müssen von der Ankaufs- auf die Publikationsförderung umgeschichtet werden.

Diese Diversifizierung und der damit möglicherweise beginnende Wandel wissenschaftlicher Publikationskanäle soll im Folgenden zunächst in der Entwicklung kurz dargestellt (sogleich II.) und sodann im Hinblick auf die Rolle des Rechts – unserem Kernthema – näher analysiert werden (III.). Daran anschließend versuche ich einige übergreifende Charakteristika dieses Innovationsprozesses herauszuarbeiten (IV.), am Ende steht ein kurzes Fazit (V.).

B. Vom beginnenden Wandel wissenschaftlicher Publikationskanäle

I. Auslösende Faktoren

Drei Faktoren lassen sich als Geburtshelfer der neuen Open Access-Publikationskultur identifizieren:

Auf der technischen Seite sind dies einmal mehr die neuen Möglichkeiten des Internets, über das man Texte mit recht geringem Distributionsaufwand weltweit zugänglich machen kann. Die Vertriebsketten der Verlage

1 Zu diesen Varianten Morris/Barnas/LaFrenier/Reich, The Handbook of Journal Publishing, 2013, S. 19 ff.

werden bei Onlineveröffentlichung entbehrlich.[2] Doch folgt daraus keineswegs automatisch ein Trend zur Open Access-Publikation oder gar zur Verdrängung von Wissenschaftsverlagen. Diese haben nämlich neben der Vertriebs- auch eine Werbe- und vor allem eine Qualitätssicherungsfunktion, in vielen Disziplinen unterlegt mit Peer-Review-Verfahren. Vor diesem Hintergrund bieten die Wissenschaftsverlage auch im Internet Subskriptionszeitschriften gegen Nutzerentgelt an.[3]

Hinzu kommt aber eine soziale Bewegung, die das Internet als Chance für neue Formen gemeinschaftlicher und für alle offener technischer und kultureller Produktion versteht, als einen Ort des Teilens („share community“) statt exklusiver kommerzieller Verwertung.[4] Man erhofft sich dabei eine schnellere Verbreitung von Ideen und letztlich einen gesellschaftlichen Kreativitätsschub. Bei der Software findet diese Haltung Ausdruck in der Open Source-Initiative,[5] im Printbereich ist das Pendant der Open Access mit *Wikipedia* als seiner wohl bekanntesten Ausprägung.[6]

Den entscheidenden Anstoß, um Open Access im Wissenschaftsbereich aus einer bloßen Nischenexistenz herauszuführen, gaben indes ökonomische Probleme, nämlich die vielbeschworene „Krise des wissenschaftlichen Publikationswesens“. Die Preise für wissenschaftliche Zeitschriften und Datenbanken sind, freilich in fachspezifisch unterschiedlichem Umfang, in den vergangenen Jahren massiv gestiegen, die Bibliotheksetats können damit bei weitem nicht mithalten. Oftmals müsse die öffentliche Hand, so heißt es, sogar doppelt bezahlen: zuerst über die semi-staatlichen

---

2 Hervorgehoben z.B. von Spindler, Urheberrecht und Wissens- und Informationsgesellschaft, in: Rüßmann (Hrsg.), Festschrift für Gerhard Käfer, 2009, S. 341 (347 f.).

3 Zu frühen erfolgreichen Beispielen aus den USA siehe Caroll, Creative Commons and the New Intermediaries, 2006 Mich. St. L. Rev., S. 45 (53 f.).

4 Prägnant beschrieben von einem der „Gründerväter" Benkler, The Wealth of Networks, 2006, S. 1 ff.; für die unten (B. II.) näher behandelten Creative Commons-Lizenzen Lessig, Free Culture – The Nature and Future of Creativity, 2004, S. 282 ff.

5 Dazu Wielsch, in diesem Band, S. 367 (379 ff.).

6 Zu Gemeinsamkeiten und Unterschieden von Open Source und Open Access Spindler, FS G. Käfer (Fn. 2), S. 341 (349 f.); ders., Anreize zum Verschenken – Open Source, Open Access, Creative Commons und Wikipedia als Phänomene neuer Geschäfts- und Informationsmodelle. Erste Annäherungen, in: Eger/Bigus/Ott/von Wangenheim (Hrsg.), Festschrift für Hans-Bernd Schäfer, 2008, S. 89 ff., der u.a. das Fehlen von Sekundärmärkten (z.B. Wartung, Betreuung) und die geringere Bedeutung der sukzessiven arbeitsteiligen Verbesserung des gleichen Werks bei Open Access- im Gegensatz zu Open Source-Produkten hervorhebt.

Forschungsförderungsorganisationen (wie z.B. die DFG) für die Forschung selbst und dann noch einmal für den Erwerb der Forschungsergebnisse durch die staatlich finanzierten Bibliotheken.[7]

II. Bisherige Entwicklung

Um die Verbreitung wissenschaftlicher Ideen zu fördern und zugleich Kosten zu sparen, wird aus der Wissenschaft und von staatlicher Seite immer stärker dafür geworben und darauf gedrungen, wissenschaftliche Publikationen für die Nutzer im Internet frei zugänglich zu machen. Im Vordergrund steht dabei die staatlich geförderte Forschung. Die Allianz der deutschen Wissenschaftsorganisationen[8] und sogar der Rechtsausschuss des Deutschen Bundestags[9] haben sich für eine Forcierung der Open Access-Publikation ausgesprochen. Während die DFG sich in ihren Verwendungsrichtlinien derzeit noch auf eine dringende Empfehlung zur Open Access-Erst- oder Zweitpublikation beschränkt, geht man im Ausland, namentlich in den USA und in Großbritannien, teilweise schon dazu über, dies bei staatlich finanzierter Forschung im Grundsatz (mit mehr oder minder weitreichenden Ausnahmen) verpflichtend vorzuschreiben.[10] Da-

7 Als Argument für die Forcierung von Open Access verwandt z.B. von Pflüger/Ertmann, E-Publishing und Open Access – Konsequenzen für das Urheberrecht im Hochschulbereich, ZUM 2004, 436 (437); Steinhauer, Das Recht auf Sichtbarkeit, 2010, S. 23.

8 Den Anfang machte 2003 die „Berliner Erklärung über den offenen Zugang zu wissenschaftlichem Wissen" (http://openaccess.mpg.de/68053/Berliner_Erklaerung_dt_Version_07-2006.pdf [abgerufen am 23.4.2015]).

9 Entschließung vom 26.6.2013, BT-Drs. 17/14194, unter II., 1.4. und 1.6.

10 Für Großbritannien siehe Research Council United Kingdom (RCUK), Research Grant Terms and Conditions, Stand: Januar 2015, unter GC 23; erläuternd RCUK, Policy on Open Access and Supporting Guidance, Stand: 8.4.2013 (http://www.rcuk.ac.uk/RCUK-prod/assets/documents/documents/RCUKOpenAccessPolicy.pdf [abgerufen am 23.4.2015]). Für die USA vgl. National Science Foundation (NSF), Proposal and Award Policies, Teil II, Kapitel VI, unter D. 4. (http://www.nsf.gov/pubs/policydocs/pappguide/nsf15001/nsf15_1.pdf [abgerufen am 23.4.2015]), wo zwar Open Access nicht ausdrücklich erwähnt wird, aber der Sache nach gemeint ist, vgl. University of Central Florida Libraries, Scholarly Communication, Stand: 16.4.2014 (http://library.ucf.edu/ScholarlyCommunication/FundingPolicyRequirements.php [abgerufen am 23.4.2015]). Zusammenfassend zur internationalen Entwicklung m.w.N. Peukert, Ein wissenschaftliches Kommunikationssystem ohne Verlage – zur rechtlichen Implementierung von Open Ac-

rauf steuert auch die Europäische Union für ihr nächstes Forschungsrahmenprogramm zu.[11] Demgegenüber befürchten Verlage mit ihren Interessenvertretungen, dass der Umsatz ihrer Subskriptionszeitschriften durch die neuen Publikationskanäle einbrechen werde und die Verlage dann ihre Qualitätssicherungsfunktion nicht mehr erfüllen könnten.[12] In der Wissenschaft sehen Kritiker[13] bei einer erzwungenen Open Access-Veröffentlichung eine Verletzung ihrer Publikations- und damit Wissenschaftsfreiheit.

Die Zweitveröffentlichung eines Aufsatzes im Internet scheiterte bislang oftmals daran, dass sich die Verlage regelmäßig von den Autoren ein ausschließliches Verwertungsrecht übertragen ließen und nur selten freiwillig dieser „green road“ der Open Access-Publikation zustimmten. Deshalb wurde nach längerem Streit im Herbst 2013 – als erste rechtliche Innovation – ein neuer § 38 Abs. 4 UrhG erlassen. Darin erhalten bei überwiegend aus staatlichen Drittmitteln finanzierter Forschung die geförderten Wissenschaftler nach einer Karenzzeit von einem Jahr ein vertraglich nicht abdingbares Zweitveröffentlichungsrecht. Es bezieht sich auf das zur Erstpublikation angenommene Manuskript ohne die Verlags-Originalformatierung. Um dennoch die volle Zitierfähigkeit auch anhand der Open Access publizierten Zweitversion sicherzustellen, können darin jedoch

---

cess als Goldstandard wissenschaftlichen Publizierens, Goethe Universität Frankfurt, Fachbereich Rechtswissenschaft, Arbeitspapier Nr. 6/2013, S. 5; ders., Das Verhältnis zwischen Urheberrecht und Wissenschaft – Auf die Perspektive kommt es an, Universität Frankfurt am Main, Fachbereich Rechtswissenschaft, Arbeitspapier Nr. 5/2013, S. 30 f.

11 Siehe No. 29.2 „Horizon 2020, Annotated Model Grant Agreement“, S. 213 f., Stand: 19.12.2014 (http://ec.europa.eu/research/participants/data/ref/h2020/grants_manual/amga/h2020-amga_en.pdf [abgerufen am 23.4.2015]); erläuternd European Commission, Guidelines on Open Access to Scientific Publikations and Research Data in Horizon 2020, Version 1.0, Stand: 11.12.2013 (http://ec.europa.eu/research/participants/data/ref/h2020/grants_manual/hi/oa_pilot/h2020-hi-oa-pilot-guide_en.pdf [abgerufen am 23.4.2015]).

12 Diese Gefahr beschwört für die Rechtswissenschaft Beck, Verlagsfunktion und Open Access, in: Reuß/Rieble (Hrsg.), Autorenschaft als Werkherrschaft, 2010, S. 21 (24 f.); aus Verlagssicht Sprang, Zweitveröffentlichungsrecht – ein Plädoyer gegen § 38 Abs. 4 UrhG-E, ZUM 2013, 461 (462).

13 Prononciert Rieble, Autorenfreiheit und Publikationszwang, in: Reuß/Rieble (Fn. 12), S. 29 ff., insbes. 45 ff.

wohl die Seitenumbrüche aus der Zeitschriften-Erstversion durch Klammerzusätze o.ä. vermerkt werden.[14]

Eine zweite rechtliche Innovation betrifft Vertragsmuster, mit denen der Urheber bestimmen kann, welche Rechte den Nutzern des jeweiligen Open Access publizierten Textes eingeräumt werden. Hierzu hat eine von Harvard und Stanford ausgehende gemeinnützige (allerdings von Google finanziell unterstützte) Organisation in den USA die sogenannte „Creative Commons-Lizenz“ entwickelt. Dabei handelt es sich um Standard-Lizenzverträge, verwendbar sowohl für die „golden road“ als auch für die „green road“ des Open Access, die immer wieder aktualisiert[15] und von Kooperationspartnern in verschiedenen Staaten, einschließlich Deutschlands, übersetzt und adaptiert werden.[16] In einer Art Baukastensystem wird eine Grundversion mit verschiedenen Einschränkungsmöglichkeiten angeboten: Die Grundversion bietet Dritten die urheberrechtlich weitreichendste Nutzungsbefugnis, Dritten obliegt dabei nur die Verpflichtung zur Namensnennung des Urhebers („Attribution“, deshalb sog. „CC-BY“-Lizenz); Veränderungen und kommerzielle Nutzungen des Textes sind in den unabdingbaren Grenzen des Urheberpersönlichkeitsrechts zulässig. Einschränkend kann der Dritte (in Parallele zu der Copyleft-Klausel bei Open Source[17]) verpflichtet werden, die Nutzung des von ihm verändert weiter verbreiteten Werks nur unter gleichen Bedingungen, also ebenfalls unter entsprechender CC-BY-Lizenzversion, zu gestatten („Share Alike“, deshalb „CC-BY-SA“-Lizenz). Die Verwendung dieser Version wird von der DFG empfohlen.[18] Ferner kann die Nutzung zu kommerziellen Zwecken

---

14 Insoweit kann der Verlag nämlich keinen Urheberschutz beanspruchen, näher Fehling, Verfassungskonforme Ausgestaltung von DFG-Förderbedingungen zur Open-Access-Publikation, OdW 2014, 179 (183); a.A. ohne nähere Begründung BR-Drs. 257/06 (Beschluss), S. 7.

15 Die aktuelle Version 4.0 ist abrufbar unter http://creativecommons.org/licenses/by/4.0/legalcode (abgerufen am 23.4.2015).

16 Eine ausführliche Beschreibung der Entwicklung findet sich z.B. bei Dobusch/Quack, Epistemic Communities and Social Movements. Transnational Dynamics in the Case of Creative Commons, Max-Planck-Institut für Gesellschaftsforschung, MPIfG Discussion Paper 08/08, S. 17 ff.

17 Dazu Wielsch, in diesem Band, S. 367 (381).

18 Auf S. 40 f. der DFG-Praxisregel „Digitalisierung“ (http://www.dfg.de/formulare/12_151/12_151_de.pdf [abgerufen am 23.4.2015]) heißt es: „Im Sinne des open access [...] wird erwartet, dass alle Metadaten (deskriptive und strukturelle) und maschinenlesbaren Volltexte bzw. das den Volltexten zu Grunde liegende XML sowie XSLT-Skripte und DTDs oder XML-Schema-Dateien unter einer Creative

verboten („Non Commercial", deshalb „CC-BY-NC[-SA]"-Lizenz) oder können Bearbeitungen durch Dritte ausgeschlossen werden („No Derivations", deshalb „CC-BY-ND[-NC/SA]"-Lizenz).

In welchem Umfang Wissenschaftler von dem neuen Open Access-Zweitveröffentlichungsrecht Gebrauch machen und inwieweit die Creative Commons-Lizenzmuster in der Wissenschaft Anklang finden werden, lässt sich noch nicht absehen. Zuvor haben empirische Untersuchungen gezeigt, dass die Bereitschaft zur Open Access-Publikation entscheidend von der fachspezifischen Reputation solcher Veröffentlichungskanäle abhängt, also von der Existenz und dem „Ranking" von Open Access-Zeitschriften und von der Üblichkeit des Einstellens von „Working Papers" oder Ähnlichem in Internet.[19] Diese Pfadabhängigkeit der Publikationskanäle macht mittelfristig einen grundlegenden Wandel wenig wahrscheinlich, wenn nicht weitere rechtliche Impulse hinzukommen.

III. Weitere Perspektiven

Bislang ist eine Open Access-Publikation auch von öffentlich geförderten wissenschaftlichen Beiträgen ausschließlich freiwillig. § 38 Abs. 4 UrhG berechtigt den Autor zur entsprechenden Zweitveröffentlichung, verpflichtet ihn aber nicht dazu. Mit den Creative Commons-Lizenztypen werden Urhebern (ggf. auch Verlagen im Rahmen der ihnen vom Urheber eingeräumten Rechte), welche eine Open Access-Verbreitung ihrer Werke wünschen, Musterlizenzen zur Verfügung gestellt, mit der sie ihr Ziel ohne übermäßigen Aufwand[20] – insbesondere ohne Urheberrechtskenntnisse, wie sie zur Formulierung eigener individueller Lizenzbedingungen benötigt würden – erreichen und Haftungsrisiken vermeiden können.[21] Die

---

Commons-Lizenz angeboten werden. [...] Um die Leistung des Urhebers angemessen zu würdigen, wird empfohlen, diese Texte unter einer CC-BY-SA-Lizenz zur Verfügung zu stellen. [...]".

19 Insb. Eger/Scheufen/Meierrieks, The Determination of Open Access Publishing: Survey Evidence from Germany, S. 19 ff. (http://ssrn.com/abstract=2232675 [abgerufen am 23.4.2015]).

20 Die Vereinfachung durch Verwendung der standardisierten CC-BY-Klauseln betont etwa Kreutzer, Open Content Lizenzen – Ein Leitfaden für die Praxis, herausgegeben von der Deutschen Unesco-Kommission e.V., 2011, S. 18 f. u. 20.

21 Statt vieler Philapitsch, Die Creative Commons Lizenzen, medien und recht 2/2008, 82 (83).

Standardisierung soll darüber hinaus die Entwicklung einer gefestigten Auslegungspraxis und damit Rechtssicherheit fördern.[22] Kein wissenschaftlicher Autor muss indes eines dieser Muster nutzen, mag die DFG ihren Förderungsempfängern dies auch nahe legen.

Im Raum steht jedoch – nicht nur in Deutschland – die Überlegung, ob staatlich drittmittelgeförderte Wissenschaftler zur Open Access-Publikation der entsprechenden Forschungsergebnisse verpflichtet werden sollen und ob ihnen dafür vielleicht sogar die Verwendung eines Creative Commons-Lizenztyps vorgeschrieben werden kann.[23] Dem Autor bliebe dann nur noch die Wahl zwischen „golden" und „green road". Dann änderte sich die Perspektive grundlegend. Statt dem Forscher neue Veröffentlichungs- und urheberrechtliche Gestaltungsoptionen zu eröffnen, würden dessen Urheberrechte und Publikationsfreiheit eingeschränkt. Muss sich der Förderungsempfänger im Rechtsverhältnis zu Dritten seiner Urheberverwertungsrechte in mehr oder minder weitem Umfang entäußern, so kann darin im Rechtsverhältnis zum grundrechtsgebundenen Förderer ein Eingriff in Grundrechte des Förderungsempfängers liegen. Dessen Publikations- und damit Wissenschaftsfreiheit[24] wäre schon bei einer nicht näher spezifizierten Open Access-Publikationspflicht betroffen; zwar scheint eine bloße zusätzliche Internet-Veröffentlichung („green road") nur einen unschädlichen Zugewinn an Verbreitung zu verschaffen, doch bleibt der

22 Vgl. Spindler, FS Schäfer (Fn. 6), S. 89 (100).

23 Hierzu hat der Verfasser zwei Rechtsgutachten erstattet: für die DFG über „Verfassungskonforme Ausgestaltung von DFG-Förderbedingungen zur Open-Access-Publikation" (gekürzt und Open Access publiziert in: OdW 2014, 179-214); für den Börsenverein des Deutschen Buchhandels e.V. und das CCC – Copyright Clearance Center, Inc. zum Thema „Verfassungsfragen einer Verpflichtung, Ergebnisse aus überwiegend öffentlich geförderter Forschung unter einer Creative Commons-Lizenz (CC-BY[-SA]) zu veröffentlichen" (unveröffentlicht).

24 Dabei schützt die Publikationsfreiheit nicht nur die Entscheidung über das „wie" und „wo" der Publikation, sondern auch das Interesse, vor Zuzahlungspflichten, wie sie mit Open Access-Zeitschriften oft verbunden sind („author pays", siehe oben A.), verschont zu bleiben. Das Interesse an finanziell lukrativer Publikation ist wie allgemein das Interesse an finanzieller Verwertung der Forschungsergebnisse primär durch Art. 12 GG geschützt (bzw. durch Art. 14 GG, wenn es um Urheberrechtsvergütungen geht), doch kann die Aussicht auf ein Autorenhonorar bei Art. 5 Abs. 3 GG wohl schutz(bereichs)verstärkend (dazu bei der Wissenschaftsfreiheit allgemein Fehling, in: Bonner Kommentar zum GG, 110. Lfg., 2004, Art. 5 Abs. 3 [Wiss.freiheit] Rn. 69 f., 105; Wendt, in: von Münch/Kunig [Hrsg.], GG-Kommentar, Bd. 1, 6. Aufl. 2012, Art. 5 Rn. 100) mit einbezogen werden (zum ganzen Fehling [Fn. 14], OdW 2014, 179 [191 u. 203] m.w.N.).

Forscher wegen des Missbrauchs- und Verfälschungsrisikos und gewissen Versions-Verwirrungspotentials[25] schutzbedürftig.[26] Dies gilt in weit größerem Maße, wenn er Dritten über den einfachen Open Access hinaus auch noch Bearbeitungs- und kommerzielle Nutzungsrechte an seinen Texten einzuräumen hat. Art. 5 Abs. 3 GG schützt auch das Interesse des Forschers an der Wahrung der Integrität des eigenen wissenschaftlichen Werkes einschließlich der wissenschaftlichen Autorenschaft.[27] Beispielsweise kann durch eine schlechte Übersetzung oder durch sachwidrige Kürzungen die Bedeutung eines Textes verfälscht werden. Werden Teile eines wissenschaftlichen Textes von Dritten kommerziell genutzt,[28] droht dies – von der ökonomischen Seite ganz abgesehen – den eigentlichen wissenschaftlichen Zweck des Werks in den Hintergrund zu drängen und kann gegebenenfalls Zweifel an dessen Seriosität wecken. Solche Verfälschungen oder Umwidmungen vermögen bei Weiterverbreitung selbst dann, wenn der Übersetzer/Bearbeiter genannt ist, die Reputation des ursprünglichen Autors (und zugleich die Funktionsfähigkeit des Wissenschaftssystems) zu beschädigen.

In der ökonomischen Logik läge ein weiterer Reformschritt: Wenn der Staat für Forschungsergebnisse, die er mit Drittmitteln seiner semi-staatlichen Förderorganisationen finanziert hat, nicht noch einmal durch Zeitschriftenerwerb bezahlen möchte, so könnte Gleiches künftig auch für die klassische Hochschulforschung gelten, die ja auch der Staat schon mit sei-

25 Zu diesen Risiken Rieble, in: Reuß/Rieble (Fn. 13), S. 29 (30 ff.); Knauf, Schutz von Open Access-Dokumenten und Datenbanken, in: Spindler (Hrsg.), Rechtliche Rahmenbedingungen von Open Access-Publikationen, 2006, S. 105 ff.

26 Zum ganzen näher Fehling (Fn. 14), OdW 2014, 179 (190 ff.).

27 Dazu und zum Folgenden Classen, Wissenschaftsfreiheit außerhalb der Hochschule, 1994, S. 94; zwar zum einfachen Recht, aber auch auf die spezifische Schutzbedürftigkeit des Wissenschaftlers bezogen, von Moltke, Das Urheberrecht an den Werken der Wissenschaft, 1992, S. 114 f.

28 Zwar wird verbreitet die Auffassung vertreten, dass eine direkt gewinnorientierte und damit gewerbliche Nutzung durch Dritte de facto bereits durch eine „Share-Alike“-Verpflichtung verhindert wird; so besonders deutlich Möller, Freiheit mit Fallstricken: Creative-Commons-NC-Lizenzen und ihre Folgen, in: Lutterbeck/Bärwolff/Gehring (Hrsg.), Open Source Jahrbuch 2006, S. 271 (279). Dies trifft zu, soweit es um den entgeltpflichtigen Vertrieb einer neu zusammengestellten Publikation geht. Auch bei „Share-Alike“-Vorbehalt bliebe jedoch eine mittelbare kommerzielle Nutzung der Zweitpublikation durch Dritte etwa durch umgebende Werbebanner u.Ä. möglich, vgl. Kreutzer (Fn. 20), S. 46.

nen Mittelzuweisungen an die Universitäten ein erstes Mal bezahlt.[29] Bei der Einführung des neuen Zweitveröffentlichungsrechts in § 38 Abs. 4 UrhG konnten sich die DFG und andere Wissenschaftsorganisationen mit ihrer Forderung, dieses Recht auch auf die Forschung mit staatlichen Hochschulmitteln zu erstrecken, zwar noch nicht durchsetzen.[30] Käme es künftig zu einer solchen Erweiterung des Zweitveröffentlichungsrechts, läge der Ruf nach einer Pflicht zwecks Schonung der staatlichen Haushalte wahrscheinlich nicht fern.

Auf längere Sicht könnte den geförderten Wissenschaftlern vielleicht sogar die Wahl zwischen originärer Open Access-Veröffentlichung und bloßer Internet-Zweitpublikation im Nachgang zu einer traditionellen Verlagsveröffentlichung genommen werden. Denn bei der letztgenannten „green road“ droht zunächst sogar eine Kostensteigerung statt Kostenersparnis für die öffentliche Hand, die sowohl den Erwerb der herkömmlichen Subskriptionszeitschriften als auch die zusätzliche Internetpublikation (z.B. über die Einrichtung und Pflege von entsprechenden Repositorien) finanziell fördern muss.[31] Die „green road“ scheint insoweit eher als Zwischenschritt auf dem Weg zum „Goldstandard“ konzipiert, damit sich die Scientific Community langsam an die neuen Publikationskanäle im frei zugänglichen Internet gewöhnen und die Reputationsmechanismen bei den Publikationsorganen umbauen kann. Auf diese Problematik ist noch zurückzukommen.

Da wissenschaftliche Publikationszusammenhänge immer mehr weltumspannend angelegt sind, wären für die Förderung von Open Access theoretisch internationale Übereinkommen (besonders, aber nicht nur im

---

29 Hervorgehoben etwa von Sosnitza, Google Book Search, Creative Commons und Open Access – Neue Formate der Wissensvermittlung in der digitalen Welt, RW 2010, 225 (240).

30 Zur Kritik an der Beschränkung auf die Drittmittelforschung Stellungnahme des Bundesrats zum Gesetzesentwurf, BT-Drs. 17/13423, S. 21 f.; Sandberger, Zweitverwertungsrecht – Anmerkungen zum Entwurf eines Gesetzes zur Nutzung verwaister und vergriffener Werke und einer weiteren Änderung des Urheberrechtsgesetzes, ZUM 2013, 466 (470); noch weitgehender Müßig, Open-Access-Verpflichtung vs. Gemeinfreiheitsgrenzen, JZ 2015, 221 (231): sogar Verstoß gegen Art. 3 Abs. 1 GG.

31 Max-Planck-Institut für Immaterialgüter- und Wettbewerbsrecht, Stellungnahme zur Anfrage des Bundesministeriums der Justiz vom 20. Februar 2013 (https://www.ip.mpg.de/files/pdf2/Stellungnahme-BMJ-UrhG_2013-3-15-def1.pdf [abgerufen am 23.4.2015]), Rn. 15; Sosnitza (Fn. 29), RW 2010, 225 (239 f.); Fehling (Fn. 14), OdW 2014, 179 (204 f.).

Urheberrecht[32]) sinnvoll. Doch sind sie mittelfristig jedenfalls über die Europäische Union hinaus nicht in Sicht. Als Koordinierungsmechanismus bleibt deshalb vorerst nur das Internationale Privatrecht.[33] Auf der Ebene der Vertragsgestaltung können die CC-BY-Lizenzmuster zur internationalen Koordinierung beitragen, doch lässt sich damit das Problem der Unterschiede im nationalen Urheberrecht mit teilweise nicht dispositiven Bestimmungen nicht voll lösen. Bislang hat die Creative Commons-Initiative vor allem auf national so weit wie nötig ausdifferenzierte Adaptionen der Lizenzmuster gesetzt. Nunmehr versucht man, ein zu weites Auseinanderdriften der nationalen Lizenzversionen befürchtend, verstärkt mit einer mehr oder minder rechtsordnungsneutralen, national vorbelastete Rechtsbegriffe vermeidenden, generischen Version zu arbeiten.[34] Dies verlagert indes die Adaptionsprobleme nur auf die Ebene der Vertragsauslegung. Zwar erscheint es möglich, dass sich in der komplexen, selbstregulatorischen Koordination von Creative Commons-Initiative, Wissenschafts(förderungs)organisationen und transnational operierenden (Wissenschafts-)Verlagen einheitliche Lizenzvertragsmuster herauskristallisieren. Dies bleibt jedoch notwendig auf die Ebene der Kautelarjurisprudenz beschränkt und kann das Problem des national divergierenden Urheberrechts nicht lösen.

---

32 Umgekehrt setzt die Rl 2001/29/EG zur Harmonisierung bestimmter Aspekte des Urheberrechts und der verwandten Schutzrechte in der Informationsgesellschaft, die wiederum die Berner Konvention zum Urheberrecht umsetzt, in Art. 5 „Ausnahmen oder Beschränkungen" den Rechten des Urhebers zugunsten Dritter oder der Allgemeinheit Grenzen, indem es solche Beschränkungen einem Drei-Stufen-Test unterwirft. Zu den Konsequenzen unten Fn. 83.

33 Eine Schwierigkeit besteht schon darin, dass jeder Staat (bzw. beim Vertragsstatut in der Rom I-VO [EG] Nr. 593/2008 die europäische Union) sein IPR anwendet, so dass die deutschen (bzw. europäischen) IPR-Grundsätze keineswegs ohne weiteres auf Drittstaaten und namentlich die USA (wo das IPR auch noch von Einzelstaat zu Einzelstaat differiert) übertragbar sind. Vgl. auch unten Fn. 48.

34 Zu den Vor- und Nachteilen einer generischen Form, die grundsätzlich international gültig sein und als Vorlage für die nationalen Portierungen dienen soll, gegenüber Länderfassungen siehe Kreutzer (Fn. 20), S. 37 ff.

C. Zur Rolle rechtlicher Innovationen auf dem Weg zur vermehrten Open Access-Publikation

I. Neues Recht als Katalysator und Beschleuniger für einen technisch und sozial ausgelösten Wandel

Bei der Durchsetzung von Open Access lassen sich rechtliche Neuerungen – in Gestalt des § 38 Abs. 4 UrhG n.F. und vor allem der Creative Commons-Lizenzmuster – von den technischen und sozialen Innovationsfaktoren nicht scharf trennen. Das Recht reagiert auf technische Innovationen – hier in Gestalt des Internet –, vollzieht teilweise den gesellschaftlich-sozialen Diskurs nach – Stichwort: Kreativität durch freien Informationsfluss –, kanalisiert ihn indes auch und verleiht ihm zusätzliche Dynamik.

Dabei beschränkt sich das Recht nicht darauf, die Folgen eines technischen und sozialen Wandels zu bewältigen, sondern setzt eigene Akzente. Ohne unterstützende Innovationen im Recht könnte sich Open Access bei wissenschaftlichen Publikationen mittelfristig wohl allenfalls in wenigen Fächern und darüber hinaus nur in Randbereichen etablieren. Das neue unabdingbare Zweitveröffentlichungsrecht des Urhebers setzt Prioritäten bei der überwiegend mit staatlichen Drittmitteln geförderten Forschung und hält dort die Wahl zwischen „green road" und „golden road" offen. Die weitaus breiter angelegten und nicht allein auf die Wissenschaft beschränkten CC-BY-Lizenzmuster zielen dagegen wohl allein auf die „golden road" und suchen auf breiter Front eine Neuausrichtung des Urheberrechts auf Wissenstransfer statt auf Rechtewahrung[35] zu befördern.

II. Ermöglichungsfunktion neuer Gesetzgebung und Bereitstellungsfunktion neuartiger Vertragsmuster im Urheberrecht

Das neue unabdingbare Zweitveröffentlichungsrecht im Urheberrecht erweitert zunächst einmal die Veröffentlichungsoptionen. Den Autoren wird die „green road" im Verhältnis zu den für die Erstpublikation verantwortli-

35 Vgl. T. Dreier, Creative Commons – Science Commons – Ein Paradigmenwechsel im Urheberrecht?, in: Ohly u.a. (Hrsg.), Festschrift für Gerhard Schricker, 2005, S. 283 (298); Ohly, Urheberrecht zwischen Innovationsstimulierung und -verhinderung, in: Eifert/Hoffmann-Riem (Hrsg.), Geistiges Eigentum und Innovation, S. 279 (295).

chen Verlagen als Rechteinhabern durch § 38 Abs. 4 UrhG erst möglich gemacht. Die CC-BY-Lizenzmuster erleichtern den Autoren die Ausgestaltung des Open Access im Verhältnis zu nutzungsinteressierten Dritten. Damit erfüllen diese Vertragsgestaltungsmuster eine Bereitstellungsfunktion.

Beides zusammen führt im Ausgangspunkt zu einer Freiheitserweiterung für publikationswillige Forscher. Indirekt eröffnet es aber auch Förderorganisationen wie der DFG neue Möglichkeiten, über ihre Förderbedingungen die Publikationskanäle der geförderten Forscher zu steuern. Daran zeigt sich eine gewisse Janusköpfigkeit dieser rechtlichen Innovationen, wie sie in Begriffen wie Ermöglichungs- und Bereitstellungsfunktion[36] nicht voll deutlich wird. Bei Einführung des unabdingbaren Zweitveröffentlichungsrecht durch § 38 Abs. 4 UrhG waren weiterreichende Steuerungsmöglichkeiten ausdrücklich beabsichtigt;[37] die „emanzipatorisch" ausgerichtete Creative Commons-Initiative[38] hatte dagegen eine Instrumentalisierung ihrer Musterlizenzen durch Forschungsförderungsorganisationen wohl nie im Blick.

III. Öffnung neuer Pfade trotz pfadabhängiger Struktur innovativen Rechts

Die Reichweite der Innovation erschließt sich nicht allein aus den Rechtsänderungen und neuen Vertragsmustern. Beides folgt zunächst einmal traditionellen urheberrechtlichen Pfaden. Es geht nämlich um die vertragliche Einräumung beschränkter Nutzungsrechte für Dritte durch den Autor. Dass sich der Urheber dabei bestimmter Rechte nicht entäußern kann, wie nun in einem Verlagsvertrag beim Zweitveröffentlichungsrecht, ist u.a.

---

36 Zu diesen Begriffen Schuppert, Verwaltungsrechtswissenschaft als Steuerungswissenschaft. Zur Steuerung des Verwaltungshandelns durch Verwaltungsrecht, in: Hoffmann-Riem/Schmidt-Aßmann/Schuppert (Hrsg.), Reform des allgemeinen Verwaltungsrechts, 1993, S. 65 (72 ff.); Hoffmann-Riem, Innovationssteuerung durch die Verwaltung: Rahmenbedingungen und Beispiele, Die Verwaltung 33 (2000), 155 (158 f.); zum Angebotscharakter des Rechts Franzius, Modalitäten und Wirkfaktoren der Steuerung durch Recht, in: Hoffmann-Riem/Schmidt-Aßmann/Voßkuhle (Hrsg.), Grundlagen des Verwaltungsrechts, Bd. 1, 2. Aufl. 2012, § 4 Rn. 31 ff.

37 Vgl. BT-Drs. 17/13423, S. 9 rechte Spalte.

38 Lessig (Fn. 4), S. 282 ff.

vom Urheberpersönlichkeitsrecht vertraut.[39] Dass, wie es bei den Creative Commons-Lizenzen geschieht, einer anonymen Öffentlichkeit umfassende Nutzungsrechte verliehen werden, ist zwar ungewöhnlich, aber ebenfalls ohne Weiteres in den traditionellen Kategorien urheberrechtlicher Lizenzverträge (§ 311 BGB) mit Angebot und individueller Annahme (unter Verzicht auf den Zugang der Annahmeerklärung, § 151 BGB) deutbar; besondere Anforderungen, wie namentlich die „Share Alike"-Verpflichtung, fungieren als Bedingungen im Sinne von § 158 BGB.[40]

In einem neuen Kontext gewinnt solch pfadabhängig strukturiertes Recht indes die Rolle des Türöffners für einen gänzlich neuen Entwicklungspfad, und zwar nicht nur faktisch, sondern gewollt. Schon das Zweitveröffentlichungsrecht in § 38 Abs. 4 UrhG verändert spürbar das ökonomische Machtverhältnis zwischen Autoren und (Wissenschafts-)Verlagen und hat dadurch potentiell auf längere Sicht erhebliche Auswirkungen auf die Publikationsstrategien. Die Creative Commons-Vertragsmuster transportieren ein verändertes Bild des Urheberrechts; die Akzente verschieben sich von der Rechtewahrung auf die Ankurbelung der möglichst weiten Verbreitung.

IV. Vom Ermöglichen zum Erzwingen durch semi-staatliche Forschungsförderungsorganisationen?

Besonders schwierig und lebhaft umstritten ist die Frage, ob bzw. inwieweit das Recht (hier genauer: die Verwaltungspraxis der DFG und anderer Förderorganisationen) den Innovationsprozess durch zwingende Vorgaben beschleunigen, gar über eine kritische Akzeptanzschwelle in der Scientific Community befördern soll. Grundrechtlich müsste sich eine Open Access-Publikationspflicht in Förderbedingungen semi-staatlicher Förderungsorganisationen wie der DFG als verfassungsimmanente Schranke der Wissenschaftsfreiheit rechtfertigen lassen. Forderte man gar die Verwendung einer Creative Commons-Lizenz, würde sich die Rechtfertigungslast be-

39 Zum Urheberpersönlichkeitsrecht allgemein rechtsvergleichend Sterling, World Copyright Law, 3. Aufl. 2008, S. 392 ff.; im hiesigen Kontext Spindler, FS Käfer (Fn. 2), S. 341 (343 f.), die persönlichkeitsrechtliche Verankerung in Abgrenzung zum Property-Rights-Ansatz der USA betonend.

40 OLG Köln, WRP 2015, 94 (99).

trächtlich erhöhen und es stünde zusätzlich die Vereinbarkeit mit dem Eigentums-Urheberschutz auf dem Prüfstand.

Bevor diese Verfassungsfragen zusammen mit der Rolle der Rechtswissenschaft in diesem Innovationsprozess näher betrachtet werden, erscheint aus der Steuerungsperspektive ein Blick auf Wirkungen und Nebenwirkungen solch einer rechtlichen Forcierungsstrategie sinnvoll. Einerseits kann eine Beschleunigung des Umstellungsprozesses erhebliche Kosten sparen, welche für Bibliotheken, Universitäten und allgemein die öffentliche Hand durch ein Nebeneinander traditioneller und neuer Open Access-Publikationskanäle mit der dafür benötigen Zeitschriften- und sonstigen Infrastruktur entstehen. Reales Sparpotential bestünde allerdings erst bei einer flächendeckenden Umstellung auf ausschließliche Open Access-Publikation im Internet („golden road"), möglichst ohne Verlags-Intermediäre. Forschungsförderungsorganisationen können dies freilich schon deshalb kaum bewirken, weil nur ein Teil der Zeitschriftenaufsätze aus von ihnen geförderter Forschung stammt.[41] Ferner kann eine Forcierung der Open Access-Publikation dazu beitragen, dass sich schneller Open Access-Zeitschriften etablieren und ein so hohes Renommee gewinnen, dass die dortige Publikation für Wissenschaftler auch ohne Zwang attraktiv wird.[42]

Andererseits machen sich gerade in einem solchen Innovationsprozess die Wissensdefizite, wie sie jeglicher imperativer rechtlicher Steuerung anhaften, in besonderem Maße bemerkbar. Die Vor- und Nachteile einer Open Access-Publikationskultur und mehr noch von Creative Commons-Lizenztypen für die Wissenschaft lassen sich zwar grob skizzieren (Chancen der erleichterten Verbreitung und langfristig der Kostenersparnis bei Risiken für die Wahrung der Integrität wissenschaftlicher Autorenschaft), aber noch kaum abwägend sicher bewerten. Dies gilt auch für die unterschiedlichen Strategien der „green road" und der „golden road", vor allem im Hinblick auf die in verschiedenen Wissenschaftsdisziplinen ganz unterschiedlichen Publikations- und Rezeptionskulturen. Insoweit sind auch psychologische Faktoren zu berücksichtigen, bis hin zu dem Anreiz, den jedenfalls heute noch ein haptisch attraktives Buch für manche Autoren

41 Zur gesamten Argumentation näher Fehling (Fn. 14), OdW 2014, 179 (204 f.).

42 Deren heute oftmals noch zu geringe Reputation hält viele Wissenschaftler von der Veröffentlichung in Open Access-Zeitschriften ab; siehe Eger/Scheufen/Meierrieks (Fn. 19).

und Leser ausübt.[43] Eine „Stunde Null“, in der die Publikationskanäle ohne Rücksicht auf die bisherigen Entwicklungen und Gewohnheiten[44] gleichsam „auf dem Reißbrett“, gar „von heute auf morgen“, komplett neu gestaltbar wären, kann es auch im wissenschaftlichen Publikationswesen nicht geben. Vor diesem Hintergrund erschiene es äußerst riskant und unklug, wollte sich das Recht schon heute und fächenübergreifend auf eine einzige Strategie festlegen.

Mancher wird in diesen Unsicherheiten ein weiteres Argument dafür erblicken, die Entscheidung über den Wandel der Publikationskanäle in Maximierung der individuellen (Wissenschafts-)Freiheit auch künftig ganz den einzelnen Forschern zu überlassen. Den Innovationen im Recht käme hier weiterhin nur eine Bereitstellungs- und Ermöglichungsfunktion und keine darüber hinausgehende Steuerungsfunktion zu. Alles weitere bliebe dem Wettbewerb der Publikationssysteme überlassen.[45] Aus diesem Blickwinkel beweist sich hier einmal mehr die Überlegenheit dezentraler spontaner Ordnung (*v. Hayek*) gegenüber Illusionen der Planbarkeit von Fortschritt. Doch kann man die partielle rechtliche Steuerung – beschränkt auf die Publikation von Forschungsergebnissen, die durch semi-staatliche Drittmittel gefördert sind, mit freier Wahl zwischen „green road“ und „golden road“ – auch positiver sehen, nämlich als Versuch, in einem Teilbereich gleichsam unter erweiterten „Laborbedingungen“ den Wandel der Publikationskanäle zu beschleunigen, um so Informationen zu sammeln und Wissen zu generieren für eine spätere, breiter angelegte Innovationsstrategie. Man sollte sich dann jedoch der Tatsache bewusst sein, dass dies, wie Experimente allgemein, zunächst zusätzliche Kosten verursachen, statt reduzieren, wird. Mancher Wissenschaftler sieht sich zudem ungern in die Rolle der „Laborratte“ gedrängt, was wiederum zu den grundrechtlichen Rechtfertigungsfragen zurückführt.

43 Insoweit überzeugend Rieble, in: Reuß/Rieble (Fn. 12), S. 29 (41).

44 Zum – wegen der Auswirkungen auf die Wahrnehmungschancen im Ansatz durchaus schutzwürdigen – Interesse der meisten Wissenschaftler, entsprechend den (bisherigen) Gepflogenheiten ihres Faches zu publizieren, siehe Eger/Scheufen/Meierrieks (Fn. 19), zusammenfassend S. 21 ff.

45 Dafür Sosnitza (Fn. 29), RW 2010, 225 (239).

V. Rechtswissenschaft in einer Übersetzer- und Vermittlerrolle

Je stärker das Recht in die Veränderungen des wissenschaftlichen Publikationswesens steuernd eingreift, umso mehr muss die Rechtswissenschaft eine wichtige Übersetzerrolle übernehmen. Insbesondere sollte sie im Interesse von Rechtssicherheit und Verlässlichkeit (u.U. auch Vertrauensschutz) Neues so weit wie möglich in bekannte rechtsdogmatische Pfade einpassen. Für das Urheberrecht trifft sich dies mit Versuchen der Rechtsprechung, den digitalen Wandel durch Auslegung und Rechtsfortbildung zu bewältigen. Das neue, unabdingbare Zweitveröffentlichungsrecht in § 38 Abs. 4 UrhG bereitet als solches relativ wenig Auslegungsprobleme,[46] wenn man von seinem gänzlich ungeklärten[47] Anwendungsbereich im Internationalen Privatrecht[48] einmal absieht. Umso schwerer fällt es,

46 Wird bei der Creative Commons-Lizenz auf einen „Non Commercial"-Zusatz verzichtet (zum Baukastensystem oben B. II.), bleiben trotz „Share Alike"-Zusatz gewisse Möglichkeiten mittelbarer Kommerzialisierung des Textes offen. Viel spricht dafür, dass bereits dies ein potentiell Verlagsinteressen beeinträchtigender verbotener „gewerblicher Zweck" im Sinne von § 38 Abs. 4 UrhG ist; darauf hindeutend die Gesetzesbegründung, BT-Drs. 17/13423, S. 17, nach der jede Zugänglichmachung ausgeschlossen sein soll, „die mittelbar oder unmittelbar der Erzielung von Einnahmen dient"; so ausdrücklich für Werbefinanzierung durch Banner Soppe, in: Ahlberg/Götting (Hrsg.), Beck'scher Online-Kommentar Urheberrecht, Edition 6 (Stand: 1.10.2014), § 38 UrhG Rn. 77.

47 Während die Allianz der Wissenschaftsorganisationen von einer uneingeschränkten Beachtung auch durch ausländische Gerichte ausgeht (Argumentationspapier zum Zweitveröffentlichungsrecht, April 2013, S. 4, http://www.allianzinitiative.de/fileadmin/user_upload/redakteur/Argumentationspapier_Zweitveroeffentlichungsrecht_2013.pdf [abgerufen am 23.4.2015]), wird die Verbindlichkeit des Zweitveröffentlichungsrechts für ausländische Verlage von Verlagsvertretern bestritten (Sprang [Fn. 12], ZUM 2013, 461 [462]). Die MPI-Stellungnahme (Fn. 31), Rn. 49 f., und Peukert, Urheberrecht und Wissenschaft (Fn. 10), S. 21 f., äußern zumindest Bedenken.

48 Große Schwierigkeiten bereitet bereits auf EU-Ebene (zum Verhältnis zu den USA oben Fn. 33) die Verortung der Rechtsfragen im IPR-Schutzrechtsstatut oder im IPR-Vertragsrechtsstatut. Da die Inhalte im Internet weltweit abrufbar sind, nimmt der Urheber sein geschütztes Zweitveröffentlichungsrecht weltweit in Anspruch; auf den Standort des Servers kommt es nicht an. Dann könnte – mit im Einzelnen schwer vorhersehbaren Konsequenzen – jedenfalls nach deutschem Internationalen Privatrecht bei Texten im Internet aufgrund des Schutzlandprinzips eine Vielzahl von Rechtsordnungen nebeneinander zur Anwendung kommen (vgl. allgemein Katzenberger, in: Schricker/Loewenheim, UrhG-Kommentar, Kommentar, 4. Aufl. 2010, Vor §§ 120 ff. Rn. 126). Andererseits spricht auch einiges dafür, § 38

die neuartigen Creative Commons-Lizenztypen so zu konturieren, dass das im deutschen Recht nicht dispositive Urheberpersönlichkeitsrecht gewahrt bleibt.

Neben dieser innovationsermöglichenden und -unterstützenden Funktion („Innovationsoffenheit") bleibt dem Recht und besonders der Rechtswissenschaft aber auch die traditionelle Aufgabe, aus Gründen vornehmlich des Individualrechtsschutzes – hier: der individuellen Wissenschaftsfreiheit und der Urheber-Eigentumsgarantie,[49] gegebenenfalls auch der Vertragsfreiheit[50] – Grenzen zu setzen und so gegebenenfalls Richtungskorrekturen zu erzwingen („Innovationsverantwortung").[51] Grundlegend Neues, das zugleich Innovationsverantwortung wahrt, entsteht auch hier seltener durch Kreation ganz neuer Ansätze, sondern meist durch die neuartige Kombination als solcher durchaus vertrauter dogmatischer Versatzstücke.[52]

Bei Open Access-Publikationspflichten in Förderungsbedingungen bewegen sich die Überlegungen zum Schutzbereich von Art. 5 Abs. 3 GG (positive Publikationsfreiheit[53]) und zur Grundrechtsbindung der DFG[54]

Abs. 4 UrhG als eine urhebervertragsrechtliche Regelung einzustufen, auf die zumindest primär das Vertragsrechtsstatut Anwendung findet. Danach können die Parteien grundsätzlich das anwendbare Vertragsrecht frei wählen (zum Ganzen MPI-Stellungnahme [Fn. 31], Rn. 50); nach Art. 9 der Rom I-VO (EG) 593/2008 bleiben jedoch inländische sog. Eingriffsnormen, wozu möglicherweise auch § 38 Abs. 4 UrhG zählt, zwingend anwendbar (vgl. allgemein Loewenheim, Eingriffsnormen im Urheberrecht, in: Büscher [Hrsg.], Festschrift für Joachim Bornkamm, S. 887 ff.). Zu den vielen ungelösten Problemen im Überblick Fehling (Fn. 14), OdW 2014, 179 (183 ff.).

49 Zur dortigen Notwendigkeit einer Abwägung konkurrierender Grundrechtspositionen bei Auslegung und Anwendung des Urheberrechts BVerfG, GRUR 2011, 223 ff. – Drucker und Plotter.

50 Mit gerade bei Werknutzungsvergütungen im Urheberrecht weitem gesetzgeberischen Spielraum, nicht zuletzt wegen gestörter Vertragsparität; insoweit übertragbar BVerfGE 134, 202 (Rn. 68 ff.).

51 Zu diesen Schlüsselfunktionen innovationstauglichen Rechts Hoffmann-Riem, Innovationen durch Recht und im Recht, in: Schulte (Hrsg.), Technische Innovation und Recht – Antrieb oder Hemmnis?, 1997, S. 3 (9 ff.); ders., Innovationsoffenheit und Innovationsverantwortung – Aufgaben rechtswissenschaftlicher Innovationsforschung, AöR 131 (2006), 255 (265 ff.).

52 Hoffmann-Riem, Die Governance-Perspektive in der rechtswissenschaftlichen Innovationsforschung, 2011, S. 29. Allgemein Fagerberg, Innovation – A Guide to the Literature, in: Fagerberg/Mowery/Nelson (Hrsg.), Oxford Handbook of Innovation, 2006, S. 1 (7 f.).

noch in weitgehend bekannten Bahnen. Mehr Argumentationsaufwand erfordert bereits die Begründung der zumindest eingriffsgleichen Wirkung[55] ihrer Förderbedingungen, soweit staatlich alimentierte Professoren zur amtsadäquaten Forschung wegen dafür unzureichender Grundausstat-

---

53 Siehe oben Fn. 24.

54 Eingehend Salaw-Hanslmaier, Die Rechtsnatur der Deutschen Forschungsgemeinschaft, 2003, S. 161 ff.; zusammenfassend Fehling (Fn. 14), OdW 2014, 179 (193 f.).

55 Allgemein kommt es darauf an, ob „die vorliegende Beeinträchtigung Ausdruck derjenigen Gefahr ist, gegen die das Grundrecht gerade Schutz bieten will"; in diese Wertung können neben der „Grundrechtsbezogenheit der Beeinträchtigung" (d. h. Schutzzweckerwägungen im engeren Sinne) die „Dichte der Erfolgsbeziehung" (d. h. die Länge der Kausalkette und die Zielgerichtetheit des staatlichen Handelns) sowie die „Intensität der Gefährdung bzw. Beeinträchtigung" mit einfließen, siehe Ramsauer, Die Bestimmung des Schutzbereichs von Grundrechten nach dem Normzweck, VerwArch 72 (1981), 89 (102 ff.); mit etwas anderer Akzentuierung Eckhoff, Der Grundrechtseingriff, 1992, S. 265 ff.; zusammenfassend Rönnau/Faust/Fehling, Kausalität und objektive Zurechnung, JuS 2004, 113 (118). Diese Kriterien lassen sich auf die Frage der Eingriffsähnlichkeit von Förderbedingungen übertragen; Andeutungen bei Trute, Die Forschung zwischen grundrechtlicher Freiheit und staatlicher Institutionalisierung, 1994, S. 634, 635 u. 636, siehe ferner S. 437; vgl. auch Britz, in: Dreier (Hrsg.), GG-Kommentar, Bd. 1, 3. Aufl. 2013, Art. 5 III (Wiss.) Rn. 84; Gärditz, Evaluationsbasierte Forschungsförderung im Wissenschaftsrecht, WissR 42 (2009), 353 (insbes. 360, 380. u. 384 f.).

56 Zum Anspruch auf adäquate Grundausstattung BVerfGE 111, 333 (362); 127, 87 (115). Bei der Höhe besteht ein Einschätzungsspielraum, der allerdings durch das Untermaßverbot begrenzt wird, Fehling, in: BK (Fn. 24), Art. 5 Abs. 3 (Wiss.freiheit) Rn. 41; Britz, in: Dreier (Fn. 55), Art. 5 III (Wiss.) Rn. 84; sehr weitreichend Gärditz, Evaluationsbasierte Forschungsfinanzierung im Wissenschaftsrecht, WissR 42 (2009), 353 (369 ff.).

57 In den vergangenen Jahren ist zwecks Verschärfung des wissenschaftlichen (Exzellenz-)Wettbewerbs eine spürbare Verlagerung der Mittelausstattung von der vorbehaltslos gewährleisteten Grundausstattung hin zu staatlichen Drittmitteln, gerade auch der DFG, zu verzeichnen, allerdings in fachspezifisch unterschiedlichem Umfang; siehe DFG, Förderatlas 2012, S. 29 f. und dort Abbildung 2.6; Trute, Innovationssteuerung im Wissenschaftsrecht, in: Hoffmann-Riem/Schneider (Hrsg.), Rechtswissenschaftliche Innovationsforschung, 1998, S. 231 f.; zusammenfassend Fehling, Hochschulen, in: Fehling/Ruffert (Hrsg.), Regulierungsrecht, 2010, § 17 Rn. 13 f. u. 51. – Soweit Forscher nicht auf semi-staatliche Drittmittel angewiesen sind, handelt es sich bei Open Access-Förderbedingungen nur um inhaltsneutrale „Spielregeln" für die Vergabe einer überobligationsmäßigen Leistung, was allein am Willkürverbot des Art. 3 Abs. 1 GG zu messen ist, siehe Fehling (Fn. 14), OdW 2014, 179 (194).

tung[56] auf solche semi-staatlichen Drittmittel angewiesen[57] sind.[58] Dies wiederum weckt die Frage nach dem Vorbehalt des Gesetzes; richtigerweise dürfte eine gesetzliche Grundlage bei solchen inhaltsneutralen Förderentscheidungen der teilweise selbstverwalteten[59] DFG wohl entbehrlich sein.[60] Entscheidend sind die daran anschließenden Überlegungen zu verfassungsimmanenten Schranken der individuellen Wissenschaftsfreiheit und der Verhältnismäßigkeit. In den objektiv-rechtlichen Dimensionen sowohl der Wissenschaftsfreiheit[61] als auch der Informationsfreiheit[62] lässt sich auch das Interesse der Scientific Community an verbesserter Zugänglichkeit forschungsrelevanter Informationen und der Allgemeinheit an innovationsfördernden Rahmenbedingungen für die Forschung und den Wissenschaftstransfer abbilden.[63] Auf einer Analyse der betroffenen Interessen[64] aufbauend kann man Rahmenbedingungen herausarbeiten, unter denen eine begrenzte Open Access-Publikationspflicht von Förderungs-

58 Zum ganzen näher Fehling (Fn. 14), OdW 2014, 179 (194 ff.); wohl auch Rieble, in: Reuß/Rieble (Fn. 12), S. 29 (42 f.); vgl. ferner Steinhauer (Fn. 7), S. 73 f.

59 Dazu unten D. III. mit Fn. 84.

60 Näher Fehling (Fn. 14), OdW 2014, 179 (199 f.); vgl. allgemeiner Trute, Die Forschung (Fn. 55), S. 687 f.

61 Allgemein grundlegend zur Wissenschaftsfreiheit als „wertentscheidende Grundsatznorm für das Verhältnis von Wissenschaft, Forschung und Lehre zum Staat" BVerfGE 35, 79 (112); ferner z.B. BVerfGE 93, 85 (95). „Im Schutzbereich wird das Abwehrrecht nicht von vornherein durch objektiv-rechtliche Bindungen verdrängt. Wohl aber rechtfertigen die spezifische sozio-ökonomische Gemeinwohlerwartung an die wissenschaftliche Betätigung und die darauf abzielende staatliche Finanzierung in der Verhältnismäßigkeitsabwägung tendenziell weitreichendere Autonomie-Einschränkungen, als dies bei anderen Freiheitsrechten, bei denen die individuelle Entfaltung als solche stärker im Vordergrund steht, möglich wäre", Fehling, in: Fehling/Ruffert (Fn. 58), § 17 Rn. 20; kritisch Gärditz, Hochschulorganisation und verwaltungsrechtliche Systembildung, 2009, S. 506 ff.

62 Im Grundansatz übertragbar BVerfGE 97, 228 (256 f.) – Kurzberichterstattung im Fernsehen, wonach die Gewährleistung freien Informationszugangs ein wesentliches Anliegen des Grundgesetzes ist und insb. Regelungen zur Verhinderung von Informationsmonopolen rechtfertigt. Vgl. im Kontext des Urheberrechts Kröger, Informationsfreiheit und Urheberrecht, 2002, S. 202 ff.; Nolte, Informationsmehrwertdienste, 2009, S. 63, 81 ff.

63 Näher zum ganzen Fehling (Fn. 14), OdW 2014, 179 (197 ff.); auf die Informationsfreiheit gestützt Lutz, Zugang zu wissenschaftlichen Informationen in der digitalen Welt, 2012, S. 35 ff.; angedeutet in der MPI-Stellungnahme (Fn. 31), Rn. 31 f.; a.A. Rieble, in: Reuß/Rieble (Fn. 12), S. 29 (50).

64 Entfaltet bei Fehling (Fn. 14), OdW 2014, 179 (202 ff.).

empfängern bei verbleibender Wahlmöglichkeit zwischen „green road" und „golden road" noch verhältnismäßig ist.[65]

Dabei muss als Reaktion auf ein durch objektive Garantien relativiertes Abwehrrecht kompensierend die Gewährleistungsverantwortung für wissenschaftsadäquate Rahmenbedingungen des Publizierens gestärkt werden. Deshalb trifft eine semi-staatliche Förderorganisation, welche von den Geförderten eine Publikation Open Access verlangt, die (Reserve-)Verantwortung[66] für adäquate und finanzierbare Internet-Publikationsmöglichkeiten. Bei der „green road" muss sie gegebenenfalls sogar ein geeignetes Repositorium o.Ä. bereitstellen, um Qualitätsstandards zu sichern[67] und dauerhafte Auffindbarkeit[68] zu garantieren;[69] bei der „golden road" sind eventuelle finanzielle Belastungen zu kompensieren, die den Autor bei Publikation in einer nach dem „author pays"-Geschäftsmodell verfahrenden Open Access-Zeitschrift[70] treffen.[71]

Bei den Creative Commons-Lizenztypen müssen zwei Rechtsverhältnisse in ihrer Verknüpfung betrachtet werden, nämlich zwischen Förderungsorganisation und dem Forscher als Förderungsempfänger einerseits und zwischen dem Forscher als Autor und nutzungswilligen Dritten andererseits. Im Verhältnis zwischen Förderer und Forscher als Förderungsempfänger liegt ein Eingriff in Art. 5 Abs. 3 GG vor, wenn der Förderungsempfänger als Autor im Verhältnis zu Dritten zur Verwendung von Lizenzbedingungen gezwungen wird, die den Dritten eine Nutzung des im Open Access publizierten Textes gestatten, welche die grundrechtlich geschützten Interessen des Förderungsempfängers und zugleich Autors beeinträchtigt. Auf Rechtfertigungsebene muss im Verhältnis zwischen För-

65 Näher Fehling (Fn. 14), OdW 2014, 179 (200 ff.).

66 Allgemein zur Reservefunktion des Staates als Form der Gewährleistungsverantwortung Voßkuhle, Beteiligung Privater an der Wahrnehmung öffentlicher Aufgaben und staatliche Verantwortung, VVDStRL 62 (2003), 266 (326).

67 Die MPI-Stellungnahme (Fn. 31), Rn. 17 bemängelt, den vorhandenen institutionellen Repositorien fehle oftmals „eine gewisse Garantie", „dass ein Beitrag in wissenschaftlicher Hinsicht unzweifelhafte Qualität aufweist"; auch auf Fachrepositorien bezogen Peukert, Wissenschaftliches Kommunikationssystem (Fn. 10), S. 23 f., 26.

68 Entgegen landläufiger Vorstellungen („das Internet vergisst nichts") sind Internet-Adressen oftmals schon nach wenigen Jahren nicht mehr aktuell.

69 So schon Bargheer/Bellem/Schmidt, Open Access und Institutional Repositories – Rechtliche Rahmenbedingungen, in: Spindler (Fn. 25), S. 1 (16).

70 Zur entsprechenden Umstellung der Zeitschriften-Finanzierung siehe oben A.

71 Zum ganzen siehe Fehling (Fn. 14), OdW 2014, 179 (203 u. 206).

derer und Forscher als Förderungsempfänger die Verhältnismäßigkeit der Verpflichtung zur Verwendung einer weitreichenden Creative-Commons-Lizenz gesichert werden. Dies gelingt nur, wenn die Klauseln im zweiten Rechtsverhältnis zwischen dem publizierenden Forscher und Dritten so ausgelegt werden können, dass die durch die Wissenschaftsfreiheit (sowie gegebenenfalls die Eigentumsgarantie) geschützten Interessen des Autors – insbesondere an der Vermeidung von verfälschender oder sonst missbräuchlicher Nutzung seines Textes durch Dritte, möglicherweise aber auch an einer Beteiligung an Erlösen aus einer kommerziellen Nutzung durch Dritte – gewahrt bleiben. Dabei gilt es die Wissenschaftsfreiheit des Förderungsempfängers und Autors, auf die er sich im Verhältnis zur semistaatlichen Forschungsförderorganisation berufen kann, über die Auslegung seines Urheberpersönlichkeitsrechts auch im Rechtsverhältnis zu Dritten, die nicht an Art. 5 Abs. 3 GG gebunden sind, zu sichern.

Hinsichtlich des Schutzes vor Verfälschungen und reputationsgefährdenden Entkontextualisierungen von wissenschaftlichen Texten erscheint eine entsprechende „Aufladung“ des – als solches, wie auch die CC-BY-Musterlizenzen anerkennen, nicht dispositiven[72] – Urheberpersönlichkeitsrechts zwar schwierig und problematisch, aber nicht gänzlich aus-

72 Auf dessen Durchsetzung/Geltendmachung kann der Urheber allerdings in gewissem Umfang im Voraus verzichten. Dementsprechend statuiert Sec. 2 b. 1. CC-BY-NC (Version 4) einen solchen Verzicht, soweit dies möglich und für die Ausübung der in der CC-BY-Lizenz übertragenen Rechte erforderlich ist. Doch spricht viel dafür, diesen Verzicht restriktiv auszulegen: Mit der Formulierung „to the extent possible“ macht die Klausel bereits für den Empfänger (vgl. §§ 133, 157 BGB) deutlich, dass zwingende (urheber- wie verfassungsrechtliche) Rechte garantiert bleiben müssen, dass also das Urheberpersönlichkeitsrecht im Kern gewahrt bleiben muss. Auch die urheberrechtliche Zweckübertragungslehre, wonach Rechte im Zweifel beim Urheber verbleiben (§ 31 Abs. 5 UrhG, siehe z.B. BGH, GRUR 1979, 637 [638 f.] – White Christmas), streitet dafür, in der Auslegung dem folgenden Passus „to the limited extent necessary to allow You to exercise the Licensed Rights, but not otherwise“ hohe Bedeutung beizumessen. Vor diesem Hintergrund liegt es nahe, den Durchsetzungsverzicht streng auf diejenigen Beeinträchtigungen zu beschränken, die mit einer Bearbeitung (oder kommerziellen Nutzung, s.u. c) typischerweise, wenn nicht gar notwendig verbunden sind. Im urheberechtlichen Schrifttum wird nämlich vertreten, dass es „bei Texten wahrscheinlicher [ist], dass substanzielle Veränderungen“ gemäß § 14 UrhG per se „zu einer Beeinträchtigung der persönlichen Interessen führen“ (Jaeger/Metzger, Open Content-Lizenzen nach deutschem Recht, MMR 2003, 431 [435]). Nur dieser Gleichsetzung von Textabänderung und Verletzung des Urheberpersönlichkeitsrechts wird durch die Durchsetzungsverzichts-Klausel entgegengewirkt.

sichtslos. Denn das Urheberpersönlichkeitsrecht überschneidet sich mit dem grundrechtlichen allgemeinen Persönlichkeitsrecht;[73] die in der analogen Welt ergangenen Entscheidungen, die missbräuchliche Instrumentalisierungen von Äußerungen, Bildern u.Ä. betreffend,[74] erscheinen auf die Weiterverbreitung eines Textes unter CC-BY-Lizenz in einem grob unangemessenen oder gar „ehrenrührigen" Kontext übertragbar.[75] Sogar für die Zulassung von Bearbeitungen[76] und kommerzieller Nutzung des Textes[77]

---

73 Das Urheberpersönlichkeitsrecht wird dementsprechend meist grundrechtlich in Art. 2 Abs. 1 i.V.m. Art. 1 Abs. 1 GG verankert, so z.B. Loewenheim, in: Schricker/Loewenheim (Fn. 48), Einl. Rn. 10; Loewenheim/Vogel, in: Loewenheim (Hrsg.), Handbuch des Urheberrechts, 2. Aufl. 2010, § 2 Rn. 26; andere Stimmen sehen die verfassungsrechtliche Basis des Urheberpersönlichkeitsrechts eines Wissenschaftlers freilich nur in Art. 5 Abs. 3 GG, Classen (Fn. 27), S. 92 f.; Fechner, Geistiges Eigentum und Verfassung, 1999, S. 257 f.

74 Das BVerfG (ZUM 2001, 584 [Kammerbeschluss]) hat z.B. in einer aus dem Zusammenhang gerissenen Verwendung eines Zitats eines früheren SPD-Bürgermeisters von Bremen auf einem Wahlkampfplakat einer „rechten" Partei einen Verstoß gegen dessen postmortales Persönlichkeitsrecht gesehen: zur Verwendung eines Bildes in der Werbung für ein Potenzmittel im Kontext des § 823 BGB klassisch BGHZ 26, 349 – Herrenreiter.

75 Darauf hindeutend auch Mantz, in: Spindler (Fn. 25), S. 55 (75).

76 Diese Interessen umfassen grundsätzlich auch die Möglichkeit, durch Veränderungen (Kombination mit eigenen Forschungsergebnissen, auszugsweiser Abdruck in einer Sammlung) neues Wissen zu generieren (als besonderer Vorteil der CC-BY-SA-Lizenz ohne ND-Zusatz hervorgehoben von Kreutzer [Fn. 20], S. 53 f.). Oft wird dafür freilich bereits das Zitatrecht ausreichen; die bloße geistige Aneignung und nicht kommerzielle Weiterverwertung der Erkenntnisse aus einer Publikation ist ohnehin urheberrechtlich unproblematisch (betont von Spindler, in: FS Schäfer [Fn. 6], S. 89 [97]). Immerhin erscheint es aber nicht ausgeschlossen, dass andere Wissenschaftler zusätzliche Versuchsreihen o.Ä. in vorhandene Veröffentlichungen integrieren und/oder diese mit eigenen Erwägungen kommentieren möchten. Höhere praktische Bedeutung dürfte das Bearbeitungsrecht allerdings wohl eher zu außerwissenschaftlichen (z.B. journalistischen, ggf. auch kommerziellen) Zwecken erlangen. Auch daran besteht grundsätzlich ein relevantes öffentliches Interesse; Wissenschaft wird nämlich nicht zuletzt deshalb gefördert, weil man sich davon einen – indirekt auch ökonomischen – Nutzen für Wirtschaft und Gesellschaft über die Scientific Community hinaus verspricht.

77 Wird die kommerzielle Nutzung nicht gestattet, schneidet dies einige Verbreitungskanäle für das Werk ab. Schon die (ausschnittweise) Einbindung in Wikipedia wäre nicht mehr möglich, weil deren Inhalte wiederum von Dritten auch zu vorwiegend wirtschaftlichen Zwecken genutzt werden dürfen. Sogar die Verbreitung auf anderen Webseiten (z.B. Blogs, aber u.U. auch Seiten von Wissenschaftseinrichtungen), die durch Werbebanner finanziert werden, wäre problematisch (Klimpel, Folgen, Risiken und Nebenwirkungen der Bedingung „nicht-kommerzi-

lassen sich so gewichtige (Verbreitungs-)Interessen ins Feld führen, dass entsprechender vom Förderer ausgeübter Zwang im Grundsatz in der Verhältnismäßigkeitsabwägung noch rechtfertigungsfähig erscheint. Im Lichte des Urheberpersönlichkeitsrechts muss bei Änderungen des Textes allerdings nicht nur angegeben werden, dass solche vorgenommen wurden (wie schon der Wortlaut von Sec. 3 a. 1. B. CC-BY [Version 4] klarstellt), sondern auch wo genau diese Änderungen erfolgt sind. Möchte der wissenschaftliche Ursprungsautor mit der geänderten Fassung aus irgendwelchen Gründen nicht in Verbindung gebracht werden, hat er umgekehrt grundsätzlich einen Anspruch darauf, dass die entsprechenden Informationen entfernt werden (Sec. 3 a. 3. CC-BY [Version 4]).[78] Ferner ist es im Lichte von Art. 14 GG[79] unverhältnismäßig, wenn dem wissenschaftlichen Autor als Urheber ausnahmslos jegliche Beteiligung an finanziellen Erlösen verwehrt wird, die Dritte mit der Nutzung seines Textes (etwa durch Weiterverbreitung mit Werbeumrahmung) generieren.[80] Im Übrigen bleibt

---

ell – NC“, 2012, S. 10 f. u. 14). Würden längere Passagen aus Texten mit CC-BY-NC-Kennzeichnung in kommerziellen Suchmaschinen wie Google usw. angezeigt, begegnete auch dies wegen deren kommerzieller Funktion Bedenken. Ebenfalls gegen die Verwendung einer NC-Version sprechen erhebliche Auslegungsschwierigkeiten bei der Frage, was als kommerziell einzustufen ist (vgl. nur LG Köln, MMR 2014, 478 ff. einerseits; OLG Köln, WRP 2015, 94 ff. andererseits).

78 Außerdem gelten im wissenschaftlichen Kontext unverkürzt die (Zitier-)Regelungen guter wissenschaftlicher Praxis einschließlich des Plagiatsverbots, die im Übrigen im Kern ebenfalls international (in der jeweiligen Scientific Community) anerkannt sind. Man wird in den CC-BY-Nutzungsanforderungen eine Bekräftigung dieser wissenschaftlichen Grundregeln und ihre Erstreckung auf Verwertungszusammenhänge außerhalb der Scientific Community (etwa zu journalistischen Zwecken) erblicken können (in diese Richtung wohl auch Krujatz, Open Access, 2012, S. 13).

79 Zur dortigen Verankerung des Werknutzungs-Vergütungsrechts des Urhebers T. Dreier, in: Dreier/Schulze (Hrsg.), UrhG, Kommentar, 4. Aufl. 2013, Einl. Rn. 39; vgl. ferner BVerfGE 31, 229 ff. u. E 49, 382 ff.

80 Das Interesse an möglichst weitreichender Verbreitung und Nutzung der Forschungsergebnisse kann für sich genommen einen Ausschluss jeglicher finanzieller Beteiligung an von Dritten durch kommerzielle Nutzung generierten Erträgen – nicht zu verwechseln mit dem Ausschluss von bloßen Lizenzgebühren, die für die Verwendung eines urheberrechtlich geschützten Werks unabhängig von generierten Erlösen anfallen könnten – kaum rechtfertigen. Wird der Urheber nur zu einem kleineren Teil beteiligt, bleibt das auch kommerziell motivierte Verwertungsinteresse Dritter grundsätzlich erhalten, wenngleich möglicherweise abgeschwächt.

eine Verpflichtung zur Nutzung von CC-BY-Lizenzmustern in Forschungsförderungsbedingungen AGB-rechtlich höchst problematisch.[81]

D. Übergreifende Charakteristika dieses Innovationsprozesses

I. Inkrementelle Innovationen mit Gesamttendenz zur Basisinnovation

Die Umstellung auf Open Access-Publikationen lässt sich als Basisinnovation im wissenschaftlichen Publikationswesen einordnen. Allerdings wäre es deutlich zu hochgegriffen, darin eine „Zeitenwende" wie die Erfindung und Durchsetzung des Buchdrucks zu erblicken. Von einer radikalen Innovation kann daher keine Rede sein. Da die Umstellung zudem nur schrittweise und auch mittelfristig wohl keineswegs vollständig erfolgen wird, handelt es sich bei einzelnen rechtlichen Neuerungen in diesem Prozess sogar nur um inkrementelle Innovationen; erst in der Gesamtschau gewinnen sie grundlegenden Charakter.

II. Multidimensionalität statt klarer Kausalketten

Zwar deutet sich ein Wandel der Publikationskanäle ein, doch verläuft dieser Innovationsprozess keineswegs linear. Es existiert keine Kausalkette, die von den traditionellen Subskriptionszeitschriften umstandslos zur Open Access-Publikation, gar noch mit weitreichenden Creative Commons-Lizenzen, verläuft. Vielmehr stehen verschiedene Entwicklungspfade zunächst einmal nebeneinander: Die Ermöglichung einer Open-Access Zweitpublikation durch § 38 Abs. 4 UrhG, die Überlegungen in der DFG zur gleichberechtigten Forcierung von „green road" und „golden road", die Erleichterung der Einräumung weitreichender Nutzungsrechte für Dritte durch vorformulierte Lizenzbausteine und schließlich die Erwägungen von Organisationen wie der DFG, ob und gegebenenfalls welche dieser Lizenztypen sie in ihren Förderbedingungen favorisieren.

81 Dazu Berger, Creative Commons-Lizenzen bei Open Access-Publikationen – urheberrechtliche Aspekte, Rechtsgutachten für den Börsenverein des Deutschen Buchhandels e.V. und das CCC (Copyright Clearance Center, Inc.), Manuskript, Januar 2015, S. 24 f.

Im Zuge dieser Multidimensionalität des Innovationsprozesses lassen sich die verschiedenen Ansätze in unterschiedlicher Form miteinander verknüpfen. Die bisherigen rechtlichen Innovationen legen dies nicht fest. Bei den verschiedenen Akteuren führen abweichende Präferenzen zu unterschiedlichen Strategien; dies verleiht dem Innovationsprozess auch gewissen politischen „Zündstoff". [82] Der Gesetzgeber verhält sich mit der Urheberrechtsnovelle innovationsermöglichend und im Übrigen abwartend, die Creative Commons-Bewegung verfolgt sogar ausschließlich emanzipatorische Ziele, die DFG erwägt demgegenüber eine Innovationsforcierung mit indirektem Zwang, der Börsenverein des Deutschen Buchhandels thematisiert die mit Open Access-Publikationen ohne Verlags-Intermediäre verbundenen Gefahren. Während sich der Gesetzgeber mit dem Zweitveröffentlichungsrecht auf die „green road" konzentriert und die DFG beide Optionen nebeneinander stellt, hat die Creative Commons-Bewegung wohl nur die originäre Internetpublikation, also die „golden road", im Blick.

Einiges spricht dafür, die gewisse Ambiguität, welche auch den Innovationen im Recht in diesem Prozess anhaftet, nicht als Schwäche, gar als demokratisch bedenkliche Steuerungsabstinenz, zu verstehen, sondern als notwendigen Tribut an die Wissensdefizite im Hinblick auf den richtigen weiteren Weg. Klugerweise beschränkt sich das Recht in diesem Innovationsprozess zunächst darauf, neue Publikationspfade so weit zu fördern und vielleicht auch ein Stück weit zu forcieren, dass man mit verschiedenen Modellen der Open Access-Publikation mehr Erfahrungen sammelt. Im Übrigen würde eine gesetzlich angeordnete Open Access-Publikationspflicht möglicherweise mit den internationalen Übereinkünften zum Urheberrechtsschutz in Konflikt geraten.[83]

---

82 Zum „Zündstoff" als Katalysator für rechtliche Innovationen Baer, in diesem Band, S. 271 (287 f.).

83 Das bloße Zweitveröffentlichungs*recht* in § 38 Abs. 4 UrhG ist zwar richtigerweise (entgegen Hirschfelder, Anforderungen an eine rechtliche Verankerung des Open Access Prinzips, 2008, insbes. S. 135 ff.; ders., Open Access – Zweitveröffentlichungsrecht und Anbietungspflicht als europarechtlich unzulässige Schrankenregelungen, MMR 2009, 445 [446 ff.]; vgl. auch Bundesregierung, Gegenäußerung zur Stellungnahme des Bundesrats, Anlage 3 zum Gesetzentwurf der BReg., BT-Drs. 16/1828, S. 47) keine nach Art. 5 Rl 2001/29/EG (siehe oben Fn. 32) und zugrundeliegendem Völkervertragsrecht unzulässige „Ausnahme oder Beschränkung", weil es die Rechte des Autors als Urhebers zunächst einmal nur erweitert, siehe Lutz (Fn. 63), S. 246 f.; Pfeifer, Wissenschaftsfreiheit und Urheberrecht,

III. Zwischen Innovationsermöglichung und Innovationssteuerung durch Recht

Hinter den umstrittenen rechtlichen Optionen verbirgt sich der Konflikt zwischen Freiheitserweiterung durch Öffnung neuer Publikationskanäle einerseits und Freiheitsbeschränkung durch mehr oder minder weitgehende Open Access-Publikationspflichten andererseits. Dennoch lässt sich dieser Konflikt nur teilweise als Gegensatz zwischen individueller Freiheit und demokratischer Steuerung modellieren. Gesteuert wird nämlich erstens nur wenig durch den Gesetzgeber, sondern zu wesentlichen Teilen durch die DFG als gemischte Einrichtung zwischen Staat und selbstverwalteter Wissenschaft; [84] insoweit lässt sich im weitesten Sinne sogar von regulierter Selbstregulierung des Wissenschaftssystems sprechen. Mit ihren Förderbedingungen könnte die DFG als Vorbild für weitere, gegebenenfalls auch private Forschungsförderungsorganisationen dienen. Zweitens stellt sich beim Freiheitsaspekt wie so oft die Frage: Freiheit für wen? Gerade die Wissenschaftler sehen sich durch Open Access-Förderbedingungen einerseits in ihrer Publikationsfreiheit beschnitten, während sie andererseits durch einen schnelleren und umfassenderen wissenschaftlichen Informationsfluss zu profitieren hoffen. (Wissenschafts-)Verlage sind zwar bei den klassischen Subskriptionszeitschriften in ihren Erwerbschancen

---

Schranken, Vertragsrecht, Wettbewerbsrecht, GRUR 2009, 22 (27); Hansen, Für ein Zweitveröffentlichungsrecht für Wissenschaftler – zugleich Besprechung von Marcus Hirschfelder: Anforderungen an eine rechtliche Verankerung des Open Access Prinzips, GRUR Int 2009, 799 (801); zusammenfassend Fehling (Fn. 14), OdW 2014 179 (187). Anders dagegen wohl bei einer gesetzlichen Open-Access-Publikationspflicht, bei der auch eine Rechtfertigung durch den Drei-Stufen-Test des Art. 5 Abs. 5 RL 2001/29/EG zweifelhaft erschiene. Diese internationalen Restriktionen sind ein weiterer Grund dafür, dass Open Access mit weicheren Steuerungsinstrumenten unterhalb der Gesetzesebene gefördert wird; vgl. weitgehend parallel zur Copyleft-Clausel bei Open Source Wielsch, in diesem Band, S. 367 (381 ff.).

84 Als gleichsam „verlängerter Arm der Wissenschaftler“ wird die DFG zu Recht verbreitet auch als Trägerin der Wissenschaftsfreiheit eingestuft, statt vieler Trute, Die Forschung (Fn. 55), S. 690 ff.; zur Konsequenz, dass hier kein Gesetzesvorbehalt anzuerkennen ist, siehe oben Fn. 60. Im Rechtsverhältnis zu Antragstellern bzw. Förderempfängern bleibt sie jedoch an Grundrechte gebunden („janusköpfige Grundrechtskonstellation“, siehe Schmidt-Aßmann, Wissenschaftsrecht als systematische Disziplin, in: Winkler [Hrsg.], Festschrift für Ernst-Joachim Meusel, 1997, S. 224 f.; zusammenfassend Fehling, in: BK (Fn. 24), Art. 5 Abs. 3 Rn. 19, 141).

negativ betroffen (wenngleich ein Eingriff in ihre Berufsfreiheit mangels berufsregelnder Tendenz ausscheidet); doch eröffnen sich ihnen zugleich im Internet neue Geschäftsmodelle mit Open Access-Journals. Potentielle Rezipienten unter Einschluss der interessierten Öffentlichkeit (etwa die Medien, aber gerade bei Creative Commons-Lizenzen auch die an kommerziellen Nutzungen interessierte Wirtschaft) dürfen sich vom Open Access eine erweiterte Verwertbarkeit der wissenschaftlichen Texte selbst (und nicht nur der in den Texten enthaltenen wissenschaftlichen Erkenntnisse) versprechen. Doch zumindest die Scientific Community muss gleichermaßen an der Vermeidung von Verfälschungen und dem Schutz wissenschaftlicher Autorenschaft gelegen sein, weil sonst die verfügbaren Informationen zu wissenschaftlichen Zwecken entwertet werden.

Verallgemeinernd ausgedrückt, muss das Recht auch in solchen Innovationsprozessen multipolare Grundrechtskonflikte ausgleichend bewältigen.[85] Wo es steuernd in eine bestimmte Richtung nachhilft, hat es jedenfalls für einen geordneten und dadurch typischerweise längerfristigen Übergang Sorge zu tragen, auch wenn dies zunächst einmal – vor allem bei der „green road" – Effizienzverluste durch Parallelstrukturen[86] nach sich zieht.

IV. Konkurrierende Entwicklungspfade mit offenem Ausgang

Ob die Entwicklung am Ende tatsächlich zu einer weitgehenden Umstellung der wissenschaftlichen Publikationskanäle auf Open Access führt, ob sich die originäre freie Internetpublikation oder doch eher die bloße Zweitpublikation in Repositorien u.ä. durchsetzen wird, ist noch offen. Noch weniger absehen lässt sich, inwieweit bei der „golden road" Creative Commons-Lizenzen und gegebenenfalls welche ihrer Bausteine (mit oder ohne Bearbeitungsrechte und/oder kommerzielle Nutzungsrechte für Dritte) eine Zukunft haben.

Innovationen im Recht, wie hier das unabdingbare Urheber-Zweitveröffentlichungsrecht (§ 38 Abs. 4 UrhG) und die Creative Commons Lizenz-

---

85 Vgl. Hoffmann-Riem, Innovationsoffenheit und Innovationsverantwortung, AöR 131 (2006), 255 (266); ders./Fritzsche, Innovationsverantwortung – Zur Einleitung, in: Eifert/Hoffmann-Riem (Hrsg.), Innovationsverantwortung, 2009, S. 11 (17 f.).

86 Dazu oben B III.

bausteine, sollen durch Erweiterung der Optionen in erster Linie Lernprozesse ermöglichen. Wenn Bedingungen bei der Forschungsförderung in Teilbereichen solche neuen Publikationsformen zwingend vorschreiben, so wird damit das Sammeln von Erfahrungen mit verschiedenen Varianten der Open Access-Veröffentlichung ein Stück weit forciert. Das Ergebnis des Lern- und Innovationsprozesses kann das Recht sinnvollerweise nicht vorgeben. Dies nicht zuletzt deshalb, weil gerade in gesellschaftlichen Subsystemen, die wie der Wissenschaftsbereich durch ein hohes Maß individueller Autonomie gekennzeichnet sind, der Innovationserfolg zentral von der Akzeptanz neuer (Publikations-)Pfade abhängt. Allerdings schließt dies nicht aus, dass später, wenn man „klarer sieht", staatlich oder auch in Wege regulierter Selbstregulierung imperativ oder auch nur mit verstärkten Anreizen nachgesteuert wird, um Open Access im Wissenschaftsbereich flächendeckender durchzusetzen.

E. Fazit

Open Access als neue Publikationsform auch und gerade in der Wissenschaft, sei es originär frei zugänglich im Internet („golden road") oder als bloße dortige Zweitveröffentlichung („green road"), basiert auf den neuen technischen Möglichkeiten des Internets und reagiert auf die finanzielle Krise des wissenschaftlichen Publikationswesens. Innovationen im Recht ermöglichen – in Gestalt des § 38 Abs. 4 UrhG für die „green road" – und erleichtern – mit den Creative Commons Lizenzmustern – die Umstellung der Publikationskanäle. Dabei bewegen sich die Neuerungen in den bekannten Pfaden des Urheberrechts, besitzen aber das Potential zur Öffnung neuer Pfade im Publikationswesen. Wenn das Recht darüber hinaus in Gestalt von Forschungsförderungsbedingungen steuernd auf die vermehrte Nutzung der neuen Open Access-Publikationsmöglichkeiten hinwirkt, so forciert dies mehr oder minder stark Lernprozesse und erhöht auch die Wahrscheinlichkeit eines Wandels, bestimmt aber nicht „die" wissenschaftliche Publikationsform der Zukunft. Wissensdefizite und offene Akzeptanzfragen setzen auch hier der Innovationssteuerung durch Recht Grenzen. Ob die verschiedenen inkrementellen Innovationen zu einer Basisinnovation zusammenwachsen, ist noch offen.

So ergibt sich beim angedeuteten Wandel der wissenschaftlichen Publikationskanäle ein facettenreiches Mosaik mit verschiedenen Akteuren und Wirkmechanismen, unter denen die Innovationen im Recht eine unverzichtbare Funktion, aber kein Steuerungsprimat besitzen. Der Rechtswissenschaft kommt eine wichtige Übersetzungs- und Vermittlungsrolle zu, indem sie Neues im Interesse von Rechtssicherheit und grundrechtlichem Interessenausgleich so weit wie möglich in bekannte rechtsdogmatische Kategorien einpasst.

Die private Konstruktion von Gemeinschaftsgütern

Dan Wielsch

Inhalt

A. Privatrecht als ein Recht der sozialen Institutionen

Das liberale Gesellschaftsmodell kann als eine „Theorie der Mittelbarkeit“ gekennzeichnet werden.[1] Es emanzipiert sich von der materiellen Bestimmung des Gemeinwohls durch den Staat in dem Bewusstsein, dass die von ständischen und politischen Bindungen freigesetzte Gesellschaft über eigene Ordnungsmechanismen verfüge, die eine Koordination des Handelns der Einzelnen zum Wohle aller zulasse. Die Verabschiedung der *societas civilis sive res publica* wird nur verständlich,[2] wenn man die Annahme nachvollzieht, die Gesellschaft verfüge über „Einrichtungen, denen die Fähigkeit innewohnt, das Planen und Handeln freier, autonomer Menschen aufeinander abzustimmen und insoweit *mittelbar zu lenken und zu beeinflussen*“[3] auf eine Art und Weise, dass die Gesellschaft aus sich heraus in der Lage sei, zu Wohlstand und Gerechtigkeit zu gelangen. Nach dem re-

1 Vgl. Ladeur, Kritik der Abwägung in der Grundrechtsdogmatik, 2004, S. 31 f.

2 Zur Begriffsgeschichte der societas civilis vgl. Riedel, Der Begriff der «Bürgerlichen Gesellschaft» und das Problem seines geschichtlichen Ursprungs, in: ders., Studien zu Hegels Rechtsphilosophie, 1969, S. 140 ff.

3 Böhm, Privatrechtsgesellschaft und Marktwirtschaft, ORDO 1966, S. 88 (Hervorh. i. Orig.).

volutionären Bruch mit der altständischen Gesellschaft tritt der Einzelne also nicht etwa atomisiert dem Staate gegenüber,[4] vielmehr können sich jetzt Institutionen auf der Grundlage der errungenen personalen Gleichheit weiter- oder gänzlich neu entwickeln.

Konkret gemeint ist mit jenen „Einrichtungen" gesellschaftlicher Selbstorganisation die Etablierung von Vertrags- und Gewerbefreiheit, freiem Wettbewerb und Preissystem.[5] Die am Privatinteresse ausgerichtete Handlung des Einzelnen ist nur über die soziale Institution des Marktes mit dem Allgemeinwohl verbunden. Dadurch kann der Einzelne bei seiner Teilnahme am Wirtschaftsverkehr von gesamtgesellschaftlichen Auflagen entlastet werden, etwa von den Anforderungen der scholastischen Lehre vom gerechten Preis oder anderen moralisch-ethischen Bindungen.[6] So werden etwa Einzelentscheidungen in Ausübung wirtschaftlicher Freiheitsrechte keiner Bewertung im Einzelfall unterzogen, vielmehr wird unterstellt, dass es zu einer „Generalkompensation" der Vor- und Nachteile der Eigentumsfreiheit komme.[7] Die Bewertung aus Sicht einer gesamtgesellschaftlichen Perspektive verschiebt sich auf die höhere Ebene der abstrakten Regeln und Regelordnungen; nur auf ihr werden Alternativen miteinander verglichen. Diese Entwicklung vollzieht sich nicht nur beim wirtschaftlichen Handeln. Auch in anderen Bereichen ist der Maßstab kein gesamtgesellschaftlicher mehr, sondern es wird die Übereinstimmung mit den normativen Anforderungen der Institution überprüft.

Die normativen Anforderungen von sozialen Institutionen müssen dann aber auch ernst genommen werden. Dieser Gedanke dringt nur nach und nach in das Privatrecht ein. So ist erst verhältnismäßig spät nach Etablierung einer liberalen Privatrechtsordnung erkannt worden, dass „Vertrag, Vertragsfreiheit und Wettbewerbsfreiheit als funktionell zusammengehörige Rechtsinstitute einer rechtlich verfassten Marktwirtschaft zu verstehen [sind] mit der Folge, dass Parteien, die von ihnen einen den Grundprinzi-

---

4 So freilich das Selbstverständnis der Revolutionäre, deren Ablehnung intermediärer Gewalten bei gleichzeitiger Stilisierung der Vertragsfreiheit als gesellschaftliches Regelungsprinzip diskutiert wird bei Simitis, Die Loi le Chapelier: Bemerkungen zur Geschichte und möglichen Wiederentdeckung des Individuums, KJ 1989, S. 157 ff.

5 Vgl. Böhm, Fn. 3, S. 88 ff.

6 Dazu grundlegend Hirschman, Leidenschaften und Interessen - Politische Begründungen des Kapitalismus vor seinem Sieg, 1987. Vgl. auch Homann, Wettbewerb und Moral, Jahrbuch für Christliche Sozialwissenschaften 1990, S. 34 ff.

7 Vgl. Ladeur, Fn 1.

pien dieser Wirtschaftsverfassung zuwiderlaufenden Gebrauch machen, dafür keinen Rechtsschutz erlangen können."[8] In eben diesem Bezug auf gesellschaftliche Institutionen liegt aber die öffentliche Funktion des Privatrechts und seiner dogmatischen Grundbegriffe, die strukturell übersehen wird in einer Rechtstradition, die seit Kant zwischen den Begründungsfiguren des privaten und des öffentlichen Rechts trennt. Dabei hätte es gerade unter der Prämisse einer Trennung von Staat und Gesellschaft mit ihrer Abkoppelung der Gesellschaft von politischer Steuerung nahe gelegen, die normativen Implikationen jener sozialen Selbststeuerungsmechanismen im Privatrecht selbst zu berücksichtigen.

Die gesamtgesellschaftliche Freigabe von ausschließlich eigennütziger Handlungsorientierung entspricht den spezifischen Funktionsvoraussetzungen von Märkten und der Systemrationalität der Wirtschaft. Andere Institutionen und soziale Systeme haben andere Voraussetzungen und folgen anderen Rationalitäten. Die fehlende unmittelbare Beziehung des individuellen Handelns auf das öffentliche Interesse verliert daher dann an Legitimität, wenn ihre rechtliche Verbindlichmachung (etwa durch eine ausschließlich individualistische Auslegung von Eigentum und Vertrag) in Konflikt gerät mit den Funktionsvoraussetzungen anderer Sozialbereiche als der Wirtschaft. In diesen Fällen wird die Vermutung des Liberalismus über die gesamtgesellschaftliche Vorteilhaftigkeit von Märkten problematisch. Das Recht hat dann Anlass, die Ausrichtung seiner Begriffe auf die Institutionalisierung von Märkten zu überprüfen und gegebenenfalls zu ändern oder zu erweitern. Wenn es richtig ist, dass Rechtsfiguren sedimentierte strategisch-selektive Produkte vergangener Auseinandersetzungen sind,[9] dann können rechtliche Innovationen die jeweils gegebene (positive) Verkoppelung von Rechtsbegriffen mit einer bestimmten institutionellen Normativität aufbrechen und seine Orientierung an gesellschaftlichen Institutionen umfassender machen. Denn die gesamtgesellschaftliche Verantwortung des Rechts selbst besteht darin, die soziale Multilateralität seiner Begriffe zu erkennen und mit ihr umzugehen. Die Rechtsform allein

---

8 Raiser, Vertragsfunktion und Vertragsfreiheit, FS 100 Jahre Deutscher Juristentag 1960, S. 133.

9 Vgl. Buckel, Zwischen Substanz und Maskerade – Kritik(en) des Rechts, in: Demirovic (Hrsg.), Kritik und Materialität, 2008, S. 125.

verbürgt noch nicht die Unparteilichkeit des Rechts, erst ihre multilaterale Interpretation.[10]

B. Institutionalisierung von Gemeinschaftsgütern

Gemeinschaftsgüter werden erzeugt durch die Dezentralisierung der Befugnis zur Nutzung einer Ressource. Die Kennzeichnung als Gemeinschaftsgut impliziert keineswegs das Fehlen rechtlicher Regeln über die Nutzung noch automatisch eine kostenfreie Nutzung. Vermieden werden sollte auch eine Verdinglichung von Gemeinschaftsgütern, wonach es sich um Objekte mit bstimmten Qualitäten handelt. Stattdessen hebt die Begriffsbestimmung die Geltung eines bestimmten Nutzungsregimes für eine (beliebige) Ressource hervor. Gemeinschaftsgüter werden nicht vorgefunden, sondern normativ erzeugt: „commons is best understood to refer to a type of resource-management strategy, generally reflected in institutions or a governance regime.“[11] Offen bleibt darin zunächst, wie, von wem und in welchen Verfahren über die Geltung einer entsprechenden Nutzungsregel entschieden wird. Offen bleibt auch der Kreis der von einer solchen Regel begünstigten Nutzer. Hierbei kann es sich um eine bestimmte Gruppe von Personen oder die Allgemeinheit handeln.[12] In beiden Fällen wird man freilich als wesentliches Kennzeichen des Nutzungsregimes anzusehen haben, dass *alle* erfassten Personen grundsätzlich das *gleiche* Recht zur Nutzung besitzen, also nicht zwischen einzelnen Nutzern diskriminiert wird.

Gemeinschaftsgüter unterlaufen den angeblichen Dualismus von Markt und Staat. Danach besteht an einer Ressource entweder privatnütziges Ei-

---

10 Vgl. Wielsch, Die Vergesellschaftung rechtlicher Grundbegriffe - Vom Universalismus zum Multilateralismus in der Rechtserzeugung am Beispiel des Eigentums, in: Gutmann et al. (Hrsg.), Evolution – Entwicklung – Epigenesis des Rechts, ARSP-Beiheft 2015 (i. Ersch.)

11 Vgl. Madison/Frischmann/Strandburg, Reply: The Complexity of Commons, Cornell Law Review 2010, S. 839 (841) („institutionalized sharing of resources among members of a community“) mit der Unterscheidung zwischen “resources, resource-management strategies and institutions to implement those strategies, and resource managers”.

12 Insofern lässt sich unterscheiden zwischen „limited access commons“ und „open access commons“, vgl. Davies, Property: Meanings, Histories, Theories, 2007, S. 63 ff.

gentum und ihre exklusive Nutzungsbefugnis wird auf Märkten im Wettbewerb alloziert. Oder eine Ressource wird durch kollektive politische Entscheidung zum Wohle aller verwaltet. Entgegen der inszenierten Dichotomie von Privateigentum und Staat – hier Freiheit der Verfolgung privater Interessen, dort Bindung an das öffentliche Wohl – beruhen jedoch beide Institutionen auf dem gleichen Prinzip der Konzentration von Entscheidungsmacht.[13] Gemeinschaftsgüter setzen dem das Modell einer egalitär verteilten Entscheidungskompetenz über den Ressourceneinsatz entgegen. An die Stelle von Exklusivität und Hierarchie treten Kooperation und Heterarchie. Genauer: Gemeinschaftsgüter ermöglichen es, die Handlungslogik des Marktes, nach der die Individuen unabhängig und dezentral entscheiden, mit dem Zugang zu gepoolten Ressourcen zu kombinieren, wie er Privaten sonst nur im Unternehmen eröffnet ist.[14] Damit wird eine „Lücke" im Kreis der modernen rechtlichen Formen geschlossen, mit deren Hilfe Private ihre Kooperationen abstützten und gesellschaftliche Institutionen stabilisieren können. Das Konzept der Gemeinschafsgüter als solches ist ein alternatives juristisches Denkmodell.[15]

Als eine rechtliche „Innovation" erscheinen Gemeinschaftsgüter freilich nur vor dem Hintergrund ihrer historischen Marginalisierung und dem Umstand, dass sie strukturell mit den Prämissen individualistisch begründeten modernen Rechts unvereinbar sind.[16] Der Grundstein jener Marginalisierung liegt in der staatlichen Auszeichnung und Durchsetzung des römischen Eigentumsbegriffs, mit dessen Hilfe die „ursprüngliche Akkumulation" institutionalisiert wird. Umgekehrt werden kollektive Eigentumsformen zurückgedrängt. „Allmende", wie sie sich als eine frühe institutionelle Antwort auf die Probleme kollektiven Handelns sozial herausgebildet hatten, werden verdrängt und zerstört. In Deutschland kommt es zur Aneignung der Allmende durch Feudalherren, die sich über das „Alte Recht" hinwegsetzen – mit der Folge der massenhaften Verarmung der früher begünstigten Bauern.

---

13 Das betont Mattei, Eine kurze Phänomenologie der Commons, in: Helfrich, Commons - Für eine neue Politik jenseits von Markt und Staat, 2012, S. 73.

14 Vgl. Wielsch, Zugangsregeln – Die Rechtsverfassung der Wissensteilung, 2008, S. 205.

15 Mattei sieht Commons denn auch eher als eine bestimmte „Wahrnehmung unserer Realität" an – als eine eigene Kategorie der Welterschließung, vgl. Fn. 13, S. 78.

16 Zu den individualistischen Prämissen des heutigen Privatrechts vgl. Auer, Der privatrechtliche Diskurs der Moderne, 2014, S. 13 ff.

In England führt das „Enclosure Movement" zur Auflösung der Servitute der „Commoners", denen der Staat den Rechtsschutz gegen die Aneignung versagte.[17]

Dabei sicherte der Zugang zu gemeinsam genutzten Land und Wasser nicht nur den Lebensunterhalt, sondern auch die Unabhängigkeit derer, die kein eigenes Land besaßen, und gab ihnen die Möglichkeit, ihre politischen Rechte in Anspruch zu nehmen. Die Einhegung der Commons war daher eine Entmachtung der Commoners, denn Commons waren die Öffentlichkeit der Besitzlosen. Ein solches Verständnis des Öffentlichen umfasst auch die Aspekte der Aneignung und *Selbstermächtigung* und bestimmt »das Öffentliche« als Ort des Commoning.[18]

Die Bedeutungszunahme von Gemeinschaftsgütern zeigt sich vor allem im Immaterialgüterrecht. Das hängt mit den sozialen Kosten der Anwendung der Eigentumsform – verstanden als exklusive Zuweisung der Entscheidungskompetenz über die Nutzung von Ressourcen[19] – auf den Bereich der Kultur zusammen.

Durch die Übertragung der Eigentumsform auf die Nutzung geistiger Werke wird die Befugnis zu deren medialer Nutzung beim Schöpfer (oder den von ihm autorisierten Werkvermittlern) konzentriert. Auf diese Weise werden positive Externalitäten, wie sie bei der Nutzung des Werkes durch Dritte entstehen, beim Schöpfer internalisiert und wirtschaftlicher Wettbewerb auch um die Erzeugung und Nutzung von geistigen Werken möglich gemacht.[20] Die Rezeption der Eigentumsform auf dem Gebiet des Urheberrechts bildet die Voraussetzung dafür, dass der Zugang zu kulturellen und wissenschaftlichen Werken der wirtschaftlichen Rationalität unterwor-

---

17 Beschreibung dieser "Revolution der Reichen gegen die Armen" bei Polanyi, The Great Transformation, 1944, S. 35; Boyle, The Second Enclosure Movement and the Construction of the Public Domain, Law and Contemporary Problems 2003, S. 33 ff.

18 Vgl. Kratzwald, in: Helfrich, Fn. 13, S. 80 f.

19 Diese für die vorliegenden Zwecke außerordentlich fruchtbare Bestimmung von Eigentumsrechten findet sich bei Alchian, Il Politico, 1965, S. 818: „By a system of property rights I mean a method of assigning to particular individuals the ‚authority' to select, for specific goods, any use from a non-prohibited class of uses."

20 Erst der Prozess des Wettbewerbs – und nicht schon allein die Zuerkennung von Schutzrechten – ist es, in dessen Zuge nach der marktfunktionalen Auffassung neue Immaterialgüter hervorgebracht werden. Der Wettbewerb bestimmt Anreiz und Belohnung nach Maßgabe derjenigen Nachfrage, die der Schutzgegenstand auf sich ziehen kann. Vgl. Ullrich, in: Schricker/Dreier/Kur (Hrsg.), Geistiges Eigentum im Dienste der Innovation, 2001, S. 92.

fen wird. Diese Entwicklung ist grundsätzlich unabhängig von der Art und Weise der Legitimation von Ausschließlichkeitsrechten. Den konkreten Ansätzen zur Rechtfertigung, die von utilitaristischen bis zu moralphilosophischen Argumenten reichen, kommt im Vergleich mit dem Umstand, dass faktisch über die Nutzung von kulturellen Werken auf Märkten entschieden wird, nur eine untergeordnete Bedeutung zu.[21]

Damit hat die Schaffung von subjektiven Ausschließlichkeitsrechten aber immer auch Relevanz für die Integrität der Wissensteilung in dem betroffenen kulturellen Kommunikationssystem, in dessen Bedeutungsreferenz das Werk steht. Einerseits wird die weitere Ausdifferenzierung des jeweiligen kulturellen Systems gefördert, weil die für eine autonome ästhetische Kommunikation notwendigen Umweltbedingungen gewährleistet werden: jeder Schöpfer kann auf finanzielle Kompensation seiner kreativen Teilnahme an kultureller Kommunikation hoffen. Andererseits werden jedoch die Möglichkeiten des sozialen Systems zur mediengebundenen Kooptation des Bewusstseins Dritter eingeschränkt. Ohne die Zentralisierung der Nutzungskompetenz würde eine größere Anzahl von Nutzern vorhandenes Wissen auf mehr Weisen nutzen können und zugleich würden umgekehrt die Möglichkeiten zur Rekombination von bestehenden Wissensfragmenten vervielfacht. Durch zusätzliche Nutzer findet einen Art "Aufnutzung" des Werkes oder der Erfindung statt. Je mehr Nutzer zugelassen werden, desto größer sind die sich ergebenden sozialen Vorteile. Ausschließlichkeitsrechte weisen dem einzelnen Inhaber Kompetenzen zur Gestaltung von Inklusionsmöglichkeiten für Systeme in der Umwelt des Rechts zu.

Die wichtigste Ergänzung, die ein System subjektiver Immaterialgüterrechte erfahren muss, ist deswegen die Gewährleistung von Nutzerfreiheiten in einem Umfang, der die Möglichkeiten der dezentralen Erzeugung von Wissen durch eine Vielzahl von Akteuren erhält.[22] Anderenfalls würde der spezifische Reproduktionszusammenhang vernachlässigt, in dem kreative Werke und neues Wissen entstehen: die Kumulativität des Wissens und die Notwendigkeit eines für alle beteiligten Akteure frei nutzba-

---

21 Ähnlich für das Vertragsrecht und das Prinzip der Vertragsfreiheit schon Kessler, Contracts of Adhesion – Some Thoughts About Freedom of Contract, Columbia Law Review 1943, S. 630: „Thus freedom of contract does not commend itself for moral reasons only; it is also an eminently practical principle. It is the inevitable counterpart of a free enterprise system."

22 Vgl. Wielsch, Fn. 14, S. 6.

ren Bestandes an grundlegenden Wissensressourcen. Dazu dienen gesetzliche Schrankenbestimmungen. Sie sollen verhindern, dass der Gebrauch von Rechten an Immaterialgütern die Grundlagen für die Produktion solcher Güter unterläuft. Indem sie das Verbotsrecht des Schutzrechtsinhabers partiell aufheben, befördern sie die nutzungsabhängigen Handlungsmöglichkeiten von anderen und damit die Wahrscheinlichkeit für produktive Anschlusskommunikationen im System. Dieser Zusammenhang wird auf den Punkt gebracht, wenn es in der Begründung des Urhebergesetzes von 1965 über die Notwendigkeit von Schrankenbestimmungen heißt, dass "der Urheber insbesondere dort im Interesse der Allgemeinheit *freien Zugang* zu seinen Werken gewähren muss, *wo dies unmittelbar zur Förderung der geistigen und kulturellen Werte dient, die ihrerseits Grundlage für sein Werkschaffen sind*".[23] Ein auf individuellen Schutzrechten aufbauendes Immaterialgüterrecht muss nach den Umweltbedingungen für die Funktionsfähigkeit aller von der Rechtsausübung betroffenen sozialen Systeme fragen. Es muss insbesondere berücksichtigen, dass die Ökonomie des Wissens auf eine Ökologie des Wissens gebaut ist.

Das staatliche Urheberrecht kommt dieser Aufgabe heute nur unzureichend nach. Der wesentliche Grund liegt im technologischen Fortschritt von analogen zu digitalen Reproduktionsmedien. Davon ist kein Gebiet so betroffen wie das Urheberrecht. Unter Bedingungen analoger Medien waren die Produktionsmittel für Kulturgüter bei den Werkvermittlern konzentriert. Die Reproduktion des Werkes war an materielle Werkstücke gebunden, deren Herstellung einen hohen Einsatz an Kapital erforderte. Infolge der Digitalisierung der Medien ist hingegen der Zugang zu den (Re-)Produktionsmitteln faktisch jedermann eröffnet. Dadurch kommt es nicht nur zu einer Konvergenz von Konsum- und (Re-)Produktionshandlung mit der Folge, dass der private Gebrauch von Werken nutzungsrechtlich erheblich und der Anwendungsbereich des Urheberrechts drastisch in die Lebenswelt hinein ausgeweitet wird.[24] Vielmehr werden vor allem auch die intellektuellen Produktivkräfte über die bestehenden Produktionsverhältnisse in Form der gesetzlichen Schranken hinaus getrieben. Auf zahlreichen kulturellen und wissenschaftlichen Gebieten, die vom Immaterialgüterrecht erfasst werden, ist die Wissensproduktion inkrementell und kollaborativ. Die veränderten technologischen Möglichkeiten erlauben eine Er-

---

23 BReg., BT-Drucks. IV/270, Vor § 45 (Herv. hinzugefügt).

24 Dazu ausführlicher Wielsch, Relationales Urheberrecht, ZGE 2013, S. 285 ff.

weiterung der arbeitsteiligen Wissensproduktion und kommen damit den normativen Anforderungen der bereichsspezifischen Institutionen der Wissensteilung in Kultur, Wissenschaft und Technik entgegen.

Diese Potenziale treffen jedoch auf ein Urheber- und Patentrecht, die auf den Einzelurheber und den Einzelerfinder als Leitbilder der Produktion zugeschnitten sind und den kollaborativen Produktionsprojekten die Fesseln diskreter Nutzungszuweisungen an Wissensfragmenten anlegen. Es entsteht ein erheblicher Veränderungsdruck für das gesetzliche Immaterialgüterrecht,[25] dem es sich jedoch weitgehend entzieht. Selbst wenn der deutsche Gesetzgeber sich zu einer grundlegenden Umgestaltung des Urheberrechts entschließen würde, unterläge er umfangreichen Bindungen, die sich aus einem umfangreichen Bestand internationaler Abkommen zum Schutz des geistigen Eigentums ergeben. Diese Abkommen folgen dem klassischen Modell des Einzelschöpfers und haben weltweit einen hohen Schutz der wirtschaftlichen Verwertungsinteressen der Rechteinhaber etabliert, andere Normativitäten jedoch vernachlässigt. Das zeigt sich bereits daran, dass allein die Mindestschutzstandards – auf hohem Niveau – zwingend festgeschrieben werden, nicht aber die Schrankenregelungen, die Gegenstand nationaler Souveränität und damit auch deren Beliebigkeit bleiben.[26] Sofern nicht-wirtschaftliche Interessen überhaupt auf internationaler Ebene berücksichtigt werden, finden sie Eingang in sachlich verschiedene Abkommen, die normativ unverbunden neben den handelsbezogenen stehen. Ein normatives Dach, das wie die nationale Verfassung die unterschiedlichen Normativitäten gleichberechtigt zur Geltung bringen würde, existiert jenseits des Staates nicht.

Weil sich die Produktivkräfte der digitalen Wissensgesellschaft – angetrieben von einer immer stärkeren Ausdifferenzierung sozialer Funktionssysteme – folglich unter den gegebenen Produktionsverhältnissen nicht hinreichend entfalten können, suchen sie nach Rechtsformen jenseits des staatlichen Rechts.

---

25 Vgl. auch Metzger, Vom Einzelurheber zu Teams und Netzwerken: Erosion des Schöpferprinzips?, in: Leible/Ohly/ Zech (Hrsg.), Wissen – Märkte – Geistiges Eigentum, 2010, S. 79 ff.

26 Vgl. etwa The International Copyright System: Limitations, Exceptions and Public Interest Considerations for Developing Countries, UNCTAD - ICTSD Project on IPRs and Sustainable Development, Issue Paper No. 15 2006, S. 8.

C. Fallstudien

Wenn das staatliche Recht der Weiterentwicklung bestehender oder sich neu herausbildender sozialer Institutionen der Wissensteilung nicht „gerecht" wird und stattdessen private Akteure Nutzungsregeln für kulturelle Ressourcen (Zugangsregeln) formulieren, die jene Institutionen abstützen, insbesondere durch die Konstruktion von im staatlichen Recht nicht vorgesehenen Gemeinschaftsgütern, dann muss sich die rechtliche Verfassung dieser Institutionen offenbar selbst erst entwickeln. Insbesondere muss das staatliche Recht eine begründete Entscheidung darüber treffen, ob diejenigen seiner Regeln, an denen sich die Eigennormativität sozialer Institutionen bricht, unverändert aufrechtzuerhalten oder ob sie angesichts der gesellschaftlichen Nutzungsregeln zu modifizieren sind.[27] Denn nicht nur müssen gesellschaftliche Normativitäten auf ihre Kompatibilität mit dem staatlichen Recht bedacht sein, sondern auch umgekehrt hat das staatliche Recht Anlass, sich mit der geltend gemachten Neuverteilung von Inklusionsmöglichkeiten auseinanderzusetzen. Die im Gesetzgebungsverfahren ausgeübte politische Autonomie hat vor dem Hintergrund der sozialen Multilateralität von subjektiven Rechten von der eigenen epistemischen Ergänzungsbedürftigkeit auszugehen, die von den in spezialisierten Wissensdomänen handelnden privaten Akteuren freigelegt wird. Phänomene der privaten Konstruktion von Gemeinschaftsgütern, in denen von der staatlichen Eigentumsordnung abgewichen wird, können also normative Lernprozesse im staatlichen Recht anstoßen.

Voraussetzung ist freilich, dass sich Rechtswissenschaft – gerade im Modus der rechtlichen Innovationsforschung – überhaupt ein angemessenes Bild von sozialen Institutionen machen kann. Für die einflussreichen Institutionen Staat und Markt ist das dem Recht geläufig. So ist die Analyse des Staates als sozialer Wirkungseinheit und deren mögliche rechtliche Relevanz ein Dauerthema im öffentlichen Recht.[28] Markt und Wettbewerb

---

27 Vgl. Wielsch, Global Law's Toolbox: Private Regulation by Standards, The American Journal of Comparative Law 2012, S. 1075 (1081); vgl. auch Eller, Rechtskritik durch Vertrag, KritV 2014, S. 214.

28 Zur Methodendiskussion im Staatsrecht des 19. und 20. Jahrhunderts vgl. den Überblick bei Koch, Seminar: Die juristische Methode im Staatsrecht, 1977, S. 61 ff. Zum Begriff des Staates als organisierter Wirkungseinheit vgl. Heller, Staatslehre, 1934, S. 228 ff. Zu Hellers Ansatz wiederum Vesting, Staatslehre als Wirklichkeitswissenschaft?, in: Der Staat 1992, S. 161 ff.

dagegen sind im Privatrecht systematisch erst von der ordoliberalen Rechtstheorie untersucht und auf ihre normative Dimension hin befragt worden; später freilich wurde ihre Rechtsverfassung Teil der Entwicklung eines Gemeinsamen Marktes in Europa.[29]

Für Gemeinschaftsgüter fehlt es weitgehend an einer entsprechenden Aufmerksamkeit in der Rechtswissenschaft, was auch darauf gründet, dass bereits in den Sozial- und Wirtschaftswissenschaften alternative Institutionen zur Lösung der Probleme kollektiven Handelns jenseits von Individualeigentum und staatlicher Regulierung kaum thematisiert worden sind. Eine Ausnahme bildet das „Institutional Analysis and Development Framework" (IAD), mit dessen Hilfe E. Ostrom Bedingungen und Prinzipien für Nutzungsregime beschrieben hat, unter denen natürliche, nur rivalisierend nutzbare Ressourcen in Selbstverwaltung erfolgreich als Gemeinschaftsgüter bewirtschaftet werden können.[30] Dazu ist ein methodisches Rüstzeug erforderlich, das nicht bereits mit den Annahmen der herrschenden Paradigmen und ihrer pauschalen Unterstellung einer „tragedy of the commons" operiert, sondern so offen formuliert ist, dass Aussagen über die tatsächliche Funktionsweise (oder auch Dysfunktionalität) der institutionellen Arrangements getroffen und diese miteinander verglichen werden können (weil die tatsächlichen Unterschiede und Differenzierungen zwischen ihnen überhaupt wahrnehmbar werden) und schließlich der Analyserahmen im Zuge dieser empirischen Untersuchungen selbst weiterentwickelt und verfeinert werden kann. Auf diese Weise kann Wissenschaft der Gesellschaft Erkenntnisse über „gelingende" Institutionalisierungen („institutional design") zur Verfügung stellen. Eine Übertragung dieses Ansatzes auf die Analyse kultureller Gemeinschaftsgüter hätte freilich zu berücksichtigen, dass sich hier nicht in der gleichen Weise zwischen Ei-

29 Vgl. etwa Mestmäcker, Macht-Recht-Wirtschaftsverfassung, ZHR 1973, S. 97 ff. Zum Einfluss des Ordoliberalismus auf das europäische Recht vgl. Joerges, Europas Wirtschaftsverfassung in der Krise, Der Staat 2012, S. 357 ff.

30 Vgl. Ostrom, Governing the Commons, 1990 sowie dies., Background on the Institutional Analysis and Development Framework, The Policy Studies Journal 2011, S. 7 ff. Dazu auch Gellner/Hammer, Policyforschung, 2010, S. 274 ff. Faktoren für ein Gelingen sind u.a.: Klar definierte Grenzen, auf lokale Besonderheiten angepasste Regeln, Möglichkeit der Mitgestaltung der Regeln durch die betroffenen Individuen, Verantwortlichkeit der Regelüberwacher gegenüber den Betroffenen, (gestaffelte) Sanktionen bei Regelverstößen, leichter Zugang zu Konfliktlösungsmechanismen, Anerkennung des Rechts auf Selbstverwaltung durch übergeordnete Stellen.

genschaften der betreffenden Ressource, Merkmalen der Gemeinschaft und dem Regelungsregime trennen lässt.[31] Denn kulturelle Güter werden von den Akteuren nicht allein vorgefunden, sondern von ihnen überhaupt erst erzeugt. Governance-Regime entscheiden dann nicht nur über die Teilhabe an Ressourcen, sondern über ihre Produktion und mithin über ihre Eigenschaften selbst. Umgekehrt wird die die geistige Ressource verwaltende Gemeinschaft nicht etwa durch exogene Faktoren bestimmt (wie die räumliche Nähe ihrer Mitglieder), vielmehr bilden die Art des Wissens selbst und die Eigenlogik seiner Produktion die Selektionskriterien für die Teilnahme. Wissensform, epistemische Gemeinschaft und Governance-Regime sind nach dieser Sichtweise wechselseitig füreinander konstitutiv.

Infolge dieser normativen Konstitution von Wissen besitzt das staatliche Recht in mehrfacher Hinsicht Relevanz für die Institutionalisierung von Wissensteilung: es legt mit dem Immaterialgüterrecht unter anderem die Anfangsverteilung von Nutzerfreiheiten und damit die Grundeinstellungen für den Wissenszugang fest, entscheidet über die Möglichkeiten der normativen Rekonfiguration dieser Anfangsverteilung und kann dem Governance-Regime auch zu rechtlicher Verbindlichkeit und Durchsetzung verhelfen. Damit ist freilich zugleich gesagt, dass die rechtlichen Regeln nur einen Teilaspekt der Institutionalisierung von geistigen Gemeinschaftsgütern ausmachen und diese vielmehr eingebettet sind in umfassendere normative Zusammenhänge.[32] Eine Interpretation der betroffenen Rechtsbegriffe ohne Berücksichtigung dieser normativen Kontexte würde die gesellschaftlichen Potentiale verspielen, die mit der Entstehung neuer sozialer Institutionen verbunden sind. Die herrschende Dogmatik ist daher aus ihrer Verklammerung mit den bekannten Institutionen zu lösen und zu öffnen für die neuen institutionellen Normativitäten. Methodisch ergibt sich für die Rechtswissenschaft insbesondere die Konsequenz, nicht mit einem am Prinzip der Einheit der Rechtsordnung orientierten dogmatischen Systembegriff zu arbeiten, sondern in Fallstudien den Anschluss an diese anderen normativen Kontexte zu suchen und Möglichkeiten aufzuzeigen, wie sich staatliches Recht auf der Grundlage von rechtlichen Inno-

31 Vgl. Frischmann/Madison/Strandburg, Governing Knowledge Commons, in: dies. (Hrsg.), Governing Knowledge Commons, 2014, S. 16 ff.

32 Vgl. auch Fn. 31, S. 32.

vationen und unter Berücksichtigung normativer Lernerfahrungen in „erweiterten Horizonten“ neu schließen kann.[33]

I. Lizenzierung im öffentlichen Interesse: Freie Software

Eine Pionier-Rolle für die private Erzeugung von geistigen Gemeinschaftsgütern kommt offenen Lizenzen zu, wie sie bei der Entwicklung von Freier bzw. Open Source Software (F/OSS) eingesetzt werden.

F/OSS bezeichnet Software, deren Source Code offen gelegt ist und die von jedermann frei genutzt werden kann. Darin unterscheidet sie sich von proprietärer Software, die allein im für Menschen nicht lesbaren Maschinencode vertreiben wird und deren Nutzungsberechtigung am Markt erworben werden muss. Mit dem Geschäftsgeheimnis am Source Code und dem Ausschließlichkeitsrecht am Maschinencode sind die beiden Mechanismen außer Kraft gesetzt, die zur Proprietisierung von Software erforderlich sind und es erlauben, ihre Nutzung dem Markt zu unterstellen.[34] F/OSS invertiert folglich die hinter dem proprietären Modell stehenden Annahmen über die Anreize für Kreativität und versucht stattdessen, Produktivität durch den freien Zugang zu bestehenden Werken und Wissen zu befördern.[35]

Nach der ursprünglichen Konzeption von Freier Software sollen dem Nutzer von Software vier Freiheiten garantiert sein:[36] (1) The freedom to run the program, for any purpose. (2) The freedom to study how the program works and to adapt it to your own needs. (3) The freedom to redistribute copies. (4) The freedom to improve the program, and release your improvements to the public, so that the whole community benefits. Diese Freiheiten der Nutzer ermöglichen ein Modell *dezentraler* Softwareent-

---

33 Formulierung nach Habermas, Die postnationale Konstellation und die Zukunft der Demokratie, in: ders.: Die postnationale Konstellation, 1998, S. 127.

34 Die Entwicklung des Rechtsschutzes für Software beschreiben Schwarz/Takhteyev, Half a Century of Public Software Institutions: Open Source as a Solution to Hold-Up Problem, NBER Working Paper No. 14946, 2009.

35 Zur Entstehungsgeschichte von F/OSS vgl. den Überblick bei Schulz, Dezentrale Softwareentwicklung- und Softwarevermarktungskonzepte, 2005, Rn. 230 ff.

36 Vgl. Stallman, Free Software Definition, in: ders., Free Software, Free Society (2. Aufl. 2010), S. 3 (“A program is free software if users have all of these freedoms”).

wicklung auf der Grundlage netzwerkförmiger Kooperation.[37] So wie auf Märkten suchen die Entwickler in OSS-Projekten unabhängig voneinander nach Lösungen. Vergleichbar der epistemischen Funktion von Märkten im Wirtschaftssystem, kooptiert das jeweilige „Projekt" als ein soziales System eigener Art strukturell gekoppelt mit dem verteilten Bewusstsein einzelner Entwickler. In parallelen Bemühungen werden die einzelnen Programm-Komponenten dezentral weiterentwickelt. So wie in Unternehmen wiederum kann ein Beteiligter dabei jedoch auf Pool-Ressourcen zurückgreifen, weil die von anderen erstellten Programmbestandteile gezielt als Gemeinschaftsgüter ausgestaltet sind. Im Vergleich zur Fragmentierung von distinkten Ressourcen auf Märkten wird die Anschlussfähigkeit von Wissensbeiträgen erhöht. F/OSS-Projekte sind also dadurch gekennzeichnet, dass es zu einer Kombination der dezentralen Entscheidungslogik des Marktes mit den sonst nur in Unternehmen möglichen Kooperationsvorteilen und Synergieeffekten kommt. Auf diese Weise kann es zu einer dezentralen *Verknüpfung* von Wissensressourcen im Netzwerk kommen, die der Entwicklungslogik technikwissenschaftlicher Projekte entspricht.[38]

Rechtlich verbindlich werden diese Freiheiten durch eine standardisierte Lizenz, die GNU General Public License (GPL). Die grundlegende Idee besteht darin, dass der Schöpfer auf sein Urheberrecht zurückgreift, um die Freiheit von Nutzern nicht einzuschränken sondern zu erweitern, und zwar über die in den gesetzlichen Schranken vorgesehenen Befugnisse hinaus. Durch die Verbreitung eines Programms unter der GPL räumt der Urheber jedermann unentgeltlich ein einfaches dingliches Nutzungsrecht an seinem Werk ein, das bei Verstoß seitens des Nutzers automatisch erlischt.[39] Unter den Bedingungen der Lizenz dürfen andere das Programm frei anwenden, analysieren, verändern und entsprechende Bearbeitungen weiterverbreiten. Auf diese Weise wird mit Hilfe der Urheberrechte die Funktion von Urheberrechten gleichsam „umgepolt" vom Schutz der Freiheit des Rechtsinhabers auf den Schutz der Freiheit der Nutzer. Die Rechtsausübung folgt eher der Rechtsform der „freien Rede" und dem Modell freier Verknüpfung als der Rechtsform des „Eigentums" und dem Modell des Ausschlusses.

37 Vgl. Wielsch, Fn 14, S. 205 ff.

38 Die für Netzwerke charakteristische Gleichzeitigkeit von autonomer/individueller und heteronomer/kollektiver Handlungsorientierung beschreibt Teubner, Netzwerk als Vertragsverbund, 2004, S. 120.

39 Vgl. Dreier, in: Dreier/Schulze, UrhG, 2013, § 69 c, Rn. 38 m.w.N.

Die Institutionalisierung von Freier Software als Gemeinschaftsgut – die Nachhaltigkeit der Förderung des offenen Zugangs zum jeweiligen Programm – geschieht durch die Lizenz selbst, die sich mit eigenen Mitteln als Standard erzwingt. Denn Kernbestandteil ihrer Bedingungen ist die "Copyleft"-Klausel, nach der Bearbeitungen des Programms nur unter den gleichen Bedingungen der GPL verbreitet werden dürfen, der einzelne Bearbeiter also ebenfalls jedermann ein einfaches Nutzungsrecht an den eigenen Beiträgen einräumen muss.[40] Durch diesen „viralen Effekt" werden sowohl der Charakter als „öffentliche" Lizenz als auch die in ihr gewährten Freiheiten auf Dauer gestellt.

Dabei bereitet die dogmatische Erfassung der Verwendungsbindung durch die Verpflichtung zur offenen Rücklizenzierung des eigenen Beitrags nicht unerhebliche Schwierigkeiten, weil die Normen des Privatrechts von direkter Reziprozität gegenüber einer konkreten anderen Partei ausgehen, also am Modell dyadischer Tauschverhältnisse orientiert sind. Die „copyleft"-Klausel ist dagegen Ausdruck einer „abstrakten Reziprozität", die auf die dauerhafte Offenhaltung des Quellcodes und des darin kondensierten Programm-Wissens gerichtet ist; die Pflicht zur freien Rücklizenzierung dient nicht der Erfüllung der Erwartungen eines konkreten Vertragspartners, sondern sichert die Integrität eines bestimmten Prozesses der Wissensteilung.[41] Diese abstrakte Reziprozität wird erst erklärbar vor dem Hintergrund der vier fundamentalen Freiheiten, die dem Nutzer von Freier Software gewährt werden sollen. Sie bilden das ethische Fundament der GPL,[42] in der sie positiviert werden. Gegenstand dieser Positivierung ist dabei keine negative Freiheit – wie für die Moderne para-

40 Vgl. § 2 I lit. b GPLv 2 („You must cause any work that you distribute or publish, that in whole or in part contains or is derived from the Program or any part thereof, to be licensed as a whole at no charge to all third parties under the terms of this License.") sowie § 5 lit. c S. 1 GPLv 3 („You must license the entire work, as a whole, under this License to anyone who comes into possession of a copy.").

41 Einen ähnlichen Perspektivenwechsel von der bilateralen auf eine emergente Ebene der Erwartungsbildung wird für die Rechtsverfassung von Vertragsverbindungen gefordert von Amstutz, Die Verfassung von Vertragsverbindungen, in: ders. (Hrsg.), Die vernetzte Wirtschaft. Netzwerke als Rechtsproblem, 2004, S. 45 ff.

42 Vgl. Stallman, Why Open Source misses the point of Free Software, in: ders., Free Software, Free Society, 2010, S. 84: „Open source is a development methodology; free software is a social movement. For the free software movement, free software is an ethical imperative, because only free software respects the users' freedom."

digmatisch bei Kant[43] –, sondern die Einräumung positiver Freiheiten der Nutzung von Wissensressourcen.

Der normative Grundgehalt dieser Freiheiten und insbesondere der Verpflichtung zum Reziprozieren ist kaum zu überschätzen, denn unter den Teilnehmern des Netzwerks wird damit das „Hobbes'sche Problem" einfach zur Seite gelegt. Seit Hobbes wird überlegt, wie sich Interaktionszusammenhänge, die allein aus der gegenseitigen Einwirkung eigennützig eingestellter und zweckrational handelnder Aktoren hervorgehen, zu einigermaßen stabilen sozialen Ordnungen verfestigen können.[44] Dagegen wird mit den vier Grundfreiheiten eine andere soziale Gründungs- und Grundstruktur gesetzt: „These freedoms are vitally important. They are essential, not just for the individual users' sake, but for society as a whole because they promote social solidarity - that is, sharing and cooperation."[45] Die abstrakte Reziprozität des „copyleft" macht in einem zentralen Bereich der Interaktion strategisches Handeln unmöglich, so dass sich die Aktivitäten auf die kollaborative Erzeugung von neuem Wissen in einem bestimmten Bereich konzentrieren können. Eine angemessene Beschreibung der Produktivität von offenen kollaborativen Projekten lässt sich nur in der system- und diskursspezifischen Kommunikation des Projektes selbst finden.[46] An die Stelle des einzelnen Aktors tritt die „epistemic community".[47]

Dieses normative Modell der GPL lässt sich mit dem geltenden Recht vereinbaren.[48] Dogmatisch sind die Nutzungsbedingungen der GPL als

43 Vgl. Kant, Metaphysik der Sitten 1797, Akademie-Ausgabe VI, 1907, S. 237: „Freiheit (Unabhängigkeit von eines anderen nötigender Willkür), sofern sie mit jedes anderen Freiheit nach einem allgemeinen Gesetz zusammen bestehen kann, ist dieses einzige, ursprüngliche, jedem Menschen, kraft seiner Menschheit, zustehende Recht."

44 Vgl. die Rekonstruktion bei Habermas, Theorie des kommunikativen Handelns, Bd 2, 1981, S. 314 ff.

45 Stallman, Fn. 43, S. 83.

46 Zum Aufbau eines spezifischen Gedächtnisses der Projektkommunikation vgl. Morner, The Emergence of Open-Source Software Projects: How to Stabilize Self-Organizing Processes in Emergent Systems, in: Bakken/Hernes (Hrsg.), Autopoietic Organization Theory, 2003, S. 267 f.

47 Begriff bei Haas, Epistemic Communities and International Policy Coordination, in: International Organization 1992, S. 3.

48 Zur Wirsamkeit der GPL nach deutschem Recht vgl. etwa LG München I, MMR 2004, 693 und CR 2008, 57; LG Berlin, CR 2006, 735; LG Bochum, MMR 2011, 474; LG Berlin, CR 2012, 152; LG Hamburg, CR 2013, 498.

schuldrechtliche Pflichten einzuordnen, denen dingliche Wirkung dadurch zukommt, dass die Verfügung über das einfache Nutzungsrecht unter die auflösende Bedingung der Einhaltung der Pflichten in der GPL gestellt wird[49] – mit der Folge, dass bei Zuwiderhandeln die Nutzungsrechte insgesamt automatisch ex nunc wegfallen.[50] Schwieriger ist hingegen die sich unmittelbar anschließende Frage zu beantworten, wie sich die spezifische Verknüpfung von Rechten und Pflichten in der GPL vertragstypologisch erfassen lässt. Denn hinter Schenkungs-, Austausch- oder Gesellschaftsvertrag (also zwischen einseitig, zweiseitig oder mehrseitig verpflichtendem Vertrag) stehen andere soziale Strukturen als jene abstrakt-generelle Reziprozität des Netzwerks, so dass eine dogmatische "Übersetzung" der neuen sozialen Normativität nicht zwanglos gelingt. Eine Rekonstruktion der GPL als einseitig verpflichtender (Schenkungs-)Vertrag bringt zwar gut die Selbstbindung des Lizenzgebers zum Ausdruck, vermag aber nicht die durch die Copyleft-Klausel intendierte Fremdbindung des Nutzers überzeugend einzuordnen. Denn zwischen der Rechteeinräumung und der Verpflichtung zur offenen Rücklizenzierung besteht eine die Unentgeltlichkeit ausschließende finale Verknüpfung, da der Lizenzgeber sein Know-how preisgibt und sein wirtschaftlich bedeutsames Urheberrecht zugänglich macht, „damit" bzw. „weil" auch der (freilich unbestimmte) Lizenznehmer so verfährt und es über die Erweiterung des allgemeinen Wissensbestandes auch zu einem erhöhten Nutzen beim Lizenzgeber kommt.[51] Eine Rekonstruktion als gesellschaftsrechtliches Verhältnis zwischen Urhebern und Nutzern wiederum muss eine Konkretisierung und

49 Gegen eine Qualifikation als dingliche Nutzungsbeschränkungen spricht vor allem, dass auf diese Weise Pflichten des Nutzers statuiert werden könnten, die auf einen anderen Gegenstad als das urheberrechtlich geschützte Werk bezogen sind. Will man dem Urheber keine Erweiterung seiner gesetzlichen Befugnisse zugestehen, so kommen als dinglich wirkende Beschränkungen nur Beschränkungen in Betracht, die den Inhalt des eingeräumten Rechts, nicht jedoch die Art seiner Ausübung betreffen, vgl. BGH, GRUR 1959, 200 (202) – Heiligenhof; Schulze, in: Schulze/Dreier, UrhG, 2013, § 31, Rn. 28, m.w.N.

50 Vgl. § 4 S. 2 GPLv 2 und § 8 I 2 GPLv 3. Dazu Grützmacher, in: Wandtke/Bullinger, Praxiskommentar zum Urheberrecht, 2014, § 69 c, Rn. 79.

51 Anders ausgedrückt: Die „Schenkung" eines Nutzungsrechts, die mit Pflichten verknüpft ist, die außerhalb des Verbotsrechts des Urhebers liegen, ist keine Schenkung. Wenn überhaupt müsste man von einer „neuen einseitigen Form der Rechtseinräumung" sprechen, vgl. insofern methodisch ehrlicher Grützmacher, Fn 51, § 69 c Rn 75. Letztlich erscheint aber jede Annahme einer einseitigen Verpflichtung als unzulässige Aufspaltung des Rechte- und Pflichtengefüges der GPL.

Vergemeinschaftung der Interessen aller Beteiligten unterstellen, die der generalisierten Reziprozität eines Netzwerks nicht zu entnehmen ist. Die Vorstellung einer „BGB-Gesellschaft ad incertas personas", die sowohl auf die Aufnahme beliebiger späterer Entwickler als auch auf die Entwicklung beliebiger Software gerichtet wäre, dehnt den Begriff der gemeinsamen Zweckverfolgung unzulässig auf Austauschverträge aus.[52] Denn die Nutzer wollen gerade keine Förderungspflicht für das Projekt übernehmen, sondern sich aus freien Stücken sukzessive und unabhängig voneinander am Projekt beteiligen.

Stattdessen wird man von einem gegenseitigen (Lizenz-)Vertrag sui generis (§§ 311 I BGB) auszugehen haben, der sich keinem gesetzlichen Vertragstypus vollständig zuordnen lässt.[53] Für eine solche Sichtweise spricht zunächst, dass durch das copyleft eine zweckgerichtete Inpflichtnahme des Erwerbers realisiert wird, die als Wirksamkeitsbedingung für die eigene Leistungspflicht des Zuwendenden ausgestaltet ist.[54] Hierbei scheitert die Annahme eines Gegenseitigkeitsverhältnisses nicht daran, dass die eine Leistung unbedingt, die andere aber nur bedingt zu erbringen ist, da die Parteien in der Entscheidung frei sind, welche Leistungen sie nach dem Prinzip des "do ut des" miteinander in Beziehung setzen wollen.[55] Das Vertragsrecht erweist sich als flexibel genug, um den Selbst- und Fremdbindungen der GPL eine causa unterschieben zu können. Jedenfalls wenn man einen weiten Begriff von rechtlicher Gegenseitigkeit heranzieht, mit dem eine starre Dualität von Entgeltlichkeit und Unentgeltlichkeit aufge-

---

52 Richtiger Einwand bei Spindler, Rechtsfragen bei Open Source, 2004, Kap. C, Rn. 16.

53 Vgl. Schulz, Fn. 35, Rn. 902 f. (mit dem Hinweis, dass der wirtschaftliche Wert der Bearbeitung den der Originalsoftware nicht nur erreichen, sondern auch deutlich übersteigen kann). Für eine Finalitätsbeziehung auch Sester, CR 2000, S. 799 f.

54 Ähnlich Sester, Fn. 54, S. 800. Zu den Konsequenzen für die Anwendung der §§ 320 ff. BGB vgl. Schulz, Fn. 35, Rn. 905 und 961.

55 Vgl. allgemein Emmerich, in: MüKo, Vor § 320, Rn. 6 und 21; speziell mit Blick auf die GPL vgl. Schulz Fn. 35, Rn. 905 (mit Fn. 982-984). Der GPL-Lizenzvertrag gliche insofern F&E-Verträgen, bei denen Verpflichtungen dadurch bedingt sind, dass die zunächst unsichere Innovation auch tatsächlich gelingt. Vgl. Sester, Fn. 54, S. 800, der die GPL allerdings als gesellschaftsähnlichen Vertrag sieht. Unter dem gleichen Aspekt der Abhängigkeit einer Leistungspflicht von einem ungewissen Ereignis sind etwa auch Versicherungsverträge als gegenseitige Verträge zu begreifen. Vgl. Emmerich, in: MüKo, Vor § 320, Rn. 28, m.w.N.

brochen wird, kann das Recht auch abstraktere Formen der Reziprozität abbilden.[56]

Wie auch immer man aber dogmatisch qualifiziert, letztlich entscheidend ist: Stets geht es darum, dass durch die copyleft-Klausel das urheberrechtliche Verbotsrecht an einer mit Hilfe von Gemeinschaftsgütern geschaffenen neuen Ressource einer Verwendungsbindung im Netzwerk unterworfen wird. An diesem „constraint" manifestiert sich das die Einzelinteressen übergreifende öffentliche Interesse an der freien Zugänglichkeit der Gemeinschaftsgüter mit ihrer Synergie-Funktion und damit die für Netzwerke charakteristische *Gleichzeitigkeit* von autonomer/individueller und heteronomer/kollektiver Handlungsorientierung.

Die private Erzeugung von Freier Software als Gemeinschaftsgut verlangt vom Recht also die Anerkennung einer neuen Form von Reziprozität zwischen den Handelnden. Durch die Lizenzierung gegenüber jedermann erhält der Urheber keine direkte Gegengabe, sondern erwartet nur eine indirekte dergestalt, dass durch die gemeinsame Erweiterung der Sphäre der Gemeinschaftsgüter auch seine private Nutzenfunktion erhöht wird. Das Eigeninteresse nimmt gleichsam einen Umweg über die Öffentlichkeit.[57] Im Vergleich zu einer Markttransaktion ist also gerade umgekehrt die private Nutzenfunktion mediatisiert, während das öffentliche Interesse unmittelbar Berücksichtigung findet. Zur Aufrechterhaltung dieser Erwartungen und damit der spezifischen institutionellen Normativität des Netzwerks ist es erforderlich, dass das Recht die Fremdbindung auf Seiten der Nutzer und die „Auflagen" der ihnen gewährten Nutzungsfreiheit durchsetzt. Es muss anerkennen, dass die Freiheit des Bearbeiter-Urhebers eingeschränkt wird von den normativen Anforderungen der Wissensproduktion im Netzwerk. „The community's products are open for taking; but if you take, you must give back essentially anything that you do with the product."[58]

Eine solche Anerkennung der Normativität von sich neu herausbildenden sozialen Institutionen durch das staatliche Recht ist dann vergleichsweise unproblematisch, wenn der Betroffene den Regeln über eine Verwendungsbindung seines Rechts zugestimmt hat, etwa indem er konkludent einen entsprechenden Lizenzvertrag abschließt. Dann kann private

56 Aufschlussreiche Beobachtungen diesbezüglich bei Köndgen, Selbstbindung ohne Vertrag, 1981, S. 238 f. u. 264.

57 Vgl. Wielsch, Fn. 14, S. 208 f.

58 Weber, The Success of Open Source, 2004, S. 182.

Autonomie ihre normative Kraft entfalten, weil sie als Teil der Selbstbestimmung des Einzelnen ein Grundprinzip der Rechtsordnung ist.[59]

II. Digitalisierung und Indexierung im öffentlichen Interesse: „Google Book Search"

Denkbar ist aber auch, dass private Urheberrechtsregime unter bestimmten Umständen Drittwirkungen entfalten, wenn unter ihren Bedingungen Werke ohne Zustimmung der Rechteinhaber im Internet – insbesondere durch die Aktivität von Intermediären – zugänglich gemacht werden. Dies wäre im Rechtsstreit *Authors Guild et al. v. Google* der Fall gewesen, wenn das New Yorker Gericht der von den Parteien vorgelegten Vergleichsvereinbarung zugestimmt hätte. Denn dann wäre der Inhalt des vorgesehenen Nutzungsmodells im Zuge der class action auch auf die repräsentierten, aber nicht unmittelbar prozessbeteiligten Urheber erstreckt worden. Anlass für den Rechtsstreit war die massenhafte zustimmungslose Digitalisierung vergriffener Bücher und deren auszugsweise öffentliche Zugänglichmachung in Form von kurzen Textauszügen („Snippets") durch Google. Der Vergleichsvorschlag griff freilich in persönlicher wie sachlicher Hinsicht deutlich über den ursprünglichen Streitgegenstand hinaus und hätte Google unter anderem die vollständige Wiedergabe von vergriffenen Publikationen im Internet erlaubt, sofern die betroffenen Rechtsinhaber nicht innerhalb einer bestimmten Frist widersprochen hätten. Der Sache nach hätte Google eine durch das Opt-out-Recht des Rechtsinhabers bedingte nichtexklusive Lizenz quasivertraglicher Art an verwaisten Werken erlangt, für deren kommerzielle Verwertung das Unternehmen Entgelte an einen eigens zu gründenden „Book Rights Registry" hätte zahlen müssen, die treuhänderisch die Rechte der betroffenen Autoren wahrnimmt. Vor dem Hintergrund der in den USA üblicherweise individuell getroffenen Lizenzvereinbarungen wäre die Schaffung einer solchen Non-Profit Verwertungsgesellschaft eine bemerkenswerte rechtliche Neuerung gewesen.[60]

---

59 Für das Verhältnis der Privatautonomie zur Rechtsordnung vgl. Flume, Allgemeiner Teil des Bürgerlichen Rechts, Band I/2, Das Rechtsgeschäft, 1992, S. 2.

60 Vgl. auch Favale et al., Copyright, and the Regulation of Orphan Works: A comparative review of seven jurisdictions and a rights clearance simulation, IPO 2013, S. 15 (abrufbar unter https://www.gov.uk/government/publications/copyright-and-the-regulation-of-orphan-works; abgerufen am 01.06.2015).

Um genehmigungsfähig zu sein, hätte dieser Vergleichsinhalt für alle Betroffenen „fair, reasonable, and adequate“ sein müssen.[61] Das Gericht entschied jedoch, dass eine so weitgehende Abweichung von dem gesetzlichen Modell des Urheberrechts, das prinzipiell auf dem Opt-in des Schutzrechtsinhabers für die Nutzung seiner Werke basiere, in der Form eines Prozessvergleichs nicht genehmigungsfähig sei und allein durch Gesetzgeber geregelt werden könne.[62] Das soll auch angesichts des Umstandes gelten, dass eine Vielzahl von Urhebern vergriffener Werke nicht mehr auffindbar sind und deswegen faktisch nicht um Zustimmung gebeten werden können („orphan works“).

Dieses Ergebnis ist nicht zwangsläufig, wenn man bedenkt, dass in der Rechtsprechung unterschiedliche Kriterien zur Konkretisierung der Fairness von Vergleichen im Rahmen einer class action angewendet werden. Statt der tatsächlich herangezogenen „identical factual predicate“-Doktrin wäre ein Rückgriff auf die vom Supreme Court im Fall *Firefighters v. City of Cleveland* entwickelte Prüfung angemessen gewesen, auf deren Grundlage Vergleiche bestätigungsfähig sind, deren Rechtsfolgen über das hinausgehen, was das Gericht nach streitiger Verhandlung den Parteien zusprechen kann.[63] Kern der Prüfung ist die Frage, ob der Vergleichsinhalt den Zweck gerade desjenigen Gesetzes befördert, auf das die Klage gestützt ist. Damit wird die Beurteilung des Prozessvergleichs von einer strengen Bindung an das Gesetz gelöst und einer Art „rule of reason“ überantwortet, unter der die vorgesehene Erweiterung der Nutzungsfreiheiten für Google ins Verhältnis zu den Zielen des Urheberrechts gesetzt werden muss. Das amerikanische Zivilprozessrecht enthält damit durchaus Spielräume für die Anerkennung gesetzesübersteigender privater Regelungsregime.

In diesem Zusammenhang wäre zu bedenken gewesen, dass der Ruf nach dem Gesetzgeber einer Entscheidung gegen die von der Verfassung

---

61 Vgl. Fed. R. Civ. P. 23 (e) (2) („If the proposal would bind class members, the court may approve it only after a hearing and on finding that it is fair, reasonable, and adequate.“)

62 Vgl. The Authors Guild et al v. Google Inc, No. 05 Civ. 8136 (S.D.N.Y. Mar. 22, 2011).

63 Nach Firefighters v. City of Cleveland, 487 U.S. 501 (1986) ist Voraussetzung für die Genehmigung eines Vergleichs, dass dieser: (1) „spring[s] from and serve[s] to resolve a dispute within the court's subject-matter jurisdiction"; (2) „com[es] within the general scope of the case made by the pleadings"; und (3) „further[s] the objectives of the law upon which the complaint was based“.

aufgegebene Förderung von Innovation gleichkommt, ist doch die Untätigkeit des (amerikanischen) Gesetzgebers bei der orphan work-Thematik gerade Teil des Problems. Vergriffene Bücher digitalisieren sich nicht von selbst. Öffentliche Initiativen etwa auf deutscher und europäischer Ebene entwickeln sich bisher eher langsam, sind oft thematisch begrenzt und nicht ansatzweise auf eine umfassende Lösung angelegt.[64] Der Verweis auf die Legislative übersieht, dass eine Förderung des Gemeinwohls nicht allein ein Legitimationskriterium für hoheitliches Handeln ist, sondern auch für privates. Das Recht muss freilich gewährleisten, dass die "autonome Wahrnehmung von Eigen-Interessen zugleich als/für Allgemein-(Fremd-)Interesse“ erfolgt.[65] Gerade in dem über die gesetzlichen Schranken hinausgehenden Regelungsbereich des Vergleichs hätte das Recht auf innovative Weise „Freiheit unter Auflagen" gewähren können, um die Einlösung der Gemeinwohlvorteile aus dem Zulassen qualifizierter Nutzungshandlungen des Intermediärs sicherzustellen.

Umgekehrt wäre mit Blick auf die Wahrung der Interessen der betroffenen Urheber in der Abwägung als wichtiger legitimatorischer Baustein das vorgesehene Vetorecht zu berücksichtigen gewesen, mit dessen Hilfe der einzelne Urheber die extra-legale Erweiterung der Nutzungsbefugnisse auf das gesetzliche Verbotsrecht hätte zurückstellen können. Anstatt also die Rechte der Urheber (vergriffener Werke) allgemein und kategorisch zu verkürzen, wie dies eine als staatlich-regulatorische Alternative in Frage kommende gesetzliche Lizenz anordnen würde, wäre es vielmehr zu einer „Prozeduralisierung von Schutzrechten“ gekommen: Der Urheber kann sein Verbotsrecht auch gegen die qualifizierten Nutzungen durch Google als Online-Intermediär des Werkes durchsetzen, aber nur unter der Bedingung, dass er vorher vom Verfahren des Opt-out Gebrauch gemacht hat. Um der Entwicklungsoffenheit des neuen Mediums Internet Rechnung zu tragen, würden Urheberrechte nicht einer expansiven Eigentumslogik nach ausgelegt, sondern als „imperfekte“ Rechtspositionen begriffen, deren Schutzumfang erst in Auseinandersetzung mit den Besonderheiten des jeweiligen Mediums der Nutzung konkretisiert wird, vor allem unter Berücksichtigung der für das Medium konstitutiven Funktionalitäten.[66]

---

64 Zur Rechtslage vgl. Peifer, NJW 2014, S. 6 ff.

65 Vgl. Wiethölter, KritV 1988, S. 22 f.

66 Ähnlich Burk, Muddy Rules for Cyberspace, Cardozo Law Review 1999, S. 121 ff.

Durch die Verweigerung der gerichtlichen Genehmigung für jeglichen Vergleichsvorschlag, der auf einem Opt-out der betroffenen Urheber basiert, konnte Googles Vorstoß jedoch nicht weiter verfolgt werden, verwaiste Werke auch im öffentlichen Interesse digital umfassend zugänglich zu machen. Nachdem sich Google in einem parallelen Verfahren mit der klagenden Partei über ein Opt-in-Verfahren verglichen hatte,[67] wurde der Rechtsstreit im Ausgangsverfahren auf seinen ursprünglichen Gegenstand zurück gelenkt und das Gericht gezwungen, über die massenweise Digitalisierung vergriffener Bücher und deren Anzeige in Form von „Snippets“ zu entscheiden. Auch diese Nutzungshandlungen waren durch die Betroffenen nicht autorisiert und stellten nur dann keine Verletzung des Urheberrechts dar, wenn sie als „fair use“ der geschützten Werke im Sinne von § 107 US Copyright Act aufgefasst werden konnten. Dies wurde vom Gericht in der Tat bejaht, so dass die Urheber weder Unterlassung noch finanziellen Ausgleich verlangen können.

Die Generalklausel des „fair use“ wird gerade in Fällen angewendet, die vom Gesetz nicht geregelt sind.[68] Sie verleiht dem amerikanischen Recht eine gegenüber Rechtsordnungen mit ausschließlich enumerierten Schranken erhöhte Flexibilität im Umgang mit neuartigen Formen der Werknutzung.[69] Auf diese Weise ist im Urheberrechtsgesetz selbst gezielt die Möglichkeit seiner Fortbildung verankert, wobei die vier benannten Kriterien – die freilich nicht abschließend und ihrerseits auslegungsbedürftig sind – die erforderliche Abwägungsentscheidung des Richters anleiten. Wie im Rahmen von erweiternden Prozessvergleichen können gesetzesüberschreitende Handlungen für zulässig erklärt werden, sofern die „Politik des Gesetzes“ gefördert wird. Während diese Orientierung im Prozessrecht jedoch notwendig allgemein formuliert werden muss, ist sie in der Fair use-Klausel für die Ziele des Urheberrechts spezifiziert.[70]

Im konkreten Fall war mit Blick auf den ersten Faktor („purpose and character of use“) entscheidend, dass die Nutzung der Bücher durch Goog-

---

67 Dieses war von Seiten der Association of American Publishers gegen Google angestrengt worden. Zur Einigung siehe http://www.publishers.org/press/85/ (abgerufen am 01.06.2015).

68 Samuelson, Mass Digitization as Fair Use, 57 Comm. ACM 2014, S. 20 ff.

69 Vgl. Kleinmenke, GRUR Int 2014, S. 895 f.

70 Vgl. Campbell v. Acuff-Rose, 510 U.S. 569, 578 (1994): „Nor may the four statutory factors be treated in isolation, one from another. All are to be explored, and the results weighed together, in light of the purposes of copyright.”

le vom Gericht als „highly transformative" qualifiziert wurde. Die digitale Vervielfältigung der Bücher dient nicht ihrer unmittelbaren Darstellung, sondern vielmehr der Indexierung der Texte und der daran anschließenden Möglichkeit ihrer Durchsuchbarkeit. Umfassend ist nicht die Anzeige des jeweiligen Textes, sondern die Auswertbarkeit eines neu erzeugten riesigen Textkorpus: „[Google] has transformed book text into data for purposes of substantive research, including data mining and text mining in new areas ... Words in books are being used in a way they have not been used before."[71] Die geschaffene neue Form der Auswertung von Texten durch ihre Überführung in eine Datenbank dient dabei dem einfachen Auffinden von Texten ebenso wie weitergehenden wissenschaftlichen Zwecken. In diesem Zusammenhang sei die Anzeige von Snippets vergleichbar mit der von Thumbnails im Rahmen der Bildersuche im Internet, da beides nur als Zeichen für etwas anderes fungiere. Die Nutzung dieses Anderen wird nicht ersetzt, sondern letztlich erst ermöglicht.[72] Offensichtlich bezogen auf die veränderten Potentiale der Nutzung von Werken im digitalen Kontext, ist das Gericht der Auffassung, dass die qualifizierte Nutzung durch den Intermediär „adds value to the original".

Dass Google diese gemeinwohlfördernde Leistung zugleich mit der Absicht der Gewinnerzielung erbringt, hindert nicht die Annahme einer fairen Nutzung.[73] Im Rahmen des ersten Abwägungskriteriums der General-

---

71 The Authors Guild, et al. v. Google Inc., Fn. 63, abgedruckt in: GRUR Int. 2014, S. 69.

72 Entsprechend wertet das Gericht den vierten Faktor („effect of the use upon the potential market for or value of the copyrighted work") zugunsten von Google, da potentielle Käufer durch die Suchfunktion überhaupt erst auf ein Buch aufmerksam werden könnten. Vgl. The Authors Guild, et al. v. Google Inc., Fn. 63, GRUR Int. 2014, S. 73.

73 Vgl. The Authors Guild, et al. v. Google Inc., No. 05 CV 8136, Fn. 72, S. 73 unter Verweis auf Blanch v. Koons, 467 F. 3 d 244, 253-254 - Court of Appeals, 2nd Circuit 2006. Vgl. auch American Geophysical Union v. Texaco Inc., 60 F. 3 d 913 - Court of Appeals, 2nd Circuit 1994: „The commercial/nonprofit dichotomy concerns the unfairness that arises when a secondary user makes unauthorized use of copyrighted material to capture significant revenues as a direct consequence of copying the original work. Consistent with these principles, courts will not sustain a claimed defense of fair use when the secondary use can fairly be characterized as a form of commercial exploitation, i.e., when the copier directly and exclusively acquires conspicuous financial rewards from its use of the copyrighted material. Conversely, courts are more willing to find a secondary use fair when it produces a value that benefits the broader public interest. The greater the private economic rewards reaped by the secondary user (to the exclusion of broader public benefits),

klausel ist nicht der kommerzielle Charakter der nutzenden Entität entscheidend, sondern allein der mögliche kommerzielle Charakter der Nutzung selbst, der gegen eine Fairness des Gebrauchs spräche. Verhindert werden soll, dass der in das Urheberrecht Eingreifende sich auf Kosten der Öffentlichkeit die entstehenden Nutzungsvorteile exklusiv aneignet. Umgekehrt wird das Handeln des sekundären Nutzers um so eher als fair betrachtet werden, je größer die Vorteile für eine breitere Öffentlichkeit sind. Google macht die Snippets als solche unentgeltlich zugänglich. Kalkül des Unternehmens ist es, dass die Funktion von Google Book Search die Nutzer an die Suchmaschine und ihre anderen Dienste bindet, die sich über den Verkauf von Werbung finanzieren. Die geschützten Werke werden also nicht direkt kommerzialisiert. Der Zugang zu ihnen ist nicht der wirtschaftlichen Rationalität unterworfen. Die gleichzeitige wirtschaftliche Zweckverfolgung ist folglich so lange unschädlich, wie der gesellschaftliche Mehrwert nicht vom sekundären Nutzer appropriiert, sondern der Allgemeinheit direkt zur Verfügung gestellt wird.

III. Zugänglichmachung im öffentlichen Interesse: Open Access-Publizieren

Die Digitalisierung hat das bestehende Konzept des Urheberrechts in ein Dilemma geführt. Mehr online verfügbare Werke würden eigentlich zu mehr Nutzungsmöglichkeiten führen; wenn aber der Zugang faktisch nur noch online möglich ist (weil immer weniger Werkstücke physisch hergestellt werden), dann können die Verwerter ihn mit beliebigen Bedingungen versehen[74] – mit der Folge, dass die entstandenen gesellschaftlichen Möglichkeiten wieder vindiziert werden oder sogar hinter den unter analogen Bedingungen erreichten Stand zurückfallen. Die Problematik zeigt sich insbesondere bei wissenschaftlichen Veröffentlichungen. Hier spricht inzwischen selbst der Gesetzgeber von einer „Publikationskrise".[75]

Der Markt für wissenschaftliche Publikationen wird von einigen wenigen großen Verlagen bestimmt. Sie verlegen insbesondere jene Zeitschrif-

---

the more likely the first factor will favor the copyright holder and the less likely the use will be considered fair."

74 Vgl. Hilty, Sündenbock Urheberrecht in: Ohly/Klippel (Hrsg.), Geistiges Eigentum und Gemeinfreiheit, 2007, S. 110.

75 RegE BT-Drucks. 17/13 423, S. 14.

ten, die hohe Reputation unter Wissenschaftlern genießen und für eine entsprechende Wahrnehmung der veröffentlichten Forschungsergebnisse sorgen. Die Selektionen, die in diesen Zeitschriften vorgenommen werden, sind Operationen des Wissenschaftssystems selbst. Entsprechend angewiesen sind Wissenschaftler sowohl darauf, dass ihre Beiträge dort veröffentlicht werden, wie auch darauf, dass die veröffentlichten Beiträgen möglichst vielen anderen zugänglich sind. Infolge dieser Machtasymmetrie können die Wissenschaftsverlage die Vertragsbedingungen einseitig vorgeben und lassen sich gegenwärtig von den Autoren vielfach ausschließliche Rechte zur kommerziellen Verwertung ihrer Beiträge einräumen. Damit verfügen allein die Wissenschaftsverlage über das Recht, diese Inhalte über Onlinemedien zugänglich zu machen.[76] Da die Forschungsergebnisse damit nur aus einer Hand zugänglich sind ("sole source"-Produkte), können die Verlage auch im Verhältnis zu den Endkunden – meist Universitätsbibliotheken und sonstige Forschungseinrichtungen – die Bedingungen und Preise beliebig gestalten. Gleichzeitig stagnieren die Etats der öffentlich getragenen Wissenschaftseinrichtungen oder gehen zurück. Die mit Steuergeldern finanzierten Ergebnisse wissenschaftlicher Forschung müssen daher ein zweites Mal durch die öffentliche Hand bezahlt werden, damit der Zweck der Wissenschaftsförderung überhaupt erreicht werden kann.[77]

Angesichts dieser Lage hat der Gesetzgeber in § 38 IV UrhG ein Zweitveröffentlichungsrecht für Wissenschaftsautoren geschaffen, das den „Grünen Weg" zum Open Access rechtlich absichern und so den Zugang zu Forschungsergebnissen erleichtern soll.[78] Danach hat der Autor das Recht, den eigenen wissenschaftlichen Beitrag in der akzeptierten Manuskriptversion zwölf Monate nach seiner Erstveröffentlichung selbst öffentlich zugänglich zu machen (§ 19 a UrhG), und zwar auch dann, wenn er dem Verlag zuvor ein ausschließliches Nutzungsrecht eingeräumt hatte.

---

76 Vgl. RegE BT-Drucks. 17/13 423, S. 8.

77 Vgl. RegE BT-Drucks. 17/13 423, S. 9. Kritisch dagegen Sprang, ZUM 2013, S. 461 f.: Es handele sich nicht um eine Publikationskrise, sondern „in Wirklichkeit um eine Finanzierungskrise der zunehmend schlechter ausgestatteten öffentlichen wissenschaftlichen Bibliotheken in Deutschland". Diese wollten „an den durch massive Investitionen der Wissenschaftsverlage in digitales Publizieren erreichten Produktivitätsfortschritten für Wissenschaft und Forschung teilnehmen, sich aber zugleich aus fiskalischen Motiven nicht angemessen an deren Finanzierung beteiligen."

78 Dazu eingehend Fehling, i. d. B., S. 335 ff.

Vorausgesetzt ist, dass der Beitrag im Rahmen einer mindestens zur Hälfte mit öffentlichen Mitteln geförderten Forschungstätigkeit entstanden und in einer periodisch mindestens zweimal jährlich erscheinenden Sammlung erschienen ist.

Nicht von ungefähr ist die dogmatische Einordnung der Vorschrift umstritten. Kritiker wenden ein, es handele sich um eine urheberrechtliche Schrankenregelung, weil sie unabdingbar die Befugnis wissenschaftlicher Autoren beschränke, den Verlagen zeitlich unbegrenzte Online-Nutzungsrechte zu übertragen.[79] Da jedoch die Schranken des Rechts auf öffentliche Zugänglichmachung durch die EU-Informations-Richtlinie abschließend festgelegt worden sind,[80] wäre die neue Vorschrift dann europarechtswidrig. Überwiegend wird die Regelung freilich nicht als Schranke angesehen, da sie gerade keine privilegierten Ausnahmen zur erlaubnisfreien Nutzung durch die Allgemeinheit oder einen bestimmten Personenkreis vorsehe.[81] Es handelt sich danach vielmehr um einen Teil des Urhebervertragsrechts, das vom Anwendungsbereich der Informations-Richtlinie nicht erfasst wird.[82] Die Argumentation, das Zweitveröffentlichungsrecht schränke lediglich ein vom Urheber selbst eingeräumtes ausschließliches Nutzungsrecht „im Interesse des und für den Urheber selbst" ein,[83] übersieht freilich, dass die Vertragsfreiheit der Beteiligten gerade um des öffentlichen Interesses an einem freien wissenschaftlichen Informationsverkehrs willen eingeschränkt wird. Richtig ist, dass § 38 IV UrhG das Verbotsrecht in der Hand des Urhebers belässt und es nicht – wie bei Schranken – zur gesetzlich angeordneten Dezentralisierung der Nutzungsbefugnis kommt.[84] Die Vorschrift will aber gerade normativ die Möglichkeit abstützen, dass der Urheber parallel zur Einspeisung in das proprietäre

---

79 Vgl. Sprang, ZUM 2013, S. 465, der meint, eine Qualifizierung nur solcher Regelungen als Urheberrechtsschranken, die gesetzlich einen Zugriff auf geschützte Werke gestatteten, wirke verengt und berücksichtige nicht, „dass die EU-Richtlinie 2001/29/EG aus der Perspektive der Rechte des Urhebers formuliert" sei.

80 Vgl. Erwägungsgrund 32 sowie Art. 5 III der Richtlinie 2001/29/EG. Vgl. auch EuGH v. 21.10.2010, C-467/08, Rn. 35 f. (zu Art. 5 II lit. B). Zum Harmonisierungsgrad der Schranken allgemein vgl. Grünberger, ZUM 2015, S. 273 (284 ff.)

81 Vgl. Wandtke/Grunert, in: Wandtke/Bullinger, Praxiskommentar zum Urheberrecht, 2014, § 38 UrhG, Rn. 15; Hansen, GRUR Int 2009, S. 801.

82 Vgl. Erwägungsgrund 30 sowie Art. 9 der Richtlinie 2001/29/EG.

83 Vgl. Wandtke/Grunert, Fn. 81.

84 Dritte dürften den Beitrag des Wissenschaftlers nicht ohne Zustimmung etwa in ein Hochschulrepositorium einstellen, vgl. Hansen, Fn. 81.

Verlagsmodell seinen Beitrag selbst zu einem Gemeinschaftsgut machen kann. Die durch die Einräumung eines ausschließlichen Nutzungsrechts an die Verlage entstandene zentralisierte Zugangskontrolle zum wissenschaftlichen Beitrag kann durch den Autor aufgehoben werden, so dass er online frei verbreitet und gemäß den Anforderungen des Wissenschaftssystems von jedermann rezipiert werden kann.[85] Es erscheint daher angemessener, die neue Vorschrift als eine „urhebervertragsrechtliche Innovation“ zu bezeichnen.[86]

Dass diese ausweislich der Gesetzesbegründung nur Veröffentlichungen im Rahmen von öffentlich geförderter Projektforschung an Universitäten und institutionell geförderten außeruniversitären Forschungseinrichtungen erfassen soll[87] und damit nicht den weitaus größten Bereich der aus öffentlichen Grundmitteln finanzierten Forschung an staatlichen Hochschulen, ist freilich nicht nur mit dem Gesetzeszweck unvereinbar, die freie Zirkulation und den Zugang zu Forschungsergebnissen zu verbessern, sondern widerspricht auch der Reichweite des Schutzes der Forschungsfreiheit des Art. 5 III GG.[88] Die Vorschrift des § 38 IV 1 UrhG ist daher so auszulegen, dass das Zweitveröffentlichungsrecht dem gesamten wissenschaftlichen Personal an Hochschulen zusteht.[89]

Auch wenn das Zweitveröffentlichungsrecht die Publikationskrise nicht beenden wird,[90] sichert sie eine Variante des Open Access-Publizierens rechtlich ab und könnte so den Übergang von einem proprietären zu einem alternativen, auf freiem Zugang basierenden Modell des wissenschaftlichen Publizierens fördern.[91]

---

85 Der Autor kann freilich den Nutzern der Zweitveröffentlichung – anders als bei einer Open-Access-Erstpublikation – keine Nutzungsrechte übertragen (vgl. Bruch/Pflüger, ZUM 2014, S. 393). Aus der Perspektive eines ungehinderten Wissenstransfers ist jedoch die tatsächliche Erlangung der digitalen Kopie entscheidend, für die im Übrigen die Schranken des Urheberrechts gelten.

86 So Peukert, GRUR-Beilage 2014, S. 84.

87 Vgl. RegE BT-Drucks. 17/13 423, S. 14.

88 Vgl. Sandberger, ZUM 2013, S. 470.

89 Vgl. Wandtke/Grunert, Fn. 81, Rn. 17; Bruch/Pflüger, Fn. 85, S. 391. Nach Auffassung des Bundesrates (BRat-Drucks 643/13 Beschluss v. 20.9.2013 S. 2 lit. d) muss § 38 IV 1 UrhG verfassungskonform ausgelegt werden.

90 Skeptisch Peifer, Fn. 65, S. 11.

91 Den sich ankündigenden Paradigmenwechsel betont zu Recht Peukert, Fn. 86, S. 84 f.

D. Rechtsinnovation durch Rezeption privater Ordnungen im staatlichen Recht

Die vom staatlichen Recht getragene Anwendung der Eigentumsform auf die Nutzung von kulturellen und wissenschaftlichen Ressourcen vernachlässigt die Funktion von Gemeinschaftsgütern für die Wissensteilung in anderen sozialen Systemen als der Wirtschaft. Hier wiederholt sich in einem besonderen Bereich, was allgemeines Kennzeichen der Rechtsentwicklung seit den bürgerlichen Revolutionen ist: die enge Kopplung rechtlicher Grundbegriffe an das Wirtschaftssystem.[92] Diese privilegierte Bindung des Rechts an eine bestimmte soziale Normativität ist aus gesamtgesellschaftlicher Perspektive historisch zunächst nachvollziehbar, da die Institution des Marktes jene gesellschaftliche Steuerungsleistung zu erbringen verspricht, die an die Stelle der politischen Bestimmung des Gemeinwohls im absolutistischen Staat treten kann.

Die Wissensteilung in anderen sozialen Systemen wie der Kultur und der Wissenschaft treibt jedoch über jene Zugangsregeln hinaus, die in einem auf wirtschaftsliberalen Grundannahmen beruhenden staatlichen Immaterialgüterrecht konfiguriert sind. In beiden sozialen Bereichen ist die Erzeugung neuen Wissens mit Kollaborationen verbunden, die nach der Institutionalisierung von Gemeinschaftsgütern verlangen, welche im bestehenden staatlichen Recht kaum oder gar nicht darstellbar ist.

Die privatautonome Konstruktion entsprechender Zugangsregeln basiert dabei auf mehr als der bloßen Artikulation individueller Präferenzen. Sie ist gleichzeitig Ausdruck von sozialer Normativität, die sich anders institutionalisiert als über Wettbewerb und Märkte. Wenn die Rechtsform auch diesen anderen Normativitäten zur Verfügung stehen soll, muss das Recht seine bisher marktgeprägten Grundbegriffe für die Rezeption jener Normativitäten innovieren.

Die Fallstudien zur ausgewählten Beispielen der Konstruktion von Gemeinschaftsgütern durch nicht-staatliche Akteure zeigen, dass den vorgestellten privaten Rechtsregimen ein unmittelbarer Bezug auf das öffentliche Interesse eigen ist: Die Verbreitung von F/OSS unter offenen Lizenzen soll unmittelbar die Freiheit der Nutzer erweitern; ebenso erfolgt beim Open Access-Publizieren die freie öffentliche Zugänglichmachung eines

92 Allgemein zur Kopplung von Recht und Wirtschaft vgl. Luhmann, Recht der Gesellschaft, 1993, S. 452 ff.; Wielsch, Freiheit und Funktion, 2001, S. 55 ff.

wissenschaftlichen Beitrags unmittelbar im Interesse der wissenschaftlichen Gemeinschaft; und die für „Google Book Search“ erforderliche Digitalisierung und Indexierung von analogen Büchern unternimmt Google jedenfalls auch im öffentlichen Interesse. Zugangseröffnung und wirtschaftliche Wertschöpfung werden voneinander entkoppelt. Letztere ist nicht etwa ausgeschlossen, sondern findet sich verlagert auf die Erbringung von entgeltlichen Leistungen auf anderen Wertschöpfungsstufen, die auf dem freien Zugang zur Ressource aufbauen: im Falle von freier Software etwa durch Beratungs- und Serviceleistungen für die freie Software, vor allem aber auch durch die Kombination mit anderen technologischen Modulen, so dass eine Vermarktung des Gesamtprodukts möglich ist; und im Falle von „Google Book Search“ durch die Integration des Dienstes in andere, die entgeltlich erbracht oder durch Werbung finanziert werden.

Aufgabe für das staatliche Recht ist es, sicherzustellen, dass die private Regulierung auch tatsächlich „zugleich als/für Allgemein-(Fremd-)Interesse“ erfolgt.[93] Gerade in dem über die gesetzlichen Vorgaben hinausgehenden Bereich ist dieser Gemeinwohlbezug Legitimationskriterium nicht nur für Anerkennung der von privater Hand konstruierten Ordnungen durch das staatliche Recht, sondern auch für eine im Zuge dieser Anerkennung erforderlich werdende Fortbildung des staatlichen Rechtes selbst. Zwar werden private Ordnungen schon um der Erlangung von Rechtsschutz willen bestrebt sein, die Vorgaben des staatlichen Rechts zu beachten. Trotzdem geraten sie in Spannung zu den unter dem geltenden Recht konfigurierten Eigentumsrechten von Dritten, so dass sich die Frage einer möglichen Veränderung der staatlichen Maßstäbe stellt. Für die Gestaltung privater Ordnungen durch Verträge hat L. Raiser dieses dialektische Verhältnis so ausgedrückt:

„[E]s liegt im Wesen der [den Vertragsparteien] eingeräumten Freiheit, daß ihre Vorstellungen von zweckmäßiger oder gerechter Ordnung ihres Verhältnisses sich von denen der Rechtsgemeinschaft unterscheiden können. Wer Parteiautonomie fordert und gewährt, muss solche Spannungen in Kauf nehmen und darauf vertrauen, daß sich die Gesamtrechtsordnung mit ihren Wertungen, wenn nicht in jedem Einzelfall, so doch durchschnittlich und auf längere Sicht gegenüber widerstrebenden Gruppen und Vertragsparteien durchsetzen wird, sei es vermöge der Überzeugungskraft, die von der besseren und gerechteren Ordnung ausgeht, sei es vermöge der

93 Vgl. Wiethölter, Fn. 66.

hinter ihr stehenden, in den Dienst des Rechts gestellten Macht des Staates. Umgekehrt kann es sein, daß vertragliche Ordnungen sich in der Überzeugung der Rechtsgemeinschaft durchsetzen und entweder von der Gesetzgebung übernommen werden oder als Gewohnheits- oder Richterrecht das abweichende geschriebene Recht verdrängen, also in ihrem materiellen Gehalt selbst Teil der Gesamtrechtsordnung werden.

Die Selbständigkeit der Vertragsordnung bedeutet somit für das Rechtsleben eines Volkes ein Element der Beweglichkeit und ermöglicht die dem Gesetzgeber verschlossene Anpassung an besondere und wechselnde Lagen und Bedürfnisse. Das ist für die Rechtsentwicklung von so hohem Wert, daß die Rechtsgemeinschaft dafür bei der Anerkennung dieser Ordnungen Unebenheiten und Widersprüche getrost so lange in Kauf nehmen kann, als nicht Grundforderungen der Gerechtigkeit verletzt sind."[94]

Ein Abweichen der privaten Ordnungen vom staatlichen Recht ist folglich in einem bestimmten Umfang hinzunehmen, bildet diese normative Differenz doch gerade den Entstehungsgrund der neuen Ordnung. Innovationen im staatlichen Recht ergeben sich aus der Rezeption von normativ gehaltvollen privaten Ordnungen – eine Auseinandersetzung, die mit Hilfe der Grundrechte sogar erzwungen werden kann.[95]

Die zu beobachtende Vergesellschaftung (privat-)rechtlicher Grundbegriffe entlang ihrer sozialen Multilateralität ist trotz ihrer alternativen Formulierung im Verhältnis zum staatlichen Recht nicht etwa defizitär legitimiert. Das zeigt die Bedeutung von reflexivem Privatrecht im internationalen Raum. Wenn territoriale politische Differenzierung nämlich von globaler epistemischer Differenzierung überlagert wird, dann muss politische Inklusion auf je systemspezifische Inklusion umgedacht werden. Soziale Institutionen sind nicht an Staaten gebunden. Die Selbstermächtigung zur Gestaltung ihrer Verhältnisse, die sich die Menschen in den Grundrechtskatalogen ihrer Verfassungen geben, ist jenseits des staatlichen Zugriffs auf soziale Institutionen nur in anderen Formen zu realisieren.

Das lässt auch den bisherigen Begriff von politischer Autonomie nicht unberührt. Er wäre aus seiner Kopplung an die Institution des Staates zu lösen und abstrakter zu fassen. Er würde dann auf die Schaffung von rechtlichen Bedingungen zielen, mit deren Hilfe sich eine Pluralität sozialer Normativitäten und Institutionen erhalten und weiter ausdifferenzieren

---

94 Raiser, Fn. 8, S. 119.
95 Dazu näher Wielsch, AcP 2013, S. 755 f.

kann. Politische Autonomie jenseits staatlicher Rechtsetzungsverfahren fällt zusammen mit einer reflexiven Ausübung von privater Autonomie: mit der Ausübung von privater Autonomie zur Erhaltung ihrer eigenen Bedingungen.

Konsequenzen ergeben sich aber auch für das zukünftige Verhältnis von Privatrecht und öffentlichem Recht. Ein Privatrecht, das umfänglich auf die Funktion individueller Rechte für soziale Ordnungen reflektiert und insbesondere auch die Institutionalisierung der entsprechenden sozialen Normativitäten durch privat geschaffene Gemeinschaftsgüter gezielt abstützt, ist sich offenbar seiner „sozialen Aufgabe" bewusst, die Gierke der Disziplin bereits Ende des 19. Jahrhunderts zugewiesen hatte.[96] Angetrieben von dem Gedanken, dass „jede privatrechtliche Befugnis dem Einzelnen nicht blos um seiner selbst willen verliehen, sondern gleichzeitig als ein Kulturmittel anvertraut [ist], dessen er sich zum Wohle der menschlichen Gesellschaft wirklich bedienen soll", will er die Rechtswissenschaft auf die Einheit allen Rechts verpflichten – indem er scheinbar gegenläufige Betrachtungsweisen in die Gebiete einbaut, auf dass die Rechtsordnung „auch im Privatrecht, wo sie zuvörderst für Einzelinteressen sorgt, das Gemeinwohl erstreben, und im öffentlichen Recht, wo sie zunächst auf das Ganze blickt, den Einzelnen gerecht werden" soll.[97]

Die Stunde dieser Betrachtungsweise ist jedoch erst gekommen, wenn es unter den Dynamiken grenzüberschreitender sozialer Systeme unmöglich wird, jenes Ganze im Nationalstaat repräsentiert zu sehen – zu stark war die semantische Kraft der Fixierung des Öffentlichem im Staat und zu schwach war, auch bei Gierke, das Selbstbewusstsein des Privatrechts als ein Recht der sozialen Institutionen. Wenn nunmehr die Möglichkeit, die Einheit des Öffentlichen Rechts als Staatsrecht zu bezeichnen, an ihr Ende gekommen ist, und sich die Suche entsprechend auf ein „neues Öffentliches Recht jenseits des Staates" richtet, dann wird sich diese neue Identität freilich nicht exklusiv als „ein Recht öffentlicher Güter oder Interessen", als ein „Recht der Gemeinschaftsgüter", verstehen können.[98] Vielmehr wird sich das öffentliche Recht diese Aufgabe mit einem sozial erwachten

96 In Gierke, Die soziale Aufgabe des Privatrechts, 1889.

97 Vgl. Gierke, Fn. 96, S. 6 und 19.

98 In diese Richtung aber Vesting, Die Staatsrechtslehre und die Veränderung ihres Gegenstandes: Konsequenzen von Europäisierung und Internationalisierung in: Veröffentlichungen der Vereinigung der Deutschen Staatsrechtslehrer 63, 2004, S. 65 f.

Privatrecht zu teilen haben. Angemessen erscheint deshalb zukünftig die gemeinsame Arbeit der Disziplinen unter gesamtgesellschaftlich relevanten Perspektiven wie der einer rechtswissenschaftlichen Innovationsforschung.[99]

99 Grundlegend Hoffmann-Riem, Die Governance-Perspektive in der rechtswissenschaftlichen Innovationsforschung, 2011.

VIII. Teil: Umwelt

Innovative Ansätze im Umweltrecht – Standortauswahlgesetz und Nudge-Ansatz: rechtswissenschaftliche Forschung zu Emotionen und Verhalten als Perspektive

Ulrich Smeddinck

Inhalt

Es wäre verfehlt, unter der Überschrift „Innovative Ansätze im Umweltrecht" eine Bestandsaufnahme zu versuchen, die sich zwischen Hölzchen und Stöckchen verliert. Stattdessen werden zwei Beispiele mehr oder minder schroff gegeneinandergestellt: das Gesetz zur Suche und Auswahl eines Standortes für ein Endlager für Wärme entwickelnde radioaktive Abfälle (Standortauswahlgesetz – StandAG)[1] einerseits (A.) und der zunehmend diskutierte Nudge-Ansatz (Regulieren durch Anstoßen)[2] anderer-

1 Vom 23. Juli 2013 (BGBl. I S. 2553).

2 Sunstein, Why Nudge? The Politics of Libetarian Paternalism, 2014; Thaler/Sunstein, Nudge – Wie man kluge Entscheidungen anstößt, 2009; Smeddinck, Regulieren durch Anstoßen – Nachhaltiger Konsum durch gemeinwohlverträgliche Gestaltung von Entscheidungssituationen?, Die Verwaltung 2011, 375 ff.; Eidenmüller, Liberaler Paternalismus, JZ 2011, 814 ff.

seits (B.). Entgegen der vordergründigen Beziehungslosigkeit sollen im Weiteren Gemeinsamkeiten der beiden Themen verdeutlicht und gemeinsame Folgerungen für die rechtswissenschaftliche Forschung abgeleitet werden (C.). Beides sind Regulierungsansätze, die mit dem Regulierungsfeld „Nachhaltiger Konsum“ in Beziehung stehen. Allerdings stellen die vergangenen Jahrzehnte auf dem Weg zu einem Endlager für „Atommüll“ ein Regulierungsdesaster dar, während „Nudging“ für eine (womöglich) verheißungsvolle Regulierungszukunft steht.

A. Standortauswahlgesetz

Das erste Referenzbeispiel dieses Beitrags wird anhand der Punkte „Das Standortauswahlgesetz im Kontext“ (I.), „Neuer Anlauf – lessons learnt?“ (II.), „Governance as and by communication“ (III.) und „Vom Wasserwerfer zum Stuhlkreis: Neue Formate der Konfliktbearbeitung?“ (IV.) aufgefächert. Ein Zwischenfazit folgt (V.).

I. Das Standortauswahlgesetz im Kontext

Das StandAG stellt (nur) eine Etappe der rechtlichen Regulierung der Endlagersuche und -realisierung dar! Im Anschluss an das Atomgesetz[3] ersetzt das StandAG dessen ehemaligen § 9 b Abs. 1 S. 1 und entfaltet ein völlig neues, innovatives Regelungsdesign.

Das StandAG wurde als Kompromiss gefeiert und kritisiert. Bund und Länder verständigten sich im Vorfeld auf Eckpunkte. Die Einigung gelang in einer günstigen politischen Konstellation.[4] Die Sichtweise der Politik ist aber nur eine Seite der Medaille. Umweltverbände, Aktivisten und „Gorleben-Gegner“ interpretierten die Argumentation mit dem „Zeitfenster“ im politischen Betrieb als impertinenten Versuch, Kritiker und Skeptiker unter Druck zu setzen und Mitbestimmungsmöglichkeiten zu verweigern. Sie verstanden und verstehen das StandAG als Neuauflage des immer gleichen staatlichen Handelns, das einseitig bestimmt und keine Teilhabe in der Entstehung und Entscheidung zugelassen hat. Bemerkenswert ist, wie

3 I.d.F. der Bek. vom 15. Juli 1985 (BGBl. I S. 1565), zuletzt geändert durch G vom 1. April 2015 (BGBl. I S. 434).

4 Hohmuth, Die atomrechtspolitische Entwicklung seit 1980, 2014, S. 78.

wenig von den Betroffenen die formalen parlamentarischen Gegebenheiten und Praktiken gesehen und als verbindlich anerkannt werden.[5] Die politikwissenschaftlich nachgewiesene Bedeutung von „Zeitfenstern" wurde in Abrede gestellt. In der Disziplin gehören die Windows of Opportunity zu den maßgeblichen Funktionsbeschreibungen und Rahmenbedingungen des politischen Systems, die bedacht wie genutzt werden wollen, um Entscheidungen voranzutreiben. Es ist die Funktionsweise der Politik, Entscheidungssituationen zu schaffen (den Moment, die Situation) und dann zu entscheiden oder auch nicht. Angesichts der Langfristigkeit des Problems – radioaktive Belastung für 1 Million Jahre – wie der Forderung, langfristigen Zukunftsentscheidungen hinreichend Zeit und Raum für öffentliche Politisierung und parlamentarische Verständigung zu geben, wird die Forderung nach einer Entschleunigung des Verfahrens allerdings verständlich.[6]

Es drohen sich Konfliktlinien fortzusetzen und zu aktualisieren, die unter gänzlich anderen Rahmenbedingungen entstanden sind. Die „Schatten der Vergangenheit" verdeutlicht ein Zitat von Arno Scherzberg:

> „Vor allem in der Frühphase einer technischen Innovation ist die Rückkopplung der politischen Risikobewertung an gesellschaftliche Werthaltungen zu suchen, wenn ein dauerhafter öffentlicher Streit oder eine Verbraucherverweigerung vermieden werden soll. (…) In der Kernenergie hat es hingegen über viele Jahre an geeigneten institutionellen Formen für einen solchen Diskurs gefehlt. Vielleicht auch deshalb ist eine Beilegung der seit den frühen 80er Jahren bestehenden sozialen Konflikte über ihre Nutzung nicht gelungen."[7]

Immer noch auf diese Ausgangslage trifft nun das StandAG mit seinem „Neustart" der Endlagersuche.

Der Gesetzeszweck gem. § 1 ist mehr als anspruchsvoll, wenn nicht gar intellektuell und praktisch überfordernd: Denn Ziel des Standortauswahlverfahrens ist, in einem wissenschaftsbasierten und transparenten Verfahren für die im Inland verursachten, insbesondere hoch radioaktiven Abfälle den Standort für eine Anlage zur Endlagerung (…) in der Bundesrepublik Deutschland zu finden, der die bestmögliche Sicherheit für einen Zeit-

---

5 Schön, Grenzen der Rechtsdurchsetzung, in: Flick (Hg.), Kollektiver Rechtsbruch – Gefahr für unsere Sicherheit, 2013, S. 21, 25.

6 Gärditz, Zeitprobleme des Umweltrechts, EurUP 2013, 1, 6.

7 Scherzberg, Der Ausstieg aus dem Restrisiko – Fukushima und die Folgen, UTR Jahrbuch 2012, S. 7, 24; vgl. auch Bautz/Kaschubowski/Kreuzer/Jung, Endlager Asse II – Transparenz, Information und Beteiligung: Wie kann verlorenes Vertrauen wiederhergestellt werden? UMID 2013, 144 ff.

raum von einer Million Jahren gewährleistet (Satz 1). Das Standortauswahlverfahren soll bis zum Jahr 2031 abgeschlossen sein (Absatz 3).

Bei öffentlichen Veranstaltungen löst der Inhalt der Zweckbestimmung regelmäßig Empörung, Spott und Gelächter aus. Zwar wird die Funktion einer Ziel- und Zweckbestimmung häufig dahingehend charakterisiert, dass diese Vorschrift die letzte sei, die sich in einem Gesetz in einfacher und verständlicher Form an ein breites Publikum wenden soll.[8] Interessanterweise versteht das fachlich nicht vorgebildete Publikum den Inhalt als unerhört größenwahnsinnigen Anspruch. Nüchterner wird der Wortlaut von Fachleuten aufgefasst:

> „Damit sind schwer zu behandelnde Fragen an die Haltbarkeit der betrachteten geologischen Formationen, die zu verwendenden Materialien und an die technische Infrastruktur gestellt. Diese Fragen können nur für solche Zeiträume nur so gut wie eben möglich, aber nicht mit absoluter Bestimmtheit beantwortet werden. Aus diesem Grund wird nur eine bestmögliche Einlagerung realisiert werden können. Unsicherheiten und Risiken bleiben für eine gesellschaftliche Ewigkeit.“[9]

§ 1 StandAG wird als Anpassung gesetzlicher Anforderungen an die Realität interpretiert:

> „Durch die Benennung der `bestmöglichen Sicherheit´ als Zielvorgabe vollführt das StandAG allerdings einen Paradigmenwechsel. Das bisherige Herangehen an die Endlagerung war durch ein Konzept bestimmt, das auf den klaren Nachweis der Sicherheit eines Endlagers ausgerichtet war. Diese Sicherheit wurde u.a. an einer einzuhaltenden Dosis bemessen, die im Laufe der Zeit immer weiter abgesenkt wurde und inzwischen das Niveau der de-minimis-Dosis erreicht hatte. Der Bezug auf eine `bestmögliche Sicherheit´ kann als politische Einsicht verstanden werden, dass absolute Sicherheit bei der Endlagerung nicht machbar ist.“[10]

Daran anschließend ist auch rechtswissenschaftlich bei „bestmöglich“ nicht von der einen, 1000-prozentig idealen „Superlösung“ auszugehen, sondern inhaltlich zurückhaltender von dem, was unter den hochschwieri-

---

8 Kluth, Entwicklung und Perspektiven der Gesetzgebungswissenschaft, in: Kluth/Krings (Hg.), Gesetzgebung, 2014, § 1 Rn. 106.

9 Brunnengräber/Hocke, Bewegung pro-Endlager? Zum soziologischen Umgang mit hochradioaktiven Reststoffen, Forschungsjournal NSB, 4/2014, 59, 62.

10 Gellermann, Maßstäbe zur Bewertung von Dosen im Strahlenschutz im Kontext der Endlagersuche, in: König/Smeddinck (Hg.), Grenzwertbildung im Strahlenschutz, (im Erscheinen).

gen Rahmenbedingungen machbar ist; aber eben auch nicht mehr.[11] Denn es müssen viele Ziele und Kriterien miteinander in Beziehung gesetzt und ausgeglichen werden, was jedes einzelne zu relativieren vermag.[12] Darüber hinaus kann „bestmöglich nicht mehr gemäß dem Grundsatz der Einheit der Rechtsordnung im Sinne des Atomgesetzes verstanden werden. Das StandAG als Fortschreibung des rechtlichen Rahmens muss auch zu einer veränderten Interpretation führen. Denn die Kriterien zur Beurteilung der bestmöglichen Lösung werden nach den Vorgaben des StandAG zunächst von der Kommission (§ 4 Abs. 2) und im weiteren Verfahren vom Bundesamt für kerntechnische Entsorgung (BfE) (§ 7) festgelegt. Es entspricht dem Anspruch an kluges Entscheiden, sowohl die Maßstäbe wie auch die in Betracht kommenden Handlungsentwürfe überhaupt erst zu erstellen und geeignete Handlungsziele aus der Situation heraus zu entwickeln.[13] Daneben bedeutet der Grundsatz der bestmöglichen Gefahrenabwehr und Risikovorsorge eine „Dynamisierung des Rechtsgüterschutzes“.[14]

Wenn die Standortsuche wissenschaftsbasiert und transparent erfolgen soll, nach den Maßgaben, die das StandAG für das Verfahren trifft, dann muss der Staat, der an bestmöglichen Entscheidungen interessiert ist, z.B. auch eine Öffentlichkeitsbeteiligung organisieren, die den Kriterien einer `Best Practice´ entspricht,[15] und Raum gibt, Bedenken und Kritik aus der Gesellschaft auch an Expertenwissen einzubringen. Daran anschließend ist die Frage interessant, ob die gesetzliche Verpflichtung auf die Einhaltung des Standes von Wissenschaft und Technik die Ausgestaltung und Praktiken der Partizipation miterfasst. Dafür spricht, dass eine gute fachliche

11 Grundsätzlich kritisch: Hoffmann-Riem, Die Klugheit der Entscheidung ruht in ihrer Herstellung – selbst bei der Anwendung von Recht, in: Scherzberg/u.a. (Hg.), Kluges Entscheiden, 2006, S. 3, 7 f.

12 Vgl. Funke/Holt, Zur Rationalität von Emotionen beim Problemlösen: Eine psychologische Perspektive, in: Scherzberg/u.a. (Hg.), Kluges Entscheiden, 2006, S. 77, 80.

13 Scherzberg, Ausblick, in: Scherzberg/u.a. (Hg.), Kluges Entscheiden, 2006, S. 325.

14 Roßnagel/Neuser, Die rechtliche Festlegung von Risikogrenzwerten – zu einem grundsätzlichen Problem von Recht und Technik, UPR 2006, 125.

15 Vgl. Renn/Köck/Schweizer/Bovet/Benighaus/Scheel/Schröter, Öffentlichkeitsbeteiligung bei Vorhaben der Energiewende – Neun Thesen zum Einsatz und zur Gestaltung der Öffentlichkeitsarbeit, ZUR 2014, 281, 284.

Praxis unter den erweiterten Technik-Begriff als soziale Technologie gefasst werden kann.[16]

Ebenso kann die Reizzahl eine Million Jahre nicht als wirklich vermessen kritisiert werden. Die Isolationszeit für hoch radioaktive Abfälle wird mit deutlich mehr als einigen 10.000 Jahren beziffert. Die Sicherheitsanforderungen des Bundesumweltministeriums schreiben ebenfalls eine Million Jahre vor.[17] Damit umreißt § 1 Abs. 1 durchaus angemessen die Aufgabe, die der Gewährleistungsstaat im Rahmen seiner Möglichkeit wahrzunehmen hat. Was davon und wie abgearbeitet werden kann, entscheidet sich bei den einzelnen konkretisierenden Vorschriften des StandAG, den Phasen des Standortauswahlverfahrens bzw. des darüber hinausgehenden zugehörigen Regelungsgeflechts.[18]

II. Neuer Anlauf – lessons learnt?

Das StandAG kreiert neue Akteure, zentralisiert die Planungs- und Verwaltungszuständigkeiten im Sinne der Legalplanung, entfaltet die Öffentlichkeitsbeteiligung und beschränkt, eröffnet aber auch Klagemöglichkeiten.[19]

Entsprechend der inhaltlichen Ausrichtung des Beitrags sollen hier die Endlager-Kommission nach § 3 und das Gesellschaftliche Begleitgremium nach § 8 in den Blick genommen werden.

Die „Kommission Lagerung hoch radioaktive Abfälle“ nach § 3 StandAG hat im Mai 2014 ihre Arbeit aufgenommen. Ihre Aufgabe ist die Vorbereitung des Standortauswahlverfahrens. Nach Kritik der Umweltverbän-

16 Smeddinck, Umwelt- und Technikgesetzgebung, in: Kluth/Krings (Hg.), Gesetzgebung, 2014, § 1 § 32 Rz. 7.

17 BMU, Sicherheitsanforderungen an die Endlagerung wärmeentwicklender radioaktiver Reststoffe, Stand: 30 September 2010, S. 13, vgl. http://www.bmub.bund.de/fileadmin/bmu-import/files/pdfs/allgemein/application/pdf/sicherheitsanforderungen_endlagerung_bf.pdf, Zugriff am 29.5.2015.

18 Smeddinck, Kommentierung zu § 1, in: Smeddinck (Hg.), Standortauswahlgesetz (im Erscheinen).

19 Smeddinck, Elemente des Standortauswahlgesetzes zur Entsorgung radioaktiver Stoffe – Zuschnitt, Regelungskomplexe und Einordnung, DVBl. 2014, 408 ff.; Bull, Wissenschaft und Öffentlichkeit als Legitimationsbeschaffer, DÖV 2014, 897 ff.; eine Vielzahl von Klagemöglichkeiten identifiziert Keienburg, Rechtsschutzfragen hinsichtlich der Standortauswahl eines Endlagers für wärmeentwickelnde radioaktive Abfälle, atw 2014, 572 ff.

de wurde die zunächst vorgesehene „Bund-Länder-Kommission“ mit 24 Mitgliedern aus Politik und Gesellschaft im Gesetzgebungsverfahren dahingehend verändert, dass zusätzlich Fachleute und Vertreter gesellschaftlicher Gruppen aufgenommen und die Kommission auf 33 Mitglieder vergrößert wurde. Außerdem haben die Teilnehmer aus der Politik im Hinblick auf die Kommissionsaufgaben ihr Stimmrecht verloren. Die Kommission muss innerhalb von zwei Jahren den Bericht nach § 4 vorlegen, der die relevanten Grundsatzfragen untersucht und Handlungsempfehlungen für Bundestag und Bundesrat formuliert und beschließt. Die Ausschlusskriterien, die Mindestanforderungen, die Abwägungskriterien und die weiteren Entscheidungsgrundlagen werden von der Kommission als Empfehlungen erarbeitet und vom Deutschen Bundestag als Gesetz beschlossen.[20] Damit ist eine klare gesetzliche Regelung über die Kompetenzen geschaffen, die Zweifel und Kritik an der Legitimation vieler anderer Kommissionen vermeidet.[21]

Die Kommission wurde institutionell beim federführenden Umwelt-Ausschuss des Bundestages angebunden, um deren Neutralität zu unterstreichen und die Legitimation zu verbessern. Die Besonderheit der Endlager-Kommission liegt darin, dass hier eine Kopplung gesellschaftlicher und politischer Kommunikation erfolgt, die es in dem Politikfeld so nicht gab,[22] die auch der Kritik aus der Rechtswissenschaft an nicht hinreichend legitimierten Räten und Kommissionen Rechnung trägt.[23] Die Regelungen zur Kommission zielen darauf, ein hohes Maß an Zustimmung der Kommissionsmitglieder sicherzustellen: Die Kommission beschließt bis zum 31. Dezember 2015 den Bericht zum Standortauswahlverfahren möglichst

---

20 Eingehend: Smeddinck/Willmann, Die Kommissionsempfehlung nach § 4 Abs. 5 Standortauswahlgesetz – Politikberatung oder Selbstentmündigung des Parlamentes? EurUP 2014, 102 ff.

21 Rixen, Legitimationsdefizite des Lebensmittelrechts – Zur demokratischen Legitimation der Deutschen Lebensmittelbuch-Kommission, DVBl. 2014, 949 ff.; Smeddinck, Integrierte Gesetzesproduktion – Der Beitrag der Rechtswissenschaft zur Gesetzgebung in interdisziplinärer Perspektive, 2006, S. 422 ff.

22 Vgl. Priddat, Revision des Staates – Governance als Kommunikation, in: Schuppert (Hg.), Der Gewährleistungsstaat – Ein Leitbild auf dem Prüfstand, 2005, S. 63, 78; Schuppert, Politikvermittlung als Kommunikation, in: Kersten/Schuppert (Hg.), Politikwechsel als Governanceproblem, 2012, S. 45, 49; nochmals Scherzberg, (Fn. 6), UTR Jahrbuch 2012, S. 7, 24

23 Smeddinck, (Fn. 21), S. 422 ff.

im Konsens, mindestens aber mit einer Mehrheit von zwei Dritteln ihrer Mitglieder (§ 3 Abs. 5).

Im institutionellen Gefüge des StandAG stellt die Endlager-Kommission eine eher „politische" Institution dar, da sie grundsätzliche Fragen klären soll. Das nach § 7 vorgesehene BfE stellt dagegen die auf Dauer angelegte Verwaltungsinstitution dar, die für die konkrete Abarbeitung der gesetzlichen Vorgaben zentral zuständig ist.[24]

Ferner wird das Verhältnis zur sonstigen Öffentlichkeit geregelt: Die Kommission tagt in der Regel öffentlich. Sie beschließt unter Angabe der Gründe, wann eine Sitzung nicht öffentlich ist. Die Öffentlichkeit einer Sitzung kann auch durch Übertragung der Beratung als Livestream im Internet hergestellt werden. Über die Sitzungsergebnisse werden Protokolle geführt, die nach ihrer Annahme nach Maßgabe des Satzes 2 veröffentlicht werden. Das Nähere regelt die Geschäftsordnung nach § 3 Abs. 6 S. 1 (§ 5 Abs. 1). Von der Kommission beauftragte externe Gutachten werden veröffentlicht (§ 5 Abs. 2). Weiter beteiligt die Kommission die Öffentlichkeit nach den in den §§ 9 und 10 festgelegten Grundsätzen.[25] Dabei nutzt sie ihre Geschäftsstelle (vgl. § 5 Abs. 3). Die Kommission stellt den Bericht zum Standortauswahlverfahren im Rahmen ihrer letzten Sitzung öffentlich vor und veröffentlicht ihn unmittelbar im Anschluss (§ 5 Abs. 4). Die Regelung in § 5 Abs. 3 StandAG verpflichtet zumindest dazu, die Öffentlichkeitsbeteiligung konzeptionell wie praktisch auszugestalten.[26] Damit ist nicht ausdrücklich verlangt, aber auch nicht ausgeschlossen, dass eine Verpflichtung aufgenommen wird, die Thematik auch weitergehend in die Gesellschaft zu tragen und etwa eine Diskurspflicht entsprechend § 1 Abs. 2 S. 1 Gesetz zur Einrichtung des Deutschen Ethikrats[27] zu ergänzen. Danach führt der Deutsche Ethikrat jedes Jahr mindestens eine öffentliche Veranstaltung zu ethischen Fragen insbesondere im Bereich der Lebenswissenschaften durch. Darüber hinaus kann er weitere öffentliche Veranstaltungen, Anhörungen und öffentliche Sitzungen durchführen.

Im Anschluss an die voraussichtliche Tätigkeitsdauer der Kommission von zwei Jahren ist im StandAG mit dem gesellschaftlichen Begleitgremium nach § 8 eine gewisse Kontinuität der bisherigen Konstellation von

---

24 Smeddinck, (Fn. 19), DVBl. 2014, 408, 413.

25 Siehe dazu unten unter III.

26 Vgl. zu den Aktivitäten Bürgerdialog und Internetforum: http://www.bundestag.de/endlager/, Zugriff am 29.5.2015.

27 Vom 16. Juli 2007 (BGBl. I S. 1385).

Akteuren angelegt. Das Bundesumweltministerium richtet mit Zustimmung von Bundestag und Bundesrat nach Abschluss der Arbeit der Kommission und der Evaluierung nach § 4 Abs. 4 S. 2 ein pluralistisch zusammengesetztes, gesellschaftliches und nationales Gremium zur gemeinwohlorientierten Begleitung des Prozesses der Standortauswahl ein. Die Mitglieder erhalten Einsicht in alle maßgeblichen Unterlagen des BfE und des Vorhabenträgers. Die Beratungsergebnisse werden veröffentlicht. Abweichende Voten sind bei der Veröffentlichung von Empfehlungen und Stellungnahmen zu dokumentieren.[28] Die Unabhängigkeit und fehlende Weisungsgebundenheit des Gremiums soll zur Vertrauensbildung in der Öffentlichkeit beitragen.

Die Aufgabenbeschreibung „zur gemeinwohlorientierten Begleitung des Prozesses der Standortauswahl" ist weit zu verstehen. Das Gremium ist inhaltlich in dem gesetzten Rahmen nicht beschränkt, kann sich damit auch zu möglichen Reibungsverlusten im institutionellen Gefüge äußern, gesetzlich erzeugte institutionelle Arrangements kritisieren und Gegenvorschläge machen. Voraussetzung ist allerdings, dass die gesetzlich eingeräumten Möglichkeiten, faktisch tatsächlich genutzt werden können. Das ist nur der Fall, wenn das Gremium aus eigener Kraft oder dank „eingekauftem" externen Sachverstand über die Kapazitäten verfügt, einschlägige Sachverhalte zu durchleuchten. Dann kann auch das gesellschaftliche Begleitgremium einen Beitrag zu Koordinierung der Akteure und zu weiteren Fragen des Standortauswahlverfahrens leisten.

Im Beziehungsgeflecht des StandAG könnte das Gremium aufgewertet werden. Zum einen würde die Unabhängigkeit dadurch unterstrichen, dass das Begleitgremium nicht vom Bundesumweltministerium eingerichtet wird. Denkbar wäre etwa alternativ die Anbindung bei der Deutschen Bundesstiftung Umwelt oder einer neutralen wissenschaftlichen Einrichtung.[29] Zum anderen könnte das Gremium an der Entscheidung über Rücksprünge, also das bewusste Zurückgehen auf eine frühere Stufe des Verfahrens, um von da aus neu anzusetzen, beteiligt werden. Bisher ist eine Beteiligung der Öffentlichkeit im Rahmen der Fehlerkorrektur nicht

28 Vgl. Steiner, Der Richter als Ersatzgesetzgeber – Richterliche Normenkontrolle – Erfahrungen und Erkenntnisse, NJW 2001, 2919, 2920.

29 Blum, Die Öffentlichkeitsbeteiligung bei der Auswahl eines Atommüllendlagers unter Berücksichtigung des Standortauswahlgesetzes, 2014, S. 51 f.

zwingend vorgesehen.[30] Beide Punkte könnten das Vertrauen in das Standortauswahlverfahren stärken.

Die Regelungen zum gesellschaftlichen Begleitgremium und zur Beteiligung der Öffentlichkeit können jedoch erst in der Zukunft praktisch wirksam werden, wenn die Kommission ihre Arbeit abgeschlossen hat. Reibungsverluste zwischen der politischen Seite und der kritischen Öffentlichkeit sind aber bereits durch den als überstürzt empfundenen Entstehungsprozess zum StandAG entstanden.[31] Insofern gilt es kurzfristig, die Öffentlichkeit und ihre Beteiligung zu stärken. Die Möglichkeit der Evaluierung des StandAG sollte bald und danach schrittweise genutzt werden. Nicht aller Änderungsbedarf ist schon abschätzbar und erkennbar. Sinnvoll ist aber eine Auftakt-Evaluierung und weitere Novellierungen, um das als belastet empfundene Verfahren zu entlasten.

III. Governance as and by communication

Das StandAG formuliert in § 9 Grundsätze der Öffentlichkeitsbeteiligung:

- Das BfE und der Vorhabenträger haben die Öffentlichkeit frühzeitig und während der Dauer des Standortauswahlverfahrens durch Bürgerversammlungen, Bürgerdialoge, über das Internet und durch andere geeignete Medien umfassend und systematisch über die Ziele des Vorhabens, die Mittel und den Stand seiner Verwirklichung sowie seine voraussichtlichen Auswirkungen zu unterrichten.
- Der Öffentlichkeit ist Gelegenheit zur Stellungnahme zu geben.
- Das BfE und der Vorhabenträger werten die übermittelten Stellungnahmen aus und nehmen im Rahmen der Öffentlichkeitsbeteiligung nach Satz 1 im Sinne eines dialogorientierten Prozesses Stellung.
- Das Ergebnis der Auswertung ist bei den weiteren Verfahrensschritten zu berücksichtigen.

---

30 Vgl. Dettmann, Öffentlichkeitsbeteiligung zur Verwahrung von Atommüll, in: Müller (Hg.), Endlagersuche – gemeinsam mit den Bürgern! Information, Konsultation, Dialog, Beteiligung, Loccumer Protokoll 21/13, S. 83, 87; Blum, (Fn. 29), S. 55.

31 Vgl etwa Rudek, Das Endlagersuchgesetz im Affentempo wird keinen Frieden bringen, in: Müller (Hg.), Endlagersuche – gemeinsam mit den Bürgern! Information, Konsultation, Dialog, Beteiligung, Loccumer Protokoll 21/13, S. 147 ff.

- Das Verfahren zur Beteiligung der Öffentlichkeit wird entsprechend fortentwickelt. Hierzu können sich die Beteiligten über die gesetzlich geregelten Mindestanforderungen hinaus weiterer Beteiligungsformen bedienen. Die Geeignetheit der Beteiligungsformen ist in angemessenen zeitlichen Abständen zu überprüfen.

Obwohl ausdrücklich im Gesetz nur ein Mindeststandard vorgesehen ist und genauso explizit die Änderungsmöglichkeit nach Evaluierung nahegelegt wird, treffen die Regelungen zur Öffentlichkeitsbeteiligung auf anhaltende Kritik: So wird einerseits moniert, dass das Gesetz zu vieles bereits festlege. Andererseits wird dem Gesetzgeber vorgehalten, dass er nicht mitteile wie er sich die Öffentlichkeitsbeteiligung vorstelle.

Die Grundsätze der Öffentlichkeitsbeteiligung stehen wie auch die Kommission und das gesellschaftliche Begleitgremium für den Paradigmenwechsel, den das StandAG vollzieht: Reduktion der hierarchisch-föderalen Mehrebenen-Verwaltung und der Klagemöglichkeiten durch den Instanzenzug, hin zu mehr Kommunikation und Verständigung bei wiederkehrender Entscheidungsverlagerung auf den Bundestag und Konzentration des Rechtsschutzes in erster und letzter Instanz bei der Entscheidung über die Standorterkundung beim Bundesverwaltungsgericht und bei der Standortentscheidung beim Bundesverfassungsgericht.

Forderungen, die eine „maximale Öffentlichkeitsbeteiligung" mit Mit-Entscheidungsmöglichkeiten wie gleichzeitig den vollen Umfang an Klagemöglichkeiten verlangen, erscheinen nicht zielführend. So ergibt es keinen Sinn, wenn die Öffentlichkeit ihr eigenes Handeln gerichtlich kontrollieren ließe. Außerdem würde die Ausschöpfung des Instanzenzugs die Konflikte ohnehin vor die höchsten Instanzen tragen, die dann zu entscheiden hätten. Die Hyper-Komplexität des Gegenstands würde die Gerichte auch in diesem Teilbereich des Umweltrechts zur Rücknahme ihrer Kontrolldichte in Anerkennung des fachlichen und exekutivischen Sachverstandes veranlassen.[32] Die Genehmigungsbehörde hat dann – im Normalfall – anhand normativer Vorgaben und willkürfreier Ermittlungen selbstständige Bewertungen des Sachverhalts vorzunehmen etwa im Hinblick auf den Stand von Wissenschaft und Technik. Die Gerichte hingegen ha-

32 Vgl. Hoffmann-Riem, Eigenständigkeit der Verwaltung, in: Hoffmann-Riem/Schmidt-Aßmann/Voßkuhle (Hg.), Grundzüge des Verwaltungsrechts I, 2. Aufl., 2012, Rn. 105; Smeddinck, Der unbestimmte Rechtsbegriff – strikte Bindung oder Tatbestandsermessen? DÖV 1998, 370, 374 ff.

ben nur die Rechtmäßigkeit der Feststellungen und Bewertungen zu überprüfen, sie jedoch nicht durch eigene Bewertungen zu ersetzen.[33] Ohnehin besteht die Gefahr, dass die Einbeziehung von Fachexpertise zu einer Verzerrung der fachlichen Inhalte zugunsten der richterlichen Entscheidung führen kann, weil bewusst oder unbewusst die Ergebnisse von Untersuchungen die Erwartungen der Justiz zu erfüllen suchen.[34] Wissenschaftsbasierung und Transparenz des Suchprozesses verweisen auf die Kontrolle im öffentlichen und Fach-Diskurs. Zudem weist die richterliche Entscheidungsfindung durchaus qualitative Unterschiede auf.[35]

Das Regelungsdesign des StandAG folgt neuesten regulatorischen Konzepten im Sinne von Governance as and by communication.[36] Allerdings erreichte es bisher keine kooperative Atmosphäre der Zusammenarbeit, weil das Gesetz selbst unter den üblichen Sachzwängen des Gesetzgebungsprozesses angefertigt wurde, ohne die Umweltverbände in größerem Stile zu beteiligen. Damit unterscheidet sich das StandAG nicht von anderen Regelungsregimen, die Transparenz und Öffentlichkeitsbeteiligung eröffnen, aber selbst unter hohem Zeitdruck und eingeschränkter Beteiligung entstanden sind, wie das Netzausbaubeschleunigungsgesetz (NABEG)[37] oder das Hamburger Transparenzgesetz[38]. Trotzdem kann Gutes daraus entstehen, können die Beteiligungsmöglichkeiten zum Nutzen der Gesellschaft wahrgenommen werden. Davon abgesehen könnte eine rasche Änderung des StandAG, die Forderungen der Umweltverbände aufnimmt, als Geste des Entgegenkommens den Verbänden fortan die Mitarbeit auf Augenhöhe im Standortauswahlverfahren ermöglichen.[39]

---

33 Sellner, Der Funktionsvorbehalt der Exekutive in der neuesten Rechtsprechung des Bundesverwaltungsgerichts, in: BMU/Burgi (Hg.), 14. Atomrechtssymposion, 2013, S. 140, 144; vgl. auch BVerwG, Urt. v. 22.3.2012, 7 C 1.1.1, Rn. 25.

34 Bahnsen/Klöckner/Kohlenberg/Lang/Rückert/Schweitzer, Um ein Haar, Die Zeit v. 23.4.2015, S. 33.

35 Knill/Schäfer/Winkler, Die Rechtsprechung der deutschen Oberverwaltungsgerichte im Vergleich – Ergebnisse einer Befragung unter Staatsrechtslehrern und Verwaltungsrichtern, VerwArch 2012, 165 ff.

36 Schuppert, (Fn. 22), S. 45, 62.

37 Vom 28. Juli 2011 (BGBl. I S. 1690), geändert durch G vom 20. Dezember 2012 (BGBl. I S. 2730).

38 Vom 19. Juni 2012 (GVBl. 2012, S. 271).

39 Smeddinck, Stellungnahme zur Anhörung der Kommission nach § 3 StandAG – 3.11.14: Evaluierung des Gesetzes, S. 1.

IV. Vom Wasserwerfer zum Stuhlkreis: Neue Formate der Konfliktbearbeitung?

Politikwissenschaftlich wird von einem *wicked problem* gesprochen: die Endlagersuche ist eine besonders unüberschaubare, komplexe und schwierig zu lösende Problemkonstellation, die den klassischen linearen Politikzyklus[40] aus Problemdefinition, Agenda Setting, Politikformulierung, Implementation, Evaluierung und Reformulierung konterkariert.[41] In der Konsequenz kann das bedeuten, dass auch bei der besten aller Lösungen das eigentliche Problem letztlich nur unzureichend bearbeitet werden kann.[42] Die Struktur des Politikfeldes Endlagersuche und die Beschaffenheit des Konflikts – eben vertrackt und im Grunde nicht lösbar – lassen Zweifel daran aufkommen, dass mit der bloßen „Abarbeitung" des StandAG die Probleme in nennenswerter Weise reduziert werden können. Zu groß ist das in langen Jahrzehnten gewachsene Misstrauen gegenüber den Akteuren des administrativ-technisch-naturwissenschaftlichen Komplexes. Zu stark haben sich aber auch die eingeübten, routinisierten Rollenverständnisse – Selbst- und Feindbilder – verselbständigt.

Unübersehbar sind Vorschläge und Bemühungen für weitere und andere Ansätze, den bestehenden Konflikt anzugehen und zu mildern:

- Unter dem Schlagwort „Freiwilligkeit" wird die Idee gefasst, Bewohnern und Nachbarn in einer Region, die ein Endlager aufnimmt, Ausgleichszahlungen und andere Kompensationsmaßahmen in Aussicht zu stellen.[43] Im Gegenzug soll potentieller Widerstand vermieden oder

---

40 Knoepfel/Larrue/Varone/Veit, Politikanalyse, 2011, S. 137 ff.; Böcher/Töller, Umweltpolitik in Deutschland – Eine politikfeldanalytische Einführung, 2012, S. 181 ff.

41 Brunnengräber/Mez/Di Nucci/Schreurs, Nukleare Entsorgung: Ein „wicked" und höchst konfliktbehaftetes Gesellschaftsproblem, TATuP 2012, 59, 60; vgl. die anders akzentuierte Lagebeschreibung bei Streffer/u.a., Radioactive Waste – Technical and Normative Aspects of its Disposal, 2011, S. 342 f.

42 Brunnengräber/Mez/Di Nucci/Schreurs, (Fn. 41), TATuP 2012, 59, 64; als Normalfall erscheint der Befund bei Rüb, Multiple-Streams-Ansatz: Grundlagen, Probleme und Kritik, in: Schubert/Bandelow (Hg.), Politikfeldanalyse 2.0, 2008, S. 348, 362; vgl. auch Baer, Rechtssoziologie, 2. Aufl., 2015, S. 253 f.

43 Willmann/Schmidt, Das Konzept der „Freiwilligkeit" bei der Entscheidung für einen Endlagerstandort – eine philosophische und rechtswissenschaftliche Betrachtung, in: Smeddinck/Kuppler/Chaudry (Hg.), Inter- und Transdisziplinarität bei der Entsorgung radioaktiver Reststoffe (im Erscheinen).

doch reduziert werden. Zum einen werden solche Maßnahmen schon genutzt,[44] um die Infrastruktur in betroffenen Regionen zu finanzieren (z.B. Asse- und Salzgitterfonds).[45] Zum anderen ist noch keine Übereinstimmung erzielt, ob es sich dabei um die Anerkennung besonderer Lasten in Form von Geldzahlungen handelt, wie sie auch als Möglichkeit der Geldleistung in § 5 Abs. 4 Stromentgeltverordnung üblich sind, oder ob es sich – zugespitzt – um besonders perfide Formen öffentlich praktizierter „Korruption" handelt.

- Das „Helden-Konzept" verfolgt das Ziel, die massive Ablehnung eines Endlagers durch eine Umdeutung der Betroffenen-Rolle zu durchbrechen.[46] Die Bewohner einer Region, die das Endlager aufnimmt, sollen in der öffentlichen Kommunikation für ihre Bereitschaft in besonderer Weise gewürdigt werden. Die vermeintliche Opferposition soll in die Anerkennung für heldenhafte Taten umgedeutet werden. Es ist nicht absehbar, ob der Vorschlag trägt oder als Schliche schönfärberischer politischer Kommunikation entlarvt und dauerhaft eingeordnet wird.[47]
- An den „Kniefall in Warschau" wurde erinnert, verbunden mit dem Hinweis, dass emotionales Handeln mehr bewirken könne als rationales Argumentieren, wenn über das havarierte ehemalige Forschungsbergwerk und heutige Zwischenlager Asse in Niedersachsen, über Kernenergie und Strahlenschutz diskutiert wird.[48] Anders gewendet ist es die Frage nach einer charismatischen Geste, die die Vertrauen zerstörenden Fehlleistungen von Politik, Verwaltung und Technikern ausdrücklich anerkennt und zu einer wirklichen, inneren Bewegung und Auflösung festgefahrener persönlicher Haltungen führt. Ein solcher

---

44 Hoffmann-Riem/Fritzsche, Innovationsverantwortung – zur Einleitung, in: Eifert/ Hoffman-Riem (Hg.), Innovationsverantwortung, 2009, S. 11, 35.

45 Kerl, Millionen-Segen für die Asse-Region, Braunschweiger Zeitung vom 6.6.14, S. 1, siehe http://www.braunschweiger-zeitung.de/debatte/millionen-segen-fuer-die-asse-region-id1477930.html, Zugriff am 7.4.15; Götze, Das erkaufte Endlager, Die Zeit v. 28.5.2014, S. http://www.zeit.de/wirtschaft/2014-05/Endlager-Frankreich, Zugriff am 7.4.15.

46 „Helden der Endlagerung", Interview mit Wolf Schluchter, Focus v. 19.3.2012, http://www.focus.de/digital/multimedia/zurueck-auf-los-helden-der-endlagerung_aid_725191.html

47 Wüstenhagen, Große Worte, subtiler Einfluss, Die Zeit v. 11.12.2014, S. 37; Buntrock/Kramer, Mit den Verbrauchern reden, Der Tagesspiegel v. 5.1.2014, S. 18.

48 Gellermann, Richtiger Strahlenschutz – falsche Argumente, Strahlenschutzpraxis 2013, 95, 96.

Vorschlag wird dann nachvollziehbar, wenn die rationalen Regeln folgende staatliche Gewaltordnung sich selbst desavouiert hat[49] und den Vertrauensschaden mit Mitteln der eigenen Handlungslogik nicht zu reparieren vermag.[50] Solchen Überlegungen entspringt auch die Regelung in § 3 Abs. 4 StandAG, dass die Kommission im Rahmen ihrer Handlungsempfehlung auch Stellung zu bisher getroffenen Entscheidungen und Festlegungen in der Endlagerfrage nimmt. Diese Maßgabe dürfte ebenso wenig die erhoffte Wucht und Wirksamkeit entfalten wie die regelmäßigen Antrittsbesuche der jeweiligen Bundesumweltminister in der Asse oder in Gorleben. Allerdings fragt sich, ob unter heutigen gesellschaftlichen Bedingungen noch eine Persönlichkeit gefunden werden kann, die die erforderliche Autorität und Glaubwürdigkeit besitzt, um mit einer charismatischen Geste – ein Kniefall wird es wohl gerade nicht sein können – zur Linderung und Lösung des Konflikts beizutragen.

- „Die leibhaftige Nachwelt" wurde anlässlich der Tagung „Endlagersuche – gemeinsam mit den Bürgern! Information – Konsultation – Dialog – Beteiligung" an der Evangelischen Akademie Loccum im Sommer 2013 erlebbar. Im Tagungsprogramm waren neue Formen der Begegnung zwischen den Akteuren und mit den nachwachsenden Generationen angelegt. Schülergruppen verfolgten das Tagungsgeschehen. Ihre Kommentare waren aber auch zu einem eigenständigen Programmpunkt erhoben. Ein Schüler forderte von den Akteuren und Veteranen der Atomenergie- und Endlagerszene, die sich z.T. seit Jahrzehnten in inniger Abneigung zugetan sind: *„Nun finden Sie endlich 'mal gemeinsam eine Lösung, sonst sind Sie alle tot und wir haben das Problem am Hals!"* Die Äußerung historisierte den Konflikt und zwang die Kontrahenten in eine gemeinsame Generationenerfahrung, in der die Nähe zum Gegner größer war als im Verhältnis zu den nachwachsenden, konfliktfernen und unbelasteten jungen Menschen. Der Vorgang sorgte mindestens für Irritationen und einen Perspektivwechsel gegenüber dem eingeübten Freund-Feind-Denken. Über den Aha-Effekt hinaus hat der Vorgang aber – soweit erkennbar – keine nachhaltige Änderung des routinisierten Verhaltens der „gegnerischen La-

---

49 Vgl. Frevert, Vertrauensfragen – Eine Obsession der Moderne, 2013, S. 175.

50 Kritisch gegenüber einer Rückkehr zu archaischen Elementen in der Rechtskultur: Raiser, Grundlagen der Rechtssoziologie, 6. Aufl., 2013, S. 378 f.

ger" hervorgerufen. Es müssten vermutlich ähnliche und andere Impulse gesetzt werden.

V. Zwischenfazit

Gesellschaftliche wie staatliche Akteure sind in einem freien wie rechtlich über das StandAG angeleiteten Diskurs miteinander verbunden und streiten über Lösungen.[51] Die Möglichkeit, Auseinandersetzungen zu beenden, hängt nicht allein an der Ausgestaltung des StandAG. Auf die „Kultur des Umgangs miteinander" muss größter Wert gelegt werden, nur dann kann ein Gesetz im Bereich der Standortsuche für hoch radioaktive Abfälle erfolgreich sein![52]

Entgegen der verbreiteten Kritik in Öffentlichkeit und Fachöffentlichkeit am StandAG hat der Gesetzgeber ein innovatives Regelungsdesign geschaffen, das einen Verfahrensrahmen festlegt, Mindeststandards etwa für die Öffentlichkeitsbeteiligung vorgibt, aber auch ausdrücklich zur weiteren Ausfüllung animiert und die Evaluierung des Gesetzes an mehr als einer Stelle vorgibt (§§ 3 Abs. 3, 4 Abs. 1 S. 2 und 3), um ggf. bessere Lösungen – auch im Sinne von Good Governance und neuen Formen guten Regierens[53] – zu realisieren. Insofern sind die Vorwürfe, das StandAG gebe einerseits zu viel und unabänderlich vor wie andererseits die Klage, der Gesetzgeber treffe keine klare umfassende Regelung, polemische Überzeichnungen der diskursiven Auseinandersetzung.

B. Nudge-Ansatz

Der Nudge-Ansatz wird hier anhand der Punkte „Aktuelle Entwicklung" (I.), „Das Konzept" (II.) und „Libertärer Paternalismus" (III.) erörtert. Ein Zwischenfazit folgt (IV.).

---

51 Vgl. Hocke, Nach dem Konsens ist vor dem Konsens – Deutsche Endlagerkonflikte zwischen Gesetzgebung und simulierter Bürgernähe, in: Müller (Hg.), Endlagersuche – gemeinsam mit den Bürgern! Loccumer Protokolle 21/13, S. 121, 122.

52 Smeddinck, (Fn. 39), S. 1.

53 Eingehend: Goerlich, Good Governance und Gute Verwaltung, DÖV 2006, 313 ff.

I. Aktuelle Entwicklung

Umweltschutz ist kein „Selbstgänger" mehr, der im politischen Prozess und gegenüber der Gesellschaft getragen von seiner besonderen Relevanz für das Gemeinwohl mehr oder minder leicht durchgesetzt werden kann. Neuen Umfragen zufolge ist Umweltschutz in den Rankings wichtiger gesellschaftlicher Themen ins Hintertreffen geraten.[54] Für viele ist ein ausreichendes Maß an Umweltschutz bereits realisiert worden. Die damit verbundenen Bürokratielasten werden als nicht mehr tragbar empfunden. Umweltgesetze werden nicht umgesetzt, weil es häufig kaum noch geeignetes Personal in den Verwaltungen gibt.[55] Angesichts dieser Rahmenbedingungen sorgte das Schicksal des Entwurfs der EU-Kommission für eine Richtlinie zur Reduzierung von Abfall für Aufsehen: Er wurde aus Gründen des Bürokratieabbaus zurückgezogen, obwohl es sich um einen der wichtigsten Vorschläge im umweltpolitischen Bereich handelte und das Potential für eine nachhaltigere Kreislaufwirtschaft mit bis zu 180 000 neuen Jobs gesehen wurde.[56]

Es erscheint unwahrscheinlich, dass der Stil bisheriger umweltrechtlicher Regulierung fortgesetzt und 1:1 auf weitere Sachbereiche und Politikfelder übertagen werden kann. Das liegt nicht daran, dass alle Umweltprobleme gelöst sind, sondern daran, dass weiter wachsender Aufwand und Lasten nicht mehr toleriert werden und nicht mehr durchsetzbar sind. Die bestehenden Gesetze gelten ja fort und wollen umgesetzt werden.

Gerade für das Handlungsfeld nachhaltiger Konsum stellt sich nun die Frage, welche regulativen Stellschrauben genutzt werden können, um bessere Ergebnisse zu erzielen. Nachhaltiger Konsum entsteht, wenn Güter und Dienstleistungen so verwendet werden, dass sie den Bedürfnissen heute und künftig lebender Menschen gerecht werden und deren Lebensqualität verbessern, ohne dabei die ökologischen, ökonomischen, sozialen

---

54 coeh./dpa, Deutsche verlieren Interesse an Umweltschutz, FAZ-NET v. 29.3.15, vgl. http://www.faz.net/aktuell/gesellschaft/umweltschutz-ist-deutschen-nicht-mehr-so-wichtig-13512997.html, Zugriff am 29.5.2015.

55 Bauer/Bogumil/Knill/Ebinger/Krapf/Reißig, Modernisierung der Umweltverwaltung, 2007; Kaufmann, Landkreise schauen bei Ausgleichsflächen nicht genau hin, Braunschweiger Zeitung v. 19.5.2015, S. 6.

56 Ziedler, Ab in die Tonne, Der Tagesspiegel v. 10.2.2015, S. 7; Meier, Junkers Ausputzer, Der Tagesspiegel v. 18.11.2014, S. 6.

und kulturellen Ressourcen der Gesellschaft substantiell zu beeinträchtigen.[57]

Es ist wohl kein Zufall, dass die Bundesregierung aktuell und generell mit der neuen Strategie „Wirksam regieren“ nach anderen, neuartigen Möglichkeiten der Verhaltensbeeinflussung fragt. Im Herbst 2014 wurden drei Fachkräfte für die neue Regierungsstrategie gesucht. Sie sollten hervorragende psychologische, soziologische, anthropologische und verhaltensökonomische Kenntnisse mit bringen. Die geplante Projektgruppe im Stab „Politische Planung“ entstammt dem Koalitionsvertrag der Großen Koalition.[58] Ziel ist es, „Zielgenauigkeit und Wirksamkeit politischen Handelns“ zu erhöhen.[59]

II. Das Konzept

Unter „Nudging“ (engl. für sanft schubsen, in die Rippen stoßen) werden alle Maßnahmen verstanden, mit denen Entscheidungsarchitekten das Verhalten von Menschen in vorhersagbarer Weise verändern können, ohne irgendwelche Optionen auszuschließen oder wirtschaftliche Anreize stark zu verändern. Es geht um anstoßen, nicht um anordnen! Deshalb muss ein Nudge zugleich leicht und ohne großen Aufwand zu umgehen sein.[60]

Der Ansatz reagiert auf den sozialwissenschaftlichen Befund, dass Menschen in vielen Situationen ziemlich schlechte Entscheidungen fällen. Entscheidungen, die sie nicht treffen würden, wenn sie richtig aufgepasst hätten, umfassend informiert wären und unbegrenzt kognitive Fähigkeiten sowie absolute Selbstkontrolle hätten.[61] So ist beispielsweise ein kardinales Thema wie die Geldanlage besonders stark von irrationalem Verhalten geprägt. Der einzelne ist nicht schlauer als der Markt. Viele Anleger überschätzen sich selbst. Der Glaube an den eigenen Informationsvorsprung,

---

57 Grunwald/Kopfmüller, Nachhaltigkeit, 2006, S. 114.

58 Deutschlands Zukunft gestalten –Koalitionsvertrag zwischen CDU, CSU und SPD, 18. Legislaturperiode, S. 150 f., vgl. http://www.bundesregierung.de/Content/DE/_Anlagen/2013/2013-12-17-koalitionsvertrag.pdf?__blob=publicationFile, vgl. Zugriff am 29.5.2015.

59 RTL Text 25.8.14, 18.50, S. 122.

60 Thaler/Sunstein, (Fn. 2), S. 15.

61 Thaler/Sunstein, (Fn. 2), S. 15.

das Vertrauen auf vermeintliche Experten, führt zu nutzlosen, ja blödsinnigen Aktivitäten.[62]

Anhand einiger verschiedener, gegriffener Beispiele soll verdeutlicht werden, wie der Nudge-Ansatz genutzt werden kann oder auch schon genutzt wird:

Idealtypisch kann der Nudge-Ansatz bei der sog. „Standard-Einstellung" von Geräten wirken. Solche Standard-Einstellungen wirken verhaltenslenkend, weil eine große Zahl von Nutzern und Konsumenten darauf verzichtet, die vom Hersteller vorgegebene Standard-Einststellung zu verändern. Viele Menschen haben keine Zeit oder keine Lust diese Vorgaben zu verändern. Insofern würde der Kurz-Waschgang bei Waschmaschinen als Standard-Einstellung die Wasser- und Energiekosten senken. Die Voreinstellung eines Gerätes hat eine große praktische Bedeutung: Die vorgegebene Option hat gute Chancen auf einen großen Marktanteil. Der Nutzer trifft auf eine gegebene Situation, in der er ein Gerät nutzen kann, ohne weitere Informationen zu benötigen. Besondere Kooperationsleistungen des Nutzers bzw. des Regelungsadressaten zum Erreichen eines Steuerungsziels[63] sind nicht erforderlich.

Längst wird Nudging, die Ausgestaltung der Entscheidungsarchitektur, genutzt, ohne dass die Besonderheiten des Ansatzes bereits erkannt waren oder thematisiert werden.[64] Als besonders einsichtiges Beispiel können die Kreisel für den Kraftfahrzeugverkehr angeführt werden, die in mehr und mehr Kommunen realisiert werden. Traditionell wurde der Verkehr an Kreuzungen durch Ampeln geregelt. Bau und Instandhaltung sind immer stärker zur Kostenlast geworden. Stets war der Missmut groß, allein an Ampeln warten zu müssen, ohne kreuzenden Verkehr weit und breit, verbunden mit Benzinverbrauch bei laufendem Motor und zusätzlicher Umweltbelastung in unnützer Wartezeit. Die richtige Ampelschaltung bei wechselndem Verkehrsanfall war eine komplexe verkehrsplanerische Herausforderung. Autos rasten bei Dunkelgelb noch durch. Dies alles gehört nach dem Bau eines Kreisels der Vergangenheit an: keine Wartung der Ampeltechnik, kein sinnloses Warten ohne kreuzenden Verkehr. Den Autofahrern ist Verantwortung zurückgegeben worden, indem sie den Kreisel

---

62 Mohr, Anleger überschätzen sich, FAZ v. 23.3.15, S. 18.

63 Vgl. Führ, Rechtswissenschaft als Verhaltenswissenschaft – Beitrag der Rechtswissenschaft zu Konzepten responsiver Regulierung, in: Scherzberg/u.a. (Hg.), Kluges Entscheiden, 2006, S. 291, 293.

64 Smeddinck, (Fn. 2), Die Verwaltung 2011, 375, 389 ff.

mit erhöhter Aufmerksamkeit nutzen müssen. Der Erfolg ist ein Sinken der Zahl von Verkehrsunfällen in Kreiseln gegenüber Kreuzungen.

In Berlin wurde von Mai bis Juli 2015 ein Pilotversuch mit Pantomimen durchgeführt, die auf einfache, schnelle und humorvolle Weise und international verständlich auf Ruhe und Lärmschutz hinwirken sollen. An 15 Wochenendabenden waren die Künstler mit Mediatoren unterwegs, um nächtliche Ruhestörer nach einem erfolgreichen Pariser Vorbild zur „Räson" zur bringen. Ein Verhaltenskodex für Touristen war bereits von der Bezirksbürgermeisterin von Kreuzberg-Friedrichshain, Monika Hermann (Grüne), ins Gespräch gebracht worden. Demgegenüber möchten die Gastronomen den Touristen, als Haupteinnahmequelle, das größtmögliche Maß an Freiheit erhalten. Umgekehrt ziehen Bewohner weg, wenn sie der Lärm nervt. Der Kiez wandelt sich und verliert an Attraktivität auch für Touristen.[65]

Der Restaurant-Smiley – auch Gastro-Ampel genannt – der als Verknappungssymbol Auskunft über den Hygienestandard geben und damit eine einfache und eingängige Entscheidungshilfe sein soll,[66] wurde vom Verwaltungsgericht Düsseldorf für unzulässig erklärt. So kritisierte der Vorsitzende Richter: „Der Verbraucher wird davor gewarnt eine Betrieb zu betreten, weiss aber überhaupt nicht warum."[67] Wurde der Ansatz zunächst als regressive Rückkehr zur archaischen Handlungsform des Pranger interpretiert,[68] wird Emojis – als Nachfolger der bekannteren Emoticons – in der digitalen Welt eine große Karriere prophezeit, weil sie „mehr als tausend Worte sagen": Piktogramme, Bildschriftzeichen haben eine direkten Bezug zwischen Darstellung und Bedeutung.[69]

Der EuGH hat in einem neuen Urteil verlangt, dass die Flugpreise auf einem Blick im Internet erkennbar sein müssen, und nicht von Entscheidungsstufe zu Entscheidungsstufe mit bisher vorenthaltenen Kosten sich

---

65 Pohlers, Stille gegen Lärm, Der Tagesspiegel v. 14.3.2015, S. 19; weitere Beispiele bei Smeddinck/Willmann, „Vorfeld-Kolonisation" und Lärmschutz – Selbstregulierung und „Regulierungspatchwork" an den Marken des Rechts, UPR 2015, 295 ff.

66 Kügel/Plaßmann, Die „Hygiene-Ampel" bei Lebensmittelkontrollen – Grünes Licht für den Verbraucherschutz? LMuR 2012, 1 ff.

67 Dpa, Richter lehnen Bewertung von Restaurants ab, Braunschweiger Zeitung v. 14.3.2015, S. 32.

68 Reimer, Adverse Publizität – Der Pranger im Verwaltungsrecht, JöR 2010, 275 ff.

69 Federl, Mehr als tausend Worte, Der Tagesspiegel v. 14.3.2015, S. 32.

weiter aufbauen.[70] Die Koalitionsfraktionen CDU/CSU und SPD haben einen gemeinsamen Antrag „Gesunde Ernährung stärken – Lebensmittel wertschätzen“ vorgelegt, der fordert, dass in Supermärkten „quengelfreie" (süßigkeitenfreie) Kassen bereit gehalten werden.[71] Das soll Eltern das Quengeln der Kinder an Supermarktkassen ersparen, wo in aufreizender Weise Süßigkeiten u. ä. direkt vor der Kasse für den schnellen letzten Griff angeboten und angeordnet sind.

Der Nudge-Ansatz besticht durch die konsequente Konzentration des Regulierungsaufwands, indem die Verhaltensbeeinflussung auf die konkreten Entscheidungssituationen des einzelnen Menschen fokussiert wird. Individuelles Verhalten kann ohne Wissen über individuelle Gründe des Verhaltens gezielt verändert werden. Der Ansatz verändert das Bewusstsein nicht. Damit bietet er Potential im Guten wie im Schlechten: er kann für individuelle, ökonomische Interessen eingesetzt werden oder zugunsten des Gemeinwohls.

III. Libertärer Paternalismus

Zumindest in den Zeitungen hat sich eine lebhafte Kontroverse um den Nudge-Ansatz entwickelt, die von Journalisten und vereinzelt Juristen befeuert wird. Auffällig ist ein häufig ablehnender Duktus und anti-staatlicher Reflex, der sich insbesondere in der Charakterisierung des Nudge-Ansatzes als „Psychotricks“ ausdrückt.[72] In der ZEIT fordert Tina Hildebrandt, dass der Staat nicht stupsen, sondern versuchen sollte, zu überzeugen.[73] Udo Di Fabio spricht sich ebenfalls fürs Überzeugen aus und für Informationen z.B. auf Lebensmittelverpackungen, die den Bürger angeblich mündiger machen: „Sachliche Aufklärung hilft dem Verbraucher sich in

---

70 Mortsiefer, Transparenz auf einen Blick, Der Tagesspiegel v. 16.1.2015, S. 15; Reuters/dap/abi, EuGH-Urteil: Flugticketpreis muss bei Online-Buchung sofort erkennbar sein, http://www.spiegel.de/reise/aktuell/eugh-flugticketpreis-bei-online-buchung-muss-sofort-erkennbar-sein-a-1013059.html, Zugriff am 9.4.2015.

71 Vgl. BT-Drs. 18/3726, S. 3; Roßbach/Koch, Nieder mit der Quengelkasse, FAZ-Online v. 15.1.2015, http://www.faz.net/aktuell/wirtschaft/wirtschaftspolitik/nieder-mit-der-quengelkasse-13372308.html, vgl. Zugriff am 14.4.15.

72 Hoffmann, Bürgermanager für Deutschand, SZ v. 11.3.2015, S. 25; Neubacher, Alchemie im Kanzleramt, Der Spiegel 36/2014, 34.

73 Hildebrandt, Stups zum Glück, Die Zeit v. 30.12.2014, S. 1.

einer komplizierten Waren- und Dienstleistungswelt zurechtzufinden."[74] Weiter mahnt er, dass jeder Bürger wissen soll, was erlaubt und was verboten ist und fordert: „Was gut für die Umwelt ist, darf die Mehrheit durch bautechnische Regel vorschreiben."[75] Di Fabio akzentuiert die Verantwortlichkeit des einzelnen für sich selbst (frei, selbstbewusst, mit aufrechtem Gang).[76]

Auch die rechtspolitische Diskussion unterliegt dem Wandel: Noch vor wenigen Jahren wurde die Überregulierung beklagt und der Abbau des Regelungsdickichts gefordert.[77] Ökonomische Anreize – und nicht das rechtsstaatlich eindeutige Verbot – galten, lange als moderner, freiheitlicher Ansatz politischer Steuerung. Umgekehrt galt und gilt das Verbot als staatliche Gängelung par excellence.[78] Aufklärung und der Versuch zu überzeugen, führt keineswegs automatisch zu Verhaltensänderung. Selbst ein hohes Maß an Wissen über Missstände in der Produktion billiger Textilien führt nicht zu einer Änderung des Einkaufsverhaltens.[79] Entsprechend wendet sich der Bundeslandwirtschaftsminister, Christian Schmidt (CSU), gegen ein Zuviel an Informationen auf Lebensmittelverpackungen: „Wir dürfen den Teller nicht mit Regelungen vollpacken." Und warnt: „Mit einer Regulierungsorgie und Volkserziehung sei der Konsument nicht dazu zu bringen, dass er nur noch gesunde Sachen esse."[80] Die Energie-Kennzeichnung für Elektrogeräte ist nach Meinung von Verbraucherschützern irreführend und erfüllt die vorgesehene Funktion nicht mehr, weil die Verbraucher die Komplexität der Kennzeichnung nicht mehr durchschauen.[81]

---

74 „Wir sind keine Labormäuse", Interview mit Udo Di Fabio, Der Spiegel 15/2015, S. 38, 39.

75 „Wir sind keine Labormäuse", Interview mit Udo Di Fabio, Der Spiegel 15/2015, S. 38.

76 Di Fabio, Die Kultur der Freiheit, 2005. S. 70.

77 Voßkuhle, Neue Verwaltungsrechtswissenschaft, in: Hoffmann-Riem/Schmidt-Aßmann/Voßkuhle (Hg.), Grundzüge des Verwaltungsrechts I, 2. Aufl., 2012, Rn. 57.

78 Von Marschall, Ein Libertärer will ins Weiße Haus, Der Tagesspiegel v. 9.4.2015, S. 6.

79 Amann, Jung und unfair, Der Spiegel 14/2015, S. 88.

80 Rtr/dpa/wal, Agrarminister gegen Volkserziehung, Der Tagesspiegel v. 16.1.2015, S. 13.

81 Höltmann, Energiefresser mit der Note „A+", Der Tagesspiegel v. 13.3.15, S. 17.

Der Nudge-Ansatz geht nicht vom homo oeconomicus[82] aus, behandelt Menschen nicht wie Schafe,[83] Kinder[84] oder Trottel[85], sondern sein Leitbild sind „beschäftigte Menschen, die versuchen, sich in einer komplexen Welt zurecht zu finden, und die nicht die Kapazitäten haben, über jede ihrer Entscheidungen ausgiebig nachzudenken."[86] Was lässt sich daran ernsthaft kritisieren?

Nudging wird gerade in pragmatisch-freiheitlich orientierten Gesellschaften wie den USA, Großbritannien[87] oder Dänemark[88] umstandsloser und entschlossener praktiziert. Die Urheber Thaler und Sunstein reagieren auf eine amerikanische Gesellschaft für die der Staat den gefährlichsten Feind der Freiheit darstellt.[89] Weltweit setzen 136 von 196 Nationen den Nudge-Ansatz ein; 51 haben dazu eine eigene nationale Behörde geschaffen.[90] Ganz im Sinne von Governance[91] können auch gesellschaftliche Akteure selbst organisiert den Nudge-Ansatz nutzen. Das kann eine Aufgabe für Entscheidungsarchitekten in privaten Institutionen, Behörden, Regierungen sein.[92] In Großbritannien wurde die staatliche Nudge-Unit privatisiert. In Dänemark hatte sich von Anfang an ein Netzwerk von Wissenschaftlern des Themas angenommen, um unabhängige Beratungsvorschläge zu machen.

Nimmt man aktuelle Entwicklungen und wissenschaftliche Erkenntnisse in den Blick, drängt sich die Frage auf, wie damit angemessen regulativ umgegangen werden kann und soll:

---

82 Vgl. Smeddinck, (Fn. 2), Die Verwaltung 2011, 375, 376 f. m.w.N.

83 So der Psychologe Gerd Gigerenzer, vgl. Hoffmann, (Fn. 72), SZ v. 11.3.2015, S. 25

84 So der Psychologe Gerd Gigerenzer, vgl. Jahberg/Neuhaus, Am Gängelband, Der Tagesspiegel v. 3.3.2015, S. 11; vgl. auch Hildebrandt, (Fn. 73), Die Zeit v. 30.12.2014, S. 1.

85 Neubacher, Der Trottel als Leitbild, Der Spiegel 40/2014, 28.

86 Thaler/Sunstein, (Fn. 2), S. 59; ähnlich: Brauck/Hawranek/Sakden/Zand, Gute Kunde, böser Kunde, Der Spiegel 16/2015, S. 62, 70 f.

87 Finke, Text am lebenden Objekt, SZ v. 11.3.2015, S. 25.

88 Bigalke, Alarmstufe rot, SZ v. 11.3.2015, S. 25.

89 Von Marschall, (Fn. 78), Der Tagesspiegel v. 9.4.2015, S. 6.

90 Hoffmann, Bürgermanager für Deutschand, SZ v. 11.3.2015, S. 25.

91 Eingehend Franzius, Governance und Regelungsstrukturen, S. 11, vgl. http://userpage.fu-berlin.de/~europe/team/FranziusC/Governance-neu.pdf, Zugriff am 29.5.2015.

92 Smeddinck, (Fn. 2), Die Verwaltung 2011, 375, 383; Finke, (Fn. 87), SZ v. 11.3.2015, S. 25; Bigalke, (Fn. 88), SZ v. 11.3.2015, S. 25.

- In Kaufhäusern und Elektronikmärkten arbeiten Verkäufer, die dafür bezahlt werden, dass sie nicht unabhängig beraten. Fachberater sollen in Kaufhäusern die Kunden zum Kauf der Produkte ihrer Auftraggeber bewegen. Die Berater sollen aussehen wie andere Verkäufer, damit der Kunde unvoreingenommen ist. Auf fast der Hälfte aller Flächen im Einzelhandel sind „Fremdberater" tätig.[93] Apple nutzt „Tricks" aus der Hirnforschung, um Dinge zu verkaufen, für die man regulär keinen Bedarf entwickelt hätte. Die Läden werden inszeniert wie Tempel. Es werden nur wenige Geräte im Laden präsentiert, um Knappheit des Produkts zu suggerieren. Mit Details der Gestaltung werden Emotionen geweckt, die die Kaufentscheidung „erleichtern".[94]

- Die moderne Gesellschaft und der Entscheidungsbedarf, den sie mit sich bringt, hat sich stark verändert: „Vieles, was früher noch Gottes Wille oder Schicksal war, ist heutzutage zu einer Sache geworden, über die wir entscheiden können oder müssen." [95] Und: „Chronischer Mangel ist, einerseits, in vielen Lebensbereichen durch ein chronisches Zuviel ersetzt worden: durch zu viele Optionen, zwischen denen wir wählen können oder müssen. Zu viele unterschiedliche Tätigkeiten, denen wir nachgehen sollen oder manchmal auch wollen, zu viele Informationen, die auf uns einprasseln, zu viele (uns unbekannte) Menschen auf einem Fleck usw." [96] Weiter noch: „Und die schiere Zahl der Entscheidungen, mit denen wir im Leben konfrontiert werden, nimmt ständig zu, und damit das Gewicht der Verantwortung, das uns aufgebürdet wird."[97]
- Mit riesigen Datenmengen können Computer unser Verhalten vorhersagen. Die Daten können in vielen Lebensbereichen eingesetzt, genutzt oder missbraucht werden.[98] Moderne Autos wissen fast alles über ihre Fahrer.[99] Eine Versicherung will den Lebenswandel ihrer Kunden per

93 Fuchs/Gohlke, „Kann ich helfen?", Die Zeit v. 27.11.2014, S. 32.

94 Neuhaus, Technik der Verführung, Der Tagesspiegel v. 15.3.2015, S. 24.

95 Kast, Ich weiß nicht, was ich wollen soll – Warum wir uns so schwer entscheiden können und wo das Glück zu finden ist, 2. Aufl., 2012, S. 47.

96 Kast, (Fn. 95), S. 15 f.

97 Kast, (Fn. 95), S. 48.

98 Heuer, Wir werden vermessen, Die Zeit v. 12.2.2015, S. 19.

99 Kaiser, Spione an Bord, stern v. 15.1.2015, S. 78 ff.

App erfassen.[100] Auch der menschliche Körper soll vernetzt werden.[101] Der Netzaktivist Sascha Lobo sieht darin eine neue Form der ökonomisch sanktionierten Bevormundung, erkennt zu recht die Eignung des Internets als Vehikel eines neuen digitalen Paternalismus und die Möglichkeit des Einsatzes des Netzes als gesellschaftliches Steuerungsinstrument.[102] Die technischen Möglichkeiten sind da. Die „Selbstmesser" ihrer Körperfunktionen sind in der Sicht der Medien schon eine Bewegung.[103] Es muss im Einzelnen untersucht und entschieden werden, welcher elektronisch unterstützte Nudge nützlich und zugelassen sein soll, und welcher Anstupser rechtlich nicht hingenommen werden kann. Das Potential erscheint enorm.

IV. Zwischenfazit

Unlautere Methoden von Wirtschaftsunternehmen zur Verhaltensbeeinflussung werden kaum kritisiert. Soll und muss der Staat allein im „Schlamassel" der Vollzugsdefizite, die die traditionellen Steuerungsinstrumente mit sich bringen, zurückbleiben? Es ist ein zutiefst rechtsstaatliches Anliegen und rechtliches Gebot, Maßnahmen zu ergreifen die geeignet, erforderlich und verhältnismäßig im engeren Sinne sind.[104] Der Gesetzgeber „muss einerseits hinreichend wirksame Veränderungen der Anreizsituation auf den Weg bringen (Mindestmaßgebot) und ist andererseits durch den Grundsatz der Verhältnismäßigkeit gehalten, die Motivationslage der Adressaten möglichst (freiheits)schonend in Richtung verstärkter Zielerreichung zu verschieben."[105] Es ist legitim, Menschen zu beeinflussen, um ihr Leben länger, gesünder und besser zu machen. Dem Staat obliegen auch grundrechtliche Schutzpflichten. Der Nudge-Ansatz setzt auf Politikrichtlinien, die die Entscheidungsfreiheit erhalten oder vergrößern sol-

---

100 Lauer, Die Diktatur der Software, Der Tagesspiegel v. 23.11.2014, S. 7.

101 Magr., Auch der menschliche Körper soll vernetzt werden, FAZ v. 23.3.2015, S. 26.

102 Lobo, Bevormundet durch die Zahnbürste, SPON v. 3.12.14, http://www.spiegel.de/netzwelt/web/verhaltensoekonomie-sascha-lobo-ueber-digitale-vernetzung-a-1006366.html, Zugriff am 29.5.2015.

103 Hubschmid, Die Selbstvermesser, Der Tagesspiegel v. 14.6.2015, S. 22.

104 Smeddinck, (Fn. 2), Die Verwaltung 2011, 375, 385.

105 Führ, (Fn. 63), S. 291, 292.

len.[106] Wenn Gesetzgebung wirksam werden soll, muss sie die Adressaten verstehen.[107] Nur selten steht eine vollständige Information des Gesetzgebers über die künftigen Absichten und Verhaltensweisen zur Verfügung.[108] Aber wenn sich politische Ziele wirksamer erreichen lassen als durch staatliche Kontrollen oder Strafen, dann muss der Staat auch verhaltenspsychologische Kenntnisse nutzen.[109]

Im Politik- und Regulierungsfeld „Ressourcenschutz/Nachhaltiger Konsum“ gebietet das Verursacherprinzip nicht bloß im Sinne veralteter End-of-the-Pipe-Strategie nur die Symptome zu kurieren, sondern auch bei der Nachfrage anzusetzen.[110] Alte Produkte werden weggeworfen, obwohl sie tadellos funktionieren. „Psychologische Obsoleszenz“ setzt darauf, nicht die Funktion eines Gerätes, sondern sein Image zu zerstören. Kleine Veränderungen an Produkten sollen dem Besitzer des nun „veralteten“ Produkts sein Gerät verleiden und zum Neukauf animieren. Hersteller und Händler nutzen dazu gezielt das psychologische Grundgerüst des Menschen aus.[111]

Dagegen haben Mitarbeiter in Behörden typischerweise nicht Verhaltenstheorie gelernt und versuchen als Juristen oder Betriebswirte, Probleme durch mehr Regeln zu lösen, anstatt den menschlichen Faktor zu bedenken und für simple, aber wirkungsvolle Lösungen zu sorgen.[112]

Hier bietet der Nudge-Ansatz neue Chancen. Aber ohne klare gesetzliche Pflichten wird auch der mitunter nicht auskommen. Wenn z.B. die Verbraucher auf Strommesser oder Wasseruhren reagieren sollen, braucht es das „Spiel über Bande“, die Rechtspflicht für die Vermieter, diese ein-

---

106 Thaler/Sunstein, (Fn. 2), S. 14.

107 Vgl. Führ, (Fn. 63), S. 291; z.B. Bizer/Führ/Hüttig (Hg.), Responsive Regulierung – Beiträge zur interdisziplinären Institutionenanalyse und Gesetzesfolgenabschätzung, 2002.

108 Helmrich, Notwendigkeit der Rücksichtnahme des Gesetzgebers auf die Motivation der Gesetzesadressaten, in: Hof/Lübbe-Wolff (Hg.), Wirkungsforschung zum Recht I, 1999, S. 515, 518.

109 Vgl. Maas, “Nudging, Ein Stups in die richtige Richtung”, Der Tagesspiegel v. 14.3.2015, S. 11.

110 Blindow, Studieren mit Blick auf morgen, Der Tagesspiegel v. 18.4.2015, Beilage, S. 1; Smeddinck, Stand des deutschen Ressourcenschutz- und Ressourceneffizienzrechts, in: Mahraun/Reimer (Hg.), Ressourceneffizienz – Leitbild für das Umweltrecht?, (im Erscheinen)

111 Vogelmann, Aufgehübschte Hüllen, Der Tagesspiegel v. 5.4.2015, S. 24.

112 Bigalke, (Fn. 88), SZ v. 11.3.2015, S. 25; vgl. auch Führ, (Fn. 63), S. 291, 299 f.

zubauen.[113] Dennoch ist Nudging nach Einschätzung des Bundesjustizministers, Heiko Maas (SPD), ein zutiefst freiheitliches Modell, weil es darauf setzt, die demokratisch legitimierten Ziele einer Politik ohne Zwang und Verbote durchzusetzen.[114] Der Nudge-Ansatz belässt die Freiheit sich stets – bewusst und mit Bedacht – anders zu entscheiden. Allen freiheitsverteidigenden Nudge-Gegnern kann (zynisch) zugespitzt entgegengehalten werden: Die Freiheit, sich tot zu saufen, bleibt erhalten.

Neuartig ist, dass die gesamte Umwelt und Lebenswelt zur potentiell gestaltbaren Benutzeroberfläche/-matrix, zur Gestaltungsmasse für Entscheidungsarchitekten werden kann. Es bestehen auch Gefahren des Missbrauchs. Technische Entwicklungen bieten ganz neuartige Ansatzmöglichkeiten. Das braucht weitere interdisziplinäre Forschung unter Beteiligung der Rechtswissenschaft, um wirkungsvolle, akzeptable und rechtliche zulässige Formen der Verhaltensbeeinflussung im Sinne des Nudge-Ansatzes zu ermitteln.[115]

C. Folgerungen und Perspektiven

So wenig die beiden Beispiele Standortauswahlgesetz und Nudge-Ansatz auf den ersten Blick zusammenpassen, umso interessanter ist rechts- und regulierungswissenschaftlich, was sie verbindet: Beides sind Themen des nachhaltigen Konsums, dessen rechtspolitische Begleitung und Instrumentierung eine der großen Herausforderungen der Umweltpolitik der Gegenwart darstellt. Dabei ist der Atommüll ein besonders bizarres Beispiel des Scheiterns. Nachhaltigkeit, die zu Beginn der Atom-Ära keine Rolle spielte, außer in dem naiven Sinne, dass die Energiefrage für immer gelöst werden könnte,[116] hat sich unter der Hand dialektisch verkehrt in dem Sinne,

113 Smeddinck, (Fn. 2), Die Verwaltung 2011, 375, 391 ff.

114 Maas, "Nudging, Ein Stups in die richtige Richtung", Der Tagesspiegel v. 14.3.2015, S. 11.

115 Vgl. bereits Scherzberg/u.a. (Hg.), Kluges Entscheiden: Disziplinäre Grundlagen und interdisziplinäre Verknüpfungen, 2006, und neuerdings Rodi, Ökonomische Analyse des Öffentlichen Rechts, 2014, und Reisch/Sandrini, Nudging in der Verbraucherpolitik – Ansätze verhaltensbasierter Regulierung, 2015.

116 Radkau/Hahn, Aufstieg und Fall der deutschen Atomwirtschaft, 2013, S. 56 ff. sowie UFOPLAN – FKZ 3714 93 303 0: "Nudge-Ansätze beim nachhaltigen Konsum: Ermittlung und Entwicklung von Maßnahmen zum „Anstoßen“ nachhaltiger Konsummuster“.

dass die Hinterlassenschaften der Kernenergie immerwährend und „Bis in alle Ewigkeit“[117] auf unbefriedigende Art und Weise gelagert werden müssen und in seiner nicht enden wollenden zeitlichen Problematik auf Science-Fiction-hafte Art und Weise allen gegenwärtigen menschlichen Bemühungen spottet.

Ungelöst und bisher kaum angegangen ist auch die Regulierung von Konsum und Lebensstilen als rechtspolitische Aufgabe. Verbote lösen Unmut oder Spott aus: Die Energieeinsparung des Glühlampenverbots wurde erkauft mit der Verbreitung von Quecksilber aus Energiesparbirnen in die Umwelt. Die Idee des fleischfreien Tages bescherte den Grünen eine Wahlniederlage.[118] Die Politik problematisiert den Autoverkehr, wartet aber lieber darauf, dass eine neue Generation heranwächst, die auf Autos verzichtet, als selbst regulatorisch nachhaltig einzugreifen.[119] Die Umweltpolitik ist in die Defensive geraten und scheut vor Kritik und Widerstand zurück.[120]

Die beiden Beispiele stehen für unterschiedliche Trends, die aber in gewisser Weise repräsentativ für die uneinheitlichen Strömungen innerhalb des Politikfeldes Umweltschutz sind: In der Endlagersuche ist in dem Bemühen um eine Lösung der Regulierungsaufwand eskaliert. Anstatt weiterhin föderativ durchzuregieren, es beim herkömmlichen Rechtsweg zu belassen und auf ein abschließendes Urteil zu vertrauen, das wie ein reinigendes Gewitter den Konflikt beendet,[121] hat der Gesetzgeber paradigmatisch auf eine beispiellos aufwendigen Kommunikationsprozess umgestellt, der die feindlich gesinnten Akteure aus ihren „Schützengräben“[122] herausholen und alle Beteiligten auf dem Weg zur Endlagerrealisierung – so gut es geht – zusammenführen soll. „Beim Lösen schwieriger Probleme ist bewusst auf die emotionale Lage der Problemlösenden zu achten, da diese sowohl die Art möglicher Lösungsstrategien und Situationseinschätzungen (...) wie auch die Produktivität bei der Lösungsgeneration beein-

---

117 Titel der Veranstaltungsreihe des Niedersächsischen Umweltministeriums, vgl. http://www.umwelt.niedersachsen.de/bis-in-alle-ewigkeit/bis-in-alle-ewigkeit5-130877.html, Zugriff am 29.5.2015.

118 Lau, Grün und frei – geht das? Die Zeit v. 18.9.2014, S. 2.

119 Smeddinck/Willmann, (Fn. 65), UPR 2015, 295 ff.

120 Siehe oben unter B. I.

121 In diesem Sinne wohl auch Wiegand, Konsens durch Verfahren? Öffentlichkeitsbeteiligung und Rechtsschutz nach dem Standortauswahlgesetz im Verhältnis zum atomrechtlichen Genehmigungsverfahren, NVwZ 2014, 830 ff.

122 Selbstcharakterisierung von Akteuren auf der Endlager-Tagung 2014 in Loccum.

flusst."[123] Die Akteure sollen sich begegnen und neues Vertrauen ineinander fassen, das StandAG Akzeptanz generieren. § 10 Abs. 4 S. 1 und 2 sieht vor, dass über die Ergebnisse jeder Bürgerversammlung und das Gesamtergebnis nach Abschluss der mündlichen Erörterung eine Niederschrift anzufertigen ist. Hierbei ist unter anderem darzulegen, ob und in welchem Umfang Akzeptanz besteht.[124] Mit der Berücksichtigung des Akzeptanzumfeldes und der Emotionen anderer wird die notwendige verantwortliche Selbstvergewisserung im Entscheidungsprozess versucht.[125]

Der Nudge-Ansatz provoziert dagegen mit der Verheißung, dass mit geringerem regulatorischen Aufwand eine bessere Steuerungswirkung erzielt werden kann, als mit den überkommenen Instrumenten. Der Affront besteht darin, dass viele eingeführte Instrumente als schlecht bis unzulänglich wirksam erscheinen und sie dadurch im Grunde unter Rechtfertigungsdruck geraten könnten.[126] Zwar bedarf es interdisziplinären Sachverstandes für die gekonnte Ausgestaltung der Entscheidungsarchitektur auf die der Nutzer – in den sich der Regelungsadressat hier verwandelt – trifft, und in der er sich verhält: so oder so – aber den Regelungsanspruch kaum bewusst wahrnehmen wird und soll. Was hilft die größere Zielgenauigkeit des Ordnungsrechts, wenn Verbote politisch nicht durchsetzbar sind oder wenn sie nach Einführung in die Rechtsordnung mangels Personal nicht mehr umgesetzt werden und als verdeckte Vollzugsdefizite folgenlos das regulatorische Programm zieren?

Es ergeben sich nolens volens gemeinsame wissenschaftliche Perspektiven: Trotz der gegenläufigen Entwicklungen im Umweltrecht, besteht beim Nudging wie in der Endlagersuche ein gemeinsames Interesse an Psyche, Verhalten, Emotionen! Der *Kairos* ist da, die Gelegenheit scheint günstig, da sich in der Gesellschaft ein Gezeitenwechsel in der Wahrnehmung und im Verhältnis zu Emotionen – mehr unbewusst als bewusst wahrgenommen – vollzogen hat. „Emotionale Intelligenz" sorgte für Furore.[127] Eine neue Publikumszeitschrift trägt den Titel „Emotion". Für die

123 Funke/Holt, (Fn. 12), S. 77, 81.

124 Zur Unterscheidung von Akzeptanz und Akzeptabilität: Smeddinck/Roßegger, Partizipation bei der Entsorgung radioaktiver Reststoffe – unter besonderer Berücksichtigung des Standortauswahlgesetzes, NuR 2013, 548, 551 m.w.N.

125 Scherzberg, (Fn. 13), S. 325, 328.

126 Smeddinck, (Fn. 2), Die Verwaltung 2011, 375, 394 f.

127 Goleman, EQ – Emotionale Intelligenz, 1997; von Kanitz, Emotionale Intelligenz, 3. Aufl., 2014.

Tendenz steht auch die Äußerung des bislang als „harter Hund“ wahrgenommenen ehemaligen Bundesinnenministers Otto Schily: „Gefühle sind Tatsachen“.[128] „Auch im Bereich der Problemlöse- und Entscheidungsforschung zieht die Interaktion zwischen Emotionen und Kognitionen nunmehr wachsende Aufmerksamkeit auf sich.“[129] Das neue (rechts-)wissenschaftliche Interesse an Emotionen ist da fast nicht mehr überraschend, sondern folgerichtig.

Da Juristerei und Rechtswissenschaft sich an klaren und sachlichen Argumenten orientieren und sich für rationale Entscheidungen und Analysen interessieren, sind Gefühle und Emotionen zunächst keine naheliegende Untersuchungsgegenstände, ja wurden aus dem eigenen Arbeitsbereich geradezu verbannt.[130] Als Schattenseiten des Gerichtsverfahrens beschreibt Thomas Raiser die Notwendigkeit, Konflikte zu domestizieren: „Die Umformulierung des Konfliktstoffs und die Eingrenzung auf die rechtlich relevanten Punkte verursachen eine *selektive Realitätsverarbeitung* (Hervorhebung des Autors), bei der die komplexeren Ursachen des Streits und die dahinter stehenden oder persönlichen oder gesellschaftlichen Spannungen nicht mehr in Erscheinung treten. Die Einbindung der Parteien in die vorgeprägten Rollen von Klägern und Beklagten verlangt von ihnen, ihr emotionales Engagement weitgehend zu unterdrücken.“[131]

Lediglich das Rechtsgefühl erfreut sich traditioneller Anerkennung und Beachtung.[132] Hagen Hof hat in seiner Rechtsethologie die Bedeutung von Gefühl, Empfinden und Intuition eingehender gewürdigt.[133] Es zeichnet sich aber mittlerweile mehr und mehr Interesse für Emotionen und Verhalten ab. Zum einen hat insbesondere die Geschichtswissenschaft das Thema nachdrücklicher und umfassender aufgenommen und grundlegende Werke vorgelegt.[134] Die Historikerin Ute Frevert stellt fest: „Die Vorstellung, Gefühle seien komplett irrational, bar jeder Vernunft und Verstandesleistung, kann als widerlegt gelten. Psychologen und Neurowissenschaftler verweisen statt dessen auf die enge Kopplung emotionaler und kognitiver

---

128 Der Spiegel 5/2015, S. 28.

129 Funke/Holt, (Fn. 12), S. 77, 78.

130 Kroeschell, Gegen die Gefühlsjurisprudenz, JZ 1952, 747.

131 Raiser, (Fn. 50), S. 318.

132 Zippelius, Rechtsphilosophie, 1982, S. 19 f.; Engisch, Einführung ins juristische Denken, 11. Aufl., 2010, S. 87, 92, 120, 147, 233, 264, 305.

133 Hof, Rechtsethologie – Recht im Kontext von Verhalten und außerrechtlicher Verhaltensregelung, 1996, S. 38 ff.

134 Plamper, Geschichte und Gefühl – Grundlagen der Emotionsgeschichte, 2012.

Prozesse. So wie fast jeder kognitive Vorgang emotional gefühlt sei, gehen in Gefühle und Intuitionen immer auch Wahrnehmungen, Abwägungen und Urteile ein."[135] Entsprechend werden neue wissenschaftliche Kooperationen praktiziert, wenn ein Politikwissenschaftler und eine Psychologin nach Gerechtigkeitsempfinden bei Großprojekten als Ursache von Konfliktsituationen fragen.[136]

Die aktuelle Rezeption des Themas Emotionen findet in der Rechtswissenschaft zunächst in ganz unterschiedlichen Bereichen statt: So werden etwa Kommunikationstechniken für die Gesprächsführung mit aggressiven und stark emotionalisierten Menschen im Rahmen von Gerichtsverhandlungen vorgestellt.[137] Emotionen werden dann als nicht beachtete Bedürfnisse eines Menschen akzeptiert und Aggression als interaktiver Prozess zwischen den Beteiligten angesehen. Erkenntnisse aus Neurobiologie und Gehirnforschung sowie aus der Verhandlungslehre werden für die Durchführung von Insolvenzverfahren fruchtbar gemacht.[138] Da insbesondere bei der Gestaltung familiärer Beziehungen Emotionen als menschliche Reaktionen unvermeidbar sind, wird weitergehend ihre Subsumtion unter gesetzliche Vorschriften gefordert.[139] Die vom Staat verantworteten Rahmenbedingungen für eine angemessene ärztliche, pflegerische und emotionale Begleitung alter schwerstkranker und pflegebedürftiger Menschen werden kritisiert.[140]

In der Verwaltungsrechtswissenschaft hat das Auftreten der Wutbürger und die Renaissance der Wut als öffentlich bekundetes Gefühl[141] das Inter-

135 Frevert, (Fn. 49), S. 16; Raiser (Fn. 50), S. 378.

136 Bandelow/Thies, Gerechtigkeitsempfinden bei Großprojekten als Ursache von Konfliktsituationen? Vertrauen und Legitimität als moderierende Faktoren illustriert am Beispiel der Konflikte um die Erweiterung des Frankfurter Flughafens, Politische Psychologie 2014, 24 ff.

137 Bielecke, Der Mensch ist dem Menschen kein Feind – Kommunikationstechniken für die Gesprächsführung mit aggressiven und stark emotionalisierten Menschen, FPR 2013, 471 ff.

138 Paulus/Hörmann, Emotionale Kompetenz im Insolvenzverfahren – Erkenntnisse aus Neurobiologie, Hirnforschung und Verhandlungslehre, NZI 2013, 623 ff.

139 Ehler, Familienrecht – Wie subsumiert man eigentlich Emotionen? FPR 2013, 500, 503.

140 Höfling/Gerhardt, Die Bedeutung von Recht und Empathie bei der Sterbebegleitung – Arzt hat keine Deutungshoheit über ein würdevolles Leben und Sterben, ZRP 2014, 251, 252.

141 Kastner, Schrei, wenn Du kannst, Der Tagesspiegel v. 21.2.2015, S. 29; Hein, Ausbruch eines Urgefühls, Tagesspiegel-Online v. 14.1.2013, http://www.tagessp

esse an neuen Formen der Konfliktbewältigung und Partizipation aktiviert. Neben einer Vielzahl von Publikationen ist insbesondere die Einführung der frühen Öffentlichkeitsbeteiligung in § 25 Abs. 3 Verwaltungsverfahrensgesetz[142] hervorzuheben.[143] Auffälliger ist aktuell, dass sich interdisziplinäre Forschergruppen unter Beteiligung von Rechtswissenschaftlern gebildet haben, um den tieferliegenden Konflikten und ihren Ursachen bei der Bewältigung und Realisierung von Infrastrukturvorhaben auf den Grund zu gehen.[144] Umgekehrt lässt sich die einschlägige sozialwissenschaftliche Literatur zu Kontrastierung und Revision überkommener rechtlicher Sichtweisen heranziehen. Wenn Grenzwerte, Behördenentscheidungen und richterliche Urteile im Strahlenschutz Betroffene nicht mehr überzeugen und befrieden, ist nach anderen Möglichkeiten zu fragen, um Legitimation und Akzeptanz zu verbessern. So könnte das Vertrauen in die Erarbeitung von Grenzwerten erleichtert werden, wenn die Öffentlichkeit Zugang erhält und daran beteiligt wird.[145]

Über die Zusammenschau unterschiedlicher einzelner Entwicklungen hinaus erscheint es sinnvoll und produktiv, rechtwissenschaftlich grundsätzlicher anzusetzen. Cass R. Sunstein thematisiert den Aufstieg des „Psychological State": „This term is not the advertising, because it seems a bit alarming; no one is likely to vote for a candidate who supports the Psychological State. But the term has the virtue of spotlightning efforts, all over the world, to develop sensible, low cost policies with close reference to how human beings actually think and behave."[146] Ob es ein neues (rechts)wissenschaftliches Paradigma braucht, sei dahingestellt. Aber

iegel.de/wissen/psychologie-ausbruch-eines-urgefuehls/7622970.html, Zugriff am 13.3.2015.

142 Vom 23. Januar 2003 (BGBl. I S. 102), zuletzt geändert durch G vom 25. Juli 2013 (BGBl. I S. 2749).

143 Ziekow, Frühe Öffentlichkeitsbeteiligung – Der Beginn einer neuen Verwaltungskultur, NVwZ 2013, 754; Smeddinck/Willmann, (Fn. 65), UPR 2015, 295, 296 f.

144 Roßnagel/Ewen/Götz/Hefter/Hentschel/Huge/Schönfelder, Mit Interessengegensätzen fair umgehen – zum Einbezug der Öffentlichkeit in Entscheidungsprozesse zu dezentralen Energieanlagen, ZNER 2014, 329 ff.; Renn/Köck/Schweizer/Bovet/Benighaus/Scheel/Schröter, (Fn. 15), ZUR 2014, 281 ff.; vgl. auch bereits Hoffmann-Riem, (Fn. 11), S. 3, 7.

145 Smeddinck, Öffentlichkeitsbeteiligung bei der Grenzwertfestlegung – eine Perspektive für die Strahlenschutzverordnung? in: König/Smeddinck (Hg.), Grenzwertbildung im Strahlenschutz (im Erscheinen); vgl. Funke/Holt, (Fn. 12), S. 77, 86.

146 Sunstein, (Fn. 2), p. 13.

wenn es um eine systematischere Auseinandersetzung mit Emotionen in der Rechtswissenschaft geht, drängt sich die Veranschaulichung in einer Abbildung auf.

Konflikt-Treiber / **Formate zur Bearbeitung**	**Rechte**	**Interessen/ Wille**	**Emotionen/ Verhalten**
rigide	**Klage**	Klage	Klage
konsensual / informativ	Konfliktmittlung/ Frühe ÖB	**Konfliktmittlung/ Frühe ÖB**	Konfliktmittlung/ Frühe ÖB
diskursiv / freiheitlich	„Stuhlkreis"/ Nudge-Ansatz	„Stuhlkreis"/ Nudge-Ansatz	**„Stuhlkreis"/ Nudge-Ansatz**

Abb. 1: Konflikttreiber und Bearbeitungsformate (eigene Darstellung)

Die Konfliktbearbeitung wird von Konflikttreibern und Bearbeitungsformaten (als Koordinaten) geprägt. Während sich die Rechtswissenschaft traditionell auf die Konfliktlösung durch Gerichtsurteil konzentrierte, erweiterte sich unter dem Eindruck schlechter und unzulänglicher Ergebnisse der Konfliktbearbeitung durch die Justiz das Interesse für konsensuale Möglichkeiten der Konfliktlösung (wie Konfliktmittlung und Mediation).[147] Schwerpunktmäßig ging es darum, die Interessen gerade auch in multipolaren Konstellationen auf ihre Leistungsfähigkeit zu untersuchen und das Handlungsrepertoire zu erweitern.[148] Mittlerweile ist die Zivilprozessordnung[149] dahingehend geändert worden, dass ein Kläger in der Klageschrift mitteilen soll, ob bereits ein Mediationsverfahren stattgefunden hat, um den Streit außergerichtlich beizulegen (§ 253 Abs. 3 Nr. 1). Unter dem Eindruck unbewältigter und komplexer Konflikte einerseits und angesichts des wachsenden Interesses für Emotionen andererseits drängt sich

147 Hoffmann-Riem, Konfliktmittler in Verwaltungsverhandlungen, 1989; Raiser, (Fn. 50), S. 306 ff.

148 Hoffmann-Riem, (Fn. 11), S. 3, 7 f.

149 Durch G v. 21. Juli 2012 (BGBl. I S. 1577).

eine abermalige Erweiterung des rechtswissenschaftlichen Untersuchungsgegenstandes auf. Im Grunde geht es nur darum, bewusster und wissenschaftlich-analytisch Fragen aufzuwerfen und zu behandeln, die auch schon in der Vergangenheit und bisher tangiert waren, aber nicht oder wenig ausdrücklich thematisiert wurden.[150] Welches Wissen über Emotionen lässt sich nutzen, um Konflikte, die auch rechtlich angeleitet sind und angegangen werden können, zu vermindern oder zu lösen? Wie lässt sich das Wissen über Emotionen und Verhalten in staatlichen Regulierungs- und Steuerungsüberlegungen nutzbar machen? Zwischen allen Feldern des Schaubildes können Interdependenzen bestehen: Klagen lösen Emotionen aus; Emotionen können zu Klagen führen.[151] Die Wahrnehmung der Emotionen von Vätern kann die Familienrechtsprechung verändern und das kann verfassungsgerichtlich gestärkt werden.[152]

Für alle Konflikttreiber wie subjektive Rechte, Interessen/Willen und Emotionen/Verhalten scheint es aber Formate zu geben, die für die Konfliktbearbeitung besonders adäquat und angemessen erscheinen. Die anderen Formate sind dann nicht ausgeschlossen, aber auch nicht unbedingt naheliegend. Von Forschungsinteresse ist, die Handlungsformen rechtswissenschaftlich anzuschauen und zu untersuchen, die bisher weniger beachtet wurden, sie generell als eigene Form wahrzunehmen oder als Alternative zu anderen Formaten ins Kalkül zu ziehen. Auch gilt es, die Formate der Konfliktbearbeitung unter dem Blickwinkel von Regulierungsstrategien und Governance eingehend in ihren Vor- und Nachteilen zu vergleichen.

D. Fazit und Ausblick

Greift man – wie hier geschehen – StandAG und Nudge-Ansatz aus der Komplexität unterschiedlichster Entwicklungen im Umweltrecht heraus, so lässt sich zunächst festhalten, dass zwei anspruchsvolle, ungelöste Aufgaben an den übergreifenden Strömungen teilhaben, die das Umweltrecht insgesamt erfassen: das sind insbesondere der gesellschaftliche Wandel, der zu höheren Erwartungen an Mitentscheidungsmöglichkeiten geführt

150 Vgl. Führ, (Fn. 63), S. 291, 296.

151 Raiser, (Fn. 50), S. 378.

152 Britz, Wertewandel im und durch Familienverfassungsrecht, in diesem Band, S. x x, xx.

hat, aber auch eine gewissen Erschöpfung der bisherigen Regulierungsansätze.

Im Weiteren erscheint die verstärkte rechtswissenschaftliche Auseinandersetzung mit Verhalten und Emotionen als Reaktion vielversprechend: Dabei geht es selbstverständlich nicht darum, der Rationalität des modernen Rechts den Durchbruch blinder Emotionen entgegenzusetzen, sondern anzuerkennen, dass nicht rationale Elemente als Teil der Rechtskultur durchaus normal sind.[153] Wie lassen sich diese Einsichten für einen verbesserten Outcome, für die bessere Wirksamkeit von Recht und Regulierung nutzen?[154] „Es geht darum, realwissenschaftliche Folgeanalysen mit den herkömmlichen Fragen der Rechtswissenschaft zu verknüpfen und auf diese Weise das an Recht gerichtete Rationalitätspostulat besser zu erfüllen."[155] Nur verhaltenswissenschaftlich informiert kann Rechtswissenschaft zeitgemäß und erfolgreich sein![156]

153 Raiser, (Fn. 50), S. 378.
154 Smeddinck, (Fn. 21), S. 446.
155 Führ, (Fn. 63), S. 291, 296.
156 Vgl. Führ (Fn. 63), S. 291, 318 f.

IX. Teil: Auswertung

Innovationen im Recht – Auswertung und Perspektiven

Jens-Peter Schneider

Inhalt

A. Perspektiven der Auswertung

Innovationen im Recht – oder kürzer Rechtsinnovationen – lassen sich, wie die vorstehenden Beiträge eindrucksvoll dokumentieren, aus sehr unterschiedlichen Perspektiven untersuchen. Der Band insgesamt zeigt ausweislich seiner Gliederung noch einen gewissermaßen tastenden Zugriff, was angesichts des frühen Stadiums der mit diesem Werk eingeleiteten Erweiterung der rechtswissenschaftlichen Innovationsforschung angemessen erscheint. Am Beginn stehen übergreifende Fragen insbesondere zum Konzept (Hoffmann-Riem) und zur Methode (Eifert, Volkmann), aber auch mit dem Beitrag von Cancik eine Mahnung, vermeintliche Rechtsinnovationen in einer historischen Perspektive stets auf ihren tatsächlichen Neuigkeitsgehalt zu befragen. Mit den Beiträgen von Bumke, Dann, Terhechte und Grimm werden vor allem Facetten von Rechtsinnovationen ausgeleuchtet, die sich dem bereits von Eifert erörterten Zusammenspiel mehrstufiger Rechtsordnungen ergeben oder wie der gegenüber dem einfachen Gesetzgeber zum Einsatz gebrachte Verhältnismäßigkeitsgrundsatz zur Absicherung der Normativität der höherrangigen Verfassungsordnung entwickelt werden. Eine dritte Gruppe von Beiträgen thematisiert – sozusagen in Fortentwicklung der bisherigen Fokussierung auf die rechtliche Steuerung rechtsexterner Innovationen – das Wechselspiel zwischen technischen (Scherzberg, Huster), sozialen (Baer, Britz, Smeddinck) oder hybriden technisch-sozialen (Kersten, Fehling, Wielsch) Innovationen und den hier besonders interessierenden Rechtsinnovationen.

Die nachfolgende Auswertung wird nicht sämtliche dieser Perspektiven aufgreifen, sondern verfolgt ein eigenes Konzept. Leitend ist dabei die Frage, inwieweit Erkenntnisse und Analyseansätze der wesentlich vom Veranstalter des Hamburger Rundgesprächs und Herausgeber dieses Sammelbands Wolfgang Hoffmann-Riem geprägten Diskussionen über Innovationen durch Recht auf die Untersuchung der Innovationen im Recht übertragen lassen und welche zusätzlichen Fragestellungen besonderen Ertrag versprechen. Dabei bietet dieser Beitrag neben einer zusammenfassenden und wertenden Bilanz auch zusätzliche Facetten. Letztlich geht es um die Möglichkeiten für ein Gesamtkonzept der rechtswissenschaftlichen Innovationsforschung. Die Auswertung ist so angelegt, dass künftige Forschungsfragen für eine rechtswissenschaftliche Innovationsforschung mit einem Fokus auf Innovationen im Recht identifiziert werden sollen. Umfassende Antworten sind im jetzigen Stadium der Debatte noch nicht möglich.

B. Perspektivenverschiebungen der rechtswissenschaftlichen Innovationsforschung bei gleichbleibenden Leitfragen nach Innovationsoffenheit, Innovationsstrategien und Innovationsverantwortung

Notwendiger Ausgangspunkt ist aus der hier eingenommenen Perspektive die Frage, ob und ggf. inwieweit Rechtsinnovationen gegenüber den bisher thematisierten durch Recht angestoßenen oder eingehegten rechtsexternen Innovationen Besonderheiten aufweisen und deshalb Perspektivenverschiebungen innerhalb der rechtswissenschaftlichen Innovationsforschung erfordern. Hoffmann-Riem konstatiert in seinem Einleitungsbeitrag ein weitgehendes Desinteresse anderer Disziplinen der Innovationsforschung an Rechtsinnovationen.[1] In diesem Sinne sind Rechtsinnovationen zumindest empirisch ein spezifischer Untersuchungsgegenstand der rechtswissenschaftlichen Innovationsforschung, der von anderen Innovationsforschungsdisziplinen vernachlässigt wird. Dies sagt aber noch nichts darüber aus, ob die von der rechtswissenschaftlichen Innovationsforschung im interdisziplinären Diskurs gewonnen Erkenntnisse zur Bedeutung des Rechts für rechtsexterne Innovationen für die Untersuchung von Rechtsinnovationen genutzt werden können.

Bedeutsamer ist die Frage, ob Rechtsinnovationen im Vergleich zu anderen Innovationsformen wie insbesondere technischen oder sozialen Innovationen Besonderheiten aufweisen, also auch innerhalb der rechtswissenschaftlichen Innovationsforschung eigene und neue Fragen aufwerfen. Eifert scheint dem zuzuneigen, wenn er Rechtsinnovationen von Produktinnovationen differenziert und etwa darauf abstellt, dass sich Rechtsinnovationen typischerweise auf – im Vergleich zu den für technische Innovationen bedeutsamen ökonomischen Märkten anders strukturierten – politischen Märkten durchsetzen müssen.[2] Ihm ist sicherlich zuzustimmen, dass es Eigenarten der verschiedenen Innovationsformen gibt, die nicht vernachlässigt werden dürfen. Auch weisen die zu Rechtsinnovationen führenden Prozeduren gegenüber technologischen und marktförmigen Innovationsprozessen Eigentümlichkeiten auf.[3] Ein wichtiger Unterschied besteht darin, dass Rechtsinnovationen jedenfalls in den meisten Konstellationen unmittelbare Reaktionen in der Rechtsordnung zur Folge haben, da sie sich in diese einfügen (müssen). Der für rechtsexterne Innovationen typische zeitliche Verzug zwischen einer Neuerung und deren normativer Verarbeitung bzw. die Notwendigkeit der rechtlichen Bewältigung von noch nicht bekannten Innovationen und die damit verbundene ausgeprägte Ungewissheit innovationsbezogener Normierung[4] treten in Bezug auf Rechtsinnovationen nur in deutlich abgewandelter Form auf. Ausgeschlossen sind vergleichbare Problematiken aber auch hier nicht. So kann die

1 Hoffmann-Riem, in diesem Band, 13, 17 f.; s. auch Hoffmann-Riem, Die Governance-Perspektive in der rechtswissenschaftlichen Innovationsforschung, 2011, 27.

2 Eifert, in diesem Band, 9 ff., der aber auch partiell Parallelen ausmacht: ebd., 39, 60; s. auch Hoffmann-Riem, in diesem Band, 18 f.

3 Eifert, in diesem Band, 43 ff.

4 Scherzberg, in: Hoffmann-Riem, Offene Rechtswissenschaft, 2010, 273, 283 ff. ; s. auch mit einer exemplarischen Analyse: ders., in diesem Band, 218 ff.

private Rechtspraxis privatautonome Rechtsgestaltungen entwickeln, die der Gesetzgeber nicht vorhergesehen hat, und ebenso können Gerichte Rechtsnormen in einer Weise auslegen, die den Gesetzgeber ggf. überraschen. Auch Rechtsinnovationen können also der reflexiven Beobachtung und Nachsteuerung[5] bedürfen.

Nach meiner Einschätzung und wie im Folgenden weiter gezeigt werden soll, lassen sich trotz dieser nicht zu vernachlässigenden jeweiligen Eigentümlichkeiten auf einer angemessenen Abstraktionshöhe durchaus für rechtsexterne wie für rechtsinterne Innovationen gleichermaßen relevante Probleme und Fragestellungen entdecken. Diese Vorgehensweise ermöglicht es überdies, die Eigentümlichkeiten ebenso wie die Gemeinsamkeiten von Rechtsinnovationen mit technischen und sozialen Innovationen aus einer rechtswissenschaftlichen Perspektive genauer herauszuarbeiten.

So stellen sich die Fragen nach der Innovationsoffenheit des maßgeblichen Rechts und nach der rechtlichen Gewährleistung von Innovationsverantwortung, die als zentrale Fragestellungen der rechtswissenschaftlichen Innovationsforschung gelten,[6] auch im Hinblick auf Rechtsinnovationen. Die zu gewährleistende Innovationsverantwortung zeigt, dass das Recht sich nicht nur gegenüber Rechtsinnovationen,[7] sondern auch gegenüber rechtsexternen Innovationen durchaus ambivalent verhält[8] und diese keineswegs durchgängig als wünschenswert betrachtet. Zudem zeigt die für rechtsexterne Innovationen vielfach betonte Pfadabhängigkeit,[9] dass auch diese Innovationen von den handelnden Akteuren keineswegs immer als wünschenswert bewertet werden. Anders als bei der von Eifert für Rechtsinnovationen relevanten Rechtssicherheit[10] kann Pfadabhängigkeit für rechtsexterne Innovationen zwar auch normativ oder institutionell ver-

5 Hierzu allg.: Scherzberg, in: Offene Rechtswissenschaft (Fn. 4), 284 f.

6 Hoffmann-Riem, AöR 131 (2006), 255 ff.; ders./Schneider, in: dies. (Hrsg.), Rechtswissenschaftliche Innovationsforschung, 1998, 389, 395 ff.; Scherzberg, in: Offene Rechtswissenschaft (Fn. 4), 280.

7 Wohl abweichend Eifert, in diesem Band, 44 f.

8 Zur Innovationsverantwortung s. ausführlich Eifert/Hoffmann-Riem (Hrsg.), Innovationsverantwortung, 2009; s. ferner: Hoffmann-Riem, Governance-Perspektive (Fn. 1), 27 f.; Scherzberg, Offene Rechtswissenschaft (Fn. 4), 280, 290 ff.

9 Hoffmann-Riem, in diesem Band, 21; ders., Governance-Perspektive (Fn. 1), 29 jeweils m.w.N.

10 Eifert, in diesem Band, 43.

stärkt werden, ist aber primär nicht normativ begründet, sondern Folge sozialer und ökonomischer Kosten des Wandels.[11]

Die hiermit ins Zentrum gerückten, für rechtsinterne wie rechtsimmanente Innovationen parallelen Problem- und Fragestellungen begründen überdies die Eigenständigkeit der rechtswissenschaftlichen Innovationsforschung im Verhältnis zur üblichen rechtswissenschaftlichen Diskussion über mehr oder minder signifikante Neuerungen im Recht.[12] Anders als im üblichen Rechtsdiskurs sollte es einer eigenständigen rechtswissenschaftlichen Innovationsforschung nämlich nicht – oder zumindest nicht vorrangig – um die dogmatische und sonstige inhaltliche Tragfähigkeit einer Rechtsinnovation gehen, sondern es sind abstraktere Antworten nach den empirischen, organisatorischen und normtheoretischen Rahmenbedingungen für Rechtsinnovationen von Interesse. Die parallelen Leitfragen tragen auch zur Kohärenz des Forschungsprogramms der rechtswissenschaftlichen Innovationsforschung bei und schärfen zugleich den Blick auf die Besonderheiten von Rechtsinnovationen.

Wie oben bereits knapp erwähnt, betreffen die Leitfragen insbesondere die Innovationsoffenheit des für Rechtsinnovationen relevanten Rechts, die Instrumente und Strategien zur Durchsetzung und Stabilisierung von Rechtsinnovationen sowie die Gewährleistung von Innovationsverantwortung zur Vermeidung unerwünschter Nebenfolgen von Rechtsinnovationen.[13] Wie die bisherige rechtswissenschaftliche Innovationsforschung gezeigt hat, sind für diese Leitfragen nicht allein materielle Rechtsvorgaben bedeutsam, sondern vielmehr mindestens ebenso Akteurskonstellationen bzw. organisationsrechtliche Arrangements etwa für die Kooperation zwischen staatlichen und privaten Akteuren sowie diverse Formen prozedura-

---

11 Diese Kosten bestehen auch bei Rechtsinnovationen: Baer, in diesem Band, 287 f., die insoweit doppelsinnig von „Zündstoff" spricht (ebd. auch S. 271, 275); zu Wechselwirkungen zwischen Pfaden rechtsexterner und rechtsinterner Innovationen: Hoffmann-Riem, in: Eifert/Hoffmann-Riem (Hrsg.), Innovation, Recht und öffentliche Kommunikation, 2011, 295, 318 f.

12 S. auch Hoffmann-Riem/Schneider, Innovationsforschung (Fn. 6), 395; Hoffmann-Riem, in diesem Band, 19 f., 20 f..

13 Wohl abweichend in Bezug auf die Relevanz von Innovationsverantwortung: Eifert, in diesem Band, 44.

len Rechts.[14] Diese Aspekte lassen sich unter den Gesamtbegriff der Governancestrukturen für Rechtsinnovationen bündeln.[15]

Aus einer solchen Governanceperspektive ebenso wie im Hinblick auf die Innovationsoffenheit des Rechts weisen Rechtsinnovationen beträchtliche Unterschiede je nach den primär handelnden Akteuren bzw. maßgeblichen Diskursarenen für verfassungsrechtliche, legislative, judikative, administrative oder privat-selbstregulative Rechtsinnovationen auf (unten E. bis I.).[16] Eine Sonderrolle kommt der Rechtswissenschaft zu (unten J.). Zuvor sind allerdings noch einige abstrakte Vorbemerkungen zum Begriff der Rechtsinnovation und seinem Verhältnis insbesondere zu sozialen Innovationen (unten C.) bzw. zu normtheoretischen Varianten der Innovationsoffenheit des Rechts als dem für Rechtsinnovationen maßgeblichen Optionenraum (unten D.) erforderlich.

C. Zum Begriff der Rechtsinnovation

Für die Untersuchung des Rechts als Medium und Grenze rechtsexterner Innovationsprozesse wurden für die Bestimmung der Untersuchungsgegenstände Anleihen bei der Innovationsökonomik, aber ebenso bei der Innovationssoziologie genutzt.[17] Als untersuchungswürdig und -bedürftig gelten danach (rechtsexterne) Innovationen entweder mit Markt- oder mit Sozialrelevanz. Um erfolgversprechende Innovationsstrukturen identifizieren zu können, werden sowohl erfolgreiche als auch gescheiterte Innovationen einbezogen. Für Rechtsinnovationen kann entsprechend auf die Relevanz für die Rechtsordnung abgestellt werden.[18] Wie Volkmann bei seiner Analyse der Gelingensbedingungen von Rechtsfortbildungen zeigt, erbringen neben erfolgreichen oder zumindest dauerhaft durchgesetzten In-

---

14 Baer, in diesem Band, 274, 279 f., 285 f., 287 f.; Hoffmann-Riem, in diesem Band, 23 ff.; Scherzberg, in: Offene Rechtswissenschaft (Fn. 4), 278; s. auch mit einer exemplarischen Analyse: ders., in diesem Band, 209 ff.; Wielsch, in diesem Band, 370, 376, 378.

15 Hoffmann-Riem, Governance-Perspektive (Fn. 1), 17 ff.

16 S. auch den vergleichbaren Zugriff durch Hoffmann-Riem, in diesem Band, 23 ff.

17 Hoffmann-Riem/Schneider, Innovationsforschung (Fn. 6), 390 ff.

18 Hoffmann-Riem zeigt die Vielfalt unterschiedlicher Formen der Rechtsinnovation, die sich in gut erkennbaren Textänderungen, aber auch in oft weniger oder erst zeitversetzt erkennbaren Bedeutungsänderungen, Methodenänderungen und Kontextänderungen verwirklichen können: Hoffmann-Riem, in diesem Band, 20.

novationen mit nachhaltig übergreifender Bedeutung[19] auch erfolglose Versuche zur Einführung von Rechtsinnovationen[20] wichtige Erkenntnisse für die Innovationsforschung.

Die schlichte Markt-, Sozial- oder Rechtsrelevanz wird allerdings vielfach als unzureichende Abgrenzung für eine hinreichend fokussierte und interdisziplinär dialogfähige Innovationsforschung angesehen, weshalb der Begriff der Rechtsinnovation auf signifikante Neuerungen beschränkt werden soll.[21] Das ist im Ausgangspunkt richtig, wie aber auch Hoffmann-Riem bemerkt, lässt sich die Signifikanz von rechtlichen Neuerungen kaum objektivieren, sondern ist vielmehr ein soziales Konstrukt.[22] Die Einstufung als signifikante Neuerung kann somit durch unterschiedliche Akteure bzw. in unterschiedlichen Arenen oder Kontexten abweichend erfolgen.[23] Vor allem aber hat sich gezeigt, dass Innovationen im Zeitpunkt ihrer Entstehung nicht selten noch nicht in ihren Wirkungen und damit in ihrer Signifikanz richtig eingeschätzt werden (können)[24] oder ihre Signifi-

---

19 Hingewiesen wurde auf den Verhältnismäßigkeitsgrundsatz, das Planungsermessen und das Abwägungsgebot, das Allgemeine Persönlichkeitsrecht und das Recht auf informationelle Selbstbestimmung, das Regulierungsermessen, die Verkehrssicherungspflichten, das Leitbild gleichberechtigter Teilhabe im Eherecht, das Antidiskriminierungsrecht u.a. mehr: Volkmann, in diesem Band, 83; Baer, in diesem Band, 271 ff.; Britz, in diesem Band, 291 ff.; Bumke, in diesem Band, 124 ff.; Eifert, in diesem Band, 47; Hoffmann-Riem, in diesem Band, 25 f.; s. ferner ders., Governance-Perspektive (Fn. 1), 31: Drittwirkung der Grundrechte gemäß dem Lüth-Urteil; zu diversen unionsrechtlichen Innovationen s. Terhechte, in diesem Band, 159 ff.

20 Volkmann, in diesem Band, 64, 69, 84 f., klassifiziert als solche z.B. den Halbteilungsgrundsatz, die Rügeverkümmerung, den Grundsatz der Tarifeinheit, das Delisting, die Einordnung von Sozialplanabfindungen als vorrangige Konkursforderung.

21 Hoffmann-Riem, in diesem Band, 14 f., 16 f.; ders., Governance-Perspektive, (Fn. 1), 25; zustimmend: Eifert, in diesem Band, 39; Scherzberg, in: Offene Rechtswissenschaft (Fn. 4), 275.

22 Hoffmann-Riem, in diesem Band, 16.

23 Eifert, in diesem Band, 48 f. mit der Betonung der Bedeutung von Erzählstrukturen.

24 Bumke, in diesem Band, 119, 123 f.; s. ferner Volkmann, in diesem Band, 66, der zu Recht keine klare Grenze zwischen Auslegung und Rechtsfortbildung erkennen kann; auch Hoffmann-Riem sprach in der Diskussion von ungeahnten Folgen der Lüth-Rechtsprechung.

kanz zur besseren Durchsetzung sogar bewusst verdeckt wird.[25] Innovations(nebenfolgen)verantwortung kann sich deshalb auch gerade in der Weise verwirklichen, dass scheinbar geringfügige Neuerungen auf ihre tatsächliche Signifikanz hin überprüft werden. Aus dieser Perspektive sind scheinbar irrelevante Neuerungen, deren Signifikanz erst nachträglich deutlich wird, von besonderem Interesse. Auf die Frage der Signifikanz rechtlicher Neuerungen als begriffliche Voraussetzung einer Rechtsinnovation wird im Übrigen bei den sich anschließenden akteursbezogenen Überlegungen zurückzukommen sein.

Eine zweite Frage betrifft die mögliche Kategorisierung von Rechtsinnovationen als soziale Innovationen. Weitgehende Einigkeit besteht über die Nähe von Rechtsinnovationen zu sozialen Innovationen. Rechtsinnovationen werden teilweise sogar als Unterkategorie bzw. Ausschnitt sozialer Innovationen eingeordnet.[26] Von besonderem Interesse ist das Verhältnis von rechtsexternem sozialen Wandel und Rechtsinnovationen. Insbesondere Britz und Baer thematisierten zwei denkbare Wirkungspfade:[27] Einerseits kann rechtlicher Wandel sozialen Wandel nachvollziehen. Denkbar ist es andererseits aber auch, dass Rechtsinnovationen sozialen Wandel etwa zugunsten von Minderheiten oder schwach repräsentierten Rechtsgütern (Umwelt) proaktiv stimulieren. Zu Recht wird vor unterkomplexen Kausalattributionen gewarnt.[28] So können Rechtsinnovationen Chancen bieten, vorhandene und ggf. sogar verbreitete soziale Praktiken zu enttabuisieren. Bislang an den Rand gedrängte Sicht- und Verhaltensweisen können sich dann emanzipieren bzw. scheinbar Normal-Selbstverständliches wird „entnormalisiert".[29] Ferner kann durch eine Rechtsinnovation ein sich erst noch Bahn brechender sozialer Wandel stabilisiert werden. Häufig dürfte es sich bei diesen Wirkungswegen um Elemente rekursiver Innovationsprozesse handeln, deren innovationsstrategische Bedeu-

---

25 Hoffmann-Riem, in diesem Band, 27 f.; Volkmann, in diesem Band, 68; zur vergleichbaren Strategie der Entpolitisierung: Grimm, in diesem Band, 198, 200; aus historischer Perspektive s. auch: Cancik, in diesem Band, 109.

26 Baer, in diesem Band, 273 f.; Eifert, in diesem Band, 45 ff.; s. auch Hoffmann-Riem, in diesem Band, 18; allg. zum Begriff der sozialen Innovation: ders., Der Staat 47 (2008), 588 ff.; ders. Governance-Perspektive (Fn. 1), 26 f.

27 Britz, in diesem Band, 291 ff.; s. auch Baer, in diesem Band, 271 f.

28 Baer, in diesem Band, 272.

29 Baer, in diesem Band, 275 ff.

tung auch bei rechtsexternen Innovationen in Bezug auf das Zusammenspiel verschiedener Akteure oder Arenen bekannt sind.[30]

Aus der Diskussion über Innovationsnebenfolgen und Innovationsverantwortung[31] folgt schließlich, dass sich die rechtswissenschaftliche Innovationsforschung keinesfalls auf positiv bewertete Rechtsinnovationen beschränken darf, sondern jeglichen rechtlichen Wandel untersuchen sollte.[32] Dies gebietet auch die in pluralistischen Gesellschaften meist ohnedies umstrittene Bewertung von Rechtsinnovationen.[33] Zumindest nicht von vornherein ausgeschlossen werden sollte dabei eine vergleichende Betrachtung von Rückkehrprozessen zu früheren rechtlichen Lösungen, wie sie in einer demokratischen Staatsordnung mit temporärer Begrenzung von Herrschaftsgewalt geradezu vorausgesetzt werden und deren Analyse dazu beitragen kann, spezifische Gelingensbedingungen von Innovationsprozessen zu identifizieren.[34]

D. Der relevante Rechtsrahmen als Optionenraum für Rechtsinnovationen (Rechtsinnovationsregime)

Eine Grundfrage bei der Analyse von Recht als Medium und Grenze rechtsexterner Innovationsprozesse ist die nach der Innovationsoffenheit der einschlägigen Rechtsnormen[35] oder – wie Hoffmann-Riem eingangs formuliert – die nach der „Innovationsermöglichung durch Optionenräume im Recht“.[36] Diese Frage stellt sich noch dringlicher für Rechtsinnovationen, beanspruchen diese doch Geltung in der jeweils betroffenen Rechtsordnung und müssen sich dazu zulässigerweise in diese einfügen. Wie be-

---

30 Hoffmann-Riem/Schneider, Innovationsforschung (Fn. 6), 404 ff.; s. auch oben bei Fn. 14.

31 S. oben bei Fn. 6 und 8.

32 Hierzu auch Bumke, in diesem Band, 119.

33 Vgl. nur die Debatte über die Bewertung der unionsrechtlichen Innovationen zwischen Terhechte, in diesem Band, 159 ff., und Grimm, in diesem Band, 197 ff.; s. ferner Scherzberg, in: Offene Rechtswissenschaft (Fn. 4), 298.

34 Damit ist keine Gleichsetzung gemeint, wodurch der Innovationsbegriff konturenlos würde; s. auch: Grimm, in diesem Band, 197.

35 Eifert, in: ders./Hoffmann-Riem (Hrsg.), Innovationsfördernde Regulierung, 2009, 11, 12 ff.; Hoffmann-Riem/Schneider, Innovationsforschung (Fn. 6), 396 ff., 407 ff.; Scherzberg, in: Offene Rechtswissenschaft (Fn. 4), 288 f., 293 ff.

36 Hoffmann-Riem, in diesem Band, 22 f.

reits erwähnt, fokussiert die rechtswissenschaftliche Innovationsforschung hierbei nicht auf die normative und dogmatische Zulässigkeit einer konkreten Rechtsinnovation, sondern fragt nach allgemeinen normtheoretischen Strukturen und deren jeweiliger Innovationsoffenheit.

Bei dieser Analyse gilt es zunächst die Innovationsoffenheit der Rechtsschicht festzustellen, in die eine Rechtsinnovation eingefügt werden soll.[37] Hier ergeben sich etwa Unterschiede zwischen Regelungsbereichen, die final[38] und zukunftsoffen bzw. lediglich rahmensetzend strukturiert sind, und Regelungsbereichen, die sich durch eine ausgeprägt systemorientierte Struktur und dadurch bedingte hohe Wechselbezüglichkeit oder die sich durch einen hohen Detaillierungsgrad ihrer Normierung auszeichnen. Im nächsten Schritt sind Wechselwirkungen zwischen verschiedenen Rechtsschichten gestufter Rechtsordnungen zu berücksichtigen,[39] wobei es auf die Innovationsoffenheit der jeweils höherrangigen Rechtsschicht ankommt. Höherrangige Rechtsschichten können einerseits Impulse dafür setzen, dass in einem Regelungsbereich entwickelte Rechtsinnovationen auf andere Bereiche übertragen werden, so dass deren Diffusion erleichtert wird. Eifert hebt insoweit den Gleichheitsgrundsatz als Motor der Entgrenzung hervor, zeigt aber sogleich, dass in mehrstufigen Rechtsordnungen auch Pfadabhängigkeiten und ggf. innovationsfeindliche Sackgassen entstehen können.[40]

Im Hinblick auf ihre jeweilige Innovationsoffenheit werden in den vorstehenden Beiträgen insbesondere die Besonderheiten der Privatrechtsordnung[41], der deutschen Verfassungsordnung,[42] die etwa stark mit derzeitigen Tendenzen zu einer originalistischen Lesart der US-amerikanischen Verfassung kontrastieren[43], sowie des Unionsrechts, dem Terhechte sogar den Charakter einer Innovationsverfassung zuschreibt,[44] thematisiert.

---

37 Hierzu s. auch Bumke, in diesem Band, 122 f.; demnächst ausführlich am Beispiel der europäischen Rechtsangleichung der nationalen Rechtsordnungen: Lohse, Rechtsangleichungsprozesse in der Europäischen Union, Habilitationsschrift Universität Freiburg 2015.

38 Ggf. auch durch Verfassungsaufträge wie Art. 3 II, 6 V GG beeinflusst.

39 Eifert, in diesem Band, 50 f.

40 Eifert, in diesem Band, 56 ff., 52 ff.

41 Wielsch, in diesem Band, 367 ff.

42 Britz, in diesem Band, 291, 298 ff.

43 Zur aktuellen Debatte in den USA: Strauss, Recent Developments in Administrative Law, Paper to the 2015 Administrative Law Discussion Forum (forthcoming).

44 Terhechte, in diesem Band, 164 ff.

Hieran knüpfen sich vielfältige Fragen an, insbesondere nach den Merkmalen einer Innovationsverfassung. Welche Faktoren des politischen Systems (etwa Zentralstaatlichkeit und Föderalismus, repräsentative und direkt-demokratische Faktoren, parlamentarische und präsidiale Systeme, Parteiensysteme) sind innovationsrelevant und in welcher Phase von Innovationsprozessen? Was macht das Unionsrecht zu einer Innovationsverfassung, obwohl dieses im Vergleich zu nationalen Verfassungen einerseits eine deutlich höhere Regelungsdichte aufweist und andererseits auch deutlich schwerer zu ändern ist? Gibt es also auch Ambivalenzen? In welchem Wechselspiel steht ein auslegungsoffener Verfassungstext zu einem wachsenden Korpus an verfassungsgerichtlicher Konkretisierung und welche Wirkungen hat dies auf die Innovationsspielräume des einfachen Gesetzgebers?[45]

Schon diese Fragen zeigen, dass auf die Innovationsoffenheit des maßgeblichen Rechtsrahmens in den sich anschließenden akteursbezogenen Überlegungen zurückzukommen sein wird.

E. Rechtsinnovationen auf Verfassungsebene

Der verfassungsändernde Gesetzgeber besitzt prinzipiell den größten Innovationsspielraum unterliegt er doch vergleichsweise geringen inhaltlichen Vorprägungen. Uneingeschränkt gilt dies aber unter den heutigen Bedingungen von Globalisierung und Europäisierung der Rechtsordnungen auch nicht mehr. Hier zeigt sich die von Eifert betonte Innovationsrelevanz gestufter Rechtsordnungen.[46] Hinzu treten interne Bindungen, die ihren offenkundigsten Niederschlag in Ewigkeitsklauseln nach dem Muster von Art. 79 III GG finden.[47] Debattiert wird überdies, inwieweit aus den Maßstäbeteilen der Urteile des BVerfG zusätzliche inhaltliche Restriktionen selbst für den verfassungsändernden Gesetzgeber resultieren.[48]

---

45 Diese wichtige Frage stellen trotz gelegentlicher Überzeichnungen zurecht: Jestaedt/Lepsius/Möllers/Schönberger, Das entgrenzte Gericht, 2011.

46 Eifert, in diesem Band, 50 ff.

47 Hierzu rechtsvergleichend Weber, Europäische Verfassungsvergleichung, 2010, § 5 Rn. 4 ff.; zur Ewigkeitsklausel der französischen Verfassung: Vilain, in: Marsch/Vilain/Wendel (Hrsg.), Französisches und Deutsches Verfassungsrecht, 2015, § 3 Rn. 21.

48 Hierzu Lepsius, in: Das entgrenzte Gericht (Fn. 45), S. 159 ff.

Für die verfassungsändernde Gesetzgebung folgen die meisten Innovationsschranken aus prozeduralen Anforderungen. Rechtsvergleichend betrachtet sind dabei die Voraussetzungen des Art. 79 II GG relativ innovationsoffen, wie schon die große Zahl der Änderungen des deutschen Verfassungstextes belegt.[49] Derartige prozeduralen Schranken können als Arrangements zur Gewährleistung von Innovationsverantwortung verstanden werden, wenngleich ihnen dieser Effekt eher indirekt zukommt.

Vor dem Hintergrund der hohen Schranken für eine Verfassungsänderung in den USA und den relativ geringen Schranken im Grundgesetz ist es durchaus bemerkenswert, dass in den USA subjektive Auslegungsgrundsätze in Gestalt des originalistischen Ansatzes eine große Bedeutung zukommt,[50] während das Bundesverfassungsgericht von Beginn an für sich eine Kompetenz zur kreativen Verfassungskonkretisierung und zur interpretatorischen Anpassung an veränderte Verhältnisse im Realbereich des Verfassungstextes für sich in Anspruch genommen hat.[51] Da die US-Verfassung überdies deutlich älter ist, wäre auch eine umgekehrte Herangehensweise in den USA aufgrund eines größeren Anpassungsdrucks plausibel. Im Ergebnis finden sich im deutschen Verfassungsrecht jedenfalls vielfältige verfassungsrechtliche Innovationen, die nicht vom verfassungsändernden Gesetzgeber, sondern vom Verfassungsgericht entwickelt wurden.[52] Die Fokussierung des deutschen Verfassungsgerichts auf das Verfassungsrecht und die breitere Rechtsprechungsaufgabe des U.S. Supreme Court könnte diese Divergenz partiell erklären. Auch könnte auf die Unterschiede in den Rechtskulturen der beiden Länder hingewiesen werden. Beide Erklärungsangebote verweisen auch auf rechtsexterne Faktoren, was erhebliche Potentiale für eine interdisziplinäre Innovationsforschung vermuten lässt.

Reizvoll wäre aber nicht nur ein Vergleich mit den USA, sondern in mindestens ebenso großem Maße auch mit der europäischen Verfassungsordnung, die von Terhechte geradezu als Innovationsverfassung charakte-

---

49 Vgl. zur Diskussion über diesbezüglich rigide und flexible Verfassungen sowie zu verschiedenen Verfahren der Verfassungsänderung: Weber, Verfassungsvergleichung (Fn. 47), § 2 Rn. 12, § 4 Rn. 7 ff.; für einen Rechtsgleich zwischen Deutschland und Frankreich s. Marsch, in: Marsch/Vilain/Wendel, Verfassungsrecht (Fn. 47), § 5 Rn. 67 f.; Gaillet, ebd., § 2 Rn. 62 ff.

50 S. oben Fn. 43.

51 Zur Position des BVerfG: Volkmann, in diesem Band, 73 ff.; s. auch Britz, in diesem Band, 297 ff.

52 S. nur die Beispiele oben in Fn 19.

risiert wird.[53] Teilweise wurden die daraus entspringenden Fragestellungen bereits angesprochen.[54] Ergänzend ist hier noch auf die unterschiedlichen Perspektiven von EuGH und BVerfG auf die unionalen Innovationsspielräume hinzuweisen.[55] Die denkbaren lock-in-Effekte im europäischen Mehrebenensystem aufgrund der nur äußerst schwer änderbaren europäischen Verfassungsordnung mit gleichzeitig weitem Vorranganspruch sind deutlich und stärker als üblich zu berücksichtigen.[56]

F. Legislative Rechtsinnovationen

Nach klassischem Gewaltenteilungsverständnis kommt insbesondere, wenn nicht nahezu exklusiv dem parlamentarische Gesetzgeber die Rolle als Innovator für das unterverfassungsrechtliche Rechtssystem zu. Auch soweit Verfassungsaufträge für Rechtsreformen bestehen, richten sich diese zuerst an den Gesetzgeber.

Inhaltliche Beschränkungen der Innovationsoffenheit ergeben sich aus dem höherrangigem Recht und unter anderem dem Verfassungsrecht. Dies gilt nicht nur für konkrete Verfassungsgüter. Besonders beachtenswert sind vielmehr immer wieder zu beobachtende Versuche, den Gesetzgeber an allgemeine (Verfassungs-)Prinzipien des Vertrauensschutzes, der Rechtssicherheit, der Systemgerechtigkeit, der Folgerichtigkeit u. ä. zu binden. Dadurch werden ohnedies bestehende rechtsexterne Tendenzen der Pfadabhängigkeit verstärkt. Sie sollten mit Vorsicht eingesetzt werden und bedürfen eines Ausgleichs mit der demokratisch notwendigen Innovationsoffenheit und zwar ggf. auch im Falle eines partiellen Rückbaus früherer Rechtsinnovationen. Jedenfalls ist die Bedeutung dieser Prinzipien für die Innovationsoffenheit einer Rechtsordnung und somit für die rechtswissenschaftliche Innovationsforschung offenkundig.

Zentrale Bedeutung kommt auch organisatorischen und prozeduralen Absicherungen von Innovationsoffenheit einerseits und Innovationsverantwortung andererseits zu. Innovationsoffenheit wird insbesondere durch einen offenen politischen Diskurs innerhalb und außerhalb des Parlaments

---

53 Terhechte, in diesem Band, 164 ff.

54 S. oben nach Fn. 44

55 Volkmann, in diesem Band, 75 f.

56 Zu Gefahren des Lock-in bei hochstufigen Innovationen s. Eifert, in diesem Band, 52 ff.

gewährleistet. Initiativrechte für Minderheiten, Chancen auf Mehrheitswechsel, effektiv geschützte oder ausgestalteten Kommunikationsfreiheiten sind hierfür wichtige Bausteine. Derzeit gewinnen Möglichkeiten zur Online-Partizipation an Bedeutung.[57] Verfahrensregeln und institutionelle Arrangements wie Parteien und Fraktionen kanalisieren diese Impulse und sind damit wichtige Rahmenbedingungen von Innovationsstrategien. Innovationsstrategien müssen in einem weiteren Schritt dafür entwickelt werden, dass verabschiedete Rechtsinnovationen auf der Ebene der gerichtlichen, administrativen und privaten Rechtsanwendung auch tatsächlich implementiert und weiter entfaltet werden. Pflichten zur Technikfolgenabschätzung in technikermöglichenden Gesetzgebungsverfahren verweisen auf einen Bedarf an strukturierter Verwirklichung von Innovationsverantwortung unter den Bedingungen zunehmend komplexerer Strukturen in Gesellschaft und Rechtsordnung. Sie lassen es immer weniger zu, schlicht auf den Erfahrungspluralismus im Parlament und die Expertise der den Gesetzgeber unterstützenden oder beeinflussenden Ministerialbürokratie zu setzen. Diese wenigen Schlaglichter müssen in diesem Rahmen genügen, um die vielfältigen Ansätze für die rechtswissenschaftliche Innovationsforschung in Bezug auf legislative Rechtsinnovationen aufzuzeigen.

G. Judikative Rechtsinnovationen

Judikative Rechtsinnovationen werden insbesondere von Volkmann unter der üblichen Rubrizierung als Rechtsfortbildung, aber auch in vielen anderen Beiträgen thematisiert.[58] Im Zentrum stehen Fragen der äußerst schwierigen begrifflichen Umschreibung, der richterlichen Legitimation zur Rechtsfortbildung, ihre keineswegs eindeutigen und vom BVerfG nicht selten vom Ergebnis her gezogenen Grenzen und ihre – insbesondere von Volkmann ausführlich behandelten – normativen, aber gerade auch die empirisch-tatsächlichen Gelingensbedingungen wie Autorität, Strategi-

57 Dazu ausführlich Kersten, in diesem Band, 307 ff.; s. auch Hoffmann-Riem in diesem Band, 30.

58 Volkmann, in diesem Band, 63 ff.; s. ferner: Baer, in diesem Band, 282 f.; Britz, in diesem Band, 296 ff.; Bumke, in diesem Band, 124 ff.; Eifert, in diesem Band, 44 f., 60; Grimm, in diesem Band, 193 ff.; Hoffmann-Riem, in diesem Band, 16, 19, 24, 27, 29 f., 31; Terhechte, in diesem Band, 166 ff.

en,[59] Kohärenz, Adäquanz und Akzeptabilität. Dies muss hier nicht im Einzelnen wiederholt werden.

Ergänzend kann aber darauf hingewiesen werden, dass sich auch in diesem Themenkomplex rechtsvergleichende Analysen lohnen. So gibt es in der deutschen Rechtsordnung zwar auf der einen Seite intensiv diskutierte Gesetzesbindung der Gerichte und die starke Betonung der systematischen Kohärenz von Teilrechtsgebieten oder der übergreifenden Rechtsgebiete. Diese Faktoren kann man als Schranken der Innovationsoffenheit begreifen. Auf der anderen Seite sind aber die Instanzgerichte, anders als im anglo-amerikanischen Rechtsraum nicht an obergerichtliche Präjudizien gebunden, zumindest nicht von Rechtswegen. Dies schafft unabhängig von Techniken des „*distinguishing*" Raum und Impulse für Rechtsinnovationen durch neue Auslegungsvarianten für unverändert geltende Gesetze. Wenig thematisiert ist bislang die Bedeutung der Diversität des richterlichen Personals für dessen Innovationsoffenheit.

Ein weiteres Forschungsfeld besteht hinsichtlich der Absicherung von Innovationsverantwortung bei judikativen Rechtsinnovationen. Sie erfolgt primär über die – allerdings wie erwähnt unsicheren – inhaltlichen Grenzen für eine zulässige Rechtsfortbildung, die Verankerung des Kollegialitätsprinzips bei den mit der Rechtsfortbildung ausdrücklich beauftragten Bundesgerichten[60] sowie über die Option einer nachträglichen Korrektur durch den Gesetzgeber[61] bzw. Umgehungsstrategien von Rechtsunterworfenen. Wenig thematisiert werden Gebote oder gar Pflichten zu einer Innovationsfolgenabschätzung durch Gerichte. Ein Grund hierfür könnte in der traditionellen Sichtweise liegen, dass Gerichte eigentlich nur Gesetzesauslegung betreiben und eine veränderte Auslegung schlicht auf besserer Erkenntnis der gesetzlichen Vorgaben beruht.[62] Deshalb wird vermutlich primär dogmatisch-normativ und weniger folgen- oder steuerungsorientiert argumentiert.

59 Hierzu auch oben Fn. 25.

60 Hierzu Volkmann, in diesem Band, 64.

61 Volkmann, in diesem Band, 91.

62 S. insoweit auch Hoffmann-Riem, Governance-Perspektive (Fn. 1), 31.

H. Administrative Rechtsinnovationen

Anders als bei den Gerichten ist der Gestaltungsauftrag der Verwaltung trotz ihrer Bezeichnung als vollziehende Gewalt im verwaltungsrechtlichen Diskurs präsent und wird durch verschiedene Kategorien administrativer Entscheidungs- und Gestaltungsspielräume verarbeitet.[63] Cancik zeigt hierzu passend, dass der Gesetzgeber im 19. Jh. gezielt die als innovationsfeindlich wahrgenommene Gerichtsbarkeit durch die innovationsoffenere Verwaltung verdrängte.[64]

Auch hier folgt eine wichtige Begrenzung der Innovationsoffenheit durch die Gesetzes- und Verfassungsbindung. Gerade der Verfassungsbindung kann hierbei auch eine ambivalente Rolle zufallen, da offene Verfassungsaufträge auch zu administrativen Gestaltungsaufträgen werden können. Wichtige Innovationsimpulse resultieren aus den zunehmend vorhandenen Partizipationsrechten für Personen, denen in größerem Maße als früher subjektive Rechtspositionen eingeräumt werden, oder gar für die breite Öffentlichkeit.[65] Zugleich stellen diese Partizipationsrechte sowie andere prozedurale Regeln etwa über die Beteiligung anderer Behörden insbesondere in EU-Verbundverfahren sowie über Amtsermittlungs- und Begründungspflichten wichtige Bausteine zur Gewährleistung von Innovationsverantwortung dar.

Auch zu diesem Themenkreis lohnen sich rechtsvergleichende Untersuchungen, in denen etwa danach gefragt werden kann, warum das deutsche Verwaltungsrecht zwar umfassend innovationsrelevante Regelungen für administrative Einzelfallentscheidungen wie insbesondere Verwaltungsakte kennt, aber sowohl in Gesetzgebung wie Rechtswissenschaft die Debatte über die administrative Normsetzung – anders als in den USA[66] oder

---

63 Franzius, in: Hoffmann-Riem/Schmidt-Aßman/Voßkuhle (Hrsg.), Grundlagen des Verwaltungsrechts (GVR) Bd. 1, 2. Aufl. 2012, § 4 Rn. 18 ff.; Hoffmann-Riem, ebd., § 10 Rn. 81 ff.; Poscher, ebd., § 8 Rn. 60.

64 Cancik, in diesem Band, 107 f.

65 Zur Partizipationsdebatte: Kersten, in diesem Band, 329 ff.; Smeddick, in diesem Band, 431 f.; s. ferner J.-P. Schneider, in: GVR (Fn. 63) II, § 28 Rn. 69 ff.; Rossen-Stadtfeld, ebd., § 29 Rn. 1 ff.; dass es sich hierbei um eine Entwicklung handelt, die bereits in früheren Jahrhunderten begonnen wurde, zeigt eindrucksvoll Cancik, in diesem Band, 95 ff.

66 Hierzu Pünder, Exekutive Normsetzung in den Vereinigten Staaten von Amerika und der Bundesrepublik Deutschland, 1995.

auf der Ebene der EU[67] – noch immer in den Anfängen steckt. Administrativ gesetzte Normen können trotz der Vorgaben des Art. 80 GG und vergleichbarer Landesvorgaben erhebliche, auch innovative Gestaltungsentscheidungen treffen. Die administrative Normsetzung sollte daher innerhalb der rechtswissenschaftlichen Innovationsforschung keineswegs vernachlässig werden.

I. Privat-selbstregulative Rechtsinnovationen

Im Beitrag von Wielsch wird am Beispiel der privaten Konstruktion von Gemeinschaftsgütern zu Recht das Innovationspotential privater Selbstregulierung herausgestellt. Das Privatrecht stellt dafür traditionell eine normative Infrastruktur zur Verfügung, die sich durch große Innovationsoffenheit auszeichnet.[68] Private (aber auch Behörden) begehen überdies gelegentlich sogar gezielt Rechtsbrüche, um Rechtsinnovationen voranzutreiben.[69]

In den vergangenen Jahrzehnten ist aber auch die Notwendigkeit einer sozialen Rahmensetzung immer deutlicher wahrgenommen worden. Diese erfolgt entweder durch das Privatrecht selbst in Gestalt zwingenden Rechts etwa zur Durchsetzung von Verbraucherbelangen. Ein Instrument, das gerade den Selbstschutz der Betroffenen bei Rechtsinnovationen unterstützen kann, sind die zunehmend entwickelten Aufklärungspflichten in der Vertragsanbahnungsphase.[70] Hinzuweisen ist ferner auf Verbandsklagerechte zur Kontrolle von innovativen Allgemeinen Geschäftsbedingungen oder in besonders vermachtungsanfälligen Rechtsbereichen.[71] Der Absicherung von Innovationsverantwortung dient zudem das öffentlich Recht

---

67 Groß, DÖV 2004, 20 ff.; Hill/Martini, in: GVR II, § 34 Rn. 76 ff.; Sydow, JZ 2012, 157 ff.; s. ferner: Curtin/Hofmann/Mendes, in: Schneider/Hofmann/Ziller (Hrsg.), ReNEUAL-Musterentwurf für ein EU-Verwaltungsverfahrensrecht, 2015, 31 ff.; Schneider/Hofmann/Ziller, JZ 2015, 265, 269.

68 Wielsch, in diesem Band, 365 ff.

69 Aktuell wäre z.B. auf die Personenbeförderung durch Uber hinzuweisen, erinnert sei aber auch an die Kampagne von 1968 „Ich habe abgetrieben".

70 Statt vieler Grüneberg, in: Palandt, BGB, 74. Aufl. 2015, § 311 Rn. 40 ff., § 280 Rn. 53 ff.

71 Vgl. § 33 II GWB; § 3 Unterlassungsklagengesetz; dazu: Bassenge, in: Palandt (Fn. 70), § 3 UKlaG Rn. 6 ff.

in Gestalt von behördlichen Pflichten und Befugnissen zur Überwachung privater Rechtsgestaltung etwa im Bereich der Finanzdienstleistungen.[72]

J. Ausblick insbesondere zur Innovationsfunktion der Rechtswissenschaft

Die Auswertung der Beiträge zu diesem Band sowie die hier aufgezeigten zusätzlichen Fragestellungen und Problemfacetten machen sehr deutlich, dass für innovationswissenschaftliche Untersuchungen zu Rechtsinnovationen vielfältige und vielversprechende Perspektiven bestehen. Ferner konnte nachgewiesen werden, dass ungeachtet der notwendigen Perspektivenverschiebungen übergreifende Leitfragen formuliert werden können. Sie ermöglichen es der rechtswissenschaftlichen Innovationsforschung, ein kohärentes Forschungsprogramm für die Untersuchung sowohl des für rechtsexterne Innovationen relevanten Rechts als auch von genuinen Rechtsinnovationen zu entwickeln.

Noch nicht angesprochen wurde in der bisherigen Auswertung, in welchem Maße eigentlich die Rechtswissenschaft selbst zu Innovationen im Recht beiträgt oder Innovationsverantwortung bei Rechtsinnovationen wahrnimmt. Die Beiträge des Bandes liefern insoweit ein nüchternes und abgewogenes Bild.[73] So hat die Rechtswissenschaft immer wieder Rechtsinnovationen angeregt oder dies zumindest versucht. Dies belegen Professorenentwürfe oder andere Vorschläge für legislative Rechtsinnovationen insbesondere im Zusammenhang mit größeren Kodifikationsprojekten, die sich regelmäßig nicht auf eine Zusammenfassung bereits von der Rechtsprechung oder in Spezialgesetzen entwickelter Lösungen beschränken können,[74] sowie Beiträge zu Rechtsfragen, die demnächst von Höchstgerichten zu entscheiden sind. Zudem trägt die Wissenschaft durch ihre systematisierende Arbeit stark zur Verbreitung und Stabilisierung, also zur

72 Für einen Überblick Röhl, in: Fehling/Ruffert (Hrsg.), Regulierungsrecht, 2010, § 18 Rn. 44 ff.

73 Hoffmann-Riem, in diesem Band, 27 f.; Bumke, in diesem Band, 126, 127 f.

74 Hingewiesen sei nur auf: Kloepfer/Rehbinder/Schmidt-Aßmann/Kunig, Umweltgesetzbuch – Allgemeiner Teil, 1990, Jarass/Kloepfer/Kunig/Papier/Peine/Rehbinder/Salzwedel/Schmidt-Aßmann, Umweltgesetzbuch – Besonderer Teil, 1994; Schoch/Kloepfer, Informationsfreiheitsgesetz (IFG-ProfE), 2002; Schneider/Hofmann/Ziller, ReNEUAL-Musterentwurf (Fn. 67); s. ferner zur wissenschaftlichen Vorarbeit für das Netzausbaubeschleunigungsgesetz (NABEG) zur Umsetzung der Energiewende: Schneider, EnZW 2013, 339 m. Fn. 5.

Diffusion von Rechtsinnovationen bei oder arbeitet den eigentlichen Innovationsgehalt von Gesetzesänderungen oder Gerichtsentscheidungen erst heraus. Durch ihre kritische Funktion leistet die Wissenschaft überdies einen wichtigen Beitrag zur Gewährleistung von Innovationsverantwortung durch die handelnden Akteure. Damit ist aber zugleich schon angedeutet, dass der Wissenschaft vielfach nur eine indirekte Rolle im rechtsbezogenen Innovationsgeschehen zufällt. Sie ist mit anderen Worten nur ein mittelbarer Innovationsakteur, was aber ihre Bedeutung nicht mindern muss.

Hierzu passend behandeln die Beiträge des Bandes wichtige Rechtsinnovationen, an deren Entstehung die Wissenschaft nicht oder kaum beteiligt war und nur nachträglich zu deren Verarbeitung im Rechtssystem beitrug.[75] Ein Grund hierfür dürfte sein, dass es der Wissenschaft oft an Anschauungsmaterial über Innovationsbedarfe aus der Rechtspraxis fehlt. Die Stärken der Wissenschaft – nicht zuletzt gegenüber den kasuistisch agierenden Gerichten – können aber bei innovationsorientierten übergreifenden Reflexionen über Entwicklungstrends fruchtbar gemacht werden. Für das Innovationspotential der Rechtswissenschaft bedeutsam ist deren Autonomie bei der Auswahl ihrer Forschungsgegenstände, wodurch sie sich deutlich abhebt von der dem Dispositionsgrundsatz unterworfenen Rechtsprechung und der von politischen Relevanzfaktoren bestimmten Gesetzgebung. Die zunehmende Projektorientierung der Universitätsfinanzierung mit ihren Verstärkungsprozessen zugunsten tendenziell risikoärmerer, aber leichter einschätzbarer und damit erfolgversprechender Finanzierungsanträge kann neben der zunehmenden Bürokratisierung des Universitätswesens diese besondere Innovationsoffenheit der Forschung allerdings beeinträchtigen. Hiermit stellen sich Fragen, die für den Beitrag der Wissenschaft zu rechtsexternen Innovationen gleichermaßen relevant sind, was erneut den Nutzen der mit diesem Band eingeleiteten Erweiterung des Fokus der rechtswissenschaftlichen Innovationsforschung über die Untersuchung des für rechtsexterne Innovationen relevanten Rechts hinaus auf Innovationen im Recht unterstreicht.

---

75 Bumke, in diesem Band, 136 ff.; s. auch Terhechte, in diesem Band, 183 ff., mit dem wichtigen Hinweis auf innovationshemmende „Abschottungsdiskurse".

Zu den Autoren

Susanne Baer, Prof. Dr. Dr. h. c. LL.M. (Ann Arbor)

Richterin des Bundesverfassungsgerichts; Professorin für Öffentliches Recht und Gender Studies an der Humboldt-Universität zu Berlin, Forschungsschwerpunkte: Vergleichendes Verfassungsrecht, Öffentliches Recht, interdisziplinäre Rechtsforschung, rechtswissenschaftliche Geschlechterstudie.

Gabriele Britz, Prof. Dr.

Richterin des Bundesverfassungsgerichts; Professorin für Öffentliches Recht und Europarecht an der Justus-Liebig-Universität Gießen. Forschungsschwerpunkte: Regulierungsrecht; Europäischer Grundrechtsschutz

Christian Bumke, Prof. Dr.

Lehrstuhl Grundlagen des Rechts an der Bucerius Law School, Hamburg, Forschungsschwerpunkte: Erforschung und Rekonstruktion des rechtsdogmatischen Denkens und Arbeitens in Deutschland im 19. und 20. Jahrhundert. Grundfragen des Öffentlichen Rechts, insbesondere die allgemeinen Grundrechtslehren, die verwaltungsrechtliche Handlungsformenlehre, Richterrecht und private Regelbildung (Privates Recht).

Pascale Cancik, Prof. Dr.

Lehrstuhl für Öffentliches Recht, Geschichte des europäischen öffentlichen Rechts und Verwaltungswissenschaften an der Universität Osnabrück. Forschungsschwerpunkte: Parlamentsrecht, Umweltrecht, Verwaltungs(rechts)geschichte. Besonderes Forschungsinteresse: Rechtspraxis, Implementationsfragen.

Philipp Dann, Prof. Dr.

Lehrstuhl für Öffentliches Recht und Rechtsvergleichung an der Humboldt-Universität zu Berlin. Forschungsschwerpunkte: Öffentliches Recht, Recht internationaler Organisationen.

Martin Eifert, Prof., Dr. LL.M. (Berkeley)

Lehrstuhl für Öffentliches Recht, insbesondere Verwaltungsrecht an der Humboldt Universität zu Berlin. Forschungsschwerpunkte: Verfassungs- und Verwaltungsrecht, insbes. Recht und Innovation, Persönlichkeits- und Datenschutzrecht, Umweltrecht.

Michael Fehling, Prof. Dr.

Lehrstuhl für Öffentliches Recht mit Rechtsvergleichung an der Bucerius Law School, Hamburg. Forschungsschwerpunkte: Deutsches und europäisches öffentliches Wirtschaftsrecht mit ökonomischen Querbezügen (insbes. Netzökonomie); Hochschulrecht; Allgemeines Verwaltungsrecht, Rechtsvergleichung (vor allem mit USA), ökonomische Analyse im Öffentlichen Recht.

Dieter Grimm, Dr. Dr. h.c. mult., LL.M. (Harvard)

Professor für Öffentliches Recht an der Humboldt-Universität zu Berlin und der Yale Law School; Richter des Bundesverfassungsgerichts a. D.; von 2001 bis 2007 Rektor des Wissenschaftskollegs zu Berlin. Forschungsschwerpunkte: Deutsches und vergleichendes Verfassungsrecht, Verfassungsgeschichte, Verfassungstheorie, Europarecht.

Wolfgang Hoffmann-Riem, Prof. Dr., LL.M. (Berkeley)

Affiliate Professor der Bucerius Law School in Hamburg, em. ord. Professor für Öffentliches Recht und Verwaltungswissenschaften der Universität Hamburg, Justizsenator a. D. sowie Richter des Bundesverfassungsgerichts a. D. Forschungsschwerpunkte: Verfassungs- und Verwaltungsrecht, rechtswissenschaftliche Innovationsforschung, Medienwissenschaft, Recht und Gesellschaft.

Stefan Huster, Prof. Dr.

Lehrstuhl für Öffentliches Recht, Sozial- und Gesundheitsrecht und Rechtsphilosophie an der Ruhr-Universität Bochum. Forschungsschwerpunkte: Verfassungsrecht, Gesundheitsrecht, Rechtsphilosophie.

Jens Kersten, Prof. Dr.

Lehrstuhl für Öffentliches Recht und Verwaltungswissenschaften an der Ludwig-Maximilians-Universität München. Forschungsschwerpunkte: Verwaltungs- und Verfassungsrecht.

Arno Scherzberg, Prof. Dr.

Lehrstuhl für Öffentliches Recht und Verwaltungswissenschaften an der Universität Erfurt; Forschungsschwerpunkte: Staats- und Verwaltungsrecht, insbesondere Risikoverwaltungsrecht und Informationsverwaltungsrecht; Türkeiforschung; interdisziplinäre Bezüge des Rechts.

Jens-Peter Schneider, Prof. Dr.

Lehrstuhl für Öffentliches Recht, Europäisches Informations- und Infrastrukturrecht an der Albert-Ludwigs-Universität Freiburg; Mitbegründer und Koordinator des Research Network on EU Administrative Law (ReNEUAL); Forschungsschwerpunkte: Deutsches und europäisches Verwaltungsrecht, Rechtsvergleichung, Informationsrecht und Regulierungsverwaltungsrecht, Verwaltungswissenschaft.

Ulrich Smeddinck, Prof. Dr.

Apl. Professor an der Juristischen und Wirtschaftswissenschaftlichen Fakultät der Martin-Luther-Universität Halle-Wittenberg, Stellvertretender Sprecher und Projektleiter der interdisziplinären Forschungsplattform „ENTRIA-Entsorgungsoptionen für radioaktive Reststoffe“ an der TU Braunschweig, Institut für Rechtswissenschaften. Arbeits- und Forschungsschwerpunkte: Regulierung und Gesetzgebung, Umweltrecht und Atomrecht, Interdisziplinarität.

Jörg Philipp Terhechte, Prof. Dr.

Lehrstuhl für Öffentliches Recht, Europäisches und Internationales Recht an der Leuphana Universität Lüneburg, Geschäftsführender Direktor des Leuphana Competition & Regulation Institute und Professor of Law (Honorary) an der University of Glasgow, School of Law. Leiter der Professional School der Leuphana Universität Lüneburg. Forschungsschwerpunkte: Öffentliches Recht, Europa- und Völkerrecht mit einem Schwerpunkt auf wirtschaftsrechtlichen Fragestellungen

Uwe Volkmann, Prof. Dr.

Lehrstuhl für Öffentliches Recht und Rechtsphilosophie an der Johann Wolfgang Goethe-Universität Frankfurt am Main. Forschungsschwerpunkte: Verfassungstheorie, Grundrechte, Theorie und Recht der Demokratie, Recht der Inneren Sicherheit

Dan Wielsch, Prof. Dr.. LL.M. (Berkeley)

Lehrstuhl für Bürgerliches Recht und Rechtstheorie an der juristischen Fakultät der Universität zu Köln. Forschungsschwerpunkte: Grundlagen des Rechts. Mitorganisator des transnationalen Forschungsnetzwerks „Private Law Theory" und des Denkraums „Future Concepts of Law".

Register